KB060434

지방세의 이해와 적용

김승민 지음

박영사

책을 내면서

안녕하세요. 김승민 회계사입니다. 인생의 어느 시점이었는지는 기억나지 않지만, 저도 세상에 태어난 이상 무언가를 남기고 싶다는 막연한 생각이 있었습니다. 이 책은 그 막연했던 생각을 실천해본 첫 결과물입니다.

저는 회계사로서 주로 세무분야의 업무를 하고 있지만, 과거 대부분의 업무범위는 법인세, 소득세, 부가가치세, 상속세 및 증여세 등 국세와 관련된 것이었습니다. 부끄럽지만 지방세는 법전조차 펴본 적이 없었고, '지방세는 국세의 10%'라는 개념만 가지고 있을 정도로 지방세에 대한 지식은 전혀 없었습니다.

그런 중에 기업의 스포츠시설에 대한 취득세 신고 및 조사대응 업무를 맡게 되었습니다. 국세업무 경험만 있었던 상황이라 업무에 참여하는 것이 부담스러웠지만, 당시 소속된 회계법인 선후배분들의 도움으로 취득세 신고를 잘 진행하고 마무리할 수 있었습니다. 그렇게 해당 스포츠시설에 대한 취득세 신고서를 구청에 제출하고 집으로 돌아오는 길에 123층의 잠실롯데월드타워가 건축되고 있는 광경을 보았습니다. 그리고 혼자 생각했습니다.

"이야, 저건 취득세 신고 어떻게 할까? 누가 할지 모르겠지만, 고생하겠다."

그런데 다음 날 출근해보니 전날 속삭인 말이 씨가 된 듯, 소속팀에서 해당 취득세 업무를 맡게 되었고 실무자로서 제가 배정되었습니다. 개인적으로 저의 취미 중 하나가 건축 서적을 읽는 것이었기 때문에, 취득세 신고업무를 떠나서 국내에 전례가 없었던 건축물과 관련된 업무를 하는 것 자체가 좋았습니다. 건축에 대한 호기심과 회계사로서의 직업적 특성으로, 지방세법만의 관점이 아닌 건축을 숫자로 표현하는 접점의 역할을 하고자 노력하였습니다. 이렇게 지방세 업무를 하나

둘씩 수행하다 보니 지방세에 관하여 동료 회계사분들이나 고객회사 담당자분들의 질문을 받게 되었습니다.

나 같은 사람이 무슨 책을 쓰지라고 고민할 때, 문득 누군가가 나에게 계속 질문을 하는 분야라면 그 주제로 책을 써볼 만하겠다는 조그만 용기가 생겼습니다. 그 작은 용기로 일단 시작했고, 부족하지만 첫 번째 책을 이렇게 마무리할 수 있었습니다.

이 책은 사실 저를 위해서 집필하였습니다. 비록 취득세를 비롯한 지방세 업무 경험은 있었지만, 여전히 지방세는 저에게 어려웠기 때문입니다. 즉, 저는 지방세 전문가라서 책을 쓴 것이 아니라, 전문가가 되어보고 싶어서 책을 썼습니다. 그래서 저는 이 책이 저처럼 지방세 업무에 어려움을 겪고 있는 회사의 실무자, 동료 회계사 및 세무사, 그 외 지방세를 이해할 필요가 있는 사람에게 조금이나마 도움이 되는 것을 목표로 하였습니다.

지방세 이해를 위한 이 책의 접근방식 및 참고사항은 다음과 같습니다.

① 취득세는 결국 부동산의 영역이라고 생각합니다. 따라서 부동산과 취득세의 접점을 찾고자 하였으며, 이 과정에서 개인적인 업무 경험들이 반영되어 있으니 참고가 되었으면 합니다.

② 취득세 외 지방세의 세목(등록면허세 등)은 '한눈에 보기' 등 각 세목에 쉽게 접근할 수 있도록 가급적 동일한 순서로 구성하였습니다.

③ 지방세법은 그 특성상 세법의 영역 외에 건축법, 주택법 등 수많은 개별법령의 내용을 포함하고 있습니다. 지방세법의 이해에 의미가 있다고 생각한 개별법령의 내용은 최대한 다루었습니다.

④ 지방세법 역시 다른 세법과 마찬가지로 많은 해석사례가 있지만, 해석사례보다는 우선 법을 쉽게 이해하고 실무에 적용하는 방법에 중점을 두었습니다.

⑤ 그 외 참고사항은 다음과 같습니다.

- 지방세 이해를 위해 표를 많이 활용하였습니다.
- 세율은 법의 표현인 1,000분의 2가 아닌 0.2%로 표현하였습니다.
- 본점 또는 주사무소는 '본점', 주식 또는 출자지분은 '주식' 등 생략해도

그 의미가 통한다고 판단한 것들은 축약하여 표현하였습니다.

• 기본적인 책의 내용은 2020년 4월 30일 현재 최근의 법령에 따른 것입니다. 따라서 지방세법 검토 시점에 따라 일부의 내용은 유효하지 않을 수 있습니다. 최종적인 내용은 지방세관계법을 꼭 확인하시기 바랍니다.

이 책이 완성되는 데 많은 분의 도움을 받았습니다. 우선 지방세 업무를 할 기회를 주셨던 안진회계법인 선후배님들께 감사드립니다. 그리고 저와 지방세 관련 고민을 함께하고 질문 및 도움을 주셨던 동료 회계사와 고객분들께 감사드립니다. 초보 저자의 출간을 지원해주신 박영사 관계자분들께도 깊은 감사를 드립니다. 끝으로 뜬금없이 책을 쓴다는 핑계로 밤늦게 혹은 주말에 사무실에 있었던 저를 이해해준 아내와 가족에게 감사하다는 말을 전하고 싶습니다.

책의 내용 중 오류나 보완할 점 등 궁금하신 점이 있다면 저의 이메일(thecloudbridge@gmail.com)로 연락 주시면 추후 성실히 반영하겠습니다.

감사합니다.

2020. 5

김승민 드림

차 례

Part 1 지방세의 이해

Part 2 취득세의 이해와 적용

Chapter 1 취득세의 이해

Chapter 2 취득세의 적용

Part 3 기타의 지방세

부 록

PART 1

지방세의 이해

지방세는 지방자치단체에서 부과하는 세금이다. 지방세는 취득세, 등록면허세, 레저세, 담배소비세, 지방소비세, 주민세, 지방소득세, 재산세, 자동차세, 지역자원시설세, 지방교육세의 총 11가지 세목으로 구성되어 있다.

본 PART에서는 지방세의 특성과 전체적인 구성을 살펴봄으로써 지방세의 11가지 세목을 이해하는 데 기초가 되는 내용을 다루고 있다.

1. 국세와 지방세

(1) 국세와 지방세의 구성

지방세에 관한 책을 쓰기 시작하면서 가장 먼저 한 고민은 '지방세를 이해하기 위해서 가장 먼저 시작하면 좋을 내용이 무엇일까'였다. 고민 끝에 내린 나름의 답은 국세와 지방세를 비교하는 것에서부터 글을 시작하고자 한다.

국세와 지방세는 각 세금을 부과하는 과세권이 누구에게 있는가에 따른 구분이다. 국세는 국가에, 지방세는 국가가 아닌 지방자치단체 등에 과세권이 있다.

국세는 국가의 위임을 받아 국세청 본청 및 전국 7개의 지방국세청과 관할세무서에서 국세부과의 사무처리를 하고 있으며, 지방세는 각 지역의 시청, 군청, 구청 등 관할 지방자치단체에서 지방세 부과의 사무처리를 하고 있다. 따라서 국세 관련업무는 국세청 및 세무서에서, 지방세 관련업무는 전국 시청, 군청, 구청 등에서 진행하면 된다.

간혹 법인세 등 국세 업무를 하는 자가 관할 시군구청을 찾아가거나, 반대로 취득세 등 지방세 업무를 하는 자가 관할 세무서를 찾아가서 헛걸음하는 때도 있다. 이러한 업무 경험에서 국세와 지방세에 대해서는 '과세권이 누구에게 있는가'부터 아는 것이 그 이해의 출발점이 될 수 있다고 생각한다.

조금 더 세부적으로 들어가면 「국세와 지방세의 조정 등에 관한 법률」에서

국세의 사무처리를 하는 기관

구분	관할세무서
1. 서울지방국세청 (서울)	강남세무서, 강동세무서, 강서세무서, 관악세무서, 구로세무서, 금천세무서, 남대문세무서, 노원세무서, 도봉세무서, 동대문세무서, 동작세무서, 마포세무서, 반포세무서, 삼성세무서, 서대문세무서, 서초세무서, 성동세무서, 성북세무서, 송파세무서, 양천세무서, 역삼세무서, 영등포세무서, 용산세무서, 은평세무서, 잠실세무서, 종로세무서, 중랑세무서, 중부세무서
2. 중부지방국세청 (경기도와 강원도)	강릉세무서, 경기광주세무서(하남), 구리세무서, 기흥세무서, 남양주세무서, 동수원세무서, 동안양세무서, 분당세무서, 삼척세무서(태백), 성남세무서, 속초세무서, 수원세무서, 시흥세무서, 안산세무서, 안양세무서, 영월세무서, 용인세무서, 원주세무서, 이천세무서, 춘천세무서, 평택세무서, 홍천세무서, 화성세무서

3. 인천지방국세청 (인천과 경기도 일부)	고양세무서, 광명세무서, 김포세무서, 남인천세무서, 동고양세무서, 부천세무서, 북인천세무서, 서인천세무서, 연수세무서, 의정부세무서, 인천세무서, 파주세무서, 포천세무서(동두천)
4. 대전지방국세청 (충청북도, 충청남도)	공주세무서, 논산세무서, 대전세무서, 동청주세무서, 보령세무서, 북대전세무서, 서대전세무서, 서산세무서, 세종세무서, 아산세무서, 영동세무서, 예산세무서(당진), 제천세무서, 천안세무서, 청주세무서, 충주세무서(충북혁신지서), 홍성세무서
5. 광주지방국세청 (전라북도, 전라남도)	광산세무서, 광주세무서, 군산세무서, 나주세무서, 남원세무서, 목포세무서, 북광주세무서, 북전주세무서(진안), 서광주세무서, 순천세무서(벌교·광양지서), 여수세무서, 익산세무서(김제), 전주세무서, 정읍세무서, 해남세무서(강진)
6. 대구지방국세청 (경상북도)	경산세무서, 경주세무서(영천), 구미세무서, 김천세무서, 남대구세무서, 동대구세무서, 북대구세무서, 상주세무서, 서대구세무서, 수성세무서, 안동세무서(의성), 영덕세무서(울진), 영주세무서, 포항세무서(울릉)
7. 부산지방국세청 (경상남도)	거창세무서, 금정세무서, 김해세무서(밀양), 동래세무서, 동울산세무서, 마산세무서, 부산진세무서, 북부산세무서, 서부산세무서, 수영세무서, 양산세무서, 울산세무서, 제주세무서(서귀포), 중부산세무서, 진주세무서(하동,사천), 창원세무서, 통영세무서(거제), 해운대세무서

국세와 지방세의 구성을 규정하고 있다.

국세의 구성부터 살펴본다. 국세는 과세대상이 우리나라 국경 내의 거래인지 여부에 따라 국경 내의 거래에 대한 세금은 내국세, 국경을 넘는 거래에 대한 관세로 구분한다. 내국세는 세부적으로 1) 보통세와 목적세, 2) 직접세와 간접세로 구분할 수 있다.

1) 국세의 구성

① 보통세와 목적세

보통세와 목적세는 거두어들인 세금의 지출 용도에 따른 분류이다. 보통세는 일반적인 경비에 지출하기 위하여, 목적세는 특정한 목적을 위한 경비에 지출하기 위한 세금이다. 국세에서는 교육세, 교통·에너지·환경세, 농어촌특별세의 세목[1]이 목적세에 해당하며 법인세, 소득세, 상속세및증여세 등 나머지 국세의 세목은 보통세에 해당한다.

---

1) 세금의 종류별 이름을 칭하는 말(이하 모든 내용에서 동일하게 사용)

② 직접세와 간접세

직접세는 ① 법률에 의해 세금을 납부하는자(=납세의무자)와 ② 실질적으로 세금을 부담하는자(=실질납세자)가 일치하는 세금이다. 국세에서는 법인세, 소득세, 상속세및증여세, 종합부동산세가 직접세에 해당한다. 법인세를 예로 들면 법인세는 해당 기간에 과세소득이 있는 법인이 부담하는 세금으로 납세의무자와 실질납세자가 모두 법인으로 동일하다. 소득세, 상속세및증여세, 종합부동산세도 마찬가지다.

간접세는 위 ① 납세의무자와 ② 실질납세자가 다른 세금이다. 부가가치세가 대표적인 예이다. 부가가치세를 납세의무자는 부가가치를 창출한 사업자이지만, 부가가치세 10%를 부담하는 실질납세자는 해당 재화 또는 용역을 구매한 소비자이다. 따라서 납세의무자와 실질납세자가 일치하지 않는다. 부가가치세 외에도 개별소비세, 주세, 인지세, 증권거래세가 국세 중 간접세에 해당한다.

국세의 구분

<table>
<tr><th>국세의 구분</th><th colspan="2">조세의 분류</th><th>국세를 구성하는 세목[2)]</th></tr>
<tr><td rowspan="3">내국세</td><td rowspan="2">보통세
(일반경비에 충당)</td><td>직접세</td><td>① 법인세
② 소득세
③ 상속세 및 증여세
④ 종합부동산세</td></tr>
<tr><td>간접세</td><td>⑤ 부가가치세
⑥ 개별소비세
⑦ 주세
⑧ 인지세
⑨ 증권거래세</td></tr>
<tr><td colspan="2">목적세
(특정경비에 충당)</td><td>⑩ 교육세
⑪ 교통·에너지·환경세
⑫ 농어촌특별세</td></tr>
<tr><td>관세</td><td colspan="2">별도의 세부 분류 없음</td><td>⑬ 관세 (단일세목)</td></tr>
</table>

2) 지방세의 구성

지방세 역시 국세의 분류기준과 동일한 기준에 따라 구분할 수 있다.

2) 재평가세와 임시수입부가세는 중요성의 목적에서 제외함

① 보통세와 목적세

지방세의 세목 중 지역자원시설세, 지방교육세는 목적세이며 취득세, 등록면허세, 재산세 등 대부분의 지방세는 보통세에 해당한다.

② 직접세와 간접세

지방세의 세목 중 담배소비세, 레저세는 간접세이다. 담배소비세의 납세의무자는 담배의 제조자 및 수입자 등이지만 실제로 담배소비세를 부담하는 자는 담배를 구입하는 소비자 등이다. 레저세는 경마투표권 등에 대한 세금으로 그 납세의무자는 경마의 사업자 등이지만 실제로 레저세를 부담하는 자는 경마투표권을 구입하는 소비자이다. 지방세에서는 이 2가지 세목만 간접세이며 나머지 지방세는 직접세에 해당한다.

지방세의 구분

구분	조세의 분류		지방세를 구성하는 세목
지방세	보통세 (일반경비에 충당)	직접세	① 취득세 ② 재산세 ③ 등록면허세 ④ 지방소비세 ⑤ 주민세 ⑥ 지방소득세 ⑦ 자동차세 (소유분)
		간접세	⑧ 레저세 ⑨ 담배소비세
	목적세 (특정경비에 충당)		① 지역자원시설세 ② 지방교육세

(2) 국세와 지방세의 차이점

국세와 지방세는 법률에 따른 구분 외에도 많은 차이점이 있다. 다만 지방세의 이해 목적에서 3가지로 살펴보면 다음과 같다.

첫 번째는 '통일성과 개별성'이다. 국세는 앞서 설명한 바와 같이 그 과세권이 국가에 있다. 국가라는 주체의 특성상 국세는 전국단위로 통일된 하나의 법령과 규칙 등이 적용된다. 반면 지방세는 그 과세권이 각 지방자치단체에 있다. 물론 지방세도 기본적인 법의 체계는 지방자치단체별로 동일하다. 그러나 지방세는 지방자치단체의 개별적 특성 및 상황 등에 따라 법과 조례 등의 방법을 통하여 지방자치단체별로 법 적용의 차이를 둘 수 있다. 후술하겠지만 지방세법에서 정하는 세율과 다른 세율을 적용하거나, 감면이 적용되는 과세대상에 있어서 그 감면율을 지방세법에서 정하는 감면율과 다른 감면율을 적용하는 것 등이 그 예이다.

따라서 지방세는 지방세법뿐 아니라 지방세법 및 조례 등에서 각 지방자치단체에서 별도로 규정하는 내용이 없는지 별도로 확인해야 한다.

두 번째는 '수익과 행위'이다. 국세는 주로 특정 과세기간 동안 납세의무자의 수익이나 재산의 증가액을 과세표준으로 하여 세금을 부과한다. 법인세와 소득세는 특정 과세기간 동안 발생한 소득의 증가에 대해서, 상속세 및 증여세는 상속과 증여 행위와 관련한 재산의 가액에 대해서 과세한다.

반면 지방세는 주로 과세대상과 관련한 특정한 행위 또는 경제적 가치를 소유하는 행위 등 과세대상과 관련한 행위에 대하여 세금을 부과한다. 취득세는 특정 자산을 취득하는 행위에 대해서, 등록면허세는 특정한 자산을 등기 또는 등록하는 행위에 대해서 과세한다. 재산세와 자동차세는 특정한 재산을 소유하고 있다는 사실에 대해서 과세한다. 레저세와 담배소비세는 경마투표권을 사는 행위, 담배를 구입하는 행위에 대해서 과세한다. 이렇듯 지방세는 국세와 비교하여 납세의무자의 행위에 대하여 과세하는 경향이 강하다.

마지막으로는 '관심'의 차이이다. 국세는 국가의 운영을 이끄는 주요 재원으로 그 규모가 크고 나라의 경제 상황과도 관련이 있어 국민 및 언론 등으로부터 관심을 받아왔다. 법인세는 기업의 실적을, 소득세는 국민 개개인의 소득 추세를, 부가가치세는 재화와 용역의 거래 규모를 가늠하는 지표로 활용되어왔다. 상속세와 증여세는 부익부 빈익빈이 공고화되는 자본주의 체제에서 부의 이전과 관련된 세금으로서 국민이 민감하게 반응하는 세금 중 하나이다.

이에 반해 지방세는 그동안 국세에 종속되는 개념으로서 상대적으로 큰 관심을 받지 못했다. 지방세는 국세에 종속되는 개념의 세금이라는 인식이 강하여 지방세 자체로는 국민적인 관심을 받아오지 못한 것이 사실이다. 다만, 지방자치단체 고유권한이 강화되면서 관련하여 지방세도 그 영향력이 높아지고 있다. 2014년 지방세법 개편으로 지방세가 국세에 종속되는 개념이 아닌 별도의 독립세로 전환되는 등 지방자치단체의 권한의 강화되는 추세가 지방세관계법에도 반영되고 있다.

2. 지방세관계법의 구성

지방세법의 구성 역시 국세의 법체계와 비교하여 이야기하고자 한다.

국세는 법인세, 소득세, 부가가치세, 상속세 및 증여세 등 앞서 살펴본 개별 세목마다 법인세법, 소득세법, 부가가치세법, 상속세 및 증여세법 등 개별법이 존재한다. 세목별 개별법 외에도 국세에 관한 기본적이고 공통적인 사항과 납세자의 권리와 의무 및 권리구제에 관한 사항은 국세기본법에, 국세의 징수에 관한 사항은 국세징수법에 별도로 규정하고 있다. 즉, 국세는 국세를 총괄하는 사항과 국세를 구성하는 세목별 사항이 명확히 구분되는 법체계를 가지고 있다.

반면 지방세는 2010년 이전에는 「지방세법」이라는 단일의 법체계를 가지고 있었다. 따라서 지방세의 공통적인 사항과 개별 세목에 관한 사항 등 성격을 달리하는 여러 가지 규정이 단 하나의 법안에 모두 혼재되어 법체계의 이해에 어려움이 있었다.

이러한 문제점을 반영하여 2011년 기존 단일체계의 지방세법을 지방세법, 지방세기본법, 지방세특례제한법의 3개 법률로 세분화하였다. 이후 2017년에는 지방세의 징수 분야를 지방세기본법에서 분리하여 지방세징수법을 신설하였다.

따라서 현행 지방세 법체계는 ① 지방세법, ② 지방세특례제한법, ③ 지방세기본법, ④ 지방세징수법, 총 4개의 법으로 구성되어 있어 국세와 유사한 수준으로 법체계를 갖추고 있다(이하 별도의 언급이 없다면 해당 4개의 법을 총칭하여 '지방세관계법'으로 부르기로 한다).

지방세관계법의 구성

구분	규정하는 내용	대응하는 국세
지방세법	지방세를 구성하는 11개 세목별 과세요건 및 부과징수 등에 관한 규정	세목별 개별법 (법인세법 등)
지방세특례제한법	지방세의 감면 및 특례에 관한 사항과 해당 감면 및 특례의 제한에 관한 규정	조세특례제한법
지방세기본법	지방세에 관한 기본적 사항과 납세자의 권리·의무 및 불복 등 권리구제 등에 관한 규정	국세기본법
지방세징수법	지방세의 징수와 체납처분에 관한 규정	국세징수법

다만, 국세의 「법인세법」 같이 개별 세목에 관한 개별법은 별도로 마련되지

않았다. 지방세 중 취득세를 예로 들면 「취득세법」이라는 개별법은 존재하지 않는다. 따라서 취득세, 재산세 등 지방세를 구성하는 개별 세목에 관한 내용은 「지방세법」에서 별도의 '장'으로 구분하여 규정하고 있다. 세목별로 다소 차이는 있으나 ① 세목의 기본적인 사항(용어의 정의, 과세대상, 납세의무자, 납세지 등), ② 세금계산에 관한 사항(과세표준, 세율, 감면 등), ③ 세금의 납부방법에 관한 사항(신고납부, 부과징수 등)의 내용을 포함하고 있다.

지방세법의 각 장별 구성은 다음과 같다. 앞으로 계속해서 살펴볼 내용이니 개략적으로 감을 잡는 차원에서 살펴보면 될 것이다.

지방세의 세목별 구성

장	지방세의 세목	주요내용
1장	총칙	용어정의, 시가표준액 등 지방세의 기본적인 사항
2장	취득세	부동산 등 자산의 취득에 대한 세금
3장	등록면허세 (등록분, 면허분)	① 등록분: 등록 및 등기에 관한 세금 ② 면허분: 면허에 관한 세금
4장	레저세	경륜, 경마, 소싸움 등의 투표권에 대한 세금
5장	담배소비세	담배와 관련된 세금
6장	지방소비세	부가가치세액에 덧붙는 세금
7장	주민세	① 균등분: 법인 또는 개인에 대한 세금 ② 재산분: 사업소 건축물에 대한 세금 ③ 종업원분: 종업원의 급여에 대한 세금
8장	지방소득세	법인 또는 개인 등의 소득에 대한 세금
9장	재산세	부동산 등 자산을 보유함에 따른 세금
10장	자동차세 (소유분, 주행분)	자동차의 소유와 그 연료와 관련된 세금
11장	지역자원시설세	특정자원과 특정부동산에 대한 세금
12장	지방교육세	취득세 등 지방세의 특정 개별 세목에 덧붙는 세금

3. 지방세관계법의 용어 체계

어떠한 분야를 이해할 때 중요한 것 중 하나는 해당 분야에서 사용되는 용어를 정확히 이해하는 것이다. 그래서 지방세를 이해할 때도 지방세법에서 정의하는 용어의 이해가 중요하다. 지방세관계법에서는 각각의 법을 적용할 때 사용되는 용어를 정의하고 있다.

우선 '1. 지방세기본법'에서는 지방세 전반에 걸쳐 사용되는 용어를 정의하고 있다. 그래서 다른 지방세관계법상 용어에 비해 다소 그 내용이 많다. '2. 지방세법'에서는 특정 개별 세목별로 그 세목에 적용되는 용어를 정의한다. 별도의 규정이 없으면 지방세기본법 및 지방세징수법에서 정하는 바에 따른다. '3. 지방세징수법'의 용어는 '체납자'와 '체납액'으로 이 2가지 용어는 지방세기본법에도 그 정의가 존재한다. '4. 지방세특례제한법'에서는 법의 특성상 주로 지방세의 감면과 관련된 용어를 정의하고 있다.

지방세관계법에서 규정하는 용어의 체계

지방세관계법	용어의 체계 및 성격
1. 지방세기본법	지방세에서 전반적으로 사용되는 용어의 정의
2. 지방세법	① 지방세법 개별 세목(취득세 등)에서 사용되는 용어 ② 별도의 규정이 없으면 지방세기본법 및 지방세징수법을 따름
3. 지방세징수법	① '체납자'와 '체납액'을 정의하고 있음 ② 별도의 규정이 없으면 지방세기본법을 따름
4. 지방세특례제한법	① 지방세의 감면과 관련한 용어의 정의 ② 별도의 규정이 없으면 지방세관계법을 따름

지방세법 및 지방세특례제한법에 따른 용어는 각각 개별 세목의 이해와 지방세 감면에 관한 내용에서 별도로 살펴보기로 하고, 아래에서는 지방세기본법에서 규정한 용어의 이해를 통하여 지방세를 이해하고자 한다.

4. 지방세관계법의 주요 용어

(1) 지방자치단체(지방세기본법 제2조 제1항 제1호)

지방자치단체는 특별시, 광역시, 특별자치시, 도, 특별자치시, 특별자치도, 시, 군, 구(자치구에 한함)을 말한다.

지방자치단체

지방자치단체 구분	지방자치단체
특별시 (1)	서울특별시
광역시 (6)	부산광역시, 대구광역시, 인천광역시, 광주광역시, 대전광역시, 울산광역시
특별자치시 (1)	세종특별자치시
도 (8)	경기도, 강원도, 충청북도, 충청남도, 전라북도, 전라남도, 경상북도, 경상남도
특별자치도 (1)	제주특별자치도
시, 군, 구	각 지방자치단체별 시, 군, 구(자치구만을 의미[주])

[주] 자치구의 의미

지방자치단체 중 '구'는 '자치구'만을 의미하는데, 자치구라는 개념을 이해하려면 「지방자치법」을 확인할 필요가 있다. 자치구는 특별시와 광역시 관할구역 안에 있는 구를 의미한다.

자치구와 행정구

구분	설명	관련법령
자치구	특별시와 광역시의 관할구역 안의 구	지방자치법 제2조 제2항
행정구	특별시, 광역시, 특별자치시가 아닌 인구 50만 이상의 시에 둘 수 있는 구	지방자치법 제3조 제3항

지방자치법

지방자치법 제2조

① 지방자치단체는 다음의 두 가지 종류로 구분한다.

1. 특별시, 광역시, 특별자치시, 도, 특별자치도
2. 시, 군, 구

② 지방자치단체인 구(이하 "자치구"라 한다)는 특별시와 광역시의 관할구역 안의 구만을 말하며, 자치구의 자치권 범위는 법령으로 정하는 바에 따라 시·군과 다르게 할 수 있다.

지방자치법 제3조

③ 특별시, 광역시, 특별자치시가 아닌 인구 50만 이상의 시에는 자치구가 아닌 구를 둘 수 있고, 군에는 읍·면을 두며, 시와 구(자치구를 포함)에는 동을, 읍·면에는 리를 둔다.

참고로 우리나라의 지방자치단체의 상세현황은 2019년 현재 다음과 같다.

우리나라의 지방자치단체[3]

구분		시	군	구(자치구)
특별시 (1)	서울 (25구)	-	-	종로구, 중구, 용산구, 성동구, 광진구, 동대문구, 중랑구, 성북구, 강북구, 도봉구, 노원구, 은평구, 서대문구, 마포구, 양천구, 강서구, 구로구, 금천구, 영등포구, 동작구, 관악구, 서초구, 강남구, 송파구, 강동구
광역시 (6)	부산 (15구 1군)	-	기장군	중구, 서구, 동구, 영도구, 부산진구, 동래구, 남구, 북구, 해운대구, 사하구, 금정구, 강서구, 연제구, 수영구, 사상구
	대구 (7구 1군)	-	달성군	중구, 동구, 서구, 남구, 북구, 수성구, 달서구
	인천 (8구 2군)	-	강화군 옹진군	중구, 동구, 미추홀구, 연수구, 남동구, 부평구, 계양구, 서구
	광주 (5구)	-	-	동구, 서구, 남구, 북구, 광산구
	대전 (5구)	-	-	동구, 중구, 서구, 유성구, 대덕구
	울산 (4구 1군)	-	울주군	중구, 남구, 동구, 북구
특별자치시 (1)	세종특별자치시	-	-	-
도 (8)	경기도 (28시 3군)	수원시, 고양시, 성남시, 용인시, 부천시, 안산시, 남양주시, 안양시, 화성시, 평택시, 의정부시, 시흥시, 파주시, 김포시, 광명시,	양평군, 가평군, 연천군	-

3) 행정안전부 정책정보「2019년도 지방자치단체 행정구역 및 인구현황」참조

		광주시, 군포시, 오산시, 이천시, 양주시, 안성시, 구리시, 포천시, 의왕시, 하남시, 여주시, 동두천시, 과천시		
	강원도 (7시 11군)	춘천시, 원주시, 강릉시, 동해시, 태백시, 속초시, 삼척시	홍천군, 횡성군, 영월군, 평창군, 정선군, 철원군, 화천군, 양구군, 인제군, 고성군, 양양군	-
	충청북도 (3시 8군)	청주시, 충주시, 제천시	보은군, 옥천군, 영동군, 증평군, 진천군, 괴산군, 음성군, 단양군	-
	충청남도 (8시 7군)	천안시, 공주시, 보령시, 아산시, 서산시, 논산시, 계룡시, 당진시	금산군, 부여군, 서천군, 청양군, 홍성군, 예산군, 태안군	-
	전라북도 (6시 8군)	전주시, 군산시, 익산시, 정읍시, 남원시, 김제시	완주군, 진안군, 무주군, 장수군, 임실군, 순창군, 고창군, 부안군	-
	전라남도 (5시 17군)	목포시, 여수시, 순천시, 나주시, 광양시	담양군, 곡성군, 구례군, 고흥군, 보성군, 화순군, 장흥군, 강진군, 해남군, 영암군, 무안군, 함평군, 영광군, 장성군, 완도군, 진도군, 신안군	-
	경상북도 (10시 13군)	포항시, 경주시, 김천시, 안동시, 구미시, 영주시, 영천시, 상주시, 문경시, 경산시	군위군, 의성군, 청송군, 영양군, 영덕군, 청도군, 고령군, 성주군, 칠곡군, 예천군, 봉화군, 울진군, 울릉군	-
	경상남도 (8시 10군)	창원시, 진주시, 통영시, 사천시, 김해시, 밀양시, 거제시, 양산시	의령군, 함안군, 창녕군, 고성군, 남해군, 하동군, 산청군, 함양군, 거창군, 합천군	-
특별자치도 (1)	제주특별자치도 (2행정시)	제주시, 서귀포시	-	-

(2) 지방자치단체의 장(지방세기본법 제2조 제1항 제2호)

지방세의 신고납부 및 부과징수에 대한 법문구를 보면 각각 '관할 지방자치단체의 장에게 신고납부 또는 관할 지방자치단체의 장이 부과징수하는 것'으로 표현하고 있다. 지방자치단체의 장은 특별시장, 광역시장, 특별자치시장, 도지사, 특별자치도지사, 시장, 군수, 구청장을 말한다.

지방자치단체의 장

지방자치단체 구분	지방자치단체	지방자치단체의 장
특별시(1)	서울특별시	서울특별시장
광역시(6)	부산광역시, 대구광역시, 인천광역시, 광주광역시, 대전광역시, 울산광역시	6개 광역시의 광역시장 (예:부산광역시장)
특별자치시(1)	세종특별자치시	세종특별자치시장
도(8)	경기도, 강원도, 충청북도, 충청남도, 전라북도, 전라남도, 경상북도, 경상남도	8도의 도지사 (예: 경기도지사)
특별자치도(1)	제주특별자치도	제주특별자치도지사
시, 군, 구	각 지역의 시, 군, 구(자치구[주])	각 지역의 시장, 군수, 구청장

실무적으로 지방세와 관련된 각종 서류(과세표준신고서 등)를 제출할 경우 관할 지방자치단체의 장을 기재하는 부분이 있다. 예를 들어 취득세의 경우에는 취득세를 신고할 때 제출하는 과세표준신고서 좌측 하단에는 '시장, 군수, 구청장 귀하'라는 문구가 기본표시되어 있다. 따라서 지방세의 납세의무자는 지방세 관련 서류를 작성할 때 관할 지방자치단체의 장을 해당 부분에 기재해야 한다.[4)]

(3) 지방세(지방세기본법 제2조 제1항 제3호)

지방세란 특별시세, 광역시세, 특별자치시세, 도세, 특별자치도세 또는 시·군세, 구세(자치구의 구세)를 말한다. 참고로 세목별 지방세를 분류하면 다음과 같다.

---

4) 회사가 직접 신고할 때도 마찬가지지만 특히 지방세 업무의뢰를 맡은 세무대리인이 이 부분을 실수하게 되면 신고를 의뢰한 고객사가 신고서 전체의 품질을 의심할 수도 있다. 비록 세금에 직접적인 영향은 없더라도 지방세와 관련된 서류를 작성할 때는 관할 지방자치단체와 관할 지방자치단체의 장은 정확히 확인하여 기재해야 한다.

지방세 세목별 분류

구분		특별시 및 광역시		도		특별자치시세 특별자치도세
		특별시세·광역시세	구세	도세	시·군세	
취득세	보통세	○		○		○
등록면허세			○	○		○
레저세		○		○		○
담배소비세		○			○	○
지방소비세		○		○		○
주민세		○			○	○
지방소득세		○			○	○
재산세			○		○	○
자동차세		○			○	○
지역자원시설세	목적세	○		○		○
지방교육세		○		○		○

(4) 지방세관계법(지방세기본법 제2조 제1항 제4호)

지방세기본법에서 규정하는 '지방세관계법'은 ① 지방세기본법, ② 지방세법, ③ 지방세특례제한법, ④ 지방세징수법, 그리고 ⑤ 조세특례제한법과 ⑥ 제주특별자치도 설치 및 국제자유도시 조성을 위한 특별법을 말한다.

다만, 위 '2. 지방세의 구성'에서는 ①에서 ④의 법만을 지방세관계법으로 부르기로 하였고 ⑤와 ⑥은 제외하였다.

우선 ⑤ '조세특례제한법'부터 살펴본다. 지방세법이 전면 개정되기 전에는 지방세 감면에 대한 사항이 지방세법과 조세특례제한법에 규정되어 있었다. 2011년 지방세특례제한법을 신설하면서 지방세 감면에 관한 사항을 지방세법 및 조세특례제한법에서 지방세특례제한법으로 이관하였다. 현재 '조세특례제한법 제121조의 2 [외국인투자에 대한 조세 감면]' 등 일부의 지방세 감면규정이 조세특례제한법에 있으나 그 비중이 현저히 낮아 본서에서는 제외하였다.

두 번째는 ⑥ 제주특별자치도 설치 및 국제자유도시 조성을 위한 특별법인데, 이 법은 일반적인 지방세법이 아닌 특별법으로서 제주특별자치도의 관할구역에만 적용한다. 따라서 일반적인 지방세를 설명하기에는 적합하지 않아 본서에서는 제외하였다.

다만, 조세특례제한법에 남아있는 감면이나 제주특별자치도와 관련된 지방세 업무를 할 때는 ⑤와 ⑥에 따른 법을 확인해야 한다.

(5) 과세표준(지방세기본법 제2조 제1항 제5호)

지방세의 과세표준은 「지방세법」에 따라 직접적으로 세액산출의 기초가 되는 과세물건의 수량, 면적 또는 가액 등을 말한다.

국세의 과세표준은 모두 '가액'이다. 따라서 그 가액을 어떻게 계산해야 하는지에 대해서만 규정하고 있다. 반면 지방세 중 일부의 세목은 가액이 아닌 수량, 면적 등을 과세표준으로 하고 있다. 예를 들면, 담배소비세는 담배 개비수, 중량, 담배의 성분인 니코틴 용액의 용량을 과세표준으로 하며 자동차세는 자동차의 가액이 아닌 자동차의 특성(영업용·비영업용, 자동차의 배기량 등)을 과세표준으로 한다. 지방교육세는 취득세, 등록면허세 등 취득세를 구성하는 다른 세목의 세액(해당 세목의 과세표준에 세율을 적용한 산출세액)을 과세표준으로 한다.

지방세의 세목별 과세표준

구분		과세표준	비고
취득세		취득한 금액(신고가액, 시가표준액 등)	가액
등록면허세	등록분	등록당시의 가액(신고가액, 시가표준액 등)	가액
	면허분	별도의 과세표준 없음(면허 종류에 따른 세율)	없음
레저세		경륜 등 투표권의 발매금 총액	가액
담배소비세		담배 개비수, 중량, 니코틴 용액의 용량	수량, 중량 등
지방소비세		부가가치세 납부세액 등	세액(부가세)
주민세	균등분	별도의 과세표준 없음(법인 또는 개인의 세율)	없음
	재산분	사업소 연면적	면적
	종업원분	종업원 급여총액	가액
지방소득세		법인 또는 개인의 소득금액 등	가액
재산세		과세대상별 시가표준액 × 공정가액비율 등	가액
자동차세	소유분	자동차 종류, 배기량 등 자동차의 특성	자동차 특성
	주행분	「교통·에너지·환경세법」에 따른 납부세액	세액(부가세)
지역자원시설세		발전용수. 지하수의 용량, 채광된 광물가액	용량, 가액
		컨테이너 크기, 원자력 발전량, 화력 발전량	크기, 발전량
		건축물, 선박의 가액 또는 시가표준액	가액

지방교육세	취득세액, 등록면허세액, 레저세액, 담배소비세액, 주민세 균등분 세액, 재산세액, 자동차세액	세액(부가세)

(6) 표준세율(지방세기본법 제2조 제1항 제6호)

지방세의 표준세율은 지방자치단체가 지방세를 부과할 경우에 통상 적용해야 할 세율로서 재정상의 사유 또는 그 밖의 특별한 사유가 있는 경우에는 이에 따르지 아니할 수 있는 세율을 말한다.

유의해야 할 것은 '표준'이라는 단어다. 국세와 비교하면 국세의 개별법에는 '표준세율'이라는 용어가 없다. 국세는 앞서 언급한 바와 같이 전국단위로 통일된 하나의 법령과 지침을 적용한다. 따라서 어떠한 사유에 의해서 국세의 세율이 달리 적용될 수 없다. 서울특별시에 소재하는 법인이든 부산광역시에 소재하는 법인이든 그 법인세율이 다를 수 없는 것이다. 이러한 이유로 국세는 '표준세율'이 아닌 '세율'이라는 용어를 사용한다.

반면 지방세는 기본적으로 따라야 하는 '표준의' 세율을 '표준세율'로 정해두지만, 지방자치단체의 재정상의 사유 등이 있는 경우 표준세율의 일정 범위에서 가감하는 등의 방식으로 별도의 세율을 적용할 수 있다. 따라서 지방세의 세율을 확인할 때는 '표준세율'이라는 법 표현과 '세율'이라는 법 표현을 구분해야 하며, 표준세율에 해당하는 경우에는 관할 지방자치단체에서 별도로 정한 세율이 있는지 등을 검토해야 한다.

지방세 세목별 세율을 간략히 살펴보면 다음과 같다.

지방세의 세목별 세율

구분		세율의 종류
취득세		① 표준세율(부동산 및 부동산 외 자산) ② 특례세율(특정 자산) ③ 중과세율(과밀억제권역 및 대도시내 특정 자산)
등록면허세	등록분	표준세율(50% 범위에서 가감할 수 있음)
	면허분	세율(정액의 세율)
레저세		세율(10% 단일세율)
담배소비세		표준세율(30% 범위에서 가감할 수 있음)
지방소비세		세율(15% 단일세율, 단 2020년부터 21% 적용)

주민세	균등분	표준세율(50% 범위에서 가감할 수 있음)
	재산분	① 표준세율(그 이하로 정할 수 있음) ② 중과세율(오염물질배출 사업소)
	종업원분	표준세율(50% 범위에서 가감할 수 있음)
지방소득세		표준세율(일정 범위에서 가감할 수 있음)
재산세		① 표준세율(50% 범위에서 가감할수 있음) ② 중과세율(과밀억제권역 내 공장 신설·증설 등)
자동차세	소유분	표준세율(50% 초과하여 정할 수 있음)
	주행분	표준세율(30% 범위에서 가감할 수 있음)
지역자원시설세		표준세율(50% 범위에서 가감할 수 있음)
지방교육세		① 표준세율(50% 범위에서 가감할 수 있음) ② 중과세율(취득세 등에 중과세 적용될 경우)

(7) 세무공무원(지방세기본법 제2조 제1항 제10호)

지방세와 관련한 세무공무원은 지방자치단체의 장 또는 지방세의 부과·징수 등에 관한 사무를 위임받은 공무원을 말한다. 국세기본법에서 규정하고 있는 국세의 세무공무원과 비교하면 다음과 같다.

국세와 지방세의 세무공무원

구분	세무공무원
국세	① 국세청장, 지방국세청장, 세무서장 또는 그 소속 공무원 ② 세법에 따라 국세에 관한 사무를 세관장이 관장하는 경우의 그 세관장 또는 그 소속 공무원
지방세	지방자치단체의 장 또는 지방세의 부과·징수 등에 관한 사무를 위임받은 공무원

(8) 납세자(지방세기본법 제2조 제1항 제11호~14호 및 제20~21호)

납세자는 납세의무자(연대납세의무자와 제2차 납세의무자 및 보증인을 포함)와 특별징수의무자를 말한다. 납세자의 정의는 단독으로 이해하려고 하면 너무 당연한 말 같이 느껴질 것이다. 그래서 납세자의 정의는 ① 납세자, ② 납세의무자, ③ 특별징수의무자의 정의와 비교하는 방법으로 접근하고자 한다.

납세자의 구성

<table>
<tr><th colspan="3">구분</th><th>납세의무</th></tr>
<tr><td rowspan="5">① 납세자</td><td rowspan="4">② 납세의무자
(특별징수의무자를 제외함)</td><td>본래 납세의무자</td><td rowspan="4">있음</td></tr>
<tr><td>연대납세의무자</td></tr>
<tr><td>제2차 납세의무자</td></tr>
<tr><td>보증인</td></tr>
<tr><td colspan="2">③ 특별징수의무자</td><td>없음
(특별징수의 의무)</td></tr>
</table>

결론부터 말하면 납세자는 납세의무자와 특별징수의무자를 포함하는 개념이다.

① 납세자는 납세, 즉 세금을 납부하는 행위를 하는 자를 말한다. 납세자는 납세의무의 여부에 따라 ② 납세의무자와 ③ 특별징수의무자로 구분된다.

② 납세의무자는 지방세를 납부할 의무가 있어서 납세행위를 하는 자이다. 다시 말하면 납세의무자는 세금을 납부할 의무가 있어서 (당연히) 세금을 납부하는 자이다. 반면 ③ 특별징수의무자는 지방세를 납부할 의무는 없으나, 지방세를 징수할 수 있는 여건이 좋아서 관할지방자치단체를 대신하여 납세의 행위를 하는 자이다(특별징수의무자는 지방세에서만 존재하는 개념으로 국세의 원천징수의무자와 유사하다). 즉, 특별징수의무자는 납세의무는 없으므로 '납세의무자'의 정의에서도 특별징수의무자는 제외하는 것으로 규정하는 것이다.

(9) 납세의무자(지방세기본법 제2조 제1항 제11호)

위 '(8) 납세자'의 정의 중에서 '납세의무자'는 지방세를 납부할 의무가 있는 자(=본래의 납세의무자) 외에도 연대납세의무자, 제2차 납세의무자, 보증인을 포함한다.

납세의무자의 범위

범위	정의	비고
① 본래의 납세의무자	지방세를 납부할 의무가 있는 자	
② 연대납세의무자	위 ① 본래의 납세의무자와 연대하여 지방세를 납부할 의무가 있는 자	[주1]
③ 제2차 납세의무자	납세자가 납세의무를 이행할 수 없는 경우에 납세자를 갈음하여 납세의무를 지는 자	[주2]
④ 보증인	납세자의 지방세·가산금·체납처분비의 납부를 보증한 자	

[주1] 연대납세의무자(지방세기본법 제44조)

연대납세의무는 하나의 납세의무를 본래의 납세의무자와 연대납세의무자가 연대하여 납세의무를 부담하는 것을 말한다. 따라서 본래의 납세의무자 및 연대납세의무자는 각각 별도로 지방세 전체금액에 대한 납세의무가 있으며, 만약 그중 어느 하나의 납세의무자가 지방세 납부의무를 이행하면 다른 납세의무자의 납세의무는 소멸한다. 지방세기본법에 따른 연대납세의무자는 다음과 같다.

연대납세의무자

구분	연대납세의무자
공유물(공동주택의 공유물은 제외), 공동사업 또는 그 공동사업에 속하는 재산에 관계되는 지방자치단체의 징수금	① 공유자 ② 공동사업자
법인이 분할되거나 분할합병되는 경우 분할되는 법인에 대하여 분할일 또는 분할합병일 이전에 부과되거나 납세의무가 성립된 지방자치단체의 징수금	① 분할되는 법인 ② 분할 또는 분할합병으로 설립되는 법인 ③ 존속하는 분할합병의 상대방 법인[5)]
법인이 분할 또는 분할합병으로 인하여 해산하는 경우 해산하는 법인에 부과되거나 그 법인이 납부할 지방자치단체의 징수금	① 분할 또는 분할합병으로 설립되는 법인 ② 존속하는 분할합병의 상대방 법인
법인이 「채무자 회생 및 파산에 관한 법률」 제215조에 따라 신회사를 설립하는 경우 기존의 법인에 부과되거나 납세의무가 성립한 지방자치단체의 징수금	① 기존법인 ② 신회사

[주2] 제2차 납세의무자(지방세기본법 제45조~제48조)

제2차 납세의무자는 납세자가 어떠한 사유 등으로 납세의무를 이행할 수 없는 경우에 납세의무를 지는 자이다. 제2차 납세의무자는 본래의 납세의무자가 납세의무를 이행하지 못할 경우 그 부족분에 한정하여 2차적인 납세의무를 지는 것으로 보충적 납세의무의 성격을 가진다.

제2차 납세의무자는 지방세기본법에서 다음과 같이 그 대상을 별도로 정하고 있다. 참고로 국세(국세기본법)에도 동일한 개념이 있다.

5) 분할되는 법인의 일부가 다른 법인에 합병되어 그 다른 법인이 존속하는 경우 그 다른 법인을 말함(이하 동일)

제2차 납세의무자

제2차 납세의무자	구분	내용
청산인 등	제2차 납세의무	법인이 해산한 경우 그 법인에 부과되거나 그 법인이 납부할 지방자치단체의 징수금을 납부하지 아니하고 남은 재산을 분배하거나 인도하여, 그 법인에 대하여 체납처분을 집행하여도 징수할 금액보다 적은 경우, 청산인과 남은 재산을 분배받거나 인도받은 자는 그 부족한 금액에 대하여 제2차 납세의무를 부담
	본래 납세의무자	해산한 법인
	제2차 납세의무자	① 청산인 ② 남은 재산을 분배받거나 인도받은 자
	제2차 납세의무 한도	① 청산인: 분배하거나 인도한 재산의 가액 ② 남은 재산을 분배받거나 인도받은 자: 각자가 분배·인도받은 재산의 가액
출자자 등	제2차 납세의무	법인(유가증권시장 상장법인 제외)의 재산으로 그 법인에 부과되거나 그 법인이 납부할 지방자치단체의 징수금에 충당하여도 부족한 경우에는 그 지방자치단체의 징수금의 과세기준일 또는 납세의무성립일(관련 규정이 없는 세목은 납기개시일) 현재 ① 무한책임사원 또는 ② 과점주주에 해당하는 자는 그 부족액에 대하여 제2차 납세의무를 부담
	본래 납세의무자	법인(유가증권시장 상장법인 제외)
	제2차 납세의무자	① 무한책임사원 ② 과점주주
	제2차 납세의무 한도	① 무한책임사원: 납부할 지방세 ② 과점주주: 납부할 지방세 × 지분율
법인	제2차 납세의무	지방세[6]의 납부기간 종료일 현재 법인의 무한책임사원 또는 과점주주의 재산(그 법인의 발행주식 또는 출자지분은 제외)으로 그 출자자가 납부할 지방자치단체의 징수금에 충당하여도 부족한 경우에는 그 법인은 다음 중 어느 하나에 해당하는 경우에만 그 출자자의 소유주식 또는 출자지분의 가액 한도 내에서 그 부족한 금액에 대하여 제2차 납세의무를 부담 ① 지방자치단체의 장이 출자자의 소유주식 또는 출자지분을 재공매하거나 수의계약으로 매각하려 하여도 매수희망자가 없을 때

6) 2 이상의 지방세의 경우에는 납부기한이 뒤에 도래하는 지방세

		② 법률 또는 법인의 정관에서 출자자의 소유주식 또는 출자지분의 양도를 제한하고 있을 때
	본래 납세의무자	① 무한책임사원 ② 과점주주
	제2차 납세의무자	법인
	제2차 납세의무 한도	출자자의 소유주식 또는 출자지분의 가액
사업양수인	제2차 납세의무	사업의 양도·양수가 있는 경우 그 사업에 관하여 양도일 이전에 양도인의 납세의무가 확정된 지방자치단체의 징수금을 양도인의 재산으로 충당하여도 부족할 때에는 양수인은 그 부족한 금액에 대하여 양수한 재산의 가액 한도 내에서 제2차 납세의무를 부담
	본래 납세의무자	사업양도인
	제2차 납세의무자	사업양수인
	제2차 납세의무 한도	사업양수인의 양수한 재산의 가액

제2차 납세의무자 유형

유형	주된 납세자	제2차 납세의무자	한도(범위)	
청산인 등	해산법인	청산인	분배인도한 재산가액	
		잔여재산을 받은 자	분배인도받은 재산가액	
출자자	법인 (유가증권상장법인 제외)	① 무한책임사원 ② 과점주주	무한책임사원	없음
			과점주주	지분율
법인	① 무한책임사원 ② 과점주주	법인	출자자의 지분율	
사업양수인	사업양도인	사업양수인	양수한 재산가액	

(10) 납세의무의 성립(지방세기본법 제34조)

납세의무의 성립은 지방세기본법에서 '용어'에 포함된 내용은 아니지만 아래 (11) 납세의무의 확정과 관련이 있어 별도로 설명한다.

납세의무는 특정시기에 특정사실 또는 상태가 존재함으로써 과세대상(물건 또는 행위)이 납세의무자에게 귀속되어 지방세 법령이 정하는 바에 따라 과세표준의 산정 및 세율의 적용이 가능하게 되는 때에 구체적으로 성립한다. 이를 납세의무의 성립이라고 한다. 지방세기본법 제34조에서는 지방세의 세목별 납세의무 성립시기를 규정하고 있다. 즉, 납세의무 성립시기가 되면 납세의무자는 관련 지방세의 납세의무가 발생하는 것이다. 납세의무 성립시기와 관련하여 실무적으로는 크게 3가지 사항을 유의하면 될 것이다.

① 지방세관계법 판단 및 해석의 기준점

납세의무 성립시기는 지방세관계법을 적용하거나 해석할 때 그 판단의 기준이 된다. 과점주주의 판정을 다루고 있는 '「지방세기본법 운영예규[7]」 법 46-4'의 규정을 예로 들면, 지방세법상 과점주주는 지방세 납세의무성립일 현재 과점주주를 말한다.

지방세기본법 운영예규 법46-4 [과점주주의 판정] 과점주주의 판정은 지방세의 납세의무성립일 현재 주주 또는 유한책임사원과 그 친족 기타 특수관계에 있는 자의 소유주식 또는 출자액을 합계하여 그 점유비율이 50%를 초과하는지를 계산하는 것이며, 이 요건에 해당되면 당사자 개개인을 전부 과점주주로 본다.

이외에도 납세의무성립일을 기준으로 적용하는 지방세관계법 규정이 상당히 많기 때문에 지방세관계법을 정확히 해석하기 위해서 납세의무의 성립을 이해할 필요가 있다.

② 지방세관계법 적용시점

납세의무 성립시기는 소급과세금지의 원칙을 적용하기 위한 기준점이 된다. 소급과세금지의 원칙은 세법의 의무가 성립 후의 새로운 법에 따라 소급하여 과세하지 않는 것으로 지방세기본법 제20조에 규정하고 있다.

지방세기본법 제20조 [해석의 기준 등] ② 지방세를 납부할 의무(이 법 또는 지방세관계법에 징수의무자가 따로 규정되어 있는 지방세의 경우에는 이를 징수하여 납부할 의무를 말한다. 이하 같다)가 성립된 소득·수익·재산·행위 또는 거래에 대해서는 의무 성립 후의 새로운 법에 따라 소급하여 과세하지 아니한다.

7) 행정안전부에서 고시하는 지방세관계법에 대한 운영예규로서 행정규칙의 일종에 해당함. 행정안전부 공식 홈페이지에서 정책자료>법령정보>훈령·예규·고시에서 검색할 수 있음(pdf 파일 제공)

즉, 지방세관계법을 적용할 때는 해당 세목의 납세의무가 성립한 시점 당시의 지방세관계법을 적용해야 한다. 예를 들어 2018년에 7월에 납세의무가 성립한 지방세를 검토할 때는 2018년 7월 당시 가장 최근의 지방세관계법을 적용해야 하는 것이다.

③ 지방세 세목별 납세의무 성립시기

지방세기본법 제34조에서는 세목별 납세의무 성립시기를 별도로 정하고 있다. 따라서 각 세목별 납세의무 성립시기를 숙지해야 한다.

지방세 세목별 납세의무 성립시기

구분		납세의무 성립시기
취득세		과세물건을 취득하는 때
등록면허세	등록분	재산권과 그 밖의 권리를 등기하거나 등록하는 때
	면허분	각종의 면허를 받는 때와 납기가 있는 달의 1일
레저세		승자투표권, 승마투표권 등을 발매하는 때
담배소비세		담배를 제조장·보세구역으로부터 반출하거나 국내로 반입하는 때
지방소비세		「국세기본법」에 따른 부가가치세의 납세의무가 성립하는 때
주민세	균등분	과세기준일(매년 7월 1일)
	재산분	과세기준일(매년 7월 1일)
	종업원분	종업원에게 급여를 지급하는 때
지방소득세		과세표준이 되는 소득에 대하여 소득세·법인세의 납세의무가 성립하는 때
재산세		과세기준일(매년 6월 1일)
자동차세	소유분	납기가 있는 달의 1일
	주행분	과세표준이 되는 교통·에너지·환경세의 납세의무가 성립하는 때
지역자원시설세		① 발전용수: 발전용수를 수력발전(양수발전 제외)에 사용하는 때 ② 지하수: 지하수를 채수하는 때 ③ 지하자원: 지하자원을 채광하는 때 ④ 컨테이너: 컨테이너를 취급하는 부두를 이용하기 위하여 컨테이너를 입항·출항하는 때 ⑤ 원자력발전: 원자력발전소에서 발전하는 때 ⑥ 화력발전: 화력발전소에서 발전하는 때 ⑦ 건축물 및 선박: 과세기준일
지방교육세		과세표준이 되는 세목의 납세의무가 성립하는 때
가산세		가산세를 가산할 지방세의 납세의무가 성립하는 때

(11) 납세의무의 확정(지방세기본법 제2조 제1항 제16호~제21호 및 제35조)

납세의무의 확정은 지방세의 납부 또는 징수를 위하여 법이 정하는 바에 따라 납부할 지방세액을 납세의무자 또는 지방자치단체의 일정한 행위나 절차를 거쳐서 구체적으로 확정하는 것을 말한다.[8] 즉, 위 (10)에서 살펴본 납세의무가 성립되면 그 성립된 납세의무를 구체적으로 이행하는 것이 납세의무의 확정이다. 지방세의 납세의무는 신고납부와 징수의 방법으로 확정한다.

1) 신고납부

신고납부는 납세의무자가 그 납부할 지방세의 과세표준과 세액을 신고하고 동시에 신고한 세금을 납부하는 것을 말한다. 이때 해당 신고는 「지방세기본법」 제2조 제1항 제7호에 정의하고 있는 과세표준 신고서에 따른다. 과세표준신고서는 지방세의 과세표준, 세율, 납부세액 등 지방세의 납부 또는 환급을 위하여 필요한 사항을 기재한 신고서를 말한다.

신고납부 방법에서 납세의무자가 세금의 신고납부의무를 이행하지 않으면 지방자치단체가 지방세를 거두어들일 수 없다. 따라서 납세의무자가 그 의무를 이행하지 않을 때는 가산세를 부과하여 납세의무자가 성실한 신고납부 의무를 이행하도록 하고 있다.

신고납부의 방법은 납세의무자가 직접 세금을 신고납부해야 하고, 그 의무를 이행하지 않을 경우 가산세라는 불이익도 있으므로 납세의무자의 세무행정 부담이 높은 방법이다. 납세의무자가 모든 세금을 직접 신고해야 한다면 납세의무자에게 과도한 세무행정을 부담시키는 측면이 있어 '징수'의 방법도 적용하고 있다.

2) 징수(보통징수와 특별징수)

징수는 지방자치단체의 장이 납세자로부터 지방자치단체의 징수금[9]을 거두어들이는 것을 말한다. 징수의 방법에는 두 가지가 있는데 ① 보통징수와 ② 특별징수이다.

---

8) 지방세기본법 운영예규 법35-1

9) 징수금은 지방세, 가산금, 체납처분비를 포함한 개념으로 아래 '(10) 가산세, 가산금 등'의 내용 참조

첫 번째 보통징수는 세무공무원이 '납세고지서'를 납세자에게 발급하여 지방세를 징수하는 것이다. 납세고지서는 납세자가 납부할 지방세의 부과 근거가 되는 법률 및 해당 지방자치단체의 조례 규정, 납세자의 주소·성명, 과세표준, 세율, 세액, 납부기한, 납부장소, 납부기한까지 납부하지 아니한 경우에 이행될 조치 및 지방세 부과가 법령에 어긋나거나 착오가 있는 경우의 구제방법 등을 기재한 문서로서 세무공무원이 작성한 것이다. 우리가 우편함을 열어봤을 때 지방세를 납부하라는 종이(=납세고지서)를 보고 거기에 적힌 세금을 내는 것이 '보통징수' 방법이다.

보통징수는 납세의무자에게 과세표준신고서에 따른 신고의 의무는 없고, 지방자치단체에서 작성된 납세고지서에 따른 납부의 의무만 있다. 따라서 보통징수는 신고납부 의무미이행에 따른 가산세는 없으나, 특정한 기한까지 납부의무를 이행하지 않았을 때는 가산금을 부과하여 납세의무자의 성실한 납부의무를 이행하도록 하고 있다.

두 번째 특별징수는 지방세를 징수할 때 편의상 징수할 여건이 좋은 자(=특별징수의무자)로 하여금 지방세를 징수하게 하고 그 징수한 세금을 납부하게 하는 것이다. 조금 쉽게 말하면, 지방세 납세의무는 없으나 지방세를 쉽게 거둘 수 있는 특정한 자를 특별징수의무자로 정하여, 해당 특별징수의무자가 지방자치단체의 지방세 징수의무를 도와주는 것으로 이해하면 된다.

특별징수는 특별징수의무자가 징수해야 할 세액을 특정기한까지 납부하지 않을 경우 가산세를 부과하고 있다. 다만, 특별징수의무자는 지방자치단체에 도움을 주는 존재임을 고려하여 아래의 규정을 적용할 수 있다.

구분	내용
가산세의 면제	특별징수 방법을 적용하는 지방세 중 일부에 대해서는 특별징수의무불이행에 따른 가산세를 적용하지 않음
사무처리비 환급	특별징수의무자가 지방세 징수업무에 사용한 일정한 사무처리비는 환급받거나 특별징수의무자가 납부할 세액에서 공제할 수 있음

위 신고납부와 징수의 내용을 정리하면 다음과 같다.

신고납부와 징수

구분	신고납부	징수	
		보통징수	특별징수
정의	납세의무자가 과세표준과 세액을 신고하고 납부	지방자치단체가 지방세를 징수	특별징수의무자가 지방자치단체 대신 지방세를 징수
근거서류	과세표준신고서	납세고지서	납세고지서 등
납세의무 확정시기	신고하는 때	지방자치단체가 결정하는 때	납세의무 성립시기
의무미이행시 불이익	가산세 (신고및납부불성실가산세)	가산금 (가산금, 중가산금)	가산세 (특별징수불성실가산세)
세무행정부담	상대적으로 높음	상대적으로 낮음	

지방세 세목별 납세의무 확정방법

지방세 세목		납세의무 확정방법			
		원칙			예외
		원칙	신고납부기한		
취득세		신고납부	취득일로부터 60일 이내		보통징수 [주1]
등록 면허세	등록분	신고납부	등기·등록하기 전까지		특별징수 (특허권 등)
	면허분	신고납부	면허증서를 발급받기 전까지 등		보통징수(유효기간 1년 초과 면허 등)
레저세		신고납부	발매일이 속하는 달의 다음 달 10일까지		보통징수 [주1]
담배소비세		신고납부	매월의 다음 달 말일까지		보통징수 [주1]
지방소비세		신고납부	부가가치세 신고납부기한		
주민세	균등분	보통징수			
	재산분	신고납부	매년 07.01.~07.31.		보통징수 [주1]
	종업원분	신고납부	매월의 다음 달 10일까지		보통징수 [주1]
지방소득세		신고납부	법인	사업연도종료일 4개월이내	① 특별징수 ② 보통징수 [주1]
			개인	소득세 신고기한	
재산세		보통징수			
자동차세	소유분	보통징수	① 1기분(06.16~06.30.) ② 2기분(12.16~12.31.)		신고납부 [주2]
	주행분	신고납부			

<table>
<tr><td rowspan="2">지역자원
시설세</td><td>특정자원</td><td>신고납부</td><td>조례에 따른 신고기한</td><td>보통징수 [주1]</td></tr>
<tr><td>특정부동산</td><td>보통징수</td><td></td><td></td></tr>
<tr><td colspan="2" rowspan="2">지방교육세</td><td>신고납부</td><td>취득세, 담배소비세, 등록분 등록면허세, 레저세의 신고납부기한</td><td rowspan="2">보통징수 [주1]</td></tr>
<tr><td>보통징수</td><td>균등분 주민세, 재산세, 자동차세 납부기한</td></tr>
</table>

[주1] 보통징수

신고납부의무를 이행하지 않는 경우 관련 지방세 산출세액에 가산세를 더한 금액을 보통징수의 방법으로 징수한다.

[주2] 신고납부

연세액 일시납부(1,3,6,9월) 및 분할납부(3,6,9,12월)

(12) 가산세, 가산금, 체납처분비, 공과금(지방세기본법 제2조 제1항 제22호~26호)

지방세관계법을 읽다 보면 가산세, 가산금 등 각종 금액에 관한 내용이 나온다. 가산세 등의 내용도 위 '(7) 납세자'의 내용과 같이 단독으로 살펴보기보다 체계를 갖추어 비교하면서 살펴보면 그 이해가 쉬울 것이다.

가산세 등의 체계

<table>
<tr><th colspan="3">구분</th><th>의미</th></tr>
<tr><td rowspan="4">1) 징수금
(체납액)</td><td rowspan="2">2) 지방세</td><td>3) 본세</td><td>지방세관계법을 적용하여 산출한 세액</td></tr>
<tr><td>4) 가산세</td><td>의무미이행으로 지방세에 가산하는 세금
① 아래 5) 가산금은 제외
② 가산세는 의무가 규정된 지방세의 세목으로 함
③ 지방세를 감면하는 경우 가산세는 감면대상 제외</td></tr>
<tr><td colspan="2">5) 가산금</td><td>의무미이행으로 가산하여 징수하는 금액(세금이 아님)</td></tr>
<tr><td colspan="2">6) 체납처분비</td><td>지방세 체납시 행정처분에 소요되는 각종 비용</td></tr>
<tr><td>기타</td><td colspan="2">7) 공과금</td><td>지방세 체납시 징수할 수 있는 일정한 채권</td></tr>
</table>

1) 지방자치단체의 징수금(지방세기본법 제2조 제1항 제22호 및 제33호)

지방자치단체의 징수금은 지방세와 가산금 및 체납처분비를 말한다. 즉, 지방자치단체가 납세의무자로부터 받아야 할 금액은 지방세뿐 아니라 가산금과 체납처분비를 포함한다는 것을 유의해야 한다. 납세의무자가 이러한 금액을 납부기한까지 납부하지 않으면 체납자가 되는 것이며, '체납액'이란 체납된 지방세와 그 가산금, 체납처분비를 포함하는 것으로 규정하고 있는 것이다.

2) 지방세

지방세는 아래 3) 본세와 4) 가산세로 구분할 수 있다. 가산세는 지방세에 포함되는 개념임을 유의해야 한다.

3) 본세

본세는 지방세법에서 사용하는 표현이나 개념은 아니다.[10] 다만 지방세관계법에 따른 과세표준과 세액을 적용해서 산출한 세액의 의미로 실무상 주로 사용하며, 가산세 및 가산금의 개념을 설명하기 위하여 언급하였다.

4) 가산세(지방세기본법 제2조 제1항 제23호)

① 가산세의 의미

가산세는 납세의무자가 지방세관계법에서 규정하는 의무를 성실하게 이행하도록 하기 위하여 해당 의무를 이행하지 않을 경우 지방세관계법에 따라 산출한 세액에 가산하여 징수하는 금액을 말한다. 가산세는 신고납부의무의 불이행에 대한 벌과금적 성격이며 보통징수의 방법으로 징수한다.

가산세는 그 명칭에서 추측할 수 있듯이, 가산하여 붙는 '세', 즉 세금이다. 가산세는 해당 의무가 규정된 지방세의 세목으로 한다. 납세의무자가 그 의무를 잘 이행했다면 본세만 지방세로 부담하는 것이고, 만약 의무를 잘 이행하지 못했다면 본세와 가산세를 지방세로 부담하는 것이다. 만약 지방세 납세의무자가 지방세 본세는 납부하였지만 가산세만 납부하지 않은 경우에도 해당 납세의무자가 체납자가 되는 것은 이러한 이유에서다.

② 가산세의 종류

지방세법상 가산세의 종류는 다음과 같다.

---

10) 농어촌특별세법(국세)에서는 '본세'를 별도로 정의하고 있음. 이는 농어촌특별세액이 특정한 세목의 세액을 과세표준으로 하여 산출되기 때문에, 그 특정한 세목을 칭하는 개념으로 '본세'를 정의함. 따라서 실무상으로 사용하는 본문의 '본세'와는 다른 의미임

가산세 종류

가산세 구분	구분	내용	
무신고가산세 (지방세기본법 제53조)	정의	납세의무자가 법정신고기한까지 과세표준 신고를 하지 않은 경우	
	가산세	일반 무신고	무신고 납부세액 × 20%
		부정 무신고 [주]	무신고 납부세액 × 40%
과소신고가산세[11)] (지방세기본법 제54조)	정의	납세의무자가 법정신고기한까지 과세표준 신고를 한 경우로서 신고해야 할 납부세액보다 납부세액을 적게 신고(과소신고)하거나 환급받을 세액을 많이 신고(초과환급신고)한 경우	
	가산세	일반 과소신고	과소신고 납부세액 × 10%
		부정 과소신고 [주]	과소신고 납부세액 × 40%
납부불성실가산세[12)] (지방세기본법 제55조)	정의	납세의무자가 납부기한까지 지방세를 과소납부한 경우 또는 초과환급받은 경우	
	가산세	아래 ①과 ②(한도) 중 적은 금액 ① 미납부세액 × 미납기간 × 이자율(0.025%) ② (한도) 미납부세액 × 75%	
		[비고] • 미납기간: 납부기한의 다음 날부터 자진납부일 또는 부과결정일까지의 기간 • 이자율: 0.025%(2018년 12월 31일 이전: 0.03%)	
특별징수불성실가산세[13)] (지방세기본법 제56조)	정의	특별징수의무자가 징수해야 할 세액을 납부기한까지 납부하지 않거나 과소납부한 경우	
	가산세	아래 ①+②에 따른 금액과 ③(한도) 중 적은 금액 ① 미납부세액 × 3% ② 미납부세액 × 미납기간 × 이자율(0.025%) ③ (한도) 미납부세액 × 10%	
		[비고] • 미납기간: 납부기한의 다음 날부터 자진납부일 또는 부과결정일까지의 기간 • 이자율: 0.025%(2018년 12월 31일 이전: 0.03%)	

[주] 부정 무신고 및 과소신고(지방세기본법 제38조 제5항)

부정 무신고 및 부정 과소신고는 사기나 그 밖의 부정한 행위로 법정신고기한까지 과세표준을 신고하지 않거나 과소신고한 경우를 말한다. 이때 사기나 그 밖의 부정한 행위는 다음 중 어느 하나에 해당하는 행위로서 지방세의 부과와 징수를 불가능하게 하거나 현저히 곤란하게 하

11) 정확히는 과소신고가산세 및 초과환급신고가산세이나 편의상 이하 과소신고가산세로 칭함
12) 정확히는 납부불성실가산세 및 환급불성실가산세이나 편의상 이하 납부불성실가산세로 칭함
13) 정확히는 특별징수납부 등 불성실가산세이나 편의상 이하 특별징수불성실가산세로 칭함

는 적극적 행위를 말한다.

① 이중장부의 작성 등 장부에 거짓으로 기록하는 행위
② 거짓 증빙 또는 거짓으로 문서를 작성하거나 받는 행위
③ 장부 또는 기록의 파기
④ 재산의 은닉, 소득·수익·행위·거래의 조작 또는 은폐
⑤ 고의적으로 장부를 작성하지 아니하거나 갖추어 두지 아니하는 행위
⑥ 그 밖에 위계에 의한 행위

③ 가산세의 감면

앞서 살펴본 바와 같이 가산세는 신고납부의 의무를 미이행한 경우 부과한다. 다만, 납세의무자가 법에 대한 이해의 부족, 실수 등의 사유로 신고의무를 이행하지 못한 경우도 있다. 따라서 세법은 이러한 경우에 가산세를 감면해주는 제도를 마련하고 있다.

가산세의 감면

<table>
<tr><th>구분</th><th>내용 [주1]</th></tr>
<tr><td>1. 과소신고가산세
(수정신고) [주2]</td><td>수정신고에 따른 과소신고가산세에 대한 감면<table><tr><th>법정신고기한 이후</th><th>가산세 감면율 [주3]</th></tr><tr><td>6개월 이내 수정신고</td><td>50%</td></tr><tr><td>6개월 초과 1년 이내 수정신고</td><td>20%</td></tr><tr><td>1년 초과 2년 이내 수정신고</td><td>10%</td></tr></table></td></tr>
<tr><td>2. 무신고가산세
(기한후 신고) [주2]</td><td>기한후 신고에 따른 무신고가산세에 대한 감면<table><tr><th>법정신고기한 이후</th><th>가산세 감면율 [주3]</th></tr><tr><td>1개월 이내 기한 후 신고</td><td>50%</td></tr><tr><td>1개월 초과 6개월 이내 기한 후 신고</td><td>20%</td></tr></table></td></tr>
<tr><td>3. 납부불성실가산세</td><td>과세전적부심사 결정·통지 지연에 따른 납부불성실가산세는 50%를 감면함</td></tr>
<tr><td>4. 양도소득에 대한 개인지방소득세 관련 가산세</td><td>양도소득에 대한 개인지방소득세 예정신고기한 이후 확정신고기한까지 과세표준 신고 및 수정신고를 한 경우로서 다음 중 어느 하나에 해당하는 경우에는 해당 가산세액의 50%를 감면함
① 예정신고를 하지 않았으나 확정신고기한까지 과세표준 신고를 한 경우 무신고가산세의 50% 감면
② 예정신고를 하였으나 과소신고 또는 초과환급신고를 한 경우로서 확정신고기한까지 과세표준을 수정신고한 경우 과소신고가산세의 50% 감면</td></tr>
</table>

[주1] 가산세 감면규정이 적용되지 않는 경우

지방자치단체의 장이 과세표준과 세액을 경정할 것을 미리 알고 과세표준 수정신고서, 기한후 신고서를 제출한 경우는 가산세 감면을 적용하지 않는다. 이때 과세표준과 세액을 경정한다는 것은 과세권자인 지방자치단체가 납세자의 신고 등에 오류 또는 탈루가 있어 이를 해당 과세표준과 세액을 수정하는 처분을 말한다.

즉, 납세자가 스스로 그 세금의 신고에 문제가 있음을 알고 자진해서 수정신고를 하거나 기한 후 신고를 하는 경우에는 가산세 감면을 적용하지만, 납세자가 지방자치단체로부터 우편으로 해명요청 안내문을 받는 등 지방자치단체가 과세표준과 세액을 수정할 것임을 미리 알고 수정신고 등을 하는 경우에는 가산세의 감면이 적용되지 않는다.

[주2] 수정신고와 기한 후 신고

수정신고는 기존에 법정신고기한 내에 과세표준신고서를 제출하였으나 그 세액이 과소신고되었을 때 수정하여 신고하는 것이고, 기한 후 신고는 법정신고기한 내에 과세표준신고서를 제출하지 않은 자가 법정신고기한 이후에 신고하는 것이다. 따라서 '기한 후 신고'가 '수정신고'보다 가산세의 부담이 더 크다. 애초에 아무런 신고납부의무를 이행하지 않았기 때문이다.

[주3] 2020년 이후의 감면율

가산세는 2020년 이후 '법정신고기한 이후'의 구간이 세분화되어 개정될 예정이다.

구분	내용	
1. 과소신고가산세	법정신고기한 이후	가산세 감면율
	1개월 이내 수정신고	90%
	1개월 초과 3개월 이내 수정신고	75%
	3개월 초과 6개월 이내 수정신고	50%
	6개월 초과 1년 이내 수정신고	30%
	1년 초과 1년 6개월 이내 수정신고	20%
	1년 6개월 초과 2년 이내 수정신고	10%
2. 무신고가산세	법정신고기한 이후	가산세 감면율
	1개월 이내 기한 후 신고	50%
	1개월 초과 3개월 이내 기한 후 신고	30%
	3개월 초과 6개월 이내 기한 후 신고	20%

④ 가산세와 관련한 기타의 사항(지방세기본법 제52조)

구분	내용
가산세의 세목	가산세는 해당 의무가 규정된 지방세관계법의 해당 지방세의 세목으로 한다. 예를 들어 취득세와 관련하여 가산세가 부과될 경우, 해당 가산

	세는 취득세 세목에 포함된다.
지방세를 감면할 경우의 가산세	지방세를 감면하는 경우에 가산세는 감면대상에 포함하지 않는다. 가산세는 의무불이행에 따른 제재이므로 의무를 이행하지 못한 부분까지 지방세 감면혜택을 적용해주지는 않겠다는 취지다.

5) 가산금

가산금은 지방세를 납부기한까지 납부하지 아니할 때에 지방세관계법에 따라 고지세액에 가산하여 징수하는 금액(=가산금)과 납부기한이 지난 후 일정기한까지 납부하지 아니할 때에 그 금액에 다시 가산하여 징수하는 금액(=중가산금)을 말한다.

① 가산금의 의미

가산금은 그 명칭이 가산하여 붙는 '금', 즉 돈을 말한다. 가산금은 납부의무를 이행하지 않았다는 것에 대한 연체이자 성격이며 가산세와 같은 세금이 아니다. 따라서 가산금은 지방세에 포함되지 않는다.

가산금은 납부불성실가산세와도 비교할 수 있는데, 납부불성실가산세는 신고납부 방법에 따른 납세의무를 미이행할 때 적용되는 것이다. 납세의무자가 무신고나 과소신고를 했다면 필연적으로 관련 세액도 납부하지 않았을 것이기 때문이다. 반면 가산금은 그 정의에도 있지만 고지세액, 즉 징수의 방법에 따른 납세의무를 미이행한 경우에 적용된다.

② 가산금의 종류(지방세징수법 제30조, 제31조)

가산금은 그 정의상 세금의 징수불이행과 관련이 있어 「지방세징수법」에 규정되어 있다. 가산금은 일반 '가산금'과 '중가산금'이 있으며 그 규정은 다음과 같다.

구분	가산금 부과사유 [주1]	가산금액
가산금	지방세를 납부기한까지 완납하지 않은 경우(=체납[주2]한 경우)	= 체납된 지방세 × 3%
중가산금	체납된[주2] 지방세를 납부하지 아니하였을 때에는 납부기한이 지난 날부터 1개월이 지날 때마다 체납된 지방세의 일정금액을 가산금에 더하여 징수	아래 금액을 매월 가산하여 징수(단 60개월을 한도로 적용함) = 체납된 지방세 × 0.75% [주3]

[주1] 일부의 체납

고지된 지방세 중 일부가 체납된 경우에도 체납된 지방세에 대한 가산금을 징수한다.

[주2] 체납된 지방세 범위(지방세관계법 운영예규 법30-2)

'체납된 지방세'의 범위는 납세고지서의 건별·세목별로 계산한다.

[주3] 중가산금 요율

중가산금을 적용하는 요율이 기존에는 1.2%였으나 2019년 1월 1일 이후 0.75%로 인하함

구분	중가산율
2018.12.31. 이전[14)	1.2%
2019.01.01. 이후	0.75%

6) 체납처분비

체납처분비는 「지방세징수법」 제3장의 체납처분에 관한 규정에 따른 재산의 압류·보관·운반과 매각에 드는 비용(매각을 대행시키는 경우 그 수수료를 포함)이다.

체납처분비를 이해하기 위해서는 지방세징수법에서 규정하는 '체납처분'의 의미를 이해해야 한다. 지방세징수법의 상당 부분은 이 체납처분에 관한 내용일 정도로 체납처분에 대한 세부적인 내용은 많다. 다만, 체납처분비의 이해 목적에서 간략히 설명하면 '체납자로부터 세금을 받기 위한 행정적인 행위'가 체납처분이라고 이해하면 되겠다.

납세의무자가 세금을 체납할 경우 과세권자는 체납된 세금을 받기 위해 가산세 및 가산금을 부과하고 독촉장도 보낸다. 그런데도 납세의무자가 세금을 내지 않는 경우 마지막 수단으로서 체납자의 재산을 처분하여 체납된 세금을 징수하는 것이 체납처분이다.

체납처분에는 3가지 절차가 있다. ① 체납자의 재산을 압류하고, ② 압류한 재산의 매각하여, ③ 그 매각대금으로 체납된 세금을 충당하는 것이다. 그런데 체납처분의 과정에는 사람의 노력과 비용이 들어간다. 재산을 압류하려면 일단 그 재산이 있는 곳으로 가야 하고, 필요한 경우 해당 재산을 체납자가 이용하지 못하도록 별도의 장소에 운반한 후 보관해야 한다. 이 경우 운반비와 보관비가 발생한

14) 2019년 1월 1일 당시 체납된 지방세를 납부하지 아니한 경우로서 납부기한이 지난 날부터 2019년 1월 1일 전까지 가산되는 중가산금에 대하여 기존의 규정을 따름

다. 매각할 때도 매각이 원활히 이루어지도록 광고비용 등이 발생할 수 있다. 혹은 타인에게 매각을 대행시키는 경우 대행수수료도 발생한다. 이렇게 체납처분의 과정에서 발생하는 비용이 체납처분비이다.

체납처분비를 별도로 정의하는 이유는 체납처분비가 지방자치단체의 징수금, 즉 지방자치단체가 납세자로부터 받아야 할 돈에 해당하기 때문이다. 체납처분에 필요한 비용은 우선 과세권자인 지방자치단체가 부담하지만, 결국 그 체납처분비도 체납자가 부담해야 한다.

7) 공과금

공과금이란 「지방세징수법」 또는 「국세징수법」에서 규정하는 체납처분의 예에 따라 징수할 수 있는 채권 중 국세·관세·임시수입부가세 및 지방세와 이에 관계되는 가산금 및 체납처분비를 제외한 것을 말한다. 공과금은 지방자치단체가 징수할 수 있는 금액 중 위에서 설명한 지방세, 가산세, 가산금, 체납처분비를 제외한 기타의 금액으로 이해하면 될 것이다.

(13) 특수관계인

특수관계인은 본인과 다음 중 어느 하나에 해당하는 관계에 있는 자를 말한다. 이때 본인도 그 특수관계인의 특수관계인으로 본다.

참고로 국세의 경우에는 법인세법 및 소득세법의 부당행위계산부인규정, 상속세 및 증여세법의 증여의제규정 등 특수관계인에 대한 제재적인 규정이 많다. 다만, 지방세법은 상대적으로 그러한 측면의 규정은 많지 않다. 실무적으로 지방세법에서의 특수관계인은 '과점주주의 간주취득' 규정을 검토할 때 주로 찾아보게 될 것이다.

특수관계인의 범위

구분	특수관계인의 범위
1. 친족관계	다음 중 어느 하나에 해당하는 관계 ① 6촌 이내의 혈족 ② 4촌 이내의 인척 ③ 배우자(사실상의 혼인관계에 있는 사람을 포함) ④ 친생자로서 다른 사람에게 친양자로 입양된 사람 및 그 배우자·직계비속

<table>
<tr><td>2. 경제적 연관관계</td><td>다음 중 어느 하나에 해당하는 관계
① 임원과 그 밖의 사용인
② 본인의 금전이나 그 밖의 재산으로 생계를 유지하는 사람
③ 위 ① 또는 ②의 사람과 생계를 함께하는 친족</td></tr>
<tr><td>3. 경영지배관계</td><td>다음의 구분에 따른 관계
<table>
<tr><th>본인</th><th>내용</th></tr>
<tr><td>개인</td><td>본인이 직접 또는 그와 위 '1. 친족관계' 또는 '2. 경제적 연관관계'에 있는 자를 통하여 법인의 경영에 대하여 지배적인 영향력을 행사하고 있는 경우 그 법인</td></tr>
<tr><td>법인</td><td>① 개인 또는 법인이 직접 또는 그와 친족관계 또는 경제적 연관관계에 있는 자를 통하여 본인인 법인의 경영에 대하여 지배적인 영향력을 행사하고 있는 경우 그 개인 또는 법인
② 본인이 직접 또는 그와 경제적 연관관계 또는 가목의 관계에 있는 자를 통하여 어느 법인의 경영에 대하여 지배적인 영향력을 행사하고 있는 경우 그 법인</td></tr>
</table>
이 때 지배적인 영향력은 다음과 같음
<table>
<tr><th>구분</th><th>지배적인 영향력</th></tr>
<tr><td>영리법인</td><td>① 법인의 발행주식 총수 또는 출자총액의 50% 이상을 출자한 경우
② 임원의 임면권의 행사, 사업방침의 결정 등 법인의 경영에 대하여 사실상 영향력을 행사하고 있다고 인정되는 경우</td></tr>
<tr><td>비영리법인</td><td>① 법인의 이사의 과반수를 차지하는 경우
② 법인의 출연재산(설립을 위한 출연재산만 해당)의 30% 이상을 출연하고 그중 1명이 설립자인 경우</td></tr>
</table>
</td></tr>
</table>

5. 지방세 세무조사와 납세자 구제제도

(1) 세무조사

국세와 마찬가지로 지방세도 세무조사 제도가 있다. 법인세 등 국세의 세무조사는 국세기본법에서, 취득세 등 지방세의 세무조사는 지방세기본법[15]에서 다루고 있다. 세무조사는 납세자의 세무신고가 관련법령에 따라 적절하게 이루어졌는지를 조사하는 것이다. 따라서 취득세 등 신고납부방식에 따른 세목에 지방세 세무조사가 이루어진다.

15) 지방세기본법 제76조~제78조

세무조사가 결정되면 해당 세무조사에 배정된 세무공무원이 조사를 받는 자에게 세무조사를 시작하기 15일 전까지 아래의 내용을 포함하는 「세무조사 사전통지서」를 송부한다.

① 납세자(납세관리인 포함)의 성명과 주소 또는 영업소
② 조사대상 기간
③ 세무조사를 수행하는 세무공무원의 인적사항
④ 그 밖에 필요한 사항

세무조사 사전통지서(이하 '사전통지서')는 세무조사의 시작이라고 이해하면 된다. 세무공무원은 사전통지서 발송 시점 약 15일 이후에 세무조사의 착수를 위해 납세자를 방문하겠지만, 납세자는 사전통지서를 수령한 시점부터 준비해야 할 것이 발생하기 때문이다.

1) 세무조사의 기간 확인

지방세기본법 제84조에 따르면 세무조사의 기간은 20일 이내로 해야 한다.[16)] 다만, 아래의 사유가 있다면 그 사유가 해소되는 날부터 20일 이내로 세무조사 기간을 연장할 수 있다.

① 납세자가 장부등의 은닉, 제출지연, 제출거부 등 조사를 기피하는 행위가 명백한 경우
② 거래처 조사, 거래처 현지 확인 또는 금융거래 현지 확인이 필요한 경우
③ 지방세 탈루 혐의가 포착되거나 조사 과정에서 범칙사건조사로 조사 유형이 전환되는 경우
④ 천재지변, 노동쟁의로 조사가 중단되는 등 지방자치단체의 장이 정하는 사유에 해당하는 경우
⑤ 세무조사 대상자가 세금 탈루 혐의에 대한 해명 등을 위하여 세무조사 기

---

16) 국세의 경우 국세기본법에 명시적으로 세무조사기간을 정한 바는 없으나 통상 3주에서 수개월의 기간이 적용되는 점을 고려했을 때, 지방세의 세무조사기간은 국세에 비하여 상대적으로 짧음

간의 연장을 신청한 경우

⑥ 납세자보호관이 세무조사 대상자의 세금 탈루 혐의의 해명과 관련하여 추가적인 사실 확인이 필요하다고 인정하는 경우

따라서 납세자는 사전통지서에 기재된 세무조사 기간을 정확히 확인하여 세무조사의 대응에 문제가 없도록 일정을 확인해야 한다.

2) 사전제출자료의 준비

세무공무원이 세무조사를 시작하기 15일 전에 납세자에게 「세무조사 사전통지서」를 송부하는 것은 결코 형식적인 절차가 아니다. 납세자에게 세무조사에 필요한 자료를 미리 준비할 수 있는 시간을 공식적으로 주는 것이다. 사전통지서에서 가장 중요한 것은 세무공무원이 요청한 사전요청자료라고 생각한다. 그 이유는 3가지가 있다.

① 납세자의 성실성 입증

세무공무원이 세무조사를 위하여 처음 납세자를 방문하면 서로 간의 간략한 인사와 함께 주로 3가지의 절차를 수행한다.

첫 번째는 납세자권리헌장 등 세무조사에 필요한 형식적인 내용을 안내하는 것이다. 이 과정에서 향후 세무조사가 어떻게 수행할 것임을 미리 논의하기도 한다. 두 번째는 납세자의 현황과 조사의 대상이 된 지방세에 관한 납세자의 세무처리 내용을 재확인하는 것이다. 지방세와 관련한 사실관계가 주된 내용이 된다.

마지막은 사전통지서를 통해 요청했던 사전요청자료의 준비현황을 확인하는 것이다. 사전요청자료는 적어도 15일 전에 요청된 것이므로 세무공무원은 당연히 해당 자료들이 준비되었을 것으로 예상하고 세무조사에 임하게 된다. 그런데 세무조사 현장방문 시 해당 자료들이 준비되지 않았다면 납세자가 세무조사에 성실하게 임하지 않는다는 인상을 주게 된다. 반대로 요청한 자료들이 정확히 준비되었다면 담당 세무공무원은 납세자가 성실히 세무조사를 준비하고 있다는 좋은 인상을 받을 수 있다.

물론 납세자가 세무조사에 성실히 임한다고 해서 과세가 될 내용이 과세가 되지 않는다는 것은 아니다. 세무조사는 지방세관계법에 근거하여 세무처리를 적

법하게 하였는지를 따지는 것이기 때문이다.

다만, 납세자가 성실히 세무조사에 임하는 것은 세무조사에 있어서 가장 기본적인 약속이다. 납세자가 이러한 기본적인 것도 지키지 않는다면, 세무공무원은 납세자를 신뢰할 수 없을 것이며 이로 인하여 불필요한 세무위험을 초래할 수 있다.

② 세무조사의 원활한 진행

앞서 언급한 바와 같이 지방세의 세무조사 기간은 20일 이내에서 정해진다. 국세는 국세기본법에서 명시적으로 그 기간을 정한 바는 없으나 통상 최소 3주에서 사안에 따라 3개월 등 수개월의 기간이 적용된다. 따라서 법인세 등 국세의 세무조사와 비교하면 지방세의 세무조사 기간은 다소 짧다.

사전요청자료가 원활히 제출되지 않는다면 지방세의 짧은 세무조사 기간을 고려했을 때 세무조사가 원활히 이루어지기 어렵다. 자료제출 지연 등으로 지방세 세무조사 기간이 연장될 수도 있다. 자료제출 지연 등은 세무조사 기간의 연장사유에 해당하기 때문이다.

따라서 납세자는 세무조사의 원활한 진행을 위해 사전요청자료를 최대한 적시에 제공해야 한다.

③ 세무조사의 방향을 추측

취득세를 예로 들면 사전요청자료는 아래의 자료가 해당될 수 있다.

- 기본사항(사업자등록증, 법인등기부등본 등)
- 취득세 신고서
- 취득세 신고에 대한 감면이 적용되었다면 감면을 입증하는 자료
- 관련된 공부상 자료(토지·건물 등기부등본, 토지대장, 건축물 대장, 사용승인서 등)
- 재무제표, 감사보고서, 세무조정계산서 등의 재무자료(법인의 경우)
- 신축의 경우 공사와 관련된 계약서(도급계약서 등)

위 자료들은 기본적인 내용이므로 성실히 준비해서 제출하면 된다. 그런데 이

러한 기본적인 자료 외에 세무공무원이 이미 어떠한 이슈를 파악하고 해당 이슈를 정확히 알기 위해서 관련 자료를 요청하는 경우가 있다. 아래의 자료가 그 예이다.

- 취득세 비과세를 적용한 기부채납에 대한 약정서
- 특정 항목 A, B, C를 취득세 과세표준에 포함하지 않은 사유
- 본점 사무소용 건축물의 면적
- 사실상의 현황에 대한 질문

납세자는 위의 요청자료를 통하여 세무공무원이 취득세의 비과세, 과세표준, 본점 중과세 적용 여부, 기타 공부상 자료에 따라 확인된 내용의 사실상의 현황에 대하여 이미 검토를 하고 있다고 추측할 수 있다.

따라서 납세자는 사전요청자료를 준비하면서 세무공무원의 관심 항목을 직접적 혹은 간접적으로 파악할 수 있으니 사전요청자료를 성실하게 준비하는 것은 결국 납세자에게 이득이 되는 것이다.

3) 세무조사를 수행하는 담당공무원의 인적사항의 확인

사전통지서에는 세무조사를 수행하는 담당 공무원의 인적사항이 기재되어 있다. 납세자는 해당 인적사항을 통하여 세무조사가 착수되기 이전에 아래의 사항 등을 논의할 수 있다.

- 세무조사 기간의 재확인
- 세무조사 수행 장소의 결정(주로 납세자의 사무소가 될 것이나, 공간 등이 여의치 않을 경우 납세자 사무소 인근의 별도의 장소)
- 세무조사 사전요청자료의 준비현황 공유
- 기타 세무조사와 관련된 사항

세무조사도 결국 사람 간의 일이므로, 세무조사 관련 사항은 미리 담당 세무공무원과 적절히 논의한다면 원활한 세무조사를 이끌 수 있다.

세무공무원은 세무조사(서면조사, 범칙사건조사 포함)를 마치면 아래의 사항이 포함된 조사결과를 서면으로 납세자(또는 납세관리인)에게 알려야 한다.

① 세무조사 내용
② 결정 또는 경정할 과세표준, 세액 및 산출근거
③ 세무조사 대상 기간 및 세목
④ 과세표준 및 세액을 결정 또는 경정하는 경우 그 사유
⑤ 지방세기본법 제49조에 따라 과세표준 수정신고서를 제출할 수 있다는 사실
⑥ 지방세기본법 제88조 제2항에 따라 과세전적부심사를 청구할 수 있다는 사실

(2) 사전적 구제제도(과세전적부심사청구)

세무조사의 결과란 결국 세무조사로 추징할 세액에 관한 것이다. 그러나 납세자가 그 세무조사의 결과에 동의하지 못할 경우, 세무조사결과에 대한 서면통지를 받은 자는 통지를 받은 날부터 30일 이내에 지방자치단체의 장에게 과세전적부심사를 청구할 수 있다. 과세전적부심사청구 제도는 납세자권리보호제도 중 세금이 고지되기 전에 청구하는 사전적인 보호제도이다. 과세전적부심사청구는 '① 과세전, ② 적부, ③ 심사청구' 3마디로 끊어서 설명할 수 있다.

① 과세전

과세전적부심사청구는 납세자권리보호제도 중 세금이 고지되기 전, 즉 과세가 되기 전에 청구하는 사전적인 제도이다. 세무조사의 결과통지를 서면으로 받은 경우 그 통지를 받은 날부터 30일 이내에 청구할 수 있도록 규정하고 있으나, 실무상으로는 세무조사가 끝나는 무렵 조사를 담당하는 세무공무원에게 '세무조사의 결과에 동의하지 않아 과세전적부심사청구를 진행하겠다'는 의사를 표시하는 것이 일반적이다.

참고로 과세전적부심사청구를 원하지 않는 경우, 즉 납세자가 세무조사의 결과에 동의하는 경우에는 조기결정의 신청을 요청할 수 있다. 조기결정 제도는 납세자가 세무조사 결과에 동의하니 추징세액에 관하여 지방자치단체의 즉시 결정을 요구하는 것으로, [별지 제52호서식] 조기결정신청서를 제출하면 된다. 조기결정으로 진행할 경우 과세전적부심사 청구기간(30일 이내의 기간)에 상당하는 납부불성실가산세를 경감할 수 있다.

② 적부

적부의 사전적인 뜻은 '그러함과 그러하지 아니함'을 말한다. 따라서 과세를 하기 전에 세무조사의 적법한지 혹은 그렇지 않은지를 따지는 것이다.

③ 심사청구

과세전적부심사청구는 과세 전에 그 적법성을 심사하여 달라는 청구를 하는 것이다. 따라서 [별지 제53호서식] 과세전적부심사청구서에 증거서류나 증거물을 첨부하여 지방자치단체의 장에게 제출해야 한다.

(3) 사후적 구제제도(불복청구 및 행정소송)

지방세기본법 제89조 제1항에 따르면 지방세기본법 또는 지방세관계법에 따른 처분으로서 위법 또는 부당한 처분을 받았거나 필요한 처분을 받지 못하여 권리 또는 이익을 침해당한 자는 그 처분의 취소 또는 변경이나 필요한 처분을 청구할 수 있다. 이러한 청구를 불복청구라고 하며, 이미 과세가 된 이후의 절차를 말하므로 사후적 구제제도라고 한다. 지방세기본법에서는 ① 이의신청, ② 심사청구, ③ 심판청구의 제도를 마련하고 있다.[17] ① 이의신청과 ② 심사청구는 지방자치단체의 장 또는 감사원장에게 청구하고, ③ 심판청구는 조세심판원장에게 청구한다.

납세자는 불복청구가 아닌 행정소송의 절차를 진행할 수도 있다. 행정소송은 법원을 통하여 소송절차를 취하는 것이다. 우리나라는 3심제도를 채택하고 있기 때문에 1심은 지방법원, 2심은 고등법원, 최종 3심은 대법원에서 판결하고 있다.

이의신청은 임의적 불복제도로서 납세자가 선택하지 않을 수 있다. 즉, 이의신청 없이 심사청구 또는 심판청구부터 진행할 수 있다. 심사청구와 심판청구 중 1가

---

17) 다만, 다음의 처분은 불복청구대상의 처분에 포함하지 않는다.
① 이의신청 또는 심판청구에 대한 처분(이의신청에 대한 처분에 대하여 심판청구를 하는 경우는 제외)
② 지방세기본법 제121조 제1항에 따른 통고처분(범칙사건조사 관련)
③ 「감사원법」에 따라 심사청구를 한 처분이나 그 심사청구에 대한 처분
④ 과세전적부심사의 청구에 대한 처분
⑤ 이 법에 따른 과태료의 부과

지는 반드시 선택해서 진행해야 하지만, 2가지 모두를 청구하는 것은 불가능하다.

지방세의 불복철자가 국세의 불복절차와 다른 점은 불복청구절차를 거치지 않고 바로 행정소송을 제기할 수 있는 것이다. 다만, 2021.01.01.부터는 지방세도 국세와 동일하게 심사청구 또는 심판청구와 그에 대한 결정을 거치고 난 후에 행정소송을 진행할 수 있는 것으로 지방세기본법이 개정되었다.

지방세의 불복청구 절차의 요약

<table>
<tr><th>구분</th><th>청구기간</th><th colspan="3">결정권자</th><th>결정기간</th></tr>
<tr><td rowspan="4">이의신청</td><td rowspan="4">90일</td><td rowspan="3">①</td><td>특별시세 · 광역시세 · 도세</td><td>시장 · 도지사</td><td rowspan="4">90일</td></tr>
<tr><td>특별자치시세(세종)</td><td>특별자치시장</td></tr>
<tr><td>특별자치도세(제주)</td><td>특별자치도지사</td></tr>
<tr><td>②</td><td>시 · 군 · 구세</td><td>시장 · 군수 · 구청장</td></tr>
<tr><td>심사청구</td><td>90일</td><td colspan="3">이의신청 ② > 시 · 도지사</td><td>90일</td></tr>
<tr><td>심판청구</td><td>90일</td><td colspan="3">이의신청 ① 또는 ② > 조세심판원장</td><td>90일</td></tr>
<tr><td>감사원 심사청구</td><td>90일</td><td colspan="3">감사원장</td><td>3개월</td></tr>
<tr><td>행정소송</td><td>90일</td><td colspan="3">행정법원</td><td>별도없음</td></tr>
</table>

국세의 불복청구 절차의 요약

구분	청구기간	결정권자	결정기간
이의신청	90일	세무서장 · 지방국세청장	30일
심사청구	90일	국세청장	90일
심판청구	90일	조세심판관회의	90일
감사원 심사청구	90일	감사원장	3개월
행정소송	90일	행정법원	별도없음

참고로 불복청구에 대한 결정내용은 다음과 같다.

불복청구의 결정

구분	내용
각하	신청 · 청구기간의 경과 등 신청요건을 갖추지 못한 경우 내용심리를 하지 않고 신청 그 자체가 부적합하다고 판단하는 결정 이의신청 또는 심사청구가 적법하지 않은 경우 이의신청 또는 심사청구기간이 지난 경우 이의신청 또는 심사청구의 보정기간 내에 필요한 보정을 하지 않은 때

기각	신청요건은 갖추었으나 청구의 내용을 심리한 결과, 신청인의 주장이 이유가 없다고 인정되는 때 결정기관이 그 신청 및 청구를 기각하는 결정
인용	신청요건이 갖추어져 내용심리를 한 결과, 신청인의 주장이 이유가 있다고 결정기관이 내리는 판단으로 신청인의 불복을 받아들여 처분청의 처분 등을 취소 또는 변경하는 결정

[별지 제55호서식] (2019. 12. 31. 개정)

조기결정(경정결정) 신청서

※ 색상이 어두운 난은 신청인이 작성하지 않습니다.

접수번호	접수일	처리기간 **즉시**

납세자	성명(법인명)	주민(법인, 외국인)등록번호
	상호(법인인 경우 대표자)	사업자등록번호
	주소(영업소)	
	전화번호 (휴대전화:)	전자우편주소

통지기관	통지받은 연월일

조기 결정·경정결정 신청내용

세목	과세대상	귀속연도	과세표준	지방세			신청세액
				계	산출세액	가산세	

「지방세기본법」 제88조제7항에 따라 위와 같이 과세표준 및 세액을 조기에 결정·경정결정해 줄 것을 신청합니다.

년 월 일

신청인 (서명 또는 인)

지방자치단체의 장 귀하

위 임 장

위 납세자 본인은 아래 "위임받은 자"에게 지방세 조기 결정·경정결정 신청을 위임합니다.

위임자(납세자) (서명 또는 인)

위임받은 자(신청인) (서명 또는 인)

위임 받은 자	성명		주민등록번호		위임자와의 관계	
	주소				전화번호	

첨부서류	없음	수수료 없음

조기결정·경정결정 신청서 접수증

(접수번호 호)

성명(법인명)		주소(영업소)	
접수자		접수일자	

210mm×297mm[백상지(80g/㎡) 또는 중질지(80g/㎡)]

[별지 제53호서식] (2019. 12. 31. 개정)

과세전적부심사청구서

※ 색상이 어두운 난은 신청인이 작성하지 아니하며, 뒤쪽의 작성방법을 읽고 작성하시기 바랍니다. (앞쪽)

접수번호	접수일	처리기간 30일

납세자	성명(법인명)	주민(법인, 외국인)등록번호
	상호(법인인 경우 대표자)	사업자등록번호
	주소(영업소)	
	전화번호 (휴대전화:)	전자우편주소
대리인	성명(법인명)	주민(법인, 외국인)등록번호
	상호(법인인 경우 대표자)	사업자등록번호
	주소(영업소)	
	전화번호 (휴대전화:)	전자우편주소

청구 내역	①통지기관				
	②통지받은 연월일				
	③통지내용	세목		그 밖의 내용	
		세액			
	④청구세액	통지된 세액		청구대상 세액	
	⑤청구내용 및 이유(내용이 많은 경우 별지 기재)				

「지방세기본법」 제88조제2항 및 같은 법 시행령 제58조제1항에 따라 과세전적부심사를 청구합니다.

년 월 일

청구인 (서명 또는 인)

지방자치단체의 장 귀하

첨부서류	1. 지방세 세무조사 등의 결과 통지, 지방세 과세예고 통지, 비과세 또는 감면을 반려하는 통지 2. 증거서류 또는 증거물(증거서류나 증거물이 있는 경우만 해당합니다)	수수료 없음

위 과세전적부심사청구에 관한 권한을 위의 대리인에게 위임합니다.

위임자(납세자) (서명 또는 인)

과세전적부심사청구서 접수증

(접수번호 호)

성명(법인명)		주소(영업소)	
접수자		접수일자	

210mm×297mm[백상지(80g/㎡) 또는 중질지(80g/㎡)]

PART 2

취득세의 이해와 적용

지방세를 구성하는 개별 세목 중에서 가장 많은 비중을 차지하는 것은 취득세이다. 취득세는 지방세법 내에서도 가장 처음의 순서에 위치하며, 취득세를 이해하면 지방세의 나머지 세목을 이해하는 데 많은 도움이 될 것이다.

본 PART에서는 Chapter 1과 Chapter 2로 구분하여, Chapter 1에서는 취득세를 구성하는 주요 개념을 이해하는 내용을 다루었다. Chapter 2에서는 취득세 실무 중 주로 많이 다루었던 3가지 주제에 대한 내용을 다루었다.

Chapter 1 취득세의 이해

들어가며

지방세를 구성하는 세목 중 가장 많은 세수 비중을 차지하는 것은 취득세이다. 행정안전부에서 제공하는 통계에 따르면 2018년 기준 지방세의 전체 세수 약 84조 3천억원 중 28.2%의 비율인 약 23조 8천억원을 취득세로 징수한 것이다. 취득세의 비중을 실감할 수 있는 통계다.

또한 취득세는 부동산 등 특정한 재산을 취득할 때 내는 세금으로 재산세, 자동차세, 주민세, 지역자원시설세 등 재산과 관련된 세목과도 연관성이 있다.

따라서 취득세를 이해하면 지방세의 나머지 세목을 이해하는 것에도 도움이 된다.

그림 1 **지방세 세목별 비중(2018)**1)

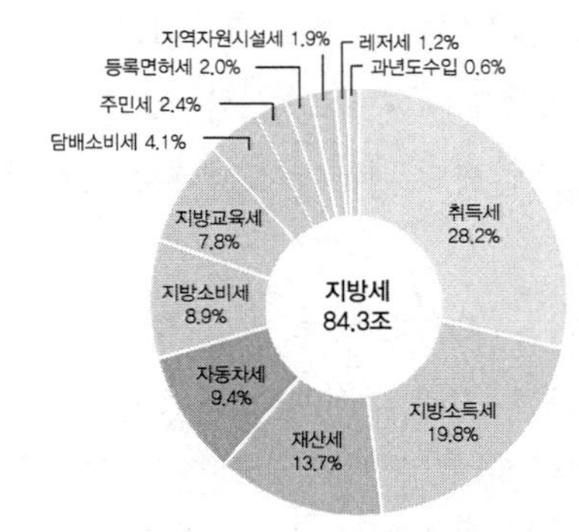

세목	세수(억원)	비율(%)
계	**843,183**	**100.0**
취득세	238,135	28.2
지방소득세	167,057	19.8
재산세	115,321	13.7
자동차세	78,877	9.4
지방소비세	74,624	8.9
지방교육세	65,439	7.8
담배소비세	34,776	4.1
주민세	19,948	2.4
등록면허세	17,182	2.0
지역자원시설세	16,255	1.9
레저세	10,164	1.2
과년도수입	5,405	0.6

1) 2019 행정안전통계연보(행정안전부 홈페이지 정책자료>통계>통계연보·주제별 통계에서 검색 가능)

지금부터 취득세의 이해를 시작해보도록 한다.

1. 취득의 정의

PART 1에서 살펴본 지방세의 용어와 별개로 지방세법 제6조에서는 취득세에서 사용하는 용어를 별도로 정의하고 있다. 지방세법 제6조의 용어는 총 20개로 구성되어 있는데 크게 나누어보면 ① 취득의 정의, ② 과세물건의 정의, ③ 기타의 3가지로 구분할 수 있다.

지방세법 제6조의 용어의 성격별 구분

용어의 구분	용어의 내용	관련법령
① 취득	취득에 대한 정의	지방세법 제6조 제1호
② 과세물건	부동산, 기계장비 등 취득세의 과세대상이 되는 물건에 대한 정의	지방세법 제6조 제2호에서 제18호
③ 기타	중과기준세율 및 연부에 대한 정의	지방세법 제6조 제19호, 제20호

지방세를 구성하는 다른 세목의 용어도 중요하지만, 취득세의 용어는 앞서 살펴본 지방세기본법 등에서 규정된 용어보다 훨씬 중요하다. 취득세의 용어는 단순히 기본적인 용어라기보다 취득의 정의, 취득세의 과세대상에 대한 상세설명, 세율 등 취득세의 신고에 필요한 필수적인 개념이 모두 담겨 있기 때문이다.

따라서 취득세 업무를 하게 되면 지방세법 제6조는 자주 펴보게 될 것이다. 위 ② 과세물건과 ③ 기타에 대한 정의는 아래 '2. 납세의무자'에서 살펴보기로 하고 우선 '취득'이 무엇인지부터 살펴본다.

지방세법 제6조 제1호에서는 '취득'을 '매매, 교환, 상속, 증여, 기부, 법인에 대한 현물출자, 건축, 개수, 공유수면의 매립, 간척에 의한 토지의 조성 등과 그 밖에 이와 유사한 취득으로서 원시취득(수용재결[2])로 취득한 경우 등 과세대상이 이미 존재하는 상태에서 취득하는 경우는 제외), 승계취득 또는 유상·무상의 모든 취득'으로 정의한다.

---

2) 공익을 위하여 국가의 명령으로 특정물의 권리나 소유권을 강제로 징수하여 국가나 제3자의 소유로 옮기는 처분에 대한 행정부 내 위원회의 사법적 판단

취득의 정의를 이해해야 하는 이유는 취득세의 납세의무자가 특정한 과세물건을 '취득'한 자이기 때문이다. 법인세나 소득세는 법인이나 개인이 특정한 기간에 창출한 '소득'에 대하여 과세한다. 반면 취득세는 납세의무자의 소득 창출과 무관하게 특정한 과세물건을 취득하는 '취득행위'에 대하여 과세한다. 즉, 취득세 납세의무의 성립은 취득행위가 있었는지에 따라 결정되므로, 지방세법의 취득을 이해하는 것은 취득세 이해의 첫걸음이다.

취득의 정의는 다소 긴 하나의 문장으로 되어있으나, 다음과 같이 3가지 측면에서 나누어 살펴보고자 한다.

취득의 정의(지방세법 제6조 제1호)
① 매매, 교환, 상속, 증여, 기부, 법인에 대한 현물출자, 건축, 개수, 공유수면의 매립, 간척에 의한 토지의 조성 등과 그 밖에 이와 유사한 취득으로서 ② 원시취득, 승계취득 또는 ③ 유상·무상의 모든 취득

① 취득의 방법(포괄주의)

일반적으로 '취득'이라고 하면 계약 등에 의하여 타인에게 대가를 지급하고 자산 등을 구매하는 '매매'의 방법을 떠올릴 것이다. 취득세에서 '취득'은 이러한 매매 외에도 교환, 상속, 증여, 기부, 법인에 대한 현물출자, 건축, 개수, 공유수면의 매립, 간척에 의한 토지의 조성과 그 밖에 이와 유사한 취득을 말한다.

유의해야 할 것은 '그 밖에 이와 유사한 취득'이라는 법 표현이다. 취득의 정의에서는 '취득'의 방법을 열거하고 있으나 열거된 취득의 방법에 따르지 않더라도 어떠한 행위로서 기존에 없던 자산이 형성되거나 기존에 존재하던 자산을 소유하게 된다면 그 방법의 종류와 관계없이 취득세에서 규정하는 '취득'에 해당하는지를 확인해야 한다. 즉, 취득은 포괄주의적 성격을 갖고 있다.

② 원시취득과 승계취득(취득대상의 기존재성)

취득은 취득의 대상이 기존에 존재하였는지에 따라 원시취득과 승계취득으로 구분할 수 있다. 원시취득은 취득을 정의하는 문장 중 '과세대상이 이미 존재하는 상태에서 취득하는 경우를 제외한다'를 말한다. 즉, 원시취득은 취득자가 기존에 존재하지 않았던 대상을 처음으로 그리고 타인으로부터 독립하여 취득하는 것이다. 건축물의 신축, 기계장비 및 자동차의 제작이 원시취득의 일반적인 예다.

반면 승계취득은 타인이 기존에 보유하고 있는 것을 취득하는 것이다. 취득을 정의하는 문장 중 '과세대상이 이미 존재하는 상태에서 취득하는 경우'를 말한다. 매매, 상속 등의 방식으로 취득하는 것이 승계취득의 예다.[3)]

③ 유상취득과 무상취득(취득의 대가성)

마지막으로 취득은 취득할 때 대가를 지급하는지에 따라 유상취득과 무상취득으로 구분할 수 있다. 유상취득은 취득자가 금전 등 대가를 지급하고 취득하는 것이다. 무상취득은 취득자가 금전 등 대가를 지급하지 않고 취득하는 것이다. 매매에 의한 취득이 유상취득의 대표적인 예라고 할 수 있다. 무상취득은 상속, 증여, 기부 등 별도의 대가를 지급하지 않고 취득하는 것이다.

후술하겠지만, 유의해야 할 것은 무상으로 취득하였더라도 취득세 과세표준이 '0원'은 아니다. 지방세법에 따르면 무상취득의 경우라도 과세물건별로 별도의 가액을 정하여 과세표준을 산출한다. 따라서 취득자가 상속, 증여, 기부 등의 방법으로 취득할 때 대가를 지급하지 않았더라도 취득세가 발생한다.

위 3가지로 구분하여 살펴본 '취득'의 정의를 정리하면 다음과 같다.

취득의 구분

구분	유상취득	무상취득
원시취득	① 공유수면 매립 및 간척(토지) ② 건축(건축물) ③ 건조(선박) ④ 제작(차량, 기계장비, 항공기) ⑤ 출원 등록(각종 권리)	일부 예외적인 취득[4)]
승계취득	① 매매, 교환 ② 법인에 현물출자 ③ 비적격인적분할 ④ 물적분할(적격, 비적격)	① 상속, 증여, 기부 ② 합병(적격, 비적격) ③ 적격인적분할

취득의 정의를 3가지로 구분하여 살펴본 것은 취득의 개념을 좀 더 쉽게 설명하기 위함이지만 다른 이유도 있다. 취득세는 과세물건의 특성 외에도 취득의 유

3) 현행 지방세법에서 원시취득과 승계취득의 범위를 별도로 정하고 있지는 않음
4) 무상원시취득은 일반적인 상황에서는 발생하지 않을 것으로 이해됨

형에 따라 적용하는 취득세율이 다르기 때문이다. 취득세는 동일한 과세물건을 취득하더라도 취득의 방법, 원시취득과 승계취득, 유상취득과 무상취득 등 취득의 유형에 따라 조세 정책적 목적 등을 고려하여 취득세율을 다르게 적용한다.

2. 납세의무자

취득세의 납세의무자는 지방세법 제7조에서 규정하고 있다. 취득세는 '부동산, 차량, 기계장비, 항공기, 선박, 입목, 광업권, 어업권, 양식업권, 골프회원권, 승마회원권, 콘도미니엄 회원권, 종합체육시설 이용회원권 또는 요트회원권을 취득한 자'에게 부과한다. 즉, 취득세는 모든 재산이 아니라 부동산 등 특정한 과세물건을 취득한 자에게 부과하는 것이다.

다만, 지방세법 제7조의 명칭이 '납세의무자'가 아니라 '납세의무자 등'이어서 납세의무자와 관련된 내용 외에 기타의 내용도 많아 그 이해에 어려움이 있을 수 있다. 이러한 점을 고려하여 취득세의 납세의무자 및 과세대상을 3가지 관점으로 구분하여 설명하고자 한다.

취득세의 납세의무자

납세의무자 구분	관련법령
(1) 취득세 과세물건을 취득한 자	지방세법 제7조 제1항~제3항
(2) 취득으로 간주되는 취득을 한 자	지방세법 제7조 제4항~제5항
(3) 기타의 취득을 한 자	지방세법 제7조 제6항~제15항

(1) 취득세 과세물건을 취득한 자

지방세법 제7조 제1항에서는 취득세 납세의무자를 다음과 같이 정의하고 있다.

> 지방세법 제7조 [납세의무자]
> ① 취득세는 부동산, 차량, 기계장비, 항공기, 선박, 입목, 광업권, 어업권, 양식업권, 골프회원권, 승마회원권, 콘도미니엄 회원권, 종합체육시설 이용회원권 또는 요트회원권(이하 이 장에서 "부동산등"이라 한다)을 취득한 자에게 부과한다.

취득세는 부동산, 차량, 기계장비 등 지방세법 제7조에서 열거하는 과세물건을 취득한 자에게 부과한다. 위 '1. 취득의 정의'에서 살펴본 '취득'의 행위를 한 취득자라도 그 취득의 대상이 지방세법 제7조에서 열거한 과세물건에 해당하지 않는다면 해당 취득자에게는 취득세 납세의무가 없다.

취득의 정의와 납세의무자 규정에서 한 가지 혼란이 있을 수 있는데, '취득의 방법'은 포괄주의여서 취득의 방법과 관계없이 취득행위를 했다면 취득세 과세대상이지만, 취득행위의 대상은 열거주의에 따라 취득세 과세물건을 취득한 경우에만 취득세를 과세한다.

취득세 과세물건은 부동산, 차량, 기계장비, 항공기, 선박, 입목, 광업권, 어업권, 양식업권, 골프회원권, 승마회원권, 콘도미니엄 회원권, 종합체육시설 이용회원권, 요트회원권으로 총 14가지이다. 지방세법 제7조에서는 14가지 취득세 과세대상을 통칭하여 '부동산등'이라고 표현하기로 약속하였다. 따라서 지방세 중 취득세 법조문에서 보게 되는 '부동산등'은 단순히 부동산과 부동산 외의 자산이라는 일반적인 의미가 아니라 14가지로 열거된 취득세 과세물건을 의미하는 것임을 유의해야 한다.

14가지 취득세 과세물건은 지방세법 제6조 제2호부터 18호에서 별도로 정의하고 있다. 기계장비를 예로 들면, 모든 기계장비가 취득세 과세대상이 되는 것이 아니라 건설기계관리법이라는 개별법령에서 규정하는 건설기계 등의 기계장비만이 취득세 과세대상이 된다. 취득세 과세물건을 취득하였더라도 그 물건별로 지방세법 제6조에 따른 정의를 충족하는지를 추가로 확인해야 한다. 취득세 과세물건별 정의는 다음과 같다.

취득세 과세물건

구분	정의
1) 부동산	토지와 건축물
2) 차량	원동기를 장치한 모든 차량 피견인차 및 궤도로 승객·화물을 운반하는 모든 기구
3) 기계장비	건설공사용, 화물하역용, 광업용으로 사용되는 기계장비로서 「건설기계관리법」에서 규정한 건설기계 및 기타 유사한 기계장비
4) 항공기	사람이 탑승·조종하여 항공에 사용하는 비행기, 비행선, 활공기, 회전익 항공기, 기타 유사한 비행기구

5) 선박	모든 배(기선, 범선, 부선, 기타 명칭과 관계없음)
6) 입목	지상의 과수, 임목, 죽목
7) 광업권	「광업법」에 따른 광업권
8) 어업권	「수산업법」 또는 「내수면어업법」에 따른 어업권
9) 양식업권	「양식산업발전법」에 따른 양식업권
10) 골프회원권	「체육시설의 설치·이용에 관한 법률」에 따른 회원제 골프장의 회원으로서 골프장을 이용할 수 있는 권리
11) 승마회원권	「체육시설의 설치·이용에 관한 법률」에 따른 회원제 승마장의 회원으로서 승마장을 이용할 수 있는 권리
12) 콘도미니엄회원권	「관광진흥법」에 따른 콘도미니엄과 기타 유사한 휴양시설로서 「관광진흥법 시행령」 제23조 제1항에 따라 휴양·피서·위락·관광 등의 용도로 사용되는 것으로서 회원제로 운영하는 시설
13) 종합체육시설 이용회원권	「체육시설의 설치·이용에 관한 법률」에 따른 회원제 종합 체육시설업에서 그 시설을 이용할 수 있는 회원의 권리
14) 요트회원권	「체육시설의 설치·이용에 관한 법률」에 따른 회원제 요트장의 회원으로서 요트장을 이용할 수 있는 권리

1) 부동산

부동산은 토지와 건축물을 말한다. 단순한 한 줄의 정의이지만 부동산은 취득세에서 가장 중요한 내용 중 하나이다. 부동산의 정의는 취득세에서 중요한 역할을 하고 있어서 '3. 부동산의 이해'에서 따로 살펴보기로 한다.

2) 차량

차량은 ① 원동기를 장치한 모든 차량과 ② 피견인차 및 궤도로 승객 또는 화물을 운반하는 모든 기구를 말한다. 즉 취득세 과세물건으로서의 차량은 승용차 등 일반적으로 생각하는 자동차보다는 넓은 범위를 포함하고 있다. 특히 취득세 과세물건에 해당하는 차량은 재산세, 자동차세 등의 자동차와 관련된 세목에서의 자동차와도 그 범위가 다르다.

특히 ② '피견인차 및 궤도로 승객 또는 화물을 운반하는 모든 기구'를 취득한 자가 취득세 과세대상임을 인지하지 못하여 추후 관할 지방자치단체로부터 연락을 받고 취득세를 신고납부함에 따라 가산세를 부담하는 때도 있으니 차량은 취득세 과세대상의 범위를 판단할 때 유의해야 한다.

취득세 과세물건으로서의 차량의 범위

구분	내용	
1. 원동기를 장치한 모든 차량	포함	① 원동기로 육상을 이동할 목적으로 제작된 모든 용구 ② 태양열, 배터리 등 기타 전원을 이용하는 기구와 디젤기관차, 광차 및 축전차 등을 포함(지방세법 운영예규 법 6-1)
	제외	총 배기량 50cc 미만이거나 최고정격출력 4kW(킬로와트) 이하인 이륜자동차는 제외
2. 피견인차 및 궤도	범위	피견인차 및 궤도로 승객 또는 화물을 운반하는 모든 기구
	[비고] 궤도	궤도는 「궤도운송법」 제2조 제1호에 따른 궤도를 말하며 지방세법 운영예규 법 6-2에도 별도로 궤도에 대한 정의가 있음 **궤도운송법 제2조 [정의]** 1. "궤도"란 사람이나 화물을 운송하는 데에 필요한 궤도시설과 궤도차량 및 이와 관련된 운영·지원 체계가 유기적으로 구성된 운송 체계를 말하며, 삭도를 포함한다. **지방세법 운영예규 법6-2** 「궤도」라 함은 공중에 설치한 밧줄 등에 운반기를 달아 여객 또는 화물을 운송하는 것과 지상에 설치한 선로에 의하여 여객 또는 화물을 운송하는 것을 말한다.

3) 기계장비

기계장비는 건설공사용, 화물하역용, 광업용으로 사용되는 기계장비로서 「건설기계관리법」에서 규정한 건설기계 및 이와 유사한 기계장비 중 지방세법 시행규칙 [별표1]에 규정된 기계장비를 말한다.

기계장비는 차량과는 반대로 일반적으로 생각하는 모든 기계장비가 아니라 좁은 개념의 특정한 기계장비이다. 그래서 기계장비는 취득세 과세범위를 정확하게 판단하지 않는다면 납세의무자가 부담하지 않아도 될 취득세를 부담하는 경우도 있다.[5] 다만, 회사의 재무담당자나 외부전문가가 지방세법 시행규칙 [별표1]에 따른 기계장비 여부를 판단하기에는 어려운 점이 있다. 재무담당자나 외부전문가가 기계장치에 대한 전문적인 지식을 갖추는 경우는 드물기 때문이다.

따라서 실무적으로는 기계장비를 관리하는 회사 현업 실무담당자 및 기계장비의 판매자와 취득세 과세대상을 함께 판단하는 것이 가장 정확할 것이다.

---

5) 납세자가 취득세를 신고납부할 때 그 접수를 받는 자가 통상 취득세 과세대상인지를 따지지는 않음. 따라서 취득세를 신고납부한 후 과세대상이 아님을 알았을 때는 경정청구 등 번거로운 세무행정 절차를 거쳐야 함

4) 항공기

항공기는 사람이 탑승·조종하여 항공에 사용하는 비행기, 비행선, 활공기, 회전익 항공기 및 그 밖에 이와 유사한 비행기구를 말한다. 다만, 항공기에는 사람이 탑승, 조정하지 아니하는 원격조정장치에 의한 항공기(농약살포 항공기 등)는 제외된다(지방세법 운영예규 법 6-6).

지방세법 시행규칙 [별표1]

과세대상 기계장비의 범위(제3조 관련)

건설기계명	범위
1. 불도저	무한궤도 또는 타이어식인 것
2. 굴삭기	무한궤도 또는 타이어식으로 굴삭장치를 가진 것
3. 로더	무한궤도 또는 타이어식으로 적재장치를 가진 것
4. 지게차	들어올림장치를 가진 모든 것
5. 스크레이퍼	흙·모래의 굴삭 및 운반장치를 가진 자주식인 것
6. 덤프트럭	적재용량 12톤 이상인 것. 다만, 적재용량 12톤 이상 20톤 미만의 것으로 화물운송에 사용하기 위하여 「자동차관리법」에 따라 자동차로 등록된 것은 제외한다.
7. 기중기	강재의 지주 및 상하좌우로 이동하거나 선회하는 장치를 가진 모든 것
8. 모터그레이더	정지장치를 가진 자주식인 것
9. 롤러	① 전압장치를 가진 자주식인 것 ② 피견인 진동식인 것
10. 노상안정기	노상안정장치를 가진 자주식인 것
11. 콘크리트뱃칭플랜트	골재저장통·계량장치 및 혼합장치를 가진 모든 것으로서 이동식인 것
12. 콘크리트 피니셔	정리 및 사상장치를 가진 것
13. 콘크리트 살포기	정리장치를 가진 것으로 원동기를 가진 것
14. 콘크리트 믹서트럭	혼합장치를 가진 자주식인 것(재료의 투입·배출을 위한 보조장치가 부착된 것을 포함한다)
15. 콘크리트 펌프	콘크리트 배송능력이 시간당 5세제곱미터 이상으로 원동기를 가진 이동식과 트럭 적재식인 것
16. 아스팔트 믹싱프랜트	골재공급장치·건조가열장치·혼합장치·아스팔트 공급장치를 가진 것으로 원동기를 가진 이동식인 것
17. 아스팔트 피니셔	정리 및 사상장치를 가진 것으로 원동기를 가진 것

18. 아스팔트 살포기	아스팔트 살포장치를 가진 자주식인 것
19. 골재 살포기	골재 살포장치를 가진 자주식인 것
20. 쇄석기	20킬로와트 이상의 원동기를 가진 것
21. 공기압축기	공기토출량이 분당 2.84세제곱미터(제곱센티미터당 7킬로그램 기준) 이상인 것
22. 천공기	크로라식 또는 굴진식으로서 천공장치를 가진 것
23. 항타 및 항발기	원동기를 가진 것으로서 해머 또는 뽑는 장치의 중량이 0.5톤 이상인 것
24. 자갈채취기	자갈채취장치를 가진 것으로 원동기를 가진 것
25. 준설선	펌프식·바켓식·딧퍼식 또는 그래브식으로 비자항식인 것
26. 노면측정장비	노면측정장치를 가진 자주식인 것
27. 도로보수트럭	도로보수장치를 가진 자주식인 것
28. 노면파쇄기	파쇄장치를 가진 자주식인 것
29. 선별기	골재 선별장치를 가진 것으로 원동기가 장치된 모든 것
30. 타워크레인	수직타워의 상부에 위치한 지브를 선회시켜 중량물을 상하, 전후 또는 좌우로 이동시킬 수 있는 정격하중 3톤 이상의 것으로서 원동기 또는 전동기를 가진 것
31. 그 밖의 건설기계	제1호부터 제30호까지의 기계장비와 유사한 구조 및 기능을 가진 기계류로서 행정안전부장관 또는 국토교통부장관이 따로 정하는 것

5) 선박

선박은 기선, 범선, 부선 및 그 밖에 명칭에 관계없이 모든 배를 말한다. 또한 해저관광 또는 학술연구를 위한 잠수캡슐의 모선으로 이용하는 부선과 석유시추선도 포함한다(지방세법 운영예규 법 6-7).

지금까지 2) 차량, 3) 기계장비, 4) 항공기, 5) 선박에 대한 정의를 살펴보았다. 여기서 잠깐 이 4가지 과세물건의 중요한 공통점을 언급하고자 한다.

지방세법 제7조 제2항의 단서[6] 규정에 따르면 차량, 기계장비, 항공기, 주문을 받아 건조하는 선박은 승계취득의 경우에만 취득세 납세의무가 있다. 즉, 이 4가지 과세물건은 취득자가 타인으로부터 유상이나 무상으로 승계취득 하는 경우에만 취득한 것으로 보아 취득세 납세의무가 있다. 따라서 해당 과세물건을 원시취득하는 경우 취득세가 과세되지 않는다. 단, 주문건조가 아닌 일반적인 선박은

6) 법을 해석할 때 '단서'라는 것은 법에서 어떠한 것을 규정한 후 문장을 달리하여(주로 다만, ~으로 시작하는 형식) 적용범위를 제한하는 등의 내용을 담는데 이러한 문장을 단서라고 칭함

원시취득의 경우에도 취득세가 과세된다.

차량을 예로 들면, 차량 제조회사가 공장에서 제작한 차량은 원시취득에 해당하므로 차량 제조회사는 취득세 납세의무가 없다. 반면 소비자가 제작이 완성된 차량을 구매하는 것은 승계취득에 해당하므로 승계취득자인 소비자에게 취득세 납세의무가 있다. 기계장비, 항공기, 주문건조 선박 역시 마찬가지다.

차량, 기계장비, 항공기, 주문건조 선박의 원시취득에 취득세를 부과하지 않는 이유에는 여러 가지가 있겠지만, 해당 과세물건을 제조하는 원시취득자에게도 취득세를 부과한다면 제조자가 부담한 취득세가 해당 과세물건을 승계취득하는 소비자에게 전가되어 소비자의 취득세 부담이 급격히 증가한다는 점이 가장 중요한 이유일 것이다.

6) 입목

입목은 지상의 과수, 임목과 죽목을 말한다.

7) 광업권

광업권은 「광업법」에 따른 광업권을 말한다

8) 어업권

어업권은 「수산업법」 또는 「내수면어업법」에 따른 어업권을 말한다.

9) 양식업권

양식업권은 「양식산업발전법」에 따른 양식업권을 말한다.

10) 골프회원권

골프회원권은 「체육시설의 설치·이용에 관한 법률」에 따른 회원제 골프장의 회원으로서 골프장을 이용할 수 있는 권리를 말한다.

11) 승마회원권

승마회원권은 「체육시설의 설치·이용에 관한 법률」에 따른 회원제 승마장의 회원으로서 승마장을 이용할 수 있는 권리를 말한다.

12) 콘도미니엄 회원권

콘도미니엄 회원권은 「관광진흥법」에 따른 콘도미니엄과 이와 유사한 휴양시설로서 「관광진흥법 시행령」 제23조 제1항에 따라 휴양·피서·위락·관광 등의 용도로 사용되는 것으로서 회원제로 운영하는 시설을 이용할 수 있는 권리를 말한다.

13) 종합체육시설 이용회원권

종합체육시설 이용회원권이란 「체육시설의 설치·이용에 관한 법률」에 따른 회원제 종합 체육시설업에서 그 시설을 이용할 수 있는 회원의 권리를 말한다.

14) 요트회원권

요트회원권은 「체육시설의 설치·이용에 관한 법률」에 따른 회원제 요트장의 회원으로서 요트장을 이용할 수 있는 권리를 말한다.

위 10)에서 14)까지는 회원권을 규정하는데 모두 회원제 회원권만 취득세 과세대상이 된다. 따라서 회원권이 취득세 과세물건에 해당하는지를 확인하기 위해서는 관련 증빙을 통하여 회원제 여부를 확인해야 한다.

[참고] 개별법령의 검색

'7) 광업권' 이하의 과세물건은 대부분 과세물건과 관련된 개별법령의 규정에서 정의하고 있다. 따라서 관련된 개별법령 등에 따라 취득세 과세물건에 해당하는지 확인하면 된다. 개별법령을 검색할 때는 법제처에서 제공하는 '국가법령정보센터 사이트www.law.go.kr'를 이용하면 된다.[7)]

지방세는 국세에 비하여 다른 개별법령을 확인해야 할 사항이 많으므로 자주 이용하게 될 것이다. 법 우측 상단에는 관련기관명과 담당 전화번호가 기재되어 있으니 개별법령의 해석 등에 의문점 등이 있다면 해당 기관에 직접 문의하여 확인하도록 한다.

---

7) 검색사이트에서 정확한 법명을 검색하면 국가법령정보센터 사이트가 주로 상위에 노출됨. 다만, 블로그, 카페 등 한 번 편집된 정보는 출처 및 정확성 등이 보장되지 않으므로 참고만 하고 법조문을 보는 것이 바람직할 것임

국가법령정보센터에서 검색한 광업법

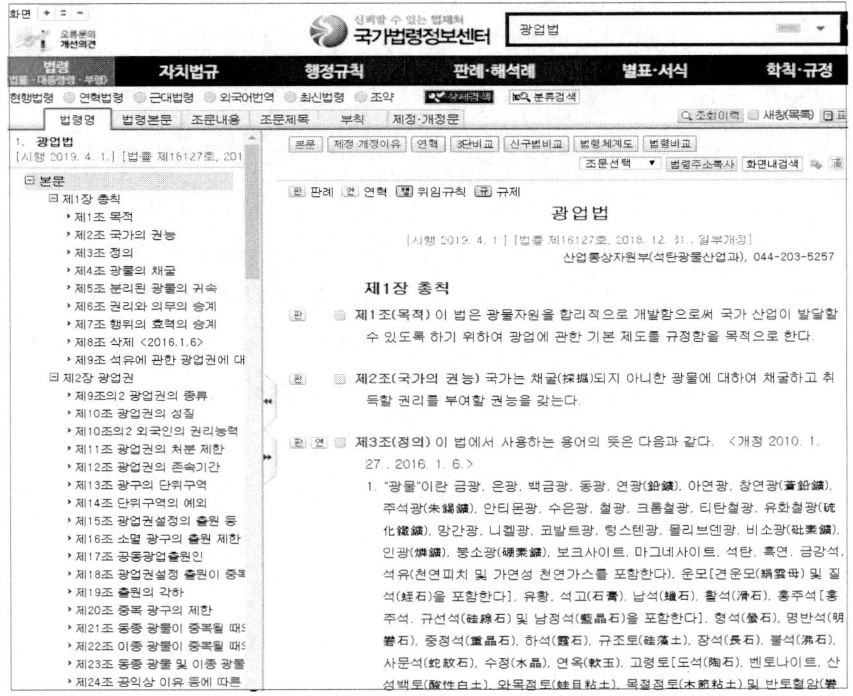

참고로 취득세 과세물건은 아래와 같은 재무제표 계정과목에서 확인할 수 있다.

재무제표에서 확인하는 취득세 과세물건

계정명		취득세 과세물건
유형자산	토지, 건물, 구축물 투자부동산	① 토지 ② 건축물 ⑦ 입목
	기타의 유형자산	③ 차량 ④ 기계장비 ⑤ 선박 ⑥ 항공기
무형자산	권리	⑧ 광업권 ⑨ 어업권 ⑩ 양식업권
	회원권	⑪ 승마회원권 ⑫ 콘도미니엄회원권 ⑬ 종합체육시설이용회원권 ⑭ 요트회원권

(2) 취득으로 간주되는 취득을 한 자

두 번째 구분의 취득세 납세의무자는 취득으로 '간주'되는 취득을 한 자이다. '간주'는 본질이 다른 것을 일정한 법률적 취급에 있어 동일한 효과를 부여하는 것을 말한다. 지방세법에서는 '취득한 것으로 보는 취득'으로 표현하고 있다.

취득으로 간주되는 취득을 한 자는 1) 토지의 지목변경, 2) 선박, 차량, 기계장비의 종류변경, 3) 과점주주의 간주취득의 3가지로 구분할 수 있다. 이러한 취득은 취득자가 과세물건을 직접 취득한 것은 아니지만, 그 경제적 효과가 직접 취득한 것과 유사하여 취득세 납세의무가 있는 취득으로 보는 것이다.

위 '(1) 취득세 과세물건을 취득한 자'는 일상에서 흔히 접하는 내용이지만, '(2) 취득으로 간주되는 취득을 한 자'에 포함되는 규정들은 지방세법에서만 볼 수 있는 내용이라 지방세법을 처음 접한다면 낯선 개념일 수 있으니 하나씩 살펴보기로 한다.

지방세법의 간주취득

구분	내용	관련법령
1	토지의 지목변경에 따른 가액의 증가	지방세법 제7조 제4항
2	선박, 차량, 기계장비의 종류변경에 따른 가액의 증가	지방세법 제7조 제4항
3	과점주주의 간주취득	지방세법 제7조 제5항

1) 토지의 지목변경에 따른 가액의 증가

토지의 '지목'은 토지의 주된 사용 목적에 따라 토지의 종류를 구분하는 명칭이다. 지목은 전·답·과수원·목장용지·임야·광천지·염전·대·공장용지·학교용지·주차장·주유소용지·창고용지·도로·철도용지·제방·하천·구거·유지·양어장·수도용지·공원·체육용지·유원지·종교용지·사적지·묘지·잡종지로서 총 28가지로 구분된다.[8)]

8) 공간정보의 구축 및 관리 등에 관한 법률 제67조 및 같은법 시행령 제58조

지목의 종류

구분	지목	내용		부호
1	전	물을 상시적으로 이용하지 않고 곡물·원예작물(과수류 제외)·약초·뽕나무·닥나무·묘목·관상수 등의 식물을 주로 재배하는 토지와 식용으로 죽순을 재배하는 토지		전
2	답	물을 상시적으로 직접 이용하여 벼·연·미나리·왕골 등의 식물을 주로 재배하는 토지		답
3	과수원	사과·배·밤·호두·귤나무 등 과수류를 집단적으로 재배하는 토지와 이에 접속된 저장고 등 부속시설물의 부지		과
4	목장용지	① 축산업 및 낙농업을 하기 위하여 초지를 조성한 토지 ② 「축산법」 제2조 제1호에 따른 가축을 사육하는 축사 등의 부지 ③ 위 ① 및 ②의 토지와 접속된 부속시설물의 부지		목
5	임야	산림 및 원야를 이루고 있는 수림지·죽림지·암석지·자갈땅·모래땅·습지·황무지 등의 토지		임
6	광천지	범위	지하에서 온수·약수·석유류 등이 용출되는 용출구와 그 유지에 사용되는 부지	광
		제외	온수·약수·석유류 등을 일정한 장소로 운송하는 송수관·송유관 및 저장시설의 부지	
7	염전	범위	바닷물을 끌어들여 소금을 채취하기 위하여 조성된 토지와 이에 접속된 제염장 등 부속시설물의 부지	염
		제외	천일제염 방식으로 하지 아니하고 동력으로 바닷물을 끌어들여 소금을 제조하는 공장시설물의 부지	
8	대	① 영구적 건축물 중 주거·사무실·점포와 박물관·극장·미술관 등 문화시설과 이에 접속된 정원 및 부속시설물의 부지 ② 「국토의 계획 및 이용에 관한 법률」 등 관계 법령에 따른 택지조성공사가 준공된 토지		대
9	공장용지	① 제조업을 하고 있는 공장시설물의 부지 ② 「산업집적활성화 및 공장설립에 관한 법률」 등 관계 법령에 따른 공장부지 조성공사가 준공된 토지 ③ 위 ① 및 ②의 토지와 같은 구역에 있는 의료시설 등 부속시설물의 부지		장
10	학교용지	학교의 교사와 이에 접속된 체육장 등 부속시설물의 부지		학
11	주차장	범위	자동차 등의 주차에 필요한 독립적인 시설을 갖춘 부지와 주차전용 건축물 및 이에 접속된 부속시설물의 부지	차
		제외	① 「주차장법」 제2조 제1호 가목 및 다목에 따른 노상주차장 및 부설주차장(「주차장법」 제19조 제4항에 따라 시설물의 부지 인근에 설치된 부설주차장은 제외) ② 자동차 등의 판매 목적으로 설치된 물류장 및 야외전시장	
12	주유소용지	포함	① 석유·석유제품 또는 액화석유가스 등의 판매를 위하여 일정한 설비를 갖춘 시설물의 부지	주

구분	지목	내용		부호
			② 저유소 및 원유저장소의 부지와 이에 접속된 부속시설물의 부지	
		제외	자동차·선박·기차 등의 제작 또는 정비공장 안에 설치된 급유·송유시설 등의 부지는 제외	
13	창고용지	물건 등을 보관하거나 저장하기 위하여 독립적으로 설치된 보관시설물의 부지와 이에 접속된 부속시설물의 부지		창
14	도로	포함	① 일반 공중의 교통 운수를 위하여 보행이나 차량운행에 필요한 일정한 설비·형태를 갖추어 이용되는 토지 ②「도로법」 등 관계 법령에 따라 도로로 개설된 토지 ③ 고속도로의 휴게소 부지 ④ 2필지 이상에 진입하는 통로로 이용되는 토지	도
		제외	아파트·공장 등 단일 용도의 일정한 단지 안에 설치된 통로 등	
15	철도용지	교통 운수를 위하여 일정한 궤도 등의 설비와 형태를 갖추어 이용되는 토지와 이에 접속된 역사·차고·발전시설 및 공작창 등 부속시설물의 부지		철
16	제방	조수·자연유수·모래·바람 등을 막기 위하여 설치된 방조제·방수제·방사제·방파제 등의 부지		제
17	하천	자연의 유수가 있거나 있을 것으로 예상되는 토지		천
18	구거	용수 또는 배수를 위하여 일정한 형태를 갖춘 인공적인 수로·둑 및 그 부속시설물의 부지와 자연의 유수가 있거나 있을 것으로 예상되는 소규모 수로부지		구
19	유지	물이 고이거나 상시적으로 물을 저장하고 있는 댐·저수지·소류지·호수·연못 등의 토지와 연·왕골 등이 자생하는 배수가 잘 되지 아니하는 토지		유
20	양어장	육상에 인공으로 조성된 수산생물의 번식 또는 양식을 위한 시설을 갖춘 부지와 이에 접속된 부속시설물의 부지		양
21	수도용지	물을 정수하여 공급하기 위한 취수·저수·도수·정수·송수 및 배수 시설의 부지 및 이에 접속된 부속시설물의 부지		수
22	공원	일반 공중의 보건·휴양 및 정서생활에 이용하기 위한 시설을 갖춘 토지로서 「국토의 계획 및 이용에 관한 법률」에 따라 공원 또는 녹지로 결정·고시된 토지		공
23	체육용지	포함	국민의 건강증진 등을 위한 체육활동에 적합한 시설과 형태를 갖춘 종합운동장·실내체육관·야구장·골프장·스키장·승마장·경륜장 등 체육시설의 토지와 이에 접속된 부속시설물의 부지	체
		제외	체육시설로서의 영속성과 독립성이 미흡한 정구장·골프연습장·실내수영장 및 체육도장, 유수를 이용한 요트장 및 카누장, 산림 안의 야영장 등의 토지	

구분	지목	내용		부호
24	유원지	포함	일반 공중의 위락·휴양 등에 적합한 시설물을 종합적으로 갖춘 수영장·유선장·낚시터·어린이놀이터·동물원·식물원·민속촌·경마장 등의 토지와 이에 접속된 부속시설물의 부지	원
		제외	이들 시설과의 거리 등으로 보아 독립적인 것으로 인정되는 숙식시설 및 유기장의 부지와 하천·구거·유지(공유인 것으로 한정)로 분류되는 것	
25	종교용지	일반 공중의 종교의식을 위하여 예배·법요·설교·제사 등을 하기 위한 교회·사찰·향교 등 건축물의 부지와 이에 접속된 부속시설물의 부지		종
26	사적지	포함	문화재로 지정된 역사적인 유적·고적·기념물 등을 보존하기 위하여 구획된 토지	사
		제외	학교용지·공원·종교용지 등 다른 지목으로 된 토지에 있는 유적·고적·기념물 등을 보호하기 위하여 구획된 토지는 제외한다.	
27	묘지	포함	사람의 시체나 유골이 매장된 토지, 「도시공원 및 녹지 등에 관한 법률」에 따른 묘지공원으로 결정·고시된 토지 및 「장사 등에 관한 법률」 제2조 제9호에 따른 봉안시설과 이에 접속된 부속시설물의 부지	묘
		비고	묘지의 관리를 위한 건축물의 부지는 '대'로 함	
28	잡종지	포함	① 갈대밭, 실외에 물건을 쌓아두는 곳, 돌을 캐내는 곳, 흙을 파내는 곳, 야외시장, 비행장, 공동우물 ② 영구적 건축물 중 변전소, 송신소, 수신소, 송유시설, 도축장, 자동차운전학원, 쓰레기 및 오물처리장 등의 부지 ③ 다른 지목에 속하지 않는 토지	잡
		제외	원상회복을 조건으로 돌을 캐내는 곳 또는 흙을 파내는 곳으로 허가된 토지	

지방세법에서는 위에서 설명한 토지의 '지목'을 사실상 변경함으로써 그 가액이 증가한 경우에는 취득세 납세의무가 있는 취득으로 본다. 이것이 토지 지목변경에 따른 간주취득 규정이다.

토지의 지목변경이 취득세 납세의무가 있는 취득이 되기 위해서는 2가지 요건이 필요하다. 첫 번째는 토지의 지목을 사실상 변경하는 것이고, 두 번째는 지목변경의 결과로 토지의 가액이 증가해야 한다. 즉, 토지의 지목이 변경되었다는 사실만으로는 취득세 과세대상이 되지 않는다.

첫 번째 요건부터 살펴본다. 토지의 지목을 '사실상' 변경한다는 의미를 알기 위해서는 취득세의 중요한 원칙을 언급하고 있는 지방세법 시행령 제13조의 이해가 필요하다.

> 지방세법 시행령 제13조 [취득 당시의 현황에 따른 부과]
> 부동산, 차량, 기계장비 또는 항공기는 이 영에서 특별한 규정이 있는 경우를 제외하고는 해당 물건을 취득하였을 때의 사실상의 현황에 따라 부과한다. 다만, 취득하였을 때의 사실상 현황이 분명하지 아니한 경우에는 공부상의 등재 현황에 따라 부과한다.

부동산은 토지 및 건축물의 등기부등본 또는 토지대장 및 건축물대장이 있고 차량, 기계장비, 항공기는 각각 등록증 또는 등록원부가 있다. 이러한 자료들에 따른 현황을 '공부상 등재 현황'이라고 한다. 그러나 부동산, 차량, 기계장비, 항공기는 특별한 규정이 있는 경우를 제외하고는 공부상 등재 현황이 아니라 '사실상의 현황', 즉 실제 사용되는 현황에 따라 취득세를 과세한다. 다만 사실상의 현황이 분명하지 않으면 공부상 등재 현황에 따르고 있다.

'사실상'의 개념은 취득세를 이해하는 데에 매우 중요하다. 취득세는 어떠한 현황에 따르는지에 따라 지방세 납세의무의 성립 여부, 적용되는 과세표준과 세율, 중과세율 또는 감면의 적용 등 세금부담에 차이가 발생할 수 있다. 따라서 납세자가 부당한 방법으로 취득세 등 세금을 회피하는 것을 방지하기 위해서 지방자치단체는 지방세의 주요 과세물건의 공부상 현황과 사실상 현황을 확인하는 '현황조사'를 한다.

참고로 지방세법을 읽다 보면 '사실상', '정당한' 등의 표현이 자주 등장한다. 어떠한 사실관계 등이 실제 '사실상 그러한지' 또는 '정당한지'에 대해서는 납세의무자가 생각하는 수준 이상의 판단과 해석이 필요할 수 있다. 그 단어의 해석에 따라 납세의무자의 세부담이 달라지기 때문이다. 그래서 이러한 단어와 관련해서는 법 해석에 있어서 다툼도 많다. 납세의무자는 어떠한 사실을 '사실상' 그렇다고 보아 본인에게 유리하게 법을 해석하겠지만, 과세권자 입장에서는 납세의무자가 주장하는 사실이 '사실상'에 해당하지 않는다고 판단할 수 있기 때문이다.

실무를 하다 보면 납세자가 별도의 검토 없이 어떠한 사실에 대해 당연히 '사실상 그렇다', '정당하다'라고 법을 적용하는 경우를 종종 보게 된다. 하지만 과세권자는 해당 단어를 굉장히 엄격하게 판단하고 있음을 유의해야 한다.

다시 토지의 지목변경으로 돌아가면, 토지의 지목은 토지 등기부등본에 등기하는 사항이다. 토지의 지목을 변경하려면 토지 소유자가 지목변경신청을 해야 하며, 특정한 지목의 경우 관계기관으로부터 허가를 받아야 한다. 일반적으로 토지의 지목변경은 공부상으로 파악할 수 있어서 공부상 등재된 지목이 변경되었다면 취득세 납세의무의 대상이 된다.

토지 소유자가 토지 지목변경의 신청 및 허가 등 행정적 절차 등을 취하지 않고 임의로 지목을 변경하여 이용할 수도 있을 것이다. 그러나 이러한 행위는 토지의 지목을 '사실상' 변경한 것이므로 취득세 납세의무자가 될 수 있다는 점을 유의해야 한다.

두 번째 요건은 토지의 지목변경 결과로 그 가액이 증가해야 한다. 지목의 변경은 토지 가치의 변화를 동반한다. 지목의 정의가 '토지의 사용목적에 따른 구분'이므로 같은 위치의 토지라도 지목에 따라 해당 토지의 가치가 다를 수밖에 없다. 예를 들어 농사에 사용되는 '전, 답, 과수원' 지목의 토지와 주택 및 건축물을 건축할 수 있는 '대' 지목의 토지의 가치를 비교하면 일반적으로는 '대'의 지목을 가진 토지의 가치가 높을 것이다.

즉, 토지의 지목을 변경하는 주된 이유는 지목의 변경을 통하여 더욱 높은 가치의 경제적 목적을 달성하고자 함일 것이다. 그래서 토지의 지목을 변경하면 그 토지의 가액이 증가하는 것이 일반적이다.

예를 들어 토지와 건축물을 일괄구입한 후 이를 다른 용도로 사용하고자 하는 경우, 건축물의 신축허가를 받을 때 기존의 토지가 신축을 할 수 없는 지목인 경우 등의 상황에서 해당 토지의 지목이 변경되면 변경 후 토지의 가치는 일반적으로 증가하기 때문이다. 따라서 토지의 지목변경이 있다면 취득세 납세의무를 고려해야 한다.

2) 선박, 차량, 기계장비의 종류변경

선박, 차량, 기계장비도 종류를 변경하여 그 가액이 증가하는 경우에는 취득으로 보아 취득세 납세의무를 부과한다. 위 토지의 지목변경과 그 논리는 같다.

3) 과점주주의 간주취득

법인의 주식 또는 지분을 취득하여 과점주주가 되었을 때에는 그 과점주주가 해당 법인이 소유하고 있는 취득세 과세물건을 취득한 것으로 보아 과점주주에게 취득세 납세의무가 있다. 통상 '과점주주의 간주취득'이라고 부르며, 위 ① 토지 지목변경과 ② 선박, 차량, 기계장비의 종류변경과는 조금 다른 성격의 간주취득이다. 지방세법을 처음 접한다면 가장 생소할 수 있는 규정이다.

'주식'의 취득은 취득세 과세대상이 아니다. 주식은 앞서 설명한 부동산 등 14가지로 열거된 취득세 과세대상에 포함되지 않기 때문이다. 그러나 ① 취득자가 주식을 취득하고, ② 취득자가 그 주식의 취득으로 인하여 과점주주의 지위가 되며, ③ 취득의 대상이 되는 주식의 발행법인이 취득세 과세대상을 소유한 경우에는 취득자가 주식발행법인이 보유한 취득세 과세대상을 새롭게 취득한 것으로 보고 해당 과점주주에게 취득세 납세의무를 부과한다.

취득자는 '법인의 주식'을 취득한 것이지 주식발행법인의 취득세 과세대상을 직접 취득한 것은 아니다. 그러나 법인의 과점주주는 해당 법인을 실질적으로 지배할 수 있다고 보아 해당 법인이 소유한 취득세 과세대상을 과점주주가 직접 취득한 것과 그 실질이 동일하다고 보아 취득세 납세의무를 부과하는 것이 법의 취지이다.[9]

과점주주의 간주취득은 주로 합병, 기업 인수 및 기업에 지분투자 등과 관련하여 발생한다. 과점주주 간주취득의 상세규정은 'Chapter 2. 취득세의 적용'에서 자세히 다루기로 한다.

(3) 기타의 취득을 한 자(지방세법 제7조 제6항~제15항)

기타의 취득을 한 자는 지방세법 제7조 제6항에서 제15항까지 규정하고 있는 내용으로 주로 특정한 업종과 관련되거나 상속 및 증여에 관계된 취득을 다루고 있다. 따라서 해당 업종이나 상속과 증여에 관한 취득을 검토할 때는 살펴보아야 한다. 다만, 전체적인 맥락에서는 지엽적인 부분으로 해당사항이 없다면 우선 다른 내용부터 이해하면 될 것이다.

---

9) 과점주주의 간주취득은 이미 취득세가 과세된 물건에 대하여 과점주주가 다시 취득세를 부담하는 것으로 동일물건의 이중과세 등 논란은 있음

기타의 취득세 납세의무자

<table>
<tr><th>지방세법
제7조</th><th>취득세
납세의무자</th><th colspan="2">내용</th></tr>
<tr><td>6항</td><td>수입하는 자</td><td colspan="2">외국인 소유의 취득세 과세대상 물건(차량, 기계장비, 항공기, 선박만 해당)을 직접 사용하거나 국내의 대여시설 이용자에게 대여하기 위하여 임차하여 수입하는 경우에는 수입하는 자가 취득한 것으로 봄</td></tr>
<tr><td>7항</td><td>상속인 각자</td><td colspan="2">상속[10]으로 인하여 취득하는 경우에는 상속인 각자가 상속받는 취득물건(지분을 취득하는 경우 그 지분에 해당하는 취득물건)을 취득한 것으로 봄</td></tr>
<tr><td>8항</td><td>주택조합의 조합원</td><td colspan="2">아래 ①에서 ③의 주택조합 등이 해당 조합원용으로 취득하는 조합주택용 부동산(공동주택·부대시설·복리시설 및 그 부속토지)은 그 조합원이 취득한 것으로 봄(다만, 조합원에게 귀속되지 않는 부동산은 제외)
① 「주택법」 제11조에 따른 주택조합
② 「도시 및 주거환경정비법」 제35조 제3항에 따른 재건축조합
③ 「빈집 및 소규모주택 정비에 관한 특례법」 제23조에 따른 소규모주택조합</td></tr>
<tr><td>9항</td><td>시설 대여업자</td><td colspan="2">「여신전문금융업법」에 따른 시설대여업자가 건설기계나 차량의 시설대여를 하는 경우로서 같은 법 제33조 제1항에 따라 대여시설이용자의 명의로 등록하는 경우라도 그 건설기계나 차량은 시설대여업자가 취득한 것으로 봄</td></tr>
<tr><td>10항</td><td>취득대금을 지급한 자</td><td colspan="2">기계장비나 차량을 기계장비대여업체 또는 운수업체의 명의로 등록하는 경우(영업용 등록에 한정)라도 해당 기계장비나 차량의 구매계약서, 세금계산서, 차주대장 등에 비추어 기계장비나 차량의 취득대금을 지급한 자가 따로 있음이 입증되는 경우 그 기계장비나 차량은 취득대금을 지급한 자가 취득한 것으로 봄</td></tr>
<tr><td rowspan="2">11항</td><td rowspan="2">배우자 및 직계존비속이 소유한 부동산의 취득자</td><td>원칙
(증여)</td><td>배우자 또는 직계존비속의 부동산등을 취득하는 경우에는 증여로 취득한 것으로 봄(증여추정)</td></tr>
<tr><td>예외
(유상취득)</td><td>단, 아래의 경우 유상취득으로 봄
① 공매(경매를 포함)를 통하여 부동산등을 취득한 경우
② 파산선고로 인하여 처분되는 부동산등을 취득한 경우
③ 권리의 이전이나 행사에 등기 또는 등록이 필요한 부동산등을 서로 교환한 경우
④ 해당 부동산등의 취득을 위하여 그 대가를 지급한 사실이 다음 중 어느 하나에 의하여 증명되는 경우
㉠ 그 대가를 지급하기 위한 취득자의 소득이 증명되는 경우
㉡ 소유재산을 처분 또는 담보한 금액으로 해당 부</td></tr>
</table>

10) 피상속인이 상속인에게 한 유증 및 포괄유증과 신탁재산의 상속을 포함

<table>
<tr><th>지방세법 제7조</th><th>취득세 납세의무자</th><th colspan="2">내용</th></tr>
<tr><td></td><td></td><td></td><td>동산을 취득한 경우
㉢ 이미 상속세 또는 증여세를 과세(비과세 또는 감면받은 경우를 포함)받았거나 신고한 경우로서 그 상속 또는 수증 재산의 가액으로 그 대가를 지급한 경우
㉣ 위 ㉠에서 ㉢까지에 준하는 것으로서 취득자의 재산으로 그 대가를 지급한 사실이 입증되는 경우</td></tr>
<tr><td rowspan="2">12항</td><td rowspan="2">부담부증여의 취득자</td><td>(원칙)
유상취득</td><td>증여자의 채무를 인수하는 부담부증여는 그 채무액에 상당하는 부분은 부동산등을 유상으로 취득하는 것으로 봄</td></tr>
<tr><td>(예외)
증여</td><td>배우자 또는 직계존비속으로부터의 부동산등의 부담부증여의 경우에는 위 제11항을 적용함</td></tr>
<tr><td rowspan="2">13항</td><td rowspan="2">상속
재분할에 따른 지분 초과 취득</td><td>원칙</td><td>상속개시 후 상속재산에 대하여 등기·등록·명의개서 등(이하 ‘등기등’)에 의하여 각 상속인의 상속분이 확정되어 등기등이 된 후, 그 상속재산에 대하여 공동상속인이 협의하여 재분할한 결과 특정 상속인이 당초 상속분을 초과하여 취득하게 되는 재산가액은 재분할에 의하여 상속분이 감소한 상속인으로부터 증여받아 취득한 것으로 봄</td></tr>
<tr><td>예외</td><td>다음 중 어느 하나에 해당하는 경우에는 제외
① 지방세법 제20조 제1항에 따른 신고·납부기한 내에 재분할에 의한 취득과 등기등을 모두 마친 경우
② 상속회복청구의 소에 의한 법원의 확정판결에 따라 상속인 및 상속재산에 변동이 있는 경우
③ 「민법」 제404조에 따른 채권자대위권의 행사에 의하여 공동상속인들의 법정상속분대로 등기등이 된 상속재산을 상속인 사이의 협의분할에 의하여 재분할하는 경우</td></tr>
<tr><td rowspan="2">14항</td><td rowspan="2">특정
부동산의 토지소유자 또는 건축물 소유자[11)]</td><td>토지
소유자</td><td>지목 ‘대’ 중 관계 법령에 따른 택지공사가 준공된 토지에 정원 또는 부속시설물등을 조성·설치하는 경우에는 그 정원 또는 부속시설물등은 토지에 포함되는 것으로서 토지의 지목을 사실상 변경하는 것으로 보아 토지의 소유자가 취득한 것으로 봄</td></tr>
<tr><td>건축물
소유자</td><td>건축물을 건축하면서 건축물에 부수되는 정원 또는 부속시설물등을 조성·설치하는 경우 그 정원 또는 부속시설물등은 건축물에 포함되는 것으로 보아 건축물을 취득하는 자가 취득한 것으로 봄</td></tr>
</table>

11) 2020.01.01.부터 적용하는 지방세법 개정사항

지방세법 제7조	취득세 납세의무자	내용	
15항	신탁재산의 새로운 위탁자	원칙	「신탁법」 제10조에 따라 신탁재산의 위탁자 지위의 이전이 있는 경우에는 새로운 위탁자가 해당 신탁재산을 취득한 것으로 봄
		예외	다만, 위탁자 지위의 이전에도 불구하고 신탁재산에 대한 실질적인 소유권 변동이 있다고 보기 어려운 아래의 경우는 제외 ① 「자본시장과 금융투자업에 관한 법률」에 따른 부동산집합투자기구의 집합투자업자가 그 위탁자의 지위를 다른 집합투자업자에게 이전하는 경우 ② 위 ①에 준하는 경우로서 위탁자 지위를 이전하였음에도 불구하고 신탁재산에 대한 실질적인 소유권의 변동이 없는 경우

3. 부동산의 이해

위 '2. 납세의무자'에서 취득세의 과세물건 중 부동산은 별도로 살펴보기로 하였다. 그 이유는 취득세는 '부동산'을 위한 법이 아닐까 할 정도로 부동산에 관한 내용이 많기 때문이다. 따라서 부동산은 다른 과세물건과 별도로 구분하여 설명하고자 한다.

부동산의 중요성은 지방세법 체계에서 확인할 수 있다. 부동산에 대한 취득세 신고를 위해서는 ① 과세대상의 판단, ② 과세표준의 계산, ③ 세율의 적용(일반세율, 중과세율 등), ④ 비과세 및 감면의 적용 여부 등 취득세 법체계를 구성하는 거의 모든 요소에 대한 깊은 이해가 필요하다. 취득세와 관련하여 발생하는 다툼과 그에 따른 판례 등 해석사례도 대부분 부동산과 관련된 것이다.

한편, 지방세법 목적에서 부동산을 이해하기 위해서는 취득세를 포함한 「지방세법」뿐만 아니라 「건축법」, 「부동산 거래신고 등에 관한 법률」 등 부동산과 관련된 개별법령도 숙지해야 한다. 취득세를 이해하면 부동산에 대해서도 깊은 지식을 갖추게 될 것이다.

지방세법에서 부동산이란 (1) 토지와 (2) 건축물을 말한다. 그런데 지방세법에서는 부동산을 '취득'하는 행위인 (3) 건축과 (4) 개수를 한 자도 취득세 납세의무자로 규정하고 있다. 건축과 개수를 하게 되면 그 결과물이 부동산이 되기 때문이다. 따라서 아래에서는 부동산을 토지, 건축물, 건축, 개수로 나누어 그 규정을 살펴보기로 한다.

부동산의 구분

<table>
<tr><th colspan="2">구분</th><th>정의</th></tr>
<tr><td rowspan="2">1. 부동산</td><td>(1) 토지</td><td>① 지적공부의 등록대상이 되는 토지
② 기타 사실상의 토지</td></tr>
<tr><td>(2) 건축물</td><td>①「건축법」에 따른 건축물
② 특정시설(레저시설, 저장시설, 도크시설, 접안시설, 도관시설, 급·배수시설, 에너지공급시설, 기타시설)</td></tr>
<tr><td rowspan="2">2. 취득행위</td><td>(3) 건축</td><td>① 신축
② 증축
③ 재축
④ 개축
⑤ 건축물의 이전</td></tr>
<tr><td>(4) 개수</td><td>① 대수선
② 건축물 중 특정시설의 수선
③ 특정시설물의 설치 및 수선</td></tr>
</table>

(1) 토지(지방세법 제6조 제3호)

토지는「공간정보의 구축 및 관리 등에 관한 법률」에 따라 지적공부의 등록대상이 되는 토지와 그 밖에 사용되고 있는 사실상의 토지를 말한다.「공간정보의 구축 및 관리 등에 관한 법률」제64조에 따르면 국토교통부장관은 모든 토지에 대하여 필지별로 지번, 지목, 면적, 경계 및 좌표 등의 사항을 조사하고 측량하여 지적공부에 등록해야 한다고 규정하고 있다.

결국, 취득세 과세대상에 해당하는 토지는 모든 토지라고 이해하면 된다.

> 공간정보의 구축 및 관리 등에 관한 법률
> 제64조(토지의 조사·등록 등)
> ① 국토교통부장관은 모든 토지에 대하여 필지별로 소재·지번·지목·면적·경계 또는 좌표 등을 조사·측량하여 지적공부에 등록해야 한다.

토지는 대부분 취득자가 매매, 교환, 기부, 법인에 대한 현물출자, 상속 및 증여 등의 방법으로 승계 취득한다. 다만, 공유수면의 매립 및 간척에 의한 토지의 조성은 토지의 원시취득에 해당한다고 볼 수 있다.

(2) 건축물(지방세법 제6조 제4호, 지방세법시행령 제5조)

건축물은 취득세 과세물건 중에서 가장 많은 내용을 담고 있다. 지방세법 제6조 제4호에 따른 '건축물'의 정의는 다음과 같으며 1) 「건축법」에 따른 건축물과 2) 건축물에 포함되는 특정시설로 구분하여 이해할 수 있다.

> 지방세법 제6조 [정의]
>
> 4. '건축물'이란 ① 「건축법」 제2조 제1항 제2호에 따른 건축물(이와 유사한 형태의 건축물을 포함)과 ② 토지에 정착하거나 지하 또는 다른 구조물에 설치하는 레저시설, 저장시설, 도크(dock)시설, 접안시설, 도관시설, 급수·배수시설, 에너지 공급시설 및 그 밖에 이와 유사한 시설(이에 딸린 시설을 포함)로서 대통령령으로 정하는 것을 말한다.

1) 건축법에 따른 건축물

건축물은 「건축법」 제2조 제1항 제2호에 따른 건축물이며 이와 유사한 형태의 건축물을 포함한다.

> 건축법 제2조 [정의]
>
> ① 이 법에서 사용하는 용어의 뜻은 다음과 같다.
>
> 2. "건축물"이란 토지에 정착하는 공작물 중 지붕과 기둥 또는 벽이 있는 것과 이에 딸린 시설물, 지하나 고가의 공작물에 설치하는 사무소·공연장·점포·차고·창고, 그 밖에 대통령령으로 정하는 것을 말한다.

건축법에 따른 건축물을 쉽게 표현하면 ① 땅에 붙어있고, ② 지붕이 있고, ③ 기둥 또는 벽이 있는 공작물이다. 건축물 해당 여부를 판단해야 하는 경우엔 이러한 개념으로 먼저 접근한 후 건축 전문가와 함께 논의해야 할 것이다.

2) 건축물에 포함되는 특정시설

건축물은 건축법에 따른 건축물 외에도 토지에 정착하거나 지하 또는 다른 구조물에 설치하는 레저시설, 저장시설, 도크(dock)시설, 접안시설, 도관시설, 급수·배수시설, 에너지 공급시설 및 기타의 시설을 포함한다. 각 시설의 세부적인 정의는 다음과 같다.

건축물과 포함되는 특정시설

구분	특정시설의 범위
1. 레저시설	① 수영장 ② 스케이트장 ③ 골프연습장(「체육시설의 설치·이용에 관한 법률」에 따라 골프연습장업으로 신고된 20타석 이상의 골프연습장만 해당) ④ 전망대 ⑤ 옥외스탠드 ⑥ 유원지의 옥외오락시설(유원지 옥외오락시설과 비슷한 오락시설로서 건물 안 또는 옥상에 설치하여 사용하는 것 포함)
2. 저장시설	① 수조 ② 저유조 ③ 저장창고 ④ 저장조 등의 옥외저장시설(다른 시설과 유기적으로 관련되어 있고 일시적으로 저장기능을 하는 시설을 포함)
3. 도크(dock)시설 접안시설	① 도크 ② 조선대
4. 도관시설 (연결시설 포함)	① 송유관 ② 가스관 ③ 열수송관
5. 급수·배수시설	① 송수관(연결시설 포함) ② 급수·배수시설 ③ 복개설비
6. 에너지 공급시설	① 주유시설 ② 가스충전시설 ③ 송전철탑(전압 20만 볼트 미만을 송전하는 것과 주민들의 요구로 「전기사업법」 제72조에 따라 이전·설치하는 것은 제외)
7. 기타의 시설	① 잔교(이와 유사한 구조물 포함) ② 기계식 또는 철골조립식 주차장 ③ 차량 또는 기계장비 등을 자동으로 세차 또는 세척하는 시설 ④ 방송중계탑(「방송법」 제54조 제1항 제5호에 따라 국가가 필요로 하는 대외방송 및 사회교육방송 중계탑은 제외) ⑤ 무선통신기지국용 철탑

지방세법에서는 위와 같이 취득세 과세대상인 시설을 7가지로 나누어 열거하였으므로 부동산을 취득할 때 해당 시설이 있는지 확인해야 한다. 반대로 취득세 과세대상으로 열거하지 않았는데 취득세 과세물건에 포함하는 과다신고의 상황도 유의해야 한다.

(3) 건축(지방세법 제6조 제5호)

지방세법에 따른 '부동산'의 범위는 위 (1) 토지와 (2) 건축물을 말한다. 그런데 지방세법 제6조를 보면 부동산 외에도 '건축'과 '개수'를 별도로 정의하고 있다. 해당 내용을 설명하기 전에 건축과 개수를 별도로 정의하고 있는 이유부터 살펴보고자 한다.

지방세법 제6조에서는 건축과 개수를 다음과 같이 언급하고 있다.

지방세법 제6조 [정의]
1. "취득"이란 매매, 교환, 상속, 증여, 기부, 법인에 대한 현물출자, 건축, 개수, 공유수면의 매립, 간척에 의한 토지의 조성 등과 그 밖에 이와 유사한 취득으로서 원시취득(수용재결로 취득한 경우 등 과세대상이 이미 존재하는 상태에서 취득하는 경우는 제외한다), 승계취득 또는 유상·무상의 모든 취득을 말한다.

그리고 지방세법 제7조에서는 취득세 납세의무자를 다음과 같이 규정하고 있다.

지방세법 제7조 [납세의무자 등]
① 취득세는 부동산, 차량, 기계장비, 항공기, 선박, 입목, 광업권, 어업권, 양식업권, 골프회원권, 승마회원권, 콘도미니엄 회원권, 종합체육시설 이용회원권 또는 요트회원권(이하 이 장에서 "부동산등"이라 한다)을 취득한 자에게 부과한다.

지방세법 6조와 7조를 부동산 취득에 대한 방법의 관점에서 정리해보면 아래와 같이 구분할 수 있다.

취득의 방법 관점에서의 부동산

구분		취득의 방법
과세물건	부동산의 취득	승계취득(매매, 교환, 상속, 증여, 기부, 현물출자 등)
취득행위	건축, 개수의 행위	원시취득(건축, 개수의 결과 부동산이 생성)

첫 번째는 과세물건으로서의 '부동산'을 승계취득하는 것이다. 기존에 존재했던 과세물건으로서의 부동산을 취득하는 것이다. 따라서 '부동산'의 정의가 필요하다.

두 번째는 '건축', '개수'의 행위에 따른 부동산의 원시취득이다. 건축과 개수의 행위로 인하여 기존에 존재하지 않았던 새로운 부동산이 만들어지는 것이다. '부동산'의 정의와는 별개로 '건축'과 '개수'의 정의가 필요한 이유다.

부동산과 건축 및 개수의 구분

구분	부동산	건축과 개수
근거법령	**지방세법 제7조 [납세의무자]** 취득세는 부동산, 차량, 기계장비, 항공기, 선박, 입목, 광업권, 어업권, 양식업권, 골프회원권, 승마회원권, 콘도미니엄 회원권, 종합체육시설 이용회원권 또는 요트회원권을 취득한 자에게 부과	**지방세법 제6조 [정의]** "취득"이란 매매, 교환, 상속, 증여, 기부, 법인에 대한 현물출자, 건축, 개수, 공유수면의 매립, 간척에 의한 토지의 조성 등과 그 밖에 이와 유사한 취득으로서 원시취득, 승계취득 또는 유상·무상의 모든 취득
취득의 성질	승계취득	원시취득
과세대상	1. 토지(사실상 모든 토지) 2. 건축물 ① 건축법에 따른 건축물 ② 건축물 중 특정시설(레저시설, 저장시설, 도크시설, 접안시설, 도관시설, 급수시설, 배수시설, 에너지 공급시설 등)	1. 건축 (신축, 증축, 개축, 재축, 이전) 2. 개수 ① 대수선 ② 건축물 중 특정시설의 수선 ③ 특정시설물의 설치 및 수선(승강시설, 발전시설 등)

이상에서 '건축'과 '개수'의 정의가 별도로 존재하는 이유를 살펴보았다. 이제 건축의 정의를 살펴보고자 한다.

취득세에서 '건축'은 「건축법」 제2조 제1항 제8호에 따른 건축을 말하며 세부적으로는 건축물의 1) 신축, 2) 증축, 3) 개축, 4) 재축 그리고 5) 건축물의 이전의 5가지로 구성되어 있다. 5가지 건축의 구성요소는 건축법시행령 제2조 제1호부터 제5호에서 정의하고 있다.

건축법에 따른 건축의 정의

건축의 구분	정의(건축법시행령 제2조 제1호~제5호)
1) 신축(新築)	건축물이 없는 대지에 새로 건축물을 만드는 것(개축, 재축은 제외)

2) 증축(增築)	기존 건축물이 있는 대지에서 건축물의 건축면적, 연면적, 층수, 높이를 늘리는 것
3) 개축(改築)	기존 건축물의 전부 또는 일부(내력벽, 기둥, 보, 지붕틀 중 3 이상이 포함되는 경우)를 철거하고 그 대지에 종전과 같은 규모의 범위에서 건축물을 다시 만드는 것
4) 재축(再築)	건축물이 천재지변이나 재해로 멸실된 경우 그 대지에 아래 요건을 모두 갖추어 다시 만드는 것 연면적 합계는 종전 규모 이하로 할 것 동수, 층수 및 높이가 아래 중 어느 하나에 해당할 것 ㉠ 동수, 층수, 높이가 모두 종전 규모 이하 ㉡ 동수, 층수, 높이 중 하나가 종전 규모를 초과하는 경우 건축 관련 법령에 모두 적합
5) 이전	건축물 주요구조부를 해체하지 않고 같은 대지의 다른 위치로 옮기는 것

1) 신축

신축은 건축물이 없는 대지(기존 건축물이 철거되거나 멸실된 대지를 포함)에 새로 건축물을 축조하는 것(부속건축물만 있는 대지에 새로 주된 건축물을 축조하는 것을 포함하되, 개축 또는 재축하는 것은 제외)을 말한다. 즉, 신축은 아무것도 없던 토지에 새로 건축물을 만드는 것이다.

2) 증축

증축은 기존 건축물이 있는 대지에서 건축물의 건축면적, 연면적, 층수 또는 높이를 늘리는 것을 말한다. 쉽게 말해 기존의 건축물을 공사해서 건축면적, 연면적, 층수, 높이가 증가한다면 증축이다.

증축을 판단하는 건축물의 ① 건축면적, ② 연면적, ③ 층수, ④ 높이는 건축물대장, 건축물 등기부등본 등 공부상 기재사항으로서 증축을 하려면 관할기관으로부터 승인 또는 허가를 받거나 신고해야 한다.[12)]

12) 건축물을 건축하려는 자는 「건축법」에 의하여 특별자치시장, 특별자치도지사 또는 시장 · 군수 · 구청장의 허가를 받아야 한다. 다만, 층수가 21층 이상인 건축물 등 일정 규모 이상의 건축물은 특별시장이나 광역시장의 허가를 받거나 도지사의 승인을 받아야 하며, 다음에 해당하는 경우에는 신고로 갈음할 수 있다(건축법 제11조 제1항 및 건축법 제14조 제1항 각호).
① 바닥면적의 합계가 85㎡ 이내의 증축 · 개축 또는 재축(다만, 3층 이상 건축물은 증축 · 개축 또는 재축하려는 바닥면적의 합계가 건축물 연면적의 10분의 1 이내인 경우로 한정)
② 관리지역, 농림지역 또는 자연환경보전지역에서 연면적이 200㎡ 미만이고 3층 미만인 건축물의 건축(지구단위계획구역등에서의 건축은 제외)
③ 연면적이 200㎡ 미만이고 3층 미만인 건축물의 대수선

증축의 개념 자체가 어려운 것은 아니다. 다만 증축의 경우에는 취득세를 누락하는 경우가 종종 발생한다. 위 1)의 신축은 기존에 없던 건축물이 건축행위로 인하여 새롭게 만들어지는 것이다. 취득자가 취득세 과세개념에 익숙지 않아도 신축에 따른 취득세 납세의무를 놓치는 경우는 많지 않다. 그런데 증축은 기존에 존재하는 건축물의 '변화'인데 이러한 변화로 인하여 취득세 납세의무가 발생한다는 생각 자체를 하지 못하기 때문이다.

간혹 '증축에 대한 취득세를 신고납부하지 않았지만 지방자치단체로부터 아무런 연락을 받은 적이 없으니 그냥 넘어가도 괜찮지 않으냐'는 질문을 받은 적이 있다. 결론부터 말하면 그렇지 않다. 지방자치단체는 관할기관으로부터 건축물에 대한 자료를 전달받거나 현황조사 등 기타의 방법으로 해당 건축물의 증축 여부를 확인할 수 있다. 이때 증축으로 확인되면 납세의무자의 취득세 신고납부 여부를 확인하게 되는데, 이 과정에서 취득자가 증축에 관한 취득세를 누락하였음을 발견하는 것이다. 이 경우 지방세 본세와 더불어 시기에 따라 큰 가산세를 부담할 수 있으니 기존 건축물에 변화가 발생하는 공사를 수행할 때는 반드시 취득세 과세대상이 되는 건축법상 '증축'인지를 미리 확인해야 한다.

3) 개축과 4) 재축

개축과 재축은 서로 유사점과 차이점이 존재하여 같이 설명하고자 한다.

개축은 기존 건축물의 전부 또는 일부(내력벽·기둥·보·지붕틀[13] 중 셋 이상이 포함되는 경우)를 철거하고 그 대지에 종전과 같은 규모의 범위에서 건축물을 다시 축조하는 것을 말한다.

재축이란 건축물이 천재지변이나 그 밖의 재해로 멸실된 경우 그 대지에 아래 요건을 모두 갖추어 다시 축조하는 것을 말한다.

① 연면적 합계는 종전 규모 이하로 할 것

② 동(棟)수, 층수 및 높이는 다음의 어느 하나에 해당할 것

---

④ 주요구조부의 해체가 없는 등의 대수선

⑤ 그 밖에 소규모 건축물 등의 건축

13) 「한옥 등 건축자산의 진흥에 관한 법률」 제2조 제2호에 따른 한옥의 경우 지붕틀의 범위에서 서까래는 제외(건축법시행령 제2조 제3호 및 제16호)

㉠ 동수, 층수 및 높이가 모두 종전 규모 이하일 것

㉡ 동수, 층수 또는 높이의 어느 하나가 종전 규모를 초과하는 경우에는 해당 동수, 층수 및 높이가 「건축법」, 「건축법시행령」, 건축조례에 모두 적합할 것

즉, 개축과 재축은 건축물의 전부 또는 일부를 다시 짓는 점에서는 동일하다. 다만 다시 짓는 원인에 따라 개축은 건축물 기능개선, 미관개선 등 다시 짓는 원인이 본인의 의사에 따라 고쳐 쓰고자 다시 짓는 것이고, 재축은 본인의 의사와 관계없이 재해 등 외부적 요인에 의하여 멸실되어 다시 짓는 것이다.

참고로 개축의 한자 「개」는 「고칠 개」이므로 건축물을 고쳐서 짓는 것이고, 재축의 한자 「재」는 「거듭 재」이므로 건축물을 다시 짓는 것이라고 한자의 뜻으로 구분할 수도 있다. 고치는 것은 본인의 의사가 적용되는 것이고, 다시 짓는 것은 재해 등 어쩔 수 없는 피해를 본 경우라고 이해하면 되겠다.

한편 개축과 재축 모두, 기존 건축물의 규모 내에서 다시 짓는 경우에 한하여 적용된다. 만약 기존 건축물의 규모를 초과한다면 전부를 다시 지을 경우에는 신축, 일부를 다시 지을 경우에는 증축에 해당된다. 개축과 재축에 대한 위 내용을 요약하면 다음과 같다.

개축과 재축의 구분

<table>
<tr><th rowspan="2">구분</th><th rowspan="2">철거·멸실의 범위</th><th colspan="2">기존건축물 규모</th></tr>
<tr><th>이내</th><th>초과</th></tr>
<tr><td rowspan="2">개축
(내부요인)</td><td>전부 철거</td><td rowspan="2">개축</td><td>신축</td></tr>
<tr><td>일부 철거(내력보, 기둥, 보, 지붕틀 중 3개 이상 철거)</td><td>증축</td></tr>
<tr><td rowspan="2">재축
(외부요인)</td><td>전부 멸실</td><td rowspan="2">재축</td><td>신축</td></tr>
<tr><td>일부 멸실</td><td>증축</td></tr>
</table>

취득세 관점에서 건축물 전부를 철거하거나 전부가 멸실되어 다시 건축하는 경우에는 사실상 신축과 유사한 과정이므로 납세자가 취득세 신고의무가 있다는 점을 놓치는 경우는 많지 않으리라고 이해된다. 하지만 일부만 철거하거나 일부만 멸실되는 개축과 재축은 앞서 증축의 사례처럼 취득세 과세대상임을 놓칠 수 있다. 따라서 건축물의 일부만 다시 짓는 개축과 재축의 경우에는 건축법 및 지방세

법에 따라 취득세 과세대상에 해당하는 건축인지 여부를 확인해야 한다.

5) 건축물의 이전

건축물의 '이전'이란 건축물의 주요구조부를 해체하지 아니하고 같은 대지의 다른 위치로 옮기는 것을 말한다. 건축법 제2조 제7호에 따르면 주요구조부는 내력벽, 기둥, 바닥, 보, 지붕틀 및 주계단이다. 단, 사이 기둥, 최하층 바닥, 작은 보, 차양, 옥외 계단, 그 밖에 이와 유사한 것으로 건축물의 구조상 중요하지 아니한 부분은 제외한다.

위와 같이 건축법상 건축을 5가지로 구분할 수 있는데 아래 그림을 참고하면 직관적으로 이해할 수 있겠다.

그림 1 **건축법상 건축**[14]

① 신축	② 증축	③ 개축
	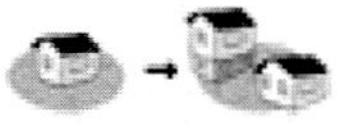	
④ 재축	⑤ 이전	
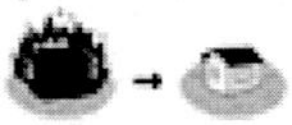		

(4) **개수**(지방세법 제6조 제6호)

'개수'는 수선의 개념으로 1) 대수선, 2) 건축물 중 특정시설의 수선, 3) 건축물에 딸린 특정시설물의 설치 또는 수선의 3가지 요소로 구성된다.

1) 대수선

개수를 구성하는 첫 번째 요소는 건축법 제2조 제1항 제9호에 따른 '대수선'이다. 건축법에 따른 대수선의 정의는 다음과 같다.

---

14) 토지이용규제정보서비스(LURIS) 홈페이지>용어사전>건축을 검색

건축법 제2조 [정의]

9. "대수선"이란 건축물의 기둥, 보, 내력벽, 주계단 등의 구조나 외부 형태를 수선·변경하거나 증설하는 것으로서 대통령령으로 정하는 것을 말한다.

건축법시행령 제3조의 2 [대수선의 범위]

법 제2조 제1항 제9호에서 "대통령령으로 정하는 것"이란 다음 각 호의 어느 하나에 해당하는 것으로서 증축·개축 또는 재축에 해당하지 아니하는 것을 말한다.

1. 내력벽을 증설 또는 해체하거나 그 벽면적을 30㎡ 이상 수선 또는 변경하는 것
2. 기둥을 증설 또는 해체하거나 세 개 이상 수선 또는 변경하는 것
3. 보를 증설 또는 해체하거나 세 개 이상 수선 또는 변경하는 것
4. 지붕틀(한옥의 경우에는 지붕틀의 범위에서 서까래는 제외)을 증설 또는 해체하거나 세 개 이상 수선 또는 변경하는 것
5. 방화벽 또는 방화구획을 위한 바닥 또는 벽을 증설 또는 해체하거나 수선 또는 변경하는 것
6. 주계단·피난계단 또는 특별피난계단을 증설 또는 해체하거나 수선 또는 변경하는 것
7. 다가구주택의 가구 간 경계벽 또는 다세대주택의 세대 간 경계벽을 증설 또는 해체하거나 수선 또는 변경하는 것
8. 건축물의 외벽에 사용하는 마감재료(법 제52조 제2항에 따른 마감재료를 말한다)를 증설 또는 해체하거나 벽면적 30㎡ 이상 수선 또는 변경하는 것

위와 같이 대수선은 세부적으로 그 범위를 열거하고 있다. 따라서 건축물을 수선하는 경우가 발생하면 위 범위에 따른 대수선인지를 검토해야 한다.

또 하나 주의해야 할 것은 '리모델링'에 대한 것이다. 실무상 또는 일상에서는 건축물의 수선을 표현할 때 '리모델링'이라고도 한다. 그러나 리모델링은 건축법 제2조 제10호에서 건축물의 노후화를 억제하거나 기능 향상 등을 위하여 대수선하거나 건축물의 일부를 증축 또는 개축하는 행위를 말하는 것이라고 별도로 정의하고 있다. 따라서 건축과 관련하여 리모델링이라는 용어를 듣게 되면 취득세 납세의무가 발생하는 '개수'에 해당할 수 있음을 인지하고 별도로 리모델링 공사내역 등을 확인해야 한다.

2) 건축물에 포함되는 특정시설의 수선

개수를 구성하는 두 번째 요소는 '건축물에 포함되는 특정시설의 수선'이다. 건축물에 포함되는 특정시설의 범위는 레저시설, 저장시설, 도크(dock)시설, 접안

시설, 도관시설, 급수 및 배수시설, 에너지공급시설, 기타 유사한 시설로서 '(2) 건축물' 중 '2) 건축물에 포함되는 특정시설'과 그 내용이 같다.

다만, 취득세에서는 해당 시설을 취득하는 것은 부동산을 취득하는 것으로 보아 취득세를 과세하며, 해당 시설을 수선하는 것은 '개수'의 방법으로 취득하는 것으로 보아 취득세를 과세한다. 따라서 해당 특정시설에 대해서는 최초 취득 시에 취득세를 신고납부하였더라도 추후 수선의 행위를 한다면 '개수'를 원인으로 다시 취득세 과세대상이 될 수 있음에 유의해야 한다.

3) 건축물에 딸린 특정 시설물의 설치 또는 수선

개수를 구성하는 마지막 요소는 '건축물에 딸린 특정시설물의 설치 또는 수선'이다.

이 정의는 2가지로 나누어 볼 수 있는데 첫 번째는 위 '2) 건축물에 포함되는 특정시설'과 '3) 건축물에 딸린 특정시설물'의 용어 차이다. 축약하면 시설과 시설물의 차이다. 각각의 범위를 읽어보면 느낌이 오겠지만 시설은 건축물과 비교되는 조금 큰 개념, 시설물은 건축물에 부속된 조금 작은 개념이라고 이해하면 될 것이다. 용어가 한 글자 차이라서 혼동이 있을 수 있는데 취득세와 관련해서는 분명 구분된 개념이다.

두 번째는 특정 시설물은 설치 또는 수선하는 것을 모두 '개수'로 본다. 승강기를 예로 들면 승강기를 새로 설치하거나 기존의 승강기를 수선하는 것을 건축법에서는 건축이 아니라 '개수', 즉 수선의 일종으로 본다.

모든 시설물이 취득세 과세대상은 아니고 지방세법 시행령 제6조에서 별도로 시설물의 종류와 범위를 규정하고 있으므로 해당 시설물을 설치 또는 수선하였다면 취득세 과세대상 여부를 확인해야 한다.

지방세법 시행령 제6조 [시설물의 종류와 범위]

1. 승강기(엘리베이터, 에스컬레이터, 그 밖의 승강시설)
2. 시간당 20킬로와트 이상의 발전시설
3. 난방용·욕탕용 온수 및 열 공급시설
4. 시간당 7천560㎉(킬로칼로리)급 이상의 에어컨(중앙조절식만 해당)
5. 부착된 금고

6. 교환시설
7. 건물의 냉난방, 급수·배수, 방화, 방범 등의 자동관리를 위하여 설치하는 인텔리전트 빌딩시스템 시설
8. 구내의 변전·배전시설

[비고] 주체구조부와 일체가 되는 설비에 대한 취득세 납세의무(지방세법 제7조 제3항)

건축물 중 조작설비,[15] 그 밖의 부대설비에 속하는 부분으로서 그 주체구조부[16]와 하나가 되어 건축물로서의 효용가치를 이루고 있는 것에 대하여는 주체구조부 취득자 외의 자가 가설한 경우에도 주체구조부의 취득자가 함께 취득한 것으로 본다.

법의 문장이 다소 어렵게 느껴지는 것 중 하나인데 쇼핑몰과 관련된 건축물을 예를 들면 쉽게 이해할 수 있다. 법인 A가 쇼핑몰용 건축물을 건축하였고 이 중 일부를 임차인 B에게 임대하였다. 이때 임차인 B가 사업목적으로 법인 A가 소유한 건축물에 조작설비 및 부대설비를 설치한 경우이다.

만약 임차인 B가 설치한 조작설비 및 부대설비가 해당 건축물과 일체가 되어 건축물로서의 효용가치를 이루는 것이라면 주체구조부의 취득자(=건축물을 취득한 법인 A)에게 취득세 납세의무가 있다. 반면 임차인 B가 설치한 조작설비 및 부대설비가 해당 건축물과 일체를 이루지 않고 별도의 효용가치가 있다면 조작설비 및 부대설비에 대해서는 임차인 B에게 취득세 납세의무가 있다. 다만, 조작설비 또는 부대설비가 건축물과 하나가 되어 건축물로서의 효용가치를 이루고 있는지는 별도의 판단이 필요할 것이다.

조작설비 및 부대설비의 납세의무자(위 쇼핑몰의 예시에서)

구분	조작설비·부대설비의 취득세 납세의무자
① 조작설비, 부대설비가 그 주체구조부와 하나가 되어 건축물로서의 효용가치를 이루고 있는 경우	주체구조부의 취득자 (=쇼핑몰 건축주 A법인)
② 조작설비, 부대설비가 그 주체구조부와 하나가 되지 않아 건축물로서의 효용가치를 이루지 않는 경우	조작설비·부대설비의 취득자 (=쇼핑몰 임차인 B)

지금까지 부동산을 구성하는 토지, 건축물, 건축, 개수에 대하여 알아보았다.

취득세의 관점에서 가장 유의할 것은 일반적인 생활용어 수준에 따른 '부동산'과의 구분이 아닐까 한다. 부동산은 그 특성상 우리의 삶과 밀접하게 연관되어

15) 건물의 마감 및 장식을 위해 부착하는 마감공사를 의미함(천장, 선반, 창호, 붙박이 가구, 수도 가스 등)

16) 건축물의 주요 구조를 의미함

있어 용어 자체가 낯설지는 않다. 다만, 지방세법이나 건축법 등 부동산을 다루는 법은 부동산을 구성하는 요소에 관한 용어의 정의를 분명히 하고 있는데, 해당 정의들은 생활용어로 사용되는 것에 비하여 그 범위가 넓거나 반대로 좁을 수 있다.

따라서 부동산은 그 용어의 정의를 분명히 숙지해두고 취득세 과세대상 여부를 판단해야 한다.

4. 비과세

(1) 비과세되는 취득의 범위

지방세법 제9조에 따르면 아래의 취득에 대하여는 취득세를 부과하지 않는다.

비과세되는 취득과 그 예외사항

구분	비과세	비과세 제외(=과세)
1	국가 등의 취득	대한민국 정부기관의 취득에 대하여 과세하는 외국정부의 취득
2	국가 등에 귀속 또는 기부채납을 조건으로 취득하는 부동산, 사회기반시설	① 국가등에 귀속등 조건을 이행하지 않고 타인에게 매각·증여하거나 귀속등을 이행하지 않는 것으로 조건변경 ② 국가등에 귀속등의 반대급부로 국가등이 소유하고 있는 부동산 및 사회기반시설을 무상으로 양여받거나 기부채납 대상물의 무상사용권을 제공받음
3	신탁으로 인한 신탁재산의 취득으로서 ①~③ 중 어느 하나에 해당하는 경우 ① 위탁자로부터 수탁자에게 신탁재산 이전 ② 신탁의 종료로 수탁자로부터 위탁자에게 신탁재산 이전 ③ 수탁자가 변경되어 신수탁자에게 신탁재산 이전	신탁재산의 취득 중 아래 ①과 ②의 취득 ① 주택조합등과 조합원 간의 부동산 취득 ② 주택조합등의 비조합원용 부동산 취득
4	「징발재산정리에 관한 특별조치법」 등에 따른 동원대상지역 내의 토지의 수용·사용에 관한 환매권의 행사로 매수하는 부동산의 취득	
5	임시흥행장, 공사현장사무소 등(별장 등 사치성 재산 제외) 임시건축물 취득	존속기간이 1년을 초과하는 경우

6	시가표준액 9억원 이하의 공동주택과 관련된 개수(대수선 제외)로 인한 취득	
7	상속개시 이전에 천재지변·화재·교통사고·폐차·차령초과 등으로 사용할 수 없는 특정 차량	

1) 국가 등의 취득

① 국가 또는 ② 지방자치단체(다른 법률에서 국가 또는 지방자치단체로 의제되는 법인은 제외), ③「지방자치법」 제159조 제1항에 따른 지방자치단체조합(이하 '지방자치단체조합'), ④ 외국정부 및 주한국제기구의 취득에 대해서는 취득세를 부과하지 않는다. 아니한다. 다만, 대한민국 정부기관의 취득에 대하여 과세하는 외국정부의 취득에 대해서는 취득세를 부과한다.

① 국가, ② 지방자치단체, ③ 지방자치단체조합이 취득한 것은 취득세를 신고납부해도 해당 세금은 결국 국가 및 지방자치단체에 귀속된다. 자신이 낸 세금을 자신이 받는 것이다. 따라서 이러한 취득에 대해서 취득세를 신고납부하는 세무행정 절차는 사실상 의미가 없어서 취득세를 비과세하는 것으로 이해된다.

반면 ④ 외국정부 및 주한국제기구가 취득하는 것을 비과세하는 이유는 외교상 상호주의(또는 호혜주의)에 따른 것이다. 즉, 대한민국 정부기관도 외국에서의 취득에 대하여 취득세 비과세의 혜택을 받기 때문이다. 따라서 대한민국 정부기관의 취득에 대하여 과세하는 외국정부의 취득에 대해서는 취득세를 비과세하지 않는다.

2) 국가 등에 귀속 또는 기부채납을 조건으로 취득하는 부동산 및 사회기반시설

국가, 지방자치단체, 지방자치단체조합(이하 '국가 등')에 귀속 또는 기부채납(「사회기반시설에 대한 민간투자법」 제4조 제3호에 따른 방식으로 귀속되는 경우를 포함하며, 이하 '귀속 등')을 조건으로 취득하는 ① 부동산 및 ②「사회기반시설에 대한 민간투자법」 제2조 제1호 각 목에 해당하는 사회기반시설에 대해서는 취득세를 부과하지 아니한다.

다만, 다음 중 어느 하나에 해당하는 경우, 그 해당 부분에 대해서는 취득세를 부과한다.

① 국가 등에 귀속 등의 조건을 이행하지 아니하고 타인에게 매각·증여하거나 귀속 등을 이행하지 아니하는 것으로 조건이 변경된 경우
② 국가 등에 귀속 등의 반대급부로 국가 등이 소유하고 있는 부동산 및 사회기반시설을 무상으로 양여받거나 기부채납 대상물의 무상사용권을 제공받는 경우

취득세 실무에서 많이 살펴보게 될 비과세이다. 건축물을 신축할 때 관련한 인허가를 받기 위해서 일정한 부동산 및 사회기반시설을 국가 등에 귀속 또는 기부채납할 때 비과세가 적용되는 것이 그 예이다.

국가 등에 귀속 또는 기부채납을 조건으로 취득하는 부동산 및 사회기반시설에 대한 취득세 비과세는 다음과 같이 5가지로 나누어 살펴본다.

국가 등 귀속 및 기부채납 비과세

<table>
<tr><th>구분</th><th>내용</th><th>비고</th></tr>
<tr><td>1. 귀속 등의 상대방</td><td>① 국가
② 지방자치단체
③ 지방자치단체조합(지방자치법 제159조 제1항)</td><td>[주1]</td></tr>
<tr><td>2. 귀속 등의 방식</td><td>① 귀속(=소유권의 이전)
② 기부채납
③ 사회기반시설에 대한 BOT 방식의 귀속</td><td>[주2]</td></tr>
<tr><td>3. 귀속 등의 대상</td><td>① 부동산
② 사회기반시설(사회기반시설에 대한 민간투자법 제2조 제1호 각목에서 열거한 시설)</td><td>[주3]</td></tr>
<tr><td>4. 비과세 적용제외</td><td>① 국가 등에 귀속 등의 조건을 이행하지 않고 타인에게 매각·증여 또는 귀속 등을 이행하지 않는 것으로 조건이 변경된 경우
② 국가 등에 귀속 등의 반대급부로 국가 등이 소유하고 있는 부동산 및 사회기반시설을 무상으로 양여받거나[17] 기부채납 대상물의 무상사용권을 제공받는 경우</td><td>[주4]</td></tr>
<tr><td>5. 취득세의 감면</td><td>위 4.의 ② 규정에 따라 취득세가 비과세되지 않는 것에 대해서는 아래의 기간 동안 감면을 적용함<table><tr><th>구분</th><th>취득세</th></tr><tr><td>2020.12.31.까지의 취득</td><td>100% 감면</td></tr><tr><td>2021.1.1.~2021.12.31.까지의 취득</td><td>50% 감면</td></tr></table></td><td>[주5]</td></tr>
</table>

17) 타인으로부터(여기서는 국가 등으로부터) 소유권을 받는 것을 의미

[주1] 귀속 등의 상대방

국가 등에 귀속 및 기부채납에 따른 취득세 비과세를 적용하고자 할 때는 사전에 귀속 등의 상대방이 ① 국가, ② 지방자치단체, ③ 지방자치단체조합에 해당하는지 확인해야 한다.

간혹 취득자가 별도의 검토 없이 상식의 수준에서 자의적으로 판단하고 취득세 비과세로 진행하였다가 귀속 등의 상대방이 국가, 지방자치단체, 지방자치단체조합에 해당하지 않아 비과세가 적용되지 않는 경우가 있다. 따라서 국가 등에 귀속 및 기부채납에 따른 취득세 비과세는 귀속 등의 상대방과 사전에 확인하고 진행해야 한다.

[주2] 귀속 등의 방식

국가 등에 귀속 및 기부채납에 따른 취득세 비과세에서 '귀속 등'은 다음 3가지를 말한다.

① 귀속(=소유권의 이전)
② 기부채납
③ 사회기반시설에 대한 민간투자법 제4조 제3호에 따른 방식

첫 번째 '귀속'은 그 목적물의 소유권이 국가 등으로 직접 이전되는 방식을 말한다. 두 번째 '기부채납'은 취득자가 국가등에 귀속의 의사표시를 하고 국가 등이 이에 대하여 승낙의 의사표시가 있는 이후에 취득하는 부동산을 의미한다.[18] 귀속이나 기부채납은 결국 그 소유권이 국가 등으로 이전되는 점에서는 동일하다.

마지막으로는 사회기반시설에 대한 민간투자법 제4조 제3호에 따른 방식으로, 사회기반시설의 준공 후 일정기간 동안 사업시행자에게 해당 시설의 소유권이 인정되며 그 기간이 만료되면 시설소유권이 국가 또는 지방자치단체에 귀속되는 방식(일명 BOT방식, Build-Operate-Transfer)이다.

이 방식은 귀속과 기부채납과는 그 성질이 조금 다르다. 결국에는 소유권이 국가에 이전되지만, 취득 후 바로 이전되지 않고 일정기간 동안은 일반적인 취득과 동일하게 취득자에게 소유권이 있다. 그럼에도 취득세를 비과세하는 것은 사회기반시설에 대한 민간투자를 장려하기 위해서다.

사회기반시설은 도로나 철도 등 말 그대로 국가의 기반이 되는 시설이다. 이러한 시설은 국가가 소유하여 국민에게 그 공익적 혜택을 제공하는 것이 일반적이다. 그러나 예산의 부족 등으로 사회기반시설에 대한 투자가 어려울 수 있다. 그렇기 때문에 민간에서 사회기반시설에 투자할 경우, 일정기간이 지난 후 국가등에 귀속되는 것을 조건으로 하여 일정기간 동안 민간의 소유권을 허락하여 사회기반시설을 통한 민간의 이익을 보전해주는 형식으로 민간투자를 장려하는 것이다. 따라서 일반적인 부동산은 이러한 방식을 적용할 수 없고, 사회기반시설에 한

---

18) 대법원 2005.5.12. 선고 2003다43346 판결에서 발췌

하여만 비과세가 적용된다.

[주3] 귀속 등의 대상

국가 등에 귀속 및 기부채납에 따른 취득세 비과세는 ① 부동산과 ② 사회기반시설에 대하여 적용한다.

첫 번째 부동산은 앞서 '3. 부동산의 이해'에서 살펴본 범위의 부동산을 말한다. 두 번째는 「사회기반시설에 대한 민간투자법」 제2조 제1호 각 목에 해당하는 사회기반시설이다. 사회기반시설은 그 열거된 대상이 많고 시설별로 「도로법」 등 개별법령에 따르고 있으므로 해당 법령에 따른 사회기반시설인지를 꼼꼼히 확인해야 한다.

[주4] 비과세 적용제외

다만, 아래의 경우에는 국가 등에 귀속 및 기부채납에 따른 취득세를 비과세하지 않는다.

① 국가 등에 귀속 등의 조건을 이행하지 아니하고 타인에게 매각·증여하거나 귀속등을 이행하지 아니하는 것으로 조건이 변경된 경우
② 국가, 지방자치단체, 지방자치단체조합에 귀속 등의 반대급부로 국가등이 소유하고 있는 부동산 및 사회기반시설을 무상으로 양여받거나 기부채납 대상물의 무상사용권을 제공받는 경우

①은 국가 등에 귀속 등을 조건으로 취득하여 취득세를 비과세 받은 후 귀속 등의 비과세 조건을 미이행하는 경우 비과세한 취득세를 부과할 수 있도록 한 사후관리 규정이다. A 조건을 이행하는 것을 근거로 비과세 해주었는데 A 조건을 이행하지 않은 경우 과세하는 것이므로 당연한 규정이라고 볼 수 있다.

②는 기부채납에 반대급부가 있는 경우 비과세 취지에 부합되지 않으므로 취득세 비과세 대상에서 제외하는 규정이다.[19] 반대급부는 표준국어대사전의 정의에 따르면 '어떤 일에 대응하여 얻게 되는 이익'을 말한다.

국가 등에 귀속 및 기부채납에 따른 취득세 비과세의 취지는 취득자가 조건없이 무상으로 소유권을 국가 등에 이전하는 경우에 그 취득에 따른 세부담을 완화해주는 것이다. 따라서 국가 등에 귀속 또는 기부채납을 하면서 취득자가 반대급부, 즉 어떠한 이익까지 얻는 취득에까지 취득세를 비과세하는 것은 중복적인 혜택이라고 보아 취득세를 비과세하지 않는다.

따라서 실무상 국가 등에 귀속 또는 기부채납을 조건으로 하더라도 당연히 취득세가 비과세되는 것으로 적용해서는 안 되며, 취득자인 본인이 해당 거래로 국가 등으로부터 얻는 이익이 있는지를 별도로 확인해야 한다.

---

19) 2016년 1월 1일 이후 취득하는 분부터 적용함

[주5] 반대급부가 있는 귀속 등에 대한 취득세 감면[20](지방세특례제한법 제73조의 2)

국가 등에 귀속 등을 조건으로 취득세가 비과세되는 부동산 및 사회기반시설 중에서 귀속 등의 반대급부로 국가 등이 소유하고 있는 부동산 또는 사회기반시설을 무상으로 양여받거나 기부채납 대상물의 무상사용권을 제공받는 조건으로 취득하는 부동산 또는 사회기반시설에 대해서는 아래와 같이 그 취득세를 감면한다.

반대급부가 있는 귀속 또는 기부채납에 대한 취득세 감면

구분	취득세
2020.12.31.까지의 취득	100% 감면
2021.1.1.~2021.12.31.까지의 취득	50% 감면

위 규정은 비과세 규정이 아니라 지방세특례제한법 제73조의 2에 따른 취득세 감면에 관한 규정이다. 국가 등에 귀속 등을 하는 경우라도 그 귀속 등의 반대급부가 있는 경우에는 취득세 비과세의 취지에 맞지 않아 2016년 1월 1일부터의 취득에 대하여는 취득세를 비과세하지 않는다.

그러나 반대급부가 있는 귀속이나 기부채납에 대하여 취득세를 전액 과세한다면, 국가 등에 귀속 및 기부채납하는 부동산과 사회기반시설이 일시에 급격하게 감소할 수 있어 법 개정 후 일정기간 동안은 취득세를 100% 감면해주고 있다. 다만, 2021년부터는 50%의 감면만 해주는 것으로 예정되어 있다.

사회기반시설의 범위

사회기반시설에 대한 민간투자법 제2조 [정의]

1. "사회기반시설"이란 각종 생산활동의 기반이 되는 시설, 해당 시설의 효용을 증진시키거나 이용자의 편의를 도모하는 시설 및 국민생활의 편익을 증진시키는 시설로서, 다음 각 목의 어느 하나에 해당하는 시설을 말한다.

가. 「도로법」 제2조 제1호 및 제2호에 따른 도로 및 도로의 부속물

나. 「철도사업법」 제2조 제1호에 따른 철도

다. 「도시철도법」 제2조 제2호에 따른 도시철도

라. 「항만법」 제2조 제5호에 따른 항만시설

마. 「공항시설법」 제2조 제7호에 따른 공항시설

바. 「댐건설 및 주변지역지원 등에 관한 법률」 제2조 제2호에 따른 다목적댐

사. 「수도법」 제3조 제5호에 따른 수도 및 「물의 재이용 촉진 및 지원에 관한 법률」 제2조 제4호에 따른 중수도

---

20) 이 부분은 감면에 관한 내용으로 지방세를 처음 접한다면 감면에 대한 내용을 먼저 이해하고 다시 읽어보면 그 이해에 보다 도움이 될 것임

아. 「하수도법」 제2조 제3호에 따른 하수도, 같은 조 제9호에 따른 공공하수처리시설, 같은 조 제10호에 따른 분뇨처리시설 및 「물의 재이용 촉진 및 지원에 관한 법률」 제2조 제7호에 따른 하·폐수처리수 재이용시설
자. 「하천법」 제2조 제3호에 따른 하천시설
차. 「어촌·어항법」 제2조 제5호에 따른 어항시설
카. 「폐기물관리법」 제2조 제8호에 따른 폐기물처리시설
타. 「전기통신기본법」 제2조 제2호에 따른 전기통신설비
파. 「전원개발촉진법」 제2조 제1호에 따른 전원설비
하. 「도시가스사업법」 제2조 제5호에 따른 가스공급시설
거. 「집단에너지사업법」 제2조 제5호에 따른 집단에너지시설
너. 「정보통신망 이용촉진 및 정보보호 등에 관한 법률」 제2조 제1항 제1호에 따른 정보통신망
더. 「물류시설의 개발 및 운영에 관한 법률」 제2조 제2호 및 제6호에 따른 물류터미널 및 물류단지
러. 「여객자동차 운수사업법」 제2조 제5호에 따른 여객자동차터미널
머. 「관광진흥법」 제2조 제6호 및 제7호에 따른 관광지 및 관광단지
버. 「주차장법」 제2조 제1호 나목에 따른 노외주차장
서. 「도시공원 및 녹지 등에 관한 법률」 제2조 제3호에 따른 도시공원
어. 「물환경보전법」 제2조 제17호에 따른 공공폐수처리시설
저. 「가축분뇨의 관리 및 이용에 관한 법률」 제2조 제9호에 따른 공공처리시설
처. 「자원의 절약과 재활용촉진에 관한 법률」 제2조 제10호에 따른 재활용시설
커. 「체육시설의 설치·이용에 관한 법률」 제5조에 따른 전문체육시설 및 같은 법 제6조에 따른 생활체육시설
터. 「청소년활동 진흥법」 제10조 제1호에 따른 청소년수련시설
퍼. 「도서관법」 제2조 제1호에 따른 도서관
허. 「박물관 및 미술관 진흥법」 제2조 제1호 및 제2호에 따른 박물관 및 미술관
고. 「국제회의산업 육성에 관한 법률」 제2조 제3호에 따른 국제회의시설
노. 「국가통합교통체계효율화법」 제2조 제15호 및 제16호에 따른 복합환승센터 및 지능형 교통체계
도. 「국가공간정보 기본법」 제2조 제3호에 따른 공간정보체계
로. 「국가정보화 기본법」 제3조 제13호에 따른 초고속정보통신망
모. 「과학관의 설립·운영 및 육성에 관한 법률」 제2조 제1호에 따른 과학관
보. 「철도산업발전기본법」 제3조 제2호에 따른 철도시설
소. 「유아교육법」 제2조 제2호, 「초·중등교육법」 제2조 및 「고등교육법」 제2조 제1호부터

제5호까지의 규정에 따른 유치원 및 학교
오. 「국방·군사시설 사업에 관한 법률」 제2조 제1항 제1호 및 제7호에 따른 국방·군사시설 중 교육·훈련, 병영생활 및 주거에 필요한 시설과 군부대에 부속된 시설로서 군인의 복지·체육을 위하여 필요한 시설
조. 「공공주택 특별법」 제2조 제1호 가목에 따른 공공임대주택
초. 「영유아보육법」 제2조 제3호에 따른 보육시설
코. 「노인복지법」 제32조·제34조 및 제38조에 따른 노인주거복지시설, 노인의료복지시설 및 재가노인복지시설
토. 「공공보건의료에 관한 법률」 제2조 제1호에 따른 공공보건의료에 관한 시
포. 「신항만건설촉진법」 제2조 제2호나목 및 다목에 따른 신항만건설사업의 대상이 되는 시설
호. 「문화예술진흥법」 제2조 제1항 제3호에 따른 문화시설
구. 「산림문화·휴양에 관한 법률」 제2조 제2호에 따른 자연휴양림
누. 「수목원 조성 및 진흥에 관한 법률」 제2조 제1호에 따른 수목원
두. 「스마트도시 조성 및 산업진흥 등에 관한 법률」 제2조 제3호에 따른 스마트도시기반시설
루. 「장애인복지법」 제58조에 따른 장애인복지시설
무. 「신에너지 및 재생에너지 개발·이용·보급 촉진법」 제2조 제3호에 따른 신·재생에너지 설비
수. 「산업집적활성화 및 공장설립에 관한 법률」 제2조 제9호에 따른 산업집적기반시설
우. 「국토의 계획 및 이용에 관한 법률」 제2조 제6호 라목에 따른 공공청사 중 중앙행정기관의 소속기관 청사
주. 「장사 등에 관한 법률」 제2조 제8호에 따른 화장시설
추. 「아동복지법」 제3조 제10호에 따른 아동복지시설
쿠. 「택시운송사업의 발전에 관한 법률」 제2조 제5호에 따른 택시공영차고지

3) 신탁재산의 취득

신탁(「신탁법」에 따른 신탁으로서 신탁등기가 병행되는 것만 해당)으로 인한 신탁재산의 취득으로서 아래 ①에서 ③에 해당하는 경우에는 취득세를 부과하지 않는다. 다만, 신탁재산의 취득 중 주택조합등과 조합원 간의 부동산 취득 및 주택조합등의 비조합원용 부동산 취득은 제외한다.

① 위탁자로부터 수탁자에게 신탁재산을 이전하는 경우

② 신탁의 종료로 인하여 수탁자로부터 위탁자에게 신탁재산을 이전하는 경우
③ 수탁자가 변경되어 신수탁자에게 신탁재산을 이전하는 경우

위탁과 신탁에 따른 재산은 그 특성상 해당 재산이 위탁자와 신탁자 간에 이전되는 경우가 있다. 이러한 이전에 대하여도 모두 취득세를 부과한다면 동일재산에 대한 중복과세가 되는 측면이 있다. 따라서 경제적 실질의 변동이 없는 이전에는 취득세를 비과세한다.

4) 동원대상지역 내 토지의 수용·사용에 관한 환매권의 행사로 매수하는 부동산의 취득

「징발재산정리에 관한 특별조치법」 또는 「국가보위에 관한 특별조치법 폐지법률」 부칙 제2항에 따른 동원대상지역 내의 토지의 수용·사용에 관한 환매권의 행사로 매수하는 부동산의 취득에 대하여는 취득세를 부과하지 않는다.

5) 임시흥행장, 공사현장사무소 등 임시건축물의 취득

임시흥행장, 공사현장사무소 등(지방세법 제13조 제5항에 따른 별장, 골프장, 고급주택, 고급오락장은 제외[21]) 임시건축물의 취득에 대하여는 취득세를 부과하지 않는다. 다만, 존속기간이 1년을 초과하는 경우에는 취득세를 부과한다.

존속기간이 1년을 초과하는 경우에는 취득세가 비과세되는 임시건축물이 아니므로 임시건축물은 1년 초과 여부를 상시 확인하여 취득세를 누락하지 않도록 유의해야 한다.

6) 시가표준액 9억원 이하의 공동주택 개수에 따른 취득

「주택법」 제2조 제3호에 따른 공동주택의 개수(「건축법」 제2조 제1항 제9호에 따른 대수선은 제외)로 인한 취득 중 시가표준액이 9억원 이하인 주택과 관련된 개수로 인한 취득에 대해서는 취득세를 부과하지 아니한다.

국민의 보금자리인 주거시설의 안정성을 높이기 위하여 시가표준액 9억원 이하의 공동주택에 대한 수선에 대하여는 취득세를 비과세한다. 따라서 이 규정에 따른 비과세를 적용하기 위해서는 주택의 시가표준액과 해당 주택이 주택법에 따른 공동주택에 해당하는지를 확인해야 한다.

---

21) '6-2. 중과세율'의 내용을 참조

공동주택의 정의와 종류

<table>
<tr><th>구분</th><th colspan="2">내용</th></tr>
<tr><td>공동주택의 정의</td><td colspan="2">건축물의 벽·복도·계단이나 그 밖의 설비 등의 전부 또는 일부를 공동으로 사용하는 각 세대가 하나의 건축물 안에서 각각 독립된 주거생활을 할 수 있는 구조로 된 주택</td></tr>
<tr><td rowspan="4">공동주택의 종류</td><td>구분</td><td>내용</td></tr>
<tr><td>아파트</td><td>주택으로 쓰는 층수가 5개 층 이상인 주택
(「건축법 시행령」 별표 1 제2호 가목)</td></tr>
<tr><td>연립주택</td><td>주택으로 쓰는 1개 동의 바닥면적(2개 이상의 동을 지하주차장으로 연결하는 경우에는 각각의 동으로 봄) 합계가 660㎡(제곱미터)를 초과하고, 층수가 4개 층 이하인 주택
(「건축법 시행령」 별표 1 제2호 나목)</td></tr>
<tr><td>다세대주택</td><td>주택으로 쓰는 1개 동의 바닥면적 합계가 660㎡(제곱미터) 이하이고, 층수가 4개 층 이하인 주택(2개 이상의 동을 지하주차장으로 연결하는 경우에는 각각의 동으로 봄)
「건축법 시행령」 별표 1 제2호 다목</td></tr>
</table>

7) 상속개시 이전에 천재지변 등으로 사용할 수 없는 특정 차량의 상속에 따른 취득

상속개시 이전에 천재지변·화재·교통사고·폐차·차령초과 등으로 사용할 수 없는 특정 차량에 대해서는 상속에 따른 취득세를 부과하지 않는다. 특정차량은 지방세법 제121조 제2항 제4호, 제5호, 제8호에 해당하는 자동차를 말한다.

즉, 상속이 개시되기 전에 천재지변, 차량의 노후 등으로 해당 차량이 사실상 차량으로 사용할 수 없는 경우에는 상속에 따른 취득세를 비과세한다.

취득세가 비과세되는 특정차량의 범위

구분	특정 차량
천재지변 등	천재지변·화재·교통사고 등으로 소멸·멸실·파손되어 해당 자동차를 회수하거나 사용할 수 없는 것으로 시장·군수·구청장이 인정하는 자동차
폐차	「자동차관리법」에 따른 자동차해체재활용업자에게 폐차되었음이 증명되는 자동차
차령초과	「자동차등록령」 제31조 제2항에 해당하는 자동차로서 같은 조 제6항 제7호에 해당하는 자동차 **「자동차등록령」 제31조 제2항 및 제6항 [말소등록 신청]** ② 법 제13조 제1항 제7호 전단에서 "차령 등 대통령령으로 정하는 기준에 따라 환가가치가 남아 있지 아니하다고 인정되는 경우"란 다음 각 호의 어느 하나에 해당하는 경우를 말한다.

	1. 차령 11년 이상인 승용자동차 2. 차령 10년 이상인 승합자동차, 화물자동차 및 특수자동차(경형 및 소형) 3. 차령 10년 이상인 승합자동차(중형 및 대형) 4. 차령 12년 이상인 화물자동차 및 특수자동차(중형 및 대형) ⑥ 법 제13조 제1항 제8호에서 "자동차를 교육·연구의 목적으로 사용하는 등 대통령령으로 정하는 사유에 해당하는 경우"란 다음 각 호의 어느 하나에 해당하는 경우를 말한다. 7. 시·도지사가 해당 자동차의 차령, 법령위반 사실, 보험가입 유무 등 모든 사정에 비추어 해당 자동차가 멸실된 것으로 인정할 경우

(2) 비과세의 의미(감면과의 비교)[22)]

위 (1)에서는 취득세가 비과세되는 취득에 대하여 살펴보았다. 그런데 취득세에서 취득자가 취득세를 부담하지 않는 것은 '비과세' 외에도 추후 살펴보게 될 '감면'이 있다. 취득세의 감면은 취득세의 전부 또는 일부를 줄여주는 것이다. 따라서 비과세와 감면은 납세자가 부담할 취득세가 줄어드는 공통점이 있다.

다만, 비과세와 감면은 1) 법의 취지, 2) 법적 성질, 3) 경제적 효과의 세 가지 관점에서 다소 차이가 있는데, 이러한 차이점을 통해서 비과세와 감면규정이 가지는 의미를 이해할 수 있을 것이다.

1) 법의 취지

취득세가 비과세되는 취득은 도입 취지에 따라 ① 국가 등의 취득, ② 국가 등에 귀속 및 기부채납하는 취득, ③ 기타의 취득으로 나눌 수 있다.

첫 번째는 국가 등의 취득이다. 앞서 언급한 바와 같이 국가 및 지방자치단체가 취득하면 취득한 것에 취득세를 신고납부해도 해당 세금은 결국 국가 및 지방자치단체에 귀속된다. 그러므로 불필요한 세무행정의 낭비를 방지하고자 취득세를 비과세한다.

두 번째는 국가 등에 귀속 및 기부채납하는 취득이다. 민간이 국가 등에 부동산 및 사회기반시설을 귀속시키거나 기부채납을 하면 궁극적으로는 해당 부동산이나 사회기반시설이 공익적인 측면에서 국민에게 혜택을 준다. 따라서 그러한 민간의 활동을 장려하기 위하여 취득세를 비과세한다.

---

22) 본 내용은 감면규정과의 비교를 통한 비과세의 이해를 높이기 위함으로, '10. 감면'에 대한 내용을 이해 후 다시 한 번 읽어보기를 권함

마지막으로는 신탁재산의 취득, 임시건축물의 취득, 국민주택규모 공동주택의 개수에 따른 취득 등 기타의 취득이다. 개별 항목별로 조금씩 차이는 있지만, 이러한 취득을 비과세하는 공통의 이유는 납세자를 위한 조세정책을 마련하는 것에 있다.

반면 감면은 ① 농어업, ② 사회복지, ③ 교육 및 과학기술, ④ 문화 및 관광, ⑤ 기업구조 및 재무조정, ⑥ 수송 및 교통, ⑦ 국토 및 지역개발, ⑧ 공공행정 등의 분야를 지원하기 위하여 해당 분야와 관련이 있는 취득에 한하여 적용한다. 즉, 감면은 기본적으로 어떠한 분야를 지원하기 위함이므로 해당 분야의 특성 및 해당 분야가 현재 처한 상황 등에 따라 감면율과 감면 시기를 달리 정할 수 있다.

이러한 감면의 특징은 비과세 중 '③ 기타의 취득'의 법의 취지인 '납세자를 위한 조세정책 마련'과 유사해 보인다. 그러나 비과세는 감면과 달리 납세자가 속한 분야와 관계없이 납세자 전체를 대상으로 적용하는 취득의 성격이 있다.

비과세 항목 중 '임시건축물의 취득'을 예로 들면, 비과세는 특정 분야를 지원하기 위한 것이 아니다. 농어업을 위한 임시건축물의 취득은 비과세하고 사회복지를 위한 임시건축물의 취득은 과세하는 개념이 아니다. 1년 이내 철거하는 임시건축물에 대해서는 취득세를 비과세하여 납세자의 과도한 취득세 부담을 경감시키기 위한 것으로, 어떠한 분야에 속한 취득자든 임시건축물을 취득하면 비과세하는 것이다.

2) 법적 성질(납세의무)

비과세에 해당하는 취득에 대해서는 취득세를 부과하지 않는다. 취득세를 부과하지 않는다는 것은 취득세 납세의무가 성립하지 않는다는 것을 의미한다. 과세표준 관점에서는 비과세에 해당하는 취득에 소요된 비용은 취득세 과세표준에 포함되지 않는다. 즉, 과세표준이 '0원'이기 때문에 취득세율을 반영한 취득세액을 계산할 필요가 없다.

반면 감면은 취득세의 전부 또는 일부를 줄여주는 것이다. 즉, 감면은 취득세의 부과 대상이지만 단지 그 세액을 줄여주는 것이기 때문에, 감면이 적용되더라도 취득세 납세의무는 성립한다. 따라서 감면이 적용되는 취득에 소요된 비용은 일단 취득세 과세표준에 포함시킨 후 세액을 구하는 과정에서 감면율을 적용하여 절감액을 구해야 한다.

3) 취득세 부담액

비과세는 취득세 납세의무가 성립하지 않는 것이므로 취득자에게 취득세 부담이 전혀 없다. 즉 취득세가 100% 면제되어 부담할 세액이 '0원'이다.

그런데 감면은 아래 4가지를 이유로 취득세가 100% 면제되지 않는다.

① 감면은 100% 감면율이 적용되는 규정도 있으나 30%, 50% 등 취득세액의 일부만 감면되는 규정도 있다.

② 지방세특례제한법 제177조의 2 규정이 개정되어 100% 감면율이 적용되는 감면에 대하여는 취득자가 최소 15%의 취득세는 부담하게 하였다.[23]

③ 감면받은 취득세에 대하여는 그 감면세액의 20%를 「농어촌특별세(국세)」로 납부해야 한다(다만, 일부의 감면은 농어촌특별세가 비과세됨).

④ 감면이 적용되더라도 취득세에 부가되는 지방교육세와 농어촌특별세(국세)는 부담해야 한다(다만, 일부의 감면은 그 지방교육세와 농어촌특별세가 면제 또는 감면됨).

즉, 감면은 최소 15%의 취득세 및 농어촌특별세를 부담해야 하므로 취득세 부담이 전혀 없는 비과세에 비하면 세부담에 차이가 있다.

비과세와 감면의 차이

구분	비과세	감면
법의 취지	① 세무행정 낭비 방지(국가등의 취득) ② 민간의 공익목적 투자 장려(국가 등에 귀속 및 기부채납하는 취득) ③ 납세자를 위한 조세정책 마련(기타의 취득)	특정 분야에 대한 세금지원
법적 성질	납세의무 성립하지 않음	납세의무가 성립함
세부담	세부담 없음	① 최소 15%의 취득세 부담 ② 취득세 감면세액의 20%를 농어촌특별세로 부담(일부는 제외) ③ 취득세에 부가되는 지방교육세 및 농어촌특별세 부담(일부는 제외)

23) '지방세 감면 최저한' 제도라고도 한다. 감면규정별로 2016년부터 순차적으로 적용하고 있다. '11. 감면'에서 자세히 살펴보기로 한다.

5. 과세표준

취득세의 과세표준은 지방세법 제10조에서 다루고 있다. 취득세 과세표준은 (1) 취득당시 가액 및 시가표준액, (2) 사실상의 취득가액, (3) 기타의 취득가액으로 나누어 볼 수 있다.

결론부터 말하면, 법인이나 개인사업자가 취득하는 경우라면 (2) 사실상의 취득가액이 상당부분 적용될 것이다. 일반적인 법인이나 개인사업자라면 그 취득가액이 각종 증빙에 의하여 입증된다는 것을 고려하여 사실상의 취득가액을 인정하는 것이다.

다만, (2)에 해당되지 않는 경우에는 기본적으로 취득자가 신고한 취득가액을 인정하지만, 최소 '시가표준액'만큼은 과세표준으로 보도록 규정하고 있다. 물론 위 '(2) 사실상의 취득가액'이 인정되는 취득이라도 비교 목적에서 '시가표준액'을 활용할 수 있다. 그래서 취득세 과세표준을 이해할 때는 시가표준액을 숙지해야 한다.

나머지는 (3) 기타의 취득가액이다. ① 증축 등 및 지목변경에 따른 과세표준과 ② 과점주주 간주취득에 대한 과세표준으로 개별적인 내용으로 따로 분류하였다.

취득세 과세표준의 구성

구분	내용
(1) 취득당시의 가액 및 시가표준액	아래 ①의 금액(단, 최소 ②의 금액이 되어야 함) ① 취득자가 신고한 취득당시의 가액 ② 시가표준액
(2) 사실상의 취득가액	취득시기를 기준으로 그 이전에 해당 물건을 취득하기 위하여 거래상대방 또는 제3자에게 지급하였거나 지급해야 할 직접비용과 간접비용의 합계액
(3) 기타의 취득가액	① 증축 등 및 지목변경에 따른 과세표준 ② 과점주주 간주취득에 대한 과세표준

(1) 취득 당시의 가액과 시가표준액

지방세법 제10조에 따르면 취득세의 과세표준은 '취득 당시의 가액'으로 한다. 취득 당시의 가액은 취득자가 신고한 가액으로 한다. 따라서 기본적으로는 납세의무자가 신고한 취득가액을 과세표준으로 한다.

하지만 ① 취득자가 취득세를 신고하지 않거나(또는 신고가액의 표시가 없거나),

② 취득자가 취득세를 신고하였지만 그 신고가액이 시가표준액보다 적을 때에는 시가표준액을 취득 당시의 가액으로 본다. 즉, 최소한 시가표준액만큼은 과세표준으로 보겠다는 의미다.

이때 시가표준액은 취득세뿐 아니라 재산세 등 지방세법을 구성하는 개별 세목에서도 적용하기 때문에, 시가표준액은 지방세를 이해하는 데 매우 중요하다. 시가표준액은 지방세법 전체를 다루는 '총칙' 중 지방세법 제4조에서 규정하고 있다.

아래에서는 취득세 과세물건별 시가표준액의 정의와 실무에서 각 시가표준액을 검색하는 방법을 살펴보고자 한다.

취득세 시가표준액

<table>
<tr><th colspan="2">구분</th><th colspan="2">시가표준액</th><th>확인
방법</th></tr>
<tr><td colspan="2">1) 부동산</td><td colspan="2">부동산 구분별 아래에 따른 금액</td><td></td></tr>
<tr><td colspan="2" rowspan="2">① 토지</td><td>원칙</td><td>개별공시지가(매년 5월 말 공시)</td><td>열람</td></tr>
<tr><td>예외(미공시)</td><td>지방자치단체가 별도로 산정한 가액</td><td>문의</td></tr>
<tr><td rowspan="3">건축물</td><td rowspan="2">② 주택</td><td>원칙</td><td>개별주택가격 및 공동주택가격
(매년 4월 말 또는 9월 말 공시)</td><td>열람</td></tr>
<tr><td>예외(미공시)</td><td>지방자치단체가 별도로 산정한 가액</td><td>문의</td></tr>
<tr><td>③ 주택 외
(일반건축물)</td><td colspan="2">건물신축가격기준액(①)에 건물 특성(②~⑥)을 반영한 가액
= ① 건물신축가격기준액 × ② 구조지수 × ③ 용도지수 × ④ 위치지수 × ⑤ 잔가율 × ⑥ 개별건물 조정률</td><td>직접
계산</td></tr>
<tr><td colspan="2">④ 시설</td><td colspan="2">시설 종류별 기준가격 × 경과연수별 잔존가치율</td><td rowspan="10">검색</td></tr>
<tr><td colspan="2">⑤ 시설물</td><td colspan="2">시설물 종류별 기준가격 × 경과연수별 잔존가치율</td></tr>
<tr><td colspan="2">2) 차량</td><td colspan="2">차량별 기준가격 × 경과연수별 잔존가치율</td></tr>
<tr><td colspan="2">3) 기계장비</td><td colspan="2">기계장비별 기준가격 × 경과연수별 잔존가치율</td></tr>
<tr><td colspan="2">4) 항공기</td><td colspan="2">항공기별 기준가격 × 경과연수별 잔존가치율</td></tr>
<tr><td colspan="2">5) 선박</td><td colspan="2">선박별 기준가격 × 경과연수별 잔존가치율 및 급랭시설 등 유무에 따른 가감산율</td></tr>
<tr><td colspan="2">6) 입목</td><td colspan="2">입목별 기준가격 × 입목의 목재 부피, 그루수 등</td></tr>
<tr><td colspan="2">7) 광업권</td><td colspan="2">기준가격 - 광산 기계·시설취득비 - 기계설비이전비</td></tr>
<tr><td colspan="2">8) 어업권</td><td colspan="2">어업권 기준가격에 어업의 종류 등을 고려한 가액</td></tr>
<tr><td colspan="2">9) 각종 회원권</td><td colspan="2">골프회원권, 승마회원권, 콘도미니엄회원권, 종합체육시설 이용회원권, 요트회원권의 시가표준액은 분양 및 거래가격을 고려하여 정한 기준가격에 「소득세법」에 따른 기준시가 등을 고려한 가액</td></tr>
</table>

1) 부동산

① 토지

토지의 시가표준액은 「부동산 가격공시에 관한 법률」에 따라 공시된 개별공시지가를 적용한다. 개별공시지가가 공시되지 않는 토지라면 특별자치시장·특별자치도지사·시장·군수 또는 구청장(자치구의 구청장)이 같은 법에 따라 국토교통부장관이 제공한 토지가격비준표를 사용하여 산정한 가액에 따른다.

토지에 대한 시가표준액

구분	내용	
원칙	시가표준액	개별공시지가 [주1]
	확인방법	① 토지대장 확인 ② 부동산공시가격 알리미사이트에서 검색 [주2]
	비고	개별공시지가는 매년 5월 말에 공시하므로 취득 시점 기준 가장 최근 공시가액을 적용해야 함 [주3]
예외	시가표준액	개별공시지가가 공시되지 않는 토지는 특별자치시장·특별자치도지사·시장·군수·구청장(자치구의 구청장)이 「부동산 가격공시에 관한 법률」에 따라 국토교통부장관이 제공한 토지가격비준표를 사용하여 산정한 가액을 적용함
	확인방법	관할 지방자치단체에 문의[24]

[주1] 개별공시지가의 이해[25]

구분	내용	
정의	「부동산 가격공시에 관한 법률」에 따라 개별토지에 대한 적정가격을 평가 후 공시하는 가격	
상세	국토교통부장관이 매년 공시하는 표준지공시지가를 기준으로 시장·군수·구청장이 조사한 개별토지의 특성과 비교표준지의 특성을 비교하여 토지가격비준표상의 토지특성차이에 따른 가격배율을 산출하고 이를 표준지공시지가에 곱하여 지가를 산정 후 감정평가업자의 검증을 받아 토지소유자 등의 의견수렴과 시·군·구 부동산평가위원회 심의 등의 절차를 거쳐 시장·군수·구청장이 결정·공시하는 개별토지의 단위면적당 가격(원/제곱미터)	
기준일 및 조사대상	기준일	조사대상
	1월 1일	• 국세 또는 지방세의 부과대상 토지(국·공유지의 경우 도로 등 공공

24) 토지가격비준표라는 것은 토지의 특성·위치를 고려한 평가 기준으로 납세의무자가 이를 적용하여 토지의 가액을 산정하는 것은 사실상 어려움. 따라서 현실적으로 관할지방자치단체에 문의하는 것이 가장 정확할 것으로 이해됨

25) 국토교통부 제공 부동산공시가격 알리미 사이트(www.realtyprice.kr)에서 발췌한 내용

		용 토지는 제외) • 개발부담금 등 각종 부담금의 부과대상 토지 • 관계법령에 의거 개별공시지가를 적용토록 규정되어 있는 토지와 시장·군수·구청장이 관계행정기관의 장과 협의하여 개별공시지가를 결정·공시하기로 한 토지
	7월 1일	• 분할, 합병, 신규등록, 지목변경, 국·공유지가 사유지로 변경된 토지로 개별공시지가가 없는 토지
개별 공시지가 활용	구분	내용
	조세	• 토지관련 국세 부과기준(종합부동산세, 양도소득세, 상속세 및 증여세 등) • 토지관련 지방세 부과기준(취득세, 재산세, 지방교육세 등)
	부담금	• 개발부담금, 재건축부담금 등 각종 부담금의 부과기준
	공적평가 기준	• 선매 및 불허처분 토지 매수가 산정 • 도로·산지 매수청구시 매수예상가격 • 자연공원·하천구역토지의 매수청구가격
	행정분야	• 불법건축물 이행강제금 산정기준 • 실거래신고가격 검증 • 국가자산추계 • 국·공유재산 대부 및 사용료 산정 • 도로점용료 산정기준 • 사회복지법인, 공익법인등의 기본재산의 처분 • 사학기관, 기술대학, 학교설립에 따른 수익용 기본재산 산정
	복지분야	• 건강보험료 산정기준, 기초노령연금기초생활보장 수급대상자 판단기준 • 장애인 연금 대상자·생계유지곤란자의 병역감면 판단 기준 • 사업주/장애인 융자·지원금 산정기준 • 노인복지주택 부자격자 판단기준 • 신혼부부 전세임대주택 입주대상자 선정 • 국민주택채권 매입기준 및 국민임대주택 입주자 선정 • 교통사고 유자녀 지원 관련 기준 • 근로장려금 신청자격 판단 기준 등
	기타	• 공직자 재산등록, 일반 토지거래의 지표 등

[주2] 개별공시지가 검색방법

개별공시지가의 검색방법은 다음의 순서에 따르며 [별첨1]에 세부화면을 통한 설명을 기재하였다.

① 부동산공시가격 알리미 사이트(www.realtyprice.kr) 접속 후 개별공시지가를 선택
② 개별공시지가 열람서비스를 제공하는 해당 시·군·구청 홈페이지로 연결
③ 각 시·군·구청 홈페이지에서 해당 토지의 소재지를 입력하여 개별공시지가 열람

[주3] 개별공시지가의 적용

개별공시지가는 매년 1월 1일 또는 7월 1일을 기준시점으로 하여 토지를 평가한 후 매년 5월 말에 공시한다. 지방세법시행령 제2조에 따르면 토지 및 주택의 시가표준액은 「지방세기본법」 제34조에 따른 세목별 납세의무의 성립시기 당시에 「부동산 가격공시에 관한 법률」에 따라 공시된 개별공시지가, 개별주택가격 또는 공동주택가격으로 한다.

취득세의 납세의무 성립시기는 취득한 때이다. 따라서 취득세 과세표준으로 개별공시지가를 적용할 경우에는 취득 시점을 기준으로 가장 최근에 공시된 개별공시지가를 사용해야 한다. 이 규정은 아래 설명할 주택(개별주택 및 공동주택)의 시가표준액에서도 동일하게 적용된다.

② 주택

우선 주택의 시가표준액을 설명하기에 앞서 시가표준액 규정에서는 건축물을 크게 주택과 주택에 해당하지 않는 일반건축물로 구분하여 적용하고 있다. 일반건축물이라고 함은 상가, 오피스 등 상업용 건물 및 사무용 건물 또는 공장 등을 말한다.

주택의 시가표준액은 「부동산 가격공시에 관한 법률」에 따라 공시된 개별주택가격 또는 공동주택가격을 적용한다. 개별주택가격이 공시되지 않는 주택은 특별자치시장·특별자치도지사·시장·군수·구청장이 같은 법에 따라 국토교통부장관이 제공한 주택가격비준표를 사용하여 산정한 가액에 따른다. 공동주택가격이 공시되지 않는 주택은 지역별·단지별·면적별·층별 특성 및 거래가격 등을 고려하여 행정안전부장관이 정하는 기준에 따라 특별자치시장·특별자치도지사·시장·군수·구청장이 산정한 가액으로 한다.

주택의 시가표준액

<table>
<tr><th>구분</th><th colspan="3">내용</th></tr>
<tr><td rowspan="5">개별주택
[주1]</td><td rowspan="3">원칙</td><td>시가표준액</td><td>개별주택가격 [주2]</td></tr>
<tr><td>확인방법</td><td>부동산공시가격 알리미사이트에서 검색</td></tr>
<tr><td>비고</td><td>개별주택가격은 매년 4월 말 또는 9월 말에 공시하므로 취득 시점 기준 가장 최근 공시가액을 적용해야 함 [주3]</td></tr>
<tr><td rowspan="2">예외</td><td>시가표준액</td><td>개별주택가격이 공시되지 않는 개별주택은 특별자치시장·특별자치도지사·시장·군수·구청장(자치구의 구청장)이 같은 법에 따라 국토교통부장관이 제공한 주택가격비준표를 사용하여 산정한 가액</td></tr>
<tr><td>확인방법</td><td>관할 지방자치단체의 문의</td></tr>
</table>

공동주택 [주1]	원칙	시가표준액	공동주택가격 [주4]
		확인방법	부동산공시가격 알리미사이트에서 검색
		비고	[주5]
	예외	시가표준액	공동주택가격이 공시되지 않는 공동주택은 지역별·단지별·면적별·층별 특성·거래가격 등을 고려하여 행정안전부장관이 정하는 기준에 따라 특별자치시장·특별자치도지사·시장·군수·구청장(자치구의 구청장)이 산정한 가액
		확인방법	관할 지방자치단체의 문의

[주1] 개별주택 및 공동주택

주택의 시가표준액은 원칙적으로 개별주택은 개별(단독)주택가격, 공동주택은 공동주택가격을 적용한다. 개별주택과 공동주택의 범위 및 그 정의는 주택법 시행령 제2조 및 제3조와 건축법 시행령 [별표 1]에서 확인할 수 있다.

구분	개별주택(=단독주택[26])		공동주택
범위	① 단독주택 ② 다중주택 ③ 다가구주택		① 아파트 ② 연립주택 ③ 다세대주택
정의	구분	내용	
	단독주택	별도의 정의는 없으나 일반적인 단독주택의 개념으로 이해	
	다중주택	다음의 요건을 모두 갖춘 주택 ① 학생 또는 직장인 등 여러 사람이 장기간 거주할 수 있는 구조로 되어 있는 것 ② 독립된 주거의 형태를 갖추지 않은 것(각 실별로 욕실은 설치할 수 있으나, 취사시설은 설치하지 않은 것 ③ 1개 동의 주택으로 쓰이는 바닥면적의 합계가 330㎡ 이하이고 주택으로 쓰는 층수(지하층 제외)가 3개 층 이하	
	다가구주택	다음의 요건을 모두 갖춘 주택으로 공동주택에 해당하지 않는 것 ① 주택으로 쓰는 층수(지하층 제외)가 3개 층 이하일 것(단, 1층의 전부 또는 일부를 필로티 구조로 주차장으로 사용하고 나머지 부분을 주택 외의 용도로 쓰는 경우 해당 층을 주택 층수에서 제외) ② 1개 동의 주택으로 쓰이는 바닥면적(부설 주차장 면적 제외, 이하 '바닥면적'의 정의에 공통으로 적용)의 합계가 660㎡ 이하일 것 ③ 19세대(대지 내 동별 세대수를 합한 세대) 이하가 거주할 수 있을 것	
	아파트	주택으로 쓰는 층수가 5개 층 이상인 주택	
	연립주택	다음의 요건을 모두 갖춘 주택	

26) 지방세법의 표현은 개별주택이나 주택법 및 건축법에는 개별주택의 표현은 없고 단독주택을 공동주택을 제외한 주택으로 정의하고 있음. 개별주택가격의 의미를 고려했을 때 단독주택을 개별주택으로 봐도 무방하다고 이해됨

	① 주택으로 쓰는 1개 동의 바닥면적(2개 이상의 동을 지하주차장으로 연결하는 경우 각각의 동으로 봄) 합계가 660㎡ 초과 ② 층수가 4개 층 이하인 주택
다세대 주택	다음의 요건을 모두 갖춘 주택 ① 주택으로 쓰는 1개 동의 바닥면적 합계가 660㎡ 이하이고 ② 층수가 4개 층 이하인 주택(2개 이상의 동을 지하주차장으로 연결하는 경우에는 각각의 동으로 봄)

[비고1] 다가구 주택(개별주택)과 다세대 주택(공동주택)

다가구 주택과 다세대 주택은 그 용어가 비슷하여 혼동하기 쉽다. 다만 '가구'는 별도의 세대로 구분되지 않은 것, '세대'는 별도로 세대가 구분된 것으로 생각하면 그 이해가 쉬울 것이다. 그 외에 공통점과 차이점을 확인하면 다음과 같다.

다가구주택과 다세대주택의 비교

구분	다가구주택(개별주택)	다세대주택(공동주택)
바닥면적(공통점)	660㎡ 이하	660㎡ 이하
층수(차이점)	3층 이하	4층 이하
거주요건(차이점)	19세대 이하가 거주 가능	별도 없음

[비고2] 층수와 바닥면적을 기준으로 본 주택의 구분

주택의 구분하는 기준에는 층수요건과 바닥면적의 요건이 있는데 해당 요건에 따른 주택의 구분은 아래와 같다. 참고로 이해하면 될 것이다.

구분		소유자	바닥면적	층수
개별주택	단독주택	1인 소유	별도요건 없음	별도요건 없음
	다중주택		330㎡ 이하	3층 이하
	다가구주택		660㎡ 이하	3층 이하
공동주택	아파트	개별 소유	별도요건 없음	5층 이상
	연립주택		660㎡ 초과	4층 이하
	다세대주택		660㎡ 이하	4층 이하

[주2] 개별주택가격의 이해[27)]

구분	내용
정의	「부동산 가격공시에 관한 법률」에 따라 단독주택, 다중주택, 다가구주택 등 개별주택에 대한 적정가격을 평가 후 공시하는 가격
상세	매년 국토교통부장관이 결정·공시하는 표준단독주택가격을 기준으로 시장·군

27) 국토교통부 제공 부동산공시가격 알리미 사이트(www.realtyprice.kr)에서 발췌한 내용

<table>
<tr><td></td><td colspan="2">수·구청장이 조사한 개별주택의 특성과 비교표준단독주택의 특성을 상호·비교하여 산정한 가격에 대하여 한국감정원의 검증을 받은 후 주택소유자 등의 의견수렴과 시·군·구 부동산가격공시위원회 심의를 거쳐 시장·군수·구청장이 결정·공시하는 가격</td></tr>
<tr><td>활용</td><td colspan="2">• 종합부동산세 및 재산세 등 국세 및 지방세의 부과기준
• 부동산 실거래가 신고제도의 검증가격 기준</td></tr>
<tr><td rowspan="3">기준일 및 조사대상</td><td>구분</td><td>내용</td></tr>
<tr><td>1월 1일 기준</td><td>• 국세 및 지방세의 부과대상주택
• 관계법령에 의하여 주택가격의 산정 등에 개별단독주택가격을 적용하도록 규정되어 있는 주택
• 시장·군수·구청장이 관계행정기관과 협의하여 개별단독주택가격을 결정·공시하기로 한 주택</td></tr>
<tr><td>6월 1일 기준</td><td>토지의 분할·합병 및 건물의 신축등이 발생한 단독주택</td></tr>
</table>

[주3] 개별주택가격의 적용

개별공시지가는 매년 1월 1일 또는 6월 1일을 기준시점으로 하여 개별주택을 평가한 후 매년 4월 말과 9월 말에 공시한다.28) 지방세법시행령 제2조에 따르면 토지 및 주택의 시가표준액은 「지방세기본법」 제34조에 따른 세목별 납세의무의 성립시기 당시에 「부동산 가격공시에 관한 법률」에 따라 공시된 개별공시지가, 개별주택가격 또는 공동주택가격으로 한다.

취득세의 납세의무 성립시기는 취득한 때이다. 따라서 취득세 과세표준으로 개별주택가격을 적용할 경우에는 취득 시점을 기준으로 가장 최근에 공시된 개별주택가격을 사용해야 한다.

[주4] 공동주택가격의 이해29)

<table>
<tr><th>구분</th><th colspan="2">내용</th></tr>
<tr><td>정의</td><td colspan="2">「부동산 가격공시에 관한 법률」에 따라 아파트, 연립주택, 다세대주택 등 공동주택에 대한 적정가격을 평가 후 공시하는 가격</td></tr>
<tr><td>상세</td><td colspan="2">「부동산 가격공시에 관한 법률」 제18조에 의해 국토교통부장관이 공동주택에 대하여 매년 공시기준일 현재의 적정가격을 조사·산정하여(한국감정원에서 수행) 중앙부동산가격공시위원회 심의를 거쳐 공시하는 가격</td></tr>
<tr><td>활용</td><td colspan="2">• 주택시장의 가격정보 제공
• 국가 및 지방자치단체 등의 기관이 과세업무와 관련하여 그 기준으로 활용</td></tr>
<tr><td rowspan="2">기준일 및 조사대상</td><td>구분</td><td>내용</td></tr>
<tr><td>1월 1일 기준</td><td>집합건축물대장에 등재되어 있고 집합건축물대장의 전유부분의 용도가 「주택법」 제2조 제3호에 따른 공동주택으로 아파트, 연립주택, 다세대주택에 해당되며, 2020년의 경우 2019년 12월 31일까지 사용승인</td></tr>
</table>

28) 2020년의 경우 2020.1.1. 기준의 공시일은 2020.4.29.이며, 2020.6.1. 기준의 공시일은 2020.9.29임

29) 국토교통부 제공 부동산공시가격 알리미 사이트(www.realtyprice.kr)에서 발췌한 내용

		된 공동주택
	6월 1일 기준	2020년의 경우 2020.1.1.~2020.5.31.까지 아래와 같은 사유가 발생한 공동주택 ① 「공간정보의 구축 및 관리 등에 관한 법률」에 따라 그 대지가 분할 또는 합병된 공동주택 ② 「건축법」에 따른 건축, 대수선, 용도변경이 된 공동주택 ③ 국유·공유에서 매각 등에 따라 사유로 된 공동주택으로서 공동주택가격이 없는 주택

[주5] 공동주택가격의 적용

공동주택가격은 매년 1월 1일 또는 6월 1일을 기준시점으로 하여 공동주택을 평가한 후 매년 4월 말과 9월 말에 공시한다.[30] 지방세법시행령 제2조에 따르면 토지 및 주택의 시가표준액은 「지방세기본법」 제34조에 따른 세목별 납세의무의 성립시기 당시에 「부동산 가격공시에 관한 법률」에 따라 공시된 개별공시지가, 개별주택가격 또는 공동주택가격으로 한다.

취득세의 납세의무 성립시기는 취득한 때이다. 따라서 취득세 과세표준으로 공동주택가격을 적용할 경우에는 취득 시점을 기준으로 가장 최근에 공시된 공동주택가격을 사용해야 한다.

③ 일반건축물(주택 외)

토지와 주택 외의 건축물(새로 건축하여 개별주택가격, 공동주택가격이 없는 주택으로서 토지부분을 제외한 건축물을 포함)은 건물의 신축가격, 구조, 용도, 위치, 신축연도 등을 고려하여 매년 1회 이상 국세청장이 산정·고시하는 건물신축가격기준액에 아래의 사항을 적용한 가액으로 한다.

㉠ 건물의 구조별·용도별·위치별 지수
㉡ 건물의 경과연수별 잔존가치율
㉢ 건물의 규모·형태·특수한 부대설비 등의 유무 및 그 밖의 여건에 따른 가감산율

일반건축물의 시가표준액은 위 ① 토지와 ② 주택과는 달리 하나의 특정한 가액이 공시되는 개념이 아니라 건축물을 특성을 고려하여 별도로 계산해야 한다. 따라서 처음 지방세 또는 해당 규정을 접하면 실제 계산하기는 다소 까다로운 면

30) 2020년의 경우 2020.1.1. 기준의 공시일은 2020.4.29.이며, 2020.6.1. 기준의 공시일은 2020.9.29. 임(개별주택가격과 동일)

이 있다.

다만, 국세청 발간책자31)에서 세부 계산방법을 설명하고 있으니 참고하면 도움이 될 것이고, [별첨2]에 세부내용을 수록하였다.

일반건축물의 시가표준액을 요약하면 다음과 같다.

일반건축물 시가표준액 = ① 건물신축가격기준액 × ② 구조지수 × ③ 용도지수 × ④ 위치지수 × ⑤ 경과연수별 잔가율 × ⑥ 개별건물의 특성에 따른 조정률

일반건축물 시가표준액 구성요소

구분	내용 [주2]	
① 건물신축가격기준액	• 건물의 신축가격, 구조, 용도, 위치, 신축연도 등을 고려하여 매년 1회 이상 국세청장이 산정·고시하는 가액 • 2020년부터 적용되는 가액은 730,000원/㎡로서 단일의 가액으로 정해져 있음 [주1]	
② 구조지수	정의	건축물의 구조에 따른 지수
	예시	철골콘크리트조=115, 시멘트벽돌조=92 등
	확인방법	건축물대장의 '건축물현황' 및 '주구조'에 기재
③ 용도지수	정의	주거용, 상업용, 산업용 등 건축물 용도에 따른 지수
	예시	주거용 중 아파트=110, 상업용 중 호텔=130 등
	확인방법	건축물대장의 '주용도'란에 기재됨
④ 위치지수	정의	건축물이 소재한 토지가치(개별공시지가)에 따른 지수
	예시	해당 토지 개별공시지가가 1백만원 이상~1백2십만원 미만인 경우 위치지수는 105를 적용
	확인방법	건축물 부속토지의 개별공시지가를 검색하여 적용
⑤ 경과연수별 잔가율	정의	건축물의 주요구조와(4개의 그룹)로 신축연도를 고려하여 산정한 잔존가치율에 따른 지수
	예시	2010년에 신축한 1그룹(철근콘크리트조 등)에 해당하는 건축물의 경과연수별 잔가율 = 0.82
	확인방법	• 건축물의 주요구조는 위 구조지수의 정보를 활용 • 건축물의 신축연도는 건축물대장의 신축연도 정보를 활용(사용승인일, 소유자현황 등 정보)
⑥ 개별건물 조정률	정의	지붕재료, 최고층수, 주택의 종류, 상가 여부, 개축 여

31) 국세청 홈페이지(홈택스 사이트가 아님) 〉 국세정보 〉 국세청 발간책자 〉 기타참고책자 〉 건물기준시가 산정방법해설서(pdf)

		부, 무벽건물 여부, 구조안전진단 등에 따른 개별건물의 특수성을 반영한 조정률
	예시	최고층수 5층 이하 건물 = 90(단, 다른 특성도 적용될 경우 조정률은 변동될 수 있음)
	확인방법	위 ②에서 ⑤의 지수와는 달리 개별건물 조정률 규정을 개별적으로 확인해서 적용해야 함

[주1] 과거 5년 동안의 건물신축가격기준액

구분	건물신축가격기준액(/㎡)
2019년	710,000원
2018년	690,000원
2017년	670,000원
2016년	660,000원
2015년	650,000원

[주2] 일반건축물 시가표준액 계산시 일반적인 유의사항

① 위 예시는 2020년 1월 1일부터 적용하는 것이다. 시가표준액의 구성요소는 매년 개정되기 때문에 해당연도에 적용되는 건축신축가격기준액 및 기타의 지수를 적용해야 한다. 반대로 지방세와 관련한 다툼에 따라 과거의 시가표준액이 필요할 때는 해당 시점의 정보에 따라 계산해야 한다.

② 구조지수, 용도지수, 위치지수, 잔가율, 조정률을 검토할 때는 기본적으로는 공부상 자료, 즉 건축물대장 등에 따라 적용하면 된다. 다만, 공부상 현황과 실제 현황이 일치하는지 확인해야 한다.

③ 위 시가표준액은 건축물 전체가 아니라 건축물의 각층별로 계산해야 한다. 가령 1층과 2층은 상가인데 3층과 4층은 주거용 건물일 수 있다. 또한 1층은 철근콘크리트인데 4층은 다른 구조에 해당할 수 있다. 따라서 건축물의 각층별로 계산하여 이를 합계한 금액이 시가표준액이 된다.

이상에서 설명한 1) 부동산 중 ① 토지, ② 주택, ③ 주택 외 일반건축물에 대한 시가표준액은 실무상 가장 많이 필요한 내용이며, 지방자치단체와 무관하게 국토교통부 홈페이지 열람 및 계산의 방법에 의하여 확인할 수 있다.

다만, 아래 1) 부동산 중 ④ 시설부터 9) 회원권까지의 시가표준액은 법에서 그 방법은 설명하고 있으나 그 상세내용은 관할 지방자치단체의 홈페이지에서 별도로 '시가표준액결정사항', '시가표준액 조정기준' 등으로 결정 및 고시하고 있

다.[32] 따라서 아래 과세물건에 대한 시가표준액은 해당 정보에 따라 확인해야 한다. 그리고 취득시점 현재 가장 최근의 시가표준액을 사용해야 한다.

지방자치단체에서 안내하는 자료에 따라 시가표준액을 확인할 수 있는 과세물건

구분	시가표준액
1) 부동산 중 ④ 시설	토지에 정착하거나 지하 또는 다른 구조물에 설치하는 시설은 종류별 신축가격 등을 고려하여 정한 기준가격에 시설의 용도·구조 및 규모 등을 고려하여 가액을 산출한 후, 그 가액에 다시 시설의 경과연수별 잔존가치율을 적용한 가액
1) 부동산 중 ⑤ 시설물	건축물에 딸린 시설물은 종류별 제조가격(수입하는 경우 수입가격), 거래가격 및 설치가격 등을 고려하여 정한 기준가격에 시설물의 용도·형태·성능·규모 등을 고려하여 가액을 산출한 후, 그 가액에 다시 시설물의 경과연수별 잔존가치율을 적용한 가액
2) 차량	차량의 종류별·승차정원별·최대적재량별·제조연도별 제조가격(수입하는 경우 수입가격)·거래가격 등을 고려하여 정한 기준가격에 차량의 경과연수별 잔존가치율을 적용한 가액
3) 기계장비	기계장비의 종류별·톤수별·형식별·제조연도별 제조가격(수입하는 경우에는 수입가격)·거래가격 등을 고려하여 정한 기준가격에 기계장비의 경과연수별 잔존가치율을 적용한 가액
4) 항공기	항공기의 종류별·형식별·제작회사별·정원별·최대이륙중량별·제조연도별 제조가격 및 거래가격(수입하는 경우 수입가격)을 고려하여 정한 기준가격에 항공기의 경과연수별 잔존가치율을 적용한 가액
5) 선박	선박의 종류·용도 및 건조가격을 고려하여 톤수 간에 차등을 둔 단계별 기준가격에 해당 톤수를 차례대로 적용하여 산출한 가액의 합계액에 다음의 사항을 적용한 가액 ① 선박의 경과연수별 잔존가치율 ② 급랭시설 등의 유무에 따른 가감산율
6) 입목	입목의 종류별·수령별 거래가격 등을 고려하여 정한 기준가격에 입목의 목재 부피, 그루 수 등을 적용한 가액
7) 광업권	광구의 광물매장량, 광물의 톤당 순 수입가격, 광업권 설정비, 광산시설비 및 인근 광구의 거래가격 등을 고려하여 정한 기준가격에서 해당 광산의 기계 및 시설취득비, 기계설비이전비 등을 차감한 가액
8) 어업권	인근 같은 종류의 어장 거래가격과 어구 설치비 등을 고려하여 정한 기준가격에 어업의 종류, 어장의 위치, 어구 또는 장치, 어업의 방법, 채취물 또는 양식물 및 면허의 유효기간 등을 고려한 가액

32) 관할 지방자치단체 홈페이지에서 주로 정보센터, 정책자료 등의 이름으로 배포하고 있음. 다만 관할 지방자치단체별로 그 경로는 다를 수 있음(관할지방자치단체와 과세물건의 조합으로 검색하여 확인할 수도 있음)

9) 각종 회원권	골프회원권, 승마회원권, 콘도미니엄 회원권, 종합체육시설 이용회원권 및 요트회원권은 분양 및 거래가격을 고려하여 정한 기준가격에 「소득세법」에 따른 기준시가 등을 고려한 가액

(2) 사실상의 취득가액

1) 사실상의 취득가액을 적용하는 이유(지방세법 제10조 제5항)

위 '(1) 취득 당시의 가액'에 따른 취득세 과세표준은 '취득 당시의 가액'을 원칙으로 하되, 그 가액이 시가표준액보다 작으면 시가표준액을 과세표준으로 한다.

다만 아래에 ①~⑤에 해당하는 취득에 대해서는 사실상의 취득가액 또는 연부금액을 과세표준으로 한다. 즉, 최소한 시가표준액을 과세표준으로 하는 개념이 적용되지 않으며 취득자의 취득가액을 그대로 인정한다.

결론부터 말하면, 사실상의 취득가액은 취득세 과세표준에서 가장 중요한 개념이라고 생각한다. 취득자가 취득가액을 입증할 수 있는 장부를 갖춘다면 시가표준액을 고려하지 않고 실제 장부로 입증된 취득가액을 과세표준으로 하는 것이다.

지방세법을 처음 접하게 되면 사실상의 취득가액은 지방세법 제10조의 가장 처음인 1항이 아니라 조금 아래에 있는 제5항에서 확인할 수 있어서 취득세 과세표준이 되는 취득가액을 시가표준액만 떠올린다. 하지만 시가표준액을 적용하는 이유는 취득자가 취득가격을 입증할 수 없을 때 최소한 시가표준액만큼은 과세하는 개념으로, 취득가액이 입증된다면 그 입증되는 사실상의 취득가액을 적용하는 것이 원칙적인 개념이라고 이해하면 된다.

사실상의 취득가액이 적용되는 취득

구분		취지
①	국가, 지방자치단체 또는 지방자치단체조합으로부터의 취득	거래상대방이 국가 등
②	외국으로부터의 수입에 의한 취득	수입과정에서 세관장 등이 확인
③	판결문·법인장부 중 취득가격이 증명되는 취득 [주]	• 판결문은 행정기관이 확인 • 법인장부는 취득가격이 입증됨
④	공매방법에 의한 취득	거래상대방이 한국자산관리공사
⑤	「부동산 거래신고 등에 관한 법률」 제3조에 따른 신고서를 제출하여 같은 법 제5조에 따라 검증이 이루어진 취득	부동산 관련 법률에서 검증됨

[주] 취득가액이 증명되는 판결문 및 법인장부(지방세법시행령 제18조 제3항)

구분	내용
판결문	민사소송 및 행정소송에 의하여 확정된 판결문 (화해 · 포기 · 인낙 또는 자백간주에 의한 것은 제외)
법인장부	금융회사의 금융거래내역, 감정평가서 등 객관적 증거서류에 의하여 법인이 작성한 원장 · 보조장 · 출납전표 · 결산서[33]

이러한 취득에 대하여 취득자가 신고한 취득가액을 인정하는 이유는 다음과 같다.

- ①과 ④의 취득은 거래상대방이 ① 국가 등 ④ 한국자산관리공사(공매)로서 취득자가 취득가격을 조작하기가 어렵다.
- ②의 취득은 수입과정에서 세관장이 수입가격을 확인하므로 취득자가 취득가격을 조작하기가 어렵다.
- ③ 판결문은 소송과정에서 그 가액을 입증하는 절차를 거치고, 법인장부는 세금계산서 등 객관적인 증빙에 따라 입증되므로 취득자가 취득가격을 조작하기가 어렵다.
- ⑤의 취득은 부동산에 대한 개별법령에 따라 검증절차가 진행되므로 취득자가 취득가격을 조작하기가 어렵다.

즉, 위 ①에서 ⑤의 취득은 취득자가 취득가액을 조작할 염려가 낮다는 공통점이 있다. 따라서 해당 취득에 대하여는 취득자의 사실상 취득가격을 그대로 인정하는 것이다. 다만, ① 취득가액을 입증할 수 없는 증여, 기부 등의 무상취득과 ② 취득가액의 진실성이 의심되는 법인세법 및 소득세법 중 양도소득 부당행위계산부인규정의 적용대상이 되는 취득은 사실상의 취득가격 규정을 적용하지 않는다. 이러한 취득은 위 (1)의 규정에 따라 취득자가 신고한 가액과 시가표준액을 비교하여 적용해야 한다.

---

33) 법인장부의 기재사항 중 중고자동차 또는 중고기계장비의 취득가액이 지방세법 제4조 제2항에서 정하는 시가표준액보다 낮은 경우에는 그 취득가액 부분(중고자동차 또는 중고기계장비가 천재지변, 화재, 교통사고 등으로 그 가액이 시가표준액보다 하락한 것으로 시장·군수·구청장이 인정한 경우는 제외)은 객관적 증거서류에 의하여 취득가액이 증명되는 법인장부에서 제외

참고로 위 부당행위계산부인규정은 법인과 개인의 행위 또는 소득금액의 계산이 특수관계인과의 거래로 인하여 조세의 부담을 부당하게 감소시킨 것으로 인정되는 경우, 특수관계인이 아닌 자와의 정상적인 거래에 근거한 소득금액으로 다시 계산하여 과세하는 제도다.[34] 법의 취지상 부당행위계산부인규정이 적용되는 거래는 세금의 측면에서 정상적인 거래가 아니므로 취득자가 신고한 취득가액을 그대로 인정하지 않고 시가표준액과 비교하여 과세하는 것이다.

다만, 법인이 아닌 자가 건축물을 건축하거나 대수선하여 취득하는 경우로서 취득가격 중 90%를 넘는 가격이 법인장부에 따라 입증되는 경우에는 사실상의 취득가격을 취득세 과세표준으로 한다. 즉, 법인보다 장부의 신뢰성이 낮은 개인의 경우라도 그 취득가격의 90%가 법인장부에 따라 입증되는 경우(취득자는 법인이 아니지만, 취득과 관련한 거래의 대부분을 법인과 거래하는 경우를 말함)에는 법인의 취득과 동일하게 그 장부의 신뢰성을 인정하여 사실상의 취득가격을 과세표준으로 적용한다.

2) 사실상의 취득가액의 범위(지방세법시행령 제18조 제1항 및 제2항)

지방세법시행령 제18조에 따르면 위 ①에서 ⑤의 취득에 따른 사실상의 취득가액은 '취득시기를 기준으로 그 이전에 해당 물건을 취득하기 위하여 거래상대방 또는 제3자에게 지급하였거나 지급해야 할 직접비용과 간접비용의 합계액'으로 한다. 다만, 취득대금을 일시급 등으로 지급하여 일정액을 할인받는 경우에는 그 할인된 금액으로 한다.

이때 직접비용은 그 범위를 별도로 정하는 바가 없으나, 건축물의 신축에 따른 취득[35]을 예로 들면 각종 공사비용이 직접비용이라고 할 수 있겠다. 간접비용은 '간접'이라는 단어의 특성상 다양한 범위가 있을 수 있다. 따라서 지방세법시행령에서는 간접비용에 포함되는 것과 포함되지 않는 것을 열거하고 있다. 다만, 각각 마지막 내용을 보면 '위의 비용에 준하는 비용'이라는 표현을 사용하고 있으므로 열거된 내용은 예시적 항목이고 결국은 납세자가 간접비용을 판단하여 적용해야 한다(포괄주의).

사실상의 취득가격의 세부범위에 대해서는 'Chapter 2.의 1장 신축의 취득세'에서 자세히 다루었다.

---

34) 법인세법 제52조 제1항 및 소득세법 제101조 제1항에 따른 규정

35) '사실상의 취득가격'의 범위는 주로 건축물의 신축에 적용됨

취득가격에 포함 및 제외되는 간접비용의 구분

취득가격에 포함하는 간접비용	취득가격에 포함하지 않는 간접비용
① 건설자금이자 ② 할부 및 연부계약에 따른 이자상당액 및 연체료[36] ③ 농지법에 따른 농지보전부담금, 산지관리법에 따른 대체산림자원조성비 등 관계법령에 따라 의무적으로 부담하는 비용 ④ 취득에 필요한 용역을 제공받은 대가로 지급하는 용역비 및 수수료 ⑤ 취득대금 외에 당사자의 약정에 따른 취득자 조건 부담액과 채무인수액 ⑥ 부동산을 취득하는 경우 주택도시기금법 제8조에 따라 매입한 국민주택채권을 해당 부동산 취득 이전에 양도함으로써 발생하는 매각차손[37] ⑦ 공인중개사법에 따른 공인중개사에게 지급한 중개보수[38] ⑧위 ①에서 ⑦까지의 비용에 준하는 비용	① 취득하는 물건의 판매를 위한 광고선전비 등의 판매비용과 그와 관련한 부대비용 ② 전기사업법, 도시가스사업법, 집단에너지사업법, 그 밖의 법률에 따라 전기·가스·열 등을 이용하는 자가 분담하는 비용 ③ 이주비, 지장물 보상금 등 취득물건과는 별개의 권리에 관한 보상 성격으로 지급되는 비용 ④ 부가가치세 ⑤ 위 ①에서 ④까지의 비용에 준하는 비용

(3) 기타의 취득가액

위 (1)과 (2)에 따른 취득세 과세표준은 취득세 과세물건에 공통적으로 적용되는 규정이다. 아래의 내용은 특정한 과세물건에 대하여 적용되는 내용이므로, 위 (1)과 (2)의 내용을 바탕으로 개별적으로 이해하면 될 것이다.

기타의 과세표준

구분	과세표준
1) 건축물의 건축과 개수 (신축, 재축은 제외)	아래 ①의 금액(단, 최소 ②의 금액이 되어야 함) ① 건축행위로 인하여 증가한 가액 ② 시가표준액으로서 아래 2가지 금액 중 하나의 금액 ㉠ 장부 및 증명서류로 입증되는 가액 ㉡ 시장·군수·구청장이 추정하는 가액
2) 선박, 차량, 기계장치의 종류변경	아래 ①의 금액(단, 최소 ②의 금액이 되어야 함) ① 변경으로 인하여 증가한 가액

36) 법인이 아닌 자가 취득하는 경우 취득가격에서 제외
37) 금융회사등 외의 자에게 양도한 경우에는 동일한 날에 금융회사등에 양도하였을 경우 발생하는 매각차손을 한도로 함
38) 법인이 아닌 자가 취득하는 경우 취득가격에서 제외

	② 시가표준액으로서 아래 2가지 금액 중 하나의 금액 ㉠ 장부 및 증명서류로 입증되는 가액 ㉡ 시장·군수·구청장이 추정하는 가액
3) 토지의 지목변경	아래 ①의 금액(단, 최소 ②의 금액이 되어야 함) ① 변경으로 인하여 증가한 가액 ② 시가표준액으로서 아래 2가지 금액 중 하나의 금액 ㉠ 실제 토지의 지목변경에 든 비용(법인장부·판결문) ㉡ 지목변경 후 개별공시지가 — 지목변경 전 개별공시지가
4) 부동산 일괄취득 등	전체 취득가격을 시가표준액 또는 연면적 비율로 안분한 금액
5) 마이너스 프리미엄	실제 지출금액
6) 과점주주 간주취득	주식발행법인이 소유한 부동산등의 총가액 × 과점주주 지분율

1) 건축물의 건축(신축, 재축 제외) 및 개수(지방세법 제10조 제3항)

건축물을 건축(신축과 재축은 제외)하거나 개수한 경우에는 그로 인하여 증가한 가액을 과세표준으로 한다. 다만, 건축으로 증가한 가액이 시가표준액보다 적을 때는 시가표준액을 과세표준으로 한다.

건축 중 신축과 재축은 제외하고 있으므로 증축, 개축, 건축물의 이전을 의미한다. 그리고 '시가표준액'의 개념은 지방세법시행령 제16조에 따른 것으로 위 (1)에서 언급한 지방세법 제4조에 따른 시가표준액과는 다르므로 그 적용에 유의해야 한다. 지방세법시행령 제16조에 따른 시가표준액은 다음과 같다.

① 취득세 납세의무자가 그 취득물건에 관하여 그와 거래 관계가 있었던 자가 관련 장부나 그 밖의 증명서류를 갖추고 있는 경우에는 이에 따라 계산한 가액
② 위 ①에 따른 관련 장부나 증명서류를 갖추고 있지 않거나 그 내용 중 취득경비 등의 금액이 해당 취득물건과 유사한 물건을 취득하는 경우에 일반적으로 드는 것으로 인정되는 자재비, 인건비, 그 밖에 취득에 필요한 경비 등을 기준으로 시장·군수·구청장이 산정한 가액보다 부족한 경우에는 시장·군수·구청장이 산정한 가액

즉, 건축물의 증축 등에 관한 시가표준액은 취득자가 장부에 반영하거나 반영할 경우의 예상금액으로, 지방세법 제4조에 시가표준액과는 그 개념이 다르다. 일

반적인 법인이나 개인사업자라면 증축 등에 장부로 입증할 수 있는 실제 지출액이 과세표준이 될 것이다.

2) 선박, 차량, 기계장비의 종류변경(지방세법 제10조 제3항)

선박, 차량, 기계장비의 종류를 변경한 경우에는 그로 인하여 증가한 가액을 과세표준으로 한다. 다만 종류변경으로 증가한 가액이 지방세법시행령 제16조에 따른 시가표준액보다 적을 때에는 그 시가표준액을 취득 당시의 가액으로 본다.

선박, 차량, 기계장비의 종류변경에 관한 시가표준액은 지방세법시행령 제16조에 따른 것으로 위 '(3)의 1) 건축물의 건축(신축, 재축 제외) 및 개수'의 시가표준액과 같다.

3) 토지의 지목변경(지방세법 제10조 제3항)

토지의 지목을 사실상 변경한 경우에는 그로 인하여 증가한 가액을 과세표준으로 한다. 다만, 토지의 지목변경으로 증가한 가액이 지방세법시행령 제17조에 따른 시가표준액보다 적을 때에는 그 시가표준액을 취득 당시의 가액으로 본다.

토지의 지목변경에 관한 시가표준액은 지방세법시행령 제17조에서 규정하고 있으며 지방세법 제4조 및 지방세법시행령 제16조의 시가표준액과는 또 다른 개념이다. 지방세법시행령 제17조에 따른 시가표준액은 다음과 같다.

토지의 지목변경에 따른 시가표준액

구분	시가표준액(지방세법시행령 제17조)
판결문, 법인장부로 토지 지목변경에 든 비용이 입증되는 경우	실제 토지의 지목변경에 든 비용
위 외의 경우	시가표준액 = ①-②(지목이 사실상 변경된 때를 기준) ① 지목변경 이후의 토지에 대한 시가표준액[39] ② 지목변경 전의 시가표준액(=지목변경 공사착공일 현재 공시된 토지의 개별공시지가[40])

39) 해당 토지에 대한 개별공시지가의 공시기준일이 지목변경으로 인한 취득일 전인 경우에는 인근 유사토지의 가액을 기준으로 「부동산 가격공시에 관한 법률」에 따라 국토교통부장관이 제공한 토지가격비준표를 사용하여 시장·군수·구청장이 산정한 가액

40) 지방세법 제4조에 따른 토지의 시가표준액

4) 부동산등의 일괄취득

4-1) 부동산등의 일괄취득

부동산등'[41]을 한꺼번에 취득하여 부동산등의 취득가격이 구분되지 않는 경우에는 한꺼번에 취득한 가격을 부동산의 시가표준액 비율로 나눈 금액을 각각의 취득가격으로 한다. 다만, 시가표준액이 없는 과세물건이 포함되어 있으면 부동산등의 감정가액 등을 고려하여 시장·군수·구청장이 결정한 비율로 나눈 금액을 각각의 취득가격으로 한다.

다만, 부동산등을 일괄취득하여도 그 취득가격이 구분된다면 시가표준액으로 안분하지 않고 그 구분되는 가액을 각각의 과세표준으로 한다.

부동산등의 일괄취득에 따른 취득세 과세표준

구분 (A와 B를 일괄취득)	과세표준	
취득가격이 구분되지 않는 경우	A	= 전체 취득가격 × A 시가표준액 / (A+B) 시가표준액
	B	= 전체 취득가격 × B 시가표준액 / (A+B) 시가표준액
취득가격이 구분되는 경우	A	A의 취득가액
	B	B의 취득가액

4-2) 주택, 건축물, 부속토지의 일괄취득

위 1)의 규정에도 불구하고 ① 주택, ② 건축물과 ③ 그 부속토지를 한꺼번에 취득한 경우에는 아래 계산식에 따라 주택 부분과 주택 외 부분의 취득가격을 구분하여 산정한다.

주택, 건축물, 부속토지의 일괄취득 시 취득세 과세표준

구분	취득가격		
주택 부분	전체 취득가격	×	건축물 중 주택 시가표준액[42] + 부속토지 중 주택 시가표준액[43] ─── 건축물과 부속토지 전체의 시가표준액
주택 외 부분	전체 취득가격	×	건축물 중 주택 외 시가표준액 + 부속토지 중 주택 외 시가표준액 ─── 건축물과 부속토지 전체의 시가표준액

41) 부동산만을 말하는 것이 아니라 앞서 언급한 바와 같이 부동산, 차량, 기계장비 등 취득세 과세물건을 통칭하는 의미로 사용된 것임

42) 지방세법 제4조 제2항에 따른 시가표준액

43) 지방세법 제4조 제1항에 따른 시가표준액(=개별공시지가)

다만, 위 '(2) 사실상의 취득가액'이 인정되는 취득 중 ①에서 ④에 해당하는 취득으로서 주택 부분과 주택 외 부분의 취득가격이 구분되는 경우에는 그 가격을 각각의 취득가격으로 한다.

4-3) 신축 또는 증축에 따른 주택과 주택 외 건축물의 일괄취득

위 1)과 2)의 규정에도 불구하고 신축 또는 증축으로 주택과 주택 외의 건축물을 일괄취득한 경우에는 아래와 같이 '연면적'을 기준으로 주택 부분과 주택 외 부분의 취득가격을 구분하여 산정한다.

구분	취득가격		
주택 부분	전체 취득가격	×	건축물 중 주택 부분 연면적 / 건축물 전체의 연면적
주택 외 부분	전체 취득가격	×	건축물 중 주택 외 부분 연면적 / 건축물 전체의 연면적

5) 부동산을 취득할 수 있는 권리의 행사에 따른 취득세 과세표준(마이너스 프리미엄)

부동산을 취득할 수 있는 권리를 타인으로부터 이전받은 자가 법 위 '(2) 사실상의 취득가격'에 해당하는 방법으로 부동산을 취득하는 경우로서 해당 부동산 취득을 위하여 지출하였거나 지출할 금액의 합(=실제 지출금액)이 분양·공급가격[44] 보다 낮은 경우에는 부동산 취득자의 실제 지출금액을 기준으로 제1항 및 제2항에 따라 산정한 취득가액을 과세표준으로 한다. 다만, 법인세 및 소득세 중 양도소득의 부당행위계산부인 규정이 적용되는 특수관계인과의 거래로 인한 취득인 경우에는 그렇지 않다.

취득세를 처음 접하면 혹은 부동산에 대한 이해도가 높지 않다면 굳이 이 규정이 왜 있을까 의아할 수 있다. 해당 규정은 2016년에 개정되었는데 우선 개정 전·후의 취득세 과세표준을 살펴보면 다음과 같다.

44) 분양자 및 공급자와 최초로 분양계약 또는 공급계약을 체결한 자 간 약정한 분양가격 또는 공급가격

부동산을 취득할 수 있는 권리의 행사에 따른 취득세 과세표준

구분	상황	취득세 과세표준
2016.4.25. 이전 (개정 전)	① 실제지출금액 > 분양가격·공급가격	실제지출금액
	② 실제지출금액 < 분양가격·공급가격	분양가격·공급가격
2016.4.26. 이후 (개정 후)	① 실제지출금액 > 분양가격·공급가격	실제지출금액
	② 실제지출금액 < 분양가격·공급가격	실제지출금액

차이가 있는 건 ②번의 상황으로 취득자가 분양가격·공급가격보다 실제지출금액이 낮은 경우다. 지방세법 개정 전에는 분양가격·공급가격보다 낮게 취득하여도 분양가격·공급가격을 취득세 과세표준으로 산정하였다. 따라서 납세의무자에게 불리하게 법이 적용되는 측면이 있었다. 그래서 2016년 4월 26일 이후의 취득에 대해서는 취득자가 분양가격·공급가격보다 낮게 취득한 경우에는 그 낮은 가액을 과세표준으로 하여 납세자에게 불이익이 되지 않도록 법이 개정된 것이다.

6) 과점주주의 간주취득

과점주주의 간주취득에 대한 과세표준은 과점주주로서 주식을 보유한 주식발행법인이 소유한 부동산등의 총가액에 해당 법인에 대한 지분율을 곱한 금액으로 한다.

과점주주가 취득한 것으로 보는 해당 법인의 부동산등에 대한 과세표준은 그 부동산등의 총가액을 그 법인의 주식 또는 출자의 총수로 나눈 가액에 과점주주가 취득한 주식 또는 출자의 수를 곱한 금액으로 한다. 이 경우 과점주주는 조례로 정하는 바에 따라 과세표준 및 그 밖에 필요한 사항을 신고해야 하되, 신고 또는 신고가액의 표시가 없거나 신고가액이 과세표준보다 적을 때에는 지방자치단체의 장이 해당 법인의 결산서 및 그 밖의 장부 등에 따른 취득세 과세대상 자산총액을 기초로 전단의 계산방법으로 산출한 금액을 과세표준으로 한다.

과점주주의 간주취득에 따른 취득세 과세표준

구분	과세표준
일반적인 경우	주식발행법인이 소유한 부동산등의 총가액 × 해당 주식발행법인에 대한 과점주주의 지분율
신고 또는 신고가액이 없는 경우	위 방법에 따라 지방자치단체가 계산한 금액

과점주주의 간주취득에 대한 과세표준은 'Chapter 2. 취득세의 적용'의 2장 과점주주의 간주취득세'에서 자세히 살펴보기로 한다.

6. 세율

결론부터 말하면 취득세에 있어서 '세율'은 그 적용이 까다로운 분야 중 하나이다. 실무를 하면서 가장 많은 질문을 받는 것도 취득세율의 적용이다. 취득세의 세율이 까다로운 이유를 3가지로 설명하면 다음과 같다.

첫 번째, 취득세의 세율은 과세물건과 취득의 방법별로 다르다는 점이다. 다른 지방세 세목도 과세물건별로 그 세율이 다르지만, 취득세는 과세물건뿐 아니라 해당 과세물건을 취득하는 방법에 따라 동일한 과세물건이라도 세율이 다를 수 있다.

참고로 국세와 비교하면 국세는 과세표준을 계산하면 세율은 그 과세표준에 근거하여 자동으로 적용된다. 예를 들어 법인세의 과세표준을 계산한 결과 과세표준이 100억이라면 세율은 20%가 적용된다. 법인세율이 아래와 같기 때문이다.

법인세율

과세표준	법인세율
2억원 이하	10%
200억원 이하	2천만원 + 2억원 초과 금액의 20%
200억원 초과 3,000억원 이하	39억 8천만원 + 200억원 초과금액의 22%
3,000억원 초과	655억 8천만원 + 3천억원 초과금액의 25%

즉, 법인세는 과세표준이 100억으로 결정되면 세율은 해당 과세표준의 구간별로 규정된 20%의 세율을 적용하면 된다. 세율의 적용에 있어서 별다른 고민이 필요하지 않다.

반면 취득세는 건축물을 예로 들면, 취득자가 건축물을 신축하면 원시취득에 해당하여 2.8%의 취득세율을 적용한다. 그런데 취득자가 신축이 아니라 기존의 건축물을 매매로 취득하면(=유상승계 취득)하면 이것은 '그 밖의 원인으로 하는 취득' 중 '기타'에 해당되어 4%의 취득세율을 적용한다. '건축물'이라는 동일한 분류의 과세물건이라도 신축과 매매에 따라 부담해야 하는 취득세율이 다른 것이다. 즉, 취득세 세율은 국세와 달리 과세표준과 연동되지 않고 취득물건과 취득방법 등에 따라 적용하는 세율을 별도로 검토해야 한다.

두 번째, 취득세는 취득세율과 별도로 취득세에 부가[45]되는 지방교육세와 농어촌특별세도 함께 고려해야 한다는 점이다. 지방교육세는 지방세의 세목 중 하나로 취득세액의 일정률을 지방교육세 산출세액으로 한다. 농어촌특별세는 국세 중 하나로 ① 취득세액의 일정률과 ② 취득세의 감면이 있는 경우 그 감면세액의 20%를 농어촌특별세 산출세액으로 한다. 즉, 지방교육세와 농어촌특별세는 그 산출세액이 취득세의 산출세액과 관련되어 있다. 그런데 위 첫 번째 과세물건 및 취득방법별로 지방교육세와 농어촌특별세의 산출세액도 달라지므로 실제 계산하는 것은 다소 어려울 수 있다.

마지막 이유는 취득세 중과세율의 존재다. 대도시 내 과도한 밀집을 억제하고 인구 및 산업의 지방분산 등의 목적을 달성하기 위하여 특정한 과세물건에 대해서는 일반적인 세율보다 높은 중과세율을 적용하여 취득세를 과세한다. 그런데 중과세율은 과세물건별로 1가지 종류의 중과세율만 있는 것이 아니라, ① 본점 중과세, ② 지점 등 중과세, ③ 사치성 재산 중과세[46]와 ④ '①에서 ③'의 중과세가 동시에 적용되는 경우의 중과세 등 중과세율의 종류가 다양하다. 중과세율의 복잡성뿐 아니라 중과세율이 적용되는 경우와 적용이 제외되는 경우를 각각 판단해서 적용해야 한다는 점도 쉽지 않다.

위와 같은 취득세율의 특성을 고려하여, 취득세의 세율은 '일반세율'과 '중과세율'로 나누어 살펴보고자 한다.

6-1. 일반세율

앞서 언급한 바와 같이 취득세의 세율은 매우 다양하지만 크게는 일반세율과 중과세율로 나누어 살펴볼 수 있다. 중과세율은 특정한 조세 정책적 목적을 달성하기 위하여 일반세율 대비 취득세율을 더 과중하게 매기는 세율이다. 일반세율은 지방세법상의 표현은 아니지만, 중과세율이 적용되지 않는 세율로 이해하면 된다. 취득세 세율의 구성을 요약해서 살펴보면 아래와 같다.

45) 부가세라고 하며 다른 세금에 부가하여 과세하는 세금을 말함. 일상에서 부가가치세를 줄여서 부가세라고 부르지만, 법의 용어상 부가세(Surtax)와 부가가치세(Value Added Tax)와는 다른 개념임(이하 동일)

46) ①, ②, ③의 중과세는 실무상 칭하는 축약어이나 본 내용에서는 이해의 편의상 사용함

취득세 세율의 구성

구분	세율	관련법령
일반세율	(1) 부동산 취득의 세율	지방세법 제11조
	(2) 부동산 외 취득의 세율	지방세법 제12조
	(3) 세율의 특례	지방세법 제15조
중과세율	(1) 대도시내 본점 사업용 중과세율	지방세법 제13조 제1항
	(2) 대도시내 법인설립 · 지점설치 · 법인전입 중과세율	지방세법 제13조 제2항
	(3) 사치성 재산(별장, 고급주택 등) 중과세율	지방세법 제13조 제5항

일반세율은 (1) 부동산 취득의 세율, (2) 부동산 외 취득의 세율, (3) 특례의 세율로 나누어 살펴볼 수 있다.

(1) 부동산 취득의 세율

지방세법 제11조에서는 부동산 취득의 세율을 부동산의 종류 및 취득의 방법 등에 따라 다음과 같이 규정하고 있다. 다만, 지방자치단체의 장은 조례로 취득세의 세율을 표준세율의 50% 범위에서 가감할 수 있다(지방세법 제14조).

부동산 취득의 세율

구분				취득세 표준세율	부담세율 [주1]		계
					지방 교육세	농어촌 특별세	
무상취득	상속	농지		2.3%	0.06%	0.20%	2.56%
		농지 외		2.8%	0.16%	0.20%	3.16%
	상속 외(증여 등)	일반		3.5%	0.30%	0.20%	4.00%
		비영리사업자 [주4]		2.8%	0.16%	0.20%	3.16%
원시취득(건축 등)				2.8%	0.16%	0.20%	3.16%
공유물 분할 및 해소로 인한 취득				2.3%	0.06%	0.20%	2.56%
합유물 및 총유물의 분할로 인한 취득				2.3%	0.06%	0.20%	2.56%
유상취득 (매매 등)	농지(전, 답, 과수원, 목장용지)			3.0%	0.20%	0.20%	3.40%
	농지 외(토지, 상가 등)			4.0%	0.40%	0.20%	4.60%
	주택 [주2]	취득당시가액	면적				
		6억원 이하	85㎡ 이하	1.0%	0.10%	비과세	1.10%
			85㎡ 초과	1.0%	0.10%	0.20%	1.30%
		6억원 초과	85㎡ 이하	2.0%	0.20%	비과세	2.20%

		9억원 이하	85㎡ 초과	[주3]	0.20%	0.20%	2.40%
		9억 초과	85㎡ 이하	3.0%	0.30%	비과세	3.30%
			85㎡ 초과	3.0%	0.30%	0.20%	3.50%

[주1] 지방교육세와 농어촌특별세 부담세율

부동산 취득에 따른 지방교육세와 농어촌특별세 부담세율의 도출방식은 다음과 같다.

부동산 취득에 대한 지방교육세와 농어촌특별세 부담세율

구분		① 과세표준	② 세율	③ 부담세율(= ① × ②)
지방교육세[47]	일반 부동산	취득세율 - 2%	20%	(취득세율 - 2%) × 20%
	주택	취득세율 × 50%	20%	(취득세율 × 50%) × 20%
농어촌특별세[48]		2%[49]	10%	2% × 10% = 0.2%

[주2] 주택에 관한 규정

일반적인 유상취득의 취득세율은 4%이다(농지는 3%). 다만, 주택은 의식주의 필수요소이므로 주택에 대한 국민의 취득세 부담을 완화해주기 위해 일반적인 유상취득의 취득세율보다 낮은 세율을 적용(취득가액에 따라 1%에서 3%의 범위)한다. 주택에 관한 규정은 다음과 같다.

구분	내용	
주택의 범위	「주택법」 제2조 제1호에 따른 주택으로서 아래에 해당하는 주거용 건축물과 그 부속토지 ① 「건축법」에 따른 건축물대장·사용승인서·임시사용승인서·「부동산등기법」에 따른 등기부에 주택으로 기재된 주택 ② 「건축법」(법률 제7696호로 개정되기 전의 것)에 따라 건축허가 또는 건축신고 없이 건축이 가능하였던 주택(법률 제7696호 건축법 일부개정법률 부칙 제3조에 따라 건축허가를 받거나 건축신고가 있는 것으로 보는 경우를 포함)으로서 건축물대장에 기재되어 있지 아니한 주택	
취득 당시의 가액	원칙	지방세법 제10조에 따른 취득 당시의 가액
	지분으로 취득한 주택	= 전체 주택의 취득 당시의 가액 = 취득 지분의 취득 당시의 가액 × 전체 주택의 시가표준액 / 취득 지분의 시가표준액
면적	면적은 지방세법 제11조 제8항에 따른 세율에는 없는 개념이나, 85㎡ 이하인 주택의 경우 농어촌특별세가 비과세되어 구분하여 표시함	
적용제외	다만 아래에 해당하는 경우에는 주택에 대한 세율이 아니라 일반적인 취득	

47) 지방세법 제151조 제1항 제1호 본문

48) 농어촌특별세법 제5조 제1항 제6호

49) 부동산 취득의 세율 규정상의 세율을 일괄적으로 2%로 적용(농어촌특별세법 제5조 제1항 제5호)

	세율을 적용함(취지: 주택에 대한 세율 혜택을 주지 않겠다) ① 주택을 신축 또는 증축한 이후 해당 주거용 건축물의 소유자(배우자 및 직계존비속을 포함)가 해당 주택의 부속토지를 취득하는 경우 ② 1세대 4주택 이상에 해당하는 주택을 취득하는 경우(국내에 주택을 3개 이상 소유하고 있는 1세대가 취득하는 모든 주택)

[주3] 주택의 세율

취득 당시의 가액이 6억원 이상 9억원 이하의 주택은 2020년 그 취득세율이 개정되었다.[50] 6억원 이상 9억원 이하의 세율 구간에서 주택취득 거래가 집중되는 경향이 있어, 이를 개선하기 위하여 해당 구간의 취득세율을 취득가액에 비례하도록 조정하였다. 그 결과 개정 전에는 2%의 단일 세율이었으나, 개정 후에는 취득 당시의 가액에 비례하여 1% 초과 3% 미만의 세율에 따른다. 다만, 위의 표에는 편의상 중간값인 2%로 표시하였다.

2019년 지방세법 개정 전후의 주택의 취득세율

취득당시의 가액	개정 전	개정 후
6억원 이하	1%	1%(변동없음)
6억원 초과 9억원 미만	2%	(취득당시가액 × 2/3억원-3) × 1/100
9억원 이상	3%	3%(변동없음)

[주4] 비영리사업자

비영리사업자는 다음 중 어느 하나에 해당하는 자를 말한다.

① 종교 및 제사를 목적으로 하는 단체
② 「초·중등교육법」 및 「고등교육법」에 따른 학교, 「경제자유구역 및 제주국제자유도시의 외국교육기관 설립·운영에 관한 특별법」 또는 「기업도시개발 특별법」에 따른 외국교육기관을 경영하는 자 및 「평생교육법」에 따른 교육시설을 운영하는 평생교육단체
③ 「사회복지사업법」에 따라 설립된 사회복지법인
④ 「지방세특례제한법」 제22조 제1항에 따른 사회복지법인등
⑤ 「정당법」에 따라 설립된 정당

(2) 부동산 외 취득에 대한 세율

지방세법 제12조에서는 부동산 외 취득에 대한 세율을 다음과 같이 규정하고

50) 개정법의 적용시기는 2020.1.1. 이후 주택 취득분임. 다만, 2020.1.1. 전에 취득당시가액이 7억 5천만원을 초과하고 9억원 이하인 주택에 대한 매매계약을 체결한 자가 2020.1.1. 이후 3개월(공동주택 분양계약을 체결한 자는 3년) 내에 해당 주택을 취득하는 경우에는 종전의 법에 따름(=2%를 적용)

있다. 다만, 지방자치단체의 장은 조례로 취득세의 세율을 표준세율의 50% 범위에서 가감할 수 있다(지방세법 제14조).

부동산 외 취득의 세율

<table>
<tr><th colspan="4" rowspan="2">구분</th><th rowspan="2">취득세 표준 세율</th><th colspan="2">부담세율 [주1]</th><th rowspan="2">계</th></tr>
<tr><th>지방 교육세</th><th>농어촌 특별세</th></tr>
<tr><td rowspan="8">선박</td><td colspan="2" rowspan="5">1. 등기·등록대상 선박
(2. 소형선박 제외)</td><td>상속</td><td>2.50%</td><td>0.10%</td><td>0.20%</td><td>2.80%</td></tr>
<tr><td>상속 외 무상취득</td><td>3.00%</td><td>0.20%</td><td>0.20%</td><td>3.40%</td></tr>
<tr><td>원시취득</td><td>2.02%</td><td>0.004%</td><td>0.20%</td><td>2.224%</td></tr>
<tr><td>수입·주문건조의 취득</td><td>2.02%</td><td>0.004%</td><td>0.20%</td><td>2.224%</td></tr>
<tr><td>기타원인의 취득</td><td>3.00%</td><td>0.20%</td><td>0.20%</td><td>3.40%</td></tr>
<tr><td colspan="2" rowspan="2">2. 소형선박</td><td>소형선박[51]</td><td rowspan="2">2.02%</td><td rowspan="2">0.004%</td><td rowspan="2">0.20%</td><td rowspan="2">2.224%</td></tr>
<tr><td>동력수상레저기구[52]</td></tr>
<tr><td colspan="3">3. 위 1과 2 이외의 선박</td><td>2.00%</td><td>-</td><td>0.20%</td><td>2.20%</td></tr>
<tr><td rowspan="7">차량
[주2]</td><td colspan="2" rowspan="2">1. 비영업용 승용자동차</td><td>일반 자동차</td><td>7.00%</td><td rowspan="7">과세
제외</td><td rowspan="7">비과세</td><td>7.00%</td></tr>
<tr><td>경자동차</td><td>4.00%</td><td>4.00%</td></tr>
<tr><td colspan="2" rowspan="4">2. 기타의 자동차</td><td>비영업용 일반 자동차</td><td>5.00%</td><td>5.00%</td></tr>
<tr><td>비영업용 경자동차</td><td>4.00%</td><td>4.00%</td></tr>
<tr><td>영업용 자동차</td><td>4.00%</td><td>4.00%</td></tr>
<tr><td>특정 이륜자동차 [주3]</td><td>2.00%</td><td>2.00%</td></tr>
<tr><td colspan="3">3. 위 1과 2 이외의 차량</td><td>2.00%</td><td>2.00%</td></tr>
<tr><td rowspan="2">기계
장비</td><td colspan="3">1. 「건설기계관리법」 등록대상</td><td>3.00%</td><td>0.20%</td><td>0.20%</td><td>3.40%</td></tr>
<tr><td colspan="3">2. 「건설기계관리법」 비등록대상</td><td>2.00%</td><td>-</td><td>0.20%</td><td>2.20%</td></tr>
<tr><td rowspan="3">항공기</td><td colspan="3">1. 「항공안전법」제 7조 단서에 따른 항공기[53]</td><td>2.00%</td><td>-</td><td>0.20%</td><td>2.20%</td></tr>
<tr><td rowspan="2">2. 위 1외 항공기</td><td colspan="2">최대이륙중량 5,700kg 미만</td><td>2.02%</td><td>0.004%</td><td>0.20%</td><td>2.224%</td></tr>
<tr><td colspan="2">최대이륙중량 5,700kg 이상</td><td>2.01%</td><td>0.002%</td><td>0.20%</td><td>2.212%</td></tr>
<tr><td colspan="4">입목</td><td>2.00%</td><td>-</td><td>0.20%</td><td>2.20%</td></tr>
<tr><td colspan="4">광업권, 어업권, 양식업권</td><td>2.00%</td><td>-</td><td>0.20%</td><td>2.20%</td></tr>
<tr><td colspan="4">회원권(골프, 승마, 콘도, 종합체육시설, 요트)</td><td>2.00%</td><td>-</td><td>0.20%</td><td>2.20%</td></tr>
</table>

51) 선박법 제1조의2 제2항
52) 수상레저안전법 제30조
53) 항공안전법 제7조 및 항공안전법시행령 제4조에 따라 등록을 필요로 하지 않는 항공기
① 군 또는 세관에서 사용하거나 경찰업무에 사용하는 항공기
② 외국에 임대할 목적으로 도입한 항공기로서 외국 국적을 취득할 항공기
③ 국내에서 제작한 항공기로서 제작자 외의 소유자가 결정되지 아니한 항공기

[주1] 지방교육세와 농어촌특별세 부담세율

부동산 외 취득에 따른 지방교육세와 농어촌특별세 부담세율의 도출방식은 다음과 같다.

[부동산 외 취득에 대한 지방교육세와 농어촌특별세 부담세율]

구분	① 과세표준	② 세율	③ 부담세율(= ① × ②)
지방교육세[54)]	취득세율 - 2%	20%	(취득세율 - 2%) × 20%
농어촌특별세[55)]	2%[56)]	10%	2% × 10% = 0.2%

[주2] 자동차의 구분

구분		내용
영업용·비영업용	영업용	「여객자동차 운수사업법」 또는 「화물자동차 운수사업법」에 따라 면허(등록을 포함)를 받거나 「건설기계관리법」에 따라 건설기계대여업의 등록을 하고 일반의 수요에 제공하는 것
	비영업용	개인 또는 법인이 영업용 외의 용도에 제공하거나 국가 또는 지방공공단체가 공용으로 제공하는 것
자동차의 종류	승용자동차	10인 이하를 운송하기에 적합하게 제작된 자동차
	승합자동차	11인 이상을 운송하기에 적합하게 제작된 자동차
	화물자동차	화물을 운송하기에 적합한 화물적재공간을 갖추고, 화물적재공간의 총적재화물의 무게가 운전자를 제외한 승객이 승차공간에 모두 탑승했을 때의 승객의 무게보다 많은 자동차
	특수자동차	다른 자동차를 견인하거나 구난작업 또는 특수한 용도로 사용하기에 적합하게 제작된 자동차로서 승용자동차·승합자동차 또는 화물자동차가 아닌 자동차
	이륜자동차	총배기량 또는 정격출력의 크기와 관계없이 1인 또는 2인의 사람을 운송하기에 적합하게 제작된 이륜의 자동차 및 그와 유사한 구조로 되어 있는 자동차
자동차의 크기	일반자동차	아래 경자동차가 아닌 자동차
	경자동차	배기량 1000cc 미만으로 길이 3.6m, 너비 1.6m, 높이 2.0m 이하인 차량(국토교통부령)

[주3] 특정 이륜자동차

위 [주2]의 이륜자동차 중 총 배기량 125cc 이하이거나 최고정격출력 12㎾(킬로와트) 이하인

---

④ 외국에 등록된 항공기를 임차하여 법 제5조에 따라 운영하는 경우 그 항공기

54) 지방세법 제151조 제1항 제1호 본문

55) 농어촌특별세법 제5조 제1항 제6호

56) 부동산 외 취득의 세율 규정상의 세율을 일괄적으로 2%로 적용(농어촌특별세법 제5조 제1항 제5호)

이륜자동차를 말한다.

(3) 특례의 세율

지방세법 제15조에서는 위 (1) 부동산 취득의 세율과 (2) 부동산 취득 외 세율 외에 특정한 경우에 대하여 '특례의 세율'이라는 별도의 세율을 적용한다.

참고로 과거 2011년 지방세법 개정 전에는 취득세와 등록세가 별도로 구분되었다. 2011년 지방세법 개정에 따라 취득세와 등록세가 통합되어 취득세가 되었다. 이 과정에서 특정 과세대상은 지방세법 개정 후에도 지방세법 개정 전과 동일한 세부담을 유지할 수 있도록 별도로 세율을 규정한 것이다. 그리고 특례의 세율은 중과세율과는 별개의 개념이니 혼동하지 않도록 한다.

특례의 세율 규정에는 크게 2가지가 있다.

특례의 세율

구분	특례의 세율 1 (형식적인 취득에 따른 등기·등록)	특례의 세율 2 (간주취득 등 세율 특례)
세율	표준세율 — 중과기준세율(2%)	중과기준세율(2%)
적용	① 환매등기를 병행하는 부동산의 매매로서 환매기간 내에 매도자가 환매한 경우의 그 매도자와 매수자의 취득 ② 상속으로 인한 취득 중 ㉠ 1가구 1주택의 취득과 ㉡ 취득세 감면대상이 되는 농지의 취득 ③ 「법인세법」 제44조 제2항 또는 제3항에 해당하는 법인의 합병(적격합병 등)으로 인한 취득[57] ④ 공유물·합유물의 분할 또는 부동산의 공유권 해소를 위한 지분이전[58]으로 인한 취득(등기부등본상 본인 지분을 초과하는 부분은 제외)	① 개수로 인한 취득(개수로 건축물 면적이 증가하는 경우 제외) ② 선박·차량·기계장비의 종류변경 및 토지의 지목변경에 따른 가액 증가 ③ 과점주주의 간주취득 ④ 지방세법 제7조 제6항에 따라 외국인 소유의 취득세 과세대상 물건(차량·기계장비·항공기·선박만 해당)을 임차하여 수입하는 경우의 취득(연부로 취득하는 경우로 한정) ⑤ 지방세법 제7조 제9항에 따른 시설대여업자의 건설기계 또는 차량 취득 ⑥ 지방세법 제7조 제10항에 따른 취득

57) 법인의 합병으로 인하여 취득한 과세물건이 합병 후에 제16조에 따른 과세물건(중과세율 적용)에 해당하게 되는 경우 또는 합병등기일부터 3년 이내에 「법인세법」 제44조의3 제3항 각 호의 어느 하나에 해당하는 사유(적격합병위배사유)가 발생하는 경우(같은 항 각 호 외의 부분 단서인 부득이한 사유에 해당하는 경우는 제외)에는 세율의 특례를 적용하지 않음. 이 부분은 '2장. 취득세의 적용'에 다시 확인함

58) 「부동산 실권리자명의 등기에 관한 법률」 제2조 제1호 나목에서 규정하고 있는 부동산의 공유권 해소를 위한 지분이전

적용	⑤ 건축물의 이전으로 인한 취득(이전한 건축물 가액이 종전 건축물 가액을 초과하는 경우 그 초과하는 가액은 제외) ⑥ 재산분할[59]로 인한 취득 ⑦ 벌채하여 원목을 생산하기 위한 입목의 취득	대금을 지급한 자의 기계장비·차량 취득(기계장비 또는 차량을 취득하면서 기계장비대여업체 또는 운수업체의 명의로 등록하는 경우로 한정) ⑦ 지방세법 제7조 제14항 본문에 따른 토지의 소유자의 취득 ⑧ 지방세법시행령 제5조에서 정하는 시설의 취득(레저시설 등) ⑨ 무덤과 이에 접속된 부속시설물의 부지로 사용되는 토지로서 지적공부상 지목이 묘지인 토지의 취득 ⑩ 지방세법 제9조(비과세) 제5항 단서에 해당하는 존속기간 1년 초과 임시 건축물의 취득 ⑪ 「여신전문금융업법」 제33조 제1항에 따라 건설기계나 차량을 등록한 대여시설이용자가 그 시설대여업자로부터 취득하는 건설기계 또는 차량의 취득 ⑫ 건축물을 건축하여 취득하는 경우로서 그 건축물에 대하여 지방세법 제28조 제1항 제1호 가목 또는 나목에 따른 소유권의 보존 등기 또는 소유권의 이전 등기에 대한 등록면허세 납세의무가 성립한 후 취득시기가 도래하는 건축물의 취득

1) 특례의 세율 1(지방세법 제15조 제1항)

지방세법 제15조 제1항에 해당하는 취득에 대하여는 아래 ①에서 ②의 세율을 차감한 세율을 '특례의 세율 1'로 적용한다. 주로 형식적인 취득으로 등기 또는 등록하는 경우로서 지방세법 개정 전 등록세 부분만 과세하기 위하여 특례의 세율을 적용한다. 다만, 취득물건이 지방세법 제13조 제2항(대도시 내 법인설립·지점설치·법인전입)에 따른 중과세율 적용대상에 해당하는 경우에는 아래 특례세율에 3배를 중과한다.

[특례의 세율 1에 해당하는 취득의 세율]

구분	특례세율 1(지방세법 제15조 제1항)
일반적인 경우	아래 ①에서 ②를 차감한 세율

59) 「민법」 제834조, 제839조의2 및 제840조에 따른 재산분할

	① 지방세법 제11조 및 제12조의 취득세 표준세율 ② 중과기준세율(=2%)
지방세법 제13조 제2항 중과세 대상 (대도시내 법인설립·지점설치 등)	특례의 세율 1 × 3

이때 ② 중과기준세율은 지방세법 제6조[정의] 제19호에서 '지방세법 제11조 및 제12조에 따른 세율에 가감하거나 제15조 제2항에 따른 세율의 특례 적용기준이 되는 세율로서 2%를 말한다'라고 정의하고 있다.[60] 즉 중과기준세율은 2%의 단일세율이다.

2) 특례의 세율 2(지방세법 제15조 제2항)

지방세법 제15조 제2항에 해당하는 취득에 대하여는 그 취득의 종류와 관계없이 단일의 중과기준세율 2%를 적용한다. 주로 간주취득에 관한 규정으로 지방세법 개정 전 취득세 부분만 과세하기 위하여 특례의 세율을 적용한다. 다만, 취득물건이 지방세법 제13조 제1항(대도시 내 본점 사업용 부동산의 취득)에 따른 중과세율 적용대상에 해당하는 경우에는 중과기준세율의 3배, 지방세법 제13조 제5항(사치성 재산)에 따른 중과세율 적용대상에 해당하는 경우에는 5배 중과한다.

[특례의 세율 2에 해당하는 취득의 세율]

구분	취득세 표준 세율	부담세율		계
		지방 교육세	농어촌 특별세	
① 특례의 세율 2에 해당하는 취득(일반적인 경우)	2.0%	-	0.2%	2.2%
② 위 ①이 지방세법 제13조 제1항 중과세(본점 사업용)	6.0%	-	0.6%	6.6%
③ 위 ①이 지방세법 제13조 제5항 중과세(사치성 재산)	10.0%	-	1.0%	11.0%

특례의 세율 2에 해당되는 경우에는 지방교육세가 과세되지 않는다. 그 이유는 지방교육세의 과세표준은 취득세율에서 중과기준세율 2%를 차감한 금액인데 특례의 세율 2에 해당하는 경우 취득세율이 2%이므로 2%에서 2%를 차감하면 0%가 되기 때문이다.[61] 농어촌특별세는 특례의 세율 2에 해당하는 취득세율에 농어

60) 중과기준세율은 지방세법 개정 전 취득세 및 등록세 중 하나만 중과세되던 것을 개정 후 취득세에서 기존과 같이 세부담의 변동없이 중과세하기 위한 조정세율임

61) 지방세법 제151조 제1항 제1호 본문에서도 특례의 세율 2에 해당하는 지방세법 제15조 제2

촌특별세율 10%를 적용한다(농어촌특별세법 제5조 제5항).

6-2. 중과세율

취득세의 중과세율은 ① 대도시 내 인구 및 산업 밀집 억제와 지방분산 촉진 및 ② 사치성 재산의 취득을 억제하는 목적으로 특정한 취득에 대하여 일반세율보다 높은 세율을 적용하는 제도이다.

취득세의 중과세율 규정은 취득세뿐 아니라 지방세법 전체에서 가장 까다로운 분야라고 생각한다. 취득세에 대한 다툼과 그 해석사례 가운데 중과세율의 내용이 가장 많은 비중을 차지하는 것이 이를 입증한다. 취득세 중과세율은 3가지를 이해해야 한다.

첫 번째는 중과세율의 종류다. 기본적으로 어떤 경우에 중과세율이 적용되고 그 중과세율은 몇 퍼센트인지에 대하여 알아야 한다. 중과세율은 크게 3가지로 나뉜다. ① 지방세법 제13조 제1항의 대도시 내 본점 사업용 건축물 중과세, ② 지방세법 제13조 제2항의 대도시 내 법인설립·지점설치·법인전입 중과세, ③ 사치성 재산에 대한 중과세이다. ①번과 ②번은 대도시 내 인구 및 산업의 밀집을 억제하고 지방으로 분산을 촉진하기 위한 것이고, ③번은 별장, 고급주택 등 사치성 재산의 취득을 억제하는 것에 그 취지가 있다.

두 번째는 ② 지방세법 제13조 제2항의 대도시 내 법인설립·지점설치·법인전입 중과세에 대하여 중과세율을 적용하지 않는 예외규정이다.[62] 대도시 내 설치가 불가피한 업종에 직접 사용하는 부동산과 사원주거용 목적의 부동산이 그러한 예외에 해당한다. 다만, 정당한 사유 없이 해당 업종 및 목적에 직접 사용하지 않는 경우에는 원칙대로 중과세율을 적용하니 유의해야 한다.

마지막으로는 중과세율의 규정과 관련된 용어의 이해 및 해석이다. 중과세율 제도에는 중과세율 적용 여부 등과 관련된 다양한 용어가 등장한다. 본점과 지점, 대도시(과밀억제권역 등), 사업용 부동산, 중과 예외 업종, 별장 등이 예인데, 이러한 다양한 용어를 정확히 이해하고 적용해야 한다.

항의 경우를 제외한다고 표현하고 있음

62) ① 지방세법 제13조 제1항 중과세(본점 중과세)와 ③ 지방세법 제13조 제5항 중과세(사치성 재산 중과세)는 해당 예외규정이 적용되지 않음

법을 이해할 때 관련 용어를 이해하는 것은 당연하다. 그런데 취득세 중 특히 이 중과세율 부분은 그 용어의 이해와 해석이 어려운 경우가 많다. 이것은 법의 문제라기보다 복잡한 현대사회의 특성상, 어떠한 사실 및 현상 등이 정확히 그 용어의 정의에 일치하는지에 대한 판단이 필요한 영역도 분명 있기 때문이다. 이러한 점을 염두에 두고 중과세율을 살펴보기로 한다.

지방세법에서는 중과세율을 적용하는 취득을 크게 3가지로 구분하고 있다.

[취득세 중과세율의 종류]

<table>
<tr><th colspan="2">구분</th><th colspan="2">내용</th></tr>
<tr><td rowspan="4">1</td><td>법령</td><td colspan="2">지방세법 제13조 제1항</td></tr>
<tr><td>중과세명</td><td colspan="2">과밀억제권역 내 본점 사업용 부동산 등 중과세(약칭: 본점 중과세)</td></tr>
<tr><td>중과사유</td><td colspan="2">① 과밀억제권역 내에서 본점·주사무소의 사업용으로 신축하거나 증축하는 건축물과 그 부속토지의 취득
② 과밀억제권역 내(산업단지, 유치지역, 공업지역 제외)에서 공장을 신설·증설하기 위한 사업용 과세물건의 취득</td></tr>
<tr><td>중과세율</td><td colspan="2">표준세율 + 중과기준세율(2%) × 2</td></tr>
<tr><td rowspan="7">2</td><td>법령</td><td colspan="2">지방세법 제13조 제2항</td></tr>
<tr><td>명칭</td><td colspan="2">대도시 내 법인설립·지점설치·법인전입 등 중과세(약칭: 지점 중과세)</td></tr>
<tr><td>중과사유</td><td colspan="2">① 아래 ㉠~㉢에 따라 대도시의 부동산을 취득(그 설립·설치·전입 이후의 부동산 취득을 포함하며 원시취득과 승계취득을 모두 포함)
㉠ 대도시에서 법인을 설립(휴면법인 인수 포함)하는 경우
㉡ 지점·분사무소를 설치하는 경우
㉢ 법인의 본점·주사무소 또는 지점·분사무소를 대도시 밖에서 대도시로 전입하는 경우
② 대도시(유치지역, 공업지역 제외)에서 공장을 신설·증설함에 따라 부동산을 취득</td></tr>
<tr><td rowspan="2">중과세율</td><td>일반 부동산</td><td>표준세율 × 3 - 중과기준세율(2%) × 2</td></tr>
<tr><td>주택 유상취득</td><td>표준세율 + 중과기준세율(2%) × 2</td></tr>
<tr><td>중과제외</td><td colspan="2">중과 제외 업종에 직접 사용하기 위한 부동산
법인의 사원에게 분양 또는 임대용으로 직접 사용하기 위한 부동산</td></tr>
<tr><td>중과추징</td><td colspan="2">위 중과제외가 된 부동산이 아래에 해당하는 경우 중과세율로 추징함
① 정당한 사유없이 부동산 취득일부터 1년이 경과할 때까지 해당 목적에 직접 사용하지 않거나 다른 업종이나 다른 용도에 사용·겸용
② 부동산 취득일부터 2년 이상 해당 업종·용도에 직접 사용하지 않고 매각하거나 다른 업종 및 용도에 사용·겸용</td></tr>
<tr><td rowspan="2">3</td><td>법령</td><td colspan="2">지방세법 제13조 제5항</td></tr>
<tr><td>명칭</td><td colspan="2">사치성 재산 중과세</td></tr>
</table>

<table>
<tr><td rowspan="2"></td><td>중과사유</td><td colspan="3">아래의 재산(일명 사치성 재산)을 취득
① 별장(주거용 건축물 중 휴양·피서 등 용도로 사용)
② 골프장(회원제 골프장용 부동산)
③ 고급주택(특정 기준 초과 주거용 건축물)
④ 고급오락장(도박장, 유흥주점영업장 등)
⑤ 고급선박(특정 기준 초과 비업무용 자가용 선박)</td></tr>
<tr><td>중과세율</td><td colspan="3">표준세율 + 중과기준세율(2%) × 4</td></tr>
<tr><td rowspan="4">4</td><td colspan="2">중과세의 동시적용</td><td colspan="2">중과세율</td></tr>
<tr><td colspan="2">1과 2(본점 + 지점)</td><td colspan="2">부동산 표준세율 × 3</td></tr>
<tr><td colspan="2" rowspan="2">2와 3
(지점 + 사치성 재산)</td><td>일반부동산</td><td>부동산 표준세율 × 3 + 중과기준세율(2%) × 2</td></tr>
<tr><td>주택</td><td>주택 표준세율 + 중과기준세율 × 6</td></tr>
</table>

(1) 과밀억제권역 내 본점 사업용 부동산 신·증축 등 중과세

지방세법 제13조 제1항에 따르면, 「수도권정비계획법」 제6조에 따른 과밀억제권역에서 본점이나 주사무소[63]의 사업용으로 신축하거나 증축하는 건축물과 그 부속토지를 취득하는 경우와, 같은 조에 따른 과밀억제권역(「산업집적활성화 및 공장설립에 관한 법률」을 적용받는 산업단지·유치지역 및 「국토의 계획 및 이용에 관한 법률」을 적용받는 공업지역은 제외)에서 공장을 신설하거나 증설하기 위하여 사업용 과세물건을 취득하는 경우의 취득세율은 지방세법 제11조 및 제12조의 표준세율에 중과기준세율(2%)의 2배를 합한 세율을 적용한다.

지방세법 제13조 제1항의 중과세는 본점과 공장에 관한 내용으로 나눌 수 있다.

1) 과밀억제권역 내 본점 사업용 부동산 중과세

과밀억제권역 내 본점 사업용으로 신축하거나 증축하는 건축물과 그 부속토지는 중과세를 적용한다(이하 '과밀억제권역 본점 중과세' 또는 '본점 중과세'로 약칭함). 과밀억제권역 본점 중과세에서 이해가 필요한 내용은 다음과 같다.

과밀억제권역 본점 중과세의 주요사항

구분	내용	비고
1. 과밀억제권역	「수도권정비계획법」 제6조에 따른 과밀억제권역 ① 서울특별시 전체 ② 인천광역시 및 경기도 중 일부 지역	[주1]

63) 영리법인은 본점, 비영리법인은 주사무소를 말함. 이하 편의상 본점으로 칭하기로 함

2. 본점 사업용 부동산	구분	내용	[주2]
	정의	본점 사업용 부동산은 ① 법인 본점의 사무소로 사용하는 부동산과 ② 그 부대시설용 부동산을 말함	
	제외	기숙사, 합숙소, 사택, 연수시설, 체육시설 등 복지후생시설과 예비군 병기고 및 탄약고는 중과세 제외	
3. 본점의 의미	경리, 인사, 연구, 연수, 재산관리업부 등 대외적인 거래와 직접적인 관련이 없는 내부적 업무만을 처리하는 장소		[주3]
4. 신축·증축	① 새로운 인구 및 산업의 밀집을 유발하는 신축 또는 증축으로 본점 사업용 부동산을 취득하는 경우에만 중과세를 적용 ② 매매 등 승계취득과 건축물의 개축, 재축은 새로운 인구 및 산업의 밀집을 유발하지 않으므로 중과세를 적용하지 않음		[주4]

[주1] 과밀억제권역

과밀억제권역은 인구와 산업이 지나치게 집중되었거나 집중될 우려가 있어 이전하거나 정비할 필요가 있는 지역으로서 「수도권정비계획법」 제6조에서 규정하고 있는 지역이다.

과밀억제권역

구분	과밀억제권역
서울특별시	서울특별시 전체
인천광역시	• 인천광역시, 단 아래 지역을 제외 • 강화군, 옹진군, 서구 대곡동·불로동·마전동·금곡동·오류동·왕길동·당하동·원당동, 인천경제자유구역(경제자유구역에서 해제된 지역을 포함), 남동 국가산업단지
경기도	아래 경기도 14개 시 ① 의정부시 ② 구리시 ③ 남양주시(호평동, 평내동, 금곡동, 일패동, 이패동, 삼패동, 가운동, 수석동, 지금동 및 도농동만 해당) ④ 하남시 ⑤ 고양시 ⑥ 수원시 ⑦ 성남시 ⑧ 안양시 ⑨ 부천시 ⑩ 광명시 ⑪ 과천시 ⑫ 의왕시 ⑬ 군포시 ⑭ 시흥시(반월특수지역 제외)

참고로 과밀억제권역을 포함한 수도권의 구분은 다음과 같다.

[비고] 수도권정비계획법 제6조 및 별표1에 따른 수도권의 구분

구분	과밀억제권역	성장관리권역	자연보전권역
서울특별시	전체	해당없음	해당없음
인천광역시	인천광역시 중 성장관리권역을 제외한 지역	강화군, 옹진군, 서구(대곡동, 불로동, 마전동, 금곡동, 오류동,왕길동, 당하동, 원당동), 인천경제자유구역(경제자유구역	해당없음

구분	과밀억제권역	성장관리권역	자연보전권역
		에서 해제된 지역을 포함), 남동 국가산업단지	
경기도	의정부시, 구리시, 하남시, 고양시, 수원시, 성남시, 안양시, 부천시, 광명시, 과천시, 의왕시, 군포시	동두천시, 안산시, 오산시, 평택시, 파주시, 연천군, 포천시, 양주시, 김포시, 화성시	이천시, 가평군, 양평군, 여주시, 광주시
용인시	해당없음	신갈동, 하갈동, 영덕동, 구갈동, 상갈동, 보라동, 지곡동, 공세동, 고매동, 농서동, 서천동, 언남동, 청덕동, 마북동, 동백동, 중동, 상하동, 보정동, 풍덕천동, 신봉동, 죽전동, 동천동, 고기동, 상현동, 성복동, 남사면, 이동면, 원삼면, 목신리, 죽릉리, 학일리, 독성리, 고당리, 문촌리	김량장동, 남동, 역북동, 삼가동, 유방동, 고림동, 마평동, 운학동, 호동, 해곡동, 포곡읍, 모현면, 백암면, 양지면, 원삼면 가재월리, 사암리, 미평리, 좌항리, 맹리, 두창리
남양주시	호평동, 평내동, 금곡동, 일패동, 이패동, 삼패동, 가운동, 수석동, 지금동, 도농동	별내동, 와부읍, 진전읍, 별내면, 퇴계원면, 진건읍, 오남읍	화도읍, 수동면, 조안면
시흥시	시흥시 중 성장관리권역을 제외한 지역	반월특수지역(반월특수지역에서 해제된 지역을 포함)	해당없음
안성시	해당없음	가사동, 가현동, 명륜동, 숭인동, 봉남동, 구포동, 동본동, 영동, 봉산동, 성남동, 창전동, 낙원동, 옥천동, 현수동, 발화동, 옥산동, 석정동, 서인동, 인지동, 아양동, 신흥동, 도기동, 계동, 중리동, 사곡동, 금석동, 당왕동, 신모산동, 신소현동, 신건지동, 금산동, 연지동, 대천동, 대덕면, 미양면, 공도읍, 원곡면, 보개면, 금광면, 서운면, 양성면, 고삼면, 죽산면, 두교리, 당목리, 칠장리, 삼죽면, 마전	일죽면, 죽산면 죽산리, 용설리, 장계리, 매산리, 장릉리, 장원리, 두현리, 삼죽면, 용월리, 덕산리, 율곡리, 내장리, 배태리

<table>
<tr><th>구분</th><th colspan="2">과밀억제권역</th><th>성장관리권역</th><th>자연보전권역</th></tr>
<tr><td></td><td colspan="2"></td><td>리, 미장리, 진촌리, 기솔리, 내강리</td><td></td></tr>
<tr><td rowspan="4">비고</td><td colspan="4">◎ 각 지역의 의미</td></tr>
<tr><td>과밀억제권역</td><td colspan="3">인구와 산업이 지나치게 집중되었거나 집중될 우려가 있어 이전하거나 정비할 필요가 있는 지역</td></tr>
<tr><td>성장관리권역</td><td colspan="3">과밀억제권역으로부터 이전하는 인구와 산업을 계획적으로 유치하고 산업의 입지와 도시의 개발을 적정하게 관리할 필요가 있는 지역</td></tr>
<tr><td>자연보전권역</td><td colspan="3">한강 수계의 수질과 녹지 등 자연환경을 보전할 필요가 있는 지역</td></tr>
</table>

[주2] 본점 사업용 부동산

과밀억제권역 본점 중과세가 적용되는 본점의 사업용 부동산은 '법인의 본점의 사무소로 사용하는 부동산과 그 부대시설용 부동산'을 말한다. 다만, 기숙사, 합숙소, 사택, 연수시설, 체육시설 등 복지후생시설과 예비군 병기고 및 탄약고는 제외한다. 부대시설이라고 하면 일반적으로 주차장, 창고시설 등을 말한다.

[주3] 본점의 의미

지방세법에서 본점이 무엇인지 별도로 정의하는 것은 없다. 다만, 지방세법 운영예규 법13-5를 통해서 본점의 의미를 '경리, 인사, 연구, 연수, 재산관리업무 등 대외적인 거래와 직접적인 관련이 없는 내부적 업무만을 처리하고 있는 경우'라고 이해할 수 있다.

> 지방세법 운영예규 법13-5 [중과세 대상에 해당되지 않는 지점]
>
> 1. 본점 이외의 장소에서 경리, 인사, 연구, 연수, 재산관리업무 등 대외적인 거래와 직접적인 관련이 없는 내부적 업무만을 처리하고 있는 경우는 지점이 아닌 본점에 해당된다.

따라서 본점 사업용 부동산은 사업자등록증, 법인등기부등본등 공부상 현황 및 사실상의 현황을 종합하여 법인의 본점으로서 주된 기능을 수행하는 장소인지를 판단해야 한다. 일반적으로 위 지방세법 운영예규의 취지와 같이 대표이사 등 임직원이 상주하면서 기획, 재무, 경영전략, 총무, IT 등 법인의 전반적인 사업을 수행하고 있는 장소라면 본점 사업용 부동산으로 판단할 수 있을 것이다.

지방세법 운영예규 법13-2에서는 본점 사업용 부동산 여부에 대하여 아래와 같이 예시하고 있다.

중과세 대상 본점에 해당하는지 여부 예시

중과대상에 해당하는 경우	중과대상에 해당하지 않는 경우
① 도시형 공장을 영위하는 공장의 구내에서 본점용 사무실을 증축 ② 본점의 사무소전용 주차타워를 신·증축 ③ 임대한 토지에 공장을 신설하여 운영하다가 같은 토지 내에 본점 사업용 건축물을 신·증축하는 경우 ④ 대도시 밖에 본점을 둔 법인이 대도시에 건축물을 신·증축한 후 5년 이내에 법인의 경영에 필수적이고 중요한 본점의 부서 중 일부 부서가 입주하여 사무를 처리하는 경우 ⑤ 대도시 내에 본점을 가지고 있던 법인이 대도시 내에 건축물을 신·증축하여 기존 본점을 이전	① 병원의 병실을 증축취득 ② 운수업체가 「자동차운수사업법」에 의한 차고용 토지만을 취득 ③ 임대업자가 임대하기 위하여 취득한 부동산 ④ 건축물을 임차하여 법인의 본점용으로 사용

특히 건축물을 임차하여 법인의 본점용으로 사용하는 경우가 많이 있는데, 이때는 취득자가 직접 본점으로 사용하는 것이 아니라 임차인이 본점으로 사용하는 것이므로 그 취득자와 임차인에게는 본점 중과세를 적용하지 않는다.

[주4] 신축 또는 증축하는 건축물

과밀억제권역 본점 중과세 규정은 본점 사무용 건축물을 신축 또는 증축하는 경우, 즉 원시취득의 경우에만 적용된다. 신축 또는 증축의 경우에는 인구와 산업 및 기반시설이 새로 유입되어 과밀억제권역 내 밀집을 유발하기 때문이다. 다만, 개축과 재축은 기존 규모 내에서 다시 짓는 것이어서 새로운 밀집을 유발하지 않는다는 논리로 본점 중과세율을 적용하지 않는다.

반대로 승계취득의 경우에는 인구 및 산업이 새로 유입되지 않고 기존 규모가 대체되는 것에 불과하다. 따라서 본점 사업용 부동산을 '매매' 등으로 승계취득하는 경우에는 중과세율을 적용하지 않는다.

2) 과밀억제권역 내 공장 신·증설 중과세

과밀억제권역 내 공장을 신설하거나 증설하기 위하여 취득하는 사업용 과세물건은 중과세를 적용한다(이하 '과밀억제권역 공장 중과세'로 약칭). 과밀억제권역 공장 중과세에서 이해가 필요한 내용은 다음과 같다.

과밀억제권역 공장 중과세의 주요사항

<table>
<tr><th>구분</th><th colspan="2">내용</th><th>비고</th></tr>
<tr><td>1. 과밀억제권역</td><td colspan="2">「수도권정비계획법」 제6조에 따른 과밀억제권역
단, 공장의 경우 아래 3가지 지역은 제외
① 산업단지(산업집적활성화 및 공장설립에 관한 법률)
② 유치지역(산업집적활성화 및 공장설립에 관한 법률)
③ 공업지역(국토의 계획 및 이용에 관한 법률)</td><td>[주1]</td></tr>
<tr><td rowspan="3">2. 공장의 범위</td><td>구분</td><td>내용</td><td rowspan="3">[주2]</td></tr>
<tr><td>업종</td><td>지방세법시행규칙 [별표2]에 규정된 업종의 공장
(도시형 공장은 제외)</td></tr>
<tr><td>연면적</td><td>생산설비를 갖춘 건축물의 연면적이 500㎡ 이상</td></tr>
<tr><td>3. 중과세물건</td><td colspan="2">① 신설하거나 증설하는 공장용 건축물과 그 부속토지
② 과밀억제권역에서 공장을 신설·증설한 날부터 5년 이내에 취득하는 공장용 차량 및 기계장비</td><td>[주3]</td></tr>
<tr><td>4. 중과세 제외</td><td colspan="2">아래의 경우에는 공장 중과세 제외
① 기존 공장의 모든 생산설비를 포괄적으로 승계취득
② 과밀억제권역의 기존 공장을 폐쇄하고 과밀억제권역의 다른 장소로 이전한 후 해당 사업을 계속 영위
③ 기존 공장(승계 취득한 공장을 포함)의 업종을 변경
④ 기존 공장을 철거 후 1년 이내에 같은 규모로 재축
⑤ 새로 과밀억제권역으로 편입되는 지역은 편입되기 전에 공장 설립 승인·건축허가를 득함
⑥ 부동산 취득한 날부터 5년 이상 경과 후 공장을 신설·증설
⑦ 차량 또는 기계장비를 노후 등의 사유로 대체취득</td><td>[주4]</td></tr>
<tr><td>5. 신설·증설</td><td colspan="2">위 본점 사업용 부동산과 같은 논리로 공장을 신설·증축함에 따른 사업용 과세물건의 취득에만 중과세를 적용</td><td>[주5]</td></tr>
</table>

[주1] 과밀억제권역

본점 사무용 건축물과 마찬가지로 공장 역시 수도권정비계획법 제6조에서 규정하고 있는 과밀억제권역 내에서 공장을 신설 또는 증설하기 위하여 사업용 과세물건을 취득하는 경우를 말한다. 다만, 공장의 경우에는 ① 「산업집적활성화 및 공장설립에 관한 법률」을 적용받는 산업단지와 ② 유치지역 및 ③ 「국토의 계획 및 이용에 관한 법률」을 적용받는 공업지역은 제외한다.

[산업단지, 유치지역, 공업지역의 의미]

<table>
<tr><th>구분</th><th colspan="3">내용</th></tr>
<tr><td rowspan="3">산업단지</td><td colspan="3">「산업집적활성화 및 공장설립에 관한 법률(산업집적법)」 및 「산업입지 및 개발에 관한 법률(산업입지법)」에 따라 지정 및 개발된 아래의 산업단지</td></tr>
<tr><td>구분</td><td>산업입지법</td><td>지정권자</td></tr>
<tr><td>1. 국가산업단지</td><td>제6조</td><td>국토교통부장관</td></tr>
</table>

	2. 일반산업단지	제7조	① 대도시 시장 또는 시·도지사 ② 시장·군수·구청장(30만㎡ 미만)
	3. 도시첨단산업단지	제7조의2	① 국토교통부장관 ② 대도시 시장 또는 시·도지사 ③ 시장·군수·구청장(10만㎡ 미만)
	4. 농공단지	제8조	① 특별자치도지사 ② 시장·군수·구청장
유치지역	「산업집적활성화 및 공장설립에 관한 법률(산업집적법)」에 따라 공장의 지방 이전 촉진 등 국가 정책상 필요한 산업단지를 조성하기 위한 목적으로 15만 제곱미터 규모 이상의 공장용지 조성이 필요한 경우, 산업통상자원부장관이 지정하여 고시하는 지역		
공업지역	「국토의 계획 및 이용에 관한 법률」에 따른 공업지역으로, 국토교통부장관, 시·도지사, 대도시 시장이 지정하는 지역		

산업단지, 유치지역, 공업지역은 과밀억제권역과 달리 관련 법에서 별도로 지역을 열거하고 있지 않으므로 그 종류에 따라 국토교통부, 산업통상자원부, 관할 시·군·구청에 문의가 필요할 수 있다.

[주2] 공장의 범위

지방세법시행규칙 제7조에서는 과밀억제권역 공장 중과세가 적용되는 공장의 범위를 규정하고 있다. 따라서 외형상 공장이라고 해도 실제 중과세의 적용대상이 되는 공장인지 별도로 검토해야 한다.

공장의 범위

요건	공장의 범위(요건 1과 2를 모두 갖춘 공장)		
1. 업종	범위	지방세법시행규칙 [별표2]에 규정된 업종의 공장	
	제외	도시형 공장(「산업집적활성화 및 공장설립에 관한 법률」 제28조)	
2. 연면적	범위	생산설비를 갖춘 건축물의 연면적(옥외에 기계장치 또는 저장시설이 있는 경우 그 시설의 수평투영면적을 포함)이 500㎡ 이상인 것	
	[비고] 연면적	포함	해당 공장의 제조시설을 지원하기 위하여 공장 경계구역 안에 설치되는 부대시설을 포함
		제외	아래의 시설은 연면적에 포함하지 않음 ① 식당, 휴게실, 목욕실, 세탁장, 의료실, 옥외 체육시설, 기숙사 등 종업원의 후생복지증진에 제공되는 시설 ② 대피소, 무기고, 탄약고, 교육시설

[참고] 지방세법시행규칙 [별표2] 공장의 종류

1. 식료품 제조업
2. 음료 제조업

3. 담배 제조업
4. 섬유제품 제조업
5. 의복, 의복액세서리 및 모피제품 제조업
6. 가죽, 가방 및 신발 제조업
7. 목재 및 나무제품 제조업
8. 펄프, 종이 및 종이제품 제조업
9. 인쇄 및 기록매체 복제업
10. 코크스, 연탄 및 석유정제품 제조업
11. 화학물질 및 화학제품 제조업
12. 의료용 물질 및 의약품 제조업
13. 고무제품 및 플라스틱제품 제조업
14. 비금속 광물제품 제조업
15. 1차 금속 제조업
16. 금속가공제품 제조업
17. 전자부품, 컴퓨터, 영상, 음향 및 통신장비 제조업
18. 의료, 정밀, 광학기기 및 시계 제조업
19. 전기장비 제조업
20. 기타 기계 및 장비 제조업
21. 자동차 및 트레일러 제조업
22. 기타 운송장비 제조업
23. 가구 제조업
24. 기타 제품 제조업
25. 전기, 가스, 증기 및 공기조절 공급업
26. 수도사업
27. 비금속광물 광업
28. 자동차 및 모터사이클 수리업
29. 다음 각 목의 어느 하나에 해당하는 것은 제1호부터 제28호까지의 공장의 종류에서 제외한다. 다만, 가목부터 마목까지 및 아목은 법 제13조 제1항 및 제2항과 이 규칙 제7조에 따라 취득세를 중과세할 경우에는 「국토의 계획 및 이용에 관한 법률」 등 관계 법령에 따라 공장의 설치가 금지 또는 제한되지 아니한 지역에 한정하여 공장의 종류에서 제외하고, 법 제111조, 영 제110조 및 이 규칙 제55조에 따라 재산세를 중과세하는 경우, 법 제146조·영 제138조 및 이 규칙 제75조에 따라 지역자원시설세를 중과세하는 경우 및 「지방세특례제한법」 제78조에 따라 취득세 등을 감면하는 경우에는 공장의 종류에서 제외하지 아니한다.
    가. 가스를 생산하여 도관에 의하여 공급하는 것을 목적으로 하는 가스업
    나. 음용수나 공업용수를 도관에 의하여 공급하는 것을 목적으로 하는 상수도업
    다. 차량 등의 정비 및 수리를 목적으로 하는 정비·수리업
    라. 연탄의 제조·공급을 목적으로 하는 연탄제조업
    마. 얼음제조업
    바. 인쇄업. 다만, 「신문 등의 진흥에 관한 법률」에 따라 등록된 신문 및 「뉴스통신진흥에 관한 법률」에 따라 등록된 뉴스통신사업에 한정한다.
    사. 도관에 의하여 증기 또는 온수로 난방열을 공급하는 지역난방사업
    아. 전기업(변전소 및 송·배전소를 포함한다)

[참고] 도시형 공장의 범위(산업집적법시행령 제34조)

과밀억제권역 공장 중과세가 적용되지 않는 도시형 공장의 범위는 다음과 같다.

① 특정대기유해물질을 배출하는 대기오염물질배출시설을 설치하는 공장(「대기환경보전법」 제2조 제9호)

② 대기오염물질배출시설(「대기환경보전법」 제2조 제11호)을 설치하는 공장으로서 같은 법 시행령 별표 10의 1종사업장부터 3종사업장까지에 해당하는 공장(연료를 직접 사용하지 않는 공장은 제외)

③ 특정수질유해물질(「물환경보전법」 제2조 제8호)을 배출하는 폐수배출시설을 설치하는 공장(다만, 「물환경보전법 시행령」 제33조 제2호에 따라 폐수를 전량 위탁처리하는 공장은 제외)

④ 폐수배출시설(「물환경보전법」 제2조 제10호)을 설치하는 공장으로서 같은 법 시행령 별표 13의 1종사업장부터 4종사업장까지에 해당하는 공장

대기환경보전법시행령 [별표10] 사업장별 환경기술인의 자격기준(위 ② 관련)

구분	환경기술인의 자격기준
1종사업장(대기오염물질발생량의 합계가 연간 80톤 이상)	대가환경기사 이상의 기술자격 소지자 1명 이상
2종사업장(대기오염물질발생량의 합계가 연간 20통 이상 80톤 미만)	대가환경기사 이상의 기술자격 소지자 1명 이상
3종사업장(대기오염물질발생량의 합계가 연간 10톤 이상 20톤 미만)	대기환경산업기사 이상의 기술자격 소지자, 환경기능사 또는 3년 이상 대기분야 환경관련 업무에 종사한 자 1명 이상
4종사업장(대기오염물질발생량의 합계가 연간 2톤 이상 10톤 미만)	배출시설 설치허가를 받거나 배출시설 설치신고가 수리된 자 또는 배출시설 설치허가를 받거나 수리된 자가 해당 사업장 배출시설 및 방지시설 업무에 종사하는 피고용인 중에서 임명하는 자 1명 이상
5종사업장(1종사업장부터 4종사업장까지에 속하지 아니하는 사업장)	

대기환경보전법시행령 [별표13] 사업장별 환경기술인의 자격기준(위 ④ 관련)

종류	배출규모
제1종 사업장	1일 폐수배출량이 2,000㎥ 이상인 사업장
제2종 사업장	1일 폐수배출량이 700㎥ 이상, 2,000㎥ 미만인 사업장
제3종 사업장	1일 폐수배출량이 200㎥ 이상, 700㎥ 미만인 사업장
제4종 사업장	1일 폐수배출량이 50㎥ 이상, 200㎥ 미만인 사업장
제5종 사업장	위 제1종부터 제4종까지의 사업장에 해당하지 아니하는 배출시설

[주3] 공장의 신설·증설하는 경우의 중과세할 사업용 과세물건

공장을 신설하거나 증설하는 경우 중과세할 과세물건은 다음과 같다.

중과세 과세물건

구분	중과세 되는 공장
① 공장용 건축물과 부속토지	과밀억제권역(산업단지, 유치지역, 공업지역 제외)에서 공장을 신설하거나 증설하는 경우에는 신설하거나 증설하는 공장용 건축물과 그 부속토지
② 공장용 차량 및 기계장비	과밀억제권역에서 공장을 신설하거나 증설(건축물 연면적의 20% 이상을 증설하거나, 건축물 연면적 330㎡를 초과하여 증설하는 경우만 해당)한 날부터 5년 이내에 취득하는 공장용 차량 및 기계장비
[비고] 증설의 정의	공장의 증설이란 다음 중 어느 하나에 해당하는 경우를 말함 ① 공장용으로 쓰는 건축물의 연면적 또는 그 공장의 부속토지 면적을 확장하는 경우 ② 해당 과밀억제권역 안에서 공장을 이전하는 경우에는 종전의 규모를 초과하여 시설하는 경우 ③ 레미콘제조공장 등 차량 또는 기계장비 등을 주로 사용하는 특수업종은 기존 차량 및 기계장비의 20% 이상을 증가하는 경우

[주4] 중과세 대상에서 제외되는 경우

다음 중 어느 하나에 해당하는 경우에는 과밀억제권역 공장 중과세 대상에서 제외한다.

구분	중과세가 제외되는 공장
① 포괄적 승계취득	기존 공장의 기계설비 및 동력장치를 포함한 모든 생산설비를 포괄적으로 승계취득하는 경우
② 기존 공장 폐쇄 후 이전	해당 과밀억제권역에 있는 기존 공장을 폐쇄하고 해당 과밀억제권역의 다른 장소로 이전한 후 해당 사업을 계속하는 경우(타인 소유의 공장을 임차하여 경영하던 자가 그 공장을 신설한 날부터 2년 이내에 이전하는 경우 및 서울특별시 외의 지역에서 서울특별시로 이전하는 경우에는 중과세)
③ 업종 변경	기존 공장(승계취득한 공장을 포함)의 업종을 변경하는 경우
④ 기존 공장 철거 후 1년 이내 재축	기존 공장을 철거한 후 1년 이내에 같은 규모로 재축(건축공사에 착공한 경우를 포함)하는 경우
⑤ 과밀억제권역 편입 전 승인 등을 받은 공장	행정구역변경 등으로 새로 과밀억제권역으로 편입되는 지역은 편입되기 전에 「산업집적활성화 및 공장설립에 관한 법률」 제13조에 따른 공장설립 승인 또는 건축허가를 받은 경우
⑥ 취득 후 5년 경과한 공장의 신설·증설	부동산을 취득한 날부터 5년 이상 경과한 후 공장을 신설하거나 증설하는 경우
⑦ 노후 등에 따른 대체취득	차량 또는 기계장비를 노후 등의 사유로 대체취득하는 경우(기존의 차량 또는 기계장비를 매각하거나 폐기 처분하는 날을 기준으로 그 전후 30일 이내에 취득하는 경우만 해당)

[주5] 신축 또는 증축하는 공장

과밀억제권역 공장 중과세 규정은 과밀억제권역 본점 중과세의 경우와 동일하게 원시취득의 경우에만 적용된다. 과밀억제권역 본점 중과세에서 설명한 논리와 동일하다.

(2) 대도시 내 법인설립·지점설치·법인전입 등 중과세

대도시에서 ① 법인을 설립(휴면법인을 인수하는 경우를 포함)하거나 ② 지점 또는 분사무소[64]를 설치하는 경우 및 ③ 법인의 본점·주사무소·지점 또는 분사무소를 대도시 밖에서 대도시로 전입(「수도권정비계획법」 제2조에 따른 수도권의 경우에는 서울특별시 외의 지역에서 서울특별시로의 전입도 대도시로의 전입으로 본다)함에 따라 대도시의 부동산을 취득(그 설립·설치·전입 이후의 부동산 취득을 포함)하는 경우와 대도시(유치지역 및 공업지역 제외)에서 공장을 신설하거나 증설함에 따라 부동산을 취득하는 경우 표준세율의 3배에서 중과기준세율(2%)의 2배를 뺀 세율을 적용한다.

지방세법 제13조 제2항의 중과세는 법인과 공장에 관한 내용으로 나눌 수 있다.

1) 대도시 내 법인설립·지점설치·본점 및 지점의 대도시 내 전입

대도시 내 법인설립·지점설치·법인의 대도시 내 이전에 따라 부동산을 취득하는 경우에는 중과세를 적용한다(이하 '대도시 지점 중과세 또는 지점 중과세'로 약칭). 대도시 지점 중과세에서 이해가 필요한 내용은 다음과 같다.

대도시 지점 중과세의 주요사항

구분	내용		비고
1. 대도시	「수도권정비계획법」 제6조에 따른 과밀억제권역(서울특별시 전체, 인천광역시 및 경기도 중 일부지역)에서 「산업집적활성화 및 공장설립에 관한 법률」을 적용받는 산업단지를 제외한 지역		[주1]
2. 과세대상	(법인)설립	대도시 내 법인설립(휴면법인 인수 포함)에 따른 부동산 취득	[주2]
	(지점)설치	대도시 내 지점 설치에 따른 부동산 취득	[주3]
	(법인)전입	법인의 본점·지점을 대도시 밖에서 대도시 내로 전입함에 따른 부동산 취득	[주4]
3. 취득범위	설립·설치·전입	내용	[주5]

64) 영리법인은 지점, 비영리법인은 분사무소를 말함. 이하 편의상 지점으로 칭하기로 함

	이전 5년의 취득	법인의 본점·지점의 용도로 직접 사용하기 위한 부동산 취득	
	이후 5년의 취득	법인의 업무용·비업무용 또는 사업용·비사업용의 모든 부동산 취득	
4. 취득방법	원시취득과 승계취득을 포함한 모든 취득		[주6]
5. 중과제외	아래에 직접 사용할 목적으로 취득하는 부동산 ① 대도시 중과제외 업종 부동산 ② 사원주거용 목적 부동산(사원에 대한 분양 및 임대)		[주7]
6. 중과제외의 추징	위 '5. 중과제외'에 따른 취득으로 중과세가 적용되지 않은 부동산이 아래에 해당할 경우 중과세율 적용하여 추징 ① 정당한 사유 없이 부동산 취득일부터 1년이 경과할 때까지 대도시 중과 제외 업종에 직접 사용하지 않는 경우 ② 정당한 사유 없이 부동산 취득일부터 1년이 경과할 때까지 사원주거용 목적 부동산으로 직접 사용하지 않는 경우 ③ 부동산 취득일부터 1년 이내에 다른 업종이나 다른 용도에 사용·겸용하는 경우 ④ 부동산 취득일부터 2년 이상 해당 업종 또는 용도에 직접 사용하지 아니하고 매각하는 경우 ⑤ 부동산 취득일부터 2년 이상 해당 업종 또는 용도에 직접 사용하지 아니하고 다른 업종이나 다른 용도에 사용·겸용하는 경우		[주8]

[주1] 대도시

지방세법에서 용어의 이해가 중요한 부분이라고 할 수 있다. 결론부터 말하면 지방세법 제13조 제1항에서 사용되는 과밀억제권역과 지방세법 제13조 제2항에서 사용하는 대도시는 다른 용어이다.

대도시는 수도권정비계획법 제6조에 따른 과밀억제권역 중 산업집적활성화 및 공장설립에 관한 법률에 따른 산업단지를 제외한 지역이다. 즉, 산업단지 지역만큼 대도시가 과밀억제권역에 비하여 범위가 좁다. 그래서 대도시는 과밀억제권역과는 구분하여 적용해야 한다.

과밀억제권역 vs 대도시

구분	지방세법 제13조 제1항 중과세	지방세법 제13조 제2항 중과세
지역범위	과밀억제권역	대도시 (=과밀억제권역 - 산업단지)
적용범위	본점 사무소용 부동산 신축·증축	법인설립·지점설치·법인전입에 따른 부동산 취득

[주2] 대도시 내 법인설립(휴면법인 인수 포함)

대도시에서 법인을 설립함에 따라 대도시 내 부동산을 취득하는 경우 대도시 지점 중과세가 적용된다. 위 지방세법 제13조 제1항의 중과세 취지와 동일하게 대도시 내에서 법인을 설립하면 대도시 내로의 인구 및 산업이 유입되기 때문이다.

이때 법인을 설립하는 것에는 휴면법인을 인수하는 경우를 포함한다. 이는 대도시 내에서 법인을 설립하지 않고 사업 활동을 멈춘 대도시 내 휴면법인을 인수하는 형식으로 취득세 중과세 부담을 회피하는 행위를 막기 위한 것이다.

휴면법인은 지방세법시행령 제27조 제1항에서 규정하고 있으며, 아래 중 어느 하나에 해당하는 법인을 말한다.

① 「상법」에 따라 해산한 법인(해산법인)
② 「상법」에 따라 해산한 것으로 보는 법인(해산간주법인)
③ 「부가가치세법 시행령」 제13조에 따라 폐업한 법인(폐업법인)
④ 법인 인수일 이전 1년 이내에 「상법」 제229조, 제285조, 제521조의2 및 제611조에 따른 계속등기를 한 해산법인 또는 해산간주법인
⑤ 법인 인수일 이전 1년 이내에 다시 사업자등록을 한 폐업법인
⑥ 법인 인수일 이전 2년 이상 사업 실적이 없고, 인수일 전후 1년 이내에 인수법인 임원의 50% 이상을 교체한 법인

휴면법인의 인수는 해당 휴면법인을 인수하여 최초로 과점주주가 된 때 이루어진 것으로 보며, 부동산 전체에 대해서 중과세를 적용한다. 2017.12.31. 이전에는 휴면법인을 인수하여 과점주주가 된 때 과점주주로서의 지분율만큼만 중과세를 적용하였다. 그러나 2018년 1월 1일 이후부터는 지분율과 관계없이 과점주주가 된 때 전체를 중과세하는 것으로 개정되었다.[65]

[주3] 지점의 의미

대도시에서 지점을 설치함에 따라 대도시 내 부동산을 취득하는 경우 대도시 지점 중과세가 적용된다. 대도시 지점 중과세는 지점의 의미를 이해하는 것이 가장 중요하다.

지점은 상식적인 관점에서는 법인의 업무와 관련된 장소 중 본점이 아닌 장소를 지점으로 볼 수 있다. 지방세법에서는 지방세법시행규칙 제6조에서 지점에 해당하는 범위를 '등록의 대상이 되는 사업장으로서 인적설비와 물적설비를 갖추고 계속하여 사무 또는 사업을 하는 장소'라고 규정하고 있다.

지점의 범위

요건	내용	
1. 등록대상 사업장	정의	「법인세법」 제111조·「부가가치세법」 제8조 또는 「소득세법」 제168조에 따른 등록대상 사업장

65) 2017.12.31. 이전에 휴면법인의 과점주주가 된 경우 기존규정을 따름(지분율만큼만 중과세)

	비고	등록대상 사업장에는 아래 사업장을 포함 비과세 또는 과세 면제 대상 사업장 사업자단위 과세적용 사업장의 종된 사업장
2. 인적·물적설비	구분	내용
	인적설비	• 계약형태나 형식에 불구하고 해당 장소에서 그 사업에 종사 또는 근로를 제공하는 자(고용형식이 반드시 해당 법인에 직속되는 형태가 아니라도 적어도 해당 법인의 지위 및 감독 아래 인원이 상주하는 것을 의미)
	물적설비	• 현실적으로 사업이 이루어지고 있는 건축물, 기계장치 등이 있고, 이러한 설비들이 지상에 고착되어 현실적으로 사무 또는 사업에 이용되는 것
[비고] 지점으로 보지 않는 장소	아래의 장소는 지점으로 보지 않음 ① 영업행위가 없는 단순한 제조·가공장소 ② 물품의 보관만을 하는 보관창고 ③ 물품의 적재와 반출만을 하는 하치장	

지점의 첫 번째 요건에서 중요한 것은 '등록대상'이라는 표현이다. 즉, 취득시점에 사업장으로 등록되어있지 않더라도 등록의 대상이 된다면 '지점'에 해당한다. 2013.12.31. 이전에는 '등록된' 사업장만 지점 중과세를 적용하였다. 그러나 사업자등록을 하지 않는 방법으로 대도시 지점 중과세 규정을 회피하는 경우가 발생함에 따라 2014.01.01. 이후에는 '등록대상' 사업장이면 대도시 지점 중과세를 적용하는 것으로 지방세법시행규칙을 개정하였다.

지점의 두 번째 요건은 ① 인적설비와 ② 물적설비를 갖추고 계속하여 사무 또는 사업을 수행하는 장소이다.

① 인적설비는 지방세법운영예규 법74-1에 따르면 그 계약형태나 형식에 불구하고 해당 장소에서 그 사업에 종사 또는 근로를 제공하는 자를 말한다. 대법원의 판례[66]에 따르면 인적설비는 그 고용형식이 반드시 해당 법인에 직속되는 형태가 아니라도 적어도 해당 법인의 지위 및 감독 아래 인원이 상주하는 것을 의미한다. ② 물적설비는 지방세법운영예규 법74-1에 따르면 허가와 관계없이 현실적으로 사업이 이루어지고 있는 건축물, 기계장치 등이 있고, 이러한 설비들이 지상에 고착되어 현실적으로 사무 또는 사업에 이용되는 것을 말한다. 일반적으로 사무실을 갖추고 그 사무실 내에 사업을 하기 위한 설비 등이 존재한다면 물적설비를 갖추었다고 볼 수 있다.

다만, 아래의 장소는 지점으로 보지 않아 중과세가 적용되지 않는다.

① 영업행위가 없는 단순한 제조·가공장소

66) 대법원 2011.6.10. 선고 2008두18496 판결

② 물품의 보관만을 하는 보관창고
③ 물품의 적재와 반출만을 하는 하치장

지방세법 운영예규 법13-4와 13-5에서는 대도시 지점 중과세 적용대상이 되는 지점을 아래와 같이 예시하고 있다.

중과세 대상에 해당되는 지점과 해당되지 않는 지점

중과세 대상에 해당되는 지점 (지방세법 운영예규 법13-4)	중과세 대상에 해당되지 않는 지점 (지방세법 운영예규 법13-5)
① 설립 후 5년이 경과된 법인이 임차하여 사용하던 본점을 이전하고 그 임차건물에 지점을 설치한 후 그 임차건물을 취득한 경우 ② 법인이 자연인으로부터 영업 일체를 양수하여 그 사업장 위에 지점을 설치한 후 종전과 동일한 사업을 영위하는 경우 그 지점과 관련한 부동산 취득	① 본점 이외의 장소에서 경리, 인사, 연구, 연수, 재산관리업무 등 대외적인 거래와 직접적인 관련이 없는 내부적 업무만을 처리하고 있는 경우는 지점이 아닌 본점에 해당 ② 공유 부동산을 분할함에 따른 취득(당초 지분을 초과하는 부분은 제외)

[주4] 대도시 밖에서 대도시 내로 법인 전입

법인의 본점·지점을 대도시 밖에서 대도시로 전입함에 따라 대도시의 부동산을 취득하는 경우 대도시 지점 중과세가 적용된다.

유의할 것은 「수도권정비계획법」 제2조에 따른 수도권의 경우에는 서울특별시 외의 지역에서 서울특별시로의 전입도 대도시로의 전입으로 보는 규정이다. 「수도권정비계획법」 제2조에 따른 수도권은 서울특별시, 인천광역시, 경기도를 말한다. 따라서 인천광역시나 경기도에서 서울특별시로 법인의 본점 또는 지점을 이전하는 경우에도 대도시로의 전입으로 본다. 인천광역시와 경기도도 일부 지역을 제외하고는 과밀억제권역이므로 대도시 밖으로 보기는 어렵지만, 서울특별시로의 전입은 모두 대도시로의 전입으로 보겠다는 법의 표현으로 이해하면 되겠다.

수도권의 범위

수도권정비계획법 제2조 [정의]
이 법에서 사용하는 용어의 뜻은 다음과 같다.
1. "수도권"이란 서울특별시와 대통령령으로 정하는 그 주변 지역을 말한다.

수도권정비계획법시행령 제2조 [수도권에 포함되는 서울특별시 주변 지역의 범위]
「수도권정비계획법」 제2조 제1호에서 "대통령령으로 정하는 그 주변 지역"이란 인천광역시와 경기도를 말한다.

[주5] (법인)설립·(지점)설치·(법인)전입에 대한 중과세 대상 취득의 범위

대도시 내 법인설립·지점설치·법인이전에 따른 부동산 취득에 대한 중과세는 ① 그 설립·설치·이전의 시기와 ② 취득 시기의 선후 관계에 따라 중과세가 적용되는 취득의 범위가 다르다.

지방세법시행령 제27조 제3항에 따르면 ① 법인 또는 사무소 등이 그 설립·설치·전입 이전에 법인의 본점·지점의 용도로 직접 사용하기 위한 부동산 취득[67]으로 하고, ② 그 설립·설치·전입 이후의 부동산 취득은 법인 또는 사무소등이 설립·설치·전입 이후 5년 이내에 하는 업무용·비업무용 또는 사업용·비사업용의 모든 부동산 취득으로 한다. 이 경우 부동산 취득에는 공장의 신설·증설, 공장의 승계취득, 해당 대도시에서의 공장 이전 및 공장의 업종변경에 따르는 부동산 취득을 포함한다.

첫 번째는 법인설립, 지점설치, 법인의 대도시 내 전입 이전에 부동산을 취득하는 경우이다. 이때는 법인이나 사무소 등이 본점 및 지점의 용도로 직접 사용하기 위한 부동산을 취득할 때 중과세를 적용한다. 그런데 해당 내용이 규정된 지방세법시행령 제27조 3항에는 '이전'에 대한 시간적 범위에 대해서는 구체적인 내용이 없다. 이전의 시간적 범위는 지방세법 제16조 제4항과 지방세법시행령 제31조의 규정에서 확인할 수 있다.

지방세법 제16조 제4항 및 지방세법시행령 제31조에 따르면 취득한 부동산이 부동산을 취득한 날부터 5년 이내에 지방세법 제13조 제2항의 대도시 지점 중과세에 따른 중과세대상에 해당되는 경우에는 해당 중과세율을 적용하여 취득세를 추징한다고 규정하고 있다. 따라서 대도시 내 법인설립, 지점설치, 대도시 내 전입일을 기준으로 5년 이전에 취득한 부동산 중 법인의 본점·지점의 용도로 직접 사용하기 위한 부동산은 대도시 지점 중과세가 적용되는 것으로 이해할 수 있다.

두 번째는 법인설립, 지점설치, 대도시 내 전입 이후 5년 이내에 하는 업무용·비업무용 또는 사업용·비사업용의 모든 부동산을 취득에 대하여 중과세를 적용한다. 설립, 설치, 전입 이전에 취득하는 것과 달리 이후에 취득하는 것은 업무용과 비업무용, 사업용과 비사업용을 구분하지 않고 모든 부동산에 대하여 취득세를 대도시 지점 중과세를 적용한다.

그렇다면 설립·설치·전입의 시기와 취득 시기와의 시간적 선후 관계에 따라 중과세 대상이 달라지는 이유는 무엇일까?[68]

우선 설립·설치·전입 이전에 부동산을 취득하였다는 것은 업무에 활용할 부동산을 미리 취득하였다는 것이다. 설립을 예로 들면, 법인을 설립하기도 전에 부동산을 취득하였다는 것은, 부

---

67) 채권을 보전하거나 행사할 목적으로 하는 부동산 취득은 제외

68) 이 부분은 본문에서 작성한 이유 외에도 2011년 지방세법 개정 이전에 취득세가 취득분과 등록분으로 나누어 있었던 때의 중과세 효과와 동일한 세율 수준을 유지하기 위함이기도 함

동산을 먼저 취득해놓고 추후 법인이 설립되면 해당 법인의 본점이나 지점의 용도로 사용하기 위함일 것이다. 이 경우 우선 취득 시점에 일반세율로 취득세를 납부하게 된다. 취득 당시에는 본점이나 지점 중 어느 것에도 해당되지 않기 때문이다.

취득 이후 계획대로 법인이 설립되어 해당 법인의 본점이나 지점의 용도로 직접 사용한다면 이는 대도시 내 인구 및 산업의 밀집을 유발하므로 중과세율을 적용하여 중과세율과 기존에 부담한 일반세율과의 차이를 추징한다. 만약 계획대로 진행되지 않아 법인설립이 이루어지지 않으면 미리 취득한 부동산을 본점이나 지점으로 활용할 수 없다. 법인이 설립되지 않았기 때문이다. 따라서 이런 상황에서는 중과세율을 적용할 수 없다. 인구 및 산업의 밀집을 유발하지 못했기 때문이다. 따라서 설립·설치·전입 이전에 부동산을 취득하는 경우에는 법인의 본점·지점의 용도로 직접 사용하기 위한 부동산의 취득에 대해서만 대도시 지점 중과세를 적용한다.

반면 설립·설치·전입 이후에 부동산을 취득하는 것은 일반적인 상황이다. 법인을 설립한 후, 지점을 설치한 후, 대도시로 전입한 후에 부동산을 취득하면 해당 부동산은 모두 대도시 내 인구 및 산업의 밀집을 유발시킨다. 따라서 설립·설치·전입 이후에 취득하는 부동산은 해당 부동산의 업무 및 사업 관련성을 묻지 않고 모든 부동산에 대하여 대도시 지점 중과세를 적용한다.

(법인)설립·(지점)설치·(법인)전입 전후의 취득에 대한 중과세 적용

구분	설립 등 이전에 취득하는 부동산	설립 등 이후에 취득하는 부동산
중과세 대상	법인의 본점·지점의 용도로 직접 사용하기 위한 부동산	업무용·비업무용 또는 사업용·비사업용의 모든 부동산
기간	설립 등 전 5년 이내의 취득	설립 등 이후 5년 이내의 취득
기준일	법인설립: 설립등기일 지점설치: 사실상의 설치일 대도시 전입: 사실상의 전입일	좌동
근거법령	지방세법시행령 제27조 제3항 지방세법 제16조 제4항 지방세법시행령 제31조	지방세법시행령 제27조 제3항

[주6] 모든 취득(승계취득 포함)

앞서 지방세법 제13조 제1항에 따른 과밀억제권역 본점 중과세 규정은 신축하거나 증축하는 원시취득에만 적용되었다. 그런데 지방세법 제13조 제2항에 따른 대도시 지점 중과세 규정은 원시취득뿐 아니라 매매 등 승계취득 등 모든 방법의 취득을 포함한다.

과밀억제권역 내 본점 중과세 규정은 신축 등 원시취득에만 적용하는데 왜 대도시 내 지점 중과세의 경우에는 모든 취득에 중과세를 적용할까? 그 이유는 어떤 법인이든 본점은 1개의 소재지이므로 신축 등 원시취득의 경우에만 대도시 내 새로운 인구 및 산업의 밀집을 유발하고 승계취득의 경우에는 기존 인구 및 산업을 대체하기 때문에 새로운 유입을 일으키지 않기 때문이다. 반면 대도시 내 지점 중과세의 경우에는 법인의 지점은 2개 이상 무한히 존재할 수 있으므로 원시취득과 승계취득을 불문하고 새로운 지점은 새로운 인구 및 산업을 밀집시키기 때문이라고 이해하면 될 것이다.

[주7] 중과세 제외 규정

지방세법 제13조 제2항에는 중과세의 규정도 있지만, 중과세를 적용받지 않을 수 있는 아래 제외 규정도 마련하고 있다.

중과세가 제외되는 부동산

구분		내용
1	중과 제외 업종 부동산	대도시에 설치가 불가피하다고 인정되는 대도시 중과 제외 업종에 직접 사용할 목적으로 취득하는 부동산
2	사원주거용 목적 부동산	법인이 사원에 대한 분양 또는 임대용으로 직접 사용할 목적으로 취득하는 주거용 부동산으로서 1구(1세대가 독립하여 구분 사용할 수 있도록 구획된 부분)의 건축물의 연면적(전용면적)이 60㎡ 이하인 공동주택 및 그 부속토지

첫 번째, 대도시에 설치가 불가피하다고 인정되는 업종에 직접 사용하는 부동산은 대도시 지점 중과세를 적용하지 않는다. 지방세법시행령 제26조에서는 대도시 내 설치로 인하여 주로 ① 국민의 편익이 증가하거나, ② 국가 기반시설이 확충되는 업종을 대도시 내 설치가 불가피한 업종으로 열거하고 있다.

중과 제외 업종은 지방세법시행령뿐 아니라 개별법령에서 그 범위를 명확히 규정하고 있다.[69] 지방세법시행령 제26조 제12호를 예로 들면, '「소프트웨어산업 진흥법」 제2조 제3호에 따른 소프트웨어사업 및 같은 법 제27조에 따라 설립된 소프트웨어공제조합이 소프트웨어산업을 위하여 수행하는 사업'을 중과제외 업종으로 열거하였다.

대도시 내 지점 중과세의 제외 규정은 해당 취득세 납세의무자에게 세금 측면에서 매우 큰 혜택이다. 반대로 생각하면 지방자치단체는 그만큼 세수가 줄어든다. 따라서 중과세 제외 업종에 해당하는지는 아주 엄격하게 확인하는 것이 일반적이다. 따라서 실무상 아래 사항을 유의해야 한다.

① 법인등기부등본, 사업자등록증 등 외견상 그 업종이 소프트웨어사업일 것 같더라도 반드시 「소프트웨어산업 진흥법」 제2조 제3호의 규정에 따르는 것인지 확인해야 한다.

② 「소프트웨어산업 진흥법」 제2조 제3호에 따른 소프트웨어사업을 판단할 때는 지방세법에서 언급한 해당 법 '제2조 제3호'만 볼 것이 아니라, 해당 법에 연계된 시행령 등 연관이 될 것

69) 주로 세금이 감소되는 비과세, 중과세 제외, 감면 등의 제도에서 개별법령에 따르는지를 묻고 있음

같은 해당 법 내의 다른 조문도 확인할 필요가 있다.

③ 「소프트웨어산업 진흥법」 제2조 제3호에 따른 소프트웨어산업인지에 대한 공식적인 자료를 확인해야 한다. 많은 경우 설립 및 인허가 등 과정에서 어떠한 법에 따른 사업인지 명시된 자료들이 있다. 가장 확실한 근거가 될 수 있는 자료이니 확인해야 한다. 만약 그러한 자료들이 없다면 예로 든 「소프트웨어산업 진흥법」의 경우 과학기술정보통신부의 소프트웨어정책과 또는 소프트웨어산업과가 담당 기관이므로, 해당 기관과 확인하는 절차도 필요할 수 있다.

대도시 중과제외 업종은 그 업종도 많고, 해당 업종의 근거법령도 많아서 [별첨3]에서 별도로 다루었다.

두 번째는 법인이 사원에 대한 분양 또는 임대용으로 직접 사용할 목적으로 취득하는 주거용 부동산(이하 '사원주거용 부동산')은 대도시 지점 중과세를 적용하지 않는다. 이때 주거용 부동산은 1구의 건축물의 연면적(전용면적)이 60㎡ 이하인 공동주택 및 그 부속토지를 말한다.

따라서 사원주거용 부동산은 ① 실제 사원에 분양 또는 임대 여부와 함께 ② 해당 부동산의 면적과 공동주택 여부도 확인해야 한다. 법의 취지가 직원의 복지를 위한 부동산에 대하여 취득세를 중과하지 않는 것이므로, 주택의 특성도 요구하고 있다.

[주8] 중과 제외 규정의 추징사유

위와 같이 대도시 중과제외 업종과 사원주거용 목적에 직접 사용하는 부동산은 대도시 지점 중과세를 적용하지 않는다. 다만, 지방세법 제13조 제3항에서는 아래의 사유가 발생할 때 중과세율을 적용하는 일종의 추징규정을 두고 있다.

중과 제외 규정의 추징사유

구분		내용
추징사유 1	원칙	① 정당한 사유 없이 부동산 취득일부터 1년이 경과할 때까지 대도시 중과 제외 업종에 직접 사용하지 아니하는 경우 ② 정당한 사유 없이 부동산 취득일부터 1년이 경과할 때까지 사원주거용 목적 부동산으로 직접 사용하지 아니하는 경우 ③ 부동산 취득일부터 1년 이내에 다른 업종이나 다른 용도에 사용·겸용하는 경우
	예외	대도시 중과 제외 업종 중 주택건설사업에 대해서는 직접 사용해야 하는 기한 또는 다른 업종이나 다른 용도에 사용·겸용이 금지되는 기간을 3년으로 함(해당 업종의 특성을 고려하여 1년에서 3년으로 연장)
추징사유 2		① 부동산 취득일부터 2년 이상 해당 업종 또는 용도에 직접 사용하지 아니하고 매각하는 경우 ② 부동산 취득일부터 2년 이상 해당 업종 또는 용도에 직접 사용하지 아니하고 다른 업종이나 다른 용도에 사용·겸용하는 경우

위 추징 사유는 취득세를 중과세하지 않은 근거가 된 요건을 위배한 것이다. 다만 위 규정을 적용할 때 임대가 불가피하다고 인정되는 아래 업종에 대해서는 임대를 하는 경우에도 직접 사용하는 것으로 본다. 해당 업종은 사업의 특성상 '임대'를 주는 것이 필수적임을 고려한 것이다.

임대를 직접 사용으로 보는 업종

구분	내용
전기통신사업 (지방세법시행령 제26조 제1항 제4호)	전기통신사업(「전기통신사업법」에 따른 전기통신사업자가 같은 법 제41조에 따라 전기통신설비 또는 시설을 다른 전기통신사업자와 공동으로 사용하기 위하여 임대하는 경우로 한정
유통산업 (지방세법시행령 제26조 제1항 제6호)	① 유통산업(「유통산업발전법」) ② 농수산물도매시장 · 농수산물공판장 · 농수산물종합유통센터 · 유통자회사(「농수산물유통 및 가격안정에 관한 법률」) ③ 가축시장(「축산법」) (「유통산업발전법」 등 관계 법령에 따라 임대가 허용되는 매장 등의 전부 또는 일부를 임대하는 경우 임대하는 부분에 한정)

중과세 추징 대상이 된 경우에 유의할 사항이 있다. 법의 표현은 '중과세율'을 적용하는 것이지만 실제로는 '중과세율'에서 기존에 부담한 취득세 '일반세율' 부분은 차감해야 한다는 것이다. 최초 취득 시 중과세 제외규정을 적용하여 '일반세율'로는 취득세를 신고납부했으므로 추후 중과세율 적용대상이 되면 기존에 부담한 일반세율분은 차감해야 한다.

[예시] 건축물의 신축하여 중과세 제외 지점으로 취득세 납부 후 추징사유에 해당된 경우

구분	① 최초 취득세(일반세율)	② 중과세율	③ 추징 시 부담세율 (=②-①)
취득세	2.8%	4.4% (=2.8% × 3 - 2% × 2)	1.6% (=4.4% - 기부담 2.8%)

2) 대도시 내 공장 신·증설 중과세

대도시(「산업집적활성화 및 공장설립에 관한 법률」을 적용받는 유치지역 및 「국토의 계획 및 이용에 관한 법률」을 적용받는 공업지역은 제외)에서 공장을 신설하거나 증설함에 따라 부동산을 취득하는 경우 중과세가 적용된다.

공장에 관해서는 지방세법 제13조 제1항에 따른 과밀억제권역 내 공장 신·증설 중과세의 내용과 큰 차이가 없다. 따라서 기본적으로는 해당 부분을 참고하면 된다. 다만, 아래의 몇 가지만 언급하고자 한다.

① 대도시의 범위

지방세법 제13조 제2항 제2호 공장 중과세 규정에 적용되는 대도시는 대도시에서 「산업집적활성화 및 공장설립에 관한 법률」을 적용받는 유치지역과 「국토의 계획 및 이용에 관한 법률」을 적용받는 공업지역을 제외한 지역이다. 그런데 대도시는 「수도권정비계획법」 제6조에 따른 과밀억제권역에서 「산업집적활성화 및 공장설립에 관한 법률」을 적용받는 산업단지는 제외한 지역이다. 결국은 과밀억제권역에서 ① 산업단지, ② 유치지역, ③ 공업지역을 제외한 지역인데, 이 지역은 지방세법 제13조 제1항 제1호 공장 중과세 규정에 적용되는 지역과 동일하다. 다만 그 표시방법만이 다를 뿐이다.

지방세법 제13조 제1항과 제2항의 공장 중과세 지역비교

구분	지방세법 제13조 제1항 공장 중과세	지방세법 제13조 제2항 공장 중과세
본점 및 지점	과밀억제권역 (수도권정비계획법 제6조)	과밀억제권역 (수도권정비계획법 제6조) ⊖ 산업단지(산업집적활성화 및 공장설립에 관한 법률) → 이러한 지역을 '대도시'라고 함 즉, 지법 13§①에 비해 산업단지가 추가적으로 중과세되는 차이가 있음
공장 적용지역	과밀억제권역 ⊖ 산업단지 ⊖ 유치지역 ⊖ 공업지역	대도시(=과밀억제권역 ⊖ 산업단지) ⊖ 유치지역 ⊖ 공업지역
결론	결국 공장 중과세가 되는 지역의 범위는 지방세법 제13조 제1항과 제2항이 동일하다	

② 공장 중과세 과세대상의 범위

지방세법 제13조 제1항 공장 중과세 대상은 공장의 신설·증설에 따른 사업용 과세물건이다. 사업용 과세물건은 ① 공장용 건축물과 그 부속토지, 그리고 ② 신·증설 후 5년 이내 취득하는 공장용 차량과 기계장비이다. 지방세법 제13조 제2항 공장 중과세 대상은 공장의 신설·증설에 따른 부동산이다. 관련해서 아래 3가지로 구분하여 살펴본다.

지방세법 제13조 제1항과 제2항의 공장 중과세 대상비교

구분	지방세법 제13조 제1항 공장 중과세	지방세법 제13조 제2항 공장 중과세
1	공장의 신설·증설에 따른 공장용 건축물과 그 부속토지	공장의 신설·증설에 따른 모든 부동산
2	공장의 신설·증설 후 5년 이내에 취득하는 공장용 차량과 기계장비	해당없음
3	해당없음	(법인)설립·(지점)설치·(법인)이전 이후 5년 이내에 하는 아래의 부동산 ① 공장의 승계취득 ② 해당 대도시에서의 공장 이전 및 공장의 업종변경에 따른 부동산 취득(지방세법시행령 제27조 제3항)

우선 1번을 살펴보면 지방세법 제13조 제1항의 공장 중과세는 '공장용 건축물과 그 부속토지'만을 대상으로 한다. 반면 지방세법 제13조 제2항의 공장 중과세는 '모든 부동산'을 대상으로 한다. 즉, 제2항의 공장 중과세는 공장용에 해당되지 않더라도 중과세를 적용한다. 따라서 지방세법 제13조 제2항의 중과세가 그 범위가 넓다.

다만, 공장용 건축물로 한정하면 지방세법 제13조 제1항과 제2항의 중과세는 그 대상이 같다. 이런 경우 세율의 적용이 문제가 될 수 있는데 지방세법 제16조 제5항에서 '같은 취득물건에 대하여 2 이상의 세율이 해당되는 경우에는 그중 높은 세율을 적용한다.'로 규정하고 있다. 따라서 공장용 건축물에 대해서는 아래에 따라 6.8%와 4.4% 중 높은 세율인 지방세법 제13조 제1항의 중과세율을 적용해야 할 것으로 이해된다.

공장용 건축물에 대한 세율 비교

구분	중과세율	결론
지방세법 제13조 제1항	2.8% + 2% × 2 = 6.8%	지방세법 제13조 제1항의 중과세율 6.8%를 적용
지방세법 제13조 제2항	2.8% × 3 - 2% × 2 = 4.4%	

2번은 공장의 신설·증설 후 5년 이내 취득하는 공장용 차량과 기계장비는 지방세법 제13조 제1항의 공장 중과세에만 적용된다. 2항에는 그러한 개념이 없다.

3번은 대도시 공장 중과세의 규정은 아니며, 지방세법 제13조 제2항 제1호의

'대도시 지점 중과세'에 대한 내용이다. 지방세법 제13조 제1항 제1호와 관련된 지방세법시행령 제27조 제3항에서는 '법인 또는 사무소 등이 설립·설치·전입 이후 5년 이내에 하는 업무용·비업무용 또는 사업용·비사업용의 모든 부동산 취득으로 한다. 이 경우 부동산 취득에는 공장의 신설·증설, 공장의 승계취득, 해당 대도시에서의 공장 이전 및 공장의 업종변경에 따르는 부동산 취득을 포함한다. 따라서 지방세법 제13조 제2항의 공장 중과세가 그 범위가 넓다.

(3) 사치성 재산 중과세

지방세법 제13조 제5항에서는 ① 별장, ② 골프장, ③ 고급주택, ④ 고급오락장, ⑤ 고급선박을 취득하는 경우에는 제11조 및 제12조의 표준세율과 중과기준세율의 100분의 400을 합한 세율을 적용한다. 해당 과세물건은 그 특성을 고려하여 아래에서 '사치성 재산'으로 통칭한다. 위 (1) 과밀억제권역 본점 중과세와 (2) 대도시 지점 중과세의 취지와 달리 사치성 재산에 대한 취득 억제와 담세력[70]이 있는 취득자에게 높은 세금을 부과하고자 함을 고려하여 중과세율이 다소 높다.

1) 별장

사치성 재산 중과세가 적용되는 별장의 기본적인 사항은 다음과 같다. 별장은 지방세법에서 사치성 재산 중과세 목적으로 도입한 개념으로 건축물대장이나 건축물 등기부등본 등 공부상의 자료에 '별장'으로 분류되지는 않는다.

따라서 별장은 취득목적, 상시 주거지와의 거리, 이용 현황(간헐적 사용 등 전기사용량, 수도사용량) 사실상의 현황을 종합하여 지방세법에서 정하고 있는 별장의 범위에 포함되는지를 확인해야 한다.

별장의 범위

<table>
<tr><th>구분</th><th colspan="2">내용</th></tr>
<tr><td>범위</td><td colspan="2">① 주거용 건축물로서
② 늘 주거용으로 사용하지 아니하고
③ 휴양·피서·놀이 등의 용도로 사용하는 건축물과 그 부속토지</td></tr>
<tr><td rowspan="2">적용기준</td><td>구분</td><td>내용</td></tr>
<tr><td>소유</td><td>• 개인 소유의 별장은 본인·그 가족 등이 사용하는 것으로 함</td></tr>
</table>

70) 세금을 부담할 능력을 말하며, 통상 별장 등 사치성 재산을 보유하려면 그만한 세금부담능력이 있기 때문에 보다 높은 세율을 부담시킴

		• 법인·단체등 소유의 별장은 그 임직원등이 사용하는 것으로 함
	특정 오피스텔	주거와 주거 외의 용도로 겸용할 수 있도록 건축된 오피스텔 또는 이와 유사한 건축물로서 사업장으로 사용하고 있음이 사업자등록증 등으로 확인되지 아니하는 것은 별장으로 봄
	임차를 포함	소유자 이외의 자가 주택을 임차하여 별장으로 사용하는 경우에도 중과세대상(본점 중과세는 임차의 경우에 적용하지 않음)
	부속토지 불명확	부속토지의 경계가 명확하지 않은 경우 건축물 바닥면적의 10배를 부속토지로 봄
	구분취득	별장을 구분하여 그 일부를 취득하는 경우를 포함 • 별장을 2명 이상이 구분하여 취득 • 별장을 1명 또는 여러 명이 시차를 두고 구분하여 취득
적용제외	아래 농어촌주택과 그 부속토지는 중과세대상 별장에서 제외함	
	구분	내용
	면적요건	대지면적이 660㎡ 이내이고 건축물의 연면적이 150㎡ 이내일 것
	가액요건	건축물의 가액[71]이 6,500만원 이내일 것
	지역요건	다음 중 어느 하나에 해당하는 지역에 있지 아니할 것 ① 광역시에 소속된 군지역 또는 「수도권정비계획법」 제2조 제1호에 따른 수도권지역[주1](다만, 「접경지역지원법」 제2조 제1호에 따른 접경지역[주2]과 「수도권정비계획법」에 따른 자연보전권역 중 행정안전부령으로 정하는 지역[주3]은 제외) ② 「국토의 계획 및 이용에 관한 법률」 제6조에 따른 도시지역[주4] 및 「부동산 거래신고 등에 관한 법률」 제10조에 따른 허가구역[주5] ③ 「소득세법」 제104조의 2 제1항에 따라 기획재정부장관이 지정하는 지역(=서울특별시 종로구, 중구, 동대문구, 동작구) [주6] ④ 「조세특례제한법」 제99조의 4 제1항 제1호 가목 5)에 따라 정하는 지역(=문화체육관광부에서 지정하는 관광단지) [주7]

별장 중과세가 제외되는 농어촌주택의 지역요건과 관련한 세부내용은 다음과 같다.

농어촌주택의 판단시 지역요건

구분	내용	판단
[주1] 수도권지역	「수도권정비계획법」 제2조 제1호에 따른 수도권지역 (=서울특별시, 인천광역시, 경기도)	별장
[주2] 접경지역	「접경지역지원법」 제2조 제1호에 따른 접경지역(비무장지대 제외)	

71) 지방세법시행령 제4조 제1항 제1호의 가액([별첨2]에 따른 건물신축가격기준액에 건물의 특성을 고려한 가액)

<table>
<tr><td rowspan="4"></td><td colspan="2">접경지역 구분</td><td>해당지역</td><td rowspan="4">농어촌 주택</td></tr>
<tr><td colspan="2">1953년 7월 27일 체결된 「군사정전에 관한 협정」에 따라 설치된 비무장지대 또는 해상의 북방한계선과 잇닿아 있는 시·군</td><td>① 인천광역시: 강화군, 옹진군
② 경기도: 김포시, 파주시, 연천군
③ 강원도: 철원군, 화천군, 양구군, 인제군, 고성군</td></tr>
<tr><td colspan="2">민간인통제선 이남 지역 중 민간인통제선과의 거리 및 지리적 여건 등을 기준으로 하여 대통령령으로 정하는 시·군</td><td>① 경기도: 고양시, 양주시, 동두천시, 포천시
② 강원도: 춘천시</td></tr>
<tr><td colspan="2">비무장지대 내 집단취락지역</td><td>경기도 파주시 군내면에 위치한 집단취락지역</td></tr>
<tr><td>[주3] 특정 자연보전권역</td><td colspan="3">「수도권정비계획법」에 따른 자연보전권역 중 아래 지역
① 이천시, 여주시, 광주시, 가평군, 양평군
② 남양주시(화도읍, 수동면 및 조안면만 해당)
③ 용인시(김량장동, 남동, 역북동, 삼가동, 유방동, 고림동, 마평동, 운학동, 호동, 해곡동, 포곡읍, 모현면, 백암면, 양지면 및 원삼면 가재월리·사암리·미평리·좌항리·맹리·두창리만 해당)
④ 안성시(일죽면, 죽산면 죽산리·용설리·장계리·매산리·장릉리·장원리·두현리 및 삼죽면 용월리·덕산리·율곡리·내장리·배태리만 해당)</td><td>농어촌 주택</td></tr>
<tr><td>[주4] 도시지역</td><td colspan="3">「국토의 계획 및 이용에 관한 법률」 제6조에 따른 도시지역
(=국토교통부장관, 시·도지사, 대도시 시장이 지정하는 지역)</td><td>별장</td></tr>
<tr><td>[주5] 허가구역</td><td colspan="3">「부동산 거래신고 등에 관한 법률」 제10조에 따른 허가구역
(=국토교통부 장관, 시·도지사가 지정하는 지역)</td><td>별장</td></tr>
<tr><td rowspan="4">[주6] 부동산 지정지역(투기지역)</td><td colspan="3">「소득세법」 제104조의2 제1항에 따라 기획재정부장관이 지정하는 아래 부동산 투기지역 지역</td><td rowspan="4">별장</td></tr>
<tr><td>명칭</td><td colspan="2">부동산 지정지역(투기지역) 지정
(2018. 8. 28.기획재정부공고 제2018-151호)</td></tr>
<tr><td>지정지역</td><td colspan="2">서울특별시 종로구, 중구, 동대문구, 동작구</td></tr>
<tr><td>지정기간</td><td colspan="2">2018년 8월 28일부터 지정해제일 전일까지</td></tr>
<tr><td rowspan="2">[주7] 관광단지</td><td colspan="3">「조세특례제한법」 제99조의4 제1항 제1호 가목 5)에 따른 지역
(=「관광진흥법」 제2조에 따른 관광단지)</td><td rowspan="2">별장</td></tr>
<tr><td colspan="3">[비고] 관광단지 검색방법
문화체육관광부 홈페이지>주요정책>관광>'관광지 및 관광단지 지정현황'에서 확인가능함</td></tr>
</table>

2) 골프장

사치성 재산으로 중과세되는 골프장은 「체육시설의 설치·이용에 관한 법률」

에 따른 회원제 골프장용 부동산 중 ① 구분등록의 대상이 되는 토지와 ② 건축물 및 ③ 그 토지 상의 입목을 말한다. 따라서 회원제가 아닌 대중제 골프장과 간이골프장은 중과세가 적용되지 않는다.

이 경우 골프장은 그 시설을 갖추어 「체육시설의 설치·이용에 관한 법률」에 따라 체육시설업의 등록(시설을 증설하여 변경등록하는 경우를 포함)을 하는 경우뿐만 아니라 등록을 하지 아니하더라도 사실상 골프장으로 사용하는 경우에도 적용한다.

골프장의 범위

구분	내용	
범위	회원제용 골프장(대중제 골프장과 간이골프장 등은 제외) 중 ① 구분등록의 대상이 되는 토지와 건축물과 ② 그 토지상의 입목	
적용기준	사실상 현황	「체육시설의 설치·이용에 관한 법률」에 따라 등록하지 않더라도 사실상 골프장으로 사용하는 경우를 포함
	구분취득	• 골프장을 구분하여 그 일부를 취득하는 경우를 포함 • 골프장을 2명 이상이 구분하여 취득 • 골프장을 1명 또는 여러 명이 시차를 두고 구분하여 취득

3) 고급주택

사치성 재산으로 중과세되는 고급주택은 특정 요건에 해당하는 주거용 건축물과 그 부속토지를 말하며 자세한 내용은 아래와 같다.

고급주택

구분	내용			
범위	아래 구분별 요건에 해당하는 주거용 건축물과 그 부속토지			
	구분		고급주택의 요건	취득 당시 시가표준액
	단독주택	1. 연면적	① 1구의 건축물의 연면적(주차장면적 제외)이 331㎡를 초과 ② 건축물의 가액이 9천만원을 초과	6억원 초과시 고급주택
		2. 대지면적	① 1구의 건축물의 대지면적이 662㎡를 초과 ② 건축물의 가액이 9천만원을 초과	6억원 초과시 고급주택
		2의2.	1구의 건축물에 엘리베이터(적재하중 200kg	6억원 초과시

<table>
<tr><td rowspan="3"></td><td rowspan="2"></td><td>엘리베이터</td><td>이하의 소형엘리베이터는 제외)를 설치
(단, 공동주택과 그 부속토지는 제외)</td><td>고급주택</td></tr>
<tr><td>3. 특정시설</td><td>1구의 건축물에 ① 에스컬레이터 또는 ② 67㎡ 이상의 수영장 중 1개 이상의 시설을 설치
(단, 공동주택과 그 부속토지는 제외)</td><td>해당없음</td></tr>
<tr><td colspan="2">4. 공동주택</td><td>1구의 공동주택[72]의 건축물 연면적(공용면적 제외)이 245㎡(복층형은 274㎡로 하되, 한 층의 면적이 245㎡를 초과하는 것은 제외)를 초과하는 공동주택과 그 부속토지</td><td>6억원 초과시 고급주택</td></tr>
<tr><td rowspan="2">적용 기준</td><td colspan="2">구분취득</td><td colspan="2">고급주택을 구분하여 그 일부를 취득하는 경우를 포함
• 고급주택을 2명 이상이 구분취득
• 고급주택을 1명 또는 여러 명이 시차를 두고 구분취득</td></tr>
<tr><td colspan="2">부속토지 불명확</td><td colspan="2">부속토지의 경계가 명확하지 않은 경우 건축물 바닥면적의 10배를 부속토지로 봄</td></tr>
<tr><td>적용 제외</td><td colspan="4">주거용 건축물을 취득한 날부터 60일 이내[주]에 주거용이 아닌 용도로 사용하거나 고급주택이 아닌 용도로 사용하기 위하여 용도변경 공사를 착공하는 경우는 중과세 하지 않음

[주] 60일 이내
• 상속: 상속개시일이 속하는 달의 말일부터 6개월 이내(납세자가 외국에 주소를 둔 경우 9개월 이내)
• 실종: 실종선고일이 속하는 달의 말일부터 6개월 이내(납세자가 외국에 주소를 둔 경우에는 9개월 이내)</td></tr>
</table>

4) 고급오락장

사치성 재산으로 중과세되는 고급오락장은 도박장, 유흥주점 등 건축물을 말하며 자세한 내용은 아래와 같다.

고급오락장

구분	내용
범위	도박장 등 아래 용도에 사용되는 건축물과 그 부속토지 ① 도박장 ② 유흥주점영업장 ③ 특수목욕장 ④ 당사자 상호간에 재물을 걸고 우연한 결과에 따라 재물의 득실을 결정하는 카지노장(「관광진흥법」에 따라 허가된 외국인전용 카지노장은 제외)

72) 여러 가구가 한 건축물에 거주할 수 있도록 건축된 다가구용 주택을 포함하되, 이 경우 한 가구가 독립하여 거주할 수 있도록 구획된 부분을 각각 1구의 건축물로 봄

	⑤ 사행행위 또는 도박행위에 제공될 수 있도록 자동도박기(파친코, 슬롯머신, 아케이드 이퀴프먼트 등)를 설치한 장소 ⑥ 머리와 얼굴에 대한 미용시설 외에 욕실 등을 부설한 장소로서 그 설비를 이용하기 위하여 정해진 요금을 지급하도록 시설된 미용실 ⑦ 「식품위생법」 제37조에 따른 허가대상인 유흥주점영업으로서 다음 중 하나에 해당하는 영업장소(공용면적을 포함한 영업장 면적이 100㎡ 초과하는 것만 해당) • 손님이 춤을 출 수 있도록 객석과 구분된 무도장을 설치한 영업장소(카바레, 나이트클럽, 디스코클럽 등) • 유흥접객원(남녀불문, 임시고용된 사람 포함)을 두는 경우로, 별도로 반영구적으로 구획된 객실의 면적이 영업장 전용면적의 50% 이상이거나 객실 수가 5개 이상인 영업장소(룸살롱, 요정 등)

	구분	내용
적용 기준	부속토지 불명확	부속토지의 경계가 명확하지 않은 경우 건축물 바닥면적의 10배를 부속토지로 봄
	건축물 일부가 고급오락장인 경우 부속토지	고급오락장 부속토지 = 건축물에 부속토지 × 고급오락장요 건축물 연면적 / 건축물 연면적
	구분 취득	고급오락장을 구분하여 그 일부를 취득하는 경우를 포함 • 고급오락장을 2명 이상이 구분취득 • 고급오락장을 1명 또는 여러 명이 시차를 두고 구분취득
적용 제외	고급오락장용 건축물을 취득한 날부터 60일 이내[주]에 고급오락장이 아닌 용도로 사용하거나 고급오락장이 아닌 용도로 사용하기 위하여 용도변경 공사를 착공하는 경우는 중과세하지 않음 [주] 60일 이내 • 상속: 상속개시일이 속하는 달의 말일부터 6개월 이내(납세자가 외국에 주소를 둔 경우 9개월 이내) • 실종: 실종선고일이 속하는 달의 말일부터 6개월 이내(납세자가 외국에 주소를 둔 경우에는 9개월 이내)	

5) 고급선박

사치성 재산으로 중과세되는 고급선박은 비업무용 자가용 선박으로서 시가표준액이 3억원을 초과하는 선박을 말한다. 다만, 실험·실습 등의 용도에 사용할 목적으로 취득하는 것은 제외한다.

(4) 지방세 중과세율 적용 배제 특례(지방세특례제한법 제180조의 2)

다음 중 어느 하나에 해당하는 부동산의 취득에 대해서는 취득세를 과세할 때 2021.12.31.까지 지방세법 제13조 제2항 중과세율(대도시 지점 중과세) 및 지방세법 제13조 제3항 중과세의 추징규정(대도시 중과제외 업종 부동산 및 사원주거용 목적 부동산)을 적용하지 않는다.

① 「부동산투자회사법」 제2조 제1호에 따른 부동산투자회사[주1]가 취득하는 부동산
② 「자본시장과 금융투자업에 관한 법률」 제229조 제2호에 따른 부동산집합투자기구[주2]의 집합투자재산으로 취득하는 부동산
③ 「법인세법」 제51조의2 제1항 제9호에 해당하는 회사[주3]가 취득하는 부동산

취득세 중과세율 적용배제 되는 취득자의 정의

구분	내용
[주1] 부동산투자회사	자산을 부동산에 투자하여 운용하는 것을 주된 목적으로 설립된 회사로서 다음 중 어느 하나의 회사 ① 자기관리 부동산투자회사: 자산운용 전문인력을 포함한 임직원을 상근으로 두고 자산의 투자·운용을 직접 수행하는 회사 ② 위탁관리 부동산투자회사: 자산의 투자·운용을 자산관리회사에 위탁하는 회사 ③ 기업구조조정 부동산투자회사: 제49조의2 제1항 각 호의 부동산을 투자 대상으로 하며 자산의 투자·운용을 자산관리회사에 위탁하는 회사
[주2] 부동산집합투자기구	집합투자재산의 100분의 40 이상으로서 50%를 초과하여 부동산(부동산을 기초자산으로 한 파생상품, 부동산 개발과 관련된 법인에 대한 대출, 그밖에 대통령령으로 정하는 방법으로 부동산 및 대통령령으로 정하는 부동산과 관련된 증권에 투자하는 경우를 포함)에 투자하는 집합투자기구
[주3] 투자회사	유동화전문회사와 유사한 투자회사로서 다음 요건을 갖춘 법인 ① 회사의 자산을 설비투자, 사회간접자본 시설투자, 자원개발, 그 밖에 상당한 기간과 자금이 소요되는 특정사업에 운용하고 그 수익을 주주에게 배분하는 회사일 것 ② 본점 외의 영업소를 설치하지 아니하고 직원과 상근하는 임원을 두지 아니할 것 ③ 한시적으로 설립된 회사로서 존립기간이 2년 이상일 것 ④ 「상법」이나 그 밖의 법률의 규정에 따른 주식회사로서 발기설립의 방법으로 설립할 것 ⑤ 발기인이 「기업구조조정투자회사법」 제4조 제2항 각 호의 어느 하나에 해당하지 아니하고 대통령령으로 정하는 요건을 충족할 것

	⑥ 이사가 「기업구조조정투자회사법」 제12조 각 호의 어느 하나에 해당하지 아니할 것 ⑦ 감사는 「기업구조조정투자회사법」 제17조에 적합할 것 ⑧ 자본금 규모, 자산관리업무와 자금관리업무의 위탁 및 설립 신고 등에 관하여 대통령령으로 정하는 요건을 충족할 것

7. 납세지

(1) 취득세의 납세지

지방세법 제8조에서는 취득세 과세물건별로 취득세의 납세지를 규정하고 있다.

취득세의 납세지

취득세 과세물건	납세지
부동산	부동산 소재지
차량	① 「자동차관리법」에 따른 등록지 ② 위 ①의 등록지가 사용본거지와 다른 경우에는 사용본거지 ③ 철도차량의 경우에는 해당 철도차량의 청소, 유치, 조성, 검사, 수선 등을 주로 수행하는 철도차량기지의 소재지
기계장비	「건설기계관리법」에 따른 등록지
항공기	항공기의 정치장 소재지
선박	① 선적항 소재지(동력수상레저기구[73]는 등록지) ② 위 ①의 선적항이 없는 선박의 경우에는 정계장 소재지 ③ 위 ②의 정계장이 일정하지 않은 경우 선박 소유자의 주소지
입목	입목 소재지
광업권	광구 소재지
어업권·양식업권	어장 소재지
각종 회원권	골프회원권, 승마회원권, 콘도미니엄 회원권, 종합체육시설 이용회원권, 요트회원권의 경우, 골프장·승마장·콘도미니엄·종합체육시설·요트 보관소의 소재지

다만, 위 납세지가 분명하지 않은 경우에는 해당 취득물건의 소재지를 그 납세지로 한다.

73) 「수상레저안전법」 제30조 제3항 각 호에 해당하는 동력수상레저기구

(2) 납세지의 안분

같은 취득물건이 둘 이상의 시·군·구에 걸쳐 있는 경우 각 시·군·구에 납부할 취득세를 산출할 때 그 과세표준은 취득 당시의 가액을 취득물건의 소재지별 시가표준액 비율로 나누어 계산한다.

8. 납세의무 성립시기(취득의 시기)

취득세의 납세의무가 성립하는 시기는 과세물건을 취득하는 때이다. 취득하는 때는 취득의 시기를 말하며 지방세법시행령 제20조에서 취득세 과세물건 및 취득의 형태에 따라 달리 규정하고 있다.

취득의 시기는 납세의무의 성립시기와 과세표준을 정하는 시기가 된다. 그리고 취득세 신고납부기한은 취득일로부터 60일 이내이므로 신고납부기한의 기산점으로서 역할을 하기 때문에[74] 취득의 시기를 이해하는 것은 매우 중요하다.

취득세 과세대상 및 취득형태별 취득의 시기

취득의 구분		취득의 시기(취득한 날)
유상승계[주1]		다음 중 빠른날 ① 계약상 잔금지급일(계약상 잔금지급일이 명시되지 않은 경우 계약일로부터 60일이 경과한 날) ② 사실상 잔금지급일 [주2] ③ 등기 또는 등록일
무상승계 [주1]	일반	다음 중 빠른 날 ① 계약일 ② 등기 또는 등록일
	상속, 유증	다음 중 빠른 날 ① 상속개시일 또는 유증개시일 ② 등기 또는 등록일
연부로 취득하는 것		다음 중 빠른 날 ① 사실상의 연부금 지급일 ② 등기 또는 등록일
차량, 기계장비, 항공기, 주문건조선박		다음 중 빠른 날 ① 제조·조립·건조 등이 완성되어 실수요자가 인도받는 날 ② 계약상 잔금지급일

74) 아래 '9. 납세의무 확정'의 내용 참조

수입에 따른 취득	수입의 구분	취득의 시기
	일반적 수입	우리나라에 반입하는 날
	보세구역을 경유하는 수입	수입신고필증 교부일
	차량, 기계장비, 항공기, 선박의 실수요자가 따로 있는 경우	다음 중 빠른 날 실수요자가 인도받는 날 계약상의 잔금지급일
	취득자의 편의에 따라 수입물건을 우리나라에 반입하지 않거나 보세구역을 경유하지 않고 외국에서 직접 사용하는 경우	그 수입물건의 등기·등록일
건축물의 건축·개수에 따른 취득	다음 중 빠른 날 사용승인일 및 임시사용승인일 사실상 사용이 가능한 날(사용승인서 또는 임시사용승인서를 받을 수 없는 건축물) 사실상의 사용일	
주택조합등의 사업관련 취득 토지 중 조합원에게 귀속되지 않는 토지	조합원에게 귀속되지 않는 토지	취득의 시기
	주택조합의 주택건설사업 관련	사용검사[75]를 받은 날
	재건축조합의 재건축사업 관련	소유권이전고시일[76] 다음 날
토지의 원시취득 (매립, 간척)	다음 중 빠른날 ① 공사준공인가일 ② 사용승낙일(허가일) ③ 사실상 사용일	
차량, 기계장비, 선박의 종류변경	다음 중 빠른 날 ① 사실상 변경한 날 ② 공부상 변경한 날	
토지의 지목변경	다음 중 빠른 날 ① 사실상 변경된 날 ② 공부상 변경된 날 ③ 사실상의 사용일(지목변경일 이전에 사용하는 부분)	
재산분할에 따른 취득	취득물건의 등기일 또는 등록일	

[주1] 취득으로 보지 않는 것

무상승계 취득 또는 취득가격이 증명되기 어려운 유상승계 취득[77]의 경우 해당 취득물건을 등기·등록하지 않고 특정 서류에 의하여 계약이 해제된 사실이 입증되는 경우에는 취득한 것으로 보지 않는다.

---

75) 주택법 제49조

76) 「도시 및 주거환경정비법」 제86조 제2항, 「빈집 및 소규모주택 정비에 관한 특례법」 제40조 제2항

77) 아래 ①~④에 해당하지 않는 유상승계 취득
① 국가, 지방자치단체 또는 지방자치단체조합으로부터의 취득
② 외국으로부터의 수입에 의한 취득
③ 판결문, 법인장부로 취득가격이 증명되는 취득
④ 공매방법에 의한 취득

취득한 것으로 보지 않는 경우

특정 서류	서류의 요건	무상승계	유상승계
① 화해조서·인낙조서	취득일부터 60일 이내에 계약이 해제된 사실이 입증되는 경우만 해당	○	○
② 공정증서	공증인이 인증한 사서증서 포함하되, 취득일로부터 60일 이내에 공증받은 것만 해당	○	○
③ 계약해제신고서	취득일부터 60일 이내에 제출된 것만 해당	○	○
④ 부동산거래계약해제 등 신고서	취득일부터 60일 이내에 등록관청에 제출한 경우만 해당	-	○

[주2] 사실상의 잔금지급일에 취득한 것으로 보는 경우

① 국가, 지방자치단체, 지방자치단체조합으로부터의 취득
② 외국으로부터의 수입에 의한 취득
③ 공매방법에 의한 취득
④ 판결문에 의하여 객관적으로 입증되는 경우
⑤ 법인장부 등에 의해 취득가격이 증명되는 취득

9. 납세의무 확정

(1) 신고납부

취득세는 신고납부의 방법을 적용한다. 취득세 신고 서식은 [별지 제3호 서식] 취득세 신고서에 따른다.

(2) 가산세

취득세 신고납부 의무를 이행하지 않을 경우 아래의 가산세를 부담해야 한다.

1) 일반 가산세

취득세의 신고납부의무를 이행하지 않은 경우 신고납부 제도를 적용하는 다른 세목과 동일하게 신고불성실가산세와 납부불성실가산세를 적용한다.

구분			내용
신고불성실가산세	무신고가산세	일반무신고	무신고납부세액 × 20%
		부정무신고	무신고납부세액 × 40%
	과소신고가산세	일반과소신고	과소신고납부세액 × 10%

		부정과소신고	부정과소신고납부세액 × 40%
납부불성실가산세(75% 한도)			미납세액 × 미납기간 × 0.025%

2) 중가산세

중가산세는 지방세법 제21조 제2항에 따른 것으로 취득세에만 존재하는 가산세 규정이다. 취득세 납세의무자가 취득세 과세물건을 사실상 취득한 후 취득세 신고를 하지 않고 매각하는 경우에는 산출세액의 80%를 보통징수의 방법으로 징수한다.

취득세 납세의무를 성실하게 이행하도록 하는 일반적인 가산세의 도입 취지와 별개로 등기 및 등록의 절차를 거치지 않은 부동산의 매각행위(미등기전매)에 따른 조세포탈을 막기 위해 일반적인 가산세보다 고율의 가산세율을 적용한다.

다만, 다음의 경우에는 중가산세를 적용하지 않고 일반적인 가산세를 적용한다.

① 취득세 과세물건 중 등기 또는 등록이 필요하지 아니하는 과세물건(골프회원권, 승마회원권, 콘도미니엄 회원권, 종합체육시설 이용회원권, 요트회원권은 제외)

② 지목변경, 차량·기계장비 또는 선박의 종류 변경, 주식 등의 취득 등 취득으로 보는 과세물건

중가산세의 적용

취득세 과세물건의 구분	가산세 적용
① 등기 또는 등록이 필요한 취득세 과세물건(골프·승마·콘도미니엄·종합세육시설·요트의 회원권을 포함)	중가산세
② 등기 또는 등록이 필요하지 않은 취득세 과세물건	일반 가산세
③ 취득으로 보는 과세물건(토지 지목변경, 차량·기계장비·선박의 종류변경, 주식등의 취득 등 취득)	일반 가산세

3) 장부 비치에 따른 가산세

지방세법 제22조의2에 따르면 지방세법 취득세 납세의무가 있는 법인은 취득당시의 가액을 증명할 수 있는 장부와 관련 증거서류를 작성하여 갖춰 두어야 한다. 만약 취득세 납세의무가 있는 법인이 장부 비치의 의무를 이행하지 않는 경우

에는 취득세 산출세액의 10%를 보통징수의 방법으로 부과한다. 다만, 법인의 경우에는 일반적으로 법인세법 및 부가가치세법 등의 규정에 따라 장부를 비치하므로 실제 장부 비치에 따른 가산세가 적용되는 경우는 많지 않을 것으로 이해된다.

(3) 신고납부 기한

지방세법 제20조에 따르면 취득세 과세물건을 취득한 자는 그 취득한 날부터 60일 이내에 취득세 과세표준과 세율을 적용하여 산출한 세액을 신고하고 납부해야 한다. 즉, 취득세의 신고납부 기한은 취득일로부터 60일 이내이다.

취득의 시기는 신고납부기한의 시작점으로서 취득세 신고납부기한과 연관되어 있다. 취득세 과세대상별 취득의 시기를 정확히 적용하지 않으면 취득세 신고납부를 준비할 수 있는 기간이 감소하여 효과적인 취득세 신고가 어려울 수 있고, 심지어 취득세 신고납부기한의 경과로 각종 가산세 등 세무상 불이익을 받을 수도 있으니 유의해야 한다.

취득세의 신고납부기한은 ① 일반세율 적용, ② 중과세율 적용, ③ 비과세 및 감면 후 추징의 3가지 상황에 따라 다음과 같이 구분할 수 있다.

상황별 취득세 신고납부기한

구분	신고납부기한
1) 일반세율 적용	취득일로부터 60일 이내
2) 중과세율 적용	중과세율 적용대상이 된 날부터 60일 이내
3) 비과세·중과제외·감면 후 추징	추징 사유 발생일부터 60일 이내

1) 일반세율을 적용하는 경우(지방세법 제20조 제1항)

취득세 과세물건을 취득한 자는 그 취득한 날[78]부터 60일[79]이내에 그 과세표준에 지방세법에 따른 세율을 적용하여 산출한 세액을 신고하고 납부해야 한다.

---

78) 「부동산 거래신고 등에 관한 법률」 제10조 제1항에 따른 토지거래계약에 관한 허가구역에 있는 토지를 취득하는 경우로서 같은 법 제11조에 따른 토지거래계약에 관한 허가를 받기 전에 거래대금을 완납한 경우에는 그 허가일이나 허가구역의 지정 해제일 또는 축소일을 말한다.

79) 상속으로 인한 경우는 상속개시일이 속하는 달의 말일부터, 실종으로 인한 경우는 실종선고일이 속하는 달의 말일부터 각각 6개월(외국에 주소를 둔 상속인이 있는 경우에는 각각 9개월)

이때 취득한 날은 지방세법시행령 제20조에 따른 취득의 시기(위 '8. 납세의무 성립 시기' 참조)에 따른다.

2) 중과세율을 적용하는 경우(지방세법 제20조 제2항)

취득세 과세물건을 취득한 후에 그 과세물건이 중과세율의 적용대상이 되었을 때에는 중과세율 적용대상이 된 날부터 60일 이내에 중과세율을 적용하여 산출한 세액에서 이미 납부한 세액(가산세 제외)을 공제한 금액을 세액으로 하여 취득세를 신고납부해야 한다.

참고로 2019년 지방세법 개정 이전에는 취득한 자산이 중과세율 적용대상이 되었을 때는 중과세율 적용대상이 된 날부터 30일 이내에 취득세를 신고하고 납부해야 했다. 그러나 납세자의 편의를 고려하여 2019.01.01. 이후 중과세율 적용대상이 된 날부터 30일이 경과하지 않은 과세물건부터는 60일로 그 기간이 연장되었다.

중과세율 적용대상이 된 날은 지방세법시행령 제34조에서 다음과 같이 규정하고 있다.

중과세율 적용대상이 된 날

<table>
<tr><th>지방세법</th><th>내용</th><th colspan="2">중과세율 적용대상이 된 날</th></tr>
<tr><td>제13조 제1항</td><td>본점 사업용 부동산의 취득(본점 중과세)</td><td colspan="2">본점의 사무소로 최초로 사용한 날</td></tr>
<tr><td>제13조 제1항
제13조 제2항</td><td>공장의 취득(공장 중과세)</td><td colspan="2">① 그 생산설비를 설치한 날
② 위 ① 이전에 영업허가·인가등을 받은 경우 영업허가·인가등을 받은 날</td></tr>
<tr><td>제13조 제2항</td><td>설립·설치·이전에 따른 부동산의 취득(지점 중과세)</td><td colspan="2">해당 사무소 등을 사실상 설치한 날</td></tr>
<tr><td rowspan="5">제13조 제5항</td><td rowspan="2">별장 또는 고급주택</td><td>증축·개축</td><td>증축·개축 사용승인서 발급일</td></tr>
<tr><td>기타사유</td><td>그 사유가 발생한 날</td></tr>
<tr><td rowspan="2">골프장</td><td>일반적</td><td>체육시설업으로 등록한 날(변경등록 포함)</td></tr>
<tr><td>예외</td><td>등록 전에 사실상 골프장으로 사용하는 경우 그 부분에 대해서는 사실상 사용한 날</td></tr>
<tr><td>고급오락장(건축물의 사용승인서 발급일 이후에 관계 법</td><td>일반적</td><td>대상 업종의 영업허가·인가 등을 받은 날</td></tr>
</table>

	령에 따라 고급오락장이 된 경우)	예외	영업허가·인가등을 받지 않고 고급오락장이 된 경우 고급오락장 영업을 사실상 시작한 날
	고급선박(선박 종류를 변경하여 고급선박이 된 경우)	사실상 선박의 종류를 변경한 날	

3) 비과세·중과세 제외·감면받은 후 추징되는 경우(지방세법 제20조 제3항)

취득세를 비과세, 중과세 제외, 감면받은 후에 해당 과세물건이 취득세 부과대상 또는 추징 대상이 되었을 때에는 그 사유 발생일부터 60일 이내에 취득세 과세표준에 취득세율을 적용하여 산출한 세액(가산세 제외)을 신고납부해야 한다.

위 2) 중과세율의 적용규정과 마찬가지로 2019년 지방세법 개정 이전에는 비과세, 중과세 제외, 감면받은 자산이 일반세율을 적용하는 취득세 과세대상이 되었을 때는 그 사유발생일로부터 30일 이내에 취득세를 신고하고 납부해야 했다. 그러나 납세자의 편의를 고려하여 2019.01.01. 이후 그 사유가 발생한 날부터 30일이 경과하지 않은 과세물건부터는 60일로 그 기간이 연장되었다.

[별지 제3호서식] (2019. 12. 31. 개정)

취득세 ([ ]기한 내 / [ ]기한 후]) 신고서

(앞쪽)

관리번호	접수 일자	처리기간 즉시

신고인			
신고인	취득자(신고자)	성명(법인명)	생년월일(법인등록번호)
		주소	전화번호
	전 소유자	성명(법인명)	생년월일(법인등록번호)
		주소	전화번호
매도자와의 관계		□ 배우자 또는 직계존비속 □ 기타	

취 득 물 건 내 역

소재지						
취득물건	취득일	면적	종류(지목/차종)	용도	취득 원인	취득가액

세목		과세 표준액	세율	① 산출 세액	② 감면 세액	③ 기납부 세 액	가산세			신고세액 합 계 (①-②-③+④)
							신 고 불성실	납 부 불성실	계 ④	
합계										
취득세 등	취득세 신고세액		%							
	지방교육세 신고세액		%							
	농어촌 특별세 신고세액 (취득세) 부과분		%							
	농어촌 특별세 신고세액 (취득세) 감면분		%							

상기 본인은 위 취득물건이 「지방세법」 제11조제4항나목에 따른 "1세대 4주택 이상"에 해당하지 않음을 확인합니다.
※ 향후 4주택 이상임이 확인되는 경우 가산세를 포함하여 추가로 취득세가 부과될 수 있음 신고인 : (서명 또는 인)

「지방세법」 제20조제1항, 제152조제1항, 같은 법 시행령 제33조제1항, 「농어촌특별세법」 제7조에 따라 위와 같이 신고합니다.

접수(영수)일자 (인)

년 월 일

신고인 (서명 또는 인)

대리인 (서명 또는 인)

시장·군수·구청장 귀하

첨부 서류	1. 취득가액 등을 증명할 수 있는 서류(매매계약서, 잔금영수증, 법인장부 등) 사본 각 1부 2. 취득세 감면신청서 1부 3. 취득세 비과세 확인서 1부 4. 기납부세액 영수증 사본 1부 5. 위임장 1부(대리인만 해당합니다)	수수료 없음

위임장

위의 신고인 본인은 위임받는 사람에게 취득세 신고에 관한 일체의 권리와 의무를 위임합니다.

위임자(신고인) (서명 또는 인)

위임받는 사람	성명	위임자와의 관계
	주민등록번호	전화번호
	주소	

*위임장은 별도 서식을 사용할 수 있습니다.

자르는 선

접수증(취득세 신고서)

신고인(대리인)	취득물건 신고내용	접수 일자	접수번호
「지방세법」 제20조제1항, 제152조제1항, 같은 법 시행령 제33조제1항, 「농어촌특별세법」 제7조에 따라 신고한 신고서의 접수증입니다.			접수자 (서명 또는 인)

210㎜×297㎜[백상지 80g/㎡(재활용품)]

(뒤쪽)

작성방법

1. ████ 란은 과세관청에서 적는 사항이므로 신고인은 적지 않습니다.
2. "기한 내 신고"란에는 취득일(잔금지급일 등)부터 60일 이내에 신고하는 경우에 표기 [√] 하고, "기한 후 신고"란은 기한 내 신고기간이 경과한 후에 신고하는 경우에 표기 [√] 합니다.
3. "신고인"란에는 납세의무자를 적고, "전 소유자"란에는 취득하는 과세대상인 부동산(토지·건축물), 차량, 기계장비, 입목, 항공기, 선박, 광업권, 어업권, 회원권의 전 소유자를 적습니다.
4. 매도자와의 관계는 반드시 기재해야 하며, 기재한 사항과 사실이 다를 경우에는 「지방세기본법」 제53조 등에 따라 가산세를 포함하여 추징될 수 있습니다.
5. "취득물건 내역"란에는 취득세 과세대상이 되는 물건의 내역 등을 적습니다.
   가. "소재지"란은 부동산(토지·건축물)은 토지·건축물의 소재지, 선박은 선적항, 골프회원권은 골프장 소재지, 차량(기계장비)은 등록지 등을 적습니다.
   나. "취득물건"란에는 취득세 과세대상이 되는 부동산(토지·건축물), 선박, 차량, 기계장비, 항공기, 어업권, 광업권, 골프회원권, 종합체육시설이용회원권 등을 물건별로 적습니다.
   다. "취득일자"란에는 잔금지급일(잔금지급일 전에 등기·등록 또는 사실상 사용하거나 사용·수익하는 경우에는 등기·등록일 또는 사용·수익일 등 「지방세법 시행령」 제20조에 따른 취득시기에 해당되는 취득일자를 말합니다) 등을 적습니다.
   라. "면적"란에는 부동산의 경우에는 ○○㎡(지분의 경우 ○○분의 ○)으로, 차량의 경우에는 ○○cc·적재정량으로, 선박의 경우에는 ○○톤으로, 어업권의 경우에는 어업권 설정 면적 등을 적습니다.
   마. "종류(차종)"란에는 부동산의 경우에는 주거용·영업용·주상복합용 등 사용형태를 적고, 차량(항공기)의 경우에는 차종(항공기 종류)·연식 및 차량번호(항공기는 제외합니다)를 적으며, 선박의 경우에는 선박종류 및 구조를 적고, 골프회원권의 경우에는 회원의 종류인 법인·개인 등을 적습니다.
   바. "용도"란에는 취득한 물건의 사용용도(주거용, 상업용, 공장용, 자가용, 영업용, 법인용, 개인용 등)를 적습니다.
   사. "취득원인"란에는 매매로 취득하여 소유권이 이전되는 경우에는 매매로, 상속 또는 증여의 경우에는 상속 또는 증여로 각각 적으며, 소유권 보존(신축 등)으로 인한 취득은 원시취득 등을 적습니다.
   아. "취득가액"란에는 취득당시의 가액을 말하는 것이므로 매매계약서 또는 취득에 소요된 사실상 비용(법인의 경우 장부가액 등) 등을 입증할 수 있는 서류에 의하여 확인되는 것과 일치해야 합니다.
6. "세율"란에는 「지방세법」 제11조, 제12조 및 제15조에 따른 세율을 적되, 중과세 대상이 되는 대도시 내 법인의 주사무소용 부동산의 취득 및 공장신증설 등 중과세, 고급주택·별장·고급오락장(유흥주점 영업장, 도박장 등)·고급선박의 경우에는 「지방세법」 제13조에 해당하는 중과세율을 적습니다.
7. "산출세액"란에는 취득가액에 세율을 곱하여 산출된 세액을 적습니다.
8. "감면세액"란에는 「지방세특례제한법」, 「조세특례제한법」 및 지방자치단체 감면조례에 따라 지방세가 감면되는 대상을 말하며 해당되는 감면율을 적용하여 산출한 감면세액을 적습니다.
9. "기납부세액"란에는 동일한 과세물건에 대하여 취득가액의 변동, 경감취소 등으로 과소납부 또는 납부해야 할 세액을 기한 후 신고하는 경우 등으로서 이미 납부한 세액을 적습니다.
10. 취득세 등 중 "가산세"란에는 취득세신고기한까지 과세표준신고서를 제출하지 아니한 자가 기한 후 신고를 하는 경우에만 해당됩니다. 이 경우 신고불성실가산세는 50퍼센트 감면되는 신고불성실가산세[(①－②－③)×10퍼센트]를 적고, 납부불성실가산세는 취득일부터 60일이 경과한 날부터 납부일까지의 일자수에 1일 10,000분의 3의 세율을 곱하여 산출한 세액을 적습니다.
    * 기한후 신고에 따른 가산세의 감면신청은 가산세의 감면 등 신청서(「지방세기본법 시행규칙」 별지 제15호서식)를 제출해야 합니다.
11. "신고세액 합계"란에는 신고인이 납부해야 할 세액(①－②－③＋④)을 적습니다.
12. "농어촌특별세신고세액"란에는 취득세와 동시에 신고·납부해야 하는 농어촌특별세를 말하는 것으로서 「농어촌특별세법」 제3조 및 제5조에 따라 산출한 세액을 적고, "지방교육세 신고세액"란에는 「지방세법」 제151조에 따라 산출한 세액을 적습니다.
13. 첨부서류
   가. 취득가액을 입증할 수 있는 매매계약서, 법인은 법인장부(취득가액 입증), 증여는 증여계약서 등을 말하며, 매매계약서 등의 취득가액과 취득신고서상의 취득가액과 다르지 않도록 적어야 합니다.
      * 취득가액이 입증되는 매매계약서(부동산검인계약서 등)를 이중으로 작성하거나, 허위로 작성하여 취득가액을 허위·과소 신고하는 경우 불이익을 받을 수 있습니다.
   나. 신고인을 대리하여 취득신고를 하는 경우에는 반드시 위임장을 제출해야 합니다.
14. 신고인은 납세의무자를 말하며, 서명 또는 날인이 없는 경우에는 신고서는 무효가 되며, 대리인이 신고하는 경우에도 서명 또는 날인이 없거나 위임장이 없으면 무효가 됩니다.
15. 신고인은 반드시 접수증을 수령해야 하고, 접수증의 간인 및 접수자의 서명 또는 날인을 확인해야 합니다.

10. 감면

지방세의 감면은 납세의무가 성립한 지방세 과세대상에 대하여 조세정책적 목적에서 지방세 과세표준에서 세율을 곱한 산출세액의 전부 또는 일정률을 줄여주는 것이다. 감면은 납세의무자가 납부해야 할 세금을 직접적으로 줄여주는 것이므로 감면요건 및 각 감면요건과 관련된 개별법령에서 요구하는 사항을 반드시 충족해야 한다.

(1) 감면제도의 구성

취득세를 포함한 지방세의 감면은 기본적으로 지방세특례제한법에서 규정하고 있다. 지방세특례제한법에서 규정한 감면규정만 해도 그 범위가 상당하다. 그리고 각 지방자치단체에서 정하는 감면조례에 따른 감면규정도 있다. 지방세특례제한법에서의 감면은 모든 지방자치단체에서 공통적으로 적용하는 감면이다. 감면조례에 따른 감면은 과세물건의 관할 지방자치단체에서만 개별적으로 적용한다. 즉, 감면을 검토할 때는 지방세특례제한법상 감면과 관할 지방자치단체의 감면조례를 모두 검토해야 한다.

감면제도의 구성

감면제도 구성	감면적용의 특성	확인방법
지방세특례제한법	모든 과세물건을 대상으로 적용	지방세특례제한법 제6조~제92조의2
감면조례	과세물건 관할 지방자치단체에서만 적용	자치법규정보시스템[80] (www.elis.go.kr)

(2) 용어의 정의

지방세특례제한법 제2조에서는 감면과 관련한 용어의 정의를 별도로 하고 있다. 그중에서 ① 고유업무와 ② 수익사업, ③ 직접 사용의 3가지 용어를 살펴보고자 한다.[81] 이 3가지 용어를 별도로 살펴보는 것은 일반적으로 '감면 목적과 관련

80) 자치법규정보시스템에서 관할 지방자치단체(전국 시·군·구청)로 이동하여 목차에서 '세정과' 등 세무행정과 관련 항목으로 들어가면 감면 조례가 있음(세부명칭은 시·군·구청별로 상이할 수 있음)

81) 해당 3가지 외 정의들은 일반적인 내용이라 한 번 읽어보면 이해에 무리가 없을 것으로 생각됨

된 고유업무 또는 수익사업을 제외한 특정한 용도에 직접 사용하기 위하여 취득 또는 소유 등을 하는 경우'에 지방세에 대한 감면을 적용하기 때문이다. 반대로 말하면 업무 및 용도에 직접 사용하지 않으면 감면된 지방세가 추징될 수 있다. 그래서 이 세 가지 용어를 이해하는 것은 중요하다.

① 고유업무

고유업무란 법령에서 개별적으로 규정한 업무와 법인등기부에 목적사업으로 정하여진 업무를 말한다. 다만 고유업무에 해당하는지는 개별법령과 법인등기부 등 공부상의 자료 외에도 사실상의 현황에 따라서도 판단될 수 있다.

② 수익사업

수익사업은 「법인세법」 제4조 제3항에 따른 수익사업을 말한다. 비영리법인의 사업은 수익사업과 목적사업이 있다. 간략하게 말하면 목적사업은 비영리법인 고유의 목적을 위하여 운영하는 사업이며, 수익사업은 비영리법인이지만 특정한 경우 영리를 위하여 운영하는 사업이다.

법인세법의 수익사업 개념을 지방세특례제한법에서 별도로 정의하고 있는 이유는 감면의 적용 및 감면추징 규정에 관련이 있다. 비영리법인 등에게 지방세 감면규정을 적용하거나 감면의 추징규정을 적용할 때 목적사업에 사용할 경우 그 감면의 혜택을 주고 수익사업에 사용할 경우 감면의 혜택을 주지 않거나 감면된 취득세를 추징하기 때문이다.

법인세법 제4조 [과세소득의 범위]

③ 제1항 제1호를 적용할 때 비영리내국법인의 각 사업연도의 소득은 다음 각 호의 사업 또는 수입(이하 "수익사업"이라 한다)에서 생기는 소득으로 한정한다.

1. 제조업, 건설업, 도매 및 소매업 등 「통계법」 제22조에 따라 통계청장이 작성·고시하는 한국표준산업분류에 따른 사업으로서 대통령령으로 정하는 것
2. 「소득세법」 제16조 제1항에 따른 이자소득
3. 「소득세법」 제17조 제1항에 따른 배당소득
4. 주식·신주인수권 또는 출자지분의 양도로 인한 수입
5. 유형자산 및 무형자산의 처분으로 인한 수입. 다만, 고유목적사업에 직접 사용하는

> 자산의 처분으로 인한 대통령령으로 정하는 수입은 제외한다.
> 6. 「소득세법」 제94조 제1항 제2호 및 제4호에 따른 자산의 양도로 인한 수입
> 7. 그 밖에 대가(對價)를 얻는 계속적 행위로 인한 수입으로서 대통령령으로 정하는 것

③ 직접 사용

직접 사용이란 부동산·차량·건설기계·선박·항공기 등의 소유자가 해당 부동산·차량·건설기계·선박·항공기 등을 사업 또는 업무의 목적이나 용도에 맞게 사용하는 것을 말한다.

위 문장은 너무나 당연하다고 생각되기에 그냥 지나칠 수 있는 용어지만, 지방세특례제한법에 따른 감면제도의 핵심이라고 할 정도로 중요한 내용이다.

직접 사용이라는 용어는 2014.01.01. 지방세법을 개정하면서 신설되었다. 개정 전에는 직접 사용의 주체가 별도로 정의되지 않았다. 부동산 등 과세물건은 그 소유자가 직접 사용할 수도 있겠지만, 임차인, 법인의 계열사 등 해당 과세물건의 소유자가 아닌 자를 통하여도 사용될 수 있다. 따라서 감면을 적용할 때 소유자만 적용할지 혹은 소유자가 아닌 자까지도 적용할지에 대한 다툼이 많았다. 이에 따라 2014년 지방세법을 개정하면서 직접 사용의 주체를 과세물건의 '소유자'로 분명하게 정의하였다.

이후 2017.12.26.에 직접 사용과 관련하여 지방세법 개정이 한 번 더 있었다. 감면의 대상은 부동산과 부동산 외 차량, 선박, 항공기 등도 적용될 수 있는데 개정 전의 표현이 '부동산의 소유자'로 되어 있어서 부동산 외에 선박, 차량 등에도 감면이 적용되도록 그 표현을 명확하게 수정하였다.

직접사용 개념의 개정현황

구분	직접 사용의 정의	개정사유
2014.1.1. 이전	직접 사용에 대한 정의가 없었음	
2014.1.1. 이후	부동산의 소유자가 해당 부동산을 사업 또는 업무의 목적이나 용도에 맞게 사용하는 것	직접 사용의 주체를 '소유자'로 분명히 함
2017.12.26. 이후	부동산·차량·건설기계·선박·항공기 등의 소유자가 해당 부동산·차량·건설기계·선박·항공기 등을 사업 또는 업무의 목적이나 용도에 맞게 사용하는 것	직접 사용 규정이 부동산 외에 선박 등에도 적용되도록 수정

(3) 감면제외 대상(지방세특례제한법 제177조)

지방세특례제한법상의 감면을 적용할 때 지방세법 제13조 제5항의 사치성 재산 중과세가 적용되는 별장, 골프장, 고급주택, 고급오락장, 고급선박은 감면대상에서 제외한다.

만약 이러한 과세물건에 대하여 지방세의 감면을 허용하면 고율의 중과세율 중 일부 또는 전부가 감면되어 오히려 일반세율을 적용하는 과세물건보다 감면 효과가 높아지게 된다. 따라서 사치성 재산은 법의 취지를 고려하여 지방세의 감면을 적용하지 않는다.

다만, 지방세법 제13조 제1항 또는 제2항의 본점 중과세 및 지점 중과세의 경우에는 지방세의 감면을 적용한다.

(4) 감면의 제한(지방세특례제한법 제177조의 2)

지방세특례제한법에 따라 취득세 또는 재산세가 면제되는 경우(① 감면율이 100% 또는 ② 과세대상에 대한 세율 전부를 감면하는 것)에는 85%의 감면율만 적용한다. 즉, 100% 감면이 적용되더라도 최소 15%의 지방세 또는 재산세는 부담하라는 규정이다. 일명 '감면 최저한'이라고도 한다.[82] 다만, 100% 감면의 경우에만 적용되므로 100%가 아닌 50%의 감면율이 적용되는 감면 등은 감면 최저한 규정을 적용하지 않는다.[83]

이 규정은 2015.01.01.부터 적용하지만, 굉장히 강력한 규정이라 2015.01.01.에 모든 감면에 적용되지 않고 감면규정별로 순차적으로 적용하고 있다. 감면은 주로 부동산에 적용되는데 부동산의 특성상 그 가액이 크기 때문에 최소 15%의 지방세를 부담하는 효과는 작지 않다. 따라서 취득에 관한 의사결정에 영향을 미칠 만큼의 중요한 개정내용이다.

다만, ① 지방세법에 따른 취득세가 200만원 이하이거나 재산세가 50만원 이하인 경우와 ② 특정한 감면(주로 농어민에 대한 감면, 국가유공자·노인·무주택자 등 특

82) 법인세 신고 시 최저한세 규정과 유사함(세액감면 또는 세액공제를 받아도 최소한의 법인세는 부담하는 취지의 조세특례제한법 제132조에 따른 제도)

83) 간혹 50%의 15%를 해서 42.5%(=50%-50%×15%)의 세율을 부담하는 것으로 적용한 경우를 봤는데 결론은 그렇지 않으며 50%를 다 감면받으면 됨

정계층에 대한 감면)에는 적용하지 않는다. 즉, 100% 감면을 적용한다. 따라서 감면율이 100%인 감면을 적용할 때는 감면 최저한에 대한 규정을 별도로 검토해야 한다.

감면최저한 규정

구분	내용	비고
원칙	감면율이 100%인 감면이라도 15%는 관련 지방세를 부담해야 함	해당 감면이 감면 최저한 대상인지 별도 검토 필요
예외	취득세 200만원 이하, 재산세 50만원 이하	
	열거된 특정 감면	해당 감면이 감면 최저한 규정 예외인지 검토 필요

(5) 감면의 추징(지방세특례제한법 제178조)

부동산에 대한 감면을 적용할 때 지방세특례제한법에서 특별히 규정한 경우를 제외하고는 다음 중 어느 하나에 해당하는 경우 그 해당 부분에 대해서는 감면된 취득세를 추징한다.

① 정당한 사유 없이 그 취득일부터 1년이 경과할 때까지 해당 용도로 직접 사용하지 않은 경우
② 해당 용도로 직접 사용한 기간이 2년 미만인 상태에서 매각·증여하거나 다른 용도로 사용하는 경우

각각의 감면규정에는 일반적으로 일정 기한 내 해당 감면의 요건을 위배하거나 충족하지 못하는 경우 감면된 취득세를 추징하는 규정이 있다. 다만, 별도로 감면의 추징요건을 정하지 않은 감면규정은 위 지방세특례제한법 제178조의 추징요건을 공통적으로 적용한다.[84]

84) 다만, '직접 사용'과 관련이 없는 감면규정은 지방세특례제한법 제178조에 따른 감면의 추징규정이 적용되지 않을 것으로 이해되나, 별도의 확인이 필요할 것으로 판단됨

감면의 추징

구분	내용
원칙	각 개별 감면규정에서 정하는 감면추징 요건에 따름
예외	개별 감면규정에서 별도의 정함이 없다면 지방세특례제한법 제178조에 따른 아래 추징요건에 따름 ① 정당한 사유 없이 그 취득일부터 1년이 경과할 때까지 해당 용도로 직접 사용하지 아니하는 경우 ② 해당 용도로 직접 사용한 기간이 2년 미만인 상태에서 매각·증여하거나 다른 용도로 사용하는 경우

감면의 추징과 관련해서는 '정당한 사유'를 이해할 필요가 있다.

결론부터 말하면 '정당한 사유'는 법에서 별도로 정의하기는 어려운 용어다. '정당한'은 결국 판단이 요구되기 때문이다. 누군가는 어떤 사안을 정당하다고 할 수 있지만, 또 다른 누군가는 정당하지 않다고도 말할 수 있다. 그래서 감면에 대한 세무상 다툼의 상당 부분은 정당한 사유에 해당하는지에 관한 것이다.

지방세법뿐 아니라 대부분의 세법에서 '정당한'은 납세자의 세법상 불이익을 보호해주기 위한 장치로 사용된다. 감면의 추징규정의 경우 취득세 납세의무자인 취득자가 감면의 목적에 사용하지 못한 '정당한 사유'가 있다면 감면의 추징을 하지 않음으로써, 납세자가 세무상 불이익을 받지 않도록 법에서 보호해주는 것이다.

따라서 납세의무자는 자신에게 유리하게 해당 사유가 '정당하다'라고 주장할 것이고, 세금을 거두어야 할 상황에 있는 과세권자는 납세의무자의 사유가 '정당하지 않다'는 전제에서 '정당한 사유' 여부를 검토할 것이다. 그래서 납세자는 정당한 사유에 해당하는지에 대해서 철저하게 준비를 할 필요가 있다. 결국은 납세의무자가 과세권자에게 '정당함'을 입증해야 하기 때문이다.

과거 대법원에서는 정당한 사유 여부를 판단하면서[85] 아래의 기준을 언급하였다. 다른 해석사례에서도 아래 대법원의 판단기준을 많이 언급하니 해당 기준은 정당한 사유의 판단에 도움이 될 것이다.

85) 대법원 1993.2.26. 선고 92누8750 판결

정당한 사유에 대한 고찰

> 대법원 1993.2.26. 선고 92누8750 판결
> (발췌) 정당한 사유란 법령에 의한 금지, 제한 등 그 법인이 마음대로 할 수 없는 외부적인 사유는 물론 고유업무에 사용하기 위한 정상적인 노력을 다하였음에도 시간적인 여유가 없어 유예기간을 넘긴 내부적인 사유도 포함하고, 정당사유의 유무를 판단함에 있어서는 중과의 입법취지를 충분히 고려하면서 해당 법인이 영리법인인지 아니면 비영리법인인지 여부, 토지의 취득목적에 비추어 고유목적에 사용하는 데 걸리는 준비기간의 장단, 고유목적에 사용할 수 없는 법령상, 사실상의 장애사유 및 장애정도, 당해 법인이 토지를 고유업무에 사용하기 위한 진지한 노력을 다하였는지 여부, 행정관청의 귀책사유가 가미되었는지 여부 등을 아울러 참작하여 구체적인 사안에 따라 개별적으로 판단해야 할 것이다.

정당한 사유에 대해서는 아래 개인적인 의견을 덧붙인다.

① 관련법령에 따른 직접사용 불가 등 취득자와 취득물건의 외부적인 요인으로 취득자가 어찌할 수 없는 상황으로 감면 요건에 사용하지 못한 것이라면 주로 정당한 사유라고 볼 수 있을 것이다. 다만, 자금난 등 취득자 내부의 고유사정이면 정당한 사유로 보기 어려운 경우가 많다.

② 정당한 사유를 검토할 때는 동일 과세물건과 관련된 유사 해석사례 등을 통하여 취득자에게 적용될만한 논리 및 상황 등을 확인해야 한다.

③ 정당한 사유를 입증할 때는 그 사유를 정리하여 문서의 형태로 제출하도록 하고, 관련된 사실을 입증할 수 있는 자료들을 최대한 첨부하는 것이 효과적일 것이다.

(6) 중복 감면의 배제(지방세특례제한법 제180조)

동일한 과세대상에 대하여 지방세를 감면할 때 2 이상의 감면규정이 적용되는 경우에는 그중 감면율이 높은 것 하나만을 적용한다.

따라서 감면을 검토할 때는 과세물건이 어느 하나의 감면규정에 해당하더라도, 다른 감면규정에도 해당하는 것은 없는지 확인해야 한다. 그리고 중복으로 적용된다면 그중 높은 감면율을 적용한다. 예를 들어, 취득세 과세물건이 50% 감면율을 적용하는 감면규정과 30% 감면율을 적용하는 감면규정에 동시에 해당된다

면 50%를 적용하면 된다.

그러나 아래의 감면규정과 다른 감면규정이 동시에 적용되는 경우에는 해당 2개의 감면규정을 모두 적용할 수 있다. 다만, ①, ②, ③이 서로 중복되는 경우에는 그중 높은 감면율 하나만을 적용한다.

① 지방세특례제한법 제73조 [토지수용 등으로 인한 대체취득에 대한 감면]
② 지방세특례제한법 제74조 [도시개발사업 등에 대한 감면]
③ 지방세특례제한법 제92조 [천재지변 등으로 인한 대체취득에 대한 감면]
④ 지방세특례제한법 제92조의2 [자동이체 등 납부에 대한 세액공제]

중복감면의 배제

구분	내용
원칙	동일한 과세대상에 2 이상의 감면규정이 적용될 경우 감면율이 높은 것 1개를 적용함
예외	아래의 감면규정은 다른 감면규정과 중복하여 감면받을 수 있음 (다만, ①, ②, ③이 서로 중복되는 경우에는 그중 높은 감면율만을 적용) ① 지방세특례제한법 제73조 [토지수용 등으로 인한 대체취득에 대한 감면] ② 지방세특례제한법 제74조 [도시개발사업 등에 대한 감면] ③ 지방세특례제한법 제92조 [천재지변 등으로 인한 대체취득에 대한 감면] ④ 지방세특례제한법 제92조의2 [자동이체 등 납부에 대한 세액공제]

(7) 감면신청(지방세특례제한법 제183조)

지방세의 감면을 받으려는 자는 지방세 세목별로 아래에서 정하는 기간에 지방세 감면을 신청해야 한다. 이때 감면신청 서식은 [별지 제1호서식] 지방세 감면신청서에 따른다.

감면신청기한

구분	내용	
취득세	감면대상을 취득한 날부터 60일 이내	
등록면허세	등록분 등록면허세	등록을 하기 전까지
	면허분 등록면허세	면허증서를 발급받거나 송달받기 전까지
주민세	주민세 균등분	과세기준일부터 10일 이내
	주민세 재산분	과세기준일부터 30일 이내
	주민세 종업원분	급여지급일의 다음달 10일 이내

재산세	과세기준일부터 30일 이내
지역자원시설세	과세기준일부터 30일 이내
자동차세	과세기준일부터 10일 이내

취득세는 취득세 과세물건을 취득한 날부터 60일 이내에 취득세 과세표준과 세율을 적용하여 산출한 세액을 신고납부해야 한다. 취득세 감면의 경우에도 감면대상을 취득한 날부터 60일 이내에 감면신청을 해야 한다. 따라서 취득세는 취득일로부터 60이 이내에 취득세 신고서와 함께 감면신청서를 제출하면 된다.

간혹 취득자가 감면이 반영된 취득세액이 적힌 취득세 신고서만 제출하는 경우가 있는데, 취득세 신고서와 감면신청서 그리고 감면과 관련된 증빙이 필요하다면 해당 증빙도 제출해야 한다.

[별지 제1호서식] (2020. 1. 17. 개정)

지방세 감면 신청서

※ 뒤쪽의 작성방법을 참고하시기 바라며, 색상이 어두운 난은 신청인이 적지 않습니다.

(앞쪽)

접수번호	접수일	처리기간 5일

구분		
신청인	성명(대표자)	주민(법인)등록번호
	상호(법인명)	사업자등록번호
	주소 또는 영업소	
	전자우편주소	전화번호 (휴대전화번호)

구분		
감면대상	종류	면적(수량)
	소재지	

구분			
감면세액	감면세목	과세연도	기분
	과세표준액	감면구분	
	당초 결정세액	감면받으려는 세액	

구분	
감면 신청 사유	
감면 근거규정	「지방세특례제한법」 제 조 및 같은 법 시행령 제 조
관계 증명 서류	
감면 결정 통지 방법	직접교부[ ] 등기우편[ ] 전자우편 [ ]

신청인은 본 신청서의 유의사항 등을 충분히 검토했고, 향후에 신청인이 기재한 사항과 사실이 다른 경우에는 감면된 세액이 추징되며 별도의 가산세가 부과됨을 확인했습니다.

「지방세특례제한법」 제183조, 같은 법 시행령 제126조 및 같은 법 시행규칙 제9조에 따라 위와 같이 지방세 감면을 신청합니다.

년 월 일

신청인 (서명 또는 인)

시장·군수·구청장 귀하

첨부서류	감면받을 사유를 증명하는 서류	수수료 없음

210mm×297mm [백상지(80/㎡) 또는 중질지(80/㎡)]

(뒤쪽)

작성방법

1. 성명(대표자): 개인은 성명, 법인은 법인 대표자의 성명을 적습니다.
2. 주민(법인)등록번호: 개인(내국인)은 주민등록번호, 법인은 법인등록번호, 외국인은 외국인등록번호를 적습니다.
3. 상호(법인명): 개인사업자는 상호명, 법인은 법인 등기사항증명서상의 법인명을 적습니다.
4. 사업자등록번호: 「부가가치세법」에 따라 등록된 사업장의 등록번호를 적고, 사업자가 아닌 개인은 빈칸으로 둡니다.
5. 주소 또는 영업소
 - 개인: 주민등록표상의 주소를 원칙으로 하되, 주소가 사실상의 거주지와 다른 경우 거주지를 적을 수 있습니다.
 - 법인 또는 개인사업자: 법인은 주사무소 소재지, 개인사업자는 주된 사업장 소재지를 적습니다. 다만, 주사무소 또는 주된 사업장 소재지와 분사무소 또는 해당 사업장의 소재지가 다를 경우 분사무소 또는 해당 사업장의 소재지를 적을 수 있습니다.
6. 전자우편주소: 수신이 가능한 전자우편주소(E-mail 주소)를 적습니다.
7. 전화번호: 연락이 가능한 일반전화와 휴대전화번호를 적습니다.
8. 감면대상: 감면신청 대상 물건의 종류, 면적(수량) 및 소재지(해당 지번)를 적습니다.
9. 감면세액: 감면대상이 되는 세목, 연도, 기분(期分), 과세표준액 등을 적습니다.
10. 감면구분: 100% 과세면제, 50% 세액경감 등 감면비율을 적습니다.
11. 당초 결정세액: 감면결정 전의 당초 산출세액을 적습니다.
12. 감면받으려는 세액: 감면을 받으려는 금액을 적습니다.
13. 감면 신청 사유: 감면 신청 사유를 적습니다.
14. 감면 근거규정: 감면 신청의 근거 법령 조문을 적습니다.
15. 관계 증명 서류: 관련된 증명 서류의 제출 목록을 적습니다.
16. 감면 결정 통지 방법: 직접교부, 등기우편, 전자우편 중 하나를 선택합니다.

처 리 절 차

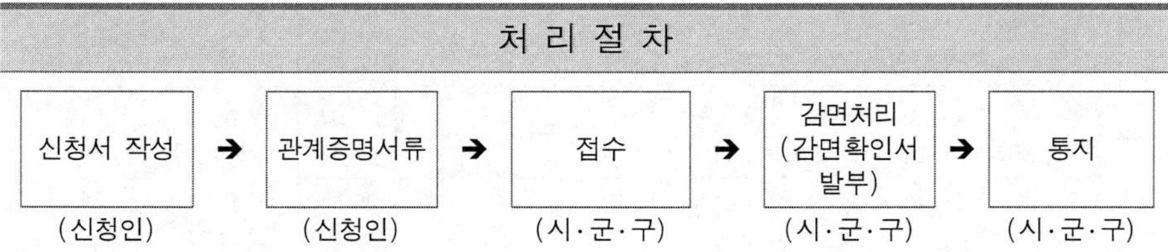

(8) 감면의 종류 및 추징사유

1) 감면의 종류

① 농어업 지원

<table>
<tr><th colspan="2" rowspan="2">감면규정</th><th colspan="2">감면율</th><th rowspan="2">일몰
기한</th><th rowspan="2">감면
최저한</th><th rowspan="2">감면분
농특세</th><th rowspan="2">감면
추징</th></tr>
<tr><th>취득세</th><th>재산세</th></tr>
<tr><td rowspan="3">6</td><td>[자경농민 농지 등 감면]
자경농민(2년 이상 영농종사자 등)이 직접 경작할 목적으로 취득하는 농지, 임야, 농업용 시설</td><td>50%</td><td>-</td><td>2020.
12.31.</td><td>-</td><td>비과세</td><td>[주1]</td></tr>
<tr><td>자경농민(2년 이상 영농종사자 등)이 농업용으로 직접 사용하기 위하여 취득하는 아래 농업용 시설
• 양잠 및 버섯재배용 건축물
• 고정식 온실
• 축사, 축산폐수 및 분뇨 처리시설
• 창고(저온, 상온, 농기계보관용), 농산물 선별처리시설</td><td>50%</td><td>-</td><td>2020.
12.31.</td><td>-</td><td>비과세</td><td>×</td></tr>
<tr><td>농촌지역으로 이주하는 귀농인이 직접 경작할 목적으로 귀농일로부터 3년 이내에 취득하는 농지, 임야</td><td>50%</td><td>-</td><td>2020.
12.31.</td><td>-</td><td>비과세</td><td>[주2]</td></tr>
<tr><td rowspan="2">7</td><td>[농기계류 감면]
농업용에 직접 사용하기 위하여 취득하는 자동경운기 등 농업기계</td><td>100%</td><td>-</td><td>2020.
12.31.</td><td>적용
제외</td><td>비과세</td><td>×</td></tr>
<tr><td>농업용수의 공급을 위하여 취득하는 관정시설</td><td>100%</td><td>100%</td><td>2020.
12.31.</td><td>적용
제외</td><td>비과세</td><td>×</td></tr>
<tr><td rowspan="5">8</td><td>[농지확대개발 감면]
농업생산기반 개량사업의 시행으로 취득하는 농지 및 농지확대 개발사업 시행으로 취득하는 개간농지(한국농어촌공사의 취득은 제외)</td><td>100%</td><td>-</td><td>2022.
12.31.</td><td>적용
제외</td><td>비과세</td><td>×</td></tr>
<tr><td>농업진흥지역에서 교환·분합하는 농지(한국농어촌공사의 교환·분합은 제외)</td><td>100%</td><td>-</td><td>2022.
12.31.</td><td>적용
제외</td><td>비과세</td><td>×</td></tr>
<tr><td>임업자와 임업후계자가 직접 임업을 하기 위하여 교환·분합하는 임야</td><td>100%</td><td>-</td><td>2020.
12.31.</td><td>적용
제외</td><td>비과세</td><td>×</td></tr>
<tr><td>임업자와 임업후계자가 취득하는 보전산지(99만㎡ 이내에 한함)</td><td>50%</td><td>-</td><td>2020.
12.31.</td><td>적용
제외</td><td>비과세</td><td>×</td></tr>
<tr><td>공유수면 매립, 간척으로 취득하는 농지</td><td>0.8%
세율</td><td>-</td><td>2021.
12.31.</td><td>적용
제외</td><td>비과세</td><td>[주3]</td></tr>
</table>

	감면규정	감면율		일몰기한	감면 최저한	감면분 농특세	감면 추징
		취득세	재산세				
9	**[자영어민 감면]** 어업자와(양식업자 포함) 후계어업경영인이 직접 어업을 하기 위하여 취득하는 어업권, 양식업권, 20톤 이상 어선, 양어장용 토지, 수조	50%	-	2020. 12.31.	적용 제외	비과세	×
	20톤 미만의 소형어선	100%	100%	2022. 12.31.	적용 제외	비과세	×
	출원으로 취득하는 어업권, 양식업권	100%	-	2022. 12.31.	적용 제외	비과세	×
11	**[농어법인 감면]** 농업법인이 영농에 사용하기 위하여 법인설립등기일로부터 2년 이내에 취득하는 농지, 임야 등(청년농업법인은 4년 이내)	75%	-	2020. 12.31.	적용 제외	비과세	[주4]
	농업법인이 영농·유통·가공에 직접 사용하기 위하여 취득하는 부동산	50%	50%	2020. 12.31.	2018. 01.01.	비과세	
12	**[어업법인 감면]** 어업법인이 영어·유통·가공에 직접 사용하기 위하여 취득하는 부동산	50%	50%	2020. 12.31.	-	비과세	
13	**[한국농어촌공사 농업관련사업 감면]** 한국농어촌공사가 농지매매사업 등을 위해 취득·소유하는 부동산과 농지법에 따라 취득하는 농지	50%	50%	2022. 12.31.	-	과세	×
	한국농어촌공사가 국가·지방자치단체의 농업생산기반 정비계획에 따라 취득·소유하는 농업기반시설용 토지와 그 시설물	50%	100%	2022. 12.31.	-	비과세	
	한국농어촌공사가 경영회생지원을 위해 취득하는 부동산	50%	50%	2022. 12.31.	-	과세	
	한국농어촌공사가 경영회생지원을 위해 환매취득하는 부동산	100%	50%	2022. 12.31.	2018. 01.01.	과세	
	한국농어촌공사가 경영회생지원을 위해 임대하는 부동산	-	50%	2022. 12.31.	-	과세	
	한국농어촌공사가 FTA체결 관련 농어업인 지원 목적으로 취득하는 농지	50%	-	2022. 12.31.	-	과세	
	한국농어촌공사가 국가·지방자치단체의 계획에 따라 제3자에 공급할 목적으로 생활환경정비사업에 직접 사	25%		2022. 12.31.	-	과세	

감면규정		감면율		일몰 기한	감면 최저한	감면분 농특세	감면 추징
		취득세	재산세				
	용하기 위하여 일시 취득하는 부동산						
	한국농어촌공사가 국가·지방자치단체의 계획에 따라 제3자에 공급할 목적으로 생활환경정비사업에 직접 사용하기 위하여 일시 취득하는 부동산 중 택지개발사업지구·단지조성사업지구에 있는 부동산으로서 국가·지방자치단체에 무상으로 귀속될 공공시설물, 그 부속토지, 공공시설용지	-	50%	2021. 12.31.	-	-	
	한국농어촌공사가 농지시장안정과 농업구조개선을 위하여 취득하는 농지	50%	-	2022. 12.31.	-	비과세	
14	**[농협 등 농어업 관련 사업 감면]** 농협중앙회, 수협중앙회, 산림조합중앙회가 구매·판매사업 등에 직접 사용하기 위하여 취득하는 아래 부동산 • 구매·판매·보관·가공·무역 사업용 토지와 건축물 • 생산·검사 사업용 토지와 건축물 • 농어민 교육시설용 토지와 건축물 • 유통자회사에 농수산물 유통시설로 사용하게 하는 부동산	25%	25%	2020. 12.31.	-	비과세	×
	농업협동조합중앙회, 수산업협동조합중앙회, 산림조합중앙회, 엽연초생산협동조합중앙회가 회원의 교육·지도·지원 사업과 공동이용시설사업에 사용하기 위하여 취득하는 부동산(임대용 부동산 제외)	25%	-	2016. 12.31. (일몰)	-	비과세	
	농협, 수협, 산림조합, 엽연초생산협동조합(각 조합의 중앙회 제외)이 고유업무에 직접 사용하기 위하여 취득하는 부동산(임대용 부동산 제외)	100%	100%	2020. 12.31.	2018. 01.01.	비과세	
14의2	**[농협경제지주회사 등 구매·판매사업 관련 감면]** 농협경제지주회사와 그 자회사가 구매·판매 사업 등에 직접 사용하기 위하여 취득하는 아래의 부동산 • 구매·판매·보관·가공·무역 사업용 토지와 건축물 • 생산·검사 사업용 토지와 건축물	25%	25%	2017. 12.31. (일몰)	-	비과세	×

	감면규정	감면율		일몰 기한	감면 최저한	감면분 농특세	감면 추징
		취득세	재산세				
	• 농어민 교육시설용 토지와 건축물 • 유통자회사에 농수산물 유통시설로 사용하게 하는 부동산						
15	**[한국농수산식품유통공사 등 농어업 사업 관련 감면]** 한국농수산식품유통공사와 유통자회사가 농수산물종합직판장 등의 농수산물 유통시설과 농수산물유통에 관한 교육훈련시설에 직접 사용하기 위하여 취득하는 부동산	50%	50%	2020. 12.31.	-	과세	×
	지방농수산물공사가 도매시장 관리 및 농수산물 유통사업에 직접 사용하기 위하여 취득하는 부동산	100%	100%	2022. 12.31.	2022. 01.01.	비과세	
16	**[농어촌주택 개량 감면]** 주택개량대상자로 선정된 사람이 주택개량사업계획에 따라 본인 및 가족이 상시 거주할 목적으로 취득하는 연면적 150㎡ 이하의 주거용 건축물 (취득세액 280만원 한도로 공제)	100%	-	2021. 12.31.	적용 제외	비과세	[주5]

② 사회복지를 위한 지원

	감면규정	감면율		일몰 기한	감면 최저한	감면분 농특세	감면 추징
		취득세	재산세				
17	**[장애인용 자동차 감면]** 장애인이 보철용·생업활동용으로 사용하기 위하여 취득하는 자동차 ① 아래의 자동차 • 배기량 2천cc 이하 승용자동차 • 승차 정원 7명 이상 10명 이하 승용자동차 • 자동차의 구분기준이 화물자동차에서 2006년 1월 1일부터 승용자동차에 해당하게 되는 자동차 ② 승차 정원 15명 이하 승합자동차 ③ 최대적재량 1톤 이하 화물자동차 ④ 배기량 250cc 이하 이륜자동차	100%	-	2021. 12.31.	적용 제외	비과세	[주6]
17의	**[한센인·한산인정착농원 지원 감면]** 한센인이 한센인정착농원 내에서 취	100%	100%	2021. 12.31.	적용 제외	비과세	×

감면규정		감면율		일몰 기한	감면 최저한	감면분 농특세	감면 추징
		취득세	재산세				
2	득하는 아래 ①~③ 부동산 ① 주택(전용면적 85㎡ 이하) ② 축사용 부동산 ③ 한센인의 재활사업에 직접 사용하기 위한 부동산(한센인정착농원 대표자나 한센인이 취득하는 경우로 한정)						
18	**[한국장애인고용공단 감면]** 한국장애인고용공단이 목적사업에 직접 사용하기 위하여 취득하는 부동산(수익사업용 부동산 제외)	25%	25%	2022. 12.31.	-	과세	×
19	**[어린이집 및 유치원 감면]** 어린이집 및 유치원을 설치·운영하기 위하여 취득하는 부동산	100%	100%	2021. 12.31.	2018. 01.01.	비과세	×
19의2	**[아동복지시설 감면]** 지역아동센터를 설치·운영하기 위하여 취득하는 부동산	100%	100%	2020. 12.31.	2018. 01.01.	과세	×
20	**[노인복지시설 감면]** 무료노인복지시설을 설치·운영하기 위하여 취득하는 부동산	100%	50%	2020. 12.31.	적용 제외	비과세	×
	위 외의 노인복지시설을 설치·운영하기 위하여 취득하는 부동산	25%	25%	2020. 12.31.	-	비과세	×
	노인의 여가선용을 위하여 경로당으로 사용하는 부동산(부대시설 포함)	-	100% (지역)	2020. 12.31.	-	비과세	×
21	**[청소년 단체 감면]** 스카우트주관단체, 한국청소년연맹, 한국해양소년단연맹 등 법인 또는 단체가 그 고유업무에 직접 사용하기 위하여 취득하는 부동산(임대용 부동산 제외)	75%	100%	2020. 12.31.	2018. 01.01.	비과세	×
	청소년수련시설의 설치허가를 받은 비영리법인이 청소년수련시설을 설치하기 위하여 취득하는 부동산	100%	50%	2020. 12.31.	2018. 01.01.	과세	×
22	**[사회복지법인 감면]** 사회복지법인 등(양로원, 보육원, 모자원, 한센병자 치료보호시설 등)이 해당 사업에 직접 사용하기 위하여 취득하는 부동산	100%	100% [주1]	2022. 12.31.	2020. 01.01.	비과세	[주7]
	사회복지법인이 의료기관을 경영하기	① 50%	① 50%	2020.	2018.	비과세	×

<table>
<tr><th colspan="2" rowspan="2">감면규정</th><th colspan="2">감면율</th><th rowspan="2">일몰
기한</th><th rowspan="2">감면
최저한</th><th rowspan="2">감면분
농특세</th><th rowspan="2">감면
추징</th></tr>
<tr><th>취득세</th><th>재산세</th></tr>
<tr><td></td><td>위하여 취득하는 부동산
2020.12.31.까지의 취득
2021.01.01.~2021.12.31.의 취득</td><td>② 30%</td><td>② 50%</td><td>12.31.</td><td>01.01.</td><td></td><td></td></tr>
<tr><td>22
의
2</td><td>[출산 및 양육 지원 감면]
다자녀양육자(18세 미만의 자녀 3명 이상 양육자)가 양육을 목적으로 취득하여 등록하는 아래 자동차(대체취득과 배우자 이전등록을 포함)
① 다음의 승용자동차
• 승차정원이 7명 이상 10명 이하
• 위 외 승용자동차(140만원 한도)
② 승차정원 15명 이하 승합자동차
③ 최대적재량 1톤 이하 화물자동차
④ 배기량 250cc 이하 이륜자동차</td><td>100%</td><td>-</td><td>2021.
12.31.</td><td>2019.
01.01.</td><td>비과세</td><td>[주8]</td></tr>
<tr><td>22
의
4</td><td>[사회적기업 감면]
사회적기업(회사인 경우 중소기업에 한정)이 고유업무에 직접 사용하기 위하여 취득하는 부동산</td><td>50%</td><td>25%</td><td>2021.
12.31.</td><td>-</td><td>과세</td><td>[주9]</td></tr>
<tr><td>23</td><td>[권익증진 등 감면]
법률구조법인과 한국소비자원이 그 고유업무에 직접 사용하기 위하여 취득하는 부동산(임대용 부동산 제외)
① 2020.12.31.까지
② 2021.01.01.~2021.12.31.의 취득
③ 2022.01.01.~2022.12.31.의 취득</td><td>① 100%
② 50%
③ 25%</td><td>① 100%
② 50%
③ 25%</td><td>2022.
12.31.</td><td>2018.
01.01.</td><td>비과세</td><td>×</td></tr>
<tr><td rowspan="5">24</td><td>[연금공단 등 감면]
국민연금공단이 복지증진사업에 직접 사용하기 위하여 취득하는 부동산</td><td>100%</td><td>100%</td><td rowspan="5">2014.
12.31.
(일몰)</td><td>-</td><td rowspan="5">과세</td><td rowspan="5">×</td></tr>
<tr><td>국민연금공단이 위탁받아 국민연금제도 등의 조사연구 사업에 직접 사용하기 위하여 취득하는 부동산</td><td>50%</td><td>50%</td><td>-</td></tr>
<tr><td>공무원연금공단이 공무원후생복지사업, 주택 건설·공급·임대, 택지취득사업에 직접 사용하기 위하여 취득하는 부동산</td><td>100%</td><td>100%</td><td>-</td></tr>
<tr><td>공무원연금공단이 공무원연금기금사업 등에 직접 사용하기 위하여 취득하는 부동산</td><td>50%</td><td>50%</td><td>-</td></tr>
<tr><td>사립학교교직원연금공단이 교직원복</td><td>100%</td><td>100%</td><td>-</td></tr>
</table>

	감면규정	감면율		일몰 기한	감면 최저한	감면분 농특세	감면 추징
		취득세	재산세				
	지사업에 직접 사용하기 위하여 취득하는 부동산						
	사립학교교직원연금공단이 자산운용사업에 직접 사용하기 위하여 취득하는 부동산	50%	50%		-		
25	**[근로자 복지 감면]** 군인공제회·경찰공제회·대한지방행정공제회·한국교직원공제회가 회원용 공동주택(전용면적 85㎡ 이하)을 건설하기 위하여 취득하는 부동산	50%	-	2014. 12.31. (일몰)	-	과세	×
26	**[노동조합 감면]** 노동조합이 그 고유업무에 직접 사용하기 위하여 취득하는 부동산(수익사업용 부동산 제외)	100%	100%	2021. 12.31.	2018. 01.01.	과세	×
27	**[근로복지공단 지원 감면]** 근로복지공단이 공단의 사업에 직접 사용하기 위하여 취득하는 부동산 ① 2020.12.31.까지 ② 2021.01.01.~2022.12.31	25% 25%	25% -	2022. 12.31.	-	과세	×
	근로복지공단이 의료사업 및 재활사업에 직접 사용하기 위하여 취득하는 부동산 ① 2020.12.31.까지 ② 2021.01.01.~2021.12.31	75% 50%	50% 50%	2021. 12.31.	-	과세	×
28	**[산업인력 등 지원 감면]** 직업능력개발훈련시설에 직접 사용하기 위하여 취득하는 토지(건축물 바닥면적의 10배 이내)와 건축물	50%	100%	2014. 12.31. (일몰)	-	비과세	×
	한국산업안전보건공단이 산업안전보건에 관한 교육, 산업재해예방시설의 설치·운영 사업에 직접 사용하기 위하여 취득하는 부동산	25%	25%	2022. 12.31.	-	과세	×
	한국산업인력공단이 산업재해예방기술의 연구·개발·보급 사업에 직접 사용하기 위하여 취득하는 부동산	25%	-	2022. 12.31.	-	과세	×
29	**[국가유공자 감면]** 국가유공자 관련 법에 따른 대부금을	100%	-	2020. 12.31.	적용 제외	비과세	×

감면규정		감면율		일몰기한	감면최저한	감면분 농특세	감면추징
		취득세	재산세				
	받아 취득하는 아래 주택과 부동산 ① 전용면적 85㎡ 이하 주택(대부금 초과부분을 포함) ② 위 ①외의 부동산						
	아래의 단체가 그 고유업무에 직접 사용하기 위하여 취득하는 부동산 ① 대한민국상이군경회, 대한민국전몰군경유족회, 대한민국전몰군경미망인회, 광복회, 4·19민주혁명회, 4·19혁명희생자유족회, 4·19혁명공로자회, 재일학도의용군동지회, 대한민국무공수훈자회 ② 대한민국특수임무유공자회 ③ 대한민국고엽제전우회 ④ 대한민국6·25참전유공자회, 대한민국월남전참전자회	100%	100%	2020.12.31.	적용제외	비과세	×
	국가유공자 자활용사촌에 거주하는 중상이자와 그 유족이 취득·소유하는 자활용사촌 안의 부동산	100%	100%	2020.12.31.	적용제외	비과세	×
	국가유공자 등이 보철용·생업활동용으로 사용하기 위하여 취득하는 아래 자동차(대체취득 포함) ① 다음의 승용자동차 • 배기량 2천cc 이하 승용자동차 • 승차 정원 7명 이상 10명 이하 승용자동차 • 자동차의 구분기준이 화물자동차에서 2006년 1월 1일부터 승용자동차에 해당하게 되는 자동차 ② 승차 정원 15명 이하 승합자동차 ③ 최대적재량 1톤 이하 화물자동차 ④ 배기량 250cc 이하 이륜자동차	100%	-	2021.12.31.	적용제외	비과세	[주10]
30	**[한국보훈복지의료공단 감면]** 한국보훈복지의료공단이 국가유공자 등에 대한 지원 등의 사업에 직접 사용하기 위하여 취득하는 부동산	25%	25%	2022.12.31.	-	과세	×
	보훈병원이 의료업에 직접 사용하기 위하여 취득하는 부동산 ① 2020.12.31.까지의 취득 ② 2021.01.01.~2021.12.31.의 취득	75% 50%	75% 50%	2021.12.31.	-	과세	×

감면규정		감면율		일몰기한	감면 최저한	감면분 농특세	감면 추징
		취득세	재산세				
	독립기념관이 독립기념관 자료의 수집 등 업무에 직접 사용하기 위하여 취득하는 부동산	100%	100%	2021. 12.31.	적용 제외	비과세	×
31	**[임대주택 등 감면]** 공공주택사업자, 임대사업자가 임대할 목적으로 공동주택을 건축하는 경우 그 공동주택과, 임대사업자가 임대할 목적으로 건축주로부터 공동주택 또는 오피스텔을 최초로 분양받은 경우 그 공동주택 또는 오피스텔(토지를 취득한 날부터 정당한 사유 없이 2년 이내에 공동주택을 착공하지 아니한 경우는 제외) ① 전용면적 60㎡ 이하 공동주택 또는 오피스텔 ② 8년 이상 장기임대 목적으로 장기임대주택(전용면적 60㎡ 초과 85㎡ 이하)을 20호 이상 취득하거나 보유한 임대사업자가 추가로 장기임대주택을 취득하는 경우(추가로 취득한 결과로 20호 이상을 보유하게 되었을 때는 그 20호부터 초과분까지를 포함)	① 100% ② 50%	-	2021. 12.31.	2018. 01.01.	비과세	[주11]
	임대사업자가 국내에서 임대용 공동주택을 또는 오피스텔을 과세기준일 현재 2세대 이상 임대목적으로 직접 사용하는 경우 ① 전용면적 40㎡ 이하인 30년 이상 임대목적의 공동주택 ② 전용면적 60㎡ 이하인 임대 목적의 공동주택 또는 오피스텔 ③ 전용면적 85㎡ 이하인 임대 목적의 공동주택 또는 오피스텔	-	① 100% ② 50% ③ 25%	2021. 12.31.	-	비과세	[주12]
	한국토지주택공사가 공공매입임대주택을 매입하여 공급하는 다가구주택 및 그 부속토지	50%	50%	2021. 12.31.	-	과세	[주13]
31의 2	**[준공 후 미분양 주택 감면]** 「주택법」 제54조 제1항에 따른 사업주체가 분양하는 아래 각 요건을 모두 갖춘 '준공 후 미분양 주택'의 최초 취득	25%	-	2016. 12.31. (일몰)	-	과세	[주13]

감면규정		감면율		일몰 기한	감면 최저한	감면분 농특세	감면 추징
		취득세	재산세				
	① 사용검사·임시사용승인을 받은 후에도 분양되지 않은 주택일 것 ② 입주자 모집공고에 공시된 분양가격이 6억원 이하이며, 전용면적이 149㎡ 이하의 주택(주거용 건축물 및 그 부속토지를 포함)으로서 실제 입주한 사실이 없을 것 ③ 2011.12.31.까지 임대차계약을 체결하고 2년 이상 임대하였을 것						
31의3	**[장기일반민간임대주택 감면]** 공공지원민간임대주택·장기일반민간임대주택 임대사업자가 국내에서 임대 목적의 공동주택, 다가구주택, 오피스텔을 과세기준일 현재 2세대 이상 임대목적으로 직접 사용하는 경우 ① 전용면적 40㎡ 이하 임대목적 공동주택·다가구주택·오피스텔 ② 전용면적 40㎡ 초과 60㎡ 이하 임대목적의 공동주택·오피스텔 ③ 전용면적 60㎡ 초과 85㎡ 이하인 임대목적 공동주택·오피스텔	-	① 100% ② 75% ③ 50%	2021.12.31.	-	-	[주14]
31의4	**[주택임대사업에 투자하는 부동산투자회사 감면]** 국가등이 50% 초과 출자한 위탁관리부동산투자회사가 임대할 목적으로 취득하는 부동산(공동주택과 오피스텔 포함)을 건축 또는 매입하기 위하여 취득하는 경우의 부동산	20%	-	2021.12.31.	-	비과세	[주15]
	국가등이 50% 초과 출자한 위탁관리부동산투자회사가 과세기준일 현재 국내에 2세대 이상의 해당 공동주택을 임대 목적에 직접 사용(위탁임대 포함)하는 경우 ① 전용면적 60㎡ 이하 임대목적 공동주택 ② 전용면적 85㎡ 이하 임대목적 공동주택	-	① 40% ② 15%	2021.12.31.	-	비과세	-
32	**[한국토지주택공사 소규모 공동주택 취득 감면]** 한국토지주택공사가 임대목적으로 취	50%	50%	2021.12.31.	-	과세	[주16]

감면규정		감면율		일몰 기한	감면 최저한	감면분 농특세	감면 추징
		취득세	재산세				
	득하여 소유하는 소규모 공동주택(1구당 건축면적 60㎡ 이하 공동주택)						
	한국토지주택공사가 분양을 목적으로 취득하는 소규모 공동주택용 부동산	25%	–	2016. 12.31. (일몰)	–	과세	
32의2	**[한국토지주택공사의 방치건축물 사업재개 감면]** 공사중단 건축물 정비계획(건축물 완공으로 인한 수익금이 공사중단 건축물 정비기금에 납입되는 경우에 한정)에 따라 한국토지주택공사가 공사 재개를 위하여 취득하는 부동산	35%	25%	2021. 12.31.	–	과세	×
33	**[주택공급 확대 감면]** 주택건설사업자가 공동주택을 분양할 목적으로 건축한 전용면적 60㎡ 이하인 5세대 이상의 공동주택(해당 공동주택의 부속토지를 제외)과 그 공동주택을 건축한 후 미분양 등의 사유로 임대용으로 전환하는 경우 그 공동주택	100%	–	2014. 12.31. (일몰)	–	비과세	×
	상시 거주할 목적으로 서민주택(연면적 또는 전용면적이 40㎡ 이하인 주거용 건축물 및 부속토지)을 취득(상속, 증여, 원시취득 제외)하여 1가구 1주택에 해당하는 경우(해당 주택을 취득한 날부터 60일 이내에 종전 주택을 증여 외의 사유로 매각하여 1가구 1주택이 되는 경우를 포함)	100%	–	2021. 12.31.	적용 제외	비과세	[주17]
34	**[주택도시보증공사 주택분양보증 감면]** 주택도시보증공사가 주택에 대한 분양보증을 이행하기 위하여 취득하는 건축물로서 분양계약이 된 주택	50%	–	2016. 12.31. (일몰)	–	과세	×
	부동산투자회사가 임대목적으로 2014. 12.31.까지 취득하는 주택	100%	0.1% 세율	2014. 12.31. (일몰)	–	과세	[주18]
	기업구조조정 부동산투자회사 또는 부동산집합투자기구가 2016년 12월 31일까지 특정 사업주체로부터 직접 취득하는 미분양주택 및 그 부속토지	50%	0.1% 세율	2016. 12.31. (일몰)	–	과세	×

감면규정		감면율		일몰기한	감면 최저한	감면분 농특세	감면 추징
		취득세	재산세				
35	**[주택담보노후연금보증 주택 감면]** 주택담보노후연금보증을 위해 담보로 제공된 주택(1가구 1주택에 한함) ① 주택공시가격 5억원 이하 주택 ② 주택공시가격 5억원 초과 주택은 5억원에 해당하는 재산세액	-	25%	2021. 12.31.	-	과세	×
	금융기관으로부터 연금 방식으로 생활자금 등을 지급받기 위하여 장기주택저당대출에 가입한 사람이 담보로 제공하는 주택(1가구 1주택에 한함) ① 주택공시가격 5억원 이하 주택 ② 주택공시가격 5억원 초과 주택은 5억원에 해당하는 재산세액	-	25%	2021. 12.31.	-	과세	×
35의2	**[농업인 노후생활안정자금대상 농지 감면]** 농업인에 대한 노후생활안정자금을 지원받기 위하여 담보로 제공된 농지 ① 토지공시가격 6억원 이하 농지 ② 토지공시가격 6억원 초과 농지는 6억원에 해당하는 재산세액	-	100%	2021. 12.31.	적용 제외	과세	×
35의3	**[임차인의 전세자금 마련 지원 주택담보대출 주택 재산세액 공제]** 재산세 과세기준일 현재 임대인과 임차인 간에 임대차계약을 체결하고 임대주택으로 사용하는 경우로서 그 주택을 보유한 자에 대해서 [주19]의 요건을 모두 충족하는 경우	-	별도 세율	2016. 12.31.	-	과세	[주19]
36	**[무주택자 주택공급사업 지원 감면]** 한국사랑의집짓기운동연합회가 무주택자에게 분양할 목적으로 취득하는 주택건축용 부동산	100%	100%	2021. 12.31.	적용 제외	비과세	[주20]
36의2	**[생애최초 주택구입 신혼부부 감면]** 신혼부부(혼인한 날부터 5년 이내인 사람과 주택 취득일부터 3개월 이내에 혼인할 예정인 사람)으로서 아래 ①~③의 요건을 갖춘 사람이 거주할 목적으로 주택을 유상거래(부담부증여 제외)로 취득한 경우 ① 주택 취득일 현재 신혼부부로서 본인과 배우자 모두 주택 취득일까	50%	-	2020. 12.31.	-	과세	[주21]

	감면규정	감면율		일몰 기한	감면 최저한	감면분 농특세	감면 추징
		취득세	재산세				
	지 주택을 소유한 사실이 없을 것 (예외있음) ② 주택 취득연도의 직전연도 신혼부부 합산 소득이 7천만원(홑벌이 가구는 5천만원)을 초과하지 아니할 것 ③ 취득 당시의 가액이 3억원(수도권은 4억원) 이하이고 전용면적이 60㎡ 이하인 주택을 취득할 것						
37	**[국립대병원 등 감면]** 서울대학교병원, 서울대학교치과병원, 국립대학병원, 국립암센터, 국립중앙의료원, 국립대학치과병원이 고유업무에 직접 사용하기 위하여 취득하는 부동산	75%	75%	2020. 12.31.	-	비과세	×
	위 법인이 고유업무에 직접 사용하기 위하여 2021.01.01.~2021.12.31.에 취득하는 부동산	50%	50%	2021. 12.31.	-	비과세	×
38	**[의료법인 등 과세특례]** 의료법인이 의료업에 직접 사용하기 위하여 취득하는 부동산 ① 2020.12.31.까지의 취득 ② 2021.01.01.~2021.12.31.의 취득	① 50% ② 30%	① 50% ② 50%	2021. 12.31.	-	비과세	×
	종교단체(민법에 따른 재단법인에 한정)가 의료기관 개설을 통하여 의료업에 직접 사용할 목적으로 취득하는 부동산 ① 2020.12.31.까지의 취득(특별시, 광역시 및 도청 소재지 시 지역) ② 2020.12.31.까지의 취득(①외 지역) ③ 2021.01.01.~2021.12.31.의 취득	① 20% ② 40% ③ 30%	① 50% ② 50% ③ 50%	2021. 12.31.	-	과세	×
38의2	**[지방의료원 감면]** 지방의료원이 의료업에 직접 사용하기 위하여 취득하는 부동산 ① 2020.12.31.까지의 취득 ② 2021.01.01.~2021.12.31.의 취득	① 75% ② 75%	① 75% ② 75%	2021. 12.31.	-	과세	×
39	**[국민건강보험사업 지원 감면]** 국민건강보험공단이 고유업무에 직접	① 100% ② 50%	① 50% ② 50%	2014. 12.31.	2018. 01.01.	과세	×

감면규정		감면율		일몰기한	감면최저한	감면분 농특세	감면추징
		취득세	재산세				
	사용하기 위하여 취득하는 부동산 ① 가입자·피부양자 자격관리 업무 ② 자산관리·운영·증식사업 업무			(일몰)			
	건강보험심사평가원이 고유업무에 직접 사용하기 위하여 취득하는 부동산 ① 요양급여비용의 심사 업무 ② 요양급여의 적정성 평가 업무	① 100% ② 50%	① 50% ② 25%	2014.12.31.(일몰)	2018.01.01.	과세	×
40	**[국민건강증진사업자 감면]** 인구보건복지협회, 한국건강관리협회, 대한결핵협회가 그 고유업무에 직접 사용하기 위하여 취득하는 부동산(임대용 부동산 제외) ① 2020.12.31.까지의 취득 ② 2021.01.01.~2021.12.31.의 취득	① 75% ② 50%	① 75% ② 50%	2021.12.31.	-	비과세	×
40의2	**[주택거래 취득세 감면]** 2013.01.01.~2013.6.30.까지 아래 ①~③의 주택을 유상거래로 취득하여 아래 ㉠이나 ㉡ 중 어느 하나에 해당하게 된 경우 ㉠ 1주택이 되는 경우 ㉡ 일시적 2주택이 되는 경우 ① 취득가액 9억원 이하 주택 ② 취득가액 9억원 초과 12억원 이하 주택 또는 12억원 이하 주택으로 다주택자가 되는 경우 ③ 취득가액 12억원 초과 주택	① 75% ② 50% ③ 25%	-	2013.06.30.(일몰)	-	과세	[주22]
	2013.07.01.~2013.12.31.까지 취득 당시의 가액이 9억원 이하인 주택을 유상거래로 취득하여 아래 중 어느 하나에 해당하게 된 경우 ㉠ 1주택이 되는 경우 ㉡ 일시적 2주택이 되는 경우	50%	-	2013.12.31.(일몰)	-	과세	[주23]
40의3	**[대한적십자사 감면]** 대한적십자사가 그 고유업무 중 의료사업(간호사업, 혈액사업 포함)에 직접 사용하기 위하여 취득하는 부동산(임대용 부동산 제외) ① 2020.12.31.까지의 취득 ② 2021.01.01.~2021.12.31.의 취득	① 75% ② 50%	① 75% ② 50%	2021.12.31.	-	비과세	×

감면규정		감면율		일몰기한	감면최저한	감면분 농특세	감면추징
		취득세	재산세				
	대한적십자사가 그 고유업무 중 의료사업 외에 직접 사용하기 위하여 취득하는 부동산(임대용 부동산 제외)	25%	25%	2022. 12.31.	-	비과세	×

③ 교육 및 과학기술 등에 대한 지원

감면규정		감면율		일몰기한	감면최저한	감면분 농특세	감면추징
		취득세	재산세				
41	**[학교 및 외국교육기관 면제]** 학교, 외국교육기관 등이 해당 사업에 직접 사용하기 위하여 취득하는 부동산(특정 기숙사 제외)	100%	100%	2021. 12.31.	적용제외	비과세	[주24]
	국립대학법인 전환 이전에 기부채납 받은 부동산으로서 국립대학법인 전환 이전에 체결한 계약에 따라 기부자에게 무상사용을 허가한 부동산	-	100%	2021. 12.31.	적용제외	과세	×
	의과(한의과, 치과, 수의과 포함)대학의 부속병원이 의료업에 직접 사용하기 위하여 취득하는 부동산 ① 2020.12.31.까지의 취득 ② 2021.01.01.~2021.12.31.의 취득	① 50% ② 30%	① 50% ② 50%	2021. 12.31.	적용제외	비과세	×
42	**[기숙사 등 감면]** 학교, 외국교육기관 등이 특정한 방식으로 설립·운영되는 기숙사로 사용하기 위하여 취득하는 부동산	100%	100%	2021. 12.31.	2018. 01.01.	과세	[주25]
	학교를 설치·경영하는 자가 학생들의 실험·실습용으로 사용하기 위하여 취득하는 ① 항공기, 선박 ② 차량, 기계장비, 입목	① 100% ② 100%	① 100% ② -	2021. 12.31.	2019. 01.01	비과세	[주26]
	산학협력단이 그 고유업무에 직접 사용하기 위하여 취득하는 부동산	75%	75%	2020. 12.31.	-	비과세	×
43	**[평생교육단체 등 면제] *참고** 평생교육단체가 해당 사업에 직접 사용하기 위하여 취득하는 부동산	100%	100%	2019. 12.31.	2019. 01.01	비과세	[주27]
	평생교육단체가 해당 사업에 직접 사용하기 위하여 취득하는 부동산 (2020.01.01.~2021.12.31.의 취득)	50%	50%	2021. 12.31.	-	과세	

감면규정		감면율		일몰 기한	감면 최저한	감면분 농특세	감면 추징
		취득세	재산세				
44	평생교육시설에 사용하기 위하여 취득하는 부동산 ① 2019.12.31.까지의 취득 ② 2020.01.01.~2021.12.31.의 취득	① 100% ② 50%	① 100% ② 50%	2021. 12.31.	2018. 01.01.	비과세	[주28]
44의 2	**[박물관 등 감면] *참고** 「박물관 및 미술관 진흥법」 제16조에 따라 등록된 박물관 또는 미술관에 사용하기 위하여 취득하는 부동산(해당 시설을 다른 용도로 함께 사용하는 경우에는 그 부분은 제외)	100%	100%	2021. 12.31.	2018. 01.01.	비과세	×
	「도서관법」 제31조 또는 제40조에 따라 등록된 도서관 또는 「과학관의 설립·운영 및 육성에 관한 법률」 제6조에 따라 등록된 과학관에 사용하기 위하여 취득하는 부동산(해당 시설을 다른 용도로 함께 사용하는 경우에는 그 부분은 제외)	100%	100%	2021. 12.31.	2018. 01.01.	비과세	×
45	**[학술단체 및 장학법인 감면] *참고** 학술단체가 그 고유업무에 직접 사용하기 위하여 취득하는 부동산	100%	100%	2021. 12.31.	2018. 01.01.	비과세	[주29]
	「공익법인의 설립·운영에 관한 법률」에 따라 설립된 장학법인이 장학사업에 직접 사용하기 위하여 취득하는 부동산	100%	100%	2021. 12.31.	2018. 01.01.	과세	
	「공익법인의 설립·운영에 관한 법률」에 따라 설립된 장학법인이 장학금을 지급할 목적으로 취득하는 임대용 부동산	80%	80%	2021. 12.31.	-	과세	
45의 2	**[기초과학 연구지원 연구기관 면제]** 기초과학연구원과 특정 연구기관이 그 고유업무에 직접 사용하기 위하여 취득하는 부동산	100%	100%	2020. 12.31.	2018. 01.01.	과세	×
46	**[연구개발 지원 감면] *참고** 기업이 기업부설연구소(상호출자제한기업집단등이 과밀억제권역 내에 설치하는 기업부설연구소는 제외)에 직접 사용하기 위하여 취득하는 부동산(부속토지는 건축물 바닥면적의 7배 이내로 한정)	① 35% ② 45%	① 35% ② 45%	2022. 12.31.	-	비과세	[주30]

감면규정		감면율		일몰 기한	감면 최저한	감면분 농특세	감면 추징
		취득세	재산세				
	① 일반 기업부설연구소 ② 신성장동력·원천기술 관련 기업부설연구소						
	상호출자제한기업집단등이 과밀억제권역 외에 설치하는 기업부설연구소에 직접 사용하기 위하여 취득하는 부동산 ① 일반 기업부설연구소 ② 신성장동력·원천기술 관련 기업부설연구소	① 35% ② 45%	① 35% ② 45%	2022. 12.31.	-	비과세	
	중소기업이 기업부설연구소에 직접 사용하기 위하여 취득하는 부동산 ① 일반 기업부설연구소 ② 신성장동력·원천기술 관련 기업부설연구소	① 60% ② 70%	① 50% ② 60%	2022. 12.31.	-	비과세	
47	**[한국환경공단 감면]** 한국환경공단이 특정 사업에 직접 사용하기 위하여 취득하는 부동산(임대용 부동산은 제외)	25%	25%	2022. 12.31.	-	과세	×
47의2	**[녹색건축 인증 건축물 감면]** 신축(증축, 개축 포함)하는 건축물로서 아래 요건을 모두 갖춘 건축물(취득일부터 70일 이내에 아래 요건을 모두 갖춘 건축물을 포함) ① 녹색건축인증등급 우수등급 이상 ② 에너지효율등급 1등급 이상	3~10% (참고1)	-	2020. 12.31	-	과세	[주31]
	신축하는 건축물로서 제로에너지건축물 인증을 받은 건축물(취득일부터 100일 이내에 제로에너지건축물 인증을 받는 건축물을 포함)	15%	-	2020. 12.31.	-	과세	
	신축하는 주거용 건축물로서 에너지절약형 친환경주택(총 에너지 절감률 또는 총 이산화탄소 저감률이 55% 이상임을 확인받은 주택)	10%	-	2020. 12.31.	-	과세	×
47의3	**[신재생에너지 인증 건축물 감면]** 신축하는 업무용 건축물로서 신·재생에너지 이용 건축물인증을 받은 건축물	5~15% (참고2)	-	2015. 12.31. (일몰)	-	과세	[주32]

감면규정		감면율		일몰기한	감면최저한	감면분 농특세	감면추징
		취득세	재산세				
47의4	**[내진성능 확보 건축물 감면]** 「건축법」 제48조 제2항에 따른 구조안전 확인 대상이 아니거나 건축 당시 「건축법」상 구조안전 확인 대상이 아니었던 건축물로서 「지진·화산재해대책법」 제16조의 2에 따라 내진성능 확인을 받은 건축물 ① 건축(「건축법」 §2 ① 8.) ② 대수선(「건축법」 §2 ① 9.)	① 50% ② 100%	① 50% ② 100%	2021.12.31.	-	과세	×
48	**[국립공원관리사업 감면]** 국립공원공단이 공원시설의 설치·유지·관리 등의 공원관리사업에 직접 사용하기 위하여 취득하는 부동산(임대용 부동산은 제외)	25%	25%	2022.12.31.	-	과세	×
49	**[해양오염방제 등 감면]** 해양환경공단이 아래 사업에 직접 사용하기 위하여 취득하는 부동산(수익사업용 부동산 제외) 및 선박 ① 해양오염방제업무, 방제선등의 배치·설치와 해양오염방제에 필요한 자재·약제의 비치·보관시설의 설치 등의 사업(위탁 및 대행받은 경우 포함) 관련 부동산 ② 오염물질 저장시설의 설치·운영·수탁관리와 해양환경에 대한 교육·훈련·홍보 사업 관련 부동산 ③ 해양오염방제설비를 갖춘 선박	25%	25%	2022.12.31.	-	과세	×

(참고1) 녹색건축인증 건축물의 감면율

녹색건축인증등급 (녹색건축물조성지원법 제16조)	에너지효율등급 (녹색건축물조성지원법 제17조)	취득세 감면율
최우수	1+등급 이상	10%
	1등급	5%
우수	1+등급 이상	5%
	1등급	3%

(참고2) 신재생에너지 취득세 감면율

신재생에너지공급률	취득세 감면율
20% 초과	15%
15% 초과 20% 이하	10%
10% 초과 15% 이하	5%

④ 문화 및 관광 등에 대한 지원

감면규정		감면율		일몰 기한	감면 최저한	감면분 농특세	감면 추징
		취득세	재산세				
50	**[종교단체 및 향교의 면제]** 종교단체 또는 향교가 종교행위 또는 제사를 목적으로 하는 사업에 직접 사용하기 위하여 취득하는 부동산	100%	100%	없음	2018. 01.01.	비과세	[주33]
	사찰림과 전통사찰이 소유하고 있는 전통사찰보존지	-	100%	없음	-	과세	×
52	**[문화·예술지원 과세특례] *참고** 문화예술단체, 체육진흥단체가 그 고유업무에 직접 사용하기 위하여 취득하는 부동산	100%	100%	2021. 12.31.	2018. 01.01.	비과세	[주34]
	도서관법에 따라 설립된 도서관	2% 세율	-	2019. 12.31. (일몰)	-	비과세	[주35]
53	**[사회단체 등 감면]** 「문화유산과 자연환경자산에 관한 국민신탁법」에 따른 국민신탁법인이 그 고유업무에 직접 사용하기 위하여 취득하는 부동산(임대용 부동산 제외)	100%	100%	2021. 12.31.	2019. 01.01	비과세	×
54	**[관광단지 등 과세특례]** 「관광진흥법」 제55조 제1항에 따른 관광단지개발 사업시행자가 관광단지 개발사업을 시행하기 위하여 취득하는 부동산	25%	-	2022. 12.31.	-	과세	×
	「관광진흥법」에 따른 호텔업 경영자가 외국인투숙객 비율(수도권 30%, 비수도권 20% 이상)요건을 충족하는 경우의 호텔업에 직접 사용하는 토지(별도합산과세대상 토지에 한정) 및 건축물 ① 일반적인 경우	-	① 50% ② 25%	2014. 12.31. (일몰)	-	과세	×

	감면규정	감면율		일몰 기한	감면 최저한	감면분 농특세	감면 추징
		취득세	재산세				
	② 관광숙박업의 등급이 특1등급 및 특2등급인 경우						
	「관광진흥법」 제3조 제1항 제2호 가목에 따른 호텔업을 하기 위하여 취득하는 부동산	대도시 중과세 제외	-	2014. 12.31. (일몰)	-	과세	[주36]
	다음 각 호의 재단, 기업 및 사업시행자가 그 고유업무에 직접 사용하기 위하여 취득하는 부동산 ① 「여수세계박람회 기념 및 사후활용에 관한 특별법」 제4조에 따라 설립된 2012여수세계박람회재단 ② 「여수세계박람회기념 및 사후활용에 관한 특별법」 제15조 제1항에 따라 지정·고시된 해양박람회특구에서 창업 및 사업장을 신설하는 기업(기존 사업장 이전 제외) ③ 「여수세계박람회 기념 및 사후활용에 관한 특별법」 제17조에 따른 사업시행자	50%~ 100%	50%~ 100%	2019. 12.31.	-	비과세	×
	「2018 평창 동계올림픽대회 및 동계패럴림픽대회 지원등에 관한 특별법」 제2조 제2호 나목에 따른 선수촌을 건축하여 취득	100%	-	2017. 12.31. (일몰)	-	과세	×
	「2018 평창 동계올림픽대회 및 동계패럴림픽대회 지원등에 관한 특별법」 제2조 제2호 나목에 따른 선수촌이 대회 이후 사치성재산(별장)에 해당	-	주택 세율 적용	2022. 12.31.	-	과세	×
55	**[문화재에 대한 감면]** 「문화재보호법」에 따라 사적지로 지정된 토지(소유자가 사용·수익하는 사적지는 제외한다)	-	100%	없음	-	과세	×
	「문화재보호법」 제2조 제3항에 따른 문화재(국가무형문화재 제외)로 지정된 부동산	-	100%	없음	-	과세	×
	「문화재보호법」 제27조에 따라 지정된 보호구역에 있는 부동산	-	50%	없음	-	과세	×
	「문화재보호법」 제53조 제1항에 따른 국가등록문화재와 그 부속토지	-	50%	없음	-	과세	×

⑤ 기업구조 및 재무조정 등에 대한 지원

감면규정		감면율		일몰기한	감면최저한	감면분 농특세	감면추징
		취득세	재산세				
	[기업의 신용보증지원 감면] 신용보증기금이 신용보증업무에 직접 사용하기 위하여 취득하는 부동산	50%	-	2014. 12.31. (일몰)	-	과세	×
56	기술보증기금이 신용보증업무에 직접 사용하기 위하여 취득하는 부동산	50%	-		-	과세	×
	신용보증재단이 신용보증업무에 직접 사용하기 위하여 취득하는 부동산	50%	50%	2022. 12.31.	-	과세	×
	[기업합병 및 분할 등에 대한 감면] 적격합병으로 취득하는 사업용 재산 ① 일반법인 간 합병 ② 중소기업 간 합병 및 기술혁신형사업법인과의 합병	① 50% ② 60%	-	2021. 12.31.	-	비과세	[주37]
	아래의 합병 중 적격합병으로 취득하는 재산 ① 「농업협동조합법」, 「수산업협동조합법」 및 「산림조합법」에 따라 설립된 조합 간의 합병 ② 「새마을금고법」에 따라 설립된 새마을금고 간의 합병 ③ 「신용협동조합법」에 따라 설립된 신용협동조합 간의 합병	100%	-	2021. 12.31.	적용 제외	비과세	
57의2	국유재산법에 따라 현물출자한 재산 ① 2019.12.31.까지 현물출자 ② 2020.12.31.까지 현물출자 ③ 2021.12.31.까지 현물출자	① 75% ② 50% ③ 25%	-	2021. 12.31.	-	비과세	×
	적격인적분할 및 적격물적분할로 취득하는 재산	75%	-	2021. 12.31.	-	비과세	[주38]
	「법인세법」 제47조의2에 따른 과세특례를 적용받는 현물출자에 따라 취득하는 재산	75%	-	2021. 12.31.	-	과세	[주39]
	교환에 따른 자산양도차익을 손금산입할 수 있는 자산교환(법인세법 제50조)에 따라 취득하는 재산	75%	-	2021. 12.31.	-	과세	×
	중소기업 간의 통합(조세특례제한법 제31조)에 따라 설립되거나 존속하는 법인이 양수하는 해당 사업용 재산	75%	-	2021. 12.31.	2019. 01.01.	과세	[주40]
	자산의 포괄적 양도(「조세특례제한법」	100%	-	2018.	-	과세	[주41]

감면규정	감면율		일몰기한	감면 최저한	감면분 농특세	감면 추징
	취득세	재산세				
제37조)로 인하여 취득하는 재산			12.31. (일몰)			
특별법에 따라 설립된 법인 중「공공기관의 운영에 관한 법률」제2조 제1항에 따른 공공기관이 그 특별법의 개정 또는 폐지로 인하여「상법」상의 회사로 조직 변경됨에 따라 취득하는 사업용 재산	75%	-	2021. 12.31.	2019. 01.01.	과세	×
법인전환에 대한 양도소득세 이월과세 규정(조세특례제한법 제32조)을 적용받는 현물출자 및 사업양수도에 따라 취득하는 사업용 고정자산	75%	-	2021. 12.31.	2019. 01.01.	과세	[주42]
아래 경우에 따른 과점주주취득세 ① 계약이전결정을 받은 부실금융기관으로부터 주식을 취득하는 경우 ② 금융기관이 법인에 대한 대출금을 출자로 전환함에 따라 해당 법인의 주식을 취득하는 경우 ③ 지주회사[86]가 되거나 지주회사가 자회사의 주식을 취득하는 경우 ④ 예금보험공사 또는 정리금융회사가 부실금융회사의 정리업무 및 부보금융회사에 대한 자금지원을 위하여 주식을 취득하는 경우 ⑤ 한국자산관리공사가 부실채권의 보전 등에 따라 인수한 채권을 출자전환함에 따라 주식을 취득하는 경우 ⑥ 농업협동조합자산관리회사가 인수한 부실자산을 출자전환함에 따라 주식을 취득하는 경우 ⑦ 조세특례제한법 제38조 제1항 각 호의 요건을 모두 갖춘 주식의 포괄적 교환·이전으로 완전자회사의 주식을 취득하는 경우 ⑧ 코스닥상장법인의 주식을 취득하는 경우	100%	-	2021. 12.31.	2019. 01.01.	과세 (③ 제외)	[주43]

86) 금융지주회사를 포함하되, 지주회사가 동일한 기업집단 내 계열회사가 아닌 회사의 과점주주인 경우를 제외

감면규정		감면율		일몰기한	감면 최저한	감면분 농특세	감면 추징
		취득세	재산세				
	농업협동조합중앙회가 사업구조를 개편하는 경우 농협경제지주회사가 농업협동조합중앙회로부터 경제사업을 이관받아 취득하는 재산	100%	-	2017. 12.31. (일몰)	-		×
	수산업협동조합중앙회가 신용사업을 분리하여 수협은행을 설립하는 분할을 한 경우 그 분리로 인하여 취득하는 재산	100%	-	2016. 12.31. (일몰)	-		×
	금융위원회의 인가를 받고 금융회사 간의 적격합병을 하는 경우 금융기관이 합병으로 양수받은 재산	50%	-	2021. 12.31.	-		[주44]
57의3	**[기업 재무구조 개선 등 감면]** 아래에 해당하는 재산의 취득 ① 「금융산업의 구조개선에 관한 법률」 제2조 제1호에 따른 금융기관, 한국자산관리공사, 예금보험공사, 정리금융회사가 같은 법 제10조 제2항에 따른 적기시정조치(영업의 양도 또는 계약이전에 관한 명령으로 한정) 또는 같은 법 제14조 제2항에 따른 계약이전결정을 받은 부실금융기관으로부터 양수한 재산 ② 「농업협동조합법」에 따른 조합, 「농업협동조합의 구조개선에 관한 법률」에 따른 상호금융예금자보호기금 및 농업협동조합자산관리회사가 같은 법 제4조에 따른 적기시정조치(사업양도 또는 계약이전에 관한 명령으로 한정) 또는 같은 법 제6조 제2항에 따른 계약이전결정을 받은 부실조합으로부터 양수한 재산 ③ 「수산업협동조합법」에 따른 조합 및 「수산업협동조합의 부실예방 및 구조개선에 관한 법률」에 따른 상호금융예금자보호기금이 같은 법 제4조의2에 따른 적기시정조치(사업양도 또는 계약이전에 관한 명령으로 한정) 또는 같은 법 제10조 제2항에 따른 계약이전결정	100%	-	2021. 12.31.	적용 제외	과세 (②는 제외)	×

감면규정		감면율		일몰기한	감면최저한	감면분 농특세	감면추징
		취득세	재산세				
	을 받은 부실조합으로부터 양수한 재산 ④ 「산림조합법」에 따른 조합 및 「산림조합의 구조개선에 관한 법률」에 따른 상호금융예금자보호기금이 같은 법 제4조에 따른 적기시정조치(사업양도 또는 계약이전에 관한 명령으로 한정) 또는 같은 법 제10조 제2항에 따른 계약이전결정을 받은 부실조합으로부터 양수한 재산 ⑤ 「신용협동조합법」에 따른 조합이 같은 법 제86조의4에 따른 계약이전의 결정을 받은 부실조합으로부터 양수한 재산 ⑥ 「새마을금고법」에 따른 금고가 같은 법 제80조의2에 따른 계약이전의 결정을 받은 부실금고로부터 양수한 재산						
	한국자산관리공사가 국가기관 등으로부터 대행을 의뢰받은 재산의 매입과 개발을 위해 취득하는 재산	100%	-	2021. 12.31.	2018. 01.01.	비과세	×
	한국자산관리공사가 구조개선기업의 자산 매각 등을 위해 취득하는 중소기업의 보유자산	50%	-	2020. 12.31.	-	과세	×
	한국자산관리공사가 중소기업의 경영정상화를 지원하기 위하여 아래 요건을 갖추어 중소기업의 자산을 임대조건부로 취득하여 과세기준일 현재 해당 중소기업에 임대중인 자산 ① 해당 중소기업으로부터 금융회사 채무내용 및 상환계획이 포함된 재무구조개선계획을 제출받을 것 ② 해당 중소기업의 보유자산을 매입하면서 해당 중소기업이 그 자산을 계속 사용하는 내용의 임대차계약을 체결할 것	-	50%	2020. 12.31.	-	과세	×
58	**[벤처기업 등 과세특례]** 벤처기업집적시설 또는 신기술창업집	50%	50%	2020. 12.31.	-	과세	[주45]

감면규정		감면율		일몰기한	감면최저한	감면분 농특세	감면추징
		취득세	재산세				
	적지역을 개발·조성하여 분양 또는 임대할 목적으로 취득하는 부동산						
	「벤처기업육성에 관한 특별조치법」에 따라 지정된 벤처기업집적시설 또는 「산업기술단지 지원에 관한 특례법」에 따라 조성된 산업기술단지에 입주하는 자의 취득	대도시 중과 제외	대도시 공장 중과 제외	2020. 12.31.	-	과세	×
	「벤처기업육성에 관한 특별조치법」 제17조의2에 따라 지정된 신기술창업집적지역에서 산업용 건축물을 신축하거나 증축하려는 자(특정 공장용 부동산을 중소기업자에게 임대하려는 자를 포함)가 취득하는 부동산(***참고)**	50%	50%	2020. 12.31.	-	과세	[주46]
	「벤처기업육성에 관한 특별조치법」 제18조의4에 따른 벤처기업육성촉진지구에서 그 고유업무에 직접 사용하기 위하여 취득하는 부동산	37.5%	37.5%	2022. 12.31.	-	과세	×
58의2	**[지식산업센터 등 감면]** ① 「산업집적활성화 및 공장설립에 관한 법률」 제28조의5 제1항 제1호 및 제2호에 따른 사업시설용으로 직접 사용하기 위하여 신축 또는 증축하여 취득하는 부동산(부속토지 포함) ② 사업시설용으로 분양 또는 임대(「중소기업기본법」 제2조에 따른 중소기업을 대상으로 분양 또는 임대하는 경우로 한정)하기 위하여 신축 또는 증축하여 취득하는 부동산(부속토지 포함)	35%	37.5%	2022. 12.31.	-	비과세	[주47]
	「산업집적활성화 및 공장설립에 관한 법률」 제28조의4에 따라 지식산업센터를 신축하거나 증축하여 설립한 자로부터 최초로 해당 지식산업센터를 분양받은 입주자(「중소기업기본법」 제2조에 따른 중소기업을 영위하는 자로 한정)가 2022년 12월 31일까지 사업시설용으로 직접 사용하기 위하여 취득하는 부동산	50%	37.5%	2022. 12.31.	-	비과세	[주48]

<table>
<tr><th colspan="2" rowspan="2">감면규정</th><th colspan="2">감면율</th><th rowspan="2">일몰
기한</th><th rowspan="2">감면
최저한</th><th rowspan="2">감면분
농특세</th><th rowspan="2">감면
추징</th></tr>
<tr><th>취득세</th><th>재산세</th></tr>
<tr><td rowspan="2">58
의
3</td><td>[창업중소기업 등 감면](*참고)
「중소기업창업 지원법」 제2조 제1호에 따른 창업중소기업이 창업일[87]부터 4년(청년창업기업은 5년) 이내에 창업일 당시 업종의 사업을 계속 영위하기 위하여 취득하는 부동산
① 2020.12.31.까지의 창업중소기업(수도권과밀억제권역 외 지역에서 창업한 중소기업)
② 2020.12.31.까지의 창업벤처중소기업(창업일로부터 3년 이내 벤처기업으로 확인[88]받은 벤처기업)</td><td>75%</td><td>-</td><td>2020.
12.31.</td><td>-</td><td>비과세</td><td>[주49]</td></tr>
<tr><td>2020.12.31.까지 창업하는 창업중소기업 및 창업벤처중소기업이 해당 사업에 직접 사용(임대는 제외)하는 부동산(건축물 부속토지는 공장입지기준면적 이내 또는 용도지역별적용배율 이내의 부분만 해당)
① 창업일부터 3년간
② 위 ① 다음 2년간</td><td>-</td><td>① 100%
② 50%</td><td>2020.
12.31.</td><td>-</td><td>과세</td><td>×</td></tr>
<tr><td rowspan="3">59</td><td>[중소벤처기업진흥공단 감면]
중소벤처기업진흥공단이 중소기업 전문기술인력 양성을 위하여 취득하는 교육시설용 부동산</td><td>25%</td><td>-</td><td>2020.
12.31.</td><td>-</td><td>과세</td><td>×</td></tr>
<tr><td>중소벤처기업진흥공단이 중소기업자에게 분양 또는 임대할 목적으로 취득하는 부동산</td><td>50%</td><td>50%</td><td>2022.
12.31.</td><td>-</td><td>과세</td><td rowspan="2">[주50]</td></tr>
<tr><td>「중소기업진흥에 관한 법률」 제29조에 따라 협동화실천계획의 승인을 받은 자(과밀억제권역 및 광역시는 「산업집적활성화 및 공장설립에 관한 법률」에 따른 산업단지에서 승인을 받은 경우로 한정)가 해당 사업에 직접 사용하거나 분양 또는 임대하기 위하여 최초로 취득하는 공장용 부동산
단, 아래의 경우는 적용제외</td><td>50%</td><td>50%</td><td>2020.
12.31.</td><td>-</td><td>과세</td></tr>
</table>

87) 법인은 설립등기일, 개인은 사업자등록일

88) 「벤처기업육성에 관한 특별조치법」 제25조에 따라 벤처기업으로 확인받은 기업

	감면규정	감면율		일몰 기한	감면 최저한	감면분 농특세	감면 추징
		취득세	재산세				
	① 이미 해당 사업용으로 사용하던 부동산을 승계하여 취득한 경우 ② 과세기준일 현재 60일 이상 휴업하고 있는 경우						
60	**[중소기업협동조합 과세특례]** 중소기업협동조합(사업협동조합, 연합회 및 중앙회 포함)이 제품의 생산·가공·수주·판매·보관·운송을 위하여 취득하는 공동시설용 부동산	50%	-	2020. 12.31.	-	과세	×
	전통시장의 상인이 조합원으로서 설립한 협동조합 또는 사업협동조합 등이 조합원으로 설립하는 협동조합과 사업협동조합이 제품의 생산·가공·수주·판매·보관·운송을 위하여 취득하는 공동시설용 부동산	75%	-	2020. 12.31.	-	과세	×
	중소기업중앙회가 그 중앙회 및 회원 등에게 사용하게 할 목적으로 신축한 건축물	2% 세율 적용	-	2022. 12.31.	-	과세	[주51]
	「중소기업창업 지원법」에 따른 창업보육센터에 관한 아래의 취득 ① 창업보육센터사업자의 지정을 받은 자가 창업보육센터용으로 직접 사용하기 위하여 취득하는 부동산 ② 학교등이 창업보육센터사업자의 지정을 받고 창업보육센터용으로 직접 사용하기 위하여 취득하는 부동산(학교등이 취득한 부동산을 「산업교육진흥 및 산학연협력촉진에 관한 법률」에 따른 산학협력단이 운영하는 경우의 부동산 포함) ③ 창업보육센터에 입주하는 자에 대하여 취득세 및 재산세	① 75% ② 75% ③ 대도시 중과 제외	① 50% ② 100% ③ 대도시 중과 제외	2020. 12.31.	2019. 01.01.	과세	×
	지방중소기업 종합지원센터가 그 고유업무에 직접 사용하기 위하여 취득하는 부동산	50%	50%	2022. 12.31.	-	비과세	×
61	**[도시가스사업 감면]** 한국가스공사 또는 도시가스사업자가 도시가스사업에 직접 사용하기 위하여 취득하는 가스관(특별시·광역시에	50%	50%	2016. 12.31. (일몰)	-	과세	×

감면규정		감면율		일몰기한	감면최저한	감면분 농특세	감면추징
		취득세	재산세				
	있는 가스관은 제외)						
	한국지역난방공사 또는 지역난방사업자가 열공급사업에 직접 사용하기 위하여 취득하는 열수송관(특별시·광역시에 있는 열수송관은 제외)	50%	50%	2016. 12.31. (일몰)	-	과세	×
62	**[광업지원 감면]** ① 출원에 의하여 취득하는 광업권 ② 광산용에 사용하기 위하여 취득하는 지상임목	100%	-	2021. 12.31.	적용 제외	과세	×
	한국광물자원공사가 과세기준일 현재 석재기능공 훈련시설과 광산근로자의 위탁교육시설에 직접 사용하는 건축물 및 그 부속토지(건축물 바닥면적의 7배 이내인 것으로 한정)	-	25%	2019. 12.31.	-	과세	×
62의2	**[석유판매업 중 주유소의 감면]** 「석유 및 석유대체연료 사업법」 제10조에 따른 석유판매업 중 주유소가 한국석유공사와 석유제품 구매 계약을 체결하고, 한국석유공사로부터 구매하는 석유제품에 대하여 아래 조건을 모두 충족하는 경우 석유제품 판매에 직접 사용하는 부동산 ① 판매하는 석유제품의 50% 이상을 한국석유공사로부터 의무적으로 구매할 것 ② 알뜰주유소 상표로 영업할 것	-	50%	2014. 12.31. (일몰)	-	과세	×

⑥ 수송 및 교통에 대한 지원

감면규정		감면율		일몰기한	감면최저한	감면분 농특세	감면추징
		취득세	재산세				
63	**[철도시설 등 감면](*참고)** 한국철도시설공단이 철도시설용으로 직접 사용하기 위하여 취득하는 부동산 ① 2019.12.31.까지 ② 2020.01.01.이후	① 25% ② 25%	① 25% ② -	2022. 12.31.	-	비과세	×
	한국철도시설공단이 취득하는 다음	100%	100%	2022.	적용	비과세	×

감면규정		감면율		일몰기한	감면최저한	감면분 농특세	감면 추징
		취득세	재산세				
	의 재산 ① 국가, 지방자치단체, 지방자치단체조합에 귀속 또는 기부채납을 조건으로 취득하는 철도차량 ② 철도건설사업 또는 고속철도건설사업에 따라 국가로 귀속되는 부동산(사업시행자가 한국철도시설공단인 경우에 한정)			12.31.	제외		
	한국철도공사가 철도여객사업등에 직접 사용하기 위해 취득하는 부동산	25%	50%	2022. 12.31.	-	비과세	×
	한국철도공사가 철도여객사업등에 직접 사용하기 위해 취득하는 철도차량 ① 일반철도차량 ② 고속철도차량	50% 25%	-	2022. 12.31	-	비과세	×
	철도건설사업으로 인하여 철도건설부지로 편입된 토지의 확정·분할에 따른 토지의 취득	100%	-	별도 없음	적용 제외	비과세	×
	도시철도공사가 도시철도사업에 직접 사용하기 위하여 취득하는 부동산 및 철도차량	100%	100%	2022. 12.31.	2022. 01.01.	비과세	×
64	**[해운항만 등 지원 과세특례]** 국제선박으로 등록하기 위하여 취득하는 선박의 취득	선박 세율 (-) 2%	50%	2021. 12.31.	-	비과세	[주52]
	연안항로에 취항하기 위하여 취득하는 화물운송용 선박과 외국항로에만 취항하기 위하여 취득하는 외국항로 취항용 선박의 취득	선박 세율 (-) 1%	50%	2021. 12.31.	-	과세	[주53]
	연안항로에 취항하기 위한 화물운송용 선박 중 천연가스를 연료로 사용하는 선박의 취득	선박 세율 (-) 2%	-	2021. 12.31.	-	과세	
65	**[항공운송사업 과세특례]** 국내항공운송사업, 국제항공운송사업, 소형항공운송사업, 항공기사용사업에 사용하기 위하여 취득하는 항공기의 취득(단, 사업보고서 제출법인으로 직전연도 자산총액이 5조원 이상인 자는 재산세 감면 제외)	항공기 세율 (-)1.2%	50%	2021. 12.31.	-	과세	×
66	**[교환자동차 감면]**	100%	-	별도	적용	비과세	×

감면규정		감면율		일몰 기한	감면 최저한	감면분 농특세	감면 추징
		취득세	재산세				
	자동차(기계장비 포함)의 제작 결함으로 소비자분쟁해결기준 또는 자동차안전·하자심의위원회의 중재에 따라 반납한 자동차등과 같은 종류의 자동차등으로 교환받는 자동차등(단, 종전 자동차 가액을 초과하는 경우 그 초과분은 취득세 부과)			없음	제외		
	「환경친화적 자동차의 개발 및 보급 촉진에 관한 법률」 제2조 제5호에 따른 하이브리드자동차 ① 2019.12.31.까지(취득세액 140만원 한도) ② 2020.01.01.~2020.12.31.(취득세액 90만원 한도) ③ 2021.01.01.~2021.12.31.(취득세액 40만원 한도)	100%	-	2021. 12.31.	적용 제외	비과세	×
	「환경친화적 자동차의 개발 및 보급 촉진에 관한 법률」 제2조 제3호에 따른 전기자동차 또는 같은 조 제6호에 따른 수소전기자동차(취득세액 140만원 한도)	100%	-	2021. 12.31.	적용 제외	비과세	×
66의2	**[노후경유자동차 교체 취득세 감면]** 2006년 12월 31일 이전에 신규등록된 경유를 원료로 하는 승합자동차 또는 화물자동차(자동차매매업으로 등록한 자가 매매용으로 취득한 중고자동차는 제외)를 2017.01.01. 현재 소유(등록일 기준)하고 있는 자가 노후경유자동차를 폐차하고 말소등록한 이후 승합자동차 또는 화물자동차를 2017.06.30.까지 본인의 명의로 취득하여 신규등록하는 경우(취득세액 100만원 한도)	50%	-	2017. 06.30. (일몰)	-	과세	×
67	**[경형자동차 등 과세특례]** 승용자동차 중 아래 규모의 자동차를 비영업용 승용자동차로 취득하는 경우(취득세액 50만원 한도) ① 배기량 1,000cc 미만(전기자동차는 배기량 기준 적용하지 않음)	100%	-	2021. 12.31.	2018. 01.01.	비과세	[주54]

감면규정		감면율		일몰 기한	감면 최저한	감면분 농특세	감면 추징
		취득세	재산세				
	② 길이 3.6 미터 이하 ③ 너비 1.6 미터 이하 ④ 높이 2.0 미터 이하						
	승합자동차 또는 화물자동차(피견인형 자동차 제외) 중 아래 규모의 자동차를 취득하는 경우 ① 배기량 1,000cc 미만(전기자동차는 배기량 기준 적용하지 않음) ② 길이 3.6 미터 이하 ③ 너비 1.6 미터 이하 ④ 높이 2.0 미터 이하	100%	-	2021. 12.31.	2018. 01.01.	비과세	×
68	**[매매용 및 수출용 중고자동차 감면]** 자동차매매업 또는 건설기계매매업을 등록한 자가 매매용으로 취득(종류변경은 제외)하는 중고자동차 또는 중고건설기계	100%	-	2021. 12.31.	2018. 01.01.	비과세	[주55]
	「대외무역법」에 따른 무역을 하는 자가 수출용으로 취득하는 중고선박, 중고기계장비, 중고항공기	표준세율 (-) 2%	-	2021. 12.31.	-	비과세	[주56]
	「대외무역법」에 따른 무역을 하는 자가 수출용으로 취득하는 중고자동차	100%	-	2021. 12.31.	2018. 01.01.	비과세	
69	**[교통안전 등 감면]** ① 한국교통안전공단이 같은 법 제6조 제6호의 사업(자동차 성능 및 안전도에 관한 시험 및 연구)을 위한 부동산을 취득 ② 한국교통안전공단이 「자동차관리법」 제44조에 따른 지정을 받아 자동차검사업무를 대행하는 자동차검사소용 부동산을 취득	25%	-	2022. 12.31.	-	과세	×
70	**[운송사업 지원 감면]** 여객자동차운송사업 면허를 받거나 등록을 한 자가 여객자동차운송사업 중 다음 중 어느 하나에 해당하는 사업에 직접 사용하기 위하여 취득하는 자동차 ① 시내버스운송사업·농어촌버스운송사업·마을버스운송사업·시외버스운송사업	50%	-	2021. 12.31.	-	과세	×

감면규정		감면율		일몰 기한	감면 최저한	감면분 농특세	감면 추징
		취득세	재산세				
	② 일반택시운송사업 · 개인택시운송사업						
	여객자동차운송사업 면허를 받거나 등록을 한 자가 여객자동차운송사업에 직접 사용하기 위하여 취득하는 천연가스 버스 ① 2020.12.31.까지 ② 2021.01.01.~2021.12.31	①100% ② 75%	-	2021. 12.31.	2018. 01.01.	과세	×
	여객자동차운송사업 면허를 받거나 등록을 한 자가 여객자동차운송사업에 직접 사용하기 위하여 취득하는 「환경친화적 자동차의 개발 및 보급 촉진에 관한 법률」 제2조 제3호에 따른 전기자동차 또는 같은 조 제6호에 따른 수소전기자동차로서 같은 조 제2호에 따라 고시된 전기버스 또는 수소전기버스	100%	-	2021. 12.31.	2019. 01.01.	과세	×
71	**[물류단지 등 감면]**(*참고) 물류단지개발사업의 시행자가 지정된 물류단지를 개발하기 위하여 취득하는 부동산	35%	35%	2022. 12.31.	-	과세	×
	물류단지에서 물류사업을 직접 하려는 자가 취득하는 물류시설용 부동산	50%	35%	2022. 12.31.	-	과세	×
	복합물류터미널사업자가 인가받은 공사계획을 시행하기 위하여 취득하는 부동산	25%	25%	2022. 12.31.	-	과세	[주57]
72	**[별정우체국 과세특례]** 「별정우체국법」 제3조에 따라 과학기술정보통신부장관의 지정을 받은 사람(=피지정인)이 별정우체국 사업에 직접 사용하기 위해 취득하는 부동산	표준 세율 (-) 2%	100%	2022. 12.31.	2020. 01.01.	비과세	[주58]
	「별정우체국법」에 따라 설립된 별정우체국 연금관리단이 아래의 업무에 직접 사용하기 위하여 취득하는 부동산 ① 직원의 복리증진 업무 ② 자산운용 및 급여관련 업무	①100% ② 50%	① 100% ② 50%	2014. 12.31. (일몰)	-	과세	×

⑦ 국토 및 지역개발에 대한 지원

	감면규정	감면율		일몰기한	감면 최저한	감면분 농특세	감면 추징
		취득세	재산세				
73	**[토지수용 등 대체취득의 감면]** 토지 등을 수용할 수 있는 사업인정을 받은 자에게 부동산이 매수, 수용 또는 철거된 자가 계약일 또는 해당 사업인정 고시일 이후에 대체취득할 부동산등에 관한 계약을 체결하거나 건축허가를 받고, 그 보상금을 마지막으로 받은 날에 법소정 지역에서 종전의 부동산등을 대체할 부동산등의 취득(단, 새로 취득한 부동산등의 가액 합계액이 종전의 부동산등의 가액 합계액을 초과하는 경우 그 초과액은 취득세 부과)	100%	-	없음	적용 제외	비과세	×
	「공익사업을 위한 토지 등의 취득 및 보상에 관한 법률」에 따른 환매권을 행사하여 매수하는 부동산	100%	-	없음	적용 제외	비과세	×
73의 2	**[기부채납용 부동산 감면]** 지방세법 비과세 규정 중 국가 등에 귀속 또는 기부채납하는 부동산·사회기반시설 중 반대급부로 국가 등이 소유하고 있는 부동산·사회기반시설을 무상으로 양여받거나 기부채납 대상물의 무상사용권을 제공받는 조건으로 취득하는 부동산·사회기반시설 ① 2020.12.31.까지 ② 2021.01.01..~2021.12.31.까지	①100% ② 50%	-	2021. 12.31.	2019. 01.01.	비과세	[주59]
74	**[도시개발사업 등 감면]** 도시개발사업과 재개발사업의 시행으로 해당 사업의 대상이 되는 부동산의 소유자(상속인 포함)가 환지계획 및 토지상환채권에 따라 취득하는 토지 및 건축물 단 아래의 경우는 취득세를 부과함 ① 환지계획 등에 따른 취득부동산 가액 합계액이 종전 부동산 가액 합계액을 초과하여 청산금을 부담하는 경우 그 청산금 상당 부동산 ② 환지계획 등에 따른 취득부동산 가	100%	-	2022. 12.31.	2020. 01.01.	비과세	

감면규정	감면율		일몰기한	감면 최저한	감면분 농특세	감면 추징
	취득세	재산세				
액 합계액이 종전 부동산 가액 합계액을 초과하는 경우 그 초과액 상당 부동산(사업시행인가[89] 이후 환지 이전에 부동산을 승계취득한 자로 한정)						
도시개발사업 사업시행자가 해당 도시개발사업의 시행으로 취득하는 체비지 또는 보류지	75%	-	2022. 12.31.	2019. 01.01.	비과세	×
주거환경개선사업의 시행에 따라 취득하는 아래 주택 ① 주거환경개선사업의 시행자가 주거환경개선사업의 대지조성을 위하여 취득하는 주택 ② 주거환경개선사업의 시행자가 「도시 및 주거환경정비법」 제74조에 따라 해당 사업의 시행으로 취득하는 체비지 또는 보류지 ③ 주거환경개선사업의 정비구역지정 고시일 현재 부동산의 소유자가 스스로 개량하는 방법으로 취득하는 주택 또는 주거환경개선사업의 시행으로 취득하는 전용면적 85㎡ 이하의 주택	① 75% ② 75% ③100%	-	2022. 12.31.	-	과세	[주60]
재개발사업의 시행에 따라 취득하는 부동산 ① 재개발사업의 시행자가 재개발사업의 대지 조성을 위하여 취득하는 부동산 ② 재개발사업의 시행자가 「도시 및 주거환경정비법」 제74조에 따른 해당 사업의 관리처분계획에 따라 취득하는 주택 ③ 재개발사업의 정비구역지정 고시일 현재 부동산의 소유자가 재개발사업의 시행으로 주택(청산금 부담 시 그 청산금에 상당 부동산을 포	① 50% ② 50% ③ 75% ④ 50%	-	2022. 12.31.	-	과세	[주61]

89) 승계취득일 현재 취득부동산 소재지가 소득세법 제104조의2 제1항에 따른 지정지역(서울특별시 종로구, 중구, 동대문구, 동작구)으로 지정된 경우에는 도시개발구역 지정 또는 정비구역 지정

감면규정		감면율		일몰기한	감면최저한	감면분 농특세	감면추징
		취득세	재산세				
	포함)을 취득함으로써 1가구 1주택이 되는 경우(취득 당시 일시적으로 2주택이 되는 경우 포함)로서 전용면적 60㎡ 이하 주택 ④ 위 ③중 전용면적 60㎡ 초과 85㎡ 이하 주택						
75	**[지역개발사업 감면]** 개발촉진지구로 지정된 지역에서 사업시행자로 지정된 자가 개발사업을 시행하기 위하여 취득하는 부동산	100%	50%	2015.12.31.(일몰)	2018.01.01.	과세	[주62]
75의2	**[기업도시개발구역 및 지역개발사업구역 내 창업기업 감면](*참고)** 아래 중 어느 하나의 사업을 영위하기 위하여 취득하는 부동산으로서 그 업종 및 투자금액이 법소정 기준에 해당하는 경우 ① 기업도시개발구역에 2022.12.31.까지 창업하거나 사업장을 신설(기존 사업장의 이전은 제외)하는 기업이 그 구역의 사업장에서 하는 사업 ② 「기업도시개발 특별법」 제10조에 따라 지정된 사업시행자가 하는 기업도시개발사업 ③ 낙후지역 관련 지역개발사업구역에 2022.12.31.까지 창업하거나 사업장을 신설(기존 사업장의 이전은 제외)하는 기업[90]이 그 구역 또는 지역의 사업장에서 하는 사업 ④ 낙후지역 관련 지역개발사업구역에서 지정된 사업시행자가 하는 지역개발사업	50%	50%	2022.12.31.	-	과세	[주63]
75의	**[위기지역 내 중소기업 감면](*참고)** 다음의 위기지역에서 특정업종을 경	50%	50%	2021.12.31.	-	과세	[주64]

90) 법률 제12737호 지역 개발 및 지원에 관한 법률 부칙 제4조에 따라 의제된 지역개발사업구역 중 「폐광지역 개발 지원에 관한 특별법」에 따라 지정된 폐광지역진흥지구에 개발사업시행자로 선정되어 입주하는 경우 「관광진흥법」에 따른 관광숙박업 및 종합휴양업과 축산업을 경영하는 내국인을 포함

감면규정		감면율		일몰기한	감면 최저한	감면분 농특세	감면 추징
		취득세	재산세				
3	영하는 중소기업이 위기지역으로 지정된 기간 내에 「중소기업 사업전환 촉진에 관한 특별법」 제2조 제2호에 따른 사업전환을 위하여 2021.12.31.까지 사업전환계획 승인을 받고 사업전환계획 승인일부터 3년 이내에 그 전환한 사업에 직접 사용하기 위하여 취득하는 부동산 ① 「고용정책 기본법」 제32조 제1항에 따라 지원할 수 있는 지역으로서 「고용정책 기본법 시행령」 제29조 제1항에 따라 고용노동부장관이 지정·고시하는 지역 ② 「고용정책 기본법」 제32조의2 제2항에 따라 선포된 고용재난지역 ③ 「국가균형발전 특별법」 제17조 제2항에 따라 지정된 산업위기대응특별지역						
76	**[택지개발용 토지 등 감면](*참고)** 한국토지주택공사가 국가 또는 지방자치단체의 계획에 따라 제3자에게 공급할 목적으로 특정 사업에 사용하기 위하여 일시 취득하는 부동산	20%	-	2019. 12.31.	-	비과세	×
	한국토지주택공사가 국가 또는 지방자치단체의 계획에 따라 제3자에게 공급할 목적으로 특정 사업에 직접 사용하기 위하여 취득하는 부동산 중 택지개발사업지구 및 단지조성사업지구에 있는 부동산으로서 관계 법령에 따라 국가 또는 지방자치단체에 무상으로 귀속될 공공시설물 및 그 부속토지와 공공시설용지	-	100%	2022. 12.31.	-	과세	×
77	**[수자원공사 단지조성용 토지 감면]** 한국수자원공사가 국가 또는 지방자치단체의 계획에 따라 분양의 목적으로 취득하는 단지조성용 토지	30%	-	2019. 12.31.	적용 제외	과세	×
	한국수자원공사가 국가 또는 지방자치단체의 계획에 따라 분양의 목적	-	100%	2022. 12.31.	-	과세	×

감면규정		감면율		일몰기한	감면최저한	감면분 농특세	감면 추징
		취득세	재산세				
	으로 취득하는 부동산 중 택지개발사업지구 및 단지조성사업지구에 있는 부동산으로서 관계 법령에 따라 국가 또는 지방자치단체에 무상으로 귀속될 공공시설물 및 그 부속토지와 공공시설용지						
	[산업단지 등 감면] 산업단지개발사업의 시행자 등이 산업단지 또는 산업기술단지를 조성하기 위하여 취득하는 부동산 ① 조성공사가 시행되고 있는 토지 ② 조성공사가 시행되고 있는 토지 중 수도권 외 지역의 산업단지	35%	① 35% ② 60%	2019.12.31.	-	과세	[주65]
	산업단지개발사업 시행자가 산업단지 또는 산업기술단지를 개발·조성한 후 산업용 건축물등 용도로 분양 또는 임대할 목적으로 취득·보유하는 부동산 중 사업시행자가 신축·증축으로 2022.12.31.까지 취득하는 산업용 건축물등 ① 일반적인 산업용 건축물 ② 수도권 외 지역의 산업단지	35%	① 35% ② 60%	2022.12.31.	-	과세	[주66]
78	산업단지개발사업 시행자가 산업단지 또는 산업기술단지를 개발·조성한 후 산업용 건축물등 용도로 분양 또는 임대할 목적으로 취득·보유하는 부동산 중 2022.12.31.까지 취득하여 보유하는 조성공사가 끝난 토지(사용승인을 받거나 사실상 사용하는 경우를 포함)	-	① 35% ② 60%	2022.12.31.	-	과세	[주67]
	산업단지개발사업 시행자가 산업단지 또는 산업기술단지를 개발·조성한 후 직접 사용하기 위하여 취득·보유하는 부동산 중 사업시행자가 신축·증축으로 2022.12.31.까지 취득하는 산업용 건축물등 ① 일반적인 산업용 건축물 ② 수도권 외 지역의 산업단지	35%	① 35% ② 60%	2022.12.31.	-	과세	[주68]
	산업단지개발사업 시행자가 산업단	-	① 35%	2022.	-	과세	[주69]

<table>
<tr><th colspan="2" rowspan="2">감면규정</th><th colspan="2">감면율</th><th rowspan="2">일몰
기한</th><th rowspan="2">감면
최저한</th><th rowspan="2">감면분
농특세</th><th rowspan="2">감면
추징</th></tr>
<tr><th>취득세</th><th>재산세</th></tr>
<tr><td></td><td>지 또는 산업기술단지를 개발·조성한 후 직접 사용하기 위하여 취득·보유하는 부동산 중 2022.12.31.까지 취득하여 보유하는 조성공사가 끝난 토지(사용승인을 받거나 사실상 사용하는 경우를 포함)</td><td></td><td>② 60%</td><td>12.31.</td><td></td><td></td><td></td></tr>
<tr><td></td><td>산업단지개발사업 시행자가 외의 자가 산업단지·유치지역·산업기술단지 지역에서 산업용 건축물등을 신축하기 위하여 취득하는 토지와 신축·증축하여 취득하는 산업용건축물등(공장용 건축물을 신축·증축하여 중소기업자에게 임대하는 경우 포함)
① 일반적인 경우
② 수도권 외 지역의 산업단지</td><td>50%</td><td>① 35%
② 70%</td><td>2022.
12.31.</td><td>-</td><td>과세</td><td rowspan="2">[주70]</td></tr>
<tr><td></td><td>산업단지개발사업 시행자가 외의 자가 산업단지·유치지역·산업기술단지 지역에서 대수선하여 취득하는 산업용 건축물등</td><td>25%</td><td>-</td><td>2022.
12.31.</td><td>-</td><td>과세</td></tr>
<tr><td>78
의
2</td><td>[한국산업단지공단 감면]
한국산업단지공단이 아래 사업을 위하여 취득하는 부동산(환수권의 행사로 취득하는 경우 포함)
① 공장·지식산업센터·지원시설·산업집적기반시설의 설치·운영과 분양·임대 및 매각에 관한 사업(양도받은 산업용지 또는 공장등을 매각하는 사업 포함)
② 입주기업체 근로자의 후생복지·교육사업·주택건설사업</td><td>35%</td><td>50%</td><td>2022.
12.31.</td><td>-</td><td>과세</td><td>[주71]</td></tr>
<tr><td rowspan="2">78
의
3</td><td>[외국인투자 감면]
외국인투자기업이 외국인투자신고사업에 직접 사용하기 위하여 사업개시일부터 5년(일부 3년) 이내에 취득하는 부동산의 취득세 및 재산세 감면대상세액</td><td>100%</td><td>100%</td><td>2022.
12.31.</td><td>-</td><td>과세</td><td rowspan="2">[주72]</td></tr>
<tr><td>외국인투자에 대해서 조세감면신청</td><td>100%</td><td>100%</td><td>2022.</td><td>-</td><td>과세</td></tr>
</table>

감면규정		감면율		일몰기한	감면 최저한	감면분 농특세	감면 추징
		취득세	재산세				
	을 하여 조세감면결정을 받은 외국인투자기업이 사업개시일 전에 사업에 직접 사용하기 위하여 취득하거나 과세기준일 현재 직접 사용하는 부동산에 대한 취득세 및 재산세 감면대상세액			12.31.			
	조세감면결정을 받은 외국인투자기업이 외국인투자 중 사업의 포괄적 양수방식에 해당하는 외국인투자에 대해서는 해당 사업에 직접 사용하기 위하여 취득하는 부동산에 대한 취득세 및 재산세 감면대상세액	100%	100%	2022. 12.31.	-	과세	
79	**[법인의 지방이전 감면]** 과밀억제권역에 본점 또는 주사무소를 설치하여 사업을 직접 하는 법인이 해당 본점 또는 주사무소를 매각하거나 임차를 종료하고 대도시 외의 지역으로 본점 또는 주사무소를 이전하는 경우에 해당 사업을 직접 하기 위하여 취득하는 부동산 ① 재산세의 경우 최초 5년간 ② 재산세의 경우 그 다음 3년간	100%	① 100% ② 50%	2021. 12.31.	2019. 01.01.	비과세	[주73]
80	**[공장 지방이전 감면]** 대도시에서 공장시설을 갖추고 사업을 직접 하는 자가 그 공장을 폐쇄하고 대도시 외의 지역으로서 공장설치가 금지되거나 제한되지 아니한 지역으로 이전한 후 해당 사업을 계속하기 위하여 취득하는 부동산 ① 재산세의 경우 최초 5년간 ② 재산세의 경우 그 다음 3년간	100%	① 100% ② 50%	2021. 12.31.	2019. 01.01.	비과세	[주74]
81	**[이전공공기관 등 지방이전 감면]** 이전공공기관이 국토교통부장관의 지방이전계획 승인을 받아 이전할 목적으로 취득하는 부동산	50%	50%	2017. 12.31. (일몰)	-	비과세	×
	아래 ㉠~㉢에 해당하는 자가 해당 지역에 거주할 목적으로 주택을 취득함으로써 1가구 1주택이 되는 경우 ㉠ 이전공공기관을 따라 이주하는	① 100% ② 75% ③ 62.5%	-	2022. 12.31.	2018. 01.01.	과세	[주75]

감면규정		감면율		일몰 기한	감면 최저한	감면분 농특세	감면 추징
		취득세	재산세				
	소속 임직원 ㉡ 행정중심복합도시로 이전하는 중앙행정기관등을 따라 이주하는 공무원[91] ㉢ 행정중심복합도시건설청 소속 공무원(2019.12.31. 이전에 소속된 경우로 한정) ① 전용면적 85㎡ 이하 ② 전용면적 85㎡ 초과 102㎡ 이하 ③ 전용면적 102㎡ 초과 135㎡ 이하						
81의2	**[주한미군 한국인 근로자 평택이주 감면]** 주한미군기지 이전(평택시 외의 지역에서 평택시로 이전하는 경우로 한정)에 따라 아래 ㉠ 및 ㉡에 해당하는 자가 평택시에 거주할 목적으로 주택(해당 지역에서 최초로 취득하는 주택으로 한정)을 취득함으로써 1가구 1주택이 되는 경우 ㉠ 미합중국군대의 민간인 고용원 및 법인인 초청 계약자의 민간인 고용원 중 주한미군기지 이전에 따라 평택시로 이주하는 한국인 근로자 ㉡ 민간인 고용원 중 주한미군기지를 따라 평택시로 이주하는 한국인 근로자 ① 전용면적 85㎡ 이하 ② 전용면적 85㎡ 초과 102㎡ 이하 ③ 전용면적 102㎡ 초과 135㎡ 이하	① 100% ② 75% ③ 62.5%	-	2021. 12.31.	2018. 01.01.	과세	[주76]
82	**[개발제한구역에 있는 주택의 개량 감면]** 개발제한구역에 거주하는 사람(과밀억제권역에 거주하는 경우에는 1년 이상 거주한 사실이 세대별 주민등	-	100%	2021. 12.31.	적용 제외	과세	×

91) 1년 이상 근무한 기간제근로자로서 해당 소속기관이 이전하는 날까지 계약이 유지되는 종사자 및 「국가공무원법」 제26조의4에 따라 수습으로 근무하는 자를 포함(이하 이 조에서 같음)

감면규정		감면율		일몰 기한	감면 최저한	감면분 농특세	감면 추징
		취득세	재산세				
	록표등에 따라 입증되는 사람으로 한정) 및 그 가족이 해당 지역에 상시 거주할 목적으로 취득하는 취락지구 지정대상 지역에 있는 주택으로서 취락정비계획에 따라 개량하는 전용면적 100m^2 이하인 주택(그 부속토지는 주거용 건축물 바닥면적의 7배를 초과하지 아니하는 부분으로 한정)						
83	**[시장정비사업 감면]** 시장정비사업시행자가 해당 사업에 직접 사용하기 위하여 취득하는 부동산(토지분 재산세 감면은 건축공사 착공일부터 적용)	100%	50%	2021. 12.31.	2018. 01.01.	비과세	[주77]
	시장정비구역에서 ① 시장정비사업 시행인가일 현재 기존의 전통시장에서 3년 전부터 계속하여 입점한 상인 또는 ② 시장정비사업 시행인가일 현재 전통시장에서 부동산을 소유한 자가 시장정비사업시행자로부터 시장정비사업시행에 따른 부동산을 최초로 취득하는 경우의 해당 부동산(단, 주택은 제외)	100%	50%	2021. 12.31.	2019. 01.01.	비과세	
84	**[사권 제한토지 등 감면]** 도시·군계획시설로서 지형도면이 고시된 후 10년 이상 장기간 미집행된 토지, 지상건축물, 주택(「주택법」 제2조 제1호)	-	50%	2021. 12.31.	-	과세	×
	공공시설을 위한 토지(주택 부속토지 포함)로서 도시·군관리계획의 결정 및 도시·군관리계획에 관한 지형도면의 고시가 된 후 과세기준일 현재 미집행된 토지	-	50%	2021. 12.31.	-	과세	
	「철도안전법」 제45조에 따라 건축 등이 제한된 토지	-	50%	2021. 12.31.	-	과세	

⑧ 공공행정 등에 대한 지원

감면규정		감면율		일몰기한	감면 최저한	감면분 농특세	감면 추징
		취득세	재산세				
85	**[한국법무보호복지공단 감면]** 한국법무보호복지공단 및 갱생보호사업의 허가를 받은 비영리법인이 갱생보호사업에 직접 사용하기 위하여 취득하는 부동산 ① 2020.12.31.까지의 취득 ② 2021.01.01.~2021.12.31.의 취득 ③ 2022.01.01.~2022.12.31.의 취득	①100% ② 50% ③ 25%	①100% ② 50% ③ 25%	2022. 12.31.	2018. 01.01.	비과세	×
	민영교도소등을 설치·운영하기 위하여 취득하는 부동산	50%	50%	2014. 12.31. (일몰)	-	과세	×
85의2	**[지방공기업 감면]** 「지방공기업법」 제49조에 따라 설립된 지방공사가 그 설립 목적과 직접 관계되는 사업(이하 '목적사업')에 직접 사용하기 위하여 취득하는 부동산	50%	50%	2022. 12.31.	-	비과세	×
	주택사업 및 토지개발사업에 따른 사업용 부동산 중 택지개발사업지구 및 단지조성사업지구에 있는 부동산으로서 국가 또는 지방자치단체에 무상으로 귀속될 공공시설물 및 그 부속토지와 공공시설용지	-	100%	2022. 12.31.	-	비과세	×
	「지방공기업법」 제76조에 따라 설립된 지방공단이 그 목적사업에 직접 사용하기 위하여 취득하는 부동산	100%	100%	2022. 12.31.	적용 제외	비과세	×
	「지방자치단체 출자·출연 기관의 운영에 관한 법률」 제5조에 따라 지정·고시된 지방출자·출연기관이 그 목적사업에 직접 사용하기 위하여 취득하는 부동산	50%	50%	2022. 12.31.	-	비과세	×
86	**[주한미군 임대용 주택 감면]** 한국토지주택공사가 주한미군에 임대하기 위하여 취득하는 임대주택용 부동산	100%	50%	2016. 12.31. (일몰)	2018. 01.01.	과세	×
87	**[새마을금고 등 감면]** 신용협동조합(중앙회는 제외)이 신	100%	100%	2020. 12.31.	2018. 01.01.	과세	×

감면규정		감면율		일몰기한	감면 최저한	감면분 농특세	감면 추징
		취득세	재산세				
	용사업 업무에 직접 사용하기 위하여 취득하는 부동산						
	신용협동조합(중앙회는 제외)이 복지사업 및 조합원의 경제적·사회적 지위 향상을 위한 교육 업무에 직접 사용하기 위하여 취득하는 부동산	100%	100%	2020. 12.31.	2018. 01.01.	과세	×
	신용협동조합중앙회가 조합의 사업에 관한 지도·조정·조사연구 및 홍보업무와 조합원 및 조합의 임직원을 위한 교육사업 업무에 직접 사용하기 위하여 취득하는 부동산	25%	25%	2017. 12.31. (일몰)	-	과세	×
	새마을금고(중앙회는 제외)가 신용사업 업무에 직접 사용하기 위하여 취득하는 부동산	100%	100%	2020. 12.31.	2018. 01.01.	과세	×
	새마을금고(중앙회는 제외)가 문화복지 후생사업, 회원에 대한 교육사업, 지역사회 개발사업 업무에 직접 사용하기 위하여 취득하는 부동산	100%	100%	2020. 12.31.	2018. 01.01.	과세	×
	새마을금고중앙회가 금고의 사업 및 경영의 지도와 교육·훈련·계몽 및 조사연구와 보급·홍보 업무에 직접 사용하기 위하여 취득하는 부동산	25%	25%	2017. 12.31. (일몰)	-	과세	×
88	**[새마을운동조직 등 감면]** 새마을운동조직이 그 고유업무에 직접 사용하기 위하여 취득하는 부동산(임대용 부동산 제외)	100%	100%	2022. 12.31.	2020. 01.01.	비과세	×
	한국자유총연맹과 대한민국재향군인회가 그 고유업무에 직접 사용하기 위하여 취득하는 부동산(임대용 부동산 제외)	100%	100%	2014. 12.31. (일몰)	-	비과세	×
89	**[정당에 대한 면제]** 정당이 해당 사업에 직접 사용하기 위하여 취득하는 부동산	100%	-	2022. 12.31.	2020. 01.01.	비과세	[주78]
	정당이 과세기준일 현재 해당 사업에 직접 사용하는 부동산(건축물의 부속토지를 포함)	-	100%	2022. 12.31.	-	비과세	×
90	**[마을회 등 감면]** 마을회등의 주민 공동소유를 위한	100%	-	2022. 12.31.	2020. 01.01.	비과세	[주79]

감면규정		감면율		일몰 기한	감면 최저한	감면분 농특세	감면 추징
		취득세	재산세				
	부동산 및 선박을 취득하는 경우						
	마을회등이 소유한 부동산과 임야	-	100%	2022. 12.31.	-	과세	×
91	**[재외 외교관 자녀 기숙사용 부동산 과세특례]** 사단법인 한국외교협회의 재외 외교관 자녀 기숙사용 토지 및 건축물	2% 세율 적용	-	2022. 12.31.		과세	[주80]
92	**[천재지변 등에 따른 대체취득 감면]** 천재지변, 그 밖의 불가항력으로 멸실 또는 파손된 건축물·선박·자동차 및 기계장비를 그 멸실일 또는 파손일부터 2년 이내에 다음 중 어느 하나에 해당하는 취득을 하는 경우 ① 복구를 위하여 건축물을 건축 또는 개수하는 경우 ② 선박을 건조하거나 종류 변경을 하는 경우 ③ 건축물·선박·자동차 및 기계장비를 대체취득하는 경우 다만, 아래에 해당하는 경우 그 초과부분에 대해서는 취득세를 부과함 ① 새로 취득한 건축물의 연면적이 종전의 건축물의 연면적을 초과 ② 새로 건조, 종류 변경 또는 대체취득한 선박의 톤수가 종전의 선박의 톤수를 초과 ③ 새로 취득한 자동차 또는 기계장비의 가액이 종전의 자동차 또는 기계장비의 가액을 초과	100%	-	별도 없음	적용 제외	비과세	×

2) 감면의 추징사유

감면규정	추징사유	
(지특§6) 자경농민 농지 등 감면	[주1]	① 정당한 사유 없이 그 취득일부터 2년이 경과할 때까지 자경농민으로서 농지를 직접 경작하지 아니하거나 농지조성을 시작하지 아니하는 경우 ② 해당 농지를 직접 경작한 기간이 2년 미만인 상태에서 매각·증여하거나 다른 용도로 사용하는 경우

감면규정		추징사유
	[주2]	① 귀농일부터 3년 이내에 주민등록 주소지를 취득 농지 및 임야 소재지 특별자치시·특별자치도·시·군·구, 그 지역과 연접한 시·군·구 또는 농지 및 임야 소재지로부터 20킬로미터 이내의 지역 외의 지역으로 이전하는 경우 ② 귀농일부터 3년 이내에 「농업·농촌 및 식품산업 기본법」 제3조 제1호에 따른 농업 외의 산업에 종사하는 경우(단, 「농업·농촌 및 식품산업 기본법」 제3조 제8호에 따른 식품산업과 농업을 겸업하는 경우 제외) ③ 농지의 취득일부터 2년 이내에 직접 경작하지 아니하거나 임야의 취득일부터 2년 이내에 농지의 조성을 개시하지 아니하는 경우 ④ 직접 경작한 기간이 3년 미만인 상태에서 매각·증여하거나 다른 용도로 사용하는 경우
(지특§8) 농지확대개발 감면	[주3]	취득일부터 2년 이내에 다른 용도에 사용하는 경우
(지특§11) 농업법인 감면 (지특§12) 어업법인 감면	[주4]	① 정당한 사유 없이 그 취득일부터 1년이 경과할 때까지 해당 용도로 직접 사용하지 아니하는 경우 ② 해당 용도로 직접 사용한 기간이 3년 미만인 상태에서 매각·증여하거나 다른 용도로 사용하는 경우 ③ 해당 용도로 직접 사용한 기간이 5년 미만인 상태에서 「농어업경영체 육성 및 지원에 관한 법률」 제20조의3에 따라 해산명령을 받은 경우
(지특§16) 농어촌 주택개량 감면	[주5]	① 정당한 사유 없이 그 취득일부터 3개월이 지날 때까지 해당 주택에 상시 거주를 시작하지 아니한 경우 ② 해당 주택에 상시 거주를 시작한 날부터 2년이 되기 전에 상시 거주하지 아니하게 된 경우 ③ 해당 주택에 상시 거주한 기간이 2년 미만인 상태에서 해당 주택을 매각·증여하거나 다른 용도(임대를 포함)로 사용하는 경우
(지특§17) 장애인용 자동차 감면	[주6]	장애인 또는 장애인과 공동으로 등록한 사람이 자동차 등록일부터 1년 이내에 사망, 혼인, 해외이민, 운전면허취소, 그 밖에 이와 유사한 부득이한 사유 없이 소유권을 이전하거나 세대를 분가하는 경우(단, 장애인과 공동 등록할 수 있는 사람의 소유권을 장애인이 이전받은 경우, 장애인과 공동 등록할 수 있는 사람이 그 장애인으로부터 소유권의 일부를 이전받은 경우 또는 공동등록할 수 있는 사람 간에 등록 전환하는 경우는 추징 제외)
(지특§22) 사회복지법인 감면	[주7]	① 해당 부동산을 취득한 날부터 5년 이내에 수익사업에 사용하는 경우 ② 정당한 사유 없이 그 취득일부터 3년이 경과할 때까지 해당 용도로 직접 사용하지 아니하는 경우 ③ 해당 용도로 직접 사용한 기간이 2년 미만인 상태에서 매각·

감면규정	추징사유	
		증여하거나 다른 용도로 사용하는 경우
(지특§22의2) 출산 및 양육지원 감면	[주8]	취득세를 감면받은 자가 자동차 등록일부터 1년 이내에 사망, 혼인, 해외이민, 운전면허 취소, 그 밖에 이와 유사한 사유 없이 해당 자동차의 소유권을 이전하는 경우(단, 취득세를 감면받은 다자녀 양육자가 해당 자동차의 소유권을 해당 다자녀 양육자의 배우자에게 이전하는 경우에는 추징 제외)
(지특§22의4) 사회적기업 감면	[주9]	① 취득일부터 3년 이내에 「사회적기업 육성법」 제18조에 따라 사회적기업의 인증이 취소되는 경우 ② 정당한 사유 없이 그 취득일부터 1년이 경과할 때까지 해당 용도로 직접 사용하지 아니하는 경우 ③ 해당 용도로 직접 사용한 기간이 2년 미만인 상태에서 매각·증여하거나 다른 용도로 사용하는 경우
(지특§29) 국가유공자 감면	[주10]	국가유공자등 또는 국가유공자등과 공동으로 등록한 사람이 자동차 등록일부터 1년 이내에 사망, 혼인, 해외이민, 운전면허취소, 그 밖에 이와 유사한 부득이한 사유 없이 소유권을 이전하거나 세대를 분가하는 경우(단, 국가유공자등과 공동 등록할 수 있는 사람의 소유권을 국가유공자등이 이전받은 경우, 국가유공자등과 공동 등록할 수 있는 사람이 그 국가유공자등으로부터 소유권의 일부를 이전받은 경우 또는 공동 등록할 수 있는 사람 간에 등록 전환하는 경우는 추징 제외)
(지특§31) 임대주택 감면	[주11]	① 임대 외의 용도로 사용하거나 매각·증여하는 경우 ② 「민간임대주택에 관한 특별법」 제6조에 따라 임대사업자 등록이 말소된 경우
	[주12]	(재산세 추징) 「민간임대주택에 관한 특별법」 제6조에 따라 임대사업자 등록이 말소된 경우. 단, 아래의 경우는 추징 제외 ① 「민간임대주택에 관한 특별법」 제43조 제1항에 따른 임대의무기간이 경과한 후 등록이 말소된 경우 ② 「민간임대주택에 관한 특별법」 제43조 제2항 또는 제4항에 따른 사유(임대사업자 간의 매각은 제외)로 사업자등록이 말소된 경우
	[주13]	① 정당한 사유 없이 그 매입일부터 1년이 경과할 때까지 해당 용도로 직접 사용하지 아니하는 경우 ② 해당 용도로 직접 사용한 기간이 2년 미만인 상태에서 매각·증여하거나 다른 용도로 사용하는 경우
(지특§31의3) 장기일반민간임대주택 감면	[주14]	(재산세 추징) 「민간임대주택에 관한 특별법」 제6조에 따라 임대사업자 등록이 말소된 경우. 단, 아래의 경우는 추징 제외 ① 「민간임대주택에 관한 특별법」 제43조 제1항에 따른 임대의무기간이 경과한 후 등록이 말소된 경우 ② 「민간임대주택에 관한 특별법」 제43조 제4항에 따른 사유로 사업자등록이 말소된 경우

감면규정		추징사유
(지특§31의4) 주택임대사업에 투자하는 부동산투자회사 감면	[주15]	① 토지를 취득한 날부터 정당한 사유 없이 2년 이내에 착공하지 아니한 경우 ② 정당한 사유 없이 해당 부동산의 매입일부터 1년이 경과할 때까지 해당 용도로 직접 사용하지 아니하는 경우 ③ 해당 용도로 직접 사용한 기간이 2년 미만인 상태에서 매각·증여하거나 다른 용도로 사용하는 경우
(지특§32) 한국토지주택공사 소규모 공동주택 취득 감면	[주16]	토지를 취득한 후 4년 이내에 소규모 공동주택의 건축을 착공하지 아니하거나 소규모 공동주택이 아닌 용도에 사용하는 경우
(지특§33) 주택공급 확대 감면	[주17]	① 정당한 사유 없이 그 취득일부터 3개월이 지날 때까지 해당 주택에 상시 거주를 시작하지 아니한 경우 ② 해당 주택에 상시 거주를 시작한 날부터 2년이 되기 전에 상시 거주하지 아니하게 된 경우 ③ 해당 주택에 상시 거주한 기간이 2년 미만인 상태에서 해당 주택을 매각·증여하거나 다른 용도(임대를 포함)로 사용하는 경우
(지특§34) 주택도시보증공사 주택분양보증 감면	[주18]	정당한 사유 없이 아래 계약조건을 유지하지 아니하거나 위반한 경우 1. 부동산투자회사와 임차인 간의 계약 ① 부동산투자회사가 전용면적 85㎡ 이하의 1가구[주택 취득일 현재 세대별 주민등록표에 기재되어 있는 세대주와 그 세대원(배우자, 직계존속 또는 직계비속으로 한정)으로 구성된 가구] 1주택자의 주택을 매입(주택지분의 일부 매입을 포함)하여 해당 주택의 양도인에게 임대하되, 그 임대기간을 5년 이상으로 하는 계약 ② 위 ①에 따른 임대기간 종료 후 양도인이 해당 주택을 우선적으로 재매입(임대기간 종료 이전이라도 양도인이 재매입하는 경우 포함)할 수 있는 권리를 부여하는 계약 2. 부동산투자회사와 한국토지주택공사 간의 계약 • 양도인이 위 1. ②에 따른 우선매입권을 행사하지 아니하는 경우 한국토지주택공사가 해당 주택의 매입을 확약하는 조건의 계약
(지특§35의3) 임차인 전세자금 마련 지원 주택담보대출 주택 재산세액 공제	[주19]	임대차계약 기간 동안 아래 요건 중 어느 하나를 위반하는 경우 ① 임차인이 계약일 현재 무주택세대주이면서 직전연도 소득(배우자 소득포함)이 6천만원 이하인 경우 ② 임차주택의 전세보증금이 2억원(수도권 3억원) 이하인 경우 ③ 주택담보대출금액이 3천만원(수도권 5천만원) 이하인 경우 ④ ②에 따른 전세보증금의 전부·일부를 임대인의 주택담보대출로 조달하고 그 대출이자는 임차인이 부담하는 방식으로 하고, 국토교통부장관이 정하는 임대차계약서 서식에 따라

감면규정		추징사유
		금융회사등과 주택담보대출 계약을 체결하는 경우 ⑤ 금융회사등이 취급하는 주택담보대출로서 목돈 안드는 전세대출임이 표시된 통장으로 거래하는 경우
(지특§36) 무주택자 주택공급사업 지원 감면	[주20]	취득일부터 2년 이내에 정당한 사유 없이 주택건축을 착공하지 아니하거나 다른 용도에 사용하는 경우
(지특§36의2) 생애최초 주택구입 신혼부부 감면	[주21]	취득세를 경감받은 사람이 다음 중 어느 하나에 해당하는 경우 ① 혼인할 예정인 신혼부부가 주택 취득일부터 3개월 이내에 혼인하지 아니한 경우 ② 주택을 취득한 날부터 3개월 이내에 1가구 1주택이 되지 아니한 경우 ③ 정당한 사유 없이 취득일부터 3년 이내에 경감받은 주택을 매각·증여하거나 다른 용도(임대를 포함)로 사용하는 경우
(지특§40의2) 주택거래 취득세 감면	[주22]	9억원 이하의 주택을 일시적 2주택의 경우로 취득하여 취득세를 경감받고 정당한 사유 없이 그 취득일부터 3년 이내에 1주택으로 되지 아니한 경우에는 경감된 취득세의 1/3을 추징
	[주23]	일시적 2주택의 경우로 취득하여 취득세를 경감받고 정당한 사유 없이 그 취득일부터 3년 이내에 1주택으로 되지 아니한 경우에는 경감된 취득세를 추징
(지특§41) 학교 및 외국교육기관 면제	[주24]	① 해당 부동산을 취득한 날부터 5년 이내에 수익사업에 사용하는 경우 ② 정당한 사유 없이 그 취득일부터 3년이 경과할 때까지 해당 용도로 직접 사용하지 아니하는 경우 ③ 해당 용도로 직접 사용한 기간이 2년 미만인 상태에서 매각·증여하거나 다른 용도로 사용하는 경우
(지특§42) 기숙사 등 감면	[주25]	① 정당한 사유 없이 그 취득일부터 3년이 경과할 때까지 해당 용도로 직접 사용하지 아니하는 경우 ② 해당 용도로 직접 사용한 기간이 2년 미만인 상태에서 매각·증여하거나 다른 용도로 사용하는 경우
	[주26]	① 정당한 사유 없이 그 취득일부터 1년이 경과할 때까지 해당 용도로 직접 사용하지 아니하는 경우 ② 해당 용도로 직접 사용한 기간이 2년 미만인 상태에서 매각·증여하거나 다른 용도로 사용하는 경우
(지특§43) 평생교육단체 등 면제	[주27]	① 해당 부동산을 취득한 날부터 5년 이내에 수익사업에 사용하는 경우 ② 정당한 사유 없이 그 취득일부터 3년이 지날 때까지 해당 용도로 직접 사용하지 아니하는 경우 ③ 해당 용도로 직접 사용한 기간이 2년 미만인 상태에서 매각·증여하거나 다른 용도로 사용하는 경우
(지특§44)	[주28]	① 해당 부동산을 취득한 날부터 5년 이내에 수익사업에 사용하

감면규정		추징사유
평생교육시설 감면		는 경우 ② 정당한 사유 없이 그 취득일부터 3년이 지날 때까지 해당 용도로 직접 사용하지 아니하는 경우 ③ 해당 용도로 직접 사용한 기간이 2년 미만인 상태에서 매각·증여하거나 다른 용도로 사용하는 경우
(지특§45) 학술단체 및 장학법인 감면	[주29]	① 정당한 사유 없이 그 취득일부터 1년이 경과할 때까지 해당 용도로 직접 사용하지 아니하는 경우 ② 해당 용도로 직접 사용한 기간이 2년 미만인 상태에서 매각·증여하거나 다른 용도로 사용하는 경우 ③ 취득일부터 3년 이내에 관계 법령에 따라 설립허가가 취소되는 등 아래의 사유에 해당하는 경우 •「공익법인의 설립·운영에 관한 법률」 제16조에 따라 공익법인의 설립허가가 취소된 경우 •「민법」 제38조에 따라 비영리법인의 설립허가가 취소된 경우 •「비영리민간단체 지원법」 제4조의2에 따라 비영리민간단체의 등록이 말소된 경우
(지특§46) 연구개발 지원 감면	[주30]	① 토지·건축물을 취득한 후 1년(「건축법」에 따른 신축·증축 또는 대수선을 하는 경우에는 2년) 이내에 「기초연구진흥 및 기술개발지원에 관한 법률」 제14조의2에 따른 기업부설연구소로 인정받지 못한 경우 ② 기업부설연구소로 인정받은 날부터 3년 이내에 「조세특례제한법 시행령」 제9조 제11항에 따른 신성장동력·원천기술심의위원회로부터 해당 기업이 지출한 신성장동력·원천기술연구개발비의 연구개발 대상 기술이 같은 영 별표 7에 해당된다는 심의 결과를 받지 못한 경우(신성장동력·원천기술분야 기업부설연구소로 추가 감면된 부분에 한정) ③ 기업부설연구소 설치 후 4년 이내에 정당한 사유 없이 연구소를 폐쇄하거나 다른 용도로 사용하는 경우
(지특§47의2) 녹색건축 인증 건축물 감면	[주31]	① 취득일부터 70일 이내에 녹색건축인증 또는 에너지효율등급의 요건을 70일 이내에 갖추지 못한 경우 ② 취득일부터 100일 이내에 제로에너지건축물 인증을 받지 못한 경우 ③ 취득일부터 3년 이내에 녹색건축의 인증, 에너지효율등급 인증 또는 제로에너지건축물 인증이 취소된 경우
(지특§47의3) 신재생에너지 인증건축물 감면	[주32]	취득일부터 3년 이내에 신·재생에너지 이용 건축물 인증이 취소된 경우
(지특§50) 종교단체 및 항교의 면제	[주33]	① 해당 부동산을 취득한 날부터 5년 이내에 수익사업에 사용하는 경우 ② 정당한 사유 없이 그 취득일부터 3년이 경과할 때까지 해당 용도로 직접 사용하지 아니하는 경우

감면규정	추징사유	
		③ 해당 용도로 직접 사용한 기간이 2년 미만인 상태에서 매각·증여하거나 다른 용도로 사용하는 경우
(지특§52) 문화·예술지원 과세특례	[주34]	① 정당한 사유 없이 그 취득일부터 1년이 경과할 때까지 해당 용도로 직접 사용하지 아니하는 경우 ② 해당 용도로 직접 사용한 기간이 2년 미만인 상태에서 매각·증여하거나 다른 용도로 사용하는 경우 ③ 취득일부터 3년 이내에 관계 법령에 따라 설립허가가 취소되는 등 대통령령으로 정하는 사유에 해당하는 경우 • 「공익법인의 설립·운영에 관한 법률」 제16조에 따라 공익법인의 설립허가가 취소된 경우 • 「민법」 제38조에 따라 비영리법인의 설립허가가 취소된 경우 • 「비영리민간단체 지원법」 제4조의2에 따라 비영리민간단체의 등록이 말소된 경우
	[주35]	① 해당 부동산을 취득한 날부터 5년 이내에 수익사업에 사용하는 경우 ② 정당한 사유 없이 그 취득일부터 1년이 경과할 때까지 해당 용도로 직접 사용하지 아니하는 경우 ③ 해당 용도로 직접 사용한 기간이 2년 미만인 상태에서 매각·증여하거나 다른 용도로 사용하는 경우
(지특§54) 관광단지 등 과세특례	[주36]	① 정당한 사유 없이 그 취득일부터 3년이 경과할 때까지 해당 용도로 직접 사용하지 아니하는 경우 ② 해당 용도로 직접 사용한 기간이 2년 미만인 상태에서 매각·증여하거나 다른 용도로 사용하는 경우
(지특§57의2) 기업합병 및 분할 등 감면[92]	[주37]	합병등기일부터 3년 이내에 아래의 사유(법인세법 제44조의3 제3항 각 호에 따른 적격합병요건 추징사유)가 발생하는 경우(단, 부득이한 사유에 해당하는 경우 제외) ① 합병법인이 피합병법인으로부터 승계받은 사업을 폐지 ② 피합병법인의 지배주주등이 합병법인으로부터 받은 주식등을 처분 ③ 각 사업연도 종료일 현재 합병법인에 종사하는 근로자수가 합병등기일 1개월 전 당시 피합병법인과 합병법인에 각각 종사하는 근로자 수의 합의 80% 미만으로 하락
	[주38]	분할등기일부터 3년 이내에 아래의 사유(인적분할은 법인세법 제46조의3 제3항, 물적분할은 법인세법 제47조 제3항 각 호에 따른 적격분할요건 추징사유)가 발생하는 경우(단, 부득이한 사유에 해당하는 경우 제외) ① 분할신설법인등이 분할법인등으로부터 승계받은 사업을 폐지 ② 분할법인등의 주주등이 분할신설법인등으로부터 받은 주식을 처분

92) 'Chapter 2. 합병 및 분할의 취득세' 내용 참조

감면규정		추징사유
		③ 각 사업연도 종료일 현재 분할신설법인에 종사하는 근로자수가 분할등기일 1개월 전 당시 분할하는 사업부문에 종사하는 근로자 수의 80% 미만으로 하락
	[주39]	취득일부터 3년 이내에 아래의 사유(법인세법 제47조의2 제3항 각호에 따른 과세이연 취소요건)에 해당하는 사유가 발생하는 경우(단, 부득이한 사유에 해당하는 경우 제외) ① 피출자법인이 출자법인이 현물출자한 자산으로 영위하던 사업을 폐지 ② 출자법인등이 피출자법인의 발행주식총수 50% 미만으로 주식을 보유
	[주40]	사업용 재산을 취득한 날부터 5년 이내에 아래 조세특례제한법 제31조 제7항 각호에 따른 사유(양도소득세 이월과세 취소요건)가 발생하는 경우 ① 통합법인이 소멸되는 중소기업으로부터 승계받은 사업을 폐지 ② 양도소득세 이월과세특례를 적용받은 내국인이 통합으로 취득한 통합법인의 주식의 50% 이상을 처분
	[주41]	취득일부터 3년 이내에 아래 조세특례제한법 제37조 제6항 각호의 어느 하나에 해당하는 사유가 발생하는 경우(같은 조 제7항 부득이한 사유에 해당하는 경우 제외) ① 인수법인이 피인수법인으로부터 승계받은 사업을 폐지 ② 피인수법인 또는 피인수법인의 지배주주등이 자산의 포괄적 양도로 인하여 취득한 인수법인의 주식등을 처분
	[주42]	취득일부터 5년 이내에 아래 정당한 사유 없이 해당 사업을 폐업하거나 해당 재산을 처분(임대를 포함) 또는 주식을 처분하는 경우 ① 해당 사업용 재산이 「공익사업을 위한 토지 등의 취득 및 보상에 관한 법률」 또는 그 밖의 법률에 따라 수용된 경우 ② 법령에 따른 폐업·이전명령 등에 따라 해당 사업을 폐지하거나 사업용 재산을 처분하는 경우 ③ 아래 「조세특례제한법 시행령」 제29조 제7항 각호의 어느 하나에 해당하는 경우 • 조세특례제한법 제32조 제1항(법인전환 양도소득세 이월과세)을 적용받은 거주자(이하 '해당 거주자)가 사망하거나 파산하여 주식을 처분 • 해당 거주자가 법인세법에 따른 적격합병이나 적격분할의 방법으로 주식을 처분 • 해당 거주자가 조세특례제한법 제38조에 따른 주식의 포괄적 교환·이전 또는 같은 법 제38조의2에 따른 주식의 현물출자의 방법으로 과세특례를 적용받으면서 주식을 처분 • 해당 거주자가 「채무자 회생 및 파산에 관한 법률」에 따른 회

<table>
<tr><th>감면규정</th><th colspan="3">추징사유</th></tr>
<tr><td rowspan="6"></td><td></td><td colspan="2">생절차에 따라 법원의 허가를 받아 주식을 처분하는 경우
• 해당 거주자가 법령상 의무를 이행하기 위하여 주식을 처분하는 경우
④ 「조세특례제한법」 제32조 제1항에 따른 법인전환으로 취득한 주식의 50% 미만을 처분하는 경우</td></tr>
<tr><td rowspan="3">[주43]</td><td>과점주주 취득사유</td><td>추징사유</td></tr>
<tr><td>③</td><td>해당 지주회사의 설립·전환일부터 3년 이내에 「독점규제 및 공정거래에 관한 법률」에 따른 지주회사의 요건을 상실하게 되는 경우</td></tr>
<tr><td>⑦</td><td>같은 법 제38조 제2항에 해당하는 경우(같은 조 제3항에 해당하는 경우는 제외한다)에는 면제받은 취득세를 추징</td></tr>
<tr><td>[주44]</td><td colspan="2">합병등기일부터 3년 이내에 「법인세법」 제44조의3 제3항 각 호의 어느 하나에 해당하는 사유가 발생하는 경우(같은 항 각 호 외의 부분 단서에 해당하는 경우는 제외한다)</td></tr>
<tr><td colspan="3"></td></tr>
<tr><td rowspan="2">(지특§58)
벤처기업 등 과세특례</td><td>[주45]</td><td colspan="2">① 취득일부터 3년 이내에 정당한 사유 없이 벤처기업집적시설 또는 신기술창업집적지역을 개발·조성하지 아니하는 경우
② 부동산의 취득일부터 5년 이내에 벤처기업집적시설 또는 신기술창업집적지역의 지정이 취소되는 경우
③ 「벤처기업육성에 관한 특별조치법」 제17조의3 또는 제18조 제2항에 따른 요건을 갖춘 날부터 5년 이내에 부동산을 다른 용도로 사용하는 경우</td></tr>
<tr><td>[주46]</td><td colspan="2">① 정당한 사유 없이 그 취득일부터 3년이 경과할 때까지 해당 용도로 직접 사용하지 아니하는 경우
② 해당 용도로 직접 사용한 기간이 2년 미만인 상태에서 매각·증여하거나 다른 용도로 사용하는 경우</td></tr>
<tr><td rowspan="2">(지특§58의2)
지식산업센터 감면</td><td>[주47]</td><td colspan="2">① 정당한 사유 없이 그 취득일부터 1년이 경과할 때까지 착공하지 아니한 경우
② 취득일부터 5년 이내에 매각·증여하거나 다른 용도로 분양·임대하는 경우</td></tr>
<tr><td>[주48]</td><td colspan="2">① 정당한 사유 없이 그 취득일부터 1년이 경과할 때까지 해당 용도로 직접 사용하지 아니하는 경우
② 취득일부터 5년 이내에 매각·증여하거나 다른 용도로 사용하는 경우</td></tr>
<tr><td>(지특§58의3)
창업중소기업 감면</td><td>[주49]</td><td colspan="2">① 정당한 사유 없이 취득일부터 3년 이내에 그 부동산을 해당 사업에 직접 사용하지 아니하는 경우
② 취득일부터 3년 이내에 다른 용도로 사용하거나 매각·증여하는 경우
③ 최초 사용일부터 계속하여 2년간 해당 사업에 직접 사용하지</td></tr>
</table>

<table>
<tr><th>감면규정</th><th colspan="3">추징사유</th></tr>
<tr><td></td><td></td><td colspan="2">아니하고 다른 용도로 사용하거나 매각·증여하는 경우</td></tr>
<tr><td>(지특§59)
중소벤처기업진흥 공단 등 감면</td><td>[주50]</td><td colspan="2">① 취득일부터 1년 이내에 정당한 사유 없이 공장용으로 직접 사용하지 아니하는 경우
② 취득일부터 5년 이내에 공장용 외의 용도로 양도하거나 다른 용도로 사용하는 경우</td></tr>
<tr><td>(지특§60)
중소기업협동조합 과세특례</td><td>[주51]</td><td colspan="2">① 해당 부동산을 취득한 날부터 5년 이내에 수익사업에 사용하는 경우
② 정당한 사유 없이 그 등기일부터 1년이 경과할 때까지 해당 용도로 직접 사용하지 아니하는 경우
③ 해당 용도로 직접 사용한 기간이 2년 미만인 상태에서 매각·증여하거나 다른 용도로 사용하는 경우</td></tr>
<tr><td rowspan="2">(지특§64)
해운항만 지원 과세특례</td><td>[주52]</td><td colspan="2">선박의 취득일부터 6개월 이내에 국제선박으로 등록하지 아니하는 경우</td></tr>
<tr><td>[주53]</td><td colspan="2">① 정당한 사유 없이 그 취득일부터 1년이 경과할 때까지 해당 용도로 직접 사용하지 아니하는 경우
② 해당 용도로 직접 사용한 기간이 2년 미만인 상태에서 매각·증여하거나 다른 용도로 사용하는 경우</td></tr>
<tr><td>(지특§67)
경형자동차 과세특례</td><td>[주54]</td><td colspan="2">취득일부터 1년 이내에 영업용으로 사용하는 경우</td></tr>
<tr><td rowspan="4">(지특§68)
매매용 및 수출용 중고자동차 감면</td><td rowspan="3">[주55]</td><td>구분</td><td>내용</td></tr>
<tr><td>추징사유</td><td>취득한 중고자동차등을 그 취득일부터 2년 이내에 매각하지 아니하거나 수출하지 아니하는 경우</td></tr>
<tr><td>추징제외</td><td>취득일부터 1년이 경과한 중고자동차로서 「자동차관리법」 제43조 제1항 제2호 또는 제4호에 따른 자동차 검사에서 부적합 판정을 받고 「자동차관리법」 제2조 제5호 및 「건설기계관리법」 제2조 제1항 제2호에 따라 폐차 또는 폐기한 경우</td></tr>
<tr><td>[주56]</td><td colspan="2">취득일부터 2년 이내에 수출하지 아니하는 경우</td></tr>
<tr><td>(지특§71)
물류단지등 감면</td><td>[주57]</td><td colspan="2">취득일부터 3년이 경과할 때까지 정당한 사유 없이 그 사업에 직접 사용하지 아니하는 경우</td></tr>
<tr><td>(지특§72)
별정우체국 과세특례</td><td>[주58]</td><td colspan="2">① 해당 부동산을 취득한 날부터 5년 이내에 수익사업에 사용하는 경우
② 정당한 사유 없이 그 취득일부터 1년이 경과할 때까지 해당 용도로 직접 사용하지 아니하는 경우
③ 해당 용도로 직접 사용한 기간이 2년 미만인 상태에서 매각·증여하거나 다른 용도로 사용하는 경우</td></tr>
<tr><td>(지특§73의2)
기부채납용 부동산</td><td>[주59]</td><td colspan="2">① 국가등에 귀속등의 조건을 이행하지 아니하고 타인에게 매각·증여하는 경우</td></tr>
</table>

감면규정		추징사유
감면		② 국가등에 귀속등을 이행하지 아니하는 것으로 조건이 변경된 경우
(지특§74) 도시개발사업 감면	[주60]	① 취득일부터 5년 이내에 「지방세법」 제13조 제5항 제1호부터 제4호까지의 사치성 재산 중과세 규정에 해당하는 부동산(별장, 골프장, 고급주택, 고급오락장)이 되는 경우 ② 관계 법령을 위반하여 건축한 경우
	[주61]	① 취득일부터 5년 이내에 「지방세법」 제13조 제5항 제1호부터 제4호까지의 사치성 재산 중과세 규정에 해당하는 부동산(별장, 골프장, 고급주택, 고급오락장)이 되는 경우 ② 관계 법령을 위반하여 건축한 경우 ③ 일시적 2주택자에 해당하여 취득세를 경감받은 사람이 그 취득일부터 3년 이내에 대통령령으로 정하는 1가구 1주택이 되지 아니한 경우
(지특§75) 지역개발사업 감면	[주62]	① 취득일부터 3년 이내에 정당한 사유 없이 그 사업에 직접 사용하지 않는 경우 ② 취득일부터 3년 이내에 정당한 사유 없이 매각·증여하는 경우
(지특§75의2) 기업도시개발구역 및 지역개발사업구역 내 창업기업 감면	[주63]	1. 다음 중 어느 하나에 해당하는 경우 그 사유 발생일로부터 소급하여 5년 이내 감면받은 세액 전액을 추징 ① 「기업도시개발 특별법」 제7조에 따라 기업도시개발구역의 지정이 해제된 경우 ② 기업도시개발구역에 창업한 기업이 폐업하거나 신설한 사업장을 폐쇄한 경우 ③ 「지역 개발 및 지원에 관한 법률」 제18조에 따라 지역개발사업구역의 지정이 해제되거나 같은 법 제69조에 따라 지역활성화지역의 지정이 해제된 경우 ④ 지역개발사업구역과 지역활성화지역에 창업한 기업이 폐업하거나 신설한 사업장을 폐쇄한 경우
		2. 다음 중 어느 하나에 해당하는 경우 감면받은 세액 전액을 추징 ① 해당 감면대상사업에서 최초로 소득이 발생한 과세연도(사업개시일부터 3년이 되는 날이 속하는 과세연도까지 해당 사업에서 소득이 발생하지 않는 경우 사업개시일부터 3년이 되는 날이 속하는 과세연도)의 종료일부터 2년 이내에 감면기준(투자금액과 상시근로자수)을 충족하지 못한 경우(단, 상시근로자 수의 경우 해당 감면대상사업에서 최초로 소득이 발생한 과세연도의 종료일 이후 2년 이내의 과세연도 종료일까지의 기간 중 하나 이상의 과세연도에 해당 기준을 충족하는 경우에는 추징하지 않음) ② 정당한 사유 없이 부동산 취득일부터 3년이 경과할 때까지 취득한 부동산을 해당 용도로 직접 사용하지 아니하거나 해

감면규정	추징사유	
		당 용도로 직접 사용한 기간이 2년 미만인 상태에서 그 부동산을 매각·증여하거나 다른 용도로 사용하는 경우
(지특§75의3) 위기지역 내 중소기업 감면	[주64]	① 정당한 사유 없이 취득일부터 3년이 지날 때까지 그 부동산을 해당 사업에 직접 사용하지 아니하는 경우 ② 취득일부터 3년 이내에 다른 용도로 사용하거나 매각·증여하는 경우 ③ 최초 사용일부터 계속하여 2년 이상 해당 사업에 직접 사용하지 아니하고 매각·증여하거나 다른 용도(임대를 포함)로 사용하는 경우
(지특§78) 산업단지등 감면	[주65]	① 산업단지 또는 산업기술단지를 조성하기 위하여 취득한 부동산의 취득일부터 3년 이내에 정당한 사유 없이 산업단지 또는 산업기술단지를 조성하지 아니하는 경우 ② 산업단지 또는 산업기술단지를 조성하기 위하여 취득한 토지의 취득일(「산업입지 및 개발에 관한 법률」 제19조의2에 따른 실시계획의 승인 고시 이전에 취득한 경우에는 실시계획 승인 고시일)부터 3년 이내에 정당한 사유 없이 산업단지 또는 산업기술단지를 조성하지 아니하는 경우
	[주66]	취득일부터 3년 이내에 정당한 사유 없이 해당 용도로 분양 또는 임대하지 아니하는 경우
	[주67]	조성공사가 끝난 날부터 3년 이내에 정당한 사유 없이 해당 용도로 분양 또는 임대하지 아니하는 경우
	[주68]	① 정당한 사유 없이 그 취득일부터 3년 이내에 해당 용도로 직접 사용하지 아니하는 경우 ② 해당 용도로 직접 사용한 기간이 2년 미만인 상태에서 매각·증여하거나 다른 용도로 사용하는 경우
	[주69]	① 정당한 사유 없이 그 조성공사가 끝난 날부터 3년 이내에 해당 용도로 직접 사용하지 아니하는 경우 ② 해당 용도로 직접 사용한 기간이 2년 미만인 상태에서 매각·증여하거나 다른 용도로 사용하는 경우
	[주70]	① 정당한 사유 없이 그 취득일부터 3년이 경과할 때까지 해당 용도로 직접 사용하지 아니하는 경우 ② 해당 용도로 직접 사용한 기간이 2년 미만인 상태에서 매각(해당 산업단지관리기관 또는 산업기술단지관리기관이 환매하는 경우 제외)·증여하거나 다른 용도로 사용하는 경우
(지특§78의2) 한국산업단지공단 감면	[주71]	취득일부터 3년 이내에 정당한 사유 없이 한국산업단지공단이 아래의 감면요건 관련 사업에 사용하지 아니하는 경우 ① 공장·지식산업센터·지원시설·산업집적기반시설의 설치·운영과 분양·임대 및 매각에 관한 사업(양도받은 산업용지 또는 공장등을 매각하는 사업 포함) ② 입주기업체 근로자의 후생복지·교육사업·주택건설사업

감면규정	추징사유		
(지특§78의3) 외국인투자 감면	[주72]	구분	내용
		추징사유	① 취득세·재산세가 감면된 후 외국투자가가 이 법에 따라 소유하는 주식등을 대한민국 국민 또는 대한민국 법인에 양도하는 경우 ② 취득세·재산세가 감면된 후 외국투자가의 주식등 비율이 감면 당시의 주식등 비율에 미달하게 된 경우 ③ 「외국인투자 촉진법」에 따라 등록이 말소된 경우 ④ 해당 외국인투자기업이 폐업하는 경우 ⑤ 외국인투자기업이 외국인투자신고 후 5년(고용관련 조세감면기준 3년) 이내에 출자목적물의 납입, 「외국인투자 촉진법」 제2조 제1항 제4호 나목에 따른 장기차관의 도입 또는 고용인원이 「조세특례제한법」 제121조의2 제1항에 따른 조세감면기준에 미달하는 경우 ⑥ 정당한 사유 없이 그 취득일부터 3년이 경과할 때까지 해당 용도로 직접 사용하지 아니하는 경우 ⑦ 해당 용도로 직접 사용한 기간이 2년 미만인 상태에서 매각·증여하거나 다른 용도로 사용하는 경우
		추징제외사유	① 외국인투자기업이 합병으로 인하여 해산됨으로써 외국인투자기업의 등록이 말소된 경우 ② 「조세특례제한법」 제121조의3에 따라 관세 등을 면제받고 도입되어 사용 중인 자본재를 천재지변이나 그 밖의 불가항력적인 사유, 감가상각, 기술의 진보, 그 밖에 경제여건의 변동 등으로 그 본래의 목적에 사용할 수 없게 되어 기획재정부장관의 승인을 받아 본래의 목적 외의 목적에 사용하거나 처분하는 경우 ③ 「자본시장과 금융투자업에 관한 법률」에 따라 해당 외국인투자기업을 공개하기 위하여 주식등을 대한민국 국민 또는 대한민국 법인에 양도하는 경우 ④ 「외국인투자 촉진법」에 따라 시·도지사가 연장한 이행기간 내에 출자목적물을 납입하여 해당 조세감면기준을 충족한 경우 ⑤ 그 밖에 조세감면의 목적을 달성하였다고 인정되는 경우로서 아래에 해당하는 경우 • 「경제자유구역의 지정 및 운영에 관한 특별법」 제8조의3 제1항 및 제2항에 따른 개발사업시행자가

감면규정	추징사유		
			같은 법 제2조 제1호에 따른 경제자유구역의 개발사업을 완료한 후 법 제78조의3 제12항에 따른 취득세 및 재산세의 추징사유가 발생한 경우 • 「기업도시개발 특별법」 제10조 제1항에 따라 지정된 기업도시 개발사업시행자가 같은 법 제2조 제2호에 따른 기업도시개발구역의 개발사업을 완료한 후 법 제78조의3 제12항에 따른 취득세 및 재산세의 추징사유가 발생한 경우 • 「새만금사업 추진 및 지원에 관한 특별법」 제8조 제1항에 따라 지정된 사업시행자가 같은 법 제2조 제1호에 따른 새만금사업지역의 개발사업을 완료한 후 법 제78조의3 제12항에 따른 취득세 및 재산세의 추징사유가 발생한 경우 • 「제주특별자치도 설치 및 국제자유도시 조성을 위한 특별법」 제162조에 따라 지정되는 제주투자진흥지구의 개발사업시행자가 제주투자진흥지구의 개발사업을 완료한 후 법 제78조의3 제12항에 따른 취득세 및 재산세의 추징사유가 발생한 경우 • 「조세특례제한법」 제121조의2 제1항 제1호에 따른 신성장동력산업기술을 수반하는 사업에 투자한 외국투자가가 그 감면사업 또는 소유주식등을 대한민국국민등에게 양도한 경우로서 해당 기업이 그 신성장동력산업기술을 수반하는 사업에서 생산되거나 제공되는 제품 또는 서비스를 국내에서 자체적으로 생산하는 데 지장이 없다고 기획재정부장관이 확인하는 경우 • 외국투자가가 소유하는 주식등을 다른 법령이나 정부의 시책에 따라 대한민국국민등에게 양도한 경우로서 기획재정부장관이 확인하는 경우 • 외국투자가가 소유하는 주식등을 대한민국국민등에게 양도한 후 양도받은 대한민국 국민등이 7일 이내에 해당 주식등을 다시 다른 외국투자가에게 양도한 경우로서 당초 사업을 계속 이행하는 데 지장이 없다고 기획재정부장관이 확인하는 경우
(지특§79) 법인 지방이전 감면	[주73]	① 법인을 이전하여 5년 이내에 법인이 해산된 경우(합병·분할 또는 분할합병으로 인한 경우는 제외)와 법인을 이전하여 과세감면을 받고 있는 기간에 과밀억제권역에서 이전 전에 생산하던 제품을 생산하는 법인을 다시 설치한 경우 ② 해당 사업에 직접 사용한 기간이 2년 미만인 상태에서 매각·증여하거나 다른 용도로 사용하는 경우	
(지특§80)	[주74]	① 공장을 이전하여 지방세를 감면받고 있는 기간에 대도시에서	

감면규정	추징사유	
공장 지방이전 감면		이전 전에 생산하던 제품을 생산하는 공장을 다시 설치한 경우 ② 해당 사업에 직접 사용한 기간이 2년 미만인 상태에서 매각·증여하거나 다른 용도로 사용하는 경우
(지특§81) 이전공공기관 등 지방이전 감면	[주75]	사망, 혼인, 해외이주, 정년퇴직, 파견근무 또는 부처교류로 인한 근무지역의 변동 등의 정당한 사유 없이 다음 중 어느 하나에 해당하는 경우 ① 이전공공기관 또는 중앙행정기관등의 이전일(이전공공기관의 경우 이전에 따른 등기일 또는 업무개시일 중 빠른 날, 중앙행정기관등의 경우에는 업무개시일) 전에 주택을 매각·증여한 경우 ② 다음 중 어느 하나에 해당하는 날부터 2년 이내에 주택을 매각·증여한 경우 • 해당 기관의 이전일(이전공공기관 또는 중앙행정기관등에 소속된 임직원 또는 공무원의 경우만 해당) • 주택의 취득일
(지특§81의2) 주한미군 한국인 근로자 평택이주 감면	[주76]	사망, 혼인, 해외이주, 정년퇴직, 파견근무 등의 정당한 사유 없이 ① 주택 취득일부터 2년 이내에 주택을 매각·증여하는 경우 ② 주택 취득일부터 2년 이내에 다른 용도로 사용(임대를 포함)하는 경우
(지특§83) 시장정비사업 감면	[주77]	①「전통시장 및 상점가 육성을 위한 특별법」 제38조에 따라 사업추진계획의 승인이 취소되는 경우 ② 취득일부터 3년 이내에 정당한 사유 없이 아래 사유에 해당하는 경우 • 그 사업에 직접 사용하지 않음 • 매각·증여 • 다른 용도에 사용
(지특§89) 정당에 대한 면제	[주78]	① 해당 부동산을 취득한 날부터 5년 이내에 수익사업에 사용하는 경우 ② 정당한 사유 없이 그 취득일부터 3년이 경과할 때까지 해당 용도로 직접 사용하지 아니하는 경우 ③ 해당 용도로 직접 사용한 기간이 2년 미만인 상태에서 매각·증여하거나 다른 용도로 사용하는 경우
(지특§90) 마을회 등 감면	[주79]	① 해당 부동산을 취득한 날부터 5년 이내에 수익사업에 사용하는 경우 ② 정당한 사유 없이 그 취득일부터 1년이 경과할 때까지 해당 용도로 직접 사용하지 아니하는 경우 ③ 해당 용도로 직접 사용한 기간이 2년 미만인 상태에서 매각·증여(해당 용도로 사용하기 위하여 국가나 지방자치단체에 기부채납하는 경우는 제외)하거나 다른 용도로 사용하는 경우

감면규정	추징사유	
(지특§91) 재외외교관 자녀기숙사용 부동산 과세특례	[주80]	① 해당 부동산을 취득한 날부터 5년 이내에 수익사업에 사용하는 경우 ② 정당한 사유 없이 그 취득일부터 1년이 경과할 때까지 해당 용도로 직접 사용하지 아니하는 경우 ③ 해당 용도로 직접 사용한 기간이 2년 미만인 상태에서 매각·증여하거나 다른 용도로 사용하는 경우

[참고] 감면규정상 용어의 이해

구분	내용	
평생교육시설 (지특§44)	① 학교 부설 평생교육시설(「평생교육법」 제30조) ② 학교형태의 평생교육시설(「평생교육법」 제31조) ③ 사내대학형태의 평생교육시설(「평생교육법」 제32조) ④ 원격대학형태의 평생교육시설(「평생교육법」 제33조) ⑤ 사업장 부설 평생교육시설(「평생교육법」 제35조) ⑥ 시민사회단체 부설 평생교육시설(「평생교육법」 제36조) ⑦ 언론기관 부설 평생교육시설(「평생교육법」 제37조) ⑧ 지식·인력개발사업 관련 평생교육시설(「평생교육법」 제38조)	
박물관 (지특§44의2)	구분	내용(박물관 및 미술관 진흥법)
	정의 (§2)	문화·예술·학문의 발전과 일반 공중의 문화향유 및 평생교육 증진에 이바지하기 위하여 역사·고고·인류·민속·예술·동물·식물·광물·과학·기술·산업 등에 관한 자료를 수집·관리·보존·조사·연구·전시·교육하는 시설
	구분 (§3)	박물관은 그 설립·운영 주체에 따라 다음과 같이 구분 ① 국립 박물관: 국가가 설립·운영하는 박물관 ② 공립 박물관: 지방자치단체가 설립·운영하는 박물관 ③ 사립 박물관: 「민법」, 「상법」, 그 밖의 특별법에 따라 설립된 법인·단체 또는 개인이 설립·운영하는 박물관 ④ 대학 박물관: 「고등교육법」에 따라 설립된 학교나 다른 법률에 따라 설립된 대학 교육과정의 교육기관이 설립·운영하는 박물관
미술관 (지특§44의2)	구분	내용(박물관 및 미술관 진흥법)
	정의 (§2)	문화·예술의 발전과 일반 공중의 문화향유 및 평생교육 증진에 이바지하기 위하여 박물관 중에서 특히 서화·조각·공예·건축·사진 등 미술에 관한 자료를 수집·관리·보존·조사·연구·전시·교육하는 시설
	구분 (§3)	미술관은 그 설립·운영 주체에 따라 다음과 같이 구분 ① 국립 미술관: 국가가 설립·운영하는 미술관 ② 공립 미술관: 지방자치단체가 설립·운영하는 미술관 ③ 사립 미술관: 「민법」, 「상법」, 그 밖의 특별법에 따라 설립된

<table>
<tr><th>구분</th><th colspan="2">내용</th></tr>
<tr><td></td><td></td><td>법인·단체 또는 개인이 설립·운영하는 미술관
④ 대학 미술관: 「고등교육법」에 따라 설립된 학교나 다른 법률에 따라 설립된 대학 교육과정의 교육기관이 설립·운영하는 미술관</td></tr>
<tr><td rowspan="3">도서관
(지특§44의2)</td><td>구분</td><td>내용(도서관법)</td></tr>
<tr><td>정의
(§2)</td><td>도서관자료를 수집·정리·분석·보존하여 공중에게 제공함으로써 정보이용·조사·연구·학습·교양·평생교육 등에 이바지하는 시설</td></tr>
<tr><td>범위
(§2)</td><td>① 공공도서관
• 공립 공공도서관(특정 작은 도서관, 장애인도서관, 병원도서관, 병영도서관, 교도소도서관, 어린이도서관)
• 사립 공공도서관
② 대학도서관(「고등교육법」 제2조에 따른 대학 및 다른 법률의 규정에 따라 설립된 대학교육과정 이상의 교육기관에서 교수와 학생, 직원에게 도서관서비스를 제공하는 것을 주된 목적으로 하는 도서관)
③ 학교도서관(「초·중등교육법」 제2조에 따른 고등학교 이하의 각급 학교에서 교사와 학생, 직원에게 도서관서비스를 제공하는 것을 주된 목적으로 하는 도서관)
④ 전문도서관(그 설립 기관·단체의 소속 직원 또는 공중에게 특정 분야에 관한 전문적인 도서관서비스를 제공하는 것을 주된 목적으로 하는 도서관)</td></tr>
<tr><td rowspan="3">과학관
(지특§44의2)</td><td>구분</td><td>내용(과학관의 설립·운영 및 육성에 관한 법률)</td></tr>
<tr><td>정의
(§2)</td><td>과학기술자료를 수집·조사·연구하여 이를 보존·전시하며, 각종 과학기술교육프로그램을 개설하여 과학기술지식을 보급하는 시설로서 제6조 제1항에 따른 과학기술자료, 전문직원 등 등록 요건을 갖춘 시설</td></tr>
<tr><td>구분
(§3)</td><td>과학관은 그 설립·운영의 주체에 따라 다음과 같이 구분
① 국립과학관: 국가가 설립·운영하는 과학관 또는 국가가 법인으로 설립한 과학관
② 공립과학관: 지방자치단체가 설립·운영하는 과학관 또는 지방자치단체가 법인으로 설립한 과학관
③ 사립과학관: 위 ① 및 ②를 제외한 법인·단체 또는 개인이 설립·운영하는 과학관</td></tr>
<tr><td>학술단체
(지특§45)</td><td colspan="2">「학술진흥법」 제2조 제1호에 따른 학술의 연구·발표활동 등을 목적으로 하는 법인 또는 단체로서 다음 중 어느 하나에 해당하는 법인 또는 단체(단, 해당 법인 또는 단체가 「공공기관의 운영에 관한 법률」 제4조에 따른 공공기관인 경우에는 행정안전부장관이 정하여 고시하는 법인 또는 단체로 한정)
① 「공익법인의 설립·운영에 관한 법률」 제4조에 따라 설립된 공익법인</td></tr>
</table>

<table>
<tr><th>구분</th><th>내용</th></tr>
<tr><td></td><td>②「민법」 제32조에 따라 설립된 비영리법인
③「민법」 및 「상법」 외의 법령에 따라 설립된 법인
④「비영리민간단체 지원법」 제4조에 따라 등록된 비영리민간단체</td></tr>
<tr><td>기업부설
연구소
(지특§46)</td><td>
<table>
<tr><th>구분</th><th colspan="2">내용</th></tr>
<tr><td rowspan="2">기업부설연구소</td><td>정의</td><td>「기초연구진흥 및 기술개발지원에 관한 법률」 제14조의2 제1항에 따라 인정받은 기업부설연구소</td></tr>
<tr><td>제외</td><td>「독점규제 및 공정거래에 관한 법률」 제14조 제1항에 따른 상호출자제한기업집단등이 「수도권정비계획법」 제6조 제1항 제1호에 따른 과밀억제권역 내에 설치하는 기업부설연구소는 제외</td></tr>
<tr><td>신성장동력 · 원천기술 관련 기업부설연구소</td><td colspan="2">기업부설연구소로서 다음 요건을 모두 갖춘 기업의 부설연구소
①「국가과학기술 경쟁력 강화를 위한 이공계지원 특별법」 제2조 제4호에 따른 연구개발서비스업을 영위하는 국내 소재 기업으로서 「조세특례제한법 시행령」 제9조 제1항 제1호 가목에 따른 신성장동력 · 원천기술연구개발업무를 수행(신성장동력 · 원천기술연구개발업무와 그 밖의 연구개발을 모두 수행하는 경우를 포함한다)하는 기업일 것
②「기초연구진흥 및 기술개발지원에 관한 법률」 제14조의2 제1항에 따라 기업부설연구소로 인정받은 날부터 3년 이내에 「조세특례제한법 시행령」 제9조 제11항에 따른 신성장동력 · 원천기술심의위원회로부터 해당 기업이 지출한 신성장동력 · 원천기술연구개발비의 연구개발 대상 기술이 같은 영 별표 7에 해당된다는 심의 결과를 통지받은 기업일 것</td></tr>
</table>
</td></tr>
<tr><td>문화예술단체
(지특§52)</td><td>「문화예술진흥법」 제2조 제1항 제1호에 따른 문화예술의 창작 · 진흥활동 등을 목적으로 하는 법인 또는 단체로서 다음 중 어느 하나에 해당하는 법인 또는 단체(단, 해당 법인 또는 단체가 「공공기관의 운영에 관한 법률」 제4조에 따른 공공기관인 경우에는 행정안전부장관이 정하여 고시하는 법인 또는 단체로 한정)
①「공익법인의 설립 · 운영에 관한 법률」 제4조에 따라 설립된 공익법인
②「민법」 제32조에 따라 설립된 비영리법인
③「민법」 및 「상법」 외의 법령에 따라 설립된 법인
④「비영리민간단체 지원법」 제4조에 따라 등록된 비영리민간단체</td></tr>
<tr><td>체육단체
(지특§52)</td><td>「국민체육진흥법」 제2조 제1호에 따른 체육에 관한 활동이나 사업을 목적으로 하는 법인 또는 단체로서 다음 중 어느 하나에 해당하는 법인 또는 단체(단, 해당 법인 또는 단체가 「공공기관의 운영에 관한 법률」 제4조에 따른 공공기관인 경우에는 행정안전부장관이 정하여 고시하는 법인 또는 단체로 한정)
①「공익법인의 설립 · 운영에 관한 법률」 제4조에 따라 설립된 공익법인</td></tr>
</table>

구분	내용	
	②「민법」 제32조에 따라 설립된 비영리법인 ③「민법」 및 「상법」 외의 법령에 따라 설립된 법인 ④「비영리민간단체 지원법」 제4조에 따라 등록된 비영리민간단체	
산업용건축물 (지특§58)	다음 각 호의 어느 하나에 해당하는 건축물	
	지방세법시행령 제29조	관련 개별법령
	「도시가스사업법」 제2조 제5호에 따른 가스공급시설용 건축물	도시가스를 제조하거나 공급하기 위한 시설로서 산업통상자원부령으로 정하는 가스제조시설, 가스배관시설, 가스충전시설, 나프타부생가스·바이오가스제조시설 및 합성천연가스제조시설
	「산업기술단지 지원에 관한 특례법」에 따른 연구개발시설 및 시험생산시설용 건축물	
	산업입지 및 개발에 관한 법률」 제2조에 따른 공장·지식산업·문화산업·정보통신산업·자원비축시설용 건축물과 이와 직접 관련된 교육·연구·정보처리·유통시설용 건축물	• 공장: 「산업집적활성화 및 공장설립에 관한 법률」 제2조 제1호에 따른 공장 • 지식산업: 컴퓨터소프트웨어개발업·연구개발업·엔지니어링서비스업 등 전문 분야의 지식을 기반으로 하여 창의적 정신활동에 의하여 고부가가치의 지식서비스를 창출하는 데에 이바지할 수 있는 산업 • 문화산업: 「문화산업진흥 기본법」 제2조 제1호에 따른 문화산업 • 정보통신산업: 「정보통신산업 진흥법」 제2조 제2호에 따른 정보통신산업 • 자원비축시설: 석탄, 석유, 원자력, 천연가스 등 에너지자원의 비축·저장·공급 등을 위한 시설과 이에 관련된 시설
	「산업집적활성화 및 공장설립에 관한 법률」 제30조 제2항에 따른 관리기관이 산업단지의 관리, 입주기업체 지원 및 근로자의 후생복지를 위하여 설치하는 건축물(수익사업용으로 사용되는 부분은 제외)	관리기관은 다음과 같음 ① 관리권자 • 국가산업단지: 산업통상자원부장관 • 일반산업단지·도시첨단산업단지: 시·도지사(시장·군수·구청장이 지정한 산업단지는 시장·군수·구청장) • 농공단지: 시장·군수·구청장

<table>
<tr><th>구분</th><th colspan="2">내용</th></tr>
<tr><td></td><td></td><td>② 관리권자로부터 관리업무를 위임받은 지방자치단체의 장
③ 관리권자로부터 관리업무를 위탁받은 공단 또는 제31조 제2항의 산업단지관리공단
④ 관리권자로부터 관리업무를 위탁받은 제31조 제2항의 입주기업체 협의회
⑤ 관리권자로부터 관리업무(일반산업단지, 도시첨단산업단지 및 농공단지의 관리업무만 해당)를 위탁받은 기관으로서 대통령령으로 정하는 기관</td></tr>
<tr><td></td><td>「집단에너지사업법」 제2조 제6호에 따른 공급시설용 건축물</td><td>집단에너지의 생산·수송·분배를 위한 시설로서 사업자의 관리에 속하는 시설</td></tr>
<tr><td></td><td>「산업집적활성화 및 공장설립에 관한 법률 시행령」 제6조 제5항 제1호부터 제5호까지, 제7호 및 제8호에 해당하는 산업용 건축물</td><td>① 폐기물 수집운반, 처리 및 원료재생업
② 폐수처리업
③ 창고업, 화물터미널, 그 밖에 물류시설을 설치·운영하는 사업
④ 운송업(여객운송업 제외)
⑤ 산업용 기계장비 임대업
⑥ 지역특화산업(=시장[「제주특별자치도 설치 및 국제자유도시 조성을 위한 특별법」에 따른 행정시장을 포함]·군수·구청장이 특화산업육성을 위하여 농공단지관리기본계획에 따라 농공단지에 입주시키는 농림어업등 산업)
⑦ 전기업</td></tr>
<tr><td>공장용 부동산
(지특§58)</td><td colspan="2">「산업집적활성화 및 공장설립에 관한 법률」 제2조 제1호에 따른 공장</td></tr>
<tr><td>창업중소기업
감면
(지특§58의3)</td><td colspan="2">
<table>
<tr><th>구분</th><th colspan="2">내용</th></tr>
<tr><td rowspan="3">청년
창업기업</td><td colspan="2">대표자(「소득세법」 제43조 제1항에 따른 공동사업장의 경우 손익분배비율이 더 큰 사업자)가 아래 요건을 충족하는 기업</td></tr>
<tr><th>구분</th><th>내용</th></tr>
<tr><td>개인사업자로 창업</td><td>창업 당시 15세 이상 34세 이하인 사람
(병역을 이행한 경우 6년을 한도로 한 병역이</td></tr>
</table>
</td></tr>
</table>

구분	내용		
			행기간을 창업 당시 연령에서 빼고 계산한 연령이 34에 이하인 사람을 포함)
		법인으로 창업	아래 요건을 모두 갖춘 사람 ① 위 개인사업자의 요건을 갖출 것(창업당시 15세 이상 34세 이하인 사람) ② 「법인세법 시행령」 제43조 제7항에 따른 지배주주등으로서 해당 법인의 최대주주 또는 최대출자자일 것
	창업벤처 중소기업	「벤처기업육성에 관한 특별조치법」 제2조 제1항에 따른 벤처기업 중 다음 어느 하나에 해당하는 기업으로서 창업일로부터 3년 이내에 「벤처기업육성에 관한 특별조치법」 제25조에 따라 벤처기업으로 확인받은 기업 ① 「벤처기업육성에 관한 특별조치법」 제2조의2의 요건을 갖춘 중소기업(같은 조 제1항 제2호 나목에 해당하는 중소기업 제외) ② 연구개발 및 인력개발을 위한 비용으로서 「조세특례제한법 시행령」 별표 6의 비용이 해당 과세연도의 수입금액의 5%(「벤처기업육성에 관한 특별조치법」 제25조에 따라 벤처기업 해당 여부에 대한 확인을 받은 날이 속하는 과세연도부터 연구개발 및 인력개발을 위한 비용의 비율이 5% 이상을 유지하는 경우로 한정) 이상인 중소기업	
철도시설 (지특§63)	(「철도산업발전 기본법」 제3조 제2호)		
	철도시설은 다음에 해당하는 시설(부지를 포함)을 말함 ① 철도의 선로(선로에 부대되는 시설 포함), 역시설(물류시설·환승시설·편의시설 등을 포함) 및 철도운영을 위한 건축물·건축설비 ② 선로 및 철도차량을 보수·정비하기 위한 선로보수기지, 차량정비기지 및 차량유치시설 ③ 철도의 전철전력설비, 정보통신설비, 신호 및 열차제어설비 ④ 철도노선간 또는 다른 교통수단과의 연계운영에 필요한 시설 ⑤ 철도기술의 개발·시험 및 연구를 위한 시설 ⑥ 철도경영연수 및 철도전문인력의 교육훈련을 위한 시설 ⑦ 그 밖에 철도의 건설·유지보수·운영을 위한 시설로서 아래의 시설 • 철도의 건설 및 유지보수에 필요한 자재를 가공·조립·운반 또는 보관하기 위하여 당해 사업기간중에 사용되는 시설 • 철도의 건설 및 유지보수를 위한 공사에 사용되는 진입도로·주차장·야적장·토석채취장 및 사토장과 그 설치 또는 운영에 필요한 시설 • 철도의 건설 및 유지보수를 위하여 당해 사업기간중에 사용되는 장비와 그 정비·점검 또는 수리를 위한 시설 • 그 밖에 철도안전관련시설·안내시설 등 철도의 건설·유지보수 및 운영을 위하여 필요한 시설로서 국토교통부장관이 정하는 시설		

<table>
<tr><th>구분</th><th colspan="2">내용</th></tr>
<tr><td rowspan="3">물류단지
(지특§71)</td><td>구분</td><td>내용</td></tr>
<tr><td>물류사업</td><td>「물류정책기본법」 제2조 제1항 제2호에 따른 물류사업은 화주의 수요에 따라 유상으로 물류활동을 영위하는 것을 업으로 하는 것으로 다음의 사업을 말함
① 자동차·철도차량·선박·항공기 또는 파이프라인 등의 운송수단을 통하여 화물을 운송하는 화물운송업
② 물류터미널이나 창고 등의 물류시설을 운영하는 물류시설운영업
③ 화물운송의 주선, 물류장비의 임대, 물류정보의 처리 또는 물류컨설팅 등의 업무를 하는 물류서비스업
④ ①에서 ③까지의 물류사업을 종합적·복합적으로 영위하는 종합물류서비스업</td></tr>
<tr><td>물류시설용 부동산</td><td>「물류시설의 개발 및 운영에 관한 법률」 제2조 제7호에 따른 아래 ①에서 ⑩까지의 일반물류단지시설(단, ② 중 「유통산업발전법」 제2조 제3호에 따른 대규모점포는 제외)을 설치하기 위해 「물류시설의 개발 및 운영에 관한 법률」 제27조에 따른 물류단지개발사업의 시행자로부터 취득하는 토지와 그 토지 취득일부터 5년 이내에 해당 토지에 신축하거나 증축하여 취득하는 건축물(토지 취득일 전에 신축하거나 증축한 건축물을 포함)
① 물류터미널 및 창고
② 「유통산업발전법」 제2조 제3호·제8호·제16호 및 제17조의 2의 대규모점포·전문상가단지·공동집배송센터 및 중소유통공동도매물류센터
③ 「농수산물유통 및 가격안정에 관한 법률」 제2조 제2호·제5호 및 제12호의 농수산물도매시장·농수산물공판장 및 농수산물종합유통센터
④ 「궤도운송법」에 따른 궤도사업을 경영하는 자가 그 사업에 사용하는 화물의 운송·하역 및 보관 시설
⑤ 「축산물위생관리법」 제2조 제11호의 작업장
⑥ 「농업협동조합법」·「수산업협동조합법」·「산림조합법」·「중소기업협동조합법」 또는 「협동조합 기본법」에 따른 조합 또는 그 중앙회(연합회를 포함한다)가 설치하는 구매사업 또는 판매사업 관련 시설
⑦ 「화물자동차 운수사업법」 제2조 제2호의 화물자동차운수사업에 이용되는 차고, 화물취급소, 그 밖에 화물의 처리를 위한 시설
⑧ 「약사법」 제44조 제2항 제2호의 의약품 도매상의 창고 및 영업소시설
⑨ 기타 물류기능을 가진 시설로서 대통령령으로 정하는 아래 시설</td></tr>
</table>

<table>
<tr><th>구분</th><th colspan="3">내용</th></tr>
<tr><td></td><td></td><td colspan="2">• 「관세법」에 따른 보세창고
• 「식품산업진흥법」 제19조의5에 따른 수산물가공업시설(냉동·냉장업 시설만 해당)
• 「항만법」 제2조 제5호의 항만시설 중 항만구역에 있는 화물하역시설 및 화물보관·처리 시설
• 「공항시설법」 제2조 제7호의 공항시설 중 공항구역에 있는 화물운송을 위한 시설과 그 부대시설 및 지원시설
• 「철도사업법」 제2조 제8호에 따른 철도사업자가 그 사업에 사용하는 화물운송·하역 및 보관 시설
• 기타 물류기능을 가진 시설로서 국토교통부령으로 정하는 시설
⑩ 위 ①에서 ⑨까지의 시설에 딸린 시설(지원시설 중 특정가공·제조시설 및 정보처리시설로서 위 ①에서 ⑨까지의 시설과 동일한 건축물에 설치되는 시설을 포함)</td></tr>
<tr><td rowspan="7">감면대상
기업의 기준
(지특§75의2)</td><td>구분</td><td colspan="2">감면기준</td></tr>
<tr><td rowspan="6">법 제1항
제1호 및
제3호에
따른 감면</td><td colspan="2">다음 각 목의 어느 하나에 해당하는 사업일 것
① 「조세특례제한법 시행령」 제116조의2 제17항 제1호·제4호 또는 제5호에 해당하는 사업으로서 투자금액이 20억원 이상이고 상시근로자 수가 30명 이상일 것
② 「조세특례제한법 시행령」 제116조의2 제17항 제2호에 해당하는 사업으로서 투자금액이 5억원 이상이고 상시근로자 수가 10명 이상일 것
③ 「조세특례제한법 시행령」 제116조의2 제17항 제3호에 해당하는 사업으로서 투자금액이 10억원 이상이고 상시근로자 수가 15명 이상일 것</td></tr>
<tr><td>조특법
제116조의2</td><td>사업</td></tr>
<tr><td>제17항 제1호</td><td>제조업</td></tr>
<tr><td>제17항 제2호</td><td>연구개발업</td></tr>
<tr><td>제17항 제3호</td><td>① 복합물류터미널사업(「물류시설의 개발 및 운영에 관한 법률」 제2조 제4호)
② 공동집배송센터를 조성하여 운영하는 사업(「유통산업발전법」 제2조 제15호)
③ 항만시설운영사업(「항만법」 제2조 제5호)
④ 항만배후단지에서 영위하는 물류사업(「항만법」 제2조 제7호)</td></tr>
<tr><td>제17항 제4호</td><td>① 엔지니어링사업
② 전기통신업
③ 컴퓨터프로그래밍·시스템 통합 및 관리업
④ 정보서비스업</td></tr>
</table>

구분	내용		
			⑤ 그 밖의 과학기술서비스업 ⑥ 영화·비디오물 및 방송프로그램 제작업, 영화·비디오물 및 방송프로그램 제작 관련 서비스업, 녹음시설 운영업, 음악 및 기타 오디오물 출판업 ⑦ 게임 소프트웨어 개발 및 공급업 ⑧ 공연시설 운영업, 공연단체, 기타 창작 및 예술 관련 서비스업
		제17항 제5호	① 관광호텔업·수상관광호텔업·한국전통호텔(「관광진흥법 시행령」 제2조 제1항 제2호) ② 전문휴양업·종합휴양업·관광유람선업·관광공연장업. 다만, 전문휴양업과 종합휴양업 중 「체육시설의 설치·이용에 관한 법률」 제10조 제1항 제1호에 따른 골프장업은 제외(「관광진흥법 시행령」 제2조 제1항 제3호) ③ 국제회의시설업(「관광진흥법 시행령」 제2조 제1항 제4호) ④ 종합유원시설(「관광진흥법 시행령」 제2조 제1항 제5호) ⑤ 관광식당업(「관광진흥법 시행령」 제2조 제1항 제6호) ⑥ 노인복지시설을 운영하는 사업(「노인복지법」 제31조) ⑦ 청소년수련시설을 운영하는 사업(「청소년활동 진흥법」 제10조 제1호) ⑧ 궤도사업(「궤도운송법」 제2조 제7호) ⑨ 신에너지·재생에너지를 이용하여 전기를 생산하는 사업(「신에너지 및 재생에너지 개발·이용·보급 촉진법」 제2조 제1호 및 제2호)
	법 제1항 제2호 및 제4호에 따른 감면	다음 각 목의 어느 하나에 해당하는 경우로서 총 개발사업비가 500억원 이상인 사업일 것 ① 「기업도시개발 특별법」 제11조에 따른 기업도시개발계획에 따라 같은 법 제2조 제2호에 따른 기업도시개발구역(이하 '기업도시개발구역')을 개발하는 경우 ② 「지역 개발 및 지원에 관한 법률」 제19조에 따라 지정된 사업시행자가 같은 법 제11조에 따라 지정된 지역개발사업구역(이하 '지역개발사업구역')을 개발하기 위한 지역개발사업을 하는 경우	

구분	내용	
		③ 「지역 개발 및 지원에 관한 법률」 제19조에 따라 지정된 사업시행자가 같은 법 제67조에 따른 지역활성화지역(이하 '지역활성화지역')을 개발하기 위한 지역개발사업을 하는 경우
한국토지공사의 공급목적사업(지특§76)	지방세특례제한법시행령 제36조	개별법령
	1. 「한국토지주택공사법」 제8조 제1항 제1호(국가 또는 지방자치단체가 매입을 지시하거나 의뢰한 것으로 한정)에 따른 사업	토지의 취득 등에 관한 다음의 사업 ① 토지의 취득·개발·비축·관리·공급 및 임대 ② 「공공토지의 비축에 관한 법률」에 따른 토지은행사업 ③ 「혁신도시 조성 및 발전에 관한 특별법」에 따른 토지 및 건축물의 매입
	2. 「한국토지주택공사법」 제8조 제1항 제2호 가목부터 라목까지의 사업	① 주택건설용지·산업시설용지·공공시설용지(「국토의 계획 및 이용에 관한 법률」 제2조 제7호에 따른 도시계획시설의 설치에 필요한 토지)의 개발사업 ② 도시개발사업, 도시재생사업, 도시 및 주거환경정비사업 ③ 주거·산업·교육·연구·문화·관광·휴양·행정·정보통신·복지·유통 등(이하 주거등)의 기능을 가지는 단지 또는 주거등의 기능의 단지 및 기반시설 등을 종합적으로 계획·개발하는 복합단지의 개발사업 ④ 간척 및 매립사업
	3. 「한국토지주택공사법」 제8조 제1항 제3호·제7호에 따른 사업 다만, 「주택법」 제2조 제14호 가목(=어린이놀이터, 근린생활시설, 유치원, 주민운동시설 및 경로당)에 따른 근린생활시설 또는 같은 호 나목에 따른 공동시설을 건설·개량·매입·비축·공급·임대 및 관리하는 사업은 제외	① 주택(복리시설을 포함한다)의 건설·개량·매입·비축·공급·임대·관리 ② 「공공토지의 비축에 관한 법률」, 「도시개발법」, 「공공주택 특별법」, 「산업입지 및 개발에 관한 법률」, 「주택법」, 「지역 개발 및 지원에 관한 법률」, 「택지개발촉진법」, 그 밖에 다른 법률에 따라 공사가 시행할 수 있는 사업
	4. 「한국토지주택공사법」 제8조 제1항 제10호(공공기관으로부터 위탁받은 사업 제외)에 따른 사업	국가, 지방자치단체 또는 「국가균형발전 특별법」 제2조 제9호에 따른 공공기관으로부터 위탁받은 아래의 사업 ① 토지의 취득 등에 관한 다음 각 목의

구분	내용	
		사업 • 토지의 취득·개발·비축·관리·공급 및 임대 •「공공토지의 비축에 관한 법률」에 따른 토지은행사업 •「혁신도시 조성 및 발전에 관한 특별법」에 따른 토지 및 건축물의 매입 ② 토지 및 도시의 개발에 관한 다음 각 목의 사업 • 주택건설용지·산업시설용지 및 대통령령으로 정하는 공공시설용지의 개발사업 • 도시개발사업, 도시재생사업, 도시 및 주거환경정비사업 • 주거·산업·교육·연구·문화·관광·휴양·행정·정보통신·복지·유통 등(이하 '주거등')의 기능을 가지는 단지 또는 주거등의 기능의 단지 및 기반시설 등을 종합적으로 계획·개발하는 복합단지의 개발사업 • 간척 및 매립사업 • 남북경제협력사업 • 토지임대부 분양주택 사업 • 집단에너지 공급사업 ③ 주택(복리시설 포함)의 건설·개량·매입·비축·공급·임대 및 관리 ④ 주거복지사업 ⑤「공공토지의 비축에 관한 법률」,「도시개발법」,「공공주택 특별법」,「산업입지 및 개발에 관한 법률」,「주택법」,「지역 개발 및 지원에 관한 법률」,「택지개발촉진법」, 그 밖에 다른 법률에 따라 공사가 시행할 수 있는 사업 ⑥ 위 사업에 따른 공공복리시설의 건설·공급 ⑦ 위 사업에 관련된 조사·연구·시험·기술개발·자재개발·설계·감리, 정보화사업과 그 용역의 제공
	5. 위 1에서 3까지의 규정에 따른 사업 및「한국토지주택공사법」제8조 제1항 제4호·제5호의 사업에 따라 같은 법 시	주택 또는 공용·공공용건축물의 건설·개량·공급 및 관리의 수탁 사업과 주거복지사업에 따른 아래의 공공복리시설 ① 공원·녹지·주차장·어린이놀이터·노

구분	내용	
	행령 제11조 각 호의 공공복리 시설을 건설·공급하는 사업	인정·관리시설·사회복지시설과 그 부대시설 ② 문화·체육·업무 시설 등 거주자의 생활복리를 위하여 필요한 시설
	「공공토지의 비축에 관한 법률」 제14조 및 제15조에 따른 공공개발용 토지의 비축사업	

Chapter 2 취득세의 적용

들어가며

지방세에서 많은 비중을 차지하고 있는 취득세는 신고납부 방식을 채택하고 있다. 다만 내 집 마련 및 기타의 목적으로 부동산을 매매 등 방법으로 승계취득할 때는 통상 해당 부동산을 중개하는 곳에서 법무사분 등을 통하여 신고납부를 대행해주기 때문에 취득자가 직접 신고납부하는 경우는 많지 않다. 따라서 세무업무 종사자가 아니라면 취득세를 직접 신고납부하는 경우는 많지 않을 것으로 이해된다.

그렇다면 세무업무종사자로서 취득세를 직접 신고납부하는 경우는 언제일까? 세 가지 경우로 살펴볼 수 있다. 첫 번째는 건축물을 신축하여 취득하는 경우이다. 건축에 따른 취득세를 신고납부하려면 사실상 취득세와 관련한 지방세법 대부분을 이해해야 한다. 공사에 따른 과세표준을 직접 계산해야 함은 물론, 해당 건축물과 관련된 중과세율 적용 여부와 비과세 및 감면 등 취득세를 결정하는 모든 구성요소를 검토해야 하기 때문이다.

두 번째는 과점주주에 대한 간주취득이다. 주식양수도계약 등에 따라 주식을 취득하여 해당 법인의 과점주주가 되는 경우 과점주주 간주취득세 납세의무가 발생한다. 과점주주 간주취득세를 신고납부하려면 과점주주 해당 여부 및 주식발행기업의 취득세 과세대상 물건 등을 파악해야 한다.

마지막은 기업의 합병 또는 분할에 따른 취득이다. 기업은 시너지 창출 또는 조직의 효율적 운영 등 다양한 이유로 합병 또는 분할을 한다. 합병의 경우 합병법인이 피합병법인의 취득세 과세대상을 취득함으로써 취득세 납세의무가 성립한다. 분할의 경우 분할신설법인이 분할법인의 취득세 과세대상 물건을 취득함으로써 취득세 납세의무가 성립한다. 따라서 이러한 합병 및 분할을 기획하고 실행하는 경우 예상되는 취득세 부담액을 고려해야 한다.

위 3가지 항목을 선정한 이유는 실무적으로 가장 많이 다루기도 했고, 고객사

뿐만 아니라 동료 회계사 또는 세무사로부터도 가장 많은 질문을 받았던 내용이기 때문이다. 따라서 본 Chapter에서는 이 3가지 주제의 취득세를 중점적으로 다루고자 한다.

1장 신축의 취득세

한눈에 보는 신축의 취득세

<table>
<tr><th>구분</th><th colspan="2">내용</th></tr>
<tr><td>업무절차</td><td colspan="2">1. 신축하는 건축물의 이해(사용승인서 등 공부상 자료를 우선 확인)
• 건축물의 특성 및 용도, 소재지 등(비과세, 감면, 중과세율 등의 판단)
• 건축주 정보 및 취득목적(비과세, 감면, 중과세율 등의 판단)
• 면적 자료(안분의 기준으로 활용)
2. 과세표준 산정
• 신축 과세표준은 토지, 토지지목변경, 건축물, 시설 또는 시설물로 구성
• 건축물에 중과세율, 감면이 적용될 경우 과세표준을 구분하고, 구분이 불가능할 경우 면적 등 기준으로 안분을 고려
• 사용승인일 또는 임시사용승인일을 기준으로 공사의 원인이 그 이전에 발생한 직간접비용을 과세표준에 포함
• 공사비의 정산은 수정신고 가산세 면제가 되지 않을 가능성이 높으므로 최대한 공사비의 정산을 정확히 반영하여 취득세 과세표준에 포함
3. 세율 적용
• 중과세, 감면이 존재할 경우 세율을 구분하여 과세표준을 적용
• 중과세, 감면 등으로 세율이 다르다면 신고서를 구분하여 제출하는 것도 고려할 필요가 있음
4. 감면 적용
• 지방세특례제한법 및 지방자치단체 자치법규상 감면규정을 폭넓게 검토
• 지방세특례제한법과 개별법령의 감면요건을 모두 충족해야 함
• 감면추징사유에 해당될 수 있을지 사전적인 검토필요
• 감면요건을 충족하는 각종 증빙을 마련</td></tr>
<tr><td rowspan="2">신고 시
제출서류</td><td>구분</td><td>내용</td></tr>
<tr><td>신고서 본문</td><td>[별지 3] 취득세 신고서
감면신청서
비과세신청서</td></tr>
</table>

	비과세 또는 감면	비과세 및 감면을 입증하는 증빙
	계산내역	취득세 상세 계산내역 자료(엑셀 등) 계산내역에 포함된 도급계약서 및 공사계약서 등 증빙 과세제외한 공사비 등 항목의 리스트
	건축물 기본자료	사용승인서 건축물대장, 건축물등기부등본 등 공부상 자료 건축물 설명자료
	건축주 기본자료	사업자등록증 법인등기부등본

1. 건축물의 이해

신축의 취득세에서 가장 먼저 확인해야 할 사항은 바로 건축물을 이해하는 것이다.

건물을 건축하는 것은 결코 쉬운 것이 아니다. 건축물은 인간이 살아가고, 일을 하고, 각종 활동을 하는 공간이므로 우선 안전해야 한다. 그리고 도시 및 주변 환경과 유기적으로 어울려 그 기능을 해야 하므로 주변 시설과의 조화 또한 중요하다. 그래서 건축과 관련해서는 수많은 법이 존재한다.

따라서 건축물을 건축할 때는 건축법 또는 주택법 등 수많은 건축 관련 법의 요건을 충족해야 한다. 해당 요건의 충족 여부와 관련하여 관할 지방자치단체 및 기타 행정기관에 신고해야 하는 내용도 많다. 이러한 수많은 과정을 거쳐서 최종적으로 건축물이 완공되면, 지방자치단체[93]는 관계 법령의 규정 등을 종합적으로 고려하여 해당 건축물을 사용하기에 적합하다고 판단한 경우에만 건축물에 대한 사용승인서를 교부한다. 이때 취득자는 비로소 해당 건축물을 원래의 의도대로 사용할 수 있다.

취득세 신고납부 측면에서도 건축물을 이해하는 것은 매우 중요하다. 그 이유는 건축물과 관련된 특성이 취득세의 과세표준, 세율 및 기타 비과세와 세액감면의 적용 여부를 결정하는 요인이 되기 때문이다. 특히 위에서 언급한 사용승인서의 기재사항을 통해서 취득세 신고납부에 필요한 다음 정보들을 확인할 수 있다.

93) 각 지방자치단체의 '건축과', '건축기획과' 등 건축 유관부서 및 기관

(1) 건축구분

해당 건축이 신축, 증축, 개축, 재축, 건축물의 이전 중 어느 것에 해당하는지를 알려준다. 해당 구분에 따라 어떠한 취득세 과세표준을 적용해야 하는지 판단할 수 있다.

(2) 건축주

건축물을 취득한 자를 말한다. 따라서 기본적으로 취득세의 납세의무자와 같아야 한다. 그리고 건축주의 정보는 취득세 중과세율 규정 및 감면 규정과도 관련이 있다. 대도시 내 본점 중과세 및 지점 중과세 규정의 대상의 판단 및 중과세 예외 업종에 해당하는지를 해당 건축주를 기준으로 판단해야 하기 때문이다. 취득세의 감면 규정도 해당 취득자가 직접 그 고유목적에 사용하는 것을 기준으로 감면을 적용하는 경우가 많으므로 건축주의 정보는 이러한 판단을 할 때 기본이 되는 공부상 현황에 해당한다.

(3) 대지면적

대지면적은 해당 건축물이 위치한 대지의 면적이다. 건축물을 신축하게 되면 해당 건축물의 부속토지와 건축물에 대해서 각각 취득세를 신고납부해야 한다. 다만, 토지를 취득한 후 공사가 완료되기 전까지는 다소 시간이 걸릴 수 있으므로 통상 토지에 대한 취득세를 먼저 신고납부하게 된다. 이때 ① 토지분 취득세 신고납부에 따른 대지면적과 ② 건축물의 사용승인서상의 대지면적을 비교해야 한다. 특히 ①보다 ②의 면적이 크다면 건축공사과정에서 추가적인 토지 취득이 발생한 것일 수 있기 때문이다. 이 경우 건축공사로 증가한 토지면적에 대하여 추가적인 취득세 신고납부 의무가 발생할 수 있다.

(4) 주용도

사용승인서에서의 주용도는 해당 건축물의 주된 용도를 말한다. 업무시설, 숙박시설 등으로 구분되는데 역시 중과세율 및 감면 등의 적용기준이 된다.

유의할 것은 주용도는 말 그대로 주된 용도이므로, 해당 건축물 전체에 대한 용도를 추가적으로 확인해야 한다. 사용승인서가 교부되면 일정 기간 후 건축물대장을 발급할 수 있는데 건축물대장에는 각 층별, 면적별 상세 용도를 기재하고 있으니 해당 정보를 확인해야 한다.

(5) 건축면적 및 연면적

건축면적과 연면적은 각각 건축과 관련된 면적의 정보를 나타낸다. 건축면적은 위 대지면적 위에 건축되는 건축물의 외벽 또는 기둥의 중심선으로 둘러싸인 부분의 수평투영면적으로, 보통은 건축물 1층의 바닥면적이 해당된다. 연면적은 건축물의 바닥면적의 합계를 말한다. 예를 들어 5층 건물의 각 층의 바닥면적이 100㎡이라면 해당 건축물의 연면적은 500㎡(=100㎡ × 5층)이다.

건축면적과 연면적은 주로 취득세 과세표준을 안분할 때 그 안분의 기준이 된다. 만약 해당 건축물의 일부는 일반세율이 적용되고 나머지 일부는 중과세율을 적용될 때, 각각의 과세표준은 전체 취득세 과세표준을 전체 건축물의 연면적 중 일반세율이 적용되는 건축물의 면적과 중과세율이 적용되는 건축물의 면적이 차지하는 비율로 안분하여 산정할 수 있다.

만약 사용승인서상의 건축면적 및 연면적과 기타 취득세 신고에 활용한 자료상의 면적에 차이가 있다면 해당 차이의 원인이 무엇인지와 어떠한 면적을 최종적으로 공부상 현황으로 사용할 것인지를 결정해야 한다.

(6) 그 밖의 기재사항

그 밖의 기재사항에는 해당 건축물과 관련된 참고적인 정보를 표시한다. 참고정보는 때로 취득세와 관련이 있는 정보일 수 있으므로 별도로 확인해야 한다.

취득세는 기본적으로 사실상의 현황에 따라 부과한다. 다만, 그 사실상 현황이 분명하지 않은 경우에는 위 사용승인서 등의 공부상 등재 현황에 따라 부과한다.[94] 사실상의 현황도 물론 중요하지만, 공부상 등재 현황은 기본이 되는 내용이므로 사용승인서를 비롯한 건축물과 관련된 공부상 자료는 반드시 확인해야 한다.

---

94) 지방세법시행령 제13조

2. 과세표준의 산정

신축에 대한 취득세 과세표준은 취득세 중 가장 어려운 분야라 볼 수 있을 정도로 그 적용이 까다롭다. 적용의 까다로움은 아래 3가지 이유에 근거한다.

① **(건축의 전문성 부족)** 신축의 과세표준 산정은 결국 공사금액 중 취득세 과세표준 포함 여부를 결정하는 것이다. 그런데 취득세를 준비하는 사람은 건축관계자가 아닌 재무 담당자이다. 따라서 공사에 대한 전문지식이 충분하지 않아 취득세 신고에 사용하는 건축자료를 잘못 해석하여 취득세를 과소 또는 과다신고할 수 있다. 일상생활에서 사용하는 건축용어와 실제 건축법 등에 따른 건축용어는 그 범위와 정의 등에 차이가 있을 수 있기 때문이다. 따라서 신축의 취득세는 해당 취득자의 건축관계자와 재무담당자가 함께 소통하며 진행해야 취득세를 효과적으로 신고납부할 수 있다.

② **(취득세 신고납부를 위한 자료관리)** 신축 등 건축공사를 하게 되면 취득세 신고목적뿐 아니라 회계감사, 공사비 정산 등 다양한 목적으로 자료를 관리하게 된다. 취득세만을 위한 자료가 있을 수 없으므로, 일반적인 자료에서 취득세 신고용에 맞는 자료를 별도로 정리해서 관리해야 한다.

③ **(취득세의 다양한 세율 구조)** 법인세 및 소득세 등 국세는 과세표준이 산정되면 과세표준금액에 따른 세율이 자동적으로 적용된다. 반면 취득세율의 세율은 과세표준금액과 무관하게 건축물 및 기타의 특성에 따라 일반세율과 중과세율 및 세율의 감면이 적용된다. 따라서 취득세 과세표준을 산정할 때는 단순히 공사비용 금액을 합계하는 것이 아니라, 해당 공사비가 일반세율이 적용되는 건축물의 공사비인지 중과세율이 적용되는 건축물의 공사비인지의 귀속을 별도로 확인해야 한다. 과세표준의 귀속에 따라 취득세 세액이 달라지기 때문이다. 만약 공사비용의 귀속이 불분명한 경우에는 면적 기준 등 기타 합리적인 기준으로 안분하는 방법을 적용해야 할 것이다.[95]

취득세의 과세표준은 (1) 과세표준의 구성, (2) 과세표준의 구분 및 안분, (3) 과세표준의 범위로 나누어 살펴본다. 실무상 이 3가지를 종합적으로 고려하여 취

---

95) 추후 언급하겠지만 안분이라는 것은 그 과세표준의 귀속이 입증할 수 있는 수준으로 불분명할 경우에 한하여 적용할 수 있는 방법임. 원칙적으로는 각각의 건축물에 과세표준을 구분하여 적용하는 방법으로 자료를 준비해야 함

득세 과세표준을 산정해야 할 것으로 이해된다.

(1) 과세표준의 구성

건축물을 신축할 때 취득세 과세표준에 포함될 수 있는 구성항목은 다음과 같다.

① 토지
② 토지의 지목변경
③ 건축물
④ 시설 또는 시설물

첫 번째 '토지'는 건축물을 신축할 때 해당 신축부지를 취득할 때 발생하는 취득세에 관한 것이다. 다만, 토지 취득에 따른 취득세 신고납부기한(취득일로부터 60일) 이내에 공사가 완공되는 경우는 많지 않을 것이므로, 최초 신축부지의 취득은 해당 토지만 단독으로 취득세를 신고납부하게 될 것이다. 따라서 첫 번째 언급한 '토지'는 주로 건축물을 신축하면서 추가로 취득하는 토지를 의미한다.

두 번째 토지의 지목변경은 건축물을 신축할 때 그 부속토지의 전부 또는 일부의 지목이 변경되는 경우가 있다. 이때도 취득세 납세의무가 발생하므로 취득세 과세표준에 포함되어야 한다. 다만, 위 토지의 승계취득과 달리 매매 등 계약에 의한 취득이 아니므로 취득세 과세표준에 포함되는 것을 놓칠 수 있다. 따라서 건축물을 신축할 때는 건축물의 부수토지 중 지목변경이 있는 토지가 있는지 별도로 확인해야 한다.

세 번째 건축물은 건축물을 공사하는 데 발생한 직간접비용이다. 신축에 따른 취득세의 핵심항목이라고 볼 수 있다. 마지막으로 시설 또는 시설물은 건축물을 공사하면서 지방세법에서 열거한 시설 또는 시설물을 공사하는 데 발생한 직간접비용이다.

이렇게 취득세 과세표준을 4가지로 나누어 접근하는 이유는 아래와 같이 각각의 항목별로 적용되는 취득세율 및 지방교육세 및 농어촌특별세의 세율이 다르기 때문이다.

과세표준 구성항목별 취득관련 부담세율

과세표준의 구분		취득시 부담세액			
		취득세	지방교육세	농어촌특별세	계
토지	토지 취득	4.0%	0.4%	0.2%	4.6%
	토지 지목변경	2.0%	-	0.2%	2.2%
건축물(신축)		2.8%	0.16%	0.2%	3.16%
시설 또는 시설물		2.0%	-	0.2%	2.2%

(2) 과세표준의 구분 및 안분

신축에 대한 과세표준을 계산할 때는 ① 일반세율 적용대상, ② 중과세율 적용대상, ③ 감면규정 적용대상 건축물인지를 파악하여 그 과세표준을 구분하여 적용해야 한다. 만약 신축하는 건축물 전체가 위 ①에서 ③의 규정이 동일하게 적용되는 것이라면 과세표준을 별도로 구분할 필요는 없다. 건축물 전체적으로는 취득세율이 같기 때문이다. 그러나 신축하는 건축물이 위 특성 중 2개 이상을 포함한다면 신축에 따른 취득세 과세표준을 별도로 구분해야 한다. 이때는 구분된 과세표준별로 적용할 세율이 다르기 때문이다.

실무상 다양한 방법을 적용할 수 있겠지만, 세율과 감면을 축으로 하여 아래와 같이 구분하는 것이 효과적인 구분의 방법이 될 수 있을 것이다.

취득세 과세표준의 구분

과세표준 구분		감면적용 여부	
		감면 적용	감면 적용 제외
일반세율 적용분		일반세율 × (1 - 감면율)	일반세율
중과세율 적용분	지방세법 제13조 제1항 중과세 (과밀억제권역 내 본점등 중과세)	중과세율 × (1 - 감면율[96]))	중과세율
	지방세법 제13조 제2항 중과세 (대도시내 지점등 중과세)	중과세율 × (1 - 감면율)	중과세율
	지방세법 제13조 제5항 중과세 (사치성 재산 중과세)	중과세율 × (1 - 감면율)	중과세율
	중과세 규정 중복적용	중과세율 × (1 - 감면율)	중과세율

96) 일부의 감면은 중과세율이 적용되는 취득물건에는 적용되지 않음(이하 동일)

따라서 위와 같이 구분하면 감면율이 동일하다는 가정하에 개념상 10가지 이상의 세율을 적용해야 할 수 있다. 그래서 과세표준을 정확하게 구분하는 작업이 필요하다. 이때 고려해야 할 점은 다음과 같다.

일반세율, 중과세율, 감면적용의 구분은 원칙적으로는 실제 귀속에 따라야 한다. 만약 건축물의 A동이 일반세율 적용분이고 B동이 중과세율 적용분이면 건축물의 신축에 소요된 공사비 등을 A와 B에 명확히 구분하여 귀속시키는 것이 원칙이다. 따라서 애초에 취득세 자료를 준비할 때 전체 공사비용 등을 A동과 B동으로 구분시키는 작업이 필요하다.

그런데 전체 공사비용 중 A동과 B동으로 명확히 구분하여 귀속시킬 수 없는 경우가 있다. A와 B에 공통적으로 들어간 공사비용 및 기타 간접적인 비용 등이 그러한 예이다. 이러한 예외적인 경우에는 전체 공사비용을 A동과 B동의 면적 등 기타 합리적인 기준에 따라 안분해야 할 것이다.

다만, 처음부터 위 ①과 같이 전체 공사비용 등을 건축물별로 개별적으로 구분하지 않고 단순히 전체 공사비용 등을 ②에 따른 안분의 방법으로 나누어서는 안 된다. 아래의 표와 같이 실제 귀속비율과 안분비율에 현격한 차이가 있게 됨이 밝혀지면, 취득세 부담액이 달라지므로 과세권자는 납세의무자가 고의로 낮은 세율을 적용하여 취득세를 과소신고납부한 것으로 볼 과세위험이 존재하기 때문이다.

[예시] 건축물 A동 공사비용 800, B동 공사비용 200(A동 면적 800㎡, B동 면적 200㎡)

<table>
<tr><th rowspan="2">건축물 구분</th><th colspan="2">구분(원칙)</th><th colspan="2">안분(예외)</th><th rowspan="2">과세권자 판단</th></tr>
<tr><th>공사비용</th><th>취득세</th><th>면적비율</th><th>취득세</th></tr>
<tr><td>A동
(일반세율 10%)</td><td>500(50%)</td><td>50</td><td>800㎡(80%)</td><td>80</td><td rowspan="3">취득세 30
과소신고납부</td></tr>
<tr><td>B동
(중과세율 20%)</td><td>500(50%)</td><td>100</td><td>200㎡(20%)</td><td>40</td></tr>
<tr><td>계</td><td>1,000</td><td>150</td><td>1,000㎡</td><td>120</td></tr>
</table>

[참고] 구분과 안분

- 구분: 일정한 기준에 따라 전체를 몇 개로 갈라 나눔
- 안분: 일정한 비율에 따라 고르게 나눔

> 구분은 일정한 기준이 있어서 그 기준에 따라 전체를 나누는 것이다. 위 (1)의 과세표준의 구성을 예로 들면 전체 과세표준을 '취득의 대상'이라는 기준에 따라 ① 토지, ② 토지의 지목변경, ③ 건축물, ④ 시설 또는 시설물로 나누는 것이 구분이라고 할 수 있다.
>
> 안분은 일정한 기준이 아니라 일정한 비율에 따라 고르게 나누는 것이다. 전체 과세표준을 면적의 비율이나 공사비의 비율로 나누는 것을 안분이라고 볼 수 있다.

(3) 과세표준의 범위

지방세법 제10조 제5항 제3호에 따르면 법인이 건축물을 건축하거나 개수하는 경우의 과세표준은 해당 건축물의 취득에 소요된 비용이 법인장부에 따라 입증되는 경우에는 그 취득가격에 의한다. 이렇게 법인장부에 따라 취득가격이 입증되는 취득의 경우에는 시가표준액을 적용하지 않으므로 별도로 시가표준액을 고려할 필요는 없다.

지방세법시행령 제18조에 따르면 과세표준이 되는 취득가격은 「취득시기를 기준으로 그 이전에 해당 물건을 취득하기 위하여 거래상대방 또는 제3자에게 지급하였거나 지급해야 할 직접비용과 간접비용의 합계액」으로 정의하고 있다. 취득가격에 대한 정의는 3가지 측면으로 나누어 살펴볼 수 있다.

1) 취득시기를 기준으로 그 이전에 해당 물건을 취득하기 위하여 지출한 비용

취득세 과세표준이 되는 취득가격은 취득시기를 기준으로 그 이전에 해당 물건을 취득하기 위하여 지급한 비용이다. 신축의 경우 취득시기는 앞서 살펴본 바와 같이 사용승인일(또는 임시사용승인일)과 사실상의 사용일 중 빠른 날이다. 사용승인일은 사용승인서에 기재된 날짜로 문서에 의하여 명확하게 입증되므로 일반적인 건축물의 신축의 취득시기는 그 사용승인일에 따른다.

따라서 신축의 경우 사용승인일 이전에 발생한 비용은 과세표준에 포함되나 사용승인일 이후에 발생한 비용은 과세표준에 포함되지 않는다. 아래의 예시에서는 1번과 2번 계약은 그 계약이 사용승인일 이전에 이루어졌으므로 과세표준에 포함되나 3번 계약은 사용승인일 이후에 계약이 체결된 것이므로 과세표준에서 제외해야 한다.

[예시] 사용승인일이 2019년 10월 31일인 경우

구분	계약일	계약금액(원)	취득세 과세표준
1	2018.01.01.	100,000,000	100,000,000
2	2019.10.01.	30,000,000	30,000,000
3	2019.11.02.	10,000,000	-
계		140,000,000	130,000,000

유의할 것은 위 3번과 같은 사용승인일 이후의 계약이라도 무조건 취득세 과세표준에서 제외해서는 안 된다는 것이다. 그 이유는 취득시기를 기준으로 그 이전에 '해당 물건을 취득하기 위하여'라는 법 문구 때문이다. 계약일은 사용승인일 시점을 살짝 경과하였더라도 그 공사계약의 원인이 되는 시점은 사용승인일 이전이라면 그 공사계약은 건축물을 신축하기 위하여 체결된 것이므로 취득세 과세표준에 포함되어야 한다.

따라서 사용승인일 이후의 계약이나 사용승인일과 인접한 공사들은 신축하는 건축물과 관련성에 따라서 별도로 판단하여 취득세 과세표준에 포함 여부를 결정해야 한다.

사용승인일 이후의 공사계약	취득세 과세표준
공사계약의 내용이 신축하는 건축물과 관련된 공사인 경우 (예: 건축물의 최종 인테리어 공사, 마감공사 등)	포함
공사계약의 내용이 신축하는 건축물과 별개의 공사인 경우 (예: 건축물과 별개인 시설에 대한 공사 등)	제외

2) 지급하였거나 지급해야 하는 비용

취득세 과세표준이 되는 취득가격은 취득시기를 기준으로 그 이전에 지급하였거나 지급해야 하는 비용을 포함한다. 즉, 대금 지급이 완료된 것뿐 아니라 대금 지급은 완료되지 않았지만 취득시기 이전에 지급해야 할 의무가 성립한 금액을 포함해야 한다. 공사계약일 또는 공사계약의 원인이 되는 시점이 취득시기인 사용승인일 이전이고 그 대금만 미지급된 경우 해당 미지급액을 포함한 전체 계약금액을 취득가격에 포함해야 한다.

[예시] 사용승인일이 2019년 10월 31일인 경우

구분	계약일	계약금액(원)			과세표준
		지급액	미지급액	계	
1	2018.01.01.	70,000,000	30,000,000	100,000,000	100,000,000
2	2019.10.01.	10,000,000	20,000,000	30,000,000	30,000,000
3	2019.11.02.[97]	-	10,000,000	10,000,000	10,000,000
계		80,000,000	60,000,000	140,000,000	140,000,000

실무에서 취득세 과세표준에 포함해야 할 '지급해야 하는 비용'을 정확히 파악하기 어려운 경우가 많다. 그 이유는 공사비의 정산과정에 있다. 일반적으로 신축으로 건축물을 취득하는 자는 건축물을 직접 공사하는 것이 아니라 시공사 또는 원도급자로 일컬어지는 공사회사와 도급계약을 맺고 그 시공사가 건축을 진행한다. 이때 시공사는 그 공사 중 일부를 다시 하도급자와 하도급계약을 맺고 진행할 수도 있다.

이렇게 도급계약 및 하도급계약을 통하여 진행된 공사는 공사가 완료된 시점에서 계약 당사자 간에 '공사비의 정산'이라는 과정을 거치게 된다. 즉, 공사계약에 따른 공사가 적절히 이루어졌는지와 함께, 계약에 없었던 추가공사가 발생하거나(공사비 증액), 계약에 있었지만 여러 가지 이유로 인하여 실제는 수행되지 않았을 경우(공사비 감액) 양측의 합의에 따라 계약시점의 예상공사비와 실제공사비를 정산하는 것이다.

규모가 큰 공사 또는 다수의 하도급자가 참여하는 공사의 경우 공사비의 정산과정 자체가 오래 걸리거나, 양측의 원만한 합의가 되지 않아 취득일로부터 60일 이내에 그 정산이 완료되지 못하는 경우가 있다. 이 경우 취득세 과세표준에 포함해야 하는 '지급해야 할 금액'이 확정되지 못한 상태로 취득세를 신고해야 하는 상황이 발생한다.

이때 취득자가 선택할 수 있는 것은 최선의 추정치 금액으로 '지급해야 하는 비용'을 취득세 과세표준에 반영한 후 공사비의 정산이 완료되면 그 결과에 따라 수정신고나 경정청구를 진행하는 것이다. 문제는 취득세 과세표준에 포함한 금액보다 공사비의 정산 후 금액이 증가한 경우에 발생한다. 이때는 과소신고한 금액만큼 취득세 수정신고를 진행해야 하는데, 수정신고는 신고불성실가산세 및 납부

97) 신축 건축물과 관련된 공사임을 가정

불성실가산세가 발생한다.

과거 지방세법 개정 전에는 공사비의 정산으로 인한 취득세 수정신고에 대하여는 가산세를 면제한다고 규정하였으나, 2011년 지방세법 개정 이후에는 해당 규정이 삭제되었다. 또한 최근의 조세심판원 등에서는 '공사비의 정산은 수정신고에 따른 가산세를 면제할 만한 정당한 사유에 해당하지 않는다'고 해석하고 있다.[98] 따라서 현실적으로는 공사비의 정산을 감안하여 지급해야 할 금액을 최대한 정확히 추정하여 수정신고에 따른 가산세를 줄이는 방법으로 진행하는 것이 가장 효과적일 것으로 이해된다.

3) 직접비용과 간접비용의 합계액

신축에 따른 과세표준을 계산할 때는 신축공사에 직접적으로 지출된 직접비용과 신축공사와 관련하여 간접적으로 지출된 간접비용도 포함되어야 한다. 지방세법시행령 제18조에서는 아래와 같이 간접비용 중 취득가격에 포함하는 것과 포함하지 않는 것의 범위를 규정하고 있다.

취득가격에 포함되거나 포함되지 않는 간접비용

취득가격에 포함하는 간접비용	취득가격에 포함하지 않는 간접비용
① 건설자금이자 ② 할부 및 연부계약에 따른 이자상당액 및 연체료[99] ③ 농지법에 따른 농지보전부담금, 산지관리법에 따른 대체산림자원조성비 등 관계법령에 따라 의무적으로 부담하는 비용 ④ 취득에 필요한 용역을 제공받은 대가로 지급하는 용역비 및 수수료 ⑤ 취득대금 외에 당사자의 약정에 따른 취득자 조건 부담액과 채무인수액 ⑥ 부동산을 취득하는 경우 주택도시기금법 제8조에 따라 매입한 국민주택채권을 해당 부동산 취득 이전에 양도함으로써 발생하는 매각차손[100] ⑦ 공인중개사법에 따른 공인중개사에게 지급한 중개보수[101] ⑧ 위 ①에서 ⑦까지의 비용에 준하는 비용	① 취득하는 물건의 판매를 위한 광고선전비 등의 판매비용과 그와 관련한 부대비용 ② 전기사업법, 도시가스사업법, 집단에너지사업법, 그 밖의 법률에 따라 전기·가스·열 등을 이용하는 자가 분담하는 비용 ③ 이주비, 지장물 보상금 등 취득물건과는 별개의 권리에 관한 보상 성격으로 지급되는 비용 ④ 부가가치세 ⑤ 위 ①에서 ④까지의 비용에 준하는 비용

98) 조심2015지1089, 2015.10.27. 등
99) 법인이 아닌 자가 취득하는 경우 취득가격에서 제외

신축공사에 따른 직접비용은 크게 2가지로 구분할 수 있다. 첫 번째는 도급계약을 통한 도급공사비용이고, 두 번째는 건축주가 직접공사비용이다. 직접비용은 공사와 직접적으로 관련된 비용일 것이므로 대부분 취득가격에 포함될 것으로 이해된다. 다만, 직접비용 중에서도 신축공사와 관련이 없는 공사비용은 취득가격에 포함되지 않을 수 있다.

신축공사에 따른 간접비용은 신축과 관련하여 간접적으로 발생한 비용이다. 그 용어의 특성상 어디까지가 간접적인지 납세의무자와 과세권자에 다툼이 많이 발생할 수 있다. 그래서 지방세법시행령에서는 간접비용 중 취득세 과세표준에 포함하는 것과 포함하지 않는 것을 예시적으로 열거하고 있다. 다만, 가장 마지막에는 '위의 비용에 준하는 비용'으로 표현하고 있으므로 결국 간접비용의 과세표준 포함 여부에 대해서는 납세의무자가 입증할 수 있도록 준비해야 하는 어려움이 있다.

신축공사에 따른 직접비용과 간접비용 중 취득세 과세표준에 포함하는 비용을 결정할 때는 아래를 종합적으로 고려하여 판단해야 할 것으로 이해된다.

① 판단의 첫 번째 원칙은 해당 비용이 건축물의 신축하는 것에 있어서 반드시 필요한 비용인가이다. 건축물의 신축에 반드시 필요한 비용이라면 과세표준에 포함해야 할 것이고, 그렇지 않다면 과세표준에서 제외해야 할 것이다.

② 두 번째 원칙은 해당비용이 신축하는 건축물에 대한 것인가이다. 신축할 때 발생하는 직간접비용 중에서 건축물을 취득하는 것이 아니라 건축물과 별개로 다른 목적물을 취득함에 따라 비용이 발생할 수 있다. 취득세는 과세대상 물건을 취득할 때 납세의무가 성립하는 것이므로, 신축하는 건축물과 관련이 없는 비용이라면 과세표준에서 제외해야 할 것이다.

③ 위 원칙에 따른 고민과 더불어 취득세에는 많은 해석사례가 존재한다. 따라서 특정한 직간접비용을 신축에 따른 취득세 과세표준에 포함해야 할지 고민되는 경우에는 키워드를 중심으로 사례를 검색해보면 판단에 도움이

---

100) 금융회사등 외의 자에게 양도한 경우에는 동일한 날에 금융회사등에 양도하였을 경우 발생하는 매각차손을 한도로 함

101) 법인이 아닌 자가 취득하는 경우 취득가격에서 제외

될 것이다. 다만, 사례의 결론을 그대로 적용해서는 안 되고 신축하는 건축물의 특성이 해당 사례의 사실관계와 유사성이 있는지 등을 종합해서 판단해야 한다. 또한 동일한 항목도 시간이 지나고 경제상황이 변하면서 그 해석이 변할 수 있다는 점도 유의해야 한다.

아래의 내용은 위 원칙 및 사례를 종합하여 신축에 따른 직간접비용 중 취득세 과세표준의 포함 여부를 정리한 것이다. 다만, 해당 내용은 정답이 아닌 가이드 정도로 참고하면 도움이 될 것이다.

직접비용

<table>
<tr><th>구분</th><th colspan="2">내용</th></tr>
<tr><td>일반적 공사비용</td><td colspan="2">일반적으로 아래의 공사비용들은 신축의 과세표준에 포함된다.
• 설계비, 감리비, 측량비
• 각종 공사비(토목공사, 전기공사, 소방공사, 전기공사, 배관공사, 냉난방공사, 급배수공사, 골조공사, 옥상공사 등)
• 공사와 관련된 재료비, 전력비, 수도비, 운반비
• 공사와 관련된 인원의 인건비(급여, 상여, 퇴직급여, 4대보험료 등)
• 공사와 관련된 경비(이 중 일부는 간접비용일 수 있음)</td></tr>
<tr><td rowspan="5">토지 철거비용</td><td colspan="2">토지의 철거비용은 토지 철거상황에 따라 다음과 같이 구분하여 과세표준에 포함 여부를 결정해야 할 것임</td></tr>
<tr><td>토지의 철거상황</td><td>과세표준</td></tr>
<tr><td>토지의 철거가 토지 지목변경을 수반</td><td>포함(토지 지목변경)</td></tr>
<tr><td>신축공사와 동시에 토지 철거비용이 발생</td><td>포함(건축물)</td></tr>
<tr><td>토지의 철거가 토지 지목변경 및 신축과 무관
(건축공사 없이 토지만 단순 정비하는 경우 등)</td><td>제외</td></tr>
<tr><td>기존 건축물 철거비용</td><td colspan="2">신축 건축물 과세표준에 포함(단, 기존건축물의 장부가액을 포함하는 것이 아니라 철거비용 자체만을 포함)</td></tr>
<tr><td rowspan="4">도로 및 포장공사</td><td colspan="2">도로공사 및 포장공사에 관한 비용은 건축물 및 건축물 주변환경의 특성에 따라 과세표준의 포함여부를 판단해야 한다. 일반적으로는 신축부지를 경계로 하여 그 내부이면 포함하고, 외부라면 제외할 수 있다.</td></tr>
<tr><td>구분</td><td>과세표준</td></tr>
<tr><td>신축부지 내의 도로 및 포장공사</td><td>포함</td></tr>
<tr><td>신축부지 외의 도로 및 포장공사</td><td>제외(포함되는 경우도 있음)</td></tr>
<tr><td>조경공사</td><td colspan="2">조경공사는 조경공사의 범위 등에 따라 다음과 같이 구분하여 과세표준에 포함 여부를 결정해야 할 것이다.</td></tr>
</table>

<table>
<tr><th>구분</th><th colspan="3">내용</th></tr>
<tr><td rowspan="4"></td><td colspan="2">조경공사 범위</td><td>과세표준</td></tr>
<tr><td colspan="2">토지 지목변경과 관련된 조경공사</td><td>포함(토지 지목변경)</td></tr>
<tr><td colspan="2">건축물과 관련된 조경공사
(건축물 부속토지 내 및 옥상의 조경공사 등)</td><td>포함(건축물)</td></tr>
<tr><td colspan="2">건축물 구역 외 조경공사 등 토지 및 건축물과 관련이 없는 조경공사</td><td>제외</td></tr>
<tr><td rowspan="4">빌트인(built-in) 등 설치형 공사</td><td colspan="3">건축물의 신축과 함께 수행되는 빌트인 등 설치형 공사는 다음의 구분에 따라 취득세 과세표준 포함여부를 판단한다. 다만, 신축이 완료된 이후에 별도로 수행되는 설치형 공사는 취득세 과세대상의 범위에 해당하지 않아 과세표준에 포함되지 않는다.</td></tr>
<tr><td colspan="2">빌트인 공사의 성격</td><td>과세표준</td></tr>
<tr><td colspan="2">건축물의 효용과 가치를 증가시키는 것으로서 사실상 분리 및 이동이 불가능하거나 상당히 어렵고, 분리할 경우 건축물의 효용을 크게 감소시키는 것
• 객석의자(영화관, 공연장 등의 건축물)
• 음향시설, 무대시설, 조명시설 등(공연장 및 대강당 등의 건축물)</td><td>포함</td></tr>
<tr><td colspan="2">탈부착 등 분리 및 이동이 쉽게 가능하며 분리할 경우에도 건축물의 효용이 크게 감소되지 않는 것(냉장고, 가스렌지, 식기세척기 등)</td><td>제외
(비품 성격)</td></tr>
<tr><td rowspan="6">인테리어 공사</td><td colspan="3">인테리어 공사의 과세표준 포함 여부는 공사의 범위 및 신축시점 전후에 따라 다음과 같이 구분할 수 있다.</td></tr>
<tr><td colspan="2">구분</td><td>과세표준</td></tr>
<tr><td rowspan="2">신축시점</td><td>일반적인 인테리어 공사</td><td>포함</td></tr>
<tr><td>미술품, 의자 등 비품 성격의 비용</td><td>제외</td></tr>
<tr><td rowspan="2">신축시점 이후</td><td>일반적인 인테리어 공사 및 비품 성격의 비용</td><td>제외</td></tr>
<tr><td>인테리어 공사가 건축법상 증축 및 리모델링에 해당하는 경우</td><td>포함</td></tr>
<tr><td rowspan="4">인입공사</td><td colspan="3">전기인입공사비, 인입배관공사비, 상수도인입공사비 등 인입공사비는 인입공사의 세부내역에 따라 달리 판단될 수 있으나, 일반적으로 외부에서 건축물 부지 경계를 기준으로 아래와 같이 판단할 수 있다.</td></tr>
<tr><td colspan="2">구분</td><td>과세표준</td></tr>
<tr><td colspan="2">외부에서 건축물 부지경계까지의 인입</td><td>제외</td></tr>
<tr><td colspan="2">건축물 부지경계에서 건축물까지의 인입</td><td>포함</td></tr>
<tr><td>임시사용승인의 경우 고려사항</td><td colspan="3">임시사용승인은 최종 사용승인 전에 건축물 중 일부에 대하여 그 사용을 승인하는 제도이다. 이러한 경우 공사비의 구분에 어려움이 있을 수</td></tr>
</table>

<table>
<tr><th>구분</th><th>내용</th></tr>
<tr><td></td><td>있다. 일반적으로는 아래와 같이 구분하면 될 것이나 사실판단에 따라 달라질 수 있다.
<table>
<tr><th>공사의 시점 및 내용의 구분</th><th>과세표준</th></tr>
<tr><td>① 공사의 원인행위가 임시사용승인시점 이전에 발생하였으며 공사내용이 임시사용승인 건축물과 관련된 경우</td><td>임시사용승인 건축물의 과세표준</td></tr>
<tr><td>② 공사의 원인행위가 임시사용승인시점 이전에 발생했고 공사내용이 임시사용승인 건축물과 관련되어 있으나, 임시사용승인 건축물 취득세 신고납부를 누락한 경우</td><td>임시사용승인 건축물의 과세표준
(수정신고 대상이며, 최종사용승인 건축물 과세표준에 포함되지 않음)</td></tr>
<tr><td>③ 공사의 원인행위가 임시사용승인시점 이후로서 임시사용승인 대상 건축물과 관련 없는 공사인 경우</td><td>최종사용승인 건축물 과세표준 포함 여부 검토</td></tr>
</table>
</td></tr>
</table>

간접비용

<table>
<tr><th>구분</th><th colspan="2">과세표준 포함 여부</th></tr>
<tr><td>건설자금이자</td><td>○
(△)</td><td>• 건설자금에 충당한 차입금의 이자 또는 이와 유사한 금융비용(대출수수료 등)은 취득을 위하여 간접적으로 소요된 금액으로 보아 취득세 과세표준에 포함한다.
• 지방세법에서는 건설자금이자의 구체적인 범위는 명시하지 않았다. 다만, 납세자의 회계처리방법(자산 인식 후 감가상각 또는 이자비용 인식)과 관계없이 건설자금에 충당한 차입금의 이자에 해당한다면 취득세 과세표준에 포함해야 한다.
• 다만, 실무상 회계처리 및 세무조정 등 세무처리 내역을 무시할 수는 없을 것이다. ① 특정차입금은 용어의 정의상 취득세 과세표준에 포함되어야 할 것이고, ② 일반차입금은 그 성격과 사용내역 등을 종합적으로 고려하여 취득세 과세표준에 포함 여부를 판단해야 할 것으로 이해된다. [주]</td></tr>
<tr><td>부담금</td><td>○
(△)</td><td>
<table>
<tr><th>구분</th><th>내용</th></tr>
<tr><td>부담금의 의미</td><td>신축과 관련하여 관계법령 등에 따라 의무적으로 부담하는 비용인 부담금은 과세표준에 포함해야 한다.
중요한 것은 「의무적」으로 부담하느냐에 대한 것이다. 의무적이면 신축을 위해서는 피할 수 없는 비용이므로 취득세 과세표준에 포함해야 한다. 반대로 의무적으로 부담하는 비용이 아니라면 그러한 비용은 신축과 관련성이 없다는 의미이므로 취득세 과세표준에 포함하지 않는다.</td></tr>
</table>
</td></tr>
</table>

<table>
<tr><th>구분</th><th colspan="3">과세표준 포함 여부</th></tr>
<tr><td></td><td></td><td>과세표준에 포함하는 부담금의 예시</td><td>아래의 부담금은 과세표준에 포함하는 부담금의 예시이다. 다만, 부담금과 관련된 세부 자료 등을 통하여 해당 부담금이 관계법령 등에 따라 의무적으로 부담하는 것이 맞는지 별도로 확인해야 한다.
• 농지전용부담금
• 대체농지조성비
• 대체조림비
• 산림전용부담금
• 과밀부담금
• 광역교통시설부담금
• 기반시설부담금
• 학교용지부담금
• 환경개선부담금
• 도로원인자부담금
• 상하수도원인자부담금
• 기반시설설치부담금
• 기타 관계법령에 따른 부담금</td></tr>
<tr><td rowspan="3">분담금</td><td rowspan="3">×
(△)</td><td>구분</td><td>내용</td></tr>
<tr><td>분담금의 의미</td><td>지방세법시행령에 따르면 전기, 가스, 열 등을 이용하는 자가 부담하는 분담금은 취득세 과세표준에서 제외한다. 위 부담금과 다르게 분담금을 과세표준에서 제외하는 이유는 다음과 같다. 부담금 및 분담금은 그 용어가 비슷하므로 구분에 유의해야 하며, 실제 세부 증빙을 통해서 부담금 또는 분담금 중 어떤 내용인지를 확인해야 한다.
<table><tr><th>구분</th><th>내용</th></tr><tr><td>부담금
(취득자 부담)</td><td>부담금은 건축물을 취득함에 따라 그 취득자가 부담하는 성격의 비용이다. 따라서 취득세 과세표준에 포함한다.</td></tr><tr><td>분담금
(이용자 부담)</td><td>분담금은 건축물의 취득과정에서 취득자로서 부담하는 것이 아니라, 건축물을 활용하는 과정에서 전기, 가스, 열 등의 에너지를 이용하는 이용자로서 부담하는 비용이기 때문에 취득세 과세표준에서 제외한다.</td></tr></table></td></tr>
<tr><td>과세표준에서 제외하는 분담금의 예시</td><td>• 상수도시설분담금
• 도시가스분담금
• 지역난방공사분담금
• 가스공사분담금
• 급수공사분담금
• 전기공사분담금</td></tr>
</table>

<table>
<tr><th>구분</th><th colspan="2">과세표준 포함 여부</th></tr>
<tr><td>용역비 및 수수료 등</td><td>○</td><td><table><tr><th>구분</th><th>내용</th></tr><tr><td>과세범위</td><td>용역비 및 수수료 중 신축과 관련된 비용은 취득세 과세표준에 포함해야 한다.</td></tr><tr><td>과세표준에 포함하는 용역비 및 수수료의 예시</td><td>• 감정평가수수료
• 건축관련 지급보증수수료 및 공사이행보증 수수료
• 건축관련 자문수수료(법률, 회계, 세무분야의 컨설팅 수수료 등)
• 사업타당성평가 용역비
• 각종 인허가 관련 용역비 및 수수료(지반평가, 환경평가, 교통평가 등)
• 각종 인증 관련 용역비 및 수수료(녹색건축인증, 에너지효율등급인증 등의 용역비)</td></tr></table></td></tr>
<tr><td>광고선전비</td><td>×</td><td>준공기념행사비, 분양광고비, 분양관련 조형물 제작비 등 해당 건축물의 광고선전과 관련된 비용은 과세표준에서 제외</td></tr>
<tr><td>보상비용</td><td>×
(○)</td><td>보상비용은 아래에 따라 구분해야 한다. 다만, 보상비용의 성격 등을 면밀히 확인해야 한다.<table><tr><th>구분</th><th>과세표준</th></tr><tr><td>신축하는 건축물과 별개의 권리 등에 대하여 보상하는 비용
(예: 이주비, 지장물 보상금, 임차권 및 영업권에 대한 보상비용)</td><td>제외
(일부의 경우 포함될 수 있음)</td></tr><tr><td>신축하는 건축물과 관련된 항목에 대하여 보상하는 비용</td><td>포함</td></tr></table></td></tr>
<tr><td>각종 세금</td><td>○
(×)</td><td><table><tr><th>구분</th><th>내용</th></tr><tr><td>과세표준에 포함되는 세금</td><td>등록면허세, 인지세</td></tr><tr><td>과세표준에 포함되지 않는 세금</td><td>공사기간 중 부속토지에 대한 재산세</td></tr></table></td></tr>
<tr><td>특정 충당금</td><td>×</td><td>① 공사손실충당금 및 ② 하자보수충당금은 실제 발생한 공사비용이 아니라 회계목적에서 공사로 인하여 발생할 수 있는 예상손실액 및 예상 보수금액의 추정액이므로 취득세 과세표준에서는 제외한다.</td></tr>
<tr><td>부가가치세</td><td>×</td><td><table><tr><th>구분</th><th>과세표준</th></tr><tr><td>부가가치세</td><td>제외</td></tr><tr><td>비고</td><td>• 실무상 공사비 등 취득세 과세표준 자료는 ① 공급가액, ② 부가가치세, ③ 부가가치세를 포함한 공급대가를 구분하여 관리하는 것이 좋다.</td></tr></table></td></tr>
</table>

구분			과세표준 포함 여부
			• 공사계약은 실제 계약서와 비교하여 금액의 정확성을 검증한 후 취득세를 신고납부해야 하는데, 부가가치세를 별도로 관리하지 않으면 해당 계약의 검증이 어려울 수 있기 때문이다. 또한 공사비 정산 등으로 계약금액이 변동되었을 때도 추적이 쉽다.

[주] 특정차입금과 일반차입금의 정의

구분	법인세법		기업회계기준	
특정차입금	사업용 고정자산의 매입·제작·건설에 소요된 것이 분명한 차입금		적격자산을 취득할 목적으로 직접 차입한 자금	
일반차입금	건설 등에 소요된 기간에 실제로 차입한 차입금 중 특정차입금을 제외한 금액		일반적인 목적으로 차입한 자금 중 적격자산의 취득에 소요되었다고 볼 수 있는 자금	
자본화 여부	특정차입금	강제 자본화	국제회계기준	강제 자본화
	일반차입금	선택 자본화	일반기업회계기준	선택 자본화 (비용처리가 원칙)

3. 세율의 적용

신축에 대한 취득세의 세율은 과세표준의 구성별로 다음과 같이 적용할 수 있다.

(1) 일반적인 세율

과세표준 구분		신축에 따른 부담세율			
		취득세	지방교육세	농어촌특별세	계
토지	부속토지 취득	(주1) 4.0%	(주2) 0.4%	(주3) 0.2%	4.60%
	토지 지목변경	(주4) 2.0%	(주5) -	(주6) 0.2%	2.20%
건축물(원시취득)		(주7) 2.8%	(주8) 0.16%	(주9) 0.2%	3.16%
시설 또는 시설물		(주10) 2.0%	(주11) -	(주12) 0.2%	2.20%

(주1) 4%(지방세법 제11조 제1항 제7호)

(주2) 0.4% = (4% - 2%) × 20%(지방세법 제151조 제1항 제1호)

(주3) 0.2% = 2% × 10%(농어촌특별세법 제5조 제1항 제6호)

(주4) 2%(지방세법 제15조 제2항 제2호)

(주5) 0% = (2% - 2%) × 20%(지방세법 제151조 제1항 제1호)

(주6) 0.2% = 2% × 10%(농어촌특별세법 제5조 제1항 제6호)

(주7) 2.8%(지방세법 제11조 제1항 제3호)

(주8) 0.16% = (2.8% - 2%) × 20%(지방세법 제151조 제1항 제1호)

(주9) 0.2% = 2% × 10%(농어촌특별세법 제5조 제1항 제6호)

(주10) 2%(지방세법 제15조 제2항 제7호)

(주11) 0% = (2% - 2%) × 20%(지방세법 제151조 제1항 제1호)

(주12) 0.2% = 2% × 10%(농어촌특별세법 제5조 제1항 제6호)

(2) 중과세율

1) 지방세법 제13조 제1항 본점 사업용 중과세(표준세율 + 2% × 2)

과세표준 구분		신축에 따른 부담세율			
		취득세	지방교육세	농어촌특별세	계
토지	부속토지 취득	(주1) 8.0%	(주2) 0.4%	(주3) 0.6%	9.0%
	토지 지목변경	(주4) 6.0%	(주5) -	(주6) 0.6%	6.6%
건축물(원시취득)		(주7) 6.8%	(주8) 0.16%	(주9) 0.6%	7.56%
시설 또는 시설물		(주10) 6.0%	(주11) -	(주12) 0.6%	6.6%

(주1) 8% = 4% + 2% × 2(지방세법 제13조 제1항)

(주2) 0.4% = (4% - 2%) × 20%(지방세법 제151조 제1항 제1호)

(주3) 0.6% = (2% + 2% × 2) × 10%(농어촌특별세법 제5조 제1항 제6호)

(주4) 6% = 2% + 2% × 2 (지방세법 제13조 제1항)

(주5) 0% = (2% - 2%) × 20%(지방세법 제151조 제1항 제1호)

(주6) 0.6% = (2% + 2% × 2) × 10%(농어촌특별세법 제5조 제1항 제6호)

(주7) 6.8% = (2.8% + 2% × 2) × 10%(지방세법 제13조 제1항)

(주8) 0.16% = (2.8% - 2%) × 20%(지방세법 제151조 제1항 제1호)

(주9) 0.6% = (2% + 2% × 2) × 10%(농어촌특별세법 제5조 제1항 제6호)

(주10) 6% = 2% + 2% × 2(지방세법 제13조 제1항)

(주11) 0% = (2% - 2%) × 20%(지방세법 제151조 제1항 제1호)

(주12) 0.6% = (2% + 2% × 2) × 10%(농어촌특별세법 제5조 제1항 제6호)

2) 지방세법 제13조 제2항 법인 설치 등 중과세(표준세율 × 3 - 2% × 2)

과세표준 구분		신축에 따른 부담세율			
		취득세	지방교육세	농어촌특별세	계
토지	부속토지 취득	(주1) 8.0%	(주2) 1.2%	(주3) 0.2%	9.4%
	토지 지목변경	(주4) 2.0%	(주5) -	(주6) 0.2%	2.2%
건축물	원시취득	(주7) 4.4%	(주8) 0.48%	(주9) 0.2%	5.08%
	승계취득[102]	(주10) 8.0%	(주11) 1.2%	(주12) 0.2%	9.4%
시설 또는 시설물		(주13) 2.0%	(주14) -	(주15) 0.2%	6.6%

(주1) 8% = 4% × 3 - 2% × 2(지방세법 제13조 제2항)

(주2) 1.2% = (4% - 2%) × 20% × 3배(지방세법 제151조 제1항 제1호 가목)

(주3) 0.2% = (2% × 3 - 2% × 2) × 10%(농어촌특별세법 제5조 제1항 제6호)

(주4) 2% = 2% × 3 - 2% × 2 (지방세법 제13조 제2항)

(주5) 과세제외(지방세법 제151조 제1항 제1호)

(주6) 0.2% = (2% × 3 - 2% × 2) × 10%(농어촌특별세법 제5조 제1항 제6호)

(주7) 4.4% = 2.8% × 3 - 2% × 2 (지방세법 제13조 제2항)

(주8) 0.16% =(2.8% - 2%) × 20% × 3배 (지방세법 제151조 제1항 제1호 가목)

(주9) 0.2% =(2% × 3 - 2% × 2) × 10% (농어촌특별세법 제5조 제1항 제6호)

(주10) 8% = 4% × 3 - 2% × 2(지방세법 제13조 제2항)

(주11) 1.2% = (4% - 2%) × 20% × 3배(지방세법 제151조 제1항 제1호 가목)

(주12) 0.2% = (2% × 3 - 2% × 2) × 10%(농어촌특별세법 제5조 제1항 제6호)

(주13) 2% = 2% × 3 - 2% × 2 (지방세법 제13조 제2항)

(주14) 과세제외(지방세법 제151조 제1항 제1호)

(주15) 0.2% = (2% × 3 - 2% × 2) × 10%(농어촌특별세법 제5조 제1항 제6호)

102) 지방세법 제13조 제2항에 따른 중과세는 신축 등 원시취득뿐 아니라 매매 등 승계취득도 중과세하므로 참고목적으로 기재함

3) 지방세법 제13조 제5항 사치성 재산 중과세(표준세율 + 2% × 4)

과세표준 구분		신축에 따른 부담세율			
		취득세	지방교육세	농어촌특별세	계
토지	부속토지 취득	(주1) 12.0%	(주2) 0.4%	(주3) 1.0%	13.4%
	토지 지목변경	(주4) 10.0%	(주5) -	(주6) 1.0%	11.0%
건축물	원시취득	(주7) 10.8%	(주8) 0.16%	(주9) 1.0%	11.96%
	승계취득[103)]	(주10) 12.0%	(주11) 0.4%	(주12) 1.0%	13.4%
시설 또는 시설물		(주13) 10.0%	(주14) -	(주15) 1.0%	11.0%

(주1) 12% = 4% + 2% × 4(지방세법 제13조 제5항)

(주2) 0.4% = (4% - 2%) × 20%(지방세법 제151조 제1항 제1호)

(주3) 1.0% = (2% + 2% × 4) × 10%(농어촌특별세법 제5조 제1항 제6호)

(주4) 10% = 2% + 2% × 4 (지방세법 제13조 제5항)

(주5) 과세제외(지방세법 제151조 제1항 제1호)

(주6) 1.0% = (2% + 2% × 4) × 10%(농어촌특별세법 제5조 제1항 제6호)

(주7) 10.8% = 2.8% + 2% × 4(지방세법 제13조 제5항)

(주8) 0.16% = (2.8% - 2%) × 20%(지방세법 제151조 제1항 제1호)

(주9) 1.0% = (2% + 2% × 4) × 10%(농어촌특별세법 제5조 제1항 제6호)

(주10) 12% = 4% + 2% × 4(지방세법 제13조 제5항)

(주11) 0.4% = (4% - 2%) × 20%(지방세법 제151조 제1항 제1호)

(주12) 1.0% = (2% + 2% × 4) × 10%(농어촌특별세법 제5조 제1항 제6호)

(주13) 10% = 2% + 2% × 4 (지방세법 제13조 제5항)

(주14) 과세제외(지방세법 제151조 제1항 제1호)

(주15) 1.0% = (2% + 2% × 4) × 10%(농어촌특별세법 제5조 제1항 제6호)

4. 감면의 적용

취득세 감면에 관한 상세내용은 Chapter 1의 내용을 참고하면 된다. 아래에서는 신축과 관련하여 실제 취득세의 감면을 검토할 때 유의해야 할 사항을 살펴

103) 지방세법 제13조 제2항에 따른 중과세는 신축 등 원시취득뿐 아니라 매매 등 승계취득도 중과세하므로 참고목적으로 기재함(이때 고급주택의 승계취득은 별도의 세율을 적용해야 함)

본다.

지방세특례제한법상의 감면은 총 8절로 구성된 주제별로 지방세특례제한법 제6조부터 제92조의2까지 규정하고 있다. 감면대상이 다양하고 각각의 감면대상별로 관련된 개별법령이 존재하기 때문에 취득하는 과세물건의 감면적용 여부를 검토하기 위해서는 상당한 노력이 필요하다.

다만, 지방세특례제한법상 감면제도에 대한 법체계와 구성은 아래와 같이 일관적인 법체계를 갖추고 있으므로 해당 내용을 숙지하고 접근한다면 법을 살펴보는데 도움이 될 것이다. 지방세특례제한법 제6조 [자경농민의 농지 등에 대한 감면]을 예를 들어 설명한다.[104)]

지방세특례제한법 감면의 체계

지방세특례제한법	주요 내용
법	• 감면적용대상 취득자의 요건 • 감면적용대상 취득물건의 요건 • 감면율 • 일몰기한(감면요건이 적용되는 기한) • 감면취지에 사용하지 않을 경우의 추징요건
시행령	• 감면적용대상 취득자와 취득물건에 대한 세부적인 판단기준 • 감면을 신청하기 위한 절차
시행규칙	• 법과 시행령과 관련된 용어에 대한 상세설명 • 감면신청을 위한 지방세특례제한법의 서식 또는 구비서류 • 법과 시행령에서 다루지 않은 기타사항

1) 감면적용대상 취득자의 요건

제1항을 살펴보면 감면이 적용되는 취득자는 '자경농민'으로서 아래 ① 또는 ② 중 하나에 해당하는 자이다.

> ① 대통령령으로 정하는 바에 따라 농업을 주업으로 하는 사람으로서 2년 이상 영농에 종사한 사람
> ② 「농어업경영체 육성 및 지원에 관한 법률」 제10조에 따른 후계농업경영인

104) 지방세특례제한법 제6조에 따른 감면은 제1항에서 제4항까지 4가지 감면이 있으나 예로 설명하는 목적에서는 제1항에 따른 자경농민의 감면만 설명하기로 함

자경농민 중 첫 번째는 '농업을 주업으로 하는 사람으로서 2년 이상 영농에 종사한 사람이다. 그런데 여기서 앞에 '대통령령으로 정하는 바에 따라'가 붙는다. 그 정하는 바는 지방세특례제한법시행령 제3조에서 아래와 같이 규정하고 있다.

본인 또는 배우자(세대별 주민등록표에 함께 기재되어 있는 경우로 한정) 중 1명 이상이 취득일 현재 다음 각 요건을 모두 갖추고 있는 사람 ① 농지(「지방세법 시행령」 제21조에 따른 농지)를 소유하거나 임차하여 경작하는 방법으로 직접 2년 이상 계속하여 농업에 종사할 것 ② 위 ①에 따른 농지의 소재지인 특별자치시·특별자치도·시·군·구(자치구) 또는 그와 잇닿아 있는 시·군·구에 거주하거나 해당 농지의 소재지로부터 20킬로미터 이내의 지역에 거주할 것 ③ 직전 연도 농업 외의 종합소득금액(「소득세법」 제4조 제1항 제1호에 따른 종합소득에서 농업, 임업에서 발생하는 소득, 「소득세법」 제45조 제2항 각 호의 어느 하나에 해당하는 사업에서 발생하는 부동산임대소득 또는 같은 법 시행령 제9조에 따른 농가부업소득을 제외한 금액을 말한다)이 「농업소득의 보전에 관한 법률」 제6조 제3항 제1호 및 같은 법 시행령 제6조 제1항 본문에 따른 금액 미만일 것

위 사항을 종합하면 감면대상이 되는 취득자인 '자경농민' 여부를 판단하기 위해서 아래의 내용을 확인해야 한다.

① 본인이 취득하였는지
② 배우자가 취득하였다면 세대별 주민등록표에 함께 기재되어 있는지
③ 지방세법시행령 제21조에 따른 농지인지
④ 지방세법시행령 제21조에 따른 농지라면 해당 농지를 소유하거나 임차하여 경작하는 방법으로 농업에 종사하였는지
⑤ 취득자가 직접 농업에 종사하였는지
⑥ 취득자가 2년 이상 계속하여 농업에 종사하였는지
⑦ 취득자가 아래 지역에 거주하는지
- 농지의 소재지인 특별자치시, 특별자치도, 시·군·구
- 농지의 소재지인 특별자치시, 특별자치도, 시·군·구와 잇닿아 있는 시·군·구

- 농지의 소재지로부터 20㎞ 이내의 지역에 거주할 것

⑧ 취득자의 직전연도 농업 외의 종합소득금액 금액(아래의 금액을 확인)

- 소득세법 제4조 제1항 제1호에 따른 종합소득금액
- 농업, 임업에서 발생하는 소득
- 소득세법 제45조 제2항의 사업에서 발생하는 부동산임대소득
- 소득세법시행령 제9조에 따른 농가부업소득

⑨ 취득자의 「농업소득의 보전에 관한 법률」 제6조 제3항 제1호 및 같은 법 시행령 제6조 제1항 본문에 따른 금액

⑩ 위 ⑧에 따른 금액이 ⑨에 따른 금액 미만인지

위 모든 내용이 확인되어야 감면대상 여부를 판단할 수 있으며, 실제 감면신청을 위해서는 해당 내용을 기재 또는 해당 내용을 입증할 수 있는 별도의 서류가 필요하다. 즉, 감면요건을 충족하는 것을 입증하기 위해서는 이와 같이 많은 증빙을 필요로 할 수 있다.

자경농민 중 두 번째는 「농어업경영체 육성 및 지원에 관한 법률」 제10조에 따른 후계농업경영인이다. 두 번째 요건에 따른 자경농민은 첫 번째 요건과 달리 지방세특례제한법에서 규정하는 것이 아니라 개별법령인 「농어업경영체 육성 및 지원에 관한 법률」 제10조에 해당하는지를 확인해야 한다. 지방세 감면과 관련해서는 이러한 개별법령에 따른 요건을 충족해야 하는 경우가 많으므로 지방세법뿐만 아니라 각 개별법령에 대한 확인 및 검토가 필요하다.

농어업경영체 육성 및 지원에 관한 법률 제10조 [후계농어업경영인의 선정 및 지원]

① 특별시장·광역시장·특별자치시장·도지사·특별자치도지사(이하 "시·도지사"라 한다)는 농업 또는 어업을 경영하고 있거나 경영할 의사가 있는 자의 영농 또는 영어계획 등을 평가하여 후계농업경영인 또는 후계어업경영인(이하 "후계농어업경영인"이라 한다)으로 선정할 수 있다.

② 후계농어업경영인에 관하여 다음 각 호의 사항을 심사하기 위하여 지방자치단체에 심사위원회를 둔다. 다만, 심사위원회를 설치·운영하기 어려운 경우에는 「농업·농촌 및 식품산업 기본법」 제15조에 따른 농업·농촌및식품산업정책심의회 또는 「수산업·어촌 발전 기본법」 제8조에 따른 수산업·어촌정책심의회가 그 기능을 대신할 수 있다.

1. 후계농어업경영인의 선정 및 취소에 관한 사항
2. 융자금의 사용 및 사업추진현황 등에 관한 사항
3. 그 밖에 후계농어업경영인의 사후관리를 위하여 필요한 사항

③ 심사위원회는 제2항 각 호의 사항을 심사하기 위하여 필요한 경우 현지조사를 실시할 수 있다.

④ 국가와 지방자치단체는 선정된 후계농어업경영인의 지속적 발전을 위하여 발전단계별로 자금, 컨설팅 또는 농업기술·경영교육 등을 지원할 수 있다.

⑤ 시·도지사는 매년 9월 30일까지 해당 지방자치단체의 후계농업경영인 또는 후계어업경영인 현황 등의 자료를 농림축산식품부장관 또는 해양수산부장관에게 각각 제출해야 한다.

⑥ 다음 각 호의 사항은 농림축산식품부령 또는 해양수산부령으로 정한다.

1. 후계농어업경영인의 연령, 영농·영어경력 및 교육이수 실적, 그 밖에 후계농어업경영인의 선정에 필요한 사항
2. 제2항에 따른 심사위원회의 구성·운영에 관한 사항
3. 제3항에 따른 현지조사의 방법·내용 및 절차에 관한 사항
4. 제5항에 따라 시·도지사가 제출하도록 되어 있는 후계농업경영인 또는 후계어업경영인의 선정 현황 등에 관한 자료의 세부내용

⑦ 시·도지사는 제1항에 따른 후계농어업경영인을 선정하는 경우에는 농어촌에 거주하는 여성과 「다문화가족지원법」 제2조 제1호에 따른 다문화가족의 구성원을 농림축산식품부령 또는 해양수산부령으로 정하는 바에 따라 우대할 수 있다.

2) 감면대상 취득물건의 요건

지방세특례제한법 제6조에 따른 감면을 적용하기 위해서는 위 1)에 따른 취득자가 취득하는 취득물건이 아래에 해당하는 농지 또는 임야에 해당해야 한다.

<u>대통령령으로 정하는 기준에 따라</u> 직접 경작할 목적으로 취득하는 농지(논, 밭, 과수원 및 목장용지) 및 관계 법령에 따라 농지를 조성하기 위하여 취득하는 임야

위 1)의 감면대상 취득자와 마찬가지로 '대통령령으로 정하는 기준에 따라'가 붙는다. 해당 내용은 아래의 요건을 모두 갖춘 경우이다.

① 농지 및 임야의 소재지가 「국토의 계획 및 이용에 관한 법률」에 따른 도시

지역(개발제한구역과 녹지지역은 제외) 외의 지역일 것

② 농지 및 임야를 취득하는 사람의 주소지가 농지 및 임야의 소재지인 시·군·구 또는 그 지역과 잇닿아 있는 시·군·구 지역이거나 농지 및 임야의 소재지로부터 20㎞ 이내의 지역일 것

③ 본인 또는 배우자가 소유하고 있는 농지 및 임야(도시지역 안의 농지 및 임야를 포함)와 본인 또는 배우자가 새로 취득하는 농지 및 임야를 모두 합한 면적이 논, 밭, 과수원은 3만㎡(「농지법」에 따라 지정된 농업진흥지역 안의 논, 밭, 과수원은 20만㎡로 한다), 목장용지는 25만㎡, 임야는 30만㎡ 이내일 것(초과부분이 있을 때에는 그 초과부분만을 경감대상에서 제외)

감면적용 대상 취득물건 여부를 확인하기 위해서는 또 다른 개별법령인 「국토의 계획 및 이용에 관한 법률」에 따른 도시지역 여부를 확인해야 하고, 농지 또는 임야의 자체의 특성이라고 할 수 있는 소재지와 면적이 해당 기준을 충족하는지를 확인해야 한다.

3) 감면율

'현행' 지방세특례제한법 제6조에 따른 [자경농민의 농지 등에 대한 감면]에 대해서는 취득세의 50%를 감면한다. '현행'을 언급한 이유는 감면율은 법이 개정될 때 달리 정해질 수 있기 때문이다. 따라서 취득 시점에 유효한 지방세특례제한법을 확인해야 한다.

얼핏 당연하게 느껴지는 내용을 굳이 언급하는 이유는, 납세자가 현행법을 활용하지 않고 인터넷의 블로그, 과거의 논문 등에 언급된 과거의 법을 보고 판단하는 경우를 봐왔기 때문이다. 이런 경우 감면율에 변경사항이 없어서 문제가 없을 수 있으나, 감면대상 취득자 등 감면규정을 구성하는 다른 사항들이 변경되어 문제가 될 수 있다. 따라서 법제처 등을 통해서 현행의 지방세특례제한법을 확인해야 한다.

4) 일몰기한

일몰기한은 해가 저무는 '일몰'을 생각하면 이해가 쉽고, 실제로 영문으로는

'Sunset law'이기도 하다. 여기에 미리 한정하여 놓은 시기인 '기한'이 합쳐진 개념이다. 즉, 일몰기한은 어떠한 제도에 대하여 그것을 적용하는 기한을 설정하고 그 기한이 지나면 더 이상 해당 제도를 적용하지 않는 것을 말한다. 해당 법에 한해서는 해가 지는 것이다.

아래 지방세특례제한법 제6조의 규정을 통해서 살펴보면 '2020.12.31.'이 일몰기한을 의미한다. 별다른 언급이 없다면 자경농민의 취득에 대한 감면은 이 시기 이후로는 적용되지 않는다.

(중략) 취득하는 임야에 대해서는 취득세의 50%을 2020년 12월 31일까지 경감한다.

일몰기한은 감면규정의 타당성 등을 검토하여 그 일몰기한이 연장되기도 하고, 더 이상 해당 감면이 필요없다고 판단될 경우 일몰기한이 연장되지 않아 결국 해당 법이 폐지되기도 한다. 그렇기 때문에 위 (3) 감면율에서 언급한 바와 같이 현행의 지방세특례제한법을 확인하여 취득시점에서 일몰기한이 지나지 않았는지 여부를 확인해야 한다.

5) 추징요건

일반적으로 감면에 대한 추징요건은 법에서 언급하고 있으며 통상 법의 문장 중 가장 끝 부분에 위치한다. 지방세특례제한법 제6조 자경농민의 감면에서 추징요건은 다음과 같다.

(중략) 다음 각 호의 어느 하나에 해당하는 경우 그 해당 부분에 대해서는 경감된 취득세를 추징한다. 1. 정당한 사유 없이 그 취득일부터 2년이 경과할 때까지 자경농민으로서 농지를 직접 경작하지 아니하거나 농지조성을 시작하지 아니하는 경우 2. 해당 농지를 직접 경작한 기간이 2년 미만인 상태에서 매각·증여하거나 다른 용도로 사용하는 경우

읽어보면 이해가 되겠지만 자경농민의 감면 목적에 활용하지 않거나, 감면 목적과 다른 목적으로 사용하는 경우에는 당초 혜택을 받았던 것을 추징하는 것이다.

6) 감면을 신청하기 위한 절차

지방세특례제한법 제6조의 감면을 신청하기 위해서는 아래의 자료가 필요하다.

① 별지 1호의 2 서식에 따른 감면신청서
② 취득자의 주민등록등본(「전자정부법」 제36조 제1항에 따른 행정정보의 공동이용을 통한 주민등록등본 등의 확인에 동의하는 경우에는 그 확인으로 주민등록등본 등의 제출을 갈음)
③ 소득금액증명원, 기타 종합소득금액의 확인하는 서류로서 행정안전부장관이 정하여 고시하는 서류
④ 2년 이상 영농에 종사하고 있음을 확인하는 서류로서 행정안전부장관이 정하여 고시하는 서류

일반적으로 지방세 감면을 적용하기 위해서는 지방세법상의 감면신청서와 기타의 부속서류를 제출해야 한다. 감면서류의 제출은 생각보다 주의를 기울여야 한다. 납세자는 취득세 신고를 준비하면서 계속해서 동일한 자료를 보기 때문에 이 취득에 대한 감면이 당연하다고 생각할 수 있지만, 과세권자인 지방자치단체 입장에서는 납세의무자로부터 취득세 신고서 및 감면신청서가 접수되면서 감면에 대한 검토가 시작된다.[105)]

감면율은 보통 30%에서 100%에 달하므로 지방세의 감면이 적용되는 취득이라면 감면은 취득세에서 가장 핵심적인 요소이다. 그런데 납세자는 이러한 감면의 중요성을 때로는 대수롭지 않게 생각할 수 있다. 내야 할 세금을 줄여주는 것이 아니라 애초부터 낼 세금이 아니라는 개념으로 접근하기 때문이다. 반대로 생각하면 지방자치단체 입장에서는 원래 받아야 할 세금인데 받지 않는 것이다. 따라서 아주 꼼꼼하게 감면적용 여부를 다시 검토하게 된다. 즉, 감면제출 서류는 과세권자인 지방자치단체 담당자가 이해하기 쉽게 제출되어야 한다.

105) 규모가 큰 경우에는 사전적으로 요청을 할 수도 있음

2장 과점주주의 간주취득세

한눈에 보는 과점주주 간주취득세

<table>
<tr><td>구분</td><td colspan="5">내용</td></tr>
<tr><td>정의</td><td colspan="5">법인의 주식(지분)을 취득함으로써 ① 최초로 과점주주가 된 경우(설립시 제외) 및 ② 과점주주로서의 지분율이 증가한 경우 주식발행법인의 취득세 과세물건을 과점주주가 새로이 취득한 것으로 간주하여 취득세를 과세하는 제도</td></tr>
<tr><td>취지</td><td colspan="5">과점주주가 되면 해당 법인이 소유한 취득세 과세대상을 직접 취득한 것과 그 경제적 실질이 동일하다고 봄</td></tr>
<tr><td rowspan="9">납세의무자 판단</td><td>구분</td><td colspan="4">내용</td></tr>
<tr><td>설립시 과점주주</td><td colspan="4">법인설립 시 과점주주가 된 경우 취득으로 보지 않음(적용 제외)</td></tr>
<tr><td rowspan="5">대상법인</td><td>구분</td><td colspan="3">과점주주 간주취득세 적용 여부</td></tr>
<tr><td>유가증권시장 상장법인(코스피)</td><td>×</td><td colspan="2">과세 제외</td></tr>
<tr><td rowspan="2">코스닥상장법인</td><td rowspan="2">○
(△)</td><td>~2018.12.31.</td><td>취득세 100% 감면
감면분 농특세 20%</td></tr>
<tr><td>2019.01.01.
~2021.12.31.</td><td>취득세 85% 감면
감면분 농특세 20%</td></tr>
<tr><td>비상장법인</td><td>○</td><td colspan="2">전액 과세</td></tr>
<tr><td>취득세 과세물건 보유 여부</td><td colspan="4">재무제표 및 결산명세서 등을 통하여 과점주주가 취득한 주식의 발행법인이 취득세 과세물건을 보유했는지 확인</td></tr>
<tr><td>과점주주 판단</td><td colspan="4">[과점주주] 주주 또는 유한책임사원 1명과 그의 특수관계인 중 해당 주주 또는 유한책임사원과 특수관계(① 친족관계, ② 경제적 연관관계, ③ 경영지배관계)에 있는 자로서 그들의 소유주식의 합계 또는 출자액의 합계가 해당 법인의 발행주식 총수 또는 출자총액의 50%를 초과하면서 그에 관한 권리를 실질적으로 행사하는 자들</td></tr>
<tr><td rowspan="2">과세표준 및 세율</td><td colspan="3">과세표준</td><td></td><td>세율</td></tr>
<tr><td colspan="3">주식발행법인이 보유한 취득세 과세대상 자산의 가액 × 과점주주의 지분율</td><td>×</td><td>2%(10%)</td></tr>
<tr><td rowspan="2">제출자료</td><td>구분</td><td colspan="4">제출서류</td></tr>
<tr><td>취득세 신고서류</td><td colspan="4">[별지 3호서식] 취득세 신고서</td></tr>
</table>

과점주주 시점의 재무제표	① 과점주주가 된 시점의 재무제표 (예시) 2019년 10월 15일에 과점주주가 된 경우 • 2019년 10월 15일을 기준으로 작성된 재무제표 • 기중에 과점주주가 되었다면 가결산 재무제표가 될 것임. 가결산이라도 취득세 과세대상 자산에 대해서는 2019.10.15. 기준의 감가상각누계액을 정확하게 계산하여 과점주주 취득세를 계산에 반영해야 함 ② 취득세 과세대상 자산에 대한 결산명세서
과점주주 취득세 상세 계산자료	과점주주 취득세 계산내역 자료(엑셀시트 등) [주]
과점주주 입증서류	① 주식인수계약서(Stock Purchase Agreement) ② 과점주주가 된 시점 전·후의 주주명부 ③ 그 외 과점주주가 된 거래를 입증하는 자료
기타 회사 기본서류	① 사업자등록증 사본 ② 법인등기부등본 사본

1. 기본사항

지방세법 제7조 제5항에서는 법인의 주식(지분)을 취득함으로써 최초로 과점주주가 된 경우 및 과점주주로서의 지분율이 증가한 경우에는 해당 법인이 소유하고 있는 취득세 과세물건을 과점주주가 새로이 취득한 것으로 보아 취득세를 과세한다.

과점주주가 취득세 과세물건을 직접 취득하는 것이 아님에도 취득한 것으로 간주하여 과세하는 이유는 '과점주주는 그 지분율의 범위에서 해당 법인을 실질적으로 지배할 수 있다'는 논리[106]에 따른 것이다. 따라서 과점주주가 되면 해당 법인이 소유한 취득세 과세대상을 직접 취득한 것과 그 경제적 실질이 동일하다고 보기 때문에 이를 과점주주 간주취득세라고 하여 취득세를 과세한다.

일반적으로 주식양수도계약 등에 따라 주식을 인수하는 자가 과점주주가 되는 경우 납세의무가 발생한다. 주식을 취득하여 법에서 정하는 과점주주가 되는 경우 과점주주가 된 시점에서 해당 법인이 보유하고 있는 부동산 등 취득세 과세

106) 과점주주의 간주취득에 대한 논리는 동일한 물건에 대한 이중과세 등 논란이 있음

대상 자산을 과점주주가 취득한 것으로 간주하므로 과점주주 간주취득세를 신고납부해야 한다.

2. 납세의무자

과점주주 간주취득세의 납세의무자를 판단하기 위해서 검토해야 할 사항이 있는데, 아래 4가지를 순차적으로 확인하는 것이 효과적일 것으로 생각한다.

(1) 주식발행법인의 설립 여부

지방세법 제7조 제5항에 따르면 법인설립 시에 발행하는 주식 등을 취득하여 과점주주가 된 경우에는 취득으로 보지 않는다. 즉, 법인을 설립할 때는 과점주주 간주취득세가 과세되지 않는다.

따라서 설립하는 법인에 대하여는 과점주주 간주취득세를 검토할 필요가 없다.

(2) 주식발행법인의 상장 여부

모든 법인에 대하여 과점주주 간주취득세 규정이 적용되는 것은 아니다. ① 유가증권시장 상장법인은 과점주주의 정의에 포함되지 않으므로 과점주주 간주취득세의 적용대상이 아니다. ② 코스닥시장 상장법인은 과점주주 간주취득세 적용대상이나 지방세특례제한법에 따라 간주취득세 감면이 적용된다. 다만, 2019년부터는 감면최저한 제도의 적용으로 15%의 간주취득세와 감면받은 취득세에 대한 농어촌특별세 20%를 부담해야 한다. 마지막으로 ③ 비상장법인은 과점주주 간주취득세에 대한 비과세 및 감면규정이 없으므로 비상장법인의 과점주주에 대해서는 과점주주 간주취득세가 전액 과세된다.

과점주주 간주취득세 적용법인

<table>
<tr><th colspan="2">구분</th><th colspan="3">과점주주 간주취득세 적용여부 및 세무처리</th></tr>
<tr><td rowspan="3">상장법인</td><td>유가증권시장</td><td>×</td><td colspan="2">과세대상 아님</td></tr>
<tr><td rowspan="2">코스닥시장</td><td rowspan="2">○</td><td colspan="2">과점주주간주취득세 과세대상이나 지방세특례제한법 제57조의2 제5항 제8호에 따른 취득세 감면 적용</td></tr>
<tr><td>2018.12.31.까지</td><td>① 취득세 100% 감면
② 감면분 농어촌특별세 20% 부담</td></tr>
</table>

			2019.01.01.~ 2021.12.31.[107]	① 취득세 85% 감면(감면최저한)[108] ② 감면분 농어촌특별세 20% 부담
비상장법인		○	전액 과세	

따라서 우선 과점주주 간주취득세 적용대상을 확인하기 위해서 주식발행법인의 상장 여부를 확인해야 한다. 유가증권 시장, 코스닥 시장 상장법인 및 비상장법인은 금융감독원 전자공시시스템에서 해당 기업명으로 검색하면 바로 확인할 수 있다.

(3) 주식발행법인의 취득세 과세물건 보유 여부

과점주주 간주취득세의 과세대상은 과점주주가 취득한 주식의 발행법인이 보유하고 있는 취득세 과세대상이다. 취득세 과세대상의 범위는 앞서 살펴본 부동산, 차량, 기계장비, 항공기, 선박, 입목, 광업권, 어업권, 양식업권, 골프회원권, 승마회원권, 콘도미니엄 회원권, 종합체육시설 이용회원권, 요트회원권이다.

간주취득의 대상이 되는 주식발행법인의 재무제표를 통하여 해당 법인이 취득세 과세대상을 보유하였는지를 확인하면 된다. 외부감사의 대상이 되는 법인이라면 금융감독원 전자공시시스템에서도 재무제표를 확인할 수 있다. 다만, IFRS의 도입 등으로 재무제표 표시방법이 포괄적일 수 있으므로 개별자산을 확인할 수 있는 재무제표, 결산명세서, 계정별 원장 등을 확인할 필요가 있다.

지금까지 검토한 결과 과점주주 간주취득세의 과세대상이 된다면 이제부터 과점주주 여부를 확인해야 한다. (1)에서 (3)의 해당 여부를 먼저 검토하는 이유는 (1) 주식발행법인의 설립 여부, (2) 주식발행법인의 상장 여부, (3) 주식발행법인의 취득세 과세물건 보유 여부는 과점주주 여부의 판단보다 그 확인이 쉽기 때문이다.

법의 명칭 때문에 위 (1)에서 (3)의 내용도 검토하지 않고 바로 과점주주부터 검토하는 경우가 있다. (1)에서 설립하는 법인이거나 (2)에서 상장법인이거나 (3)

---

107) 지방세특례제한법 제57조의2 제5항 제8호에 따른 코스닥시장 상장법인에 대한 과점주주 취득세의 감면은 2021.12.31.까지 적용함

108) 지방세 감면최저한 규정은 각 감면대상별로 적용 여부와 적용시기가 다르다. 법의 부칙을 참고하여 개별감면마다 확인해야 한다. 코스닥 상장법인 과점주주 간주취득세 면제에 한해서 2019년 1월 1부터 감면최저한 규정이 적용된다.

에서 주식발행법인이 취득세 과세물건을 보유하지 않는 경우라면, 각각 과점주주 간주취득세가 발생하지 않기 때문에 다소 어려울 수 있는 과점주주 여부를 굳이 판단할 필요가 없다.

(4) 과점주주 여부

법인의 주식을 취득하여 과점주주가 된 경우에 간주취득세 규정이 적용되므로 법인의 주식을 취득할 때는 '과점주주'에 해당하는지를 확인해야 한다.

법인의 주식을 취득하여 과점주주가 된 때는 일반적으로 '명의개서일'을 과점주주가 된 때로 본다. 따라서 해당 시점을 기준으로 과점주주를 판단해야 한다. 다만, 아래의 정보를 종합적으로 고려할 수 있다.

- 주주명부 및 주식관리대장
- 주식양수도계약서
- 법인세 신고시 제출된 주식변동상황명세서(별지 제54호서식)
- 전자공시시스템에 공시된 주식거래내역(유상증자, 주식등대량보유상황보고서 등)

과점주주는 지방세기본법 제46조 제2호에서 아래와 같이 정의하고 있다.

과점주주의 정의

주주 또는 유한책임사원 1명과 그의 특수관계인 중 해당 주주 또는 유한책임사원과 특수관계(① 친족관계, ② 경제적 연관관계, ③ 경영지배관계)[109]에 있는 자로서 그들의 소유주식의 합계 또는 출자액의 합계가 해당 법인의 발행주식 총수 또는 출자총액의 50%를 초과하면서 그에 관한 권리를 실질적으로 행사하는 자들

과점주주의 지분율과 관련해서는 아래 사항에 유의해야 한다.

① 과점주주는 주주 1인과 특수관계인 각각을 판단하는 것이 아니라 과점주주의 '집단'으로 판단하는 것이다. 예를 들어 법인 C에 대하여 A주주가

109) 용어의 정의 참조

30%, B주주가 40%를 보유하고 있고 주주 A와 주주 B가 특수관계에 있다면, 이들 지분율 합계가 70%이므로 주주 A와 주주 B가 법인 C의 과점주주인 것이다.

② 과점주주의 지분율 산정시 의결권이 없는 주식은 제외한다.[110)]

참고로 비상장법인 또는 코스닥상장법인은 그 규모 등의 특성상 주주 간에 특수관계가 있는 경우가 많다. 특히 비상장법인은 그 설립 당시에 아무런 관계가 없는 자가 주주가 되기는 어렵기 때문이다.

(5) 과점주주의 지분율 증가 여부

과점주주 간주취득세는 기본적으로 과점주주 지분율이 증가한 경우에 과세한다. 다만, 주식의 지분율 변동은 다양한 상황에 따를 수 있으므로 지방세법시행령 제11조에서는 3가지의 경우로 나누어 과점주주 간주취득세를 부과하는 상황을 설명하고 있다.

1) 최초 과점주주(지방세법시행령 제11조 제1항)

지방세법시행령 제11조에 따르면 주식을 취득하거나 증자 등으로 최초로 과점주주가 된 경우에 최초로 과점주주가 된 날 현재 해당 과점주주가 소유하고 있는 법인의 주식을 모두 취득한 것으로 보아 과점주주 간주취득세를 부과한다.

2) 기존 과점주주(지방세법시행령 제11조 제2항)

이미 과점주주가 된 주주 또는 유한책임사원이 해당 법인의 주식 등을 취득하여 과점주주의 지분율이 증가된 경우에는 그 증가분을 취득으로 보아 과점주주 간주취득세를 부과한다. 다만, 지분율이 증가되어도 해당 과점주주가 이전에 가지고 있던 과점주주 지분율의 최고비율보다 증가되지 않은 경우에는 과점주주 간주취득세를 부과하지 않는다.

예를 들어 기존 과점주주가 주식을 추가 취득하여 과점주주 지분율이 60%에서 80%로 증가하였더라도, 과점주주로서 최고 지분율이 90%였다면 취득으로 보지 않아 과점주주 간주취득세가 부과되지 않고, 최고 지분율이 70%였다면 70%보

110) 세정-3213, 2007.08.13

다 증가된 10%를 취득으로 보아 과점주주 간주취득세가 부과된다.

3) 재차 과점주주(지방세법시행령 제11조 제3항)

과점주주였으나 주식 등의 양도, 해당 법인의 증자 등으로 과점주주에 해당되지 아니하는 주주 또는 유한책임사원이 된 자가 해당 법인의 주식 등을 취득하여 다시 과점주주가 된 경우에는(이하 '재차 과점주주'라고 함) 다시 과점주주가 된 당시의 과점주주 지분율이 그 이전에 과점주주가 된 당시의 과점주주 지분율보다 증가된 경우에만 그 증가분만을 취득으로 보아 과점주주 간주취득세를 부과한다.

예를 들어 기존에 70%의 지분율로 과점주주였던 자가 30% 지분율에 상당하는 주식을 양도하여 40%가 된 이후 다시 80%의 지분율로 과점주주가 되었다면, 기존 과점주주 지분율 70%를 초과하는 10%를 취득으로 보아 과점주주 간주취득세를 부과한다. 만약 60%의 지분율로 다시 과점주주가 된 경우에는 기존 70% 과점주주 지분율을 초과하지 않으므로 취득으로 보지 않아 과점주주 간주취득세가 부과되지 않는다.

과점주주의 과세범위

구분	상황	지분율 변동	간주취득세 과세지분율
최초 과점주주	법인설립	0% → 60%	적용 제외
	설립 이후 최초 취득	0% → 60%	60%
	설립 이후 추가 취득	40% → 60%	60%[111]
	(과세지분율) 최초 과점주주가 된 날 현재 모든 지분		
기존 과점주주	기존 과점주주 추가 취득	60% → 70%	10%(=70%-60%)
	기존 과점주주 추가 취득 (기존 최고지분율 80%)	70% → 90%	10%(=90%-80%)
		70% → 80%	0%(과세 제외)
	(과세지분율) 기존 과점주주로서의 최고지분비율보다 증가된 지분		
재차 과점주주	재차 과점주주 추가 취득 (이전 과점주주 당시 지분율 70%)	70% → 40% → 80%	10%(=80%-70%)
		70% → 40% → 70%	0%(과세 제외)
	(과세지분율) 기존 과점주주가 된 지분율[112]보다 증가된 지분		

111) 증가분 20%가 아니라 최초 과점주주가 된 때의 모든 주식인 60% 전체를 취득한 것으로 봄
112) 기존 과점주주로서의 최고지분율이 아니라 기존에 최초로 과점주주가 된 때의 지분율

위 외 과점주주의 지분율 판단시 유의해야 할 것은 과점주주 집단 전체적으로 지분율이 증가한 경우에만 과점주주 간주취득세의 납부의무가 있다. 아래 등의 사유로 과점주주 집단내부 및 특수관계자 간의 주식거래가 발생하여 과점주주 지분율의 변동이 없다면 과점주주 간주취득세의 납세의무는 없다.

① 과점주주 집단 내부에서 주식이 이전되는 경우
② 당해 법인의 주주가 아니었던 자가 기존의 과점주주와 친족 기타 특수관계에 있거나 그러한 특수관계를 형성하면서 기존의 과점주주로부터 그 주식의 일부 또는 전부를 이전받아 새로이 과점주주가 되는 경우

과점주주 집단 내부의 주식 이전

주주	변동전 지분율	과점주주 지분율 변동없음 (70% → 70%)		과점주주지분율 증가 (70% → 80%)	
		거래	변동후 지분율	거래	변동후 지분율
A(과점주주)	40%	A가 B에게 10% 양도	30%	D가 A에게 10% 양도	50%
B(과점주주)	20%		30%		20%
C(과점주주)	10%		10%		10%
D(일반주주)	30%		30%		20%
계	100%		100%		100%
과점주주 지분율	70%		70%		80%
간주취득세 납세의무		없음		있음(=증가된 10%)	

3. 과세표준 및 세율

과점주주 간주취득세의 과세표준 및 세율은 다음과 같다.

구분	내용		
과점주주취득세 계산방식	과세표준 [주1]		세율 [주2]
	주식발행법인이 보유한 취득세 과세대상 자산의 가액 × 과점주주의 지분율	×	2%(10%)
[주1] 과세표준	과세표준을 적용할 때는 아래 사항을 고려해야 함 ① 취득세 과세대상의 가액은 과점주주가 되는 시점 또는 과점주주로서의 지분율이 증가하는 시점에 해당 주식의 발행법인이 소유하고 있는 취득세 과세대상의 총가액. 따라서 과점주주가 된 시점에서 주식발행법		

<table>
<tr><td></td><td>인이 취득세 과세대상 물건을 전혀 소유하고 있지 아니하거나 또는 과점주주가 된 시점 이후에 취득한 재산에 대하여는 과점주주로서의 납세의무가 발생하지 않음
② 주식발행법인이 연부취득 중인 과세물건은 연부 취득시기가 도래된 부분에 한하여 납세의무가 있음
③ 취득세 과세대상의 가액은 법인의 장부상가액을 적용하며, 건물, 차량 등 감가상각자산에 대하여는 취득일 현재를 기준으로 계산한 감가상각누계액을 차감한 금액을 말한다.[113]
④ 취득일 전에 부동산 등에 대하여 기업회계기준 등에 따라 재평가를 한 경우에는 해당 재평가차액이 장부가액에 반영되어 있으므로 과세표준에 포함해야 하나, 취득일 현재 재평가의 계획만 있고 가액이 결정되지 않은 경우에는 추후 재평가차액이 결정되더라도 소급하여 과세표준에 산입하지 않는다.[114]</td></tr>
<tr><td>[주2] 세율</td><td>과점주주취득세의 세율을 적용할 때는 아래를 고려해야 함(지방세법 제15조 제3항 및 본문)
① 과점주주 간주취득세의 적용세율은 2.0%~2.2%
② 취득세 과세대상 중 사치성 재산 중과세(별장 등) 적용대상이 있다면 중과세율 10%를 적용
③ 과밀억제권역 내 본점 사업용 부동산(지방세법 제13조 제1항) 및 대도시 내 지점 등(지방세법 제13조 제2항) 중과세는 적용하지 않음
<table>
<tr><th>구분</th><th>취득세</th><th>지방교육세</th><th>농어촌특별세</th><th>계</th></tr>
<tr><td>부동산 등</td><td>2.0%</td><td>-</td><td>0.2%</td><td>2.2%</td></tr>
<tr><td>차량</td><td>2.0%</td><td>-</td><td>-</td><td>2.0%</td></tr>
<tr><td>사치성 재산</td><td>10.0%</td><td>-</td><td>1.0%</td><td>11.0%</td></tr>
</table></td></tr>
</table>

4. 납세지

과점주주취득세에 대한 납세지에 대해서는 별도의 규정은 없다. 따라서 과점주주 간주취득의 대상 자산별로 지방세법 제8조에 따른 납세지 규정을 적용해야 할 것으로 이해된다.

따라서 동일한 간주취득세 관련 취득세 신고서를 자산별 관할 지방자치단체에 각각 제출하는 등의 방법을 고려할 필요가 있다.

113) 내무부세정 01254-8753, 1987.07.20.외

114) 대법원 1983.12.13. 선고 83누103 판결 외

5. 납세의무 성립시기

취득세의 납세의무 성립시기는 취득을 한 때이다. 따라서 과점주주 취득세의 납세의무 성립시기는 법인의 주식을 취득하여 해당 법인의 과점주주가 된 시점 또는 과점주주의 지분율이 증가한 시점이다.

6. 납세의무 확정

과점주주 취득세 역시 일반적인 취득세와 동일하게 신고납부의 방법에 따른다. 과점주주 취득세를 신고납부할 때는 취득세 신고서 외에도 다음의 첨부서류가 필요할 것으로 이해된다.

과점주주 취득세 제출서류

구분	제출서류
취득세 신고서류	[별지 3호서식] 취득세 신고서
과점주주 시점의 재무제표	① 과점주주가 된 시점의 재무제표 (예시) 2019년 10월 15일에 과점주주가 된 경우 • 2019년 10월 15일을 기준으로 작성된 재무제표 • 기중에 과점주주가 되었다면 가결산 재무제표가 될 것임. 가결산이라도 취득세 과세대상 자산에 대해서는 2019.10.15. 기준의 감가상각누계액을 정확하게 계산하여 과점주주 취득세를 계산에 반영해야 함 ② 취득세 과세대상 자산에 대한 결산명세서
과점주주 취득세 상세 계산자료	과점주주 취득세 계산내역 자료(엑셀시트 등) [주]
과점주주 입증서류	① 주식인수계약서(Stock Purchase Agreement) ② 과점주주가 된 시점 전·후의 주주명부 ③ 그 외 과점주주가 된 거래를 입증하는 자료
기타 회사 기본서류	① 사업자등록증 사본 ② 법인등기부등본 사본

[주] 과점주주 취득세 계산내역 자료

취득자 및 과세대상 자산에 따라 다소 차이는 있겠지만, 일반적으로 아래의 정보를 포함하여 과점주주 취득세 계산내역을 보여주면 될 것으로 이해된다.

과점주주 취득세 계산내역 예시

구분		회계상 가액(단위: 원)			④ 과점주주지분율	과점주주 취득세		
계정과목	상세내역	① 취득가액	② 감가상각누계액	③ 순장부가액 (=①-②)		⑤ 과세표준 (=③×④)	⑥ 세율	⑦ 과점주주 취득세 (=⑤×⑥)
토지	소재지	100,000,000	0	100,000,000	60%	60,000,000	2.2%	1,320,000
건물	소재지	80,000,000	40,000,000	40,000,000	60%	24,000,000	2.2%	528,000
차량	차량번호	20,000,000	10,000,000	10,000,000	60%	6,000,000	2.0%	120,000
회원권	회원권정보	10,000,000	0	10,000,000	60%	6,000,000	2.2%	132,000
계		210,000,000	50,000,000	160,000,000	-	96,000,000	-	2,100,000

3장 합병과 분할에 대한 취득세

1. 합병과 분할의 기본사항

기업은 조직의 결합을 통한 시너지 창출, 효율적인 조직운영과 비용절감을 통한 경영효율화 등의 목적을 달성하기 위하여 합병을 활용한다.

법인세법[115]에 따르면 합병은 두 개 이상의 회사가 상법의 절차에 따라 청산절차를 거치지 않고 합쳐지면서 최소한 한 개 이상 회사의 법인격을 소멸시키되, 합병 이후에 존속하는 회사 또는 합병으로 인해 신설되는 회사가 소멸하는 회사의 권리의무를 포괄적으로 승계하고 그의 사원을 수용하는 회사법상의 법률사실을 말한다. 쉽게 말하면 합병은 2개 이상의 회사가 하나가 되는 것이다.

합병과 반대로 기업은 사업부문의 전문화를 통한 경쟁력 확보, 신속한 의사결정체계 구축 등의 목적을 달성하기 위하여 분할을 활용하기도 한다.

법인세법[116]에 따르면 회사가 회사의 재산, 사원 등 일부분을 분리하여 다른 회사에 출자하거나 새로 회사를 설립함으로써 한 회사를 복수의 회사로 만드는 것을 말한다. 분할은 합병과 반대로 하나의 회사가 2개 이상의 회사가 되는 것이다.

기업이 합병 또는 분할을 진행하게 되면 그와 관련하여 법률, 노무, 회계, 세무 등 다양한 분야의 검토가 필요하다. 그중 합병과 분할에 따른 세무검토를 위해서는 다양한 분야의 세법 지식이 요구된다. 가장 중요한 세목은 법인세법이다. 적격합병 및 적격분할 여부의 판단, 합병 및 분할에 따른 이익의 과세 여부, 부당행위계산부인 규정의 적용 여부, 이월결손금 및 이월결손금의 승계 등 합병 및 분할의 과세체계를 구성하는 상당 부분이 법인세법에 규정되어 있기 때문이다. 이외에도 부가가치세법, 상속세 및 증여세법, 증권거래세법 등도 함께 고려해야 한다. 그런데 이러한 세목들은 모두 국세에 해당한다.

---

115) 법인세법 집행기준 44-0-1 [합병]
116) 법인세법 집행기준 46-0-1 [분할]

지방세의 측면에서는 지방세의 세목 중 합병과 분할에 따른 취득세를 우선적으로 확인해야 한다. 합병법인은 합병으로 피합병법인의 자산을 취득하게 되어 합병법인이 취득세를 신고납부할 의무가 있고, 분할신설법인은 분할에 따라 분할법인으로부터 자산을 승계받게 되므로 분할신설법인이 취득세를 신고납부할 의무가 있기 때문이다.

합병과 분할에 대한 취득세를 이해하기 위해서 합병과 분할의 모든 세무지식이 요구되는 것은 아니지만, 적어도 법인세법, 특히 적격합병과 적격분할의 개념은 이해할 필요가 있다. 기본적으로 취득세에서 다루는 합병과 분할의 개념은 법인세법을 따르고 있으며, 적격합병 또는 적격분할 여부에 따라 취득세를 계산할 때 적용하는 과세표준과 세율의 종류, 그리고 취득세 감면의 적용 여부가 결정되기 때문이다.

따라서 아래에서는 법인세법의 내용 중 적격합병과 적격분할과 관련된 내용을 살펴보고자 한다.

2. 적격합병 및 적격분할 요건

(1) 합병

1) 적격합병 요건

합병에 대한 세무검토를 위해서 가장 먼저 확인해야 하는 것이 적격합병 여부이다. 법인세법 제44조 제2항에 따르면 아래 4가지 요건을 모두 충족하는 합병을 적격합병이라고 한다. 적격합병은 형식적인 조직개편에 지나지 않는다고 보아 합병에 따른 법인세 과세이연 등 다양한 세제 혜택을 부여하고 있다. 지방세법에서도 적격합병에 해당할 경우 특례의 세율 및 취득세 감면적용 등 세제 혜택을 부여한다.

실무상으로는 적격합병 요건을 충족하지 못하는 경우 합병 당사법인이 거액의 세금을 부담하는 경우가 많아서 계획했던 합병 자체가 불가능한 경우가 많다. 따라서 적격합병 요건은 합병의 세무에서 가장 중요한 내용이며, 그만큼 다소 까다롭다.

적격합병 요건

적격합병 요건	내용(법인세법 제44조 제2항)
1. 사업관련성	합병등기일 현재 1년 이상 사업을 계속하던 내국법인 간의 합병일 것
2. 지분연속성	아래 3가지 요건을 모두 충족할 것 ① 피합병법인의 주주등이 합병으로 인하여 받은 합병대가의 총합계액 중 합병법인의 주식등의 가액이 80% 이상이거나 합병법인의 모회사[117]의 주식등의 가액이 80% 이상일 것 ② 피합병법인 주주등에 아래 가액 이상의 주식을 배정할 것 (피합병법인의 주주등이 지급받은 합병교부주식 총합계액 × 각 해당 주주등의 피합병법인에 대한 지분비율) ③ 피합병법인의 지배주주등[118]이 합병등기일이 속하는 사업연도의 종료일까지 그 주식등을 보유할 것
3. 사업계속성	합병법인이 합병등기일이 속하는 사업연도의 종료일까지 피합병법인으로부터 승계받은 사업을 계속할 것
4. 고용승계	합병등기일 1개월 전 당시 피합병법인에 종사하는 법소정 근로자 중 합병법인이 승계한 근로자의 비율이 80% 이상이고, 합병등기일이 속하는 사업연도의 종료일까지 그 비율을 유지할 것

2) 적격합병의 추징사유와 추징제외 사유(부득이한 사유)

법인세법 제44조의3에서는 적격합병을 한 합병법인이 3년의 범위[119] 이내에 아래의 추징사유가 발생하는 경우 적격합병으로 부여받은 세제 혜택을 추징하도록 규정하고 있다. 다만, 부득이한 사유가 있는 경우에는 추징하지 않는다.

추징사유 (법인세법 제44조의3 제3항)	부득이한 사유 (법인세법시행령 제80조의4 제7항)
(3. 사업계속성 요건 위반) 합병법인이 피합병법인으로부터 승계받은 사업을 폐지하는 경우로서 아래에 해당하는 경우 ① 피합병법인으로부터 승계한 자산가액	① 합병법인이 파산함에 따라 승계받은 자산을 처분한 경우 ② 합병법인이 적격합병, 적격인적분할, 적격물적분할, 적격현물출자에 따라 사업을 폐지한 경우

117) 합병등기일 현재 합병법인을 100% 소유하고 있는 내국법인

118) 피합병법인의 법인세법 제43조 제3항에 따른 지배주주 중 아래에 해당하는 자를 제외한 주주
① 친족 중 4촌 이상의 혈족 및 인척
② 합병등기일 현재 피합병법인에 대한 지분비율이 1% 미만이면서 시가로 평가한 그 지분가액이 10억 미만인 자
③ 기업인수목적회사(자본시장과 금융투자업에 관한 법률 시행령 제6조 제4항 제14호 각목의 요건을 갖춘)와 합병하는 피합병법인의 지배주주인자

119) 합병등기일이 속하는 사업연도의 다음사업연도 개시일부터 2년(고용승계 요건은 3년)

의 50% 이상을 처분 ② 피합병법인으로부터 승계한 자산가액의 50% 이상을 사업에 사용하지 않음	③ 합병법인이 「조세특례제한법 시행령」 제34조 제6항 제1호에 따른 기업개선계획의 이행을 위한 약정 또는 같은 항 제2호에 따른 기업개선계획의 이행을 위한 특별약정에 따라 승계받은 자산을 처분한 경우 ④ 합병법인이 「채무자 회생 및 파산에 관한 법률」에 따른 회생절차에 따라 법원의 허가를 받아 승계받은 자산을 처분한 경우
(2. 지분연속성 요건 위반) 피합병법인의 지배주주 등이 합병법인으로부터 받은 주식을 처분하는 경우	① 피합병법인 지배주주등이 합병으로 교부받은 전체 주식등의 50% 미만을 처분[120]한 경우 ② 피합병법인 지배주주등이 사망하거나 파산하여 주식등을 처분한 경우 ③ 피합병법인 지배주주등이 적격합병, 적격분할, 적격물적분할, 적격현물출자에 따라 주식등을 처분한 경우 ④ 피합병법인 지배주주등이 주식등을 현물출자 또는 교환·이전하고[121] 과세를 이연받으면서 주식등을 처분한 경우 ⑤ 피합병법인 지배주주등이 「채무자 회생 및 파산에 관한 법률」에 따른 회생절차에 따라 법원의 허가를 받아 주식등을 처분하는 경우 ⑥ 피합병법인 지배주주등이 기업개선계획의 이행을 위한 약정 또는 특별약정[122]에 따라 주식등을 처분하는 경우 ⑦피합병법인 지배주주등이 법령상 의무를 이행하기 위해 주식등을 처분하는 경우
(4. 고용승계 요건 위반) 각 사업연도 종료일 현재 합병법인에 종사하는 근로자 수가 합병등기일 1개월 전 당시 피합병법인과 합병법인에 각각 종사하는 근로자 수의 80% 미만으로 하락하는 경우	① 합병법인이 회생계획[123]을 이행 중인 경우 ② 합병법인이 파산함에 따라 근로자의 비율을 유지하지 못한 경우 ③ 합병법인이 적격합병, 적격분할, 적격물적분할, 적격현물출자에 따라 근로자의 비율을 유지하지 못한 경우 ④ 합병등기일 1개월 전 당시 피합병법인에 종사하는 「근로기준법」에 따라 근로계약을 체결한 내국인 근로자가 5명 미만인 경우

120) 해당 주주등이 합병으로 교부받은 주식등을 서로 간에 처분하는 것은 해당 주주등이 그 주식등을 처분한 것으로 보지 않고, 해당 주주등이 합병법인 주식등을 처분하는 경우에는 합병법인이 선택한 주식등을 처분하는 것으로 봄

121) 「조세특례제한법」 제38조, 제38조의2, 제121조의30

122) 「조세특례제한법 시행령」 제34조 제6항 제1호

123) 「채무자 회생 및 파산에 관한 법률」 제193조

위 사항을 요약하면 다음과 같다.

요건 구분	적격합병 요건	추징사유	추징제외사유 (부득이한 사유)
1. 사업관련성	합병 전 1년 이상 사업 영위	-	-
2. 지분연속성	80% 이상 주식 교부·보유	피합병법인 지배주주등이 합병법인으로부터 받은 주식을 처분	피합병법인 지배주주등이 아래 사유로 주식을 처분 • 사망 또는 파산 • 적격합병·분할 등 • 현물출자 등 과세이연 • 회생절차 • 기업개선계획 이행 • 법령상 의무이행
3. 사업계속성	승계한 사업을 계속 영위할 것	합병법인이 승계자산가액 50% 이상 처분 및 미사용	합병법인이 아래 사유로 자산을 처분·미사용 • 파산 • 적격합병·분할 등 • 기업개선계획 이행 • 법원인가된 회생절차
4. 고용승계	80% 이상 근로자를 승계·유지	근로자수가 80% 미만으로 하락	합병법인의 아래 사유로 근로자수가 하락 • 회생계획 이행 • 파산 • 적격합병·분할 등 • 근로자 5명 미만

(2) 인적분할

분할은 크게 인적분할과 물적분할로 나눌 수 있다.[124] 인적분할은 분할법인의 주주가 분할 후 분할법인 및 분할신설법인의 주주가 되는 형태를 말한다. 반면 물적분할은 분할법인의 주주는 변동없이 분할법인이 분할신설법인의 주주가 되는 형태를 말한다.

1) 적격인적분할 요건

적격인적분할의 요건은 적격합병의 요건과 그 구조가 유사하다. 따라서 적격합병요건과 비교하여 보면 이해가 쉬울 것이다.

124) 그 외에도 단순분할 및 분할합병, 완전분할 및 불완전합병 등으로 구분할 수 있으나 취득세 이해 목적에서 인적분할과 물적분할만 살펴보기로 함

요건	내용(법인세법 제46조 제2항)
1. 사업관련성	분할등기일 현재 5년 이상 사업을 계속하던 내국법인이 아래 ①에서 ③의 요건을 모두 갖추어 분할하는 경우125) ① (독립된 사업요건) 분리하여 사업이 가능한 독립된 사업부문을 분할하는 것일 것 ② (포괄승계요건) 분할하는 사업부문의 자산 및 부채가 포괄적으로 승계될 것(공용으로 사용하던 자산, 채무자 변경이 불가능한 부채 등 분할하기 어려운 자산과 부채 등은 제외) ③ (단독출자요건) 분할법인등만의 출자에 의하여 분할하는 것일 것
2. 지분연속성	아래 3가지 요건을 모두 충족할 것 ① 분할법인등의 주주가 분할신설법인등으로부터 받은 분할대가의 100%가 주식일 것126) ② 분할법인등의 주주가 소유하던 주식의 비율에 따라 배정될 것(= 분할법인등의 주주등이 지급받은 분할신설법인등의 주식의 가액의 총합계액 × 각 주주의 분할법인등에 대한 지분비율) ③ 분할법인등의 지배주주127) 등이 분할등기일이 속하는 사업연도의 종료일까지 그 주식을 보유할 것
3. 사업계속성	분할신설법인등이 분할등기일이 속하는 사업연도의 종료일까지 분할법인등으로부터 승계받은 사업을 계속할 것
4. 고용승계	분할등기일 1개월 전 당시 분할하는 사업부문에 종사하는 법소정 근로자 중 분할신설법인등이 승계한 근로자의 비율이 80% 이상이고, 분할등기일이 속하는 사업연도의 종료일까지 그 비율을 유지할 것

2) 적격인적분할의 추징사유와 추징제외 사유(부득이한 사유)

적격인적분할의 추징사유와 추징제외 사유(부득이한 사유) 역시 적격합병의 경우와 유사한 구조를 가지고 있다. 법인세법 제46조의3에서는 적격인적분할을 한 분할신설법인이 3년의 범위128) 이내에 아래의 추징사유가 발생하는 경우 적격인적분할로 부여받은 세제 혜택을 추징하도록 규정하고 있다. 다만, 부득이한 사

125) 분할합병은 소멸한 분할합병의 상대방법인 및 분할합병의 상대방법인이 분할등기일 현재 1년 이상 사업을 계속하던 내국법인일 것

126) 분할합병은 분할대가의 80% 이상이 분할신설법인등의 주식인 경우 또는 분할대가의 80% 이상이 분할합병의 상대방 법인의 발행주식총수 또는 출자총액을 소유하고 있는 내국법인의 주식인 경우

127) 분할법인의 법인세법 제43조 제3항에 따른 지배주주 중 아래에 해당하는 자를 제외한 주주
① 친족 중 4촌 이상의 혈족 및 인척
② 분할등기일 현재 피합병법인에 대한 지분비율이 1% 미만이면서 시가로 평가한 그 지분가액이 10억 미만인 자

128) 합병등기일이 속하는 사업연도의 다음사업연도 개시일부터 2년(고용승계 요건은 3년)

유가 있는 경우에는 추징하지 않는다.

추징사유 (법인세법 제46조의3 제3항)	부득이한 사유 (법인세법시행령 제82조의4 제6항)
(3. 사업계속성 요건 위반) 분할신설법인등이 분할법인으로부터 승계받은 사업을 폐지하는 경우로서 아래에 해당하는 경우 ① 분할법인으로부터 승계한 자산가액의 50% 이상을 처분 ② 분할법인으로부터 승계한 자산가액의 50% 이상을 사업에 사용하지 않음	① 분할신설법인등이 파산함에 따라 승계받은 자산을 처분한 경우 ② 분할신설법인등이 적격합병, 적격인적분할, 적격물적분할, 적격현물출자에 따라 사업을 폐지한 경우 ③ 분할신설법인등이 「조세특례제한법 시행령」 제34조 제6항 제1호에 따른 기업개선계획의 이행을 위한 약정 또는 같은 항 제2호에 따른 기업개선계획의 이행을 위한 특별약정에 따라 승계받은 자산을 처분한 경우 ④ 분할신설법인등이 「채무자 회생 및 파산에 관한 법률」에 따른 회생절차에 따라 법원의 허가를 받아 승계받은 자산을 처분한 경우
(2. 지분연속성 요건 위반) 분할법인등의 지배주주 등이 분할신설법인등으로부터 받은 주식을 처분하는 경우	① 분할법인등의 지배주주 등이 분할로 교부받은 전체 주식등의 50% 미만을 처분[129]한 경우 ② 분할법인등의 지배주주 등이 사망하거나 파산하여 주식등을 처분한 경우 ③ 분할법인등의 지배주주 등이 적격합병, 적격인적분할, 적격물적분할, 적격현물출자에 따라 주식등을 처분한 경우 ④ 분할법인등의 지배주주 등이 주식등을 현물출자 또는 교환·이전하고[130] 과세를 이연받으면서 주식등을 처분한 경우 ⑤ 분할법인등의 지배주주 등이 「채무자 회생 및 파산에 관한 법률」에 따른 회생절차에 따라 법원의 허가를 받아 주식등을 처분하는 경우 ⑥ 분할법인등의 지배주주 등이 기업개선계획의 이행을 위한 약정 또는 특별약정[131]에 따라 주식등을 처분하는 경우 ⑦ 분할법인등의 지배주주 등이 법령상 의무를 이행하기 위해 주식등을 처분하는 경우

129) 해당 주주등이 합병으로 교부받은 주식등을 서로 간에 처분하는 것은 해당 주주등이 그 주식등을 처분한 것으로 보지 않고, 해당 주주등이 합병법인 주식등을 처분하는 경우에는 합병법인이 선택한 주식등을 처분하는 것으로 봄

130) 「조세특례제한법」 제38조, 제38조의2, 제121조의30

131) 「조세특례제한법 시행령」 제34조 제6항 제1호

(4. 고용승계 요건 위반) 각 사업연도 종료일 현재 분할신설법인에 종사하는 근로자 수가 분할등기일 1개월 전 당시 분할하는 사업부문에 종사하는 근로자 수의 80% 미만으로 하락하는 경우	① 분할신설법인등이 회생계획[132)]을 이행 중인 경우 ② 분할신설법인등이 파산함에 따라 근로자의 비율을 유지하지 못한 경우 ③ 분할신설법인등이 적격합병, 적격분할, 적격물적분할, 적격현물출자에 따라 근로자의 비율을 유지하지 못한 경우 ④ 분할등기일 1개월 전 당시 분할하는 사업부문에 종사하는 근로자가 5명 미만인 경우

위 사항을 요약하면 다음과 같다.

요건 구분	적격인적분할 요건	추징사유	추징제외사유 (부득이한 사유)
1. 사업관련성	분할 전 5년 이상 계속 사업한 내국법인이 ① 독립된 사업요건, ② 포괄승계요건, ③ 단독출자요건을 모두 갖추어 분할	-	-
2. 지분연속성	100% 주식 교부·보유	분할법인등 지배주주등이 분할신설법인등으로부터 받은 주식을 처분	분할법인등 지배주주등이 아래 사유로 주식을 처분 • 사망 또는 파산 • 적격합병·분할 등 • 현물출자 등 과세이연 • 회생절차 • 기업개선계획 이행 • 법령상 의무이행
3. 사업계속성	승계한 사업을 계속 영위할 것	분할신설법인등이 승계 자산가액 50% 이상 처분 및 미사용	분할신설법인등이 아래 사유로 자산을 처분·미사용 • 파산 • 적격합병·분할 등 • 기업개선계획 이행 • 회생절차
4. 고용승계	80% 이상 근로자를 승계·유지	근로자수가 80% 미만으로 하락	분할신설법인등의 아래 사유로 근로자수가 하락 • 회생계획 이행 • 파산 • 적격합병·분할 등 • 근로자 5명 미만

132) 「채무자 회생 및 파산에 관한 법률」 제193조

(3) 물적분할

1) 적격물적분할 요건

적격물적분할은 합병 또는 적격인적분할과는 그 체계는 유사하나 '2. 지분연속성' 요건에서 다소 차이가 있다.

요건	내용(법인세법 제47조 및 제46조 제2항)
1. 사업관련성	분할등기일 현재 5년 이상 사업을 계속하던 내국법인이 아래 ①에서 ③의 요건을 모두 갖추어 분할하는 경우[133] ① (독립된 사업요건) 분리하여 사업이 가능한 독립된 사업부문을 분할하는 것일 것 ② (포괄승계요건) 분할하는 사업부문의 자산 및 부채가 포괄적으로 승계될 것(공용으로 사용하던 자산, 채무자 변경이 불가능한 부채 등 분할하기 어려운 자산과 부채 등은 제외) ③ (단독출자요건) 분할법인등만의 출자에 의하여 분할하는 것일 것
2. 지분연속성	① 분할법인이 분할신설법인등으로부터 받은 분할대가의 100%가 주식인 경우[134] ② 분할법인이 분할등기일이 속하는 사업연도의 종료일까지 그 주식을 보유할 것
3. 사업계속성	분할신설법인등이 분할등기일이 속하는 사업연도의 종료일까지 분할법인등으로부터 승계받은 사업을 계속할 것
4. 고용승계	분할등기일 1개월 전 당시 분할하는 사업부문에 종사하는 법소정 근로자 중 분할신설법인등이 승계한 근로자의 비율이 80% 이상이고, 분할등기일이 속하는 사업연도의 종료일까지 그 비율을 유지할 것

2) 적격물적분할의 추징사유와 추징제외 사유(부득이한 사유)

법인세법 제47조에서는 적격물적분할을 한 분할법인이 3년의 범위[135] 이내에 아래의 추징사유가 발생하는 경우 적격인적분할로 부여받은 세제 혜택을 추징하도록 규정하고 있다. 다만, 부득이한 사유가 있는 경우에는 추징하지 않는다.

133) 분할합병의 경우에는 소멸한 분할합병의 상대방법인 및 분할합병의 상대방법인이 분할등기일 현재 1년 이상 사업을 계속하던 내국법인일 것

134) 분할합병은 분할대가의 80% 이상이 분할신설법인등의 주식인 경우 또는 분할대가의 80% 이상이 분할합병의 상대방 법인의 발행주식총수 또는 출자총액을 소유하고 있는 내국법인의 주식인 경우

135) 합병등기일이 속하는 사업연도의 다음사업연도 개시일부터 2년(고용승계 요건은 3년)

추징사유 (법인세법 제46조의3 제3항)	부득이한 사유 (법인세법시행령 제82조의4 제6항)
(3. 사업계속성 요건 위반) 분할신설법인이 분할법인으로부터 승계받은 사업을 폐지하는 경우로서 아래에 해당하는 경우 ③ 분할법인으로부터 승계한 자산가액의 50% 이상을 처분 ④ 분할법인으로부터 승계한 자산가액의 50% 이상을 사업에 사용하지 않음	① 분할신설법인이 파산함에 따라 승계받은 자산을 처분한 경우 ② 분할신설법인이 적격합병, 적격인적분할, 적격물적분할, 적격현물출자에 따라 사업을 폐지한 경우 ③ 분할신설법인이 「조세특례제한법 시행령」 제34조 제6항 제1호에 따른 기업개선계획의 이행을 위한 약정 또는 같은 항 제2호에 따른 기업개선계획의 이행을 위한 특별약정에 따라 승계받은 자산을 처분한 경우 ④ 분할신설법인이 「채무자 회생 및 파산에 관한 법률」에 따른 회생절차에 따라 법원의 허가를 받아 승계받은 자산을 처분한 경우
(2. 지분연속성 요건 위반) 분할법인등의 지배주주 등이 분할신설법인등으로부터 받은 주식을 처분하는 경우	① 분할법인이 분할로 교부받은 전체 주식등의 50% 미만을 처분[136]한 경우 ② 분할법인이 사망하거나 파산하여 주식등을 처분한 경우 ③ 분할법인이 적격합병, 적격인적분할, 적격물적분할, 적격현물출자에 따라 주식등을 처분한 경우 ④ 분할법인이 주식등을 현물출자 또는 교환·이전하고[137] 과세를 이연받으면서 주식등을 처분한 경우 ⑤ 분할법인이 「채무자 회생 및 파산에 관한 법률」에 따른 회생절차에 따라 법원의 허가를 받아 주식등을 처분하는 경우 ⑥ 분할법인이 기업개선계획의 이행을 위한 약정 또는 특별약정[138]에 따라 주식등을 처분하는 경우 ⑦ 분할법인이 법령상 의무를 이행하기 위해 주식등을 처분하는 경우

136) 해당 주주등이 합병으로 교부받은 주식등을 서로 간에 처분하는 것은 해당 주주등이 그 주식등을 처분한 것으로 보지 않고, 해당 주주등이 합병법인 주식등을 처분하는 경우에는 합병법인이 선택한 주식등을 처분하는 것으로 봄

137) 「조세특례제한법」 제38조, 제38조의2, 제121조의30

138) 「조세특례제한법 시행령」 제34조 제6항 제1호

(4. 고용승계 요건 위반) 각 사업연도 종료일 현재 분할신설법인에 종사하는 근로자 수가 분할등기일 1개월 전 당시 분할하는 사업부문에 종사하는 근로자 수의 80% 미만으로 하락하는 경우	① 분할신설법인이 회생계획[139]을 이행 중인 경우 ② 분할신설법인이 파산함에 따라 근로자의 비율을 유지하지 못한 경우 ③ 분할신설법인이 적격합병, 적격분할, 적격물적분할, 적격현물출자에 따라 근로자의 비율을 유지하지 못한 경우

위 사항을 요약하면 다음과 같다.

요건 구분	적격인적분할 요건	추징사유	추징제외사유 (부득이한 사유)
1. 사업관련성	분할 전 5년 이상 계속 사업한 내국법인이 ① 독립된 사업요건, ② 포괄승계요건, ③ 단독출자요건을 모두 갖추어 분할	-	-
2. 지분연속성	100% 주식 교부·보유	분할법인등 지배주주등이 분할신설법인등으로부터 받은 주식을 처분	분할법인등 지배주주등이 아래 사유로 주식을 처분 • 사망 또는 파산 • 적격합병·분할 등 • 현물출자 등 과세이연 • 회생절차 • 기업개선계획 이행 • 법령상 의무이행
3. 사업계속성	승계한 사업을 계속 영위할 것	분할신설법인등이 승계 자산가액 50% 이상 처분 및 미사용	분할신설법인등이 아래 사유로 자산을 처분·미사용 • 파산 • 적격합병·분할 등 • 기업개선계획 이행 • 회생절차
4. 고용승계	80% 이상 근로자를 승계·유지	근로자수가 80% 미만으로 하락	분할신설법인등의 아래 사유로 근로자수가 하락 • 회생계획 이행 • 파산 • 적격합병·분할 등

139) 「채무자 회생 및 파산에 관한 법률」 제193조

3. 합병에 대한 취득세

(1) 과세표준

지방세법에서는 합병으로 인한 취득을 무상의 승계취득으로 해석하고 있다. 합병이란 당사자인 회사의 전부 또는 일부가 해산하고 그 재산이 청산절차에 의하지 않고 포괄적으로 존속회사 또는 신설회사에 이전함과 동시에 그 사원이 존속회사 또는 신설회사의 사원이 되는 효과를 가져오는 것으로 기업의 동일성이 그대로 유지된다는 점에서 볼 때, 합병에 따른 존속법인이 합병을 원인으로 소멸하는 법인의 부동산 등을 취득하고 소멸법인의 주주에게 새로운 주식을 교부하는 것은 부동산 취득에 따른 대가를 지급하는 것이라기보다는 기존 주주가 신설회사의 주주로 지위가 변경되는 것에 따른 절차상의 행위에 불과하다는 것이 해석의 이유다.[140)]

합병에 따른 취득은 무상승계 취득이므로 그 과세표준은 법인의 장부가액 등이 아니라 지방세법에서 규정하고 있는 시가표준액을 적용한다.

(2) 세율

1) 합병에 따른 취득세율의 적용

2015.12.31.까지 합병에 따른 취득은 지방세법 제15조 제1항 '세율의 특례' 규정에 따라 합병으로 취득하는 과세물건의 취득세율은 '표준세율에서 중과기준세율(2%)을 차감한 세율(=1.5%)'로 과세하였다. 그리고 이때까지는 법인세법의 적격합병 개념이 지방세법에 도입되지 않아 적격합병 여부와 관계없이 모든 종류의 합병에 대하여 '세율의 특례' 규정을 적용하였다.

2016년 지방세법이 개정되면서 2016.01.01. 이후에 합병으로 취득하는 과세물건에 대해서는 법인세법의 적격합병 개념을 도입하여 적격합병요건을 충족하는 합병에만 세율의 특례를 적용하도록 하였다. 따라서 비적격합병의 경우 무상승계 취득의 표준세율인 3.5%의 취득세율로 과세한다.

다만, 적격합병에 따른 세율의 특례를 적용받은 경우 합병등기일로부터 3년

140) 지방세심사99-229, 1999.03.31.에서 발췌

이내에 법인세법에 따른 적격합병의 추징사유가 발생하면 지방세법에서도 적격합병에 따른 지방세 세율의 혜택(3.5% - 1.5% = 2%)을 추징할 수 있도록 하였다.

또한 합병으로 취득한 과세물건이 합병 후 5년 이내에 지방세법 제16조에 따른 중과세율 적용대상에 해당하게 되는 경우 역시 세율의 특례 규정을 적용하지 않는다. 따라서 지방세법에 따른 중과세율에서 세율의 특례에 따른 세율을 차감한 세율만큼 추징하도록 규정하고 있다.

합병유형 및 시기별 취득세율

<table>
<tr><th rowspan="2">구분</th><th colspan="2">취득세율</th></tr>
<tr><th>2015년 12월 31일 이전의 합병</th><th>2016년 1월 1일 이후의 합병</th></tr>
<tr><td>적격합병</td><td rowspan="2">표준세율(3.5%) - 2% = 1.5%
(적격합병 추징규정 없음)</td><td>표준세율(3.5%) - 2% = 1.5%
(적격합병 추징규정 있음)</td></tr>
<tr><td>비적격합병</td><td>표준세율(3.5%)</td></tr>
</table>

2) 합병에 따른 취득세의 부가세

① 농어촌특별세

㉠ 취득분 농어촌특별세

합병에 따른 취득에 대해서는 일반적인 취득과 동일하게 농어촌특별세 납세의무가 있다. 다만, 적격합병으로 취득세를 감면받는 경우 해당 감면율을 반영한다.

㉡ 감면분 농어촌특별세

농어촌특별세법 제4조 제12호 및 농어촌특별세법시행령 제4조 제6항 제5호에 따르면 지방세특례제한법 제57조의2 제1항 규정에 따른 적격합병의 취득세 감면에 대해서는 감면분 농어촌특별세를 비과세한다. 간혹 감면분 농어촌특별세와 위 ①의 취득분 농어촌특별세를 혼동할 수 있는데 이 둘은 별개의 개념으로 감면분 농어촌특별세만 비과세한다.

② 지방교육세

지방교육세에 관하여는 합병에 따른 취득과 관련하여 별도의 규정이 없으므로 일반적인 취득의 경우와 동일하게 지방교육세 과세표준과 세율을 적용한다. 다만, 적격합병으로 취득세를 감면받을 경우 해당 감면율을 반영한다.

(3) 감면

지방세특례제한법 제57조의2에 따르면 합병에 따른 취득에 대해서 취득세의 감면을 적용한다. 다만, 취득세율의 적용과 마찬가지로 2016년 지방세법 개정으로 인하여 2016.01.01. 전후로 감면을 적용하는 데 차이가 있다.

1) 감면율

2015년 12월 31일까지의 합병으로 인한 취득에 대해서는 지방세특례제한법에 따라 적격합병 여부와 관계없이[141)] 취득세를 100% 감면하였다. 2016년 1월 1일부터 2018년 12월 31일까지의 합병에 대해서는 법인세법에 따른 적격합병에 한하여 취득세를 100% 감면하였다. 2019년 1월 1일부터는 적격합병에 대한 감면율을 50%로 축소하였다(중소기업 간 합병과 법인이 기술혁신형사업법인과 합병하는 경우에는 60%).

2) 감면 최저한

2014년 지방세법 개정 시 지방세특례제한법 등에 따라 취득세의 감면율이 100%인 경우라도 최소 15%의 취득세는 부담하게 하는 지방세 감면 최저한 규정을 도입하였다. 앞서 취득세의 감면에서 살펴보았듯이 감면 최저한 규정은 감면제도별로 법이 적용되는 시기가 다르다. 적격합병에 관한 감면최저한 제도의 적용은 2016.01.01. 이후의 합병이다.

정리해보면 2015.12.31.까지의 합병에 따른 취득세의 감면율은 100%이다. 2016.01.01.부터 2018.12.31.까지의 합병에 따른 취득세의 감면율은 여전히 100%이나 감면 최저한 규정의 도입으로 실제 적용되는 취득세 감면율은 85%이다. 2019.01.01 이후의 합병에 따른 취득세 감면율은 50%로 축소되었다.

(4) 감면대상

2018.12.31.까지의 합병에 따른 취득세 감면대상은 합병에 따라 양수하는 재

141) 2015년 12월 31일까지 감면규정에서 법인세법상 적격합병 개념은 도입되지 않았으나, 소비성서비스업을 제외한 사업을 1년 이상 계속하여 영위한 법인간의 합병에 한하여 감면을 적용한다. 이 규정은 2016년 1월 1일 이후에도 동일하게 적용됨

산이다. 지방세법 개정에 따라 2019.01.01. 이후에는 합병에 따라 양수하는 사업용 재산으로 그 대상을 구체화하여 사업에 사용하지 않는 재산에 대해서는 취득세 감면 혜택을 적용하지 않도록 하였다. 따라서 2019.01.01. 이후의 합병에 대해서는 합병으로 취득한 자산 중 사업용과 비사업용을 구분해서 취득세를 신고해야 한다.

(5) 감면세액의 추징

2015.12.31.까지의 합병에 따른 취득에 관해서 별도의 추징규정이 존재하지 않는다. 2016.01.01. 이후에는 합병등기일로부터 3년 이내에 법인세법에 따른 적격합병의 추징사유가 발생하면 지방세법에 따른 감면을 받은 취득세액도 추징된다.

(6) 감면을 반영한 최종 부담세액

위 (1)에서 (5)의 사항을 종합하면 합병에 따른 세율은 다음과 같다.

합병유형 및 시기별 감면적용

구분		2015	2016	2017	2018	2019
세율	적격	0%	0.3%			1.0%
	비적격	0%	4.0%			4.0%
감면율		모든 합병 100%	적격합병 100%			적격합병 50%(60%)
감면최저한		미적용	적용			해당없음
실제감면율		100%	85%(감면최저한 적용)			50%(60%)
감면대상범위		합병으로 양수하는 (모든) 재산				사업용 재산
감면세액추징		추징규정없음	추징규정있음(3년 이내 적격합병 추징사유 발생시)			

1) 2015.01.01.~2015.12.31.

구분	취득세	지방교육세	농어촌특별세		계
			취득분	감면분	
적격합병	(주1) 0%	(주2) 0%	(주3) 0%	비과세	0%
비적격합병	(주1) 0%	(주2) 0%	(주3) 0%	비과세	0%

(주1) 0% = (3.5% - 2%) × 100% 감면

(주2) 0% = (3.5% - 2%) × 20% × 100% 감면

(주3) 0% = 2% × 10% × 100% 감면

2) 2016.01.01.~2018.12.31.

구분	취득세	지방교육세	농어촌특별세		계
			취득분	감면분	
적격합병	(주1) 0.225%	(주2) 0.045%	(주3) 0.03%	비과세	0.3%
비적격합병	(주4) 3.5%	(주5) 0.3%	(주6) 0.2%	해당없음	4.0%

(주1) 0.225% = (3.5% - 2%) × 감면 최저한 15%

(주2) 0.045% = (3.5% - 2%) × 감면 최저한 15% × 20%

(주3) 0.03% = 2% × 감면 최저한 15% × 10%

(주4) 3.5%(무상승계 취득의 세율)

(주5) 0.3% = (3.5% - 2%) × 20%

(주6) 0.2% = 2% × 10%

3) 2019.01.01. 이후

구분	취득세	지방교육세	농어촌특별세		계
			취득분	감면분	
적격합병	(주1) 0.75%	(주2) 0.15%	(주3) 0.1%	비과세	1.0%
비적격합병	(주4) 3.50%	(주5) 0.30%	(주6) 0.2%	해당없음	4.0%

(주1) 0.75% = (3.5% - 2%) × 감면율 50%

(주2) 0.15% = (3.5% - 2%) × 감면율 50% × 20%

(주3) 0.1% = 2% × 감면율 50% × 10%

(주4) 3.5%(무상승계 취득의 세율)

(주5) 0.3% = (3.5% - 2%) × 20%

(주6) 0.2% = 2% × 10%

4. 인적분할에 대한 취득세

(1) 과세표준

법인의 인적분할로 인한 취득에 대해서 지방세법에서 별도로 정의한 바는 없다. 다만, 현재 지방세법의 해석사례에서는 적격인적분할에 따른 취득은 무상승계취득, 비적격인적분할에 따른 취득은 유상승계취득으로 해석하고 있다.[142)]

따라서 적격인적분할에 따른 취득은 무상승계 취득에 따른 시가표준액을, 비적격인적분할에 따른 취득은 유상승계 취득에 따른 법인의 장부가액을 과세표준으로 적용해야 할 것으로 이해된다.

구분	취득의 성격	과세표준
적격인적분할	무상 승계취득	시가표준액
비적격인적분할	유상 승계취득	법인의 장부가액

(2) 세율

1) 인적분할에 따른 취득세율의 적용

지방세법에서는 법인의 인적분할에 따른 취득에 대해서는 합병과 달리 별도의 세율의 특례 규정 등을 적용하지 않는다. 따라서 적격인적분할요건 충족 여부에 따라 적격인적분할은 무상승계취득의 세율 3.5%를, 비적격인적분할은 유상승계취득의 세율 4.0%를 적용한다.

인적분할의 과세표준과 세율

구분	취득세율	
적격인적분할	무상승계취득	3.5%
비적격인적분할	유상승계취득	4.0%

2) 인적분할에 따른 취득세의 부가세

① 농어촌특별세

㉠ 취득분 농어촌특별세

인적분할에 따른 취득에 대해서는 일반적인 취득과 동일하게 농어촌특별세의

142) 조심2018지0446, 2019.09.05. 등

납세의무가 있다. 다만, 적격인적분할로 취득세를 감면받는 경우 해당 감면율을 반영한다.

ⓛ 감면분 농어촌특별세

농어촌특별세법 제4조 제12호 및 농어촌특별세법시행령 제4조 제6항 제5호에 따르면, 지방세특례제한법 제57조의2 제3항 제2호의 규정에 따른 적격인적분할의 취득세 감면에 대해서는 감면분 농어촌특별세를 비과세한다. 합병의 경우와 마찬가지로 위 ①의 취득분 농어촌특별세와 혼동할 수 있으므로 유의해야 한다.

② 지방교육세

지방교육세에 관하여는 인적분할에 따른 취득과 관련하여 별도의 규정이 없으므로 일반적인 취득의 경우와 동일하게 지방교육세 과세표준과 세율을 적용한다. 다만, 적격인적분할로 취득세를 감면받는 경우 해당 감면율을 반영한다.

(3) 감면

지방세특례제한법 제57조의2에 제3항 제2호에 따르면 인적분할로 인하여 취득한 재산에 대해서 취득세의 감면을 적용한다.

1) 감면율

2014년 지방세법 개정에 따라서 과거 조세특례제한법[143]에 규정된 분할에 대한 감면을 지방세특례제한법으로 이관하여 2015.01.01.부터 적용하였다. 인적분할은 합병과는 달리[144] 과거부터 법인세법에 따른 적격인적분할 개념을 도입하여 적격인적분할에 한정하여 취득세를 100% 감면하였다. 2019년 지방세법 개정으로 2019.01.01.부터는 적격인적분할에 대한 감면율을 75%로 축소하였다.

2) 감면 최저한

2014년 지방세법 개정 시 지방세특례제한법 등에 따라 취득세의 감면율이 100%인 경우라도 최소 15%의 취득세는 부담하게 하는 지방세 감면 최저한 규정을 도입하였다. 앞서 감면검토에서 살펴보았듯이 감면 최저한 규정은 각 감면제도

---

143) 구 조세특례제한법 제120조 제1항 제5호

144) 합병은 2015년 12월 31일 이전에는 적격합병의 개념이 도입되지 않았고, 2016년 1월 1일 이후부터 적격합병에 한하여 감면을 적용함

별로 법이 적용되는 시기가 다르다. 적격인적분할에 따른 감면 최저한 규정의 적용은 2016.01.01. 이후의 분할이다.

(4) 감면대상

분할로 인한 취득의 감면대상은 분할로 인하여 취득하는 재산이다. 합병의 경우에는 지방세법 개정에 따라 2019.01.01. 이후에는 합병에 따라 양수하는 사업용 재산으로 그 대상을 구체화하여 사업에 사용하지 않는 재산에 대해서는 취득세 감면 혜택을 적용하지 않도록 하였으나, 분할의 경우에는 현재까지 그러한 규정이 없으므로 분할로 취득하는 모든 재산에 대하여 감면이 적용된다.

(5) 감면세액의 추징

법인세법에 따른 적격인적분할의 추징사유가 발생하면 지방세특례제한법에 따라 감면을 받은 취득세액도 추징된다. 지방세특례제한법 개정에 따라 2017.01.01. 이후의 분할에 대해서는 분할등기일로부터 3년 이내에 적격인적분할의 추징사유가 발생하는 경우 감면받은 취득세를 추징하는 것으로 추징사유의 발생기간을 구체화하였다.[145]

(6) 감면을 반영한 최종 부담세액

위 (1)에서 (5)의 사항을 종합하면 인적분할에 따른 세율은 다음과 같다.

인적분할유형 및 시기별 감면적용

구분		2015	2016	2017	2018	2019
세율	적격	0%	0.6%			1%
	비적격	4.6%	4.6%			4.6%
감면율		적격인적분할 100%				적격인적분할 75%
감면최저한		미적용	적용			해당없음
실제감면율		100%	85%			75%
감면대상범위		분할로 취득하는(모든) 재산				
감면세액추징		추징규정있음(3년 이내 적격인적분할 추징사유 발생시)				

145) 법인세법에서는 이미 분할등기일로부터 3년 이내라는 개념이 있었으나 지방세특례제한법상에서는 해당 문구가 없어 입법보완을 한 것으로 이해됨

1) 2015.01.01.~2015.12.31.

구분	취득세	지방교육세	농어촌특별세		계
			취득분	감면분	
적격인적분할	(주1) 0%	(주2) 0%	(주3) 0%	비과세	0%
비적격인적분할	(주1) 4%	(주2) 0.4%	(주3) 0.2%	비과세	4.6%

(주1) 0% = 3.5% × 100% 감면

(주2) 0% = (3.5% - 2%) × 20% × 100% 감면

(주3) 0% = 2% × 10% × 100% 감면

(주4) 4%(유상승계 취득의 세율)

(주5) 0.4% = (4% - 2%) × 20%

(주6) 0.2% = 2% × 10%

2) 2016.01.01.~2018.12.31.

구분	취득세	지방교육세	농어촌특별세		계
			취득분	감면분	
적격인적분할	(주1) 0.525%	(주2) 0.045%	(주3) 0.03%	비과세	0.6%
비적격인적분할	(주4) 4.0%	(주5) 0.4%	(주6) 0.2%	해당없음	4.6%

(주1) 0.525% = 3.5% × 감면 최저한 15%

(주2) 0.045% = (3.5% - 2%) × 감면 최저한 15% × 20%

(주3) 0.03% = 2% × 감면 최저한 15% × 10%

(주4) 4.0%(유상승계 취득의 세율)

(주5) 0.4% = (4% - 2%) × 20%

(주6) 0.2% = 2% × 10%

3) 2019.01.01.~

구분	취득세	지방교육세	농어촌특별세		계
			취득분	감면분	
적격인적분할	(주1) 0.875%	(주2) 0.075%	(주3) 0.05%	비과세	1.0%
비적격인적분할	(주4) 4.0%	(주5) 0.4%	(주6) 0.2%	해당없음	4.6%

(주1) 0.875% = 3.5% × (1 - 감면율 75%)

(주2) 0.15% = (3.5% - 2%) × (1 - 감면율 75%) × 20%

(주3) 0.05% = 2% × (1 - 감면율 75%) × 10%

(주4) 4.0%(유상승계 취득의 세율)

(주5) 0.4% = (4% - 2%) × 20%

(주6) 0.2% = 2% × 10%

5. 물적분할에 대한 취득세

(1) 과세표준

법인의 물적분할로 인한 취득에 대해서는 지방세법에서 별도로 정의한 바는 없다. 다만, 현행 지방세법 해석사례에서는 물적분할에 따른 취득을 적격물적분할 요건 충족 여부와 관계없이 유상승계취득으로 해석하고 있다.[146)]

따라서 물적분할에 따른 취득은 적격물적분할 여부를 불문하고 모두 유상승계취득으로 보아 법인의 장부가액을 과세표준으로 적용해야 한다.

(2) 세율

1) 물적분할에 따른 취득세율의 적용

지방세법에서는 법인의 물적분할에 따른 취득에 대해서는 합병과 달리 별도의 세율의 특례 규정 등을 적용하지 않는다. 따라서 물적분할은 유상승계취득의 세율 4.0%를 적용한다.

인적분할의 과세표준과 세율

구분	취득의 성격	과세표준	세율
적격물적분할	유상승계취득	법인의 장부가액	4.0%
비적격물적분할			

146) 조심2018지0446, 2019.09.05. 등

2) 물적분할에 따른 취득세의 부가세

① 농어촌특별세

㉠ 취득분 농어촌특별세

물적분할에 따른 취득에 대해서는 일반적인 취득과 동일하게 농어촌특별세의 납세의무가 있다. 다만, 적격물적분할로 취득세를 감면받는 경우 해당 감면율을 반영한다.

㉡ 감면분 농어촌특별세

농어촌특별세법 제4조 제12호 및 농어촌특별세법시행령 제4조 제6항 제5호에 따르면, 지방세특례제한법 제57조의2 제3항 제2호의 규정에 따른 적격물적분할의 취득세 감면에 대해서는 감면분 농어촌특별세를 비과세한다. 합병 및 인적분할의 경우와 마찬가지로 위 ①의 취득분 농어촌특별세와 혼동할 수 있으므로 유의해야 한다.

② 지방교육세

지방교육세에 관하여는 물적분할에 따른 취득과 관련하여 별도의 규정이 없으므로 일반적인 취득의 경우와 동일하게 지방교육세 과세표준과 세율을 적용한다. 다만, 적격물적분할로 취득세를 감면받는 경우 해당 감면율을 반영한다.

(3) 감면

지방세특례제한법 제57조의2에 제3항 제2호에 따르면 물적분할로 인하여 취득한 재산에 대해서 취득세의 감면을 적용한다.

1) 감면율

2014년 지방세법 개정에 따라서 과거 조세특례제한법[147]에 규정된 분할에 대한 감면을 지방세특례제한법으로 이관하여 2015.01.01.부터 적용하였다. 합병과는 달리[148] 과거부터 법인세법에 따른 적격물적분할 개념을 도입하여 적격물적분할에 한정하여 취득세를 100% 감면하였다. 지방세법 개정으로 2019.01.01.부터는

147) 구 조세특례제한법 제120조 제1항 제5호

148) 합병은 2015년 12월 31일 이전에는 적격합병의 개념이 도입되지 않았고, 2016년 1월 1일 이후부터 적격합병에 한하여 감면을 적용함

적격물적분할에 대한 감면율을 75%로 축소하였다.

2) 감면 최저한

2014년 지방세법 개정시 지방세특례제한법 등에 따라 취득세의 감면율이 100%인 경우라도 최소 15%의 취득세는 부담하게 하는 지방세 감면 최저한 규정을 도입하였다. 앞서 감면검토에서 살펴보았듯이 감면 최저한 규정은 감면제도별로 법이 적용되는 시기가 다르다. 적격물적 분할에 따른 감면 최저한 제도의 적용은 2016.01.01. 이후의 분할이다.

(4) 감면대상

분할로 인한 취득의 감면대상은 분할로 인하여 취득하는 재산이다. 합병의 경우에는 지방세법 개정에 따라 2019.01.01. 이후에는 합병에 따라 양수하는 사업용 재산으로 그 대상을 구체화하여 사업에 사용하지 않는 재산에 대해서는 취득세 감면 혜택을 적용하지 않도록 하였으나 분할의 경우에는 현재까지 그러한 규정이 없으므로 분할로 취득하는 모든 재산에 대하여 감면이 적용된다.

(5) 감면세액의 추징

법인세법에 따른 적격물적분할의 추징사유가 발생하면 지방세특례제한법에 따라 감면을 받은 취득세액도 추징된다. 지방세특례제한법 개정에 따라 2017.01.01. 이후의 분할에 대해서는 분할등기일로부터 3년 이내에 적격인적분할의 추징사유가 발생하는 경우 감면받은 취득세를 추징하는 것으로 추징사유의 발생기간을 구체화하였다.[149]

(6) 감면을 반영한 최종 부담세액

위 (1)에서 (5)의 사항을 종합하면 물적분할에 따른 세율은 다음과 같다.

149) 법인세법에서는 이미 분할등기일로부터 3년의 개념이 있었으나 지방세특례제한법상에서는 그 문구가 없어 입법보완을 한 것으로 이해됨

물적분할유형 및 시기별 감면적용

<table>
<tr><th colspan="2">구분</th><th>2015</th><th>2016</th><th>2017</th><th>2018</th><th>2019</th></tr>
<tr><td rowspan="2">세율</td><td>적격</td><td>0%</td><td colspan="3">0.69%</td><td>1.2%</td></tr>
<tr><td>비적격</td><td>4.6%</td><td colspan="3">4.6%</td><td>4.6%</td></tr>
<tr><td colspan="2">감면율</td><td colspan="4">적격물적분할 100%</td><td>적격물적분할 75%</td></tr>
<tr><td colspan="2">감면최저한</td><td>미적용</td><td colspan="3">적용</td><td>해당없음</td></tr>
<tr><td colspan="2">실제감면율</td><td>100%</td><td colspan="3">85%</td><td>75%</td></tr>
<tr><td colspan="2">감면대상범위</td><td colspan="5">분할로 취득하는 (모든) 재산</td></tr>
<tr><td colspan="2">감면세액추징</td><td colspan="5">추징규정있음(3년 이내 적격물적분할 추징사유 발생시)</td></tr>
</table>

1) 2015.01.01.~2015.12.31.

<table>
<tr><th rowspan="2">구분</th><th rowspan="2">취득세</th><th rowspan="2">지방교육세</th><th colspan="2">농어촌특별세</th><th rowspan="2">계</th></tr>
<tr><th>취득분</th><th>감면분</th></tr>
<tr><td>적격물적분할</td><td>(주1) 0%</td><td>(주2) 0%</td><td>(주3) 0%</td><td>비과세</td><td>0%</td></tr>
<tr><td>비적격물적분할</td><td>(주1) 4%</td><td>(주2) 0.4%</td><td>(주3) 0.2%</td><td>비과세</td><td>4.6%</td></tr>
</table>

(주1) 0% = 4% × 100% 감면

(주2) 0% = (4% - 2%) × 20% × 100% 감면

(주3) 0% = 2% × 10% × 100% 감면

(주4) 4%(유상승계 취득의 세율)

(주5) 0.4% = (4% - 2%) × 20%

(주6) 0.2% = 2% × 10%

2) 2016.01.01.~2018.12.31.

<table>
<tr><th rowspan="2">구분</th><th rowspan="2">취득세</th><th rowspan="2">지방교육세</th><th colspan="2">농어촌특별세</th><th rowspan="2">계</th></tr>
<tr><th>취득분</th><th>감면분</th></tr>
<tr><td>적격물적분할</td><td>(주1) 0.6%</td><td>(주2) 0.06%</td><td>(주3) 0.03%</td><td>비과세</td><td>0.69%</td></tr>
<tr><td>비적격물적분할</td><td>(주4) 4.0%</td><td>(주5) 0.4%</td><td>(주6) 0.2%</td><td>해당없음</td><td>4.6%</td></tr>
</table>

(주1) 0.6% = 4% × 감면 최저한 15%

(주2) 0.06% = (4% - 2%) × 감면 최저한 15% × 20%

(주3) 0.03% = 2% × 감면 최저한 15% × 10%

(주4) 4.0%(유상승계 취득의 세율)

(주5) 0.4% = (4% - 2%) × 20%

(주6) 0.2% = 2% × 10%

3) 2019.01.01.~

구분	취득세	지방교육세	농어촌특별세		계
			취득분	감면분	
적격인적분할	(주1) 1.0%	(주2) 0.15%	(주3) 0.05%	비과세	1.2%
비적격인적분할	(주4) 4.0%	(주5) 0.4%	(주6) 0.2%	해당없음	4.6%

(주1) 1% = 4% × (1 - 감면율 75%)

(주2) 0.1% = (4% - 2%) × (1 - 감면율 75%) × 20%

(주3) 0.05% = 2% × (1 - 감면율 75%) × 10%

(주4) 4.0%(유상승계 취득의 세율)

(주5) 0.4% = (4% - 2%) × 20%

(주6) 0.2% = 2% × 10%

6. 합병 및 분할에 따른 취득세 제출서류

합병 및 분할에 따른 취득세를 신고할 때는 아래의 서류를 갖추어 신고납부해야 할 것으로 이해된다.

구분	내용
신고서	[별지 제3호서식] 취득세 신고서
합병 및 분할의 입증서류	① 적격합병, 적격인적분할, 적격물적분할의 경우 적격요건을 충족한다는 사실을 입증할 수 있는 서류(합병분할 세무검토보고서 등) ② 합병 및 분할과 관련하여 전자공시시스템(DART)에 공시된 내용(합병 및 분할계획서 등)
재무제표	① 합병 및 분할과 관계된 법인의 재무제표 및 결산서 ② 합병 및 분할로 취득하는 재산 중 취득세 과세대상 자산의 리스트 및 결산서
기본정보	합병 및 분할 관련 법인의 사업자등록증 및 법인등기부등본 등

PART 3

기타의 지방세

본 PART에서는 지방세의 세목 중 취득세를 제외한 10가지 세목을 다루고 있다. 또한 국세이지만 지방세 이해에 도움이 되는 농어촌특별세와 종합부동산세의 내용도 포함하고 있다.

1장 등록면허세

한눈에 보는 등록면허세

구분	등록면허세	
	[1] 등록분 등록면허세	[2] 면허분 등록면허세
정의	재산권 등의 등록·등기에 따른 세금	면허에 대한 세금
납세의무자	등록을 하는 자 (=등록·등기부상의 명의자)	면허를 받는 자 (변경면허를 포함)
비과세	① 국가 등의 등록 ② 회사 정리 등에 관한 등기·등록 ③ 단순 변경에 따른 등기·등록 ④ 지목이 묘지인 토지의 등기	① 면허의 단순 표시변경 등 ② 특정 의료업 등의 면허 ③ 총포의 소지면허 ④ 폐업·휴업 중인 업종의 면허 ⑤ 특정 주민공동체의 면허
과세표준	등록 당시의 가액 또는 채권금액	별도규정 없음(정액의 세율)
세율	① 일반세율(등기·등록 대상별) ② 중과세율 (대도시 법인등기 3배 중과)	면허의 종류별 정액의 세율
납세지	등록대상 물건의 소재지 등	면허 관련 영업장 등의 소재지
납세의무 성립	재산권 등을 등록·등기하는 때	① 면허를 받는 때 ② 납기가 있는 달의 1일
납세의무 확정	① 원칙: 신고납부 ② 예외: 특별징수(특허권, 저작권 등)	① 원칙: 신고납부 ② 예외: 보통징수(유효기간 1년 초과 면허 등)

[1] 등록에 대한 등록면허세

1. 기본사항

등록면허세는 재산권 및 권리에 대한 등록·등기 또는 면허에 대한 세금이다. 등록면허세는 ① 등록에 대한 등록면허세와 ② 면허에 대한 등록면허세로 구분하여 적용한다.

2011년 지방세법 개정으로 취득과 관련된 등록·등기는 취득세에 포함되도록 하였고, 그 외 재산권과 관련된 등록·등기는 등록에 대한 등록면허세로 과세한다. 그리고 면허의 설정 등의 행위에 대하여는 면허에 대한 등록면허세로 과세한다(이하 각각 '등록분 등록면허세'와 '면허분 등록면허세'라고 한다).

등록면허세는 등록·등기와 면허라는 행위에 대한 과세이므로 등록과 면허를 아래와 같이 별도로 정의하고 있다.

구분	내용
등록	재산권[1]과 그 밖의 권리[2]의 설정, 변경, 소멸에 관한 사항을 공부에 등기하거나 등록하는 것으로서 아래 ①~④를 포함(취득을 원인으로 하는 등록·등기는 취득세에 포함되어 있어서 등록면허세 대상에서는 제외)
	① 광업권, 어업권, 양식업권의 취득에 따른 등록 ② 외국인 소유의 취득세 과세대상 물건(차량, 기계장비, 항공기, 선박만 해당)의 연부 취득에 따른 등기, 등록 ③ 취득세 부과제척기간(「지방세기본법」 제38조)이 경과한 물건의 등기·등록 ④ 취득세를 부과하지 않는 물건(취득가액이 50만원 이하[3])의 등기·등록
면허	각종 법령에 규정된 면허·허가·인가·등록·지정·검사·검열·심사 등 특정한 영업설비 또는 행위에 대한 권리의 설정, 금지의 해제 또는 신고의 수리 등 행정청의 행위(법률규정에 따라 의제되는 행위를 포함)

1) 금전적 가치가 있는 물권·채권·무체재산권 등을 지칭(지방세법 운영예규 23-1)
2) 재산 이외의 권리로서 「부동산등기본법」 등 기타 관계 법령의 규정에 의하여 등기·등록하는 것(지방세법 운영예규 23-2)
3) 「지방세법」 제17조 [면세점(취득세)]

2. 납세의무자

등록분 등록면허세의 납세의무자는 '등록을 하는 자'이다. '등록을 하는 자'는 재산권과 기타 권리의 설정·변경·소멸에 관한 사항을 공부에 등기 또는 등록을 받는 등기·등록부상에 기재된 명의자를 말한다(지방세법 운영예규 24-1).

3. 비과세

등록분 등록면허세가 비과세되는 항목은 다음과 같다.

(1) 국가 등이 자기를 위하여 받는 등록 또는 면허

구분	내용
원칙(비과세)	국가, 지방자치단체, 지방자치단체조합, 외국 정부 및 주한국제기구가 자기를 위하여 받는 등록 또는 면허의 경우 등록면허세 비과세
예외(과세)	대한민국 정부기관의 등록 또는 면허에 대하여 과세하는 외국정부의 등록 또는 면허의 경우에는 등록면허세 과세

(2) 회사정리 또는 특별청산에 관한 법원의 촉탁으로 인한 등기 또는 등록

구분	내용
원칙(비과세)	회사의 정리 또는 특별청산에 관하여 법원의 촉탁으로 인한 등기·등록의 경우 등록면허세 비과세
예외(과세)	법인의 자본금(또는 출자금)의 납입·증자·출자전환에 따른 등기·등록은 등록면허세 과세

(3) 단순 변경 등에 따른 등기 또는 등록

아래 ①에서 ⑤의 사유 및 이와 유사한 사유로 인한 등기·등록으로서 주소, 성명, 주민등록번호, 지번, 계량단위 등의 단순한 표시변경, 회복 또는 경정 등기 또는 등록에 대한 등록면허세는 비과세한다.

① 행정구역의 변경

② 주민등록번호의 변경
③ 지적 소관청의 지번 변경
④ 계량단위의 변경
⑤ 등기 또는 등록 담당 공무원의 착오

(4) 지목이 묘지인 토지에 대한 등기

무덤과 이에 접속된 부속시설물의 부지로 사용되는 토지로서 지적공부상 지목이 묘지인 토지에 관한 등기에 대하여는 등록면허세를 비과세한다.

4. 과세표준

등록분 등록면허세의 과세표준은 다음과 같다. 등록면허세 신고서상의 금액과 공부상의 금액이 다를 경우에는 공부상의 금액을 과세표준으로 한다.4)

구분	과세표준	
부동산, 선박, 항공기 자동차, 건설기계	원칙	등록자가 신고한 등록 당시의 가액 (무신고 또는 「지방세법」 제4조의 시가표준액보다 적은 경우에는 시가표준액)
	예외	취득가격이 입증되는 「지방세법」 제10조 제5항부터 7항까지의 규정에 해당하는 경우에는 사실상의 취득가격
채권 금액	원칙	채권금액
	예외	일정한 채권금액이 없을 때는 채권의 목적이 된 것의 가액 또는 처분의 제한의 목적이 된 금액이 과세표준

5. 세율

등록분 등록면허세의 세율은 크게 (1) 일반세율과 (2) 중과세율로 나눌 수 있다.

---

4) 지방세관계법 운영예규 법 27-1 [과세표준의 범위]

(1) 일반세율

등록분 등록면허세의 일반세율은 등기 및 등록의 대상별로 아래 1)에서 14)에 따른 세율을 적용한다. 다만, '1) 부동산 등기'의 세율은 지방자치단체의 장이 조례로 정하는 바에 따라 50%의 범위에서 가감할 수 있다.

1) 부동산 등기

등기원인			과세표준	세율
1. 소유권 보존등기			부동산 가액	0.8%
2. 소유권이전 등기	유상(일반)		부동산 가액	2.0%
	유상(주택)		부동산 가액	취득세율 × 50%
	무상(일반)		부동산 가액	1.5%
	무상(상속)		부동산 가액	0.8%
3. 소유권 외 물권과 임차권의 설정과 이전	지상권	일반	부동산 가액	0.2%
		구분지상권	토지가액[5]	0.2%
	저당권		채권금액	0.2%
	지역권		요역지[6] 가액	0.2%
	전세권		전세금액	0.2%
	임차권		월 임대차금액	0.2%
4. 경매신청, 가압류, 가처분, 가등기 등 [주1]	경매신청		채권금액	0.2%
	가압류		채권금액	0.2%
	가처분		채권금액	0.2%
	가등기		부동산 가액 또는 채권금액	0.2%
5. 기타의 등기			건당	6,000원

[주1] 가등기 등의 세율(지방세법 운영예규 법 28-3)

구분	세율의 적용
소유권이전 등의 청구권을 보존하기 위한 가등기	위 4.의 '가압류' 규정을 적용
「가등기담보 등에 관한 법률」에 의한 담보가등기	위 3.의 '저당권' 규정을 적용
전세권 등에 대해 저당권을 설정	위 3.의 '저당권' 규정을 적용

5) 해당 토지의 지하 또는 지상 공간의 사용에 따른 건축물의 이용저해율, 지하 부분의 이용저해율 및 그 밖의 이용저해율 등을 고려하여 행정안전부장관이 정하는 기준에 따라 특별자치시장·특별자치도지사·시장·군수 또는 구청장이 산정한 해당 토지 가액

6) '요역지'란 지역권 설정 시 편익을 받은 토지를 칭함

[주2] 부동산 등기의 세율에 대한 기타사항(지방세법 운영예규 법 28-12)

구분	세율의 적용
취득시효를 원인으로 소유권에 관한 등기를 하는 경우	지방세법 제11조 제1항 제2호의 세율 (=취득세 중 '상속 외 무상취득'의 세율)
자기소유 미등기 부동산에 대한 취득시효에 따른 소유권보존등기를 하는 경우	지방세법 제28조 제1항 제1호 가목의 세율 (=위 '1. 소유권 보존등기'의 세율)
피합병법인 명의로 된 근저당권자를 합병법인 명의로 근저당권자 변경등기하는 경우	지방세법 제28조 제1항 제1호 다목의 세율 (=위 '3. 소유권 외 물권과 임차권의 설정과 이전'의 세율)
주택건설사업자가 주택건설용 토지에 대한 소유권이전 등기를 필한 후 이를 다시 주택건설사업자가 자기명의로 주택 동호별로 지분등기를 경료하는 경우	지방세법 제28조 제1항 제1호 마목의 세율 (=위 '5. 기타의 등기'의 세율)
건축물의 개수로 인하여 건축물면적의 증가 없이 이미 등기된 주요 구조부사항의 표시를 위한 변경등기를 하는 경우	
등기 당시에 착오로 인하여 실제상의 건물 등 표시를 잘못 등기하였다가 다시 정정 등기함이 판결에 의하여 명백하게 입증될 경우	

2) 선박의 등기 또는 등록

등기 및 등록원인	과세표준	세율
소유권 등기·등록	선박가액	0.02%
저당권 설정 및 이전에 관한 등기·등록	채권금액	0.2%
기타의 등기·등록	건당	15,000원

3) 차량의 등록

등록원인			과세표준	세율
소유권 등록	비영업용 승용자동차	일반자동차	자동차 가액	5%
		경자동차	자동차 가액	2%
	비영업용 기타자동차	일반자동차	자동차 가액	3%
		경자동차	자동차 가액	2%
	영업용 자동차		자동차 가액	2%
저당권 설정 및 이전 등록			채권금액	0.2%
차량 취득대금을 지급한 자 또는 운수업체의 등록	운수업체의 명의를 다른 운수업체의 명의로 변경		건당	15,000원
	운수업체의 명의를 취득대금을 지			

	급한 자의 명의로 변경		
	취득대금을 지급한 자의 명의를 운수업체의 명의로 변경		
	기타의 등록		

4) 기계장비의 등록

등록원인		과세표준	세율
소유권 등록		기계가액	1%
저당권 설정 및 이전 등록		채권금액	0.2%
기계장비 취득대금을 지급한 자 또는 기계장비대여업체의 등록	기계장비대여업체의 명의를 다른 기계장비대여업체의 명의로 변경	건당	10,000원
	기계장비대여업체의 명의를 취득대금을 지급한 자의 명의로 변경		
	취득대금을 지급한 자의 명의를 기계장비대여업체의 명의로 변경		
	기타의 등록		

5-1) 공장재단 및 광업재단 등기와 동산담보권 등에 대한 등기 또는 등록

등기 및 등록원인	과세표준	세율
저당권 설정 및 이전에 대한 등기	채권금액	0.1%
기타의 등기	건당	9,000원

5-2) 동산담보권 및 채권담보권의 등록·등기와 지식재산권담보권의 등록

등기 및 등록원인	과세표준	세율
담보권 설정 및 이전에 대한 등기·등록	채권금액	0.1%
기타의 등기·등록	건당	9,000원

6) 법인등기[7]

등기원인		과세표준	세율
1. 영리법인 ① 영리법인 설립	설립과 납입	납입한 주식금액(출자금액) 또는 현금 외 출자가액[8]	0.4%[주6]

7) 법인은 민법상의 법인·상법상의 법인·기타 각 특별법상 법인 등 모든 법인을 말함(지방세관계법 운영예규 법 28-6)

8) 법인장부상의 금액으로 하지 않고 법인등기시의 법인등기부상 자본금란의 금액으로 적용함(지방세관계법 운영예규 법 28-8)

<table>
<tr><td>② 합병 존속법인</td><td>자본(출자)증가</td><td>납입한 금액 또는 현금 외의 출자가액</td><td></td></tr>
<tr><td rowspan="2">2. 비영리법인 [주1]
① 비영리법인 설립
② 합병 존속법인</td><td>설립과 납입</td><td>납입한 주식금액(출자금액) 또는 현금 외 출자가액</td><td rowspan="2">0.2%[주6]</td></tr>
<tr><td>출자총액 또는 재산총액 증가</td><td>납입한 금액 또는 현금 외의 출자가액</td></tr>
<tr><td colspan="2">3. 자산재평가적립금에 의한 자본 및 출자총액 또는 자산총액의 증가
(「자산재평가법」에 따른 자본전입은 제외)</td><td>증가한 금액</td><td>0.1%[주6]</td></tr>
<tr><td colspan="2">4. 본점 또는 주사무소의 이전 [주2]</td><td>건당</td><td>112,500원</td></tr>
<tr><td colspan="2">5. 지점 또는 분사무소의 설치 [주3]</td><td>건당</td><td>40,200원</td></tr>
<tr><td colspan="2">6. 기타의 등기 [주4], [주5]</td><td>건당</td><td>40,200원</td></tr>
</table>

[주1] 비영리법인의 범위

① 「민법」 제32조에 따라 설립된 법인

② 「사립학교법」 제2조 제2호에 따른 학교법인

③ 그 밖의 특별법에 따라 설립된 법인으로서 「민법」 제32조에 규정된 목적과 유사한 목적을 가진 법인(주주, 사원, 조합원, 출자자에게 이익을 배당할 수 있는 법인은 제외)

[주2] 본점·주사무소의 이전에 대한 등록분 등록면허세 처리

구분	등록분 등록면허세의 처리
구소재지	위 6. 기타의 등기에 따른 등록면허세를 납부
신소재지	위 4. 본점 또는 주사무소의 이전에 따른 등록면허세를 납부

[주3] 지점·분사무소 설치에 관한 등록분 등록면허세 처리

구분	등록분 등록면허세의 처리
본점·주사무소 소재지	위 '6. 기타의 등기'에 따른 등록면허세를 납부
지점·분사무소 소재지	위 '5. 지점 또는 분사무소의 이전'에 따른 등록면허세를 납부

[주4] 기타의 등기

위 '6. 기타의 등기'에 해당하는 등기로서 같은 사항을 본점과 지점 또는 주사무소와 분사무소에서 등기해야 하는 경우에는 각각 한 건으로 본다.

[주5] 조직변경에 따른 등기

「상법」 제606조에 따라 주식회사에서 유한회사로 조직변경의 등기를 하는 경우 또는 같은 법 제607조 제5항에 따라 유한회사에서 주식회사로 조직변경의 등기를 하는 경우에는 위 '6. 기타의 등기'에 따른 등록면허세를 납부해야 한다.

[주6] 등록면허세의 최저한

위 '1.'에서 '3.'에 해당하는 세율을 적용한 세액이 112,500원 미만인 때는 그 세율을 112,500원으로 한다.

7) 상호 등 등기

등기원인	과세표준	세율
상호의 설정 또는 취득	건당	78,700원
지배인의 선임 또는 대리권의 소멸	건당	12,000원
선박관리인의 선임 또는 대리권의 소멸	건당	12,000원

8-1) 광업권 등록

등록원인		과세표준	세율
광업권 설정(광업권 존속기간 만료 전 연장을 포함)		건당	135,000원
광업권 변경	증구 또는 증감구	건당	66,500원
	감구	건당	15,000원
광업권 이전	상속	건당	26,200원
	기타원인에 따른 이전	건당	90,000원
기타의 등록		건당	12,000원

8-2) 조광권 등록

등록원인		과세표준	세율
조광권 설정(조광권 존속기간 만료 전 연장을 포함)		건당	135,000원
조광권 이전	상속	건당	26,200원
	기타원인에 따른 이전	건당	90,000원
기타의 등록		건당	12,000원

9) 어업권 및 양식업권의 등록

등록원인		과세표준	세율
어업권·양식업권의 이전	상속	건당	6,000원
	기타원인에 따른 이전	건당	40,200원
어업권·양식업권 지분의 이전	상속	건당	3,000원
	기타원인에 따른 이전	건당	21,000원
어업권·양식업권 설정을 제외한 기타의 등록		건당	9,000원

10) 저작권, 배타적발행권, 출판권, 저작인접권, 컴퓨터프로그램 저작권, 데이터베이스 제작자의 권리(저작권 등)의 등록

등록원인	과세표준	세율
저작권등의 상속	건당	6,000원
「저작권법」 제54조에 따른 등록 중 상속 외의 등록 (프로그램, 배타적발행권, 출판권 등록은 제외)	건당	40,200원
「저작권법」 제54조에 따른 등록 중 상속 외의 등록 (프로그램, 배타적발행권, 출판권 등록)	건당	20,000원
기타의 등록	건당	3,000원

11) 특허권, 실용신안권, 디자인권(특허권등)의 등록

등록원인		과세표준	세율
특허권등의 이전	상속	건당	12,000원
	기타의 원인에 따른 이전	건당	18,000원

12) 상표 또는 서비스표 등록

등록원인		과세표준	세율
「상표법」 제82조 및 제84조에 따른 상표 또는 서비스표의 설정 및 존속기간 갱신		건당	7,600원
상표 또는 서비스표의 이전 (「상표법」 제196조 제2항의 국제등록기초상표권의 이전은 제외)	상속	건당	12,000원
	기타의 원인에 따른 이전	건당	18,000원

13) 항공기의 등록

등록원인	과세표준	세율
최대이륙중량 5,700kg 이상 항공기의 등록	항공기 가액	0.01%
기타 항공기의 등록	항공기 가액	0.02%

14) 위 1)에서 7)까지의 등기 외의 등기

부동산, 선박, 차량, 기계장비, 공장재단 및 광업재단, 동산담보권 및 채권담보권, 지적재산권담보권, 법인, 상호에 대한 등기 외의 등기 및 등록에 대하여는 건당 12,000원을 적용한다.

[참고] 매 1건의 범위(지방세관계법 운영예규 법 28-4)

구분	내용
저당권말소 등기시 동일한 채권액에 대해 수개의 필지, 차량, 기계장비 등에 근저당 설정되어 있을 경우	매 필지별 또는 대상물건 건별로 과세
동일인이 소유한 토지 및 단독주택의 주소변경 등기시 토지등기부와 건물등기부가 분리되어 있는 경우	그 밖의 등기 2건으로 과세
상호·목적·임원 등기 등 각종 변경등기신청을 하나의 등기부에 동시 신청하는 경우	변경사항 별로 각각의 등록면허세를 합산하여 납부
동일한 변경사항 수개를 동일 등기부에 동시에 신청하는 경우	1건의 등록면허세만 납부
토지 1필지가 분할되어 2필지가 되는 경우와 2필지가 합병되어 1필지로 되는 경우	각각 2건의 기타 등기로 과세

(2) 중과세율

부동산에 대한 등기 및 법인등기 중 일부에 대한 등록분 등록면허세는 중과세율을 적용한다. 등록분 등록면허세의 중과세율은 취득세의 중과세율과 그 내용이 유사하니 해당 부분을 참고한다면 이해에 도움이 될 것이다.

1) 중과세율 적용사유 및 중과세율

중과세율 적용사유	중과세율
① 대도시에서 법인[9]을 설립하거나 지점·분사무소를 설치함에 따른 등기(설립 후 또는 휴면법인을 인수한 후 5년 이내에 자본 또는 출자액을 증가하는 경우를 포함) ② 대도시 밖에 있는 법인의 본점이나 주사무소를 대도시로 전입함에 따른 등기(전입 후 5년 이내에 자본 또는 출자액이 증가하는 경우를 포함)	부동산 등기 또는 법인 등기에 대한 등록면허세율 × 3 (=3배 중과세)

2) 중과세율을 적용하지 않는 경우

구분	중과세율 적용 제외
1. 대도시 중과제외업종	대도시에 설치가 불가피하다고 인정되는 업종(대도시 중과 제외 업종[주1])에 대한 등기 [주2], [주3]
2. 법령개정으로 인한 법인등기	위 1)의 ①에 따른 법인등기(대도시내 법인 설립 및 지점 설치)로서 관계 법령의 개정으로 인하여 면허나 등록의 최저기준을 충족

9) 대도시내 중과세율 적용대상 법인은 영리법인과 비영리법인을 모두 포함함(지방세법 운영예규 법 28-11)

	시키기 위한 자본 또는 출자액을 증가하는 경우 그 최저기준을 충족시키기 위한 증가액
3. 사업관련성 요건을 충족하는 분할	분할등기일 현재 5년 이상 계속하여 사업을 경영한 대도시 내의 내국법인이 법인의 분할(「법인세법」 제46조 제2항 제1호 가목부터 다목까지의 요건[주4]을 모두 갖춘 경우로 한정)로 인하여 법인을 설립하는 경우
4. 주식의 포괄적 교환 및 이전에 따른 금융지주회사 설립	「조세특례제한법」 제38조 제1항 각 호의 요건[주5]을 모두 갖추어 「상법」 제360조의2에 따른 주식의 포괄적 교환 또는 같은 법 제360조의15에 따른 주식의 포괄적 이전에 따라 「금융지주회사법」에 따른 금융지주회사를 설립하는 경우
5. 설립 후 5년 경과법인의 합병 등	① 대도시에서 설립 후 5년이 경과한 법인(기존법인)이 다른 기존법인과 합병하는 경우 ② 기존법인이 대도시에서 설립 후 5년이 경과되지 아니한 법인과 합병하여 기존법인 외의 법인이 합병 후 존속하는 법인이 되거나 새로운 법인을 신설하는 경우 합병 당시 기존법인에 대한 자산비율[주6]에 해당하는 부분 → 즉, 대도시 내 설립 후 5년이 경과한 법인의 경우에는 합병을 하더라도 중과세를 적용하지 않음

[주1] 대도시 중과 제외 업종

지방세법시행령 제26조 제1항에 따른 것으로 [별첨3]을 참고하면 될 것이다.

[주2] 대도시 중과 제외 업종와 중과 대상 업종의 안분

법인이 대도시 중과 제외 업종과 중과 대상 업종을 동시에 영위하는 경우로서 등록분 등록면허세의 과세표준이 구분되지 않는 경우에는 매출액 비율 또는 유형고정자산비율에 따라 세율을 안분하여 적용한다.

구분	세율의 적용
① 대도시 중과 제외 업종과 대도시 중과 대상 업종을 겸업하는 경우 ② 대도시 중과 제외 업종을 대도시 중과 대상 업종으로 변경하는 경우 ③ 대도시 중과 제외 업종에 대도시 중과 대상 업종을 추가하는 경우	[방법1] 직전연도 매출액 기준으로 안분 • 직전연도 매출액이 없다면 해당 사업연도 매출액을 적용 • 해당 사업연도 매출액도 없으면 그 다음 사업연도 매출액을 적용
	[방법2] 위 '방법 1'중 그 다음 사업연도 매출액도 없다면 유형고정자산가액의 비율에 따라 안분

[주3] 중과세율의 추징

대도시 중과 제외 업종으로 법인등기를 하여 등록분 등록면허세에 대한 중과세율을 적용받지 않은 법인이 정당한 사유 없이 아래의 행위를 하는 경우 해당 부분에 대하여는 등록분 등록면허세에 대한 중과세율을 적용한다.

① 법인등기일부터 2년 이내에 대도시 중과 제외 업종 외의 업종으로 변경
② 법인등기일부터 2년 이내에 대도시 중과 제외 업종 외의 업종을 추가

[주4] 법인세법 제46조 제2항 제1호 가목부터 다목까지의 요건의 의미

등록분 등록면허세의 중과세율이 적용되지 않는 분할은 아래 적격분할의 요건 중 사업관련성 요건을 충족하는 분할이다.[10] 비적격분할의 경우에도 적격분할요건 중 사업관련성 요건을 충족하는 경우라면 등록분 등록면허세의 중과대상이 아니다. 즉, 비적격분할이라고 무조건 등록분 등록면허세에 대하여 중과세율을 적용하지 않도록 한다.

[주5] 「조세특례제한법」 제38조 제1항 각 호의 요건

① 주식의 포괄적 교환·이전일 현재 1년 이상 계속하여 사업을 하던 내국법인 간의 주식의 포괄적 교환등일 것(주식의 포괄적 이전으로 신설되는 완전모회사는 제외)
② 완전자회사의 주주가 완전모회사로부터 교환·이전대가를 받은 경우 그 교환·이전대가의 총합계액 중 완전모회사 주식의 가액이 80% 이상이거나 그 완전모회사의 완전모회사 주식의 가액이 80% 이상으로서 그 주식이 대통령령으로 정하는 바에 따라 배정[11]되고, 완전모회사 및 대통령령으로 정하는 완전자회사의 주주[12]가 주식의 포괄적 교환등으로 취득한 주식을 교환·이전일이 속하는 사업연도 종료일까지 보유할 것
③ 완전자회사가 교환·이전일이 속하는 사업연도의 종료일까지 사업을 계속할 것

이때 위 ②와 ③을 판단함에 있어서 조세특례제한법시행령 제35조의2 제13항의 부득이한 사유에 해당하는 경우에는 주식을 보유하거나 사업을 계속하는 것으로 본다.

---

10) '합병 및 분할의 취득세' 부분을 참조
11) 다음 계산식에 따른 금액 이상의 완전모회사등주식을 교부할 것(조세특례제한법시행령 제35조의2 제7항) 완전모회사가 교환·이전대가로 지급한 완전모회사등주식의 총합계액 × 해당 주주의 완전자회사에 대한 지분비율
12) 완전자회사의 「법인세법시행령」 제43조 제3항에 따른 지배주주 중 다음 어느 하나에 해당하는 자를 제외한 주주
① 「법인세법시행령」 제43조 제8항 제1호 가목의 친족 중 4촌 이상의 혈족 및 인척
② 주식의 포괄적 교환·이전일 현재 완전자회사에 대한 지분비율이 1% 미만이면서 시가로 평가한 그 지분가액이 10억원 미만인 자

[주6] 자산비율

구분	자산비율
자산을 평가하는 경우	평가액을 기준으로 계산한 비율
자산을 평가하지 않는 경우	합병 당시의 장부가액을 기준으로 계산한 비율

3) 지방세 중과세율 적용 배제 특례(지방세특례제한법 제180조의2)

다음 중 어느 하나에 해당하는 설립등기(설립 후 5년 이내에 자본·출자액을 증가하는 경우를 포함)에 대해서는 2021.12.31.까지 등록분 등록면허세에 대하여 중과세율을 적용하지 않는다.

등록분 등록면허세 중과세가 적용 배제되는 법인

구분	해당 법인의 정의
1-1. 투자회사	「자본시장과 금융투자업에 관한 법률」 제9조 제18항 제2호
	상법상 주식회사 형태의 집합투자기구
1-2. 경영참여형 사모집합투자기구	「자본시장과 금융투자업에 관한 법률」 제9조 제19항 제1호
	경영권 참여·사업구조·지배구조의 개선 등을 위하여 지분증권 등에 투자·운용하는 투자합자회사인 사모집합투자기구
1-3. 투자목적회사	「자본시장과 금융투자업에 관한 법률」 제249조의13
	다음 요건을 모두 충족하는 투자목적회사 ① 「상법」에 따른 주식회사 또는 유한회사일 것 ② 법 제249조의12 제1항의 투자를 목적으로 할 것 ③ 주주·사원이 다음 중 어느 하나에 해당하되, ㉠에 해당하는 주주·사원의 출자비율이 50% 이상일 것 ㉠ 경영참여형 사모집합투자기구 또는 그 경영참여형 사모집합투자기구가 투자한 투자목적회사 ㉡ 투자목적회사가 투자하는 회사의 임원·대주주 ㉢ 그 밖에 투자목적회사의 효율적 운영을 위하여 투자목적회사의 주주·사원이 될 필요가 있는 자 ④ 주주·사원인 경영참여형 사모집합투자기구의 사원 수와 경영참여형 사모집합투자기구가 아닌 주주 또는 사원의 수를 합산한 수가 49명 이내일 것 ⑤ 상근임원을 두거나 직원을 고용하지 아니하고, 본점 외에 영업소를 설치하지 아니할 것
2. 기업구조조정투자회사	「기업구조조정투자회사법」 제2조 제3호
	약정체결기업의 경영정상화를 도모하는 것을 목적으로 약정체결기업에 투자하거나 약정체결자산을 매입하는 등의 방법으로 자산을 운영하여 그 수익을 주주에게 배분하는 회사로서 이 법에 의하여 설립된 회사

구분	해당 법인의 정의
3. 부동산투자회사	「부동산투자회사법」 제2조 제1호
	자산을 부동산에 투자하여 운용하는 것을 주된 목적으로 설립된 회사로서 아래 ①에서 ③ 중 하나의 회사(단, ①의 자기관리 부동산투자회사는 제외) ① 자기관리 부동산투자회사: 자산운용 전문인력을 포함한 임직원을 상근으로 두고 자산의 투자·운용을 직접 수행하는 회사 ② 위탁관리 부동산투자회사: 자산의 투자·운용을 자산관리회사에 위탁하는 회사 ③ 기업구조조정 부동산투자회사: 제49조의2 제1항의 부동산을 투자 대상으로 하며 자산의 투자·운용을 자산관리회사에 위탁하는 회사
4. 특수 목적 법인	「임대주택법」 제17조 제1항 제2호에 따른 특수목적법인
5. 투자회사	「법인세법」 제51조의2 제1항
	유동화전문회사와 유사한 투자회사로서 아래의 요건을 갖춘 회사 ① 회사의 자산을 설비투자, 사회간접자본 시설투자, 자원개발, 그 밖에 상당한 기간과 자금이 소요되는 특정사업에 운용하고 그 수익을 주주에게 배분하는 회사일 것 ② 본점 외의 영업소를 설치하지 아니하고 직원과 상근하는 임원을 두지 아니할 것 ③ 한시적으로 설립된 회사로서 존립기간이 2년 이상일 것 ④ 「상법」이나 그 밖의 법률의 규정에 따른 주식회사로서 발기설립의 방법으로 설립할 것 ⑤ 발기인이 「기업구조조정투자회사법」 제4조 제2항 각 호의 어느 하나에 해당하지 아니하고 대통령령으로 정하는 요건을 충족할 것 ⑥ 이사가 「기업구조조정투자회사법」 제12조 각 호의 어느 하나에 해당하지 아니할 것 ⑦ 감사는 「기업구조조정투자회사법」 제17조에 적합할 것 ⑧ 자본금 규모, 자산관리업무와 자금관리업무의 위탁 및 설립신고 등에 관하여 대통령령으로 정하는 요건을 충족할 것
6. 문화산업전문회사	「문화산업진흥 기본법」 제2조 제21호
	회사의 자산을 문화산업의 특정 사업에 운용하고 그 수익을 투자자·사원·주주에게 배분하는 회사
7. 선박투자회사	「선박투자회사법」 제3조
	아래를 충족하는 선박투자회사 ① 선박투자회사는 주식회사로 한다 ② 선박투자회사는 제24조 제1항 각 호에 따른 업무와 관련하여 필요한 경우 국내 또는 국외에 자회사를 설립할 수 있음(이 경우 자회사가 수행하는 업무는 선박투자회사가 한 것으로 봄) ③ 선박투자회사는 1척의 선박을 소유해야 함(자회사를 설립하는

구분	해당 법인의 정의
	경우 자회사는 각각 1척의 선박을 소유해야 함. 이 경우 선박투자회사는 별도로 선박을 소유할 수 없음) ④ 선박투자회사 및 자회사는 그 존립기간 중에 소유하고 있는 선박을 다른 선박으로 대체할 수 없음 ⑤ 선박투자회사는 본점 외의 영업소를 설치하거나 상근 임원을 두거나 직원을 고용할 수 없음

6. 납세지

등록분 등록면허세에 대한 납세지는 등록의 대상별로 다양하므로 공부상 또는 사실상의 자료를 근거로 확인해야 한다.

등록분 등록면허세의 납세지

내용		
구분	납세지	
① 부동산의 등기	부동산 소재지	
② 선박의 등기, 등록	선적항 소재지	
③ 자동차의 등록	원칙	자동차관리법」에 따른 등록지
	예외	등록지가 사용본거지와 다른 경우 사용본거지
④ 건설기계의 등록	「건설기계관리법」에 따른 등록지	
⑤ 항공기의 등록	정치장 소재지	
⑥ 법인 등기	등기에 관련되는 본점·지점 등의 소재지	
⑦ 상호 등기	영업소 소재지	
⑧ 광업권, 조광권의 등록	광구 소재지	
⑨ 어업권, 양식업권의 등록	어장 소재지	
⑩ 저작권, 출판권, 저작인접권, 컴퓨터프로그램 저작권, 데이터베이스 제작자의 권리 등록	저작권자, 출판권자, 저작인접권자, 컴퓨터프로그램 저작권자, 데이터베이스 제작권자 주소지	
⑪ 특허권, 실용신안권, 디자인권의 등록	등록권자 주소지	
⑫ 상표, 서비스표의 등록	주사무소 소재지	
⑬ 영업 허가의 등록	영업소 소재지	
⑭ 지식재산권담보권의 등록	지식재산권자 주소지	
⑮ 기타의 등록	등록관청 소재지	

⑯ 같은 등록에 관계되는 재산이 둘 이상의 지방자치단체에 걸쳐 있어 등록면허세를 지방자치단체별로 부과할 수 없을 때	등록관청 소재지
⑰ 같은 채권의 담보를 위하여 설정하는 2 이상의 저당권 등록	등록에 관계되는 재산을 처음 등록하는 등록관청 소재지(하나의 등록으로 봄)
⑱ 위 ①에서 ⑭의 납세지가 분명하지 않은 경우	등록관청 소재지

7. 납세의무 성립시기

등록분 등록면허세의 납세의무 성립시기는 재산권과 그 밖의 권리를 등기하거나 등록하는 때이다.

8. 납세의무 확정

등록분 등록면허세의 납세의무는 신고납부의 방식을 적용한다. 다만, 특허권 및 저적권 등에 대해서는 보통징수의 방식으로 세금을 부과한다.

(1) 신고납부(원칙)

등록분 등록면허세는 신고납부 방식을 적용하며 세부적인 사항은 다음과 같다.

<table>
<tr><th>구분</th><th>신고납부의 방법</th></tr>
<tr><td>일반적인 등록</td><td>등록을 하려는 자는 등록면허세 과세표준과 세율을 적용한 세액을 등록을 하기 전까지[주1] 납세지 관할 지방자치단체장의 장에게 신고·납부

[주1] 등록을 하기 전까지는 등록대상별로 아래의 경우에 따름
<table><tr><th>등록대상</th><th>내용</th></tr><tr><td>일반적인 등록</td><td>등기·등록 신청서를 등기·등록관서에 접수하는 날까지</td></tr><tr><td>특허권, 실용신안권 디자인권, 상표권</td><td>「특허법」, 「실용신안법」, 「디자인보호법」, 「상표법」에 따른 특허료, 등록료, 수수료의 납부기한까지</td></tr></table></td></tr>
<tr><td>중과세가 적용되는 등록</td><td>등록면허세 과세물건을 등록한 후 해당 과세물건이 중과세율 적용대상이 된 경우 특정한 날부터[주2] 60일 이내에 중과세율을 적용하여 산출한 세액에서 기납부한 세액(가산세 제외)을 공제한 금액을 납세지 관할 지방자치단체의 장에</td></tr>
</table>

	게 신고·납부 [주2] 특정한 날은 아래에 따른 날

구분	내용
1. 아래에 해당하는 경우 ① 대도시에서 법인 설립 ② 대도시에서 법인의 지점·분사무소 설치 ③ 대도시 밖에 있는 법인의 본점·주사무소를 대도시로 전입	해당 사무소나 사업장이 설치된 날
2. 대도시 중과제외업종으로 일반세율로 법인등기를 한 후 정당한 사유없이 그 등기일로부터 2년 이내에 대도시 중과제외업종으로 변경하거나 대도시 중과 제외 업종 외의 업종을 추가하는 경우	그 사유가 발생한 날

추징사유	등록면허세를 비과세, 과세면제, 경감받은 후 해당 과세물건이 등록면허세 부과대상 및 추징대상이 되었을 때에는 그 사유 발생일부터 60일 이내에 등록면허세 과세표준과 세율을 적용한 세액(경감받은 경우에는 기납부한 세액[가산세 제외]을 공제한 세액)을 납세지 관할 지방자치단체의 장에게 신고·납부
신고서식	[별지 제9호서식] 등록에 대한 등록면허세 신고서

(2) 특별징수

등록분 등록면허세는 일반적으로 신고납부의 방식을 적용하지만, 특허권등 및 저작권과 관련된 등록에 대하여는 특별징수의 방법으로 등록분 등록면허세를 징수한다.

등록대상	특별징수의무자	특별징수의 방법
특허권, 실용신안권, 디자인권, 상표권13)	특허청장	특허청장이 등록면허세 세액을 특별징수하여 등록일이 속하는 달의 다음 달 말일까지 납세지 관할 지방자치단체의 장에게 통보 및 납부
저작권	저작권 등록기관장	저작권 등록기관의 장이 등록면허세 세액을 특별징수하여 등록일이 속하는 달의 다음 달 말일까지 납세지 관할 지방자치단체의 장에게 통보 및 납부

13) 「표장의 국제등록에 관한 마드리드협정에 대한 의정서」에 따른 국제상표등록출원으로서 「상표법」 제197조에 따른 상표권 등록을 포함

9. 납세의무 미이행

(1) 신고납부 의무 불이행에 따른 불이익

납세의무자가 등록분 등록면허세 신고납부 의무를 이행하지 않을 경우 아래 ①과 ②를 합한 세액을 보통징수의 방법으로 징수한다.

① 등록면허세 과세표준 및 세액에 따른 산출세액 또는 부족세액

② 아래의 가산세

구분	가산세액		
신고불성실가산세	무신고가산세	일반무신고	납부할 세액 × 20%
		부정행위 무신고	납부할 세액 × 40%
	과소신고가산세	일반 과소신고	과소신고세액 × 10%
		부정행위 과소신고	과소신고세액 × 40%
납부불성실가산세	미납세액 × 납부기한의 다음날부터 자진납부일 또는 부과결정일까지의 기간 × 이자율(0.025%)		

(2) 특별징수 의무 불이행에 따른 불이익

특별징수의무자가 징수하였거나 징수할 세액을 등록면허세 특별징수기한까지 납부하지 아니하거나 부족하게 납부하더라도 특별징수의무자에게 특별징수납부 불성실가산세는 적용하지 않는다.

10. 기타의 규정

(1) 같은 채권의 두 종류 이상의 등록(지방세법 제29조)

같은 채권을 위하여 종류를 달리하는 둘 이상의 저당권에 관한 등기 또는 등록을 받을 경우에 등록면허세의 부과방법은 아래와 같다.

구분	내용
등록면허세의 부과	같은 채권을 위한 저당권의 목적물이 종류가 달라 둘 이상의 등기·등록을 하게 되는 경우에 등기·등록관서가 이에 관한 등기·등록 신청을 받았을 때에는 아래 ①에서 ②를 뺀 잔액을 그 채권금액으로 보고 등록면허세

	를 부과함 ① 채권금액 전액 ② 이미 납부한 등록면허세의 산출기준이 된 금액
등록면허세의 부과순서	등기·등록 중 부동산에 대한 등기의 '5. 기타의 등기'에 해당하는 것과 그 밖의 것이 포함될 때에는 먼저 부동산에 대한 등기의 '5. 기타의 등기'에 해당하는 등기·등록에 대하여 등록면허세를 부과

(2) 같은 채권등기에 대한 담보물 추가 시의 징수방법(지방세법시행령 제47조)

같은 채권을 위하여 담보물을 추가하는 등기 또는 등록에 대해서는 그 등록 및 등기 대상별로 아래에 따라 등록면허세를 각각 부과한다.

구분	등록면허세율	지방세법 규정
부동산 등기	그 밖의 등기(건당 6천원)	제28조 제1항 제1호 마목
선박의 등기·등록	그 밖의 등기·등록(건당1만5천원)	제28조 제1항 제2호 다목
차량의 등록	그 밖의 등록(건당 1만5천원)	제28조 제1항 제3호 라목
공장재단·광업재단 등기	그 밖의 등기·등록(건당 9천원)	제28조 제1항 제5호 나목
광업권 등록	그 밖의 등록(건당 1만2천원)	제28조 제1항 제8호 라목
어업권·양식업권 등록	그 밖의 등록(건당 9천원)	제28조 제1항 제9호 다목
저작권 등 등록	그 밖의 등록(건당 3천원)	제28조 제1항 제10호 라목

[별지 제9호서식] (2017. 12. 29. 개정)

(앞 쪽)

등록에 대한 등록면허세 신고서

[기한 내 신고( ) 기한 후 신고( )]

접수번호	접수일자	관리번호

신고인	① 성 명(법인명)	② 주민(법인)등록번호	③ 주소(영업소)	④ 전화번호

등기·등록물건 내역

⑤ 소 재 지			
⑥ 물 건 명	⑦ 등기·등록종류	⑧ 등기·등록원인	⑨ 등기·등록가액

납부할 세액

세 목	⑩ 과세표준	⑪ 세 율	⑫ 산출세액	⑬ 감면세액	⑭ 기납부세 액	가산세			신고세액 합 계 (⑫-⑬-⑭+⑮)
						신 고 불성실	납 부 불성실	⑮ 계	
합 계									
등록면허세		%							
지방교육세		%							
농어촌특별세		%							

※ 구비서류
1. 등록가액 등을 증명할 수 있는 서류(전세계약서 등) 사본 각 1부
2. 감면 신청서 1부
3. 비과세 확인서 1부
4. 기납부세액 영수증 사본 1부
5. 위임장 1부(대리인만 해당됩니다)

「지방세법」 제30조 및 같은 법 시행령 제48조제3항에 따라 위와 같이 신고합니다.

년 월 일

신고인 (서명 또는 인)

대리인 (서명 또는 인)

시장·군수·구청장 귀하

접수(영수)일자인

위 임 장

위의 신고인 본인은 위임받는 사람에게 등록에 대한 등록면허세 신고에 관한 모든 권리와 의무를 위임합니다.

위임자(신고인) (서명 또는 인)

※ 위임장은 별도 서식을 사용할 수 있습니다.

위 임 받는 사람	성 명	주민등록번호	위임자와의 관계
	주 소		전 화 번 호

접수증(등록면허세 신고서)

신고인(대리인)	접수연월일	과세물건 신고내용	접수번호	
「지방세법」 제30조 및 같은 법 시행령 제48조제3항에 따라 신고한 신고서의 접수증입니다.			접수자 (서명 또는 인)	접수일

210mm×297mm(일반용지 60g/㎡(재활용품))

작 성 방 법

□ 기한 내, 기한 후: 해당란에 ∨로 표시합니다.

□ 관리번호: 과세관청에서 적는 사항으로서 신고인은 적지 않습니다.

□ 신고인란

① 성명(법인명): 개인은 성명, 법인은 법인등기부상의 법인명을 적습니다.

② 주민(법인)등록번호: 개인(내국인)은 주민등록번호, 법인은 법인등록번호, 외국인은 외국인등록번호를 적습니다.

③ 주소(영업소):

- 개인: 주민등록표상의 주소를 원칙으로 하되, 주소가 사실상의 거주지와 다른 경우 거주지를 적을 수 있습니다.
- 법인 또는 개인사업자: 법인은 주사무소 소재지, 개인사업자는 주된 사업장 소재지를 적습니다. 다만, 주사무소 또는 주된 사업장 소재지와 분사무소 또는 해당 사업장의 소재지가 다를 경우 분사무소 또는 해당 사업장의 소재지를 적을 수 있습니다.

④ 전화번호: 연락이 가능한 일반전화(휴대전화)번호를 적습니다.

□ 등기·등록물건 내역란: 등록면허세 과세대상이 되는 물건의 내역 등을 적습니다.

⑤ 소재지: 등기·등록물건의 소재지를 말하며, 부동산(토지·건축물)은 토지·건축물의 소재지, 선박은 선적항, 자동차(건설기계)는 등록지 등을 적습니다.

⑥ 물건명: 등록면허세 과세대상이 되는 부동산(토지·건축물), 선박, 자동차, 건설기계, 법인, 광업권, 광업권 등을 물건별로 적습니다.

⑦ 등기·등록종류: 전세권, 저당권, 가처분, 가압류, 가등기, 법인설립, 지점설치 등을 적습니다.

⑧ 등기·등록원인: 설정, 말소, 변경, 이전, 기타 등을 적습니다.

⑨ 등기·등록가액: 등기·등록 당시의 가액을 말하며, 자산재평가 또는 감가상각 등의 사유로 그 가액이 변경된 경우 법인장부 또는 결산서 등 입증할 수 있는 서류로 확인되는 것과 일치하여야 합니다.

□ 구비서류: 등기·등록가액을 입증할 수 있는 전세계약서, 법인장부 등을 말하며, 전세계약서 등의 등기·등록가액과 신고서 상의 등기·등록가액이 다르지 않도록 적어야 합니다.

※ 등기·등록가액이 입증되는 전세계약서 등을 이중으로 작성하거나, 허위로 작성하여 등기·등록가액을 허위·과소신고하는 경우 불이익을 받을 수 있습니다.

□ 위임장: 신고인을 대리하여 등록면허세 신고를 하는 경우에는 위임장을 제출하여야 합니다. 다만, 「지방세법」 제28조에 따른 등록면허세가 정액(定額)인 경우에는 위임장 제출을 생략할 수 있습니다.

□ 신고인은 납세자를 말하며, 서명 또는 날인이 없으면 이 신고서는 무효가 되며, 대리인이 신고하는 경우에도 서명 또는 날인이 없거나 위임장이 없으면(위임장 제출을 생략할 수 있는 경우는 제외합니다) 무효가 됩니다.

□ 문의사항은 시(군·구) 과 (☎ -)로 문의하시기 바랍니다.

[2] 면허에 대한 등록면허세

1. 기본사항

면허분 등록면허세의 기본적인 사항은 등록분 등록면허세의 내용과 동일하다.

2. 납세의무자

면허분 등록면허세의 납세의무자는 '면허를 받는 자'이다. 면허는 변경면허를 포함하고, 그 면허의 종류마다 납부해야 한다. 이 때 면허의 종류는 지방세법시행령의 [별표1]에서 확인할 수 있다.14)

[참고] 면허분 등록면허세의 납세의무자에 대한 기타사항(지방세관계법 운영예규 24-2)

<table>
<tr><th>구분</th><th>내용</th></tr>
<tr><td>면허의 말소</td><td>당해연도 1월 1일이 지나 면허가 말소된 경우에도 당해연도의 등록면허세의 납세의무가 있음</td></tr>
<tr><td>면허의 명의변경</td><td>당해연도 1월 1일이 지나 면허의 명의가 변경되는 경우
<table><tr><th>구분</th><th>면허분 등록면허세의 처리</th></tr><tr><td>종전의 명의자</td><td>정기분 등록면허세 납부</td></tr><tr><td>새로운 명의자</td><td>신규 등록면허세 납부</td></tr></table></td></tr>
<tr><td>일시적인 휴업</td><td>면허의 효력이 존속하는 한 일시적인 휴업 등의 사유가 있을지라도 등록면허세 납세의무를 지는 것이므로 휴업 중에도 매년 1월에 정기분 등록면허세를 납부해야 함</td></tr>
<tr><td>면허 교부 전의 면허취소</td><td>등록면허세의 납세의무는 면허증서를 교부받거나 도달된 때에 납세의무가 발생하는 것이므로 면허증서를 교부받기 전에 면허가 취소된 경우에는 등록면허세 납세의무가 발생하지 않음</td></tr>
</table>

3. 비과세

면허의 단순한 표시변경 등 등록면허세의 과세가 적합하지 않은 아래의 면허

14) 지방세법시행령 [별표1] 면허의 종류는 약 50페이지가 넘는 분량으로 인하여 본서에서는 포함하지 않았으나 법제처 등 법령사이트에서 확인할 수 있음

에 대해서는 면허분 등록면허세를 비과세한다.

구분	내용
1. 특정한 변경면허	변경하는 내용이 아래 ①~③에 해당하지 않는 변경면허 ① 면허를 받은 자가 변경되는 경우(사업주체의 변경 없이 단순히 대표자의 명의를 변경하는 경우는 비과세) ② 면허에 대한 면허의 종별 구분이 상위의 종으로 변경되는 경우 ③ 면허가 갱신되는 것으로 보는 경우
2. 의료업 및 동물진료업의 특정면허	① 「농어촌 등 보건의료를 위한 특별조치법」에 따라 종사명령을 이행하기 위하여 휴업하는 기간 중의 해당 면허와 종사명령기간 중에 개설하는 병원·의원(조산원을 포함)의 면허 ② 「수의사법」에 따라 공수의로 위촉된 수의사의 동물진료업의 면허
3. 총포의 소지면허	「총포·도검·화약류 등의 안전관리에 관한 법률」 제47조 제2항에 따라 총포 또는 총포의 부품이 보관된 경우 그 총포의 소지 면허(같은 과세기간 중에 반환받은 기간이 있는 경우는 과세)
4. 폐업 중인 업종의 면허	매년 1월 1일 현재 「부가가치세법」에 따른 폐업신고를 하고 폐업 중인 해당 업종의 면허
5. 휴업 중인 업종의 면허	매년 1월 1일 현재 1년 이상 사실상 휴업 중인 사실이 증명되는 해당 업종의 면허
6. 주민공동체 관련 면허	마을주민의 복지증진 등을 도모하기 위하여 마을주민만으로 구성된 조직의 주민공동체 재산 운영을 위하여 필요한 면허

[참고] 면허분 등록면허세 과세대상(지방세법 운영예규 법 35-1)

구분	내용
기존면허의 변경	관계법령 규정에 의하여 기존면허(면허·허가·등록 및 신고 등)를 변경하는 경우에는 그 변경이 아래 중 어느 하나에 해당하는 경우만 등록면허세를 부과 ① 면허를 받은 자가 변경되는 경우(사업주체의 변경 없이 단순히 대표자의 명의를 변경하는 경우는 비과세) ② 면허에 대한 면허의 종별 구분이 상위의 종으로 변경되는 경우 ③ 면허가 갱신되는 것으로 보는 경우
면허의 승계	면허를 승계받은 경우에도 해당 면허에 포함되는 의제면허도 승계된 것으로 보아 면허의 종별 구분에 따라 각각 등록면허세를 부과
독립된 여러 동의 건축물을 신축	1구의 토지 내에 각각 독립된 여러 동의 건축물을 신축하는 경우 건축허가를 1건으로 받았다 하더라도 각 동별로 건축허가를 받은 것으로 보아 각각 등록면허세를 부과

4. 과세표준

면허분 등록면허세는 별도의 과세표준은 없다. 면허분 등록면허세는 아래 '5. 세율'과 같이 면허의 종류에 따른 세율 체계를 따르고 있기 때문이다.

5. 세율

면허분 등록면허세의 세율은 제1종에서 제5종에 이르는 면허의 종류에 따라 정액의 세율 체계를 적용한다.

면허 구분	시[15]		군[16]
	인구 50만 이상의 시[17]	그 밖의 시	
제1종	67,500원	45,000원	27,000원
제2종	54,000원	34,000원	18,000원
제3종	40,500원	22,500원	12,000원
제4종	27,000원	15,000원	9,000원
제5종	18,000원	7,500원	4,500원

6. 납세지

면허분 등록면허세의 납세지는 면허와 관련된 영업장을 고려하며 세부적인 내용은 다음과 같다.

구분	납세지
면허에 대한 영업장 또는 사무소가 있는 면허	영업장 또는 사무소 소재지
면허에 대한 별도의 영업장 또는 사무소가 없는 면허	면허를 받은 자의 주소지
위 ①과 ②에 따른 납세지가 분명하지 않거나 납세지가 국내에 없는 경우	면허부여기관 소재지

15) 특별자치시·도농복합형태의 시는 해당 시의 동지역(시에 적용되는 세율이 적합하지 않다고 조례로 정하는 동지역은 제외)을 포함하며, 이때 인구 50만 이상 시란 동지역의 인구가 50만 이상인 경우
16) 읍·면지역(시에 적용되는 세율이 적합하지 않다고 조례로 정하는 동지역을 포함)을 포함
17) 특별시, 광역시는 인구 50만 이상 시로 보고, 광역시의 군지역은 군으로 봄

7. 납세의무 성립시기

면허분 등록면허세의 납세의무 성립시기는 ① 각종 면허를 받는 때와 ② 납기가 있는 달의 1일이다.

8. 납세의무 확정

면허분 등록면허세는 일반적으로 신고납부 방식을 적용하나,[18] 일부의 면허에 대하여는 보통징수의 방식으로 징수한다.

구분	내용
일반적 면허 (신고납부)	① 새로 면허를 받거나 기존 면허를 변경받는 자는 면허증서를 발급받거나 송달받기 전까지 납세지 관할 지방자치단체의 장에게 등록면허세를 신고·납부 ② 면허의 유효기간이 정하여져 있지 않거나 유효기간이 1년을 초과하는 면허를 새로 받거나 면허를 변경받은 자는 새로 면허를 받거나 면허를 변경받은 때에 그 다음 연도분의 등록면허세를 한꺼번에 납부할 수 있음(그 다음 연도에 납부할 등록면허세액의 10% 공제한 금액을 납부)
특정한 면허 (보통징수)	① 면허의 유효기간이 정하여져 있지 않거나 유효기간이 1년을 초과하는 면허에 대하여는 매년 1월 1일에 그 면허가 갱신된 것으로 보아 납세지 관할 지방자치단체의 조례로 정하는 납기에 보통징수의 방법으로 매년 그 등록면허세를 부과함 ② 면허의 유효기간이 1년 이하인 면허에 대하여는 면허를 할 때 한 번만 등록면허세를 부과함 [비고] 아래의 면허는 면허를 할 때 한 번만 등록면허세를 부과함 ① 제조·가공 또는 수입의 면허로서 각각 그 품목별로 받는 면허 ② 건축허가 및 그 밖에 이와 유사한 면허[19]

18) 면허분 등록면허세에 대한 가산세 규정은 없는 것으로 이해됨
19) 지방세법시행령 제51조 [건축허가와 유사한 면허의 범위]에서 열거

[별지 제15호서식] (2010. 12. 23. 개정) (앞쪽)

관리번호 : -

면허에 대한 등록면허세 신고서

<table>
<tr><td rowspan="4">납세자</td><td>①성 명 (법 인 명)</td><td colspan="3"></td><td colspan="2">②주민(법인)등록번호</td><td colspan="2"></td></tr>
<tr><td>③상 호 명</td><td colspan="3"></td><td colspan="2">④사 업 자 등 록 번 호</td><td colspan="2"></td></tr>
<tr><td>⑤ 주 소 (영 업 소)</td><td colspan="7"></td></tr>
<tr><td>⑥ 전 화 번 호</td><td colspan="3"></td><td colspan="2">⑦ 전 자 우 편 주 소</td><td colspan="2"></td></tr>
</table>

<table>
<tr><td colspan="4">면허의 종류</td><td rowspan="2">⑫세율</td><td colspan="4">면허에 대한 등록면허세 신고세액</td></tr>
<tr><td>⑧명 칭</td><td>⑨종류</td><td>⑩규모</td><td>⑪건수</td><td>⑬당해 연도분
(⑪X⑫)</td><td>⑭다음 연도분
(⑪X⑫)</td><td>⑮다음연도
공제세액
(⑭X10%)</td><td>합계
(⑬+⑭−⑮)</td></tr>
<tr><td colspan="3">합계</td><td></td><td></td><td></td><td></td><td></td><td></td></tr>
<tr><td></td><td></td><td></td><td></td><td></td><td></td><td></td><td></td><td></td></tr>
<tr><td></td><td></td><td></td><td></td><td></td><td></td><td></td><td></td><td></td></tr>
<tr><td></td><td></td><td></td><td></td><td></td><td></td><td></td><td></td><td></td></tr>
</table>

※ 구비서류 : 면허에 대한 입증자료

<table>
<tr><td rowspan="2">「지방세법」 제35조 따라 위와 같이 신고합니다.

년 월 일
신고인 (서명 또는 인)
대리인 (서명 또는 인)

시장·군수·구청장 귀하</td><td>접수(영수)일자인</td></tr>
<tr><td></td></tr>
</table>

위 임 장

위 신고인 본인은 위임받는 자에게 면허에 대한 등록면허세 신고에 관한 모든 권리와 의무를 위임합니다.

위임자(신고인) (서명 또는 인)

<table>
<tr><td rowspan="2">위 임
받는 자</td><td>성 명</td><td></td><td>주민등록번호</td><td></td><td>위임자와의
관계</td><td></td></tr>
<tr><td>주 소</td><td colspan="3"></td><td>전 화 번 호</td><td></td></tr>
</table>

※ 위임장은 별도 서식을 사용할 수 있습니다.

접수증(면허에 대한 등록면허세 신고서)

<table>
<tr><td>신고인</td><td>접수연월일</td><td>신고내용</td><td colspan="2">접수번호</td></tr>
<tr><td></td><td></td><td></td><td colspan="2"></td></tr>
<tr><td colspan="3" rowspan="2">「지방세법」 제35조에 따라 신고한 신고서의 접수증입니다.</td><td>접수자</td><td>접수일</td></tr>
<tr><td>(서명 또는 인)</td><td></td></tr>
</table>

210mm×297mm(일반용지 60g/㎡(재활용품)

(뒤쪽)

작 성 방 법

□ 관리번호 : 과세관청에서 적는 사항으로서 신고인은 적지 않습니다.

□ 신고인란

① 성명(법인명): 개인은 성명, 법인은 법인등기부상의 법인명을 적습니다.

② 주민(법인)등록번호: 개인(내국인)은 주민등록번호, 법인은 법인등록번호, 외국인은 외국인등록번호를 적습니다.

③ 상호명 : 해당 상호명을 적습니다

④ 사업자등록번호: 「소득세법」,「법인세법」,「부가가치세법」 에 따라 등록된 사업장의 등록번호를 적고, 등록번호가 없는 경우 빈 칸으로 둡니다.

⑤ 주소(영업소):

- 개인: 주민등록표상의 주소를 원칙으로 하되, 주소가 사실상의 거주지와 다른 경우 거주지를 적을 수 있습니다.
- 법인 또는 개인사업자: 법인은 주사무소 소재지, 개인사업자는 주된 사업장 소재지를 적습니다. 다만, 주사무소 또는 주된 사업장 소재지와 분사무소 또는 해당 사업장의 소재지가 다를 경우 분사무소 또는 해당 사업장의 소재지를 적을 수 있습니다.

⑥ 전화번호: 연락이 가능한 일반전화(휴대전화)번호를 적습니다.

⑦ 전자우편주소: 수신이 가능한 전자우편주소(E-mail 주소)를 적습니다.

⑧ 명　　칭 : 면허의 명칭를 적습니다

⑨ 종　　류 : 세율의 구분이 되는 면허를 종류(제1종~제5종)를 적습니다.

⑩ 규　　모 : 규모란에는 인원·무게·수량·면적·재적·부피·동력·금액 등 면허의 종별구분이 되는 수치 및 단위를 적습니다.

□ 위임장 : 신고인을 대리하여 등록면허세 신고를 하는 경우에는 반드시 위임장을 제출하여야 합니다.

□ 신고인은 납세자를 말하며, 서명 또는 날인이 없으면 이 신고서는 무효가 되며, 대리인이 신고하는 경우에도 서명 또는 날인이 없거나 위임장이 없으면 무효가 됩니다.

□ 문의사항은　　　시(군·구)　　　　과(☎　　-　　)로 문의하시기 바랍니다.

2장 레저세

한눈에 보는 레저세

구분	등록면허세
정의	레저행위(경륜·경정, 경마, 소싸움)에 관한 세금
과세대상	① 경륜 및 경정(경륜·경정법), ② 경마(한국마사회법), ③ 소싸움(전통소싸움경기에 관한 법률)과 관련하여 투표권을 팔고 투표적중자에게 환급금 등을 지급하는 행위
납세의무자	레저세 과세대상 사업을 하는 자
비과세	비과세 대상 없음
과세표준	승마투표권 등의 발매금 총액
세율	10%(단일세율)
납세지	레저세 과세대상 사업장: 레저세 과세대상 사업장이 있는 지방자치단체 장외발매소: 장외발매소가 있는 지방자치단체
납세의무 성립	승마투표권 등을 발매하는 때
납세의무 확정	신고납부(발매일이 속하는 달의 다음 달 10일까지)

1. 과세대상

레저세는 그 명칭에서 생각할 수 있듯이 레저행위와 관련된 세금으로 지방세법에서 정하는 레저세의 과세대상은 아래와 같다.

① 「경륜·경정법」에 따른 경륜 및 경정
② 「한국마사회법」에 따른 경마
③ 「전통 소싸움경기에 관한 법률」에 따른 소싸움과 관련하여 투표권을 팔고 투표적중자에게 환급금 등을 지급하는 행위

2. 납세의무자

레저세의 납세의무자는 '레저세 과세대상'에 해당하는 사업을 하는 자이다. 해당 사업자는 ① 레저세 과세대상 사업장이 있는 지방자치단체와 ② 장외발매소가 있는 지방자치단체에 각각 레저세를 납부할 의무가 있다.

3. 비과세

레저세는 비과세가 적용되지 않는다.

4. 과세표준

레저세의 과세표준은 승자투표권, 승마투표권 등의 발매금총액이다. 다른 지방세 세목에 비하여 비교적 단순한 내용이다.

5. 세율

레저세의 세율은 10%의 단일의 세율이다.

6. 납세지

레저세의 납세지는 아래와 같다.

구분	납세지
레저세 과세대상 사업장	레저세 과세대상 사업장이 있는 지방자치단체
장외발매소	장외발매소가 있는 지방자치단체

7. 납세의무 성립시기

레저세의 납세의무 성립시기는 승자투표권, 승마투표권 등을 발매하는 때이다.

8. 납세의무 확정

레저세는 신고납부 방식을 적용한다. 납세의무자는 승자투표권, 승마투표권 등의 발매일이 속하는 달의 다음 달 10일까지 레저세 과세표준에 세율을 곱하여 산출한 세액을 경륜장등의 레저세 과세대상 소재지 및 장외발매소의 소재지별로 안분계산하여 해당 지방자치단체의 장에게 각각 신고하고 납부해야 한다. 레저세의 신고서식은 별지 제21호서식에 따른다.

이때 안분의 방법은 다음과 같다.

구분	안분방법	
과세대상 사업장	(100%) 과세대상 사업장에서 직접 발매한 승자투표권·승마투표권 등에 대한 세액은 그 과세대상 사업장 소재지를 관할하는 시장·군수·구청장에게 모두 신고·납부	
장외발매소	일반적인 경우	과세대상 사업장 소재지와 장외발매소 소재지를 관할하는 시장·군수·구청장에게 각각 50%를 신고·납부
	과세대상 사업장이 신설된 경우	과세대상 사업장의 신설 이후 5년까지는 과세대상 사업장 소재지와 장외발매소 소재지를 관할하는 시장·군수·구청장에게 각각 80%, 20%를 신고·납부

9. 납세의무 미이행

납세의무자가 레저세의 신고납부 의무를 이행하지 않을 경우 아래 ①과 ②를 합한 세액을 보통징수의 방법으로 징수한다.

① 레저세 산출세액 또는 부족세액

② 아래의 가산세

구분	가산세액		
신고불성실가산세	무신고가산세	일반무신고	납부할 세액 × 20%
		부정행위 무신고	납부할 세액 × 40%
	과소신고가산세	일반 과소신고	과소신고세액 × 10%
		부정행위 과소신고	과소신고세액 × 40%

납부불성실가산세	미납세액 × 납부기한의 다음날부터 자진납부일 또는 부과결정일까지의 기간 × 이자율(0.025%)

10. 기타의 규정

(1) 납세의무자의 장부비치 의무(지방세법 제44조 및 제45조)

납세의무자는 조례로 정하는 바에 따라 경륜등의 시행에 관한 사항을 장부에 기재하고 필요한 사항을 지방자치단체의 장에게 신고해야 한다.

만약 납세의무자가 장부비치의 의무를 이행하지 않는 경우에는 레저세 산출세액의 10%에 해당하는 금액을 보통징수의 방법으로 징수한다.

(2) 징수사무의 보조(지방세법 제46조)

지방자치단체의 장은 납세의무자에게 징수사무의 보조를 명할 수 있다. 이 경우 지방자치단체의 장은 납세의무자에게 그 징수납부에 든 경비를 교부금으로 지급할 수 있다.

[별지 제21호서식] (2010. 12. 23. 개정) (앞쪽)

관리번호: -

레저세 신고서

[기한 내 신고( ) 기한 후 신고( )]

납세자	①성명(법인명)		②주민(법인)등록번호	
	③상호명		④사업자등록번호	
	⑤주소(영업소)		⑥전화번호	

과세물건 내역

⑦과세대상	⑧발매기간	⑨발매수	⑩발매총액	⑪장내/외	⑫안분율
	년 월 일 ~ 년 월 일				

납부할 세액

세목	⑬과세표준	⑭세율	⑮산출세액	⑯감면세액	⑰기납부세액	가산세			⑲신고세액합계(⑮-⑯-⑰+⑱)
						신고불성실	납부불성실	⑱계	
합계									
레저세									
지방교육세									

※ 첨부서류: 발매소별 매출액 집계표 1부.

「지방세법」 제43조 및 같은 법 시행령 제58조에 따라 위와 같이 신고합니다.

년 월 일

신고인 (서명 또는 인)

시장·군수·구청장 귀하

접수(영수)일자인

접수증(레저세 신고서)

신고인	접수연월일	신고내용	접수번호	
「지방세법」 제43조 및 같은 법 시행령 제58조에 따라 위와 같이 신고합니다.			접수자	접수일
			(서명 또는 인)	

210mm×297mm(일반용지 60g/㎡(재활용품))

(뒤쪽)

작 성 방 법

□ 기한 내, 기한 후: 해당란에 ∨로 표시합니다.

□ 관리번호: 과세관청에서 적는 사항으로서 신고인은 적지 않습니다.

□ 신고인란
① 성명(법인명): 개인은 성명, 법인은 법인등기부상의 법인명을 적습니다.
② 주민(법인)등록번호: 개인(내국인)은 주민등록번호, 법인은 법인등록번호, 외국인은 외국인등록번호를 적습니다.
③ 상호명 : 해당 상호명을 적습니다.
④ 사업자등록번호: 「소득세법」, 「법인세법」, 「부가가치세법」에 따라 등록된 사업장의 등록번호를 적고, 등록번호가 없는 경우 빈 칸으로 둡니다.
⑤ 주소(영업소):
- 개인: 주민등록표상의 주소를 원칙으로 하되, 주소가 사실상의 거주지와 다른 경우 거주지를 적을 수 있습니다.
- 법인 또는 개인사업자: 법인은 주사무소 소재지, 개인사업자는 주된 사업장 소재지를 적습니다. 다만, 주사무소 또는 주된 사업장 소재지와 분사무소 또는 해당 사업장의 소재지가 다를 경우 분사무소 또는 해당 사업장의 소재지를 적을 수 있습니다.
⑥ 전화번호: 연락이 가능한 일반전화(휴대전화)번호를 적습니다.

□ 과세물건내역란: 레저세 과세대상이 되는 물건의 내역 등을 적습니다.

⑦ 과세대상: 레저세의 과세대상을 적습니다.

⑪ 장내/외: 레저세의 과세대상이 발생한 장소를 적습니다.

⑫ 안분율: 사업장 전체 면적에서 해당 사업장의 면적 비율을 적습니다.

□ 문의사항은 　　시(군·구) 　　과(☎ 　 - 　)로 문의하시기 바랍니다.

3장 담배소비세

한눈에 보는 담배소비세

<table>
<tr><th>구분</th><th colspan="2">등록면허세</th></tr>
<tr><td>정의</td><td colspan="2">담배를 소비하는 행위에 관한 세금</td></tr>
<tr><td>과세대상</td><td colspan="2">아래에 해당하는 담배
① 피우는 담배(궐련, 파이프담배, 엽궐련, 각련, 전자담배, 물담배)
② 씹는 담배
③ 냄새 맡는 담배
④ 머금는 담배</td></tr>
<tr><td>납세의무자</td><td colspan="2">① 담배 제조자
② 담배 수입업자
③ 반입자(입국자 등)
④ 면세용도에 사용하지 않은 자</td></tr>
<tr><td>납세지</td><td colspan="2">① 담배가 매도된 소매인의 영업장 소재지
② 담배가 국내로 반입되는 세관 소재지 등</td></tr>
<tr><td rowspan="3">비과세</td><td colspan="2">비과세의 규정은 없으나 (1) 미납세 반출과 (2) 과세면제 규정이 있음</td></tr>
<tr><td>미납세 반출</td><td>① 제조장·보세구역에서의 반출
② 다른 담배의 원료로 사용
③ 제조장의 이전에 따른 담배의 반출</td></tr>
<tr><td>과세면제</td><td>① 제조자·수입판매업자가 수출 등 특정용도에 제공하는 담배
② 입국자가 반입하는 일정범위 내의 담배(궐련 200개비 등)</td></tr>
<tr><td>과세표준</td><td colspan="2">담배의 개비수, 중량 또는 니코틴 용액의 용량(담배의 가액이 아님)</td></tr>
<tr><td>세율</td><td colspan="2">담배의 종류별 세율을 적용</td></tr>
<tr><td>납세의무 성립</td><td colspan="2">① 담배를 제조장 또는 보세구역으로부터 반출하거나
② 담배를 국내로 반입하는 때</td></tr>
<tr><td>납세의무 확정</td><td colspan="2">신고납부(매월분 담배소비세를 다음달 말일까지)</td></tr>
<tr><td>기타의무</td><td colspan="2">① 담배 반출신고(제조장 또는 보세구역에서 반출하였을 때)
② 폐업 시의 재고담배 사용계획서 제출
③ 기장의무(담배의 제조, 수입, 매도 등에 관한 사항)</td></tr>
<tr><td rowspan="2">납세의무 미이행</td><td>가산세</td><td>부과사유</td></tr>
<tr><td>10%</td><td>① 폐업시 재고담배 사용계획서 미제출
② 기장의무 미이행·거짓이행
③ 담배소비세 무신고·과소신고(납부불성실가산세 추가)</td></tr>
</table>

<table>
<tr><td></td><td></td><td>④ 지방자치단체별 담배매도세액 거짓신고(납부불성실가산세 추가)</td></tr>
<tr><td></td><td>30%</td><td>① 미납세 반출분 담배 해당 용도 미사용
② 담배소비세 면제 담배 해당 용도 미사용
③ 제조자 또는 수입판매업자의 담배 반출신고 미이행
④ 부정한 방법으로 담배소비세 공제·환급
⑤ 과세표준의 기초가 될 사실의 전부·일부의 은폐·위장</td></tr>
</table>

1. 기본사항

담배소비세는 담배를 소비하는 행위에 대하여 세금을 부과하는 것이다. 담배라는 과세물건의 특수성으로 인하여 지방세법에서는 담배와 관련한 용어를 별도로 규정하고 있다.

<table>
<tr><th>구분</th><th colspan="2">내용</th></tr>
<tr><td>담배</td><td colspan="2">「담배사업법」 제2조에 따른 담배
→ 연초의 잎을 원료의 전부 또는 일부로 하여 피우거나, 빨거나, 증기로 흡입하거나, 씹거나, 냄새 맡기에 적합한 상태로 제조한 것</td></tr>
<tr><td rowspan="3">수입 및 수출</td><td colspan="2">「관세법」 제2조에 따른 수입 또는 수출로서 상세내용은 아래와 같음</td></tr>
<tr><td>수입</td><td>① 외국물품을 우리나라에 반입하는 것(보세구역을 경유하는 것은 보세구역으로부터 반입하는 것)
② 우리나라에서 소비·사용하는 것(우리나라의 운송수단 안에서의 소비 또는 사용을 포함)
③ 단 아래의 소비 또는 사용은 제외
ⓐ 선용품, 기용품, 차량용품을 운송수단 안에서 그 용도에 따라 소비·사용하는 것
ⓑ 선용품·기용품 또는 차량용품을 세관장이 정하는 지정보세구역에서 「출입국관리법」에 따라 출국심사를 마치거나 우리나라에 입국하지 아니하고 우리나라를 경유하여 제3국으로 출발하려는 자에게 제공하여 그 용도에 따라 소비·사용하는 것
ⓒ 여행자가 휴대품을 운송수단 또는 관세통로에서 소비·사용
ⓓ 관세법에서 인정하는 바에 따라 소비·사용하는 것</td></tr>
<tr><td>수출</td><td>내국물품을 외국으로 반출하는 것</td></tr>
<tr><td>보세구역</td><td colspan="2">「관세법」 제154조에 따른 보세구역
<table><tr><th>보세구역의 구분</th><th>세부 구분</th></tr><tr><td>1. 지정보세구역</td><td>지정장치장, 세관검사장으로 구분</td></tr><tr><td>2. 특허보세구역</td><td>① 보세창고, ② 보세공장, ③ 보세전시장, ④ 보세건설장, ⑤ 보세판매장으로 구분</td></tr><tr><td>3. 종합보세구역</td><td>특허보세구역 중 2가지 이상의 기능을 수행</td></tr></table></td></tr>
</table>

제조자	「담배사업법」 제11조에 따른 담배제조업허가를 받아 담배를 제조하는 자
제조장	담배를 제조하는 제조자의 공장
수입판매업자	「담배사업법」 제13조에 따라 담배를 수입하여 매도하는 자
소매인	「담배사업법」 제16조에 따라 담배소매인의 지정을 받은 자 담배소매업(직접 소비자에게 판매하는 영업)을 하려는 자는 사업장의 소재지를 관할하는 시장·군수·구청장으로부터 소매인의 지정을 받아야 함
매도	제조자·수입판매업자, 도매업자가 담배를 소매인에게 파는 것
판매	소매인이 담배를 소비자에게 파는 것

유의할 것은 매도와 판매의 구분이다. 제조자 등이 소매업자에게 파는 것이 매도이고, 소매업자가 최종 소비자에게 판매하는 것이 판매이다. 두 가지 모두 판매하는 것이지만 각 주체별로 다르게 표현하고 있으므로 담배소비세를 해석할 때는 구분해야 한다.

2. 과세대상

담배소비세의 과세대상은 담배이며, 담배의 세부적인 정의는 다음과 같다.

구분			내용
1. 피우는 담배	제1종	궐련	잎담배에 향료 등을 첨가하여 일정한 폭으로 썬 후 궐련제조기를 이용하여 궐련지로 말아서 피우기 쉽게 만들어진 담배 및 이와 유사한 형태의 것으로서 흡연용으로 사용될 수 있는 것
	제2종	파이프담배	고급 특수 잎담배를 중가향 처리하고 압착·열처리 등 특수가공을 하여 각 폭을 비교적 넓게 썰어서 파이프를 이용하여 피울 수 있도록 만든 담배
	제3종	엽궐련	흡연 맛의 주체가 되는 전충엽을 체제와 형태를 잡아 주는 중권엽으로 싸고 겉모습을 아름답게 하기 위하여 외권엽으로 만 잎말음 담배
	제4종	각련	하급 잎담배를 경가향하거나 다소 고급인 잎담배를 가향하여 가늘게 썰어, 담뱃대를 이용하거나 흡연자가 직접 궐련지로 말아 피울 수 있도록 만든 담배
	제5종	전자담배	니코틴이 포함된 용액, 연초 또는 연초 고형물을 전자장치를 이용하여 호흡기를 통하여 체내에 흡입함으로써 흡연과 같은 효과를 낼 수 있도록 만든 담배
	제6종	물담배	장치를 이용하여 담배연기를 물로 거른 후 흡입할 수 있도록 만든 담배

2. 씹는 담배	입에 넣고 씹음으로써 흡연과 같은 효과를 낼 수 있도록 가공처리된 담배
3. 냄새 맡는 담배	특수 가공된 담배 가루를 코 주위 등에 발라 냄새를 맡음으로써 흡연과 같은 효과를 낼 수 있도록 만든 가루 형태의 담배
4. 머금는 담배	입에 넣고 빨거나 머금으면서 흡연과 같은 효과를 낼 수 있도록 특수가공하여 포장된 담배가루, 니코틴이 포함된 사탕 및 이와 유사한 형태로 만든 담배

3. 비과세 및 과세면제

담배소비세가 비과세 되는 담배는 없다. 다만 아래 (1) 미납세 반출과 (2) 과세면제 규정에 해당하는 담배에 대하여는 담배소비세를 부과하지 않는다.

(1) 미납세 반출

아래의 담배에 대하여는 담배소비세를 징수하지 않는다.

구분	내용
1. 제조장·보세구역에서의 반출	담배 공급의 편의를 위하여 제조장 또는 보세구역에서 반출하는 것으로서 아래 ①~③ 중 어느 하나에 해당하는 것 ① 과세면제 담배를 제조장에서 다른 제조장으로 반출하는 것 ② 「관세법」 제2조 제4호에 따른 외국물품인 담배를 보세구역에서 다른 보세구역으로 반출하는 것 ③ 제조장 또는 보세구역에서 반출할 때 담배소비세 납세의무가 성립된 담배를 다른 제조장 또는 보세구역에서 반출하는 것
2. 다른 담배의 원료로 사용	담배를 다른 담배의 원료로 사용하기 위하여 반출하는 것
3. 제조장의 이전 등	제조장을 이전하기 위하여 담배를 반출하는 등 아래 ①~③ 중 어느 하나에 해당하는 것 ① 제조장을 이전하기 위하여 담배를 반출하는 것 ② 수출할 담배를 제조장으로부터 다른 장소에 반출하는 것 ③ 담배를 폐기하기 위하여 제조장 또는 수입판매업자의 담배보관장소로부터 폐기장소로 반출하는 것

(2) 과세면제

아래의 담배에 대하여는 담배소비세를 면제한다.

<table>
<tr><th>구분</th><th>내용</th></tr>
<tr><td>1. 제조자 또는 수입판매업자가 특정 용도에 제공하는 담배</td><td>제조자 또는 수입판매업자가 담배를 아래 ①에서 ⑧의 용도에 제공하는 경우에는 담배소비세를 면제
① 수출(수출 상담을 위한 견본용 담배를 포함)
② 주한외국군 관할구역에서 아래 사람에게 판매하는 담배
ⓐ 주한외국군의 군인
ⓑ 주한외국군대에서 근무하는 외국 국적을 가진 민간인
ⓒ ⓐ 또는 ⓑ에 해당하는 사람의 가족
③ 보세구역에서의 판매
④ 외항선 또는 원양어선의 선원에 대한 판매
⑤ 국제항로에 취항하는 항공기 또는 여객선의 승객에 대한 판매
⑥ 시험분석 또는 연구용
⑦ 「남북교류협력에 관한 법률」 제13조에 따라 반출승인을 받은 담배로서 북한지역에서 취업 중인 근로자 및 북한지역 관광객에게 판매하는 담배
⑧ 위 ①~⑦까지의 담배용도와 유사한 것으로서 아래의 용도
ⓐ 해외 함상훈련에 참가하는 해군사관생도 및 승선장병에게 공급하는 용도
ⓑ 외국에 주류하는 장병에게 공급하는 용도

[비고] 과세면제의 표시
제조자 또는 수입판매업자는 위 ②에서 ⑧의 규정에 따라 담배소비세가 면제되는 담배를 제조·판매할 경우에는 담뱃갑 포장지에 가로 1센티미터, 세로 3센티미터의 사각형 안에 “면세용, Duty Free”라고 표시해야 함</td></tr>
<tr><td>2. 입국자가 반입하는 일정범위의 담배</td><td>여행자의 휴대품·별송품·탁송품으로 반입되는 담배로 아래 범위의 담배에 대하여는 담배소비세를 면제
<table>
<tr><th>담배종류</th><th>수량</th></tr>
<tr><td>궐련</td><td>200개비</td></tr>
<tr><td>엽궐련</td><td>50개비</td></tr>
<tr><td rowspan="3">전자담배</td><td>니코틴용액 20㎖(밀리리터)</td></tr>
<tr><td>궐련형 200개비</td></tr>
<tr><td>기타유형 110g(그램)</td></tr>
<tr><td>그 밖의 담배</td><td>250g(그램)</td></tr>
</table></td></tr>
<tr><td>3. 불량, 판매부진 등으로 재수입되는 담배</td><td>우리나라에서 수출된 담배가 포장·품질의 불량, 판매부진, 기타 부득이한 사유로 다시 수입되어 제조장 또는 수입판매업자의 담배보관장소로 반입할 목적으로 보세구역으로부터 반출된 경우에는 담배소비세를 면제</td></tr>
</table>

	[비고] 재수입 면세담배의 반입 확인 서류 위 규정에 따라 담배소비세를 면제받은 자는 해당 담배가 제조장 또는 수입판매업자의 담배보관장소로 반입된 사실을 증명하는 서류(별지 22호의 2 서식)를 첨부하여 반입된 날의 다음 날까지 제조장 또는 주사무소 소재지의 관할 지방자치단체에 제출해야 함

4. 납세의무자 및 납세지

담배소비세는 담배의 종류, 유통단계, 국내 반입의 방법 등에 따라 납세의무자가 다양하다. 지방세법에서는 그에 따라 납세의무자별 납세지도 별도로 정하고 있다.

<table>
<tr><th>납세의무자</th><th colspan="2">내용</th><th colspan="2">납세지</th></tr>
<tr><td>1. 제조자</td><td colspan="2">제조자는 제조장으로부터 반출한 담배에 대한 담배소비세 납부의무 있음</td><td colspan="2" rowspan="2">담배가 매도된 소매인의 영업장 소재지</td></tr>
<tr><td>2. 수입판매업자</td><td colspan="2">수입판매업자는 보세구역으로부터 반출한 담배에 대한 담배소비세 납부의무 있음</td></tr>
<tr><td rowspan="3">3. 반입한 사람 또는 수취인</td><td>납세의무자</td><td>내용</td><td colspan="2" rowspan="3">담배가 국내로 반입되는 세관 소재지</td></tr>
<tr><td>반입한 사람</td><td>① 입국자[20]의 휴대품·탁송품·별송품으로 반입하는 담배
② 외국으로부터 탁송의 방법으로 국내로 반입하는 담배</td></tr>
<tr><td>수취인</td><td>입국자 또는 수입판매업자가 아닌 사람이 외국으로부터 우편으로 반입하는 담배</td></tr>
<tr><td rowspan="2">4. 위 외의 자</td><td colspan="2" rowspan="2">위 1에서 3까지의 방법 외의 방법으로 담배를 제조하거나 국내로 반입하는 경우 그 제조자 또는 반입한 사람에게 각각 담배소비세 납부의무 있음</td><td>제조</td><td>담배제조 장소</td></tr>
<tr><td>국내 반입</td><td>국내반입 장소</td></tr>
<tr><td>5. 면세 용도에 사용하지 않은 자</td><td colspan="2">「지방세법」 제54조에 따른 면세담배를 반출한 후 면세 용도에 사용하지 않고 매도, 판매, 소비, 그 밖의 처분을 한 경우에는 그 처분을 한 자에게 담배소비세 납부의무 있음</td><td colspan="2">처분을 한 자의 영업장 소재지(영업장 소재지가 불분명한 경우 그 처분을 한 장소)</td></tr>
</table>

20) 외국으로부터 입국하는 사람(「남북교류협력에 관한 법률」 제2조 제1호에 따른 출입장소를 이용하여 북한으로부터 들어오는 경우를 포함)

5. 과세표준

담배소비세의 과세표준은 담배의 개비수, 중량 또는 니코틴 용액의 용량이다. 금액을 기준으로 하는 일반적인 과세표준과 다르게 담배소비세의 과세표준은 담배의 특성과 관련되어 있다.

6. 세율

담배소비세의 세율은 담배의 종류 및 담배의 특성에 따라 아래와 같다.

<table>
<tr><th colspan="5">구분</th><th>과세표준</th><th>세율</th></tr>
<tr><td rowspan="8">1. 피우는 담배</td><td>제1종</td><td colspan="3">궐련</td><td>20개비당</td><td>1,007원</td></tr>
<tr><td>제2종</td><td colspan="3">파이프담배</td><td>1g(그램)당</td><td>36원</td></tr>
<tr><td>제3종</td><td colspan="3">엽궐련</td><td>1g(그램)당</td><td>103원</td></tr>
<tr><td>제4종</td><td colspan="3">각련</td><td>1g(그램)당</td><td>36원</td></tr>
<tr><td rowspan="3">제5종</td><td rowspan="3">전자담배</td><td colspan="2">니코틴 용액 사용</td><td>니코틴 용액 1㎖(밀리리터)당</td><td>628원</td></tr>
<tr><td rowspan="2">연초, 연초고형물 사용</td><td>궐련형</td><td>20개비당</td><td>897원</td></tr>
<tr><td>기타유형</td><td>1g(그램)당</td><td>88원</td></tr>
<tr><td>제6종</td><td colspan="3">물담배</td><td>1g(그램)당</td><td>715원</td></tr>
<tr><td colspan="5">2. 씹는 담배</td><td>1g(그램)당</td><td>364원</td></tr>
<tr><td colspan="5">3. 냄새 맡는 담배</td><td>1g(그램)당</td><td>26원</td></tr>
<tr><td colspan="5">4. 머금는 담배</td><td>없음</td><td>없음</td></tr>
</table>

담배소비세의 세율은 30%의 범위에서 가감할 수 있으나, 현행 지방세법에서는 30% 범위에서 가감하지 않고 위 세율을 그대로 적용하고 있다.

7. 납세의무 성립시기

담배소비세의 납세의무가 성립시기는 ① 담배를 제조장 또는 보세구역으로부터 반출하거나 ② 국내로 반입하는 때이다.

8. 납세의무 확정

담배소비세는 아래와 같이 납세의무자별로 납세의무의 이행 방법에 차이가 있다.

(1) 제조자(신고납부)

<table>
<tr><th colspan="2">구분</th><th>내용</th></tr>
<tr><td colspan="2">신고납부</td><td>제조자는 매월 1일부터 말일까지 제조장에서 반출한 담배에 대한 담배소비세 산출세액을 아래 안분기준에 따라 다음 달 20일까지 각 지방자치단체의 장에게 신고납부해야 함</td></tr>
<tr><td rowspan="2">안분
기준</td><td>원칙
(판매비율)</td><td>해당 시·군이 실제로 받을 세액
= ②에 따른 총세액 × ①에 따른 산출세액 / ③에 따른 총세액
① 지난해 해당 시·군에서 팔린 담배의 품종별 과세표준과 세율에 따른 산출세액
② 전월 중 제조장에서 반출된 담배의 품종별 과세표준과 세율에 따른 담배소비세 산출세액 -「지방세법」 제63조에 따라 공제하거나 환급한 세액 + 「지방세법」 제61조에 따른 가산세
③ 지난해 전(=모든) 시·군지역에서 실제 소매인에게 팔린 담배의 품종별 과세표준과 세율에 따라 산출한 총세액
→ 반출된 담배에 대한 담배소비세를 해당 시군의 판매비율로 안분</td></tr>
<tr><td>예외
(징수실적
비율)</td><td>[예외] 징수실적 비율
위 ①또는 ③의 세액이 없어 제조자가 판매한 담배에 대한 시·군별 담배소비세액을 산출할 수 없는 경우 전전 연도 1월부터 12월까지 각 시·군별로 징수된 담배소비세액(징수실적)의 비율에 따라 안분함</td></tr>
<tr><td colspan="2">신고서식</td><td>① 별지 제27호서식 담배소비세 신고서(제조자용)
② 별지 제30호서식 담배소비세액 공제·환급증명서(공제·환급세액이 있는 경우로 한정)</td></tr>
</table>

(2) 수입판매업자(신고납부)

<table>
<tr><th colspan="2">구분</th><th>내용</th></tr>
<tr><td colspan="2">신고납부</td><td>수입판매업자는 매월 1일부터 말일까지 보세구역에서 반출한 담배에 대한 산출세액을 다음 달 20일까지 아래 안분기준에 따라 각 지방자치단체의 장에게 신고납부해야 함</td></tr>
<tr><td>안분
기준</td><td>원칙
(판매비율)</td><td>해당 시·군이 실제로 받을 세액
= ②에 따른 총세액 × ①에 따른 산출세액 / ③에 따른 총세액
① 지난해 각 시·군에서 소매인에게 팔린 외국산담배의 품종별 과세표준과 세율에 따른 산출세액</td></tr>
</table>

<table>
<tr><td></td><td></td><td>② 전월 중 보세구역에서 반출(미납세 반출은 제외)된 외국산담배의 품종별 과세표준과 세율에 따른 산출세액 -「지방세법」 제63조에 따라 공제하거나 환급한 세액 +「지방세법」 제61조에 따른 가산세
③ 지난해 전(=모든) 시·군지역별로 소매인에게 실제로 팔린 외국산담배의 품종별 과세표준과 세율에 따라 산출한 총세액
→ 반출된 담배에 대한 담배소비세를 해당 시군의 판매비율로 안분</td></tr>
<tr><td></td><td>예외
(징수실적
비율)</td><td>[예외] 징수실적 비율
위 ①또는 ③의 세액이 없어 수입판매업자가 판매한 담배에 대한 시·군별 담배소비세액을 산출할 수 없거나 제68조 제2항 각 호 외의 부분 단서에 따라 시·군별, 품종별 수량을 장부에 적지 아니한 수입판매업자의 경우에는 전전 연도 1월부터 12월까지 각 시·군별로 징수된 담배소비세액(이하 제7항 및 제8항에서 “징수실적”이라 한다)의 비율에 따라 나눈다.</td></tr>
<tr><td colspan="2">신고서식</td><td>① 별지 제28호서식 담배소비세 신고서(수입판매업자용)
② 별지 제30호서식 담배소비세액 공제·환급증명서(공제·환급세액이 있는 경우로 한정)</td></tr>
</table>

[참고] 수입판매업자에 대한 납세의무 이행방법 개정(특별징수에서 신고납부로 변경)

2020년 지방세법 개정 전에는 수입판매업자에 대하여 특별징수의 방법으로 담배소비세를 부과하였다. 개정 전 특별징수 규정은 다음과 같다.

구분	내용
특별징수의무자	수입판매업자의 주사무소 소재지를 관할하는 지방자치단체의 장
특별징수	특별징수의무자는 징수한 담배소비세를 안분기준(판매비율 또는 징수실적비율)에 따라 다음 달 10일까지 각 지방자치단체의 장에게 납부
사무처리비	특별징수의무자는 담배소비세의 징수·납부에 따른 사무처리비 등을 해당 지방자치단체의 장에게 납부해야 할 세액에서 공제할 수 있음
특별징수납부 불성실가산세 면제	특별징수의무자가 징수하였거나 징수할 세액을 징수기한까지 납부하지 아니하거나 부족하게 납부하더라도 특별징수의무자에게 「지방세기본법」 제56조에 따른 특별징수납부불성실가산세는 부과하지 않음

그러나 2020년 지방세법 개정으로 해당 규정은 삭제되었으며, 수입판매업자의 경우에도 신고납부 방법을 적용한다. 따라서 2020년을 전후하여 수입판매업자의 담배소비세에 대한 납세의무 이행 방법은 다음과 같이 적용한다.

적용시기 구분	납세의무 이행방법	납세의무자
2020.01.01. 전에 담배를 제조장 또는 보세구역으로부터 반출	특별징수	특별징수의무자 (=수입판매업자 주사무소 소재지 관할 지방자치단체)
2020.01.01. 후에 담배를 제조장 또는 보세구역으로부터 반출	신고납부	수입판매업자

(3) 담배를 반입한 사람 등(신고납부)

<table>
<tr><th>구분</th><th colspan="2">내용</th></tr>
<tr><td rowspan="3">납세의무자</td><td>납세의무자</td><td>내용</td></tr>
<tr><td>반입한 사람</td><td>① 입국자[21]의 휴대품·탁송품·별송품으로 반입하는 담배
② 외국으로부터 탁송의 방법으로 국내로 반입하는 담배</td></tr>
<tr><td>수취인</td><td>입국자 또는 수입판매업자가 아닌 사람이 외국으로부터 우편으로 반입하는 담배</td></tr>
<tr><td>신고납부</td><td colspan="2">위 납세의무자는 세관장에게 담배소비세를 신고하고 납부해야 함</td></tr>
<tr><td>신고서식</td><td colspan="2">① 별지 제42호서식의 여행자 휴대품 신고서(항공기를 통한 입국의 경우)
② 별지 제43호서식의 여행자 휴대품 신고서(선박을 통한 입국의 경우)</td></tr>
<tr><td>세관장의 의무</td><td colspan="2">담배소비세를 징수하는 세관장은 지방자치단체의 장의 위탁을 받아 담배소비세를 징수하는 것으로 보며, 세관장은 징수한 담배소비세를 다음 달 10일까지 세관 소재지를 관할하는 지방자치단체의 장에게 별지 28호의 2 서식 담배소비세 징수내역서를 첨부하여 납입해야 함</td></tr>
</table>

[비고] 징수실적의 보정

위 납세의무의 이행과 관련하여 시·군의 경계가 변경되거나 폐지·설치·분리·병합이 있는 경우에는 아래 구분에 따라 징수실적을 보정한다.

<table>
<tr><th>구분</th><th></th><th></th></tr>
<tr><td rowspan="3">징수실적 보정</td><td>변경구역[22]이 종전에 속했던 시군의 징수실적</td><td>해당 시·군의 징수실적에서 변경구역의 징수실적을 차감</td></tr>
<tr><td>변경구역이 편입되어 새로 설치되는 시·군의 징수실적</td><td>편입되는 변경구역의 징수실적을 합산</td></tr>
<tr><td>변경구역이 편입되어 존속하는 시·군의 징수실적</td><td>해당 시·군의 징수실적에 편입되는 변경구역의 징수실적을 가산</td></tr>
</table>

21) 외국으로부터 입국하는 사람(「남북교류협력에 관한 법률」 제2조 제1호에 따른 출입장소를 이용하여 북한으로부터 들어오는 경우를 포함)

22) 시·군의 경계가 변경되는 구역(종전의 시·군(폐지되는 시·군을 포함)의 구역에서 신설되는

<table>
<tr><td rowspan="1">변경구역의
징수실적
산출방법</td><td>변경구역의 징수실적은 매년 1월 1일 현재 「주민등록법」에 따른 주민등록표에 따라 조사한 인구 통계를 기준으로 하여 다음의 계산식에 따라 산출

변경구역의 징수실적 = ① × ② × ③ ÷ ④
<table><tr><td>①</td><td>변경 구역의 징수실적</td></tr><tr><td>②</td><td>변경구역이 종전에 속하였던 시 · 군의 징수실적</td></tr><tr><td>③</td><td>변경구역의 인구</td></tr><tr><td>④</td><td>변경구역이 종전에 속하였던 시 · 군의 전체 인구</td></tr></table></td></tr>
</table>

9. 기타의 의무

담배소비세와 관련해서는 신고납부 등 납세의무 외에도 담배의 반출신고의무, 폐업시의 재고담배의 사용계획서 제출의무, 기장의무를 이행해야 한다.

(1) 담배의 반출신고(지방세법 제55조)

제조자 또는 수입판매업자는 담배를 제조장 또는 보세구역에서 반출(미납세 반출 및 과세면제를 위한 반출을 포함)하였을 때에는 지방자치단체의 장에게 신고해야 한다.

구분	내용
반출신고를 위하여 제출할 자료	① 담배반출신고서(별지 제23호서식) ② 담배수불상황표(별지 제23호서식 부표1) ③ 반출사실을 증명하는 전표 또는 수입신고필증 ④ 지난달 특별시·광역시·특별자치시·특별자치도·시 및 군(이하 이 장에서 "시·군"이라 한다)별 판매량을 적은 자료 [주] [주] 판매량 자료제출 의무가 면제되는 수입판매업자 아래의 수입판매업자는 ④의 자료를 첨부하지 않을 수 있음 ① 사업개시 후 1년이 경과되지 아니한 수입판매업자 ② 직전 연도 월평균 담배소비세 납부액이 5억원 이하인 수입판매업자
반출신고기한	반출한 날이 속하는 달의 다음 달 5일까지
반출신고대상	제조장 또는 주사무소 소재지를 관할하는 시장·군수
지방자치단체의 의무	담배의 반출신고를 받은 제조장 소재지를 관할하는 시장·군수는 매월 월말집계표를 다음 달 15일까지 제조자의 주사무소 소재지를 관할하는 시장·군수에게 통보해야 함

시·군 또는 다른 시·군에 편입되는 구역)

(2) 폐업 시의 재고담배 사용계획서 제출(지방세법 제58조)

제조자 또는 수입판매업자는 다음 중 어느 하나에 해당하는 날부터 3일 이내에 보유하고 있는 재고담배의 사용계획서(별지 제26호서식)를 제조장 소재지 또는 주사무소 소재지(수입판매업의 경우에 한정)를 관할하는 지방자치단체의 장에게 제출해야 한다.

① 제조자가 사실상 휴업 또는 폐업한 날
② 수입판매업자가 「담배사업법」 제22조의2에 따라 휴업 또는 폐업신고를 한 날

(3) 기장의무(지방세법 제59조)

제조자 또는 수입판매업자는 아래와 같이 담배의 제조·수입·매도 등에 관한 사항 장부에 기장하고 보존해야 한다.

구분	기장의무(장부에 적어야 할 사항)
제조자	① 매입한 담배의 원재료의 종류와 종류별 수량 및 가액(그 원료가 담배인 경우에는 그 담배의 품종별 수량 및 가액을 말한다. 이하 이 조에서 같다), 매입연월일 및 판매자의 성명(법인의 경우에는 법인의 명칭과 대표자의 성명을 말한다)·주소 ② 담배의 제조를 위하여 사용한 원재료의 종류별 수량 및 가격, 사용연월일 ③ 도매업자와 소매인에게 매도한 담배의 해당 시·군별, 품종별 수량 ④ 제조한 담배의 품종별 수량 및 제조연월일 ⑤ 보관되어 있는 담배의 품종별 수량 ⑥ 반출하거나 반입(법 제63조 제1항 제2호에 따른 반입을 포함한다)한 담배(면세·미납세·과세로 구분한다)의 품종별 수량 및 가액, 반출 또는 반입 연월일 및 반입자의 성명(법인의 경우에는 법인의 명칭과 대표자의 성명을 말한다)·주소
수입판매업자	① 보세구역으로부터 반출되는 담배의 품종별 수량 ② 도매업자와 소매인에게 매도한 담배의 해당 시·군별, 품종별 수량 [주] ③ 보관되어 있는 담배의 보관 장소별, 품종별 수량 ④ 훼손·멸실된 담배의 품종별 수량 ⑤ 보세구역 내에서 소비된 담배의 품종별 수량 ⑥ 그 밖에 담배의 수량 확인 등에 필요한 재고 및 사용수량 등 [주] 매도관련 자료제출 의무가 면제되는 수입판매업자 아래의 수입판매업자는 ②의 자료를 첨부하지 않을 수 있음

	③ 사업개시 후 1년이 경과되지 아니한 수입판매업자 ④ 직전 연도 월평균 담배소비세 납부액이 5억원 이하인 수입판매업자

10. 납세의무 등 미이행

담배소비세에 대한 납세의무 및 기타의 의무를 이행하지 않을 경우 그 사유에 따라 산출세액·부족세액의 10% 또는 30%의 가산세를 부과한다.

가산세	가산세의 부과사유
10%	다음 중 어느 하나에 해당하는 경우 산출세액·부족세액의 10% 가산세 부담 ①「지방세법」 제58조에 따른 폐업시 재고담배 사용계획서를 제출하지 않은 경우 ②「지방세법」 제59조에 따른 기장의무를 이행하지 않거나 거짓으로 기장한 경우 ③ 담배소비세를 무신고하거나 과소신고한 경우 [주] ④「지방세법」 제60조에 따른 지방자치단체별 담배의 매도에 따른 세액을 거짓으로 신고한 경우 [주]
	[주] 납부불성실가산세(「지방세기본법」 제55조) 위 ③과 ④에 해당하는 사유의 경우에는 납부불성실가산세도 부담함 납부불성실가산세 = 미납세액 × 미납기간[23] × 이자율(0.025%)
30%	다음 중 어느 하나에 해당하는 경우 산출세액·부족세액의 30% 가산세 부담 ①「지방세법」 제53조에 따른 미납세 반출분 담배를 해당 용도에 사용하지 않고 매도, 판매, 소비, 그 밖의 처분을 한 경우 ②「지방세법」 제54조 제1항에 따라 담배소비세가 면제되는 담배를 해당 용도에 사용하지 아니하고 매도, 판매, 소비, 그 밖의 처분을 한 경우 ③ 제조자 또는 수입판매업자가「지방세법」 제55조에 따른 담배의 반출신고를 하지 아니한 경우 ④ 부정한 방법으로「지방세법」 제63조에 따른 세액의 공제·환급을 받은 경우 ⑤ 과세표준의 기초가 될 사실의 전부 또는 일부를 은폐하거나 위장한 경우

23) 납부기한의 다음 날부터 자진납부일 또는 부과결정일까지의 기간

[별지 제27호서식] (2019. 12. 31. 개정)

담배소비세 신고서(제조자용)
([ ] 기한 내 신고 [ ] 기한 후 신고)

※ 뒤쪽의 작성방법을 읽고 작성하시기 바라며, [ ]에는 해당되는 곳에 √표를 합니다. (앞쪽)

접수번호	접수일자	처리기간 즉시

신고인	① 성명(법인명)	② 주민(법인)등록번호	③ 상호(대표자)
	④ 사업자등록번호	⑤ 주소(영업소)	
	⑥ 전화번호	⑦ 전자우편주소	

⑧ 담배의 구분	⑨ 품명	⑩ 규격	⑪ 포장 단위	⑫ 판매 가격	⑬ 전년 중 ( )시·군에서 매도된 담배		⑭ 제조장에서 반출된 담배 (미납세·과세면제 제외)		⑮ 공제·환급 세액 ㉰	⑯ 가산세 ㉱	⑰ 전년 중 전(全) 시·군에서 매도된 담배		⑱ 납부할 세액		⑲ ( )시·군이 실제 받을 세액
					수량	세액㉮	수량	세액㉯			수량	세액㉲	㉯−㉰+㉱	㉳	㉮×㉳÷㉲
⑳ 계															

지방교육세 신고서

과세표준		세율		㉑ 본 세		㉓ 납부할 세액(㉑+㉒)	
				㉒ 가산세			
㉔ 신고세액합계(⑲+㉓)							

「지방세법」 제60조 및 같은 법 시행령 제69조제1항에 따라 담배소비세의 과세표준 및 세액을 신고합니다.

년 월 일

신고인 (서명 또는 인)

시장·군수 귀하

첨부서류	별지 제30호서식의 담배소비세액 공제·환급증명서(공제·환급세액이 있는 경우만 해당합니다) 1부	수수료 없음

297mm×210mm[백상지 80g/㎡(재활용품)]

(뒤쪽)

작 성 방 법

□ **기한 내, 기한 후 신고: 해당란에 [√] 로 표시합니다.**

□ **인적사항(신고인)란**

① 성명(법인명): 개인은 성명, 법인은 법인 등기사항증명서상의 법인명을 적습니다.

② 주민(법인)등록번호: 개인은 주민등록번호, 법인은 법인등록번호, 외국인은 외국인등록번호를 적습니다.

③ 상호(대표자): 개인사업자는 상호명, 법인은 법인 등기사항증명서상의 대표자명을 적습니다.

④ 사업자등록번호: 「소득세법」,「법인세법」,「부가가치세법」에 따라 등록된 사업장의 등록번호를 적고, 등록번호가 없는 경우 빈 칸으로 둡니다.

⑤ 주소(영업소):

- 개인: 주민등록표상의 주소를 원칙으로 하되, 주소가 사실상의 거주지와 다른 경우 거주지를 적을 수 있습니다.
- 법인 또는 개인사업자: 법인은 주사무소 소재지, 개인사업자는 주된 사업장 소재지를 적습니다. 다만, 주사무소 또는 주된 사업장 소재지와 분사무소 또는 해당 사업장의 소재지가 다를 경우 분사무소 또는 해당 사업장의 소재지를 적을 수 있습니다.

⑥ 전화번호: 연락이 가능한 일반전화(휴대전화)번호를 적습니다.

⑦ 전자우편주소: 수신이 가능한 전자우편주소(E-mail 주소)를 적습니다.

□ **신고내용란**

⑧ 담배의 구분: 「지방세법」 제48조제2항에 따라 구분된 담배를 적습니다.

⑨ 품명: 담배의 제품 명칭을 적습니다.

㉮ 전년 중 해당 시·군에서 매도된 담배의 품종별 과세표준과 세율에 따라 산출한 세액을 적습니다.

㉯ 전월 중 제조장에서 반출된 담배의 품종별 과세표준과 세율에 따라 산출한 세액을 적습니다.

㉰ 「지방세법」 제63조에 따라 공제 또는 환급된 세액을 적습니다.

㉱ 「지방세법」 제61조에 따른 가산세를 적습니다.

㉲ 전년 중 전 시·군에서 실제 소매인에게 매도된 담배의 품종별 과세표준과 세율에 따라 산출한 총세액을 적습니다.

□ **문의사항은 시(군) 과(☎ -)로 문의하시기 바랍니다.**

[별지 제28호서식] (2019. 12. 31. 개정)

담배소비세 신고서(수입판매업자용)
([ ]기한 내 신고 [ ]기한 후 신고)

※ 뒤쪽의 작성방법을 참고하시기 바라며, 색상이 어두운 란은 신청인이 적지 않습니다.

(앞쪽)

접수번호	접수일자	처리기간 즉시

신고인	① 성명(법인명)	② 주민(법인)등록번호
	③ 상호(대표자)	④ 사업자등록번호
	⑤ 주소(영업소)	
	⑥ 전화번호 (휴대전화:)	⑦ 전자우편주소

⑧ 담배의 구분	⑨ 품명	⑩ 규격	⑪ 판매 가격	⑫ 보세구역에서 반출된 외국산담배 (미납세·과세면제 제외)		⑬ 공제·환급 세액 ㉯	⑭ 가산세 ㉰	⑮ 납부할 세액 ㉮-㉯+㉰
				수량	세액㉮			
⑯ 계								

지방교육세 신고서

⑰ 과세 표준		⑱ 세율		⑲ 본 세		㉑ 납부할 세액	
				⑳ 가산세			
㉒ 신고세액 합계(⑮+㉑)							

「지방세법」 제60조제2항 및 같은 법 시행령 제69조제2항에 따라 위와 같이 담배소비세의 과세표준 및 세액을 신고합니다.

년 월 일

신청인 (서명 또는 인)

시장·군수 귀하

첨부서류	별지 제30호서식의 담배소비세액 공제·환급증명서(공제·환급세액이 있는 경우만 해당합니다) 1부	수수료 없 음

210㎜×297㎜[백상지(80g/㎡) 또는 중질지(80g/㎡)]

(뒤쪽)

작성방법

□ **기한 내, 기한 후: 해당란에 [√] 로 표시합니다.**

□ **인적사항(신고인)란**

① 성명(법인명): 개인은 성명, 법인은 법인 등기사항증명서상의 법인명을 적습니다.
② 주민(법인)등록번호: 개인은 주민등록번호, 법인은 법인등록번호, 외국인은 외국인등록번호를 적습니다.
③ 상호(대표자): 개인사업자는 상호명, 법인은 법인 등기사항증명서상의 대표자명을 적습니다.
④ 사업자등록번호: 「소득세법」, 「법인세법」, 「부가가치세법」에 따라 등록된 사업장의 등록번호를 적고, 등록번호가 없는 경우 빈 칸으로 둡니다.
⑤ 주소(영업소)
- 개인: 주민등록표상의 주소를 원칙으로 하되, 주소가 사실상의 거주지와 다른 경우 거주지를 적을 수 있습니다.
- 법인 또는 개인사업자: 법인은 주사무소 소재지, 개인사업자는 주된 사업장 소재지를 적습니다. 다만, 주사무소 또는 주된 사업장 소재지와 분사무소 또는 해당 사업장의 소재지가 다를 경우 분사무소 또는 해당 사업장의 소재지를 적을 수 있습니다.

⑥ 전화번호: 연락이 가능한 일반전화(휴대전화) 번호를 적습니다.
⑦ 전자우편주소: 수신이 가능한 전자우편주소(E-mail 주소)를 적습니다.

□ **신고사항란**

⑧ 담배의 구분: 「지방세법」 제48조제2항에 따라 구분된 담배를 적습니다.
⑨ 품명: 담배의 제품 명칭을 적습니다.
㉮ 전월 중 보세구역에서 반출된 외국산담배의 품종별 과세표준과 세율에 따라 산출한 세액을 적습니다.
㉯ 「지방세법」 제63조에 따라 공제 또는 환급된 세액을 적습니다.
㉰ 「지방세법」 제61조에 따른 가산세를 적습니다.

□ **문의사항은 시(군) 과(☎ -)로 문의하시기 바랍니다.**

4장 지방소비세

한눈에 보는 지방소비세

구분	등록면허세
정의	부가가치세(국세) 납부세액의 일정률을 지방세로 귀속시키는 세금
과세대상	부가가치세 과세대상 규정을 따름 ① 사업자가 행하는 재화 또는 용역의 공급 ② 재화의 수입
납세의무자	부가가치세의 납세의무자
납세지	부가가치세법 제6조의 납세지(사업장의 소재지 등)
비과세	별도규정 없음
과세표준	부가가치세 납부세액 - 부가가치세법상 감면·공제세액 + 가산세
세율	① 2020년 이후: 21% ② 2019년: 15% ③ 2014년~2018년: 11% ④ 2014년 이전: 5%
납세의무 성립	부가가치세 납세의무가 성립하는 때
납세의무 확정	① 신고납부(부가가치세를 신고납부하면 지방소비세도 신고납부한 것으로 봄) ② 납입(세무서장 및 세관장은 징수한 지방소비세를 다음 달 20일까지 서울특별시장 등에게 납입하고 서울특별시장은 납입 받은 날부터 5일 이내에 각 시·도별 금고에 납입)

1. 기본사항

지방소비세는 국세인 부가가치세 납부세액의 일정률을 지방세로 귀속시키는 지방세다. 즉, 부가가치세에는 지방소비세가 포함되어 있다. 따라서 지방소비세는 기본적으로 「부가가치세법」의 개념을 따르고 있다.

2. 과세대상

지방소비세의 과세대상은 「부가가치세법」 제4조에 따른 부가가치세 과세대상과 같으며 그 세부내용은 아래와 같다.

① 사업자가 행하는 재화 또는 용역의 공급
② 재화의 수입

3. 납세의무자

지방소비세의 납세의무자는 지방소비세 과세대상 재화와 용역을 소비하는 자의 주소지 또는 소재지를 관할하는 특별시·광역시·특별자치시·도 또는 특별자치도에서 부가가치세를 납부할 의무가 있는 자에게 부과한다.

따라서 부가가치세의 납세의무자는 지방소득세도 납세의무가 있다.

부가가치세법 제3조 납세의무자 다음 중 어느 하나에 해당하는 자로서 개인, 법인(국가·지방자치단체와 지방자치단체조합을 포함), 법인격이 없는 사단·재단 또는 그 밖의 단체는 이 법에 따라 부가가치세를 납부할 의무가 있다. ① 사업자 ② 재화를 수입하는 자

4. 과세표준

지방소비세의 과세표준은 「부가가치세법」에 따른 부가가치세의 납부세액에서 「부가가치세법」 및 다른 법률에 따라 부가가치세의 감면세액 및 공제세액을 빼고 가산세를 더하여 계산한 세액으로 한다.

5. 세율

2020년 현재 지방소비세의 세율은 21%이다. 지방소비세의 세율은 지속적으로 상승하였으며 세부 변천사항은 다음과 같다.

[참고] 지방소비세 세율의 변천

구분	지방소비세 세율	비고
2011년~2013년	5%	
2014년~2018년	11%	6%는 「지방세법」 제11조 제1항 제8호(주택의 유상취득)에 따라 감소되는 취득세, 지방교육세, 지방교부세, 지방교육재정교부금 보전에 충당
2019년	15%	
2020년 이후	21%	

지방소비세는 부가가치세에 더하는 세금이 아니라 부가가치세액 중 지방소비세 세율만큼을 지방소비세로 넘겨주는 것이다. 즉, 부가가치세액이 100원이라면 15원(2019년 기준)이 지방소비세가 되는 개념이다.

[예시] 부가가치세액이 100원인 경우의 부가가치세와 지방소비세의 구성(2019년 기준)

부가가치세액	부가가치세의 구분	
100원	부가가치세(국세)	지방소비세(지방세)
	85원 = 100원 - 15원	15원 = 100원 × 15%

6. 납세지

지방소비세의 납세지는 「부가가치세법」 제6조에 따른 납세지로 한다.

구분	납세지
일반적인 경우	각 사업장의 소재지
사업장이 없는 경우	사업자의 주소 또는 거소
사업자단위과세사업자	사업자의 본점 또는 주사무소의 소재지(각 사업장을 대신함)
재화를 수입하는 자	「관세법」에 따라 수입을 신고하는 세관의 소재지

[참고] 사업장(부가가치세법시행령 제8조)

(1) 사업장의 범위

사업장은 사업자가 사업을 하기 위하여 거래의 전부 또는 일부를 하는 고정된 장소이며 사업장의 범위는 그 사업별로 다음과 같다.

<table>
<tr><th>사업</th><th colspan="2">사업장의 범위</th></tr>
<tr><td>광업</td><td colspan="2">광업사무소의 소재지[24)]</td></tr>
<tr><td>제조업</td><td colspan="2">최종제품을 완성하는 장소
다만, 아래 장소는 제외
① 따로 제품 포장만을 하거나 용기에 충전만을 하는 장소
②「개별소비세법」 제10조의 5에 따른 저유소</td></tr>
<tr><td rowspan="4">건설업
운수업
부동산매매업</td><td>법인</td><td>법인 등기부상 소재지
(등기부상 지점 소재지 포함)</td></tr>
<tr><td>개인</td><td>사업에 관한 업무를 총괄하는 장소</td></tr>
<tr><td>법인명의 등록차량을 개인이 운용</td><td>법인 등기부상 소재지
(등기부상 지점 소재지 포함)</td></tr>
<tr><td>개인명의 등록 차량을 다른 개인이 운용</td><td>등록된 개인이 업무를 총괄하는 장소</td></tr>
<tr><td>수자원을 개발하여 공급하는 사업</td><td colspan="2">사업에 관한 업무를 총괄하는 장소</td></tr>
<tr><td>「지방공기업법」 제76조에 따라 설립된 대구시설관리공단이 공급하는 사업</td><td colspan="2">사업에 관한 업무를 총괄하는 장소</td></tr>
<tr><td rowspan="2">「방문판매 등에 관한 법률」에 따른 다단계판매원이 재화나 용역을 공급하는 사업</td><td>원칙</td><td>해당 다단계판매원이「방문판매 등에 관한 법률」제13조에 따라 등록한 다단계판매업자의 주된 사업장의 소재지</td></tr>
<tr><td>예외</td><td>다단계판매원이 상시 주재하여 거래의 전부 또는 일부를 하는 별도의 장소가 있는 경우에는 그 장소</td></tr>
<tr><td>「전기통신사업법」에 따른 전기통신사업자가 통신요금 통합청구의 방법으로 요금을 청구하는 전기통신사업</td><td colspan="2">사업에 관한 업무를 총괄하는 장소</td></tr>
<tr><td rowspan="2">「전기통신사업법」에 따른 전기통신사업자가 이동통신역무를 제공하는 전기통신사업</td><td>법인</td><td>법인의 본점 소재지</td></tr>
<tr><td>개인</td><td>사업에 관한 업무를 총괄하는 장소</td></tr>
<tr><td>무인자동판매기를 통하여 재화·용역을 공급하는 사업</td><td colspan="2">사업에 관한 업무를 총괄하는 장소</td></tr>
<tr><td>「한국철도공사법」에 따른 한국철도공사가 경영하는 사업</td><td colspan="2">사업에 관한 업무를 지역별로 총괄하는 장소</td></tr>
<tr><td>우정사업조직이「우편법」제1조의2 제3호의 소포우편물을</td><td colspan="2">사업에 관한 업무를 총괄하는 장소</td></tr>
</table>

24) 광업사무소가 광구(鑛區) 밖에 있을 때에는 그 광업사무소에서 가장 가까운 광구에 대하여 작성한 광업 원부의 맨 처음에 등록된 광구 소재지

<table>
<tr><td>방문접수하여 배달하는 용역을 공급하는 사업</td><td colspan="2"></td></tr>
<tr><td>「전기사업법」에 따른 전기판매사업자가 전기요금 통합청구의 방법으로 요금을 청구하는 전기판매사업</td><td colspan="2">사업에 관한 업무를 총괄하는 장소</td></tr>
<tr><td rowspan="2">국가, 지방자치단체 또는 지방자치단체조합이 공급하는 제46조 제3호에 따른 사업</td><td>원칙</td><td>사업에 관한 업무를 총괄하는 장소</td></tr>
<tr><td>예외</td><td>위임·위탁 또는 대리에 의하여 재화나 용역을 공급하는 경우에는 수임자·수탁자 또는 대리인이 그 업무를 총괄하는 장소</td></tr>
<tr><td>「송유관 안전관리법」 제2조 제3호의 송유관설치자가 송유관을 통하여 재화 또는 용역을 공급하는 사업</td><td colspan="2">사업에 관한 업무를 총괄하는 장소</td></tr>
<tr><td rowspan="3">부동산임대업</td><td>원칙</td><td>부동산의 등기부상 소재지</td></tr>
<tr><td>(1) 부동산상의 권리만을 대여
(2) 다음 중 어느 하나에 해당하는 사업자가 부동산을 임대 [주]</td><td>그 사업에 관한 업무총괄장소</td></tr>
<tr><td colspan="2">[주] 사업에 관한 업무총괄장소를 사업장으로 보는 사업자
① 한국자산관리공사
② 농업협동조합자산관리회사
③ 「부동산투자회사법」에 따른 기업구조조정 부동산투자회사
④ 예금보험공사 및 정리금융회사
⑤ 「전기사업법」에 따른 전기사업자
⑥ 「전기통신사업법」에 따른 전기통신사업자
⑦ 「지방공기업법」에 따라 설립된 지방공사로서 기획재정부령으로 정하는 지방공사[25]
⑧ 한국농어촌공사
⑨ 한국도로공사
⑩ 한국철도시설공단
⑪ 한국토지주택공사</td></tr>
</table>

25) 아래 16개 지방공사
① 에스에이치(SH)공사, ② 부산도시공사, ③ 대구도시공사, ④ 인천도시공사, ⑤ 광주광역시도시공사, ⑥ 대전도시공사, ⑦ 울산광역시도시공사, ⑧ 강원도개발공사, ⑨ 전북개발공사, ⑩ 경상북도개발공사, ⑪ 경남개발공사, ⑫ 경기도시공사, ⑬ 제주특별자치도개발공사, ⑭ 충북개발공사, ⑮ 충청남도개발공사, ⑯ 전남개발공사

(2) 직매장, 하치장, 임시사업장의 사업장 여부

직매장은 사업장에 해당하며, 하치장과 임시사업장은 사업장에 해당하지 않는다.

구분	내용	사업장 해당 여부
직매장	사업자가 자기의 사업과 관련하여 생산하거나 취득한 재화를 직접 판매하기 위하여 특별히 판매시설을 갖춘 장소	○
하치장	재화를 보관하고 관리할 수 있는 시설만 갖춘 장소로서 하치장으로 신고된 장소	×
임시사업장	각종 경기대회나 박람회 등 행사가 개최되는 장소에 개설한 임시사업장으로서 임시사업장으로 신고된 장소	×

7. 납세의무 성립시기

지방소비세의 납세의무 성립시기는 부가가치세의 납세의무가 성립하는 때이다.

[참고] 부가가치세의 납세의무 성립시기(국세기본법 제21조)

구분	납세의무 성립시기
일반적인 경우	과세기간이 끝나는 때
수입재화	세관장에게 수입신고를 하는 때

8. 납세의무 확정

(1) 신고납부

「부가가치세법」에 따라 부가가치세를 신고납부한 경우에는 지방소비세도 신고납부한 것으로 본다. 즉, 지방소비세는 신고납부의 방식을 취하고 있으나, 부가가치세법을 적법하게 신고납부하였다면 지방소비세와 관련하여 별도의 신고납부 절차는 필요없다.

(2) 납입

지방소비세는 국세인 부가가치세의 일부를 지방세로 귀속시키는 것이다. 따라서 아래의 납입제도를 마련하고 있다.

구분	내용
납입	특별징수의무자는 징수한 지방소비세를 다음 달 20일까지 관할구역의 인구 등을 고려한 납입관리자(대통령령으로 정하는 특별시장·광역시장·특별자치시장·도지사·특별자치도지사)에게 징수명세서와 함께 납입해야 한다.
특별징수의무자	특별징수의무자는 아래의 자를 말한다. ① 납세지 관할 세무서장 ② 재화의 수입에 대한 부가가치세를 징수하는 세관장

5장 주민세

한눈에 보는 주민세

구분	등록면허세		
	균등분 주민세	재산분 주민세	종업원분 주민세
정의	법인 또는 개인에 균등하게 부과하는 지방세	사업소를 둔 사업주에게 부과하는 지방세	종업원의 급여총액에 대하여 부과하는 지방세
납세의무자	매년 7월 1일 현재 ① 일정 규모 이상 사업소가 있는 개인 ② 사업소를 둔 법인	매년 7월 1일 현재 사업소의 연면적이 330㎡를 초과하는 사업소를 둔 사업주	종업원에게 급여를 지급하는 사업주(최근 12개월간 월평균 지급액이 1억 3,500만원 초과)
비과세	① 국가 등 ② 주한외국정부기관 등	좌동	좌동
과세표준	별도규정 없음	사업소 연면적	종업원에게 지급한 그 달의 급여총액
세율	① 개인: 최대 5만원 ② 법인: 5만원~50만원	① 일반사업소:사업소 연면적 1㎡당 250원 ② 오염물질 배출사업소: 사업소 연면적 1㎡당 500원	종업원 급여총액의 0.5%
면세점	없음	사업소 연면적이 330㎡ 이하인 경우	최근 12개월 월평균 지급액이 1억 3,500만원 이하인 사업주
납세지	아래 소재지의 관할 지방자치단체 ① 개인: 주소지 또는 사업소 소재지 ② 법인: 사업소 소재지	사업소 소재지 관할 지방자치단체	급여를 지급한 날 현재의 사업소 소재지 관할 지방자치단체
납세의무 성립	과세기준일 (매년 7월 1일)	과세기준일 (매년 7월 1일)	종업원에게 급여를 지급하는 때
납세의무 이행	보통징수 (납기: 매년 8.16~8.31)	① 신고납부(원칙) ② 보통징수(① 미이행)	① 신고납부(원칙) ② 보통징수(① 미이행)

주민세는 [1] 균등분 주민세, [2] 재산분 주민세, [3] 종업원분 주민세로 구분하여 과세한다.

[1] 균등분 주민세

1. 기본사항

균등분 주민세는 법인 또는 개인에 대하여 균등하게 부과하는 주민세를 말한다.

2. 납세의무자

균등분 주민세의 납세의무자는 지방자치단체에 주소나 일정 규모 이상의 사업소를 둔 개인과 지방자치단체에 사업소를 둔 법인이다.

납세의무자 구분		납세의무자
개인	주소를 둔 개인	지방자치단체에 주소(외국인은 「출입국관리법」에 따른 체류지)를 둔 개인 단, 과세기준일 현재 다음 중 어느 하나에 해당하는 자는 제외 ① 「국민기초생활 보장법」에 따른 수급자 ② 「민법」에 따른 미성년자(그 미성년자가 미성년자가 아닌 자와 「주민등록법」상 같은 세대를 구성하고 있는 경우는 제외) ③ 「주민등록법」에 따른 세대원 및 이에 준하는 개인으로서 다음 중 어느 하나에 해당하는 자 ㉠ 납세의무자의 주소지(외국인의 경우에는 「출입국관리법」에 따른 체류지)와 체류지가 동일한 외국인으로서 「가족관계의 등록 등에 관한 법률」 제9조에 따른 가족관계등록부 또는 「출입국관리법」 제34조 제1항에 따른 외국인등록표에 따라 가족관계를 확인할 수 있는 사람 ㉡ 납세의무자의 직계비속으로서 「주민등록법」상 단독으로 세대를 구성하고 있는 미혼인 30세 미만의 사람 ④ 「출입국관리법」 제31조에 따른 외국인등록을 한 날부터 1년이 경과되지 아니한 외국인
	일정 규모 이상 사업소를 둔 개인	지방자치단체에 사업소를 둔 개인 중 직전연도 부가가치세 과세표준액[26] 4,800만원 이상인 개인으로서 아래 중 어느 하나에 해당하지 않는 사람(단, 다음 중 어느 하나에 해당하는 사람으로서 다른 업종의 영업을 겸업하는 사람은 제외) ① 담배소매인 ② 연탄 및 양곡소매인

26) 부가가치세 면세사업자의 경우에는 소득세법에 따른 총수입금액

		③ 노점상인 ④ 「유아교육법」 제2조 제2호에 따른 유치원의 경영자
법인	사업소를 둔 법인	지방자치단체에 사업소를 둔 법인 (법인세 과세대상이 되는 법인격 없는 사단·재단·단체 포함)

3. 비과세

다음 중 어느 하나에 해당하는 자에 대하여는 주민세를 부과하지 않는다.

① 국가, 지방자치단체 및 지방자치단체조합

② 주한외국원조단체,[27] 주한외국정부기관, 주한국제기구에 근무하는 외국인 (다만, 대한민국의 정부기관·국제기구 또는 대한민국의 정부기관·국제기구에 근무하는 대한민국의 국민에게 주민세와 동일한 성격의 조세를 부과하는 국가와 그 국적을 가진 외국인 및 그 국가의 정부 또는 원조단체의 재산에 대하여는 주민세를 부과)

4. 과세표준

균등분 주민세에 대한 과세표준은 별도로 존재하지 않고 법인 또는 개인의 특성에 따라 정액의 세율이 적용된다.

5. 세율

균등분 주민세의 세율은 (1) 개인의 세율과 (2) 법인의 세율로 구분할 수 있으며, 지방자치단체의 장은 조례로 정하는 바에 따라 균등분의 세율을 표준세율의 50% 범위에서 가감할 수 있다.

27) 주한외국정부기관·주한국제기구·「외국 민간원조단체에 관한 법률」에 따른 외국 민간원조단체

(1) 개인의 세율

개인의 구분	세율
지방자치단체의 관할구역에 주소를 둔 개인	지방자치단체의 장이 1만원을 초과하지 아니하는 범위에서 조례로 정하는 세액
지방자치단체에 사업소를 둔 개인	50,000원(표준세율)

(2) 법인의 표준세율

법인의 구분		세율
과세기준일 현재 자본금액 또는 출자금액[28]	과세기준일 현재 종업원수	
100억 초과	100명 초과	500,000원
	100명 이하	200,000원
50억 초과~100억 이하	100명 초과	350,000원
	100명 이하	200,000원
30억 초과~50억 이하	100명 초과	200,000원
	100명 이하	100,000원
10억 초과~30억 이하	100명 초과	100,000원
기타의 법인(자본금이나 출자금이 없는 법인을 포함)		50,000원

6. 납세지

균등분 주민세의 납세지는 다음에서 정하는 납세지를 관할하는 지방자치단체에서 주소지 또는 사업소 소재지마다 각각 부과한다.

구분	납세지
지방자치단체에 주소를 둔 개인	주소지
지방자치단체에 사업소를 둔 개인	사업소 소재지
법인	사업소 소재지

28) 당해 법인의 법인등기부상의 납입자본금 또는 출자금을 적용(지방세법 운영예규 법78-1)

7. 납세의무 성립시기

균등분 주민세의 납세의무 성립시기는 과세기준일이다. 균등분 주민세의 과세기준일은 매년 7월 1일로 한다. 2018년 12월 31일까지는 매년 8월 1일이었으나, 지방세법 개정으로 2019년 1월 1일 이후로는 매년 7월 1일이 과세기준일이다.

8. 납세의무 확정

(1) 보통징수

균등분 주민세의 징수는 보통징수의 방법으로 한다.

(2) 납기

균등분 주민세의 납기(납부기한)는 매년 8월 16일부터 8월 31일까지로 한다.

[2] 재산분 주민세

1. 기본사항

재산분 주민세는 사업소 연면적을 과세표준으로 하여 매년 7월 1일 현재 사업소를 둔 사업주에게 부과하는 주민세를 말한다.

2. 납세의무자

재산분 주민세의 납세의무자는 매년 7월 1일 현재의 사업주(매년 7월 1일 현재 1년 이상 계속하여 휴업하고 있는 자는 제외)로 한다. 사업주는 지방자치단체에 사업소를 둔 자(법인 또는 개인)를 말하며 사업소의 규모 등의 조건을 따지지 않는다.

다만, 사업소용 건축물의 소유자와 사업주가 다른 경우 이미 부과된 재산분 주민세를 사업주의 재산으로 징수해도 부족액이 있는 경우에 한하여 건축물의 소유자에게 제2차 납세의무를 지울 수 있다.

3. 비과세

재산분 주민세의 비과세 대상은 균등분 주민세의 비과세 규정과 동일하다.

4. 과세표준

재산분 주민세의 과세표준은 과세기준일 현재 사업소 연면적으로 한다. 이때 사업소용 건축물 연면적 중 1㎡ 미만은 계산하지 않는다.

5. 세율

재산분 주민세의 세율은 다음과 같다. 단, 사업소 연면적이 330㎡ 이하인 경우에는 재산분 주민세를 부과하지 않는다(재산분 주민세의 면세점).

재산분 주민세의 세율

구분	표준세율
일반적인 경우	사업소 연면적 1㎡당 250원 [주1]
오염물질 배출 사업소 [주2]	사업소 연면적 1㎡당 500원(일반세율의 2배 중과)

[주1] 재산분 주민세 표준세율

지방자치단체의 장은 조례로 정하는 바에 따라 재산분 주민세 세율을 그 이하로 정할 수 있다.

[주2] 오염물질 배출 사업소

아래 ①에서 ④ 중 어느 하나에 해당하는 사업소로서 지방세 납세의무성립일(과세기준일) 이전 최근 1년 내에 행정기관으로부터 「물환경보전법」 또는 「대기환경보전법」에 따른 개선명령·조업정지명령·사용중지명령·폐쇄명령을 받은 사업소(해당 법률에 따라 개선명령등을 갈음하여 과징금이 부과된 사업소를 포함)

① 「물환경보전법」 제33조에 따른 폐수배출시설 설치의 허가 또는 신고 대상 사업소로서 같은 법에 따라 배출시설 설치의 허가를 받지 아니하였거나 신고를 하지 아니한 사업소
② 「물환경보전법」에 따른 배출시설 설치의 허가를 받거나 신고를 한 사업소로서 해당 사업소에 대한 점검 결과 부적합 판정을 받은 사업소
③ 「대기환경보전법」 제23조에 따른 대기오염물질배출시설 설치의 허가 또는 신고 대상 사업소로서 같은 법에 따라 배출시설 설치의 허가를 받지 아니하였거나 신고를 하지 아니한

사업소

④ 「대기환경보전법」에 따른 배출시설 설치의 허가를 받거나 신고를 한 사업소로서 해당 사업소에 대한 점검 결과 부적합 판정을 받은 사업소

6. 납세지

재산분 주민세의 납세지는 과세기준일 현재 사업소 소재지를 관할하는 지방자치단체이며, 해당 지방자치단체에서 사업소별로 각각 부과한다.

다만, 사업소용 건축물이 2 이상의 시·군·구에 걸쳐 있는 경우 재산분 주민세는 건축물의 연면적에 따라 나누어 해당 지방자치단체의 장에게 각각 납부해야 한다.

7. 납세의무 성립시기

재산분 주민세의 납세의무 성립시기는 과세기준일이다. 재산분 주민세의 과세기준일은 매년 7월 1일로 한다.

8. 납세의무 확정

(1) 신고납부

재산분 주민세의 징수는 신고납부의 방법으로 한다. 따라서 재산분의 납세의무자는 매년 납부할 세액을 7월 1일부터 7월 31일까지를 납기로 하여 납세지를 관할하는 지방자치단체의 장에게 [별지 제37호서식] 주민세(재산분) 신고서에 따라 신고납부해야 한다.

(2) 보통징수

재산분 주민세의 납세의무자가 위 (1)의 신고납부의 의무를 이행하지 않으면 재산분 주민세액에 가산세(신고불성실가산세 및 납부불성실가산세)를 합한 금액을 보통징수의 방법으로 징수한다.

[별지 제37호서식] (2018. 12. 31. 개정) (앞쪽)

주민세(재산분) 신고서

※ 색상이 어두운 난은 신청인이 작성하지 아니하며, 뒤쪽의 작성방법을 읽고 작성하시기 바랍니다.

접수번호		접수일		관리번호
신고인 (납세자)	① 사업소명(상호)			
	② 성명(법인명)		③ 주민(법인)등록 번호	
	④ 사업소(과세대상) 소 재 지		⑤ 사업자등록번호	
	⑥ 전화번호		⑦ FAX번호	

년 신고납부 내역

과 세 표 준

⑧ 사업소용 건축물의 연면적	⑨ 과세제외 면적	⑩ 과세 면적
㎡	㎡	㎡

사업소 용도별 면적 상세내역(과세 및 비과세 전체)

⑪ 구분	⑫ 소유여부	⑬ 명칭 (층, 호수)	⑭ 사용용도	⑮ 면 적(㎡)	⑯ 과세/비과세

납부할 세액

⑰ 산출세액	원	무신고가산세	원
		과소신고가산세	원
		납부불성실가산세	원
		⑱ 가산세 합계	원
⑲ 신고세액합계(⑰+⑱)			원

「지방세법」 제83조제3항 및 같은 법 시행령 제84조제1항에 따라 위와 같이 신고합니다.

년 월 일

신고인 (서명 또는 인)

시장·군수·구청장 귀하

첨부서류	건축물 명세서(임차인 경우 임대차계약서 사본을 첨부하여야 합니다)	수수료 없음

접수증

(접수번호)

성명(법인명)		주 소	
년 주민세(재산분) 신고서 접수증입니다.	접수자		접수일
	성명	(서명 또는 인)	

210mm×297mm(일반용지 60g/㎡(재활용품))

(뒤쪽)

작성방법

□ 신고인(납세자)란

① **사업소명(상호)**: 「부가가치세법」 제8조,「법인세법」 제111조,「소득세법」 제168조에 따라 사업자등록을 한 경우 등록된 상호명을, 사업자등록을 하지 않은 경우에는 내부관리명칭을 사업소명으로 적습니다.

※ 사업소: 「지방세법」 제74조제4호에 따라 인적 및 물적 설비를 갖추고 계속하여 사업 또는 사무가 이루어지는 장소를 말하며, 같은 법 제75조제2항에 따라 매년 7월 1일 현재 1년 이상 휴업하고 있는 사업소는 신고대상에서 제외됩니다.

② **성명(법인명)**: 개인의 경우 성명, 법인의 경우 법인등기부등본상의 상호명을 적습니다.

③ **주민(법인)등록번호**: 개인은 주민등록번호, 외국인은 외국인등록번호, 법인은 법인등록번호를 적습니다.

④ **사업소(과세대상) 소재지**: 신고하려는 사업소의 도로명 주소 또는 지번주소를 적습니다.

⑤ **사업자등록번호**: 해당 사업소에 사업자등록을 한 경우에는 사업자등록번호를 적고, 사업자등록을 하지 않은 경우에는 빈 칸으로 둡니다.

⑥ **전화번호**: 연락이 가능한 유선전화 또는 휴대전화 번호를 적습니다.

※ 기재착오, 계산착오 등으로 과세관청에서 연락이 필요한 경우에 활용합니다.

⑦ **FAX번호**: 수신이 가능한 FAX번호를 기재하되, 기재를 원하지 않는 경우 생략할 수 있습니다.

□ 신고납부 내역란

⑧ **사업소용 건축물의 연면적**: 「건축법」 제2조제1항제2호에 따른 건축물(이와 유사한 형태의 건축물을 포함함)의 연면적을 적습니다. 다만, 건축물 없이 기계장치 또는 저장시설(수조, 저유조, 저장창고 및 저장조 등)만 있는 경우에는 그 수평투영면적을 적습니다.

⑨ **과세제외 면적**: 「지방세법 시행령」 제78조제1항제1호 단서에 따라 종업원의 보건, 후생, 교양 등에 직접 사용하는 건축물(기숙사, 합숙소, 사택, 구내식당, 의료실, 도서실, 박물관, 과학관, 미술관, 대피시설, 체육관, 도서관, 연수관, 오락실, 휴게실, 병기고 또는 실제 가동하는 오물처리시설, 공해방지시설용 건축물, 구내 목욕실·탈의실, 구내 이발소 및 탄약고)의 면적의 합계를 적습니다.

⑩ **과세면적**: 사업소용 건축물의 연면적에서 과세제외 면적을 뺀 값(⑧-⑨)을 적습니다.

⑪ **구분**: 사업소를 건축물, 기계장치, 저장시설로 구분하여 적습니다.

⑫ **소유여부**: 소유여부는 소유와 임차로 구분하여 적고, 임차인 경우 임대차계약서 사본을 첨부서류로 제출하여야 합니다.

⑬ **명칭**: 사업소 사용용도별로 구분 관리하는 명칭을 적고, 괄호 안에는 층, 호수를 적습니다.

⑭ **사용용도**: 해당 건축물, 기계장치, 저장시설이 실제 사용되는 구체적인 용도(예시: 사무실, 기계실, 체육관, 휴게실 등)를 적습니다.

⑮ **면적**: 사업소 사용용도별로 면적을 적습니다.

⑯ **과세/비과세**: ⑧과 ⑨를 참고하여 사업소를 사용용도별로 과세 또는 비과세로 구분하여 적습니다.

□ 납부할 세액

⑰ **산출세액**: 과세면적(⑩)에 「지방세법」 제81조제1항·제2항에 따른 세율을 곱하여 산출한 세액을 적습니다. 다만, 같은 조 제3항 및 「지방세법 시행령」 제83에 따른 오염물질 배출 사업소는 중과세 대상이므로 세율을 1㎡당 500원으로 적용하여 산출한 세액을 적습니다.

※ 오염물질 배출 사업소: 폐수 또는 「폐기물관리법」 제2조제3호에 따른 사업장폐기물 등을 배출하는 사업소로서 납세의무 성립일(매년 7월 1일) 이전 최근 1년 내에 행정기관으로부터 「물환경보전법」 또는 「대기환경보전법」에 따른 개선명령·조업정지명령·사용중지명령 또는 폐쇄명령을 받은 사업소(해당 법률에 따라 개선명령 등을 갈음하여 과징금이 부과된 사업소를 포함함)를 말합니다.

⑱ **가산세 합계**: 「지방세기본법」 제53조의 무신고 가산세, 같은 법 제54조의 과소신고가산세, 같은 법 제55조의 납부불성실가산세를 산출하여 합계금액을 적습니다. 이 경우 같은 법 제57조에 따른 가산세의 감면 사유에 해당하는 경우에는 감면 후의 금액을 적습니다.

⑲ **신고세액 합계**: 신고인이 납부하여야 할 세액의 합계(⑰+⑱)를 적습니다.

□ **문의사항은 시(군·구) 과(☎ -)로 문의하시기 바랍니다.**

210mm×297mm[백상지(80g/㎡) 또는 중질지(80g/㎡)]

[3] 종업원분 주민세

1. 기본사항

종업원분 주민세는 종업원의 급여총액을 과세표준으로 하여 부과하는 주민세를 말한다.

이때 종업원의 급여총액과 종업원의 의미는 다음과 같다.

종업원의 급여총액과 종업원의 의미

구분	내용
종업원의 급여총액	• 사업소의 종업원에게 지급하는 봉급, 임금, 상여금, 기타 유사한 성질을 가지는 급여로서 「소득세법」 제20조 제1항에 따른 근로소득에 해당하는 급여총액 • 단, 아래의 급여는 제외[29] ① 「소득세법」 제12조 제3호에 따른 비과세 대상 급여 ② 「남녀고용평등과 일·가정 양립 지원에 관한 법률」 제19조에 따른 육아휴직을 한 종업원이 그 육아휴직 기간 동안 받는 급여 ③ 6개월 이상 계속하여 육아휴직을 한 종업원이 직무 복귀 후 1년 동안 받는 급여
종업원	• 사업소에 근무하거나 사업소로부터 급여를 지급받는 임직원, 그 밖의 종사자로서로서 급여의 지급 여부와 상관없이 사업주 또는 그 위임을 받은 자와의 계약에 따라 해당 사업에 종사하는 사람(국외근무자는 제외) • 위 계약은 그 명칭·형식·내용과 상관없이 사업주 또는 그 위임을 받은 자와 한 모든 고용계약으로 하고, 현역 복무 등의 사유로 해당 사업소에 일정 기간 사실상 근무하지 않아도 급여를 지급하는 경우에는 종업원으로 봄

2. 납세의무자

종업원분 주민세의 납세의무자는 종업원에게 급여를 지급하는 사업주를 말한다.

3. 비과세

종업원분 주민세의 비과세 대상은 균등분 주민세 및 재산분 주민세의 비과세 규정과 동일하다.

29) 2020년 지방세법 개정규정으로 2020.1.1.부터 적용

4. 과세표준

종업원분 주민세의 과세표준은 종업원에게 지급한 그 달의 급여총액으로 한다.

5. 세율

종업원분 주민세의 표준세율은 종업원 급여총액의 0.5%이다. 지방자치단체의 장은 조례로 정하는 바에 따라 종업원분의 세율을 표준세율의 50% 범위에서 가감할 수 있다

단, 지방세 납세의무 성립일이 속하는 달부터 최근 1년간 해당 사업소 종업원 급여총액의 월평균금액[주1]이 법소정금액에 50을 곱한 금액[주2] 이하인 경우에는 종업원분 주민세를 부과하지 않는다.

[주1] 종업원 급여총액 월평균금액의 산정

구분	내용
월평균금액	사업소 종업원에게 지급한 급여총액 / 해당 개월 수
대상기간	• 납세의무 성립일이 속하는 달을 포함하여 최근 12개월간 • 사업기간이 12개월 미만인 경우 납세의무성립일이 속하는 달부터 개업일이 속하는 달까지의 기간
제외	개업 또는 휴·폐업 등으로 영업한 날이 15일 미만인 달의 급여총액과 그 개월 수는 종업원 급여총액의 월평균금액 산정에서 제외

[주2] 면세점 기준

구분	면세점	
	계산산식	금액
2016.1.1.~2019.12.31.	2백 7십만원 × 50	135,000,000원
2020.1.1. 이후	3백만원 × 50	150,000,000원

6. 납세지

종업원분 주민세의 납세지는 급여를 지급한 날30) 현재의 사업소 소재지31)를

30) 월 2회 이상 급여를 지급하는 경우 마지막으로 급여를 지급한 날

관할하는 지방자치단체이며, 해당 지방자치단체에서 사업소별로 각각 부과한다.

종업원분 주민세의 납세구분이 곤란한 경우에는 종업원분 주민세 총액을 주민세 재산분의 비율(건축물의 연면적 비율)에 따라 안분하여 해당 지방자치단체의 장에게 각각 납부해야 한다.

7. 납세의무 성립시기

종업원분 주민세의 납세의무 성립시기는 종업원에게 급여를 지급하는 때이다.

8. 납세의무 확정

(1) 신고납부

종업원분 주민세의 징수는 신고납부의 방법으로 한다. 종업원분 주민세의 납세의무자는 매월 납부할 세액을 다음 달 10일까지 납세지를 관할하는 지방자치단체의 장에게 [별지 제39호의2서식] 주민세(종업원분)신고서에 따라 신고납부해야 한다.

(2) 보통징수

종업원분 주민세의 납세의무자가 위 (1)의 신고납부의 의무를 이행하지 않으면 종업원분 주민세액에 가산세(신고불성실가산세 및 납부불성실가산세)를 합한 금액을 보통징수의 방법으로 징수한다.

9. 기타의 규정(중소기업 고용지원)

아래에 해당하는 중소기업에 대하여는 일정한 금액을 종업원분 주민세의 과세표준에서 공제하여 중소기업의 고용을 간접적으로 지원하는 제도를 두고 있다.

---

31) 사업소를 폐업하는 경우 폐업하는 날 현재의 사업소 소재지

<table>
<tr><th>구분</th><th colspan="2">내용</th></tr>
<tr><td rowspan="2">1</td><td>공제대상</td><td>중소기업[주1]의 사업주가 종업원을 추가로 고용한 경우
(단, 해당 월의 종업원 수[주2]가 50명을 초과하는 경우만 해당)</td></tr>
<tr><td>공제액</td><td>아래의 금액을 종업원분 주민세 과세표준에서 공제
(신고한 달의 종업원 수 - 직전연도의 월평균 종업원수[주3]) × 월 적용급여액[주4]</td></tr>
<tr><td rowspan="2">2</td><td>공제대상</td><td>다음 중 어느 하나에 해당하는 중소기업
① 사업소를 신설하면서 50명을 초과하여 종업원을 고용하는 경우
② 해당 월의 1년 전부터 계속하여 매월 종업원 수가 50명 이하인 사업소가 추가 고용으로 그 종업원 수가 50명을 초과하는 경우(해당 월부터 과거 5년 내에 종업원 수가 1회 이상 50명을 초과한 사실이 있는 사업소의 경우는 제외)</td></tr>
<tr><td>공제액</td><td>공제대상 중소기업별로 아래에서 정하는 달부터 1년 동안 월평균 종업원 수 50명에 해당하는 월 적용급여액[주4]을 종업원분 주민세 과세표준에서 공제<table><tr><td>구분</td><td>정하는 달</td></tr><tr><td>위 ①의 중소기업</td><td>종업원분을 최초로 신고해야 하는 달</td></tr><tr><td>위 ②의 중소기업</td><td>해당 월의 종업원분을 신고해야 하는 달</td></tr></table></td></tr>
<tr><td>용어</td><td colspan="2">[주1] 중소기업
「중소기업기본법」 제2조에 따른 중소기업(본 규정에서 모두 동일)

[주2] 종업원수
종업원의 월 통상인원을 기준으로 산정<table><tr><td rowspan="2">월 통상인원</td><td rowspan="2">=</td><td rowspan="2">해당 월의
상시고용
종업원수</td><td rowspan="2">+</td><td>해당월의 수시고용 종업원의 연 인원</td></tr><tr><td>해당 월의 일수</td></tr></table>
[주3] 직전연도 월평균 종업원수
① 직전연도의 월평균 종업원수가 50명 이하인 경우 50명으로 간주
② 휴업 등의 사유로 직전 연도의 월평균 종업원 수를 산정할 수 없는 경우 사업을 재개한 후 종업원분을 최초로 신고한 달의 종업원 수

[주4] 월 적용급여액
해당 월의 종업원 급여 총액을 해당 월의 종업원 수로 나눈 금액</td></tr>
</table>

[별지 제39호의2서식] (2018. 12. 31. 개정)

주민세(종업원분) 신고서

※ 색상이 어두운 난은 신청인이 작성하지 아니하며, 제3쪽의 작성방법을 읽고 작성하시기 바랍니다. (3쪽중 제1쪽)

접수번호	접수일자	관리번호

신고인 (납세자)	① 사업소명(상호)	
	② 성명(법인명)	③ 주민(법인)등록번호
	④ 본점 소재지	⑥ 사업자등록번호
	⑤ 사업소(과세대상) 소재지	
	⑦ 전화번호	⑧ FAX번호

년 월분 신고납부 (급여지급일: 년 월 일)	⑨ 종업원 수 (소수점 이하 1자리까지 기재)	⑩ 최근 1년간 종업원 급여총액의 월평균금액 (소수점 이하 1자리까지 기재)	과세표준		
			⑪ 급여총액	⑫ 과세제외급여액	⑬ 과세급여총액
	인	원	원	원	원

「지방세법」 제84조의5에 따른 과세표준 공제액

⑭ 직전 연도 월평균 종업원수 (소수점 이하 1자리까지 기재)	⑮ 신고월의 월 적용급여액 (⑬ /⑨)	⑯ 과세표준 공제액 (⑮×(⑨-⑭))
인	원	원

납부할 세액	⑰ 산출과표 (⑬-⑯)	원	⑱ 산출세액 (⑰×0.5%)	원	무신고가산세	원
					과소신고가산세	원
					납부불성실가산세	원
					⑲ 가산세 합계	원
	⑳ 신고세액합계 (⑱+⑲)					원

「지방세법」 제84조의6 및 같은 법 시행령 제85조의4에 따라 위와 같이 신고합니다.

년 월 일

신고인(납세자) (서명 또는 인)

시장 · 군수 · 구청장 귀하

접수증

(접수번호)

성명(법인명)		주 소	

년 주민세(종업원분) 신고서 접수증입니다.	접수자		접수일
	성명	(서명 또는 인)	

210mm×297mm(일반용지 60g/㎡(재활용품))

(3쪽중 제2쪽)

급여 총괄표

납세 의무자	사업소명(상호)	
	성명(법인명)	주민(법인)등록번호
	사업소(과세대상) 소재지	사업자등록번호
	전화번호	FAX 번호

사업소 인원 (소수점 이하 1자리까지 기재)	계	상시고용종업원	수시고용종업원	비고

20○○년 월분 급여 합계(**급여지급일: 20○○년 월 일)**

과 세 대 상		비과세대상		비 고
구 분	급여액	구 분	급여액	
기본급		기본급		
수 당		수 당		
상여금		상여금		
기 타		기 타		
합 계		합 계		

최근 12개월간 월급여총액(소수점 이하 1자리까지 기재)
※ 신고월(급여지급일이 속한 달) 이전 최근 12개월간의 월급여를 순서대로 기재합니다.

월별	평균	○○년	○○년	○○년	○○년	○○년	○○년	○○년	○○년	○○년	○○년	○○년	○○년
		월	월	월	월	월	월	월	월	월	월	월	신고월
급여 총액													

직전 연도 월별 종업원수 (소수점 이하 1자리까지 기재)
※「지방세법」 제84조의5에 따른 중소기업 고용지원 공제 대상에 해당하는 경우만 작성합니다

월별	계	1월	2월	3월	4월	5월	6월	7월	8월	9월	10월	11월	12월
종업 원수													

(3쪽중 제3쪽)

작성방법

□ 신고인(납세자)란

① **사업소명(상호)**: 「부가가치세법」 제8조, 「법인세법」 제111조, 「소득세법」 제168조에 따라 사업자등록을 한 경우 등록된 상호명을, 사업자등록을 하지 않은 경우에는 내부관리명칭을 사업소명으로 적습니다.

※ 사업소: 「지방세법」 제74조제4호에 따라 인적 및 물적 설비를 갖추고 계속하여 사업 또는 사무가 이루어지는 장소를 말합니다.

② **성명(법인명)**: 개인의 경우 성명, 법인의 경우 법인등기부등본상의 상호명을 적습니다.

③ **주민(법인)등록번호**: 개인은 주민등록번호, 외국인은 외국인등록번호, 법인은 법인등록번호를 적습니다.

④ **본점 소재지**: 법인등기부등본상 본점 소재지를 적습니다.

⑤ **사업소(과세대상) 소재지**: 신고하려는 사업소의 도로명 주소 또는 지번주소를 적습니다.

⑥ **사업자등록번호**: 해당 사업소에 사업자등록을 한 경우에는 사업자등록번호를 적고, 사업자등록을 하지 않은 경우에는 빈 칸으로 둡니다.

⑦ **전화번호**: 연락이 가능한 유선전화 또는 휴대전화 번호를 적습니다.

※ 기재착오, 계산착오 등으로 과세관청에서 연락이 필요한 경우에 활용합니다.

⑧ **FAX번호**: 수신이 가능한 FAX번호를 기재하되, 기재를 원하지 않는 경우 생략할 수 있습니다.

□ 신고납부란

⑨ **종업원 수**: 「지방세법 시행규칙」 제38조의2에 따른 월 통상인원[해당 월의 상시고용 종업원수 + (해당 월의 수시고용 종업원의 연인원/해당 월의 일수)]을 산출하여 기재합니다.

※ 수시고용 종업원의 연인원은 수시고용 종업원이 근무한 일수의 합계를 의미합니다.

(예시) 수시고용 종업원 3명이 각 10일, 15일, 20일씩 근무한 경우: (10×1 + 15×1 + 20×1) = 45

⑩ **최근 1년간 종업원 급여총액의 월평균금액**: 신고월을 포함하여 최근 12개월간 해당 사업소의 종업원에게 지급한 급여총액을 12로 나눈 값을 기재합니다. 이 경우 개업 또는 휴·폐업 등으로 영업한 날이 15일미만인 달의 급여총액과 그 개월수는 제외합니다.

⑪ **급여총액**: 신고월에 종업원에게 지급한 급여의 총액을 적습니다.

⑫ **과세제외급여액**: 「소득세법」 제12조제3호에 따른 비과세 대상 급여액을 적습니다.

⑬ **과세급여총액**: 급여총액에서 과세제외급여액을 차감한 금액(⑪-⑫)을 적습니다.

□ 「지방세법」 제84조의5에 따른 과세표준 공제액란

⑭ **직전 연도 월평균 종업원 수**: 「중소기업기본법」 제2조에 따른 중소기업의 사업주가 종업원을 추가로 고용한 경우 직전 연도의 월평균 종업원 수를 기재하되, 그 수가 50명 이하인 경우에는 50명으로 기재합니다.

⑮ **신고월의 월 적용급여액**: 과세급여총액(⑬)을 종업원 수(⑨)으로 나눈 값을 적습니다.

⑯ **과세표준 공제액**: 다음 계산식에 따라 산출한 값을 적습니다. 이 경우 다음 각 호의 어느 하나에 해당하는 경우에는 다음 각 호에서 정하는 달부터 1년간만 월평균 종업원 수 50명에 해당하는 월 적용급여액을 공제액으로 합니다.

과세표준 공제액 = 신고월의 월 적용급여액(⑮) x [신고월의 종업원 수(⑨) - 직전 연도 월평균 종업원 수(⑭)]

1. 사업소를 신설하면서 50명을 초과하여 종업원을 고용하는 경우: 종업원분을 최초로 신고하여야 하는 달
2. 해당 월의 1년 전부터 계속하여 매월 종업원 수가 50명 이하인 사업소가 추가 고용으로 그 종업원수가 50명을 초과하는 경우(과거 5년 내에 종업원 수가 1회 이상 50명을 초과한 사실이 있는 사업소의 경우는 제외함): 해당 월의 종업원분을 신고하여야 하는 달

□ 납부할 세액란

⑰ **산출과표**: 과세급여총액에서 공제액을 차감한 액수(⑬-⑯)를 적습니다.

⑱ **산출세액**: 산출과표(⑰)에 「지방세법」 제84조의3에 따른 세율을 곱하여 산출한 세액을 적습니다.

⑲ **가산세 합계**: 「지방세기본법」 제53조의 무신고 가산세, 같은 법 제54조의 과소신고가산세, 같은 법 제55조의 납부불성실가산세를 산출하여 합계금액을 적습니다. 이 경우 같은 법 제57조에 따른 가산세의 감면사유에 해당하는 경우에는 감면 후의 금액을 적습니다.

⑳ **신고세액 합계**: 신고인이 납부하여야 할 세액의 합계(⑱+⑲)를 적습니다.

□ 문의사항은 시(군·구) 과(☎ -)로 문의하시기 바랍니다.

210㎜×297㎜[백상지(80g/㎡) 또는 중질지(80g/㎡)]

6장 지방소득세

한눈에 보는 지방소득세

<table>
<tr><th rowspan="2">구분</th><th colspan="4">지방소득세</th></tr>
<tr><th colspan="2">법인지방소득세</th><th colspan="2">개인지방소득세</th></tr>
<tr><td>정의</td><td colspan="2">법인의 소득에 대한 세금</td><td colspan="2">개인의 소득에 대한 세금</td></tr>
<tr><td>납세의무자</td><td colspan="2">법인세법에 따른 법인세 납세의무자</td><td colspan="2">소득세법에 따른 소득세 납세의무자</td></tr>
<tr><td rowspan="2">소득구분</td><td colspan="2" rowspan="2">① 각사업연도소득(연결소득 포함)
② 청산소득
③ 토지 등 양도소득
④ 미환류소득</td><td>거주자</td><td>① 종합소득(이자, 배당, 사업, 근로, 연금, 기타)
② 퇴직소득
③ 양도소득</td></tr>
<tr><td>비거주자</td><td>국내원천소득</td></tr>
<tr><td>납세의무자</td><td colspan="2">법인세법에 따른 법인세 납세의무자</td><td colspan="2">소득세법에 따른 소득세 납세의무자</td></tr>
<tr><td>비과세</td><td colspan="2">법인세법 및 조세특례제한법에 따라 법인세가 비과세되는 소득</td><td colspan="2">소득세법 및 조세특례제한법에 따라 소득세가 비과세되는 소득</td></tr>
<tr><td>과세표준</td><td colspan="2">법인세법 과세표준 규정에 따름</td><td colspan="2">소득세법 과세표준 규정에 따름</td></tr>
<tr><td rowspan="8">세율</td><td>과세표준</td><td>세율
(법인세율의 10%)</td><td>과세표준</td><td>세율
(소득세율의 10%)</td></tr>
<tr><td rowspan="2">2억원 이하</td><td rowspan="2">1%</td><td>1,200만원 이하</td><td>0.6%</td></tr>
<tr><td>4,600만원 이하</td><td>1.5%</td></tr>
<tr><td rowspan="2">200억원 이하</td><td rowspan="2">2%</td><td>8,800만원 이하</td><td>2.4%</td></tr>
<tr><td>1억 5천만원 이하</td><td>3.5%</td></tr>
<tr><td>3천억원 이하</td><td>2.2%</td><td>3억원 이하</td><td>3.8%</td></tr>
<tr><td rowspan="2">3천억원 초과</td><td rowspan="2">2.5%</td><td>5억원 이하</td><td>4.0%</td></tr>
<tr><td>5억원 초과</td><td>4.2%</td></tr>
<tr><td rowspan="3">납세지</td><td>구분</td><td>납세지(예외 있음)</td><td>구분</td><td>납세지(예외 있음)</td></tr>
<tr><td>내국법인</td><td>본점 소재지</td><td>거주자</td><td>주소지 또는 거소지</td></tr>
<tr><td>외국법인</td><td>국내사업장 소재지</td><td>비거주자</td><td>국내사업장 소재지 등</td></tr>
<tr><td>안분</td><td colspan="2">2 이상 지방자치단체에 사업장이 있는 경우 ① 종업원수, ② 건축물 연면적 기준에 따라 안분</td><td colspan="2">별도 규정 없음</td></tr>
<tr><td>납세의무
성립</td><td colspan="2">법인세 납세의무가 성립하는 때
(과세기간이 끝나는 때 등)</td><td colspan="2">소득세 과세기간이 끝나는 때
(매년 12월 31일)</td></tr>
</table>

납세의무 확정	신고납부(각사업연도 종료일이 속하는 달의 말일부터 4개월 이내 등)	신고납부(소득세 신고기한까지)

1. 기본사항

지방소득세는 법인의 소득과 개인의 소득에 대한 세금이다. 지방소득세의 가장 큰 핵심은 독립세로의 전환이다.

지방소득세는 2014년 이전에는 법인의 소득에 대한 법인세액과 개인의 소득에 대한 소득세액의 10%를 지방소득세로 과세하였다. 즉, 지방소득세는 국세인 법인세와 소득세에 관한 부가세[32]의 방식으로 과세하는 지방세였다. 2014년부터는 부가세가 아닌 독립세의 방식으로 과세하도록 지방세관계법이 개정되었다.

법인지방소득세를 예로 들어 독립세와 부가세의 차이를 살펴본다.

부가세와 독립세에 따른 법인지방소득세 예시

구분	법인세	법인 지방소득세	
		2013.12.31. 이전 (부가세)	2014.01.01. 이후 (독립세)
① 과세표준	150,000,000원	(별도규정 없음)	150,000,000
② 세율	10%	10%	1%
③ 산출세액(=①×②)	15,000,000원	(별도규정 없음)	15,000,000원
④ 세액감면 · 공제	2,000,000원	(별도규정 없음)	현재 적용하지 않음
⑤ 납부세액(=③-④)	13,000,000원	1,300,000원 (=법인세액의 10%)	1,500,000원

2013.12.31. 이전에는 법인지방소득세에 관한 과세표준과 세액공제 등의 개념은 별도로 존재하지 않았다. 법인세액이 확정되면 법인지방소득세도 그 법인세액의 10%로 자동적으로 확정되기 때문이다.

2014.01.01. 이후 법인지방소득세는 독립세로 전환되었다. 그에 따라 법인지방소득세에 관한 과세표준, 세율, 세액공제 및 감면 등에 관한 사항이 신설되었다.

32) 부가세라고 하며 다른 세금에 부가하여 과세하는 세금을 말함. 일상에서 부가가치세를 줄여서 부가세라고 부르지만, 법의 용어상 부가세(Surtax)와 부가가치세(Value Added Tax)와는 다른 개념임

다만, 독립세 전환에 따른 급격한 세부담의 변동을 막기 위해서 현행 지방세법에 따른 법인지방소득세는 독립세 전환 이후에도 독립세 전환 전인 법인세액의 10%과 그 부담세액이 유사하도록, 지방소득세 세율을 정하고 있다.

그렇다면 지방소득세를 굳이 독립세 방식으로 전환한 의미가 무엇인지 궁금할 수 있다. 결론부터 말하면 독립세 방식은 지방세의 안정적인 세수확보를 가능하게 해준다.

법인지방소득세를 법인세의 부가세 방식으로 과세할 경우 만약 법인세율이 10%에서 9%로 인하되면 법인지방소득세도 그만큼 감소된다. 부가세 방식에서는 법인세와 별도로 법인지방소득세를 결정할 수 없기 때문이다.

반면 법인지방소득세를 독립세 방식으로 과세할 때는 법인지방소득세의 과세표준과 세율을 별도로 정할 수 있다. 만약 법인세율이 10%에서 9%로 인하되어도, 법인지방소득세율은 인하하지 않는 결정을 할 수 있는 것이다.

'법인지방소득세에 관한 세액공제·감면'의 규정이 독립세 전환에 따른 대표적인 변경사항이다. 부가세 방식에서는 별도로 세액공제·감면에 관한 규정이 없으므로 법인세의 세액공제·감면의 규정까지 적용된 최종 법인세액의 10%를 법인지방소득세로 하였다. 그런데 2014년 독립세 방식으로 전환 후 지방세특례제한법에서 지방소득세에 관한 세액공제 및 감면에 관한 규정을 별도로 정하면서 법인지방소득세는 그 세액공제·감면을 적용하지 않도록 하였다. 따라서 해당 부분만큼 지방세가 더 많이 부과되어 실질적으로는 법인세액의 10%보다 높은 세율을 적용하는 것이다. 다만, 개인지방소득세는 세액공제·감면을 그대로 인정하여 과거 부가세 방식과 큰 차이가 없다.

이렇듯 지방소득세에 대한 독립세 방식의 전환은 지방자치단체로 하여금 그 과세권의 독립성을 부여하는 의미가 있다.

2. 납세의무자

지방소득세의 납세의무자는 「소득세법」에 따른 소득세 또는 「법인세법」에 따른 법인세의 납세의무가 있는 자이다. 지방소득세 납부의무의 범위는 「소득세법」과 「법인세법」에서 정하는 바에 따른다.[33]

33) 지방소득세는 그 특성상 상당 내용이 법인세법과 소득세법에 관한 것이라 본서에서는 지방세

지방소득세 납세의무자와 관련하여 이해해야 할 사항은 다음과 같다.

(1) 법인 및 개인과 법인지방소득 및 개인지방소득의 구분

법인과 개인, 그리고 법인지방소득과 개인지방소득의 범위는 다음과 같다.

법인과 개인의 구분 및 법인지방소득과 개인지방소득의 범위

<table>
<tr><th rowspan="3">구분</th><th rowspan="3" colspan="2">법인의 구분</th><th colspan="5">법인지방소득의 범위</th></tr>
<tr><th rowspan="2">법인지방소득 범위</th><th colspan="2">내국법인</th><th colspan="2">외국법인</th></tr>
<tr><th>영리</th><th>비영리</th><th>영리</th><th>비영리</th></tr>
<tr><td rowspan="4">법인</td><td rowspan="2">내국
법인</td><td>영리내국법인</td><td>각사업연도소득 [주]</td><td>○</td><td>○</td><td>○</td><td>○</td></tr>
<tr><td>비영리내국법인</td><td>청산소득</td><td>○</td><td>○</td><td>○</td><td>○</td></tr>
<tr><td rowspan="2">외국
법인</td><td>영리외국법인</td><td>토지등 양도소득</td><td>○</td><td>×</td><td>×</td><td>×</td></tr>
<tr><td>비영리외국법인</td><td>미환류소득</td><td>○</td><td>×</td><td>×</td><td>×</td></tr>
<tr><td>구분</td><td colspan="2">개인의 구분</td><td colspan="5">개인지방소득의 범위</td></tr>
<tr><td rowspan="4">개인</td><td rowspan="2">거주자</td><td>사업자</td><td colspan="5" rowspan="2">1. 종합소득(① 이자소득, ② 배당소득, ③ 사업소득, ④ 근로소득, ⑤ 연금소득, ⑥ 기타소득)
2. 퇴직소득
3. 양도소득</td></tr>
<tr><td>비사업자</td></tr>
<tr><td rowspan="2">비거주자</td><td>사업자</td><td colspan="5" rowspan="2">13가지 국내원천소득
(① 이자소득, ② 배당소득, ③ 부동산소득, ④ 선박등임대소득, ⑤ 사업소득, ⑥ 인적용역소득, ⑦ 근로소득, ⑧ 퇴직소득, ⑨ 연금소득, ⑩ 부동산등양도소득, ⑪ 사용료소득, ⑫ 유가증권양도소득, ⑬ 기타소득)</td></tr>
<tr><td>비사업자</td></tr>
</table>

[주] 각사업연도소득의 범위

<table>
<tr><th colspan="2">구분</th><th>각사업연도 소득의 범위</th></tr>
<tr><td rowspan="2">내국법인</td><td>영리법인</td><td>국내원천소득과 국외원천소득(=법인의 모든 소득)</td></tr>
<tr><td>비영리법인</td><td>국내원천소득 및 국외원천소득 중 수익사업에서 발생한 소득</td></tr>
<tr><td rowspan="2">외국법인</td><td>영리법인</td><td>국내원천소득</td></tr>
<tr><td>비영리법인</td><td>국내원천소득 중 수익사업에서 발생한 소득</td></tr>
</table>

(2) 지방소득세의 체계

현행 지방세법상 지방소득세의 법체계는 ① 법인과 개인, ② 법인지방소득과 개인지방소득의 범위를 고려하여 다음과 같이 '절'의 형태로 나누어 구성되어 있다.

법 이해 목적의 범위만 기술함

구분			지방세법 규정
법인	내국법인	각사업연도소득	6절. 내국법인의 각사업연도소득에 대한 지방소득세 7절. 내국법인의 각연결사업연도소득에 대한 지방소득세
		청산소득	8절. 내국법인의 청산소득에 대한 지방소득세
	외국법인	각 사업연도소득	9절. 외국법인의 각사업연도의 소득에 대한 지방소득세
	동업기업		10절. 동업기업에 대한 과세특례
개인	거주자	1. 종합소득 2. 퇴직소득	2절. 거주자의 종합소득·퇴직소득에 대한 지방소득세
		3. 양도소득	3절. 거주자의 양도소득에 대한 지방소득세
	비거주자	국내원천소득	4절. 비거주자의 소득에 대한 지방소득세
	특별징수		5절. 개인지방소득세 대한 특별징수

(3) 과세기간 및 사업연도

법인지방소득세의 각 사업연도는 법인세법의 사업연도 규정에 따른다. 개인지방소득세의 과세기간은 소득세법 제5조에 따른 기간으로 한다.

법인의 사업연도 및 개인의 과세기간

구분	내용		
	구분	법인의 사업연도	
법인지방소득세 (법인세법 제6조~제8조)	일반사업연도	법령이나 법인의 정관에서 정하는 1회계기간(단, 1년을 초과하지 못함)	
	의제사업연도	구분	의제사업연도
		해산	① 사업연도개시일~해산등기일 ② 해산등기일 다음날~사업연도종료일
		합병	사업연도개시일~합병등기일
		분할	사업연도개시일~분할등기일
		청산 중	사업연도개시일~잔여재산가액 확정일
		청산 중 사업계속	① 사업연도개시일~계속등기일 ② 계속등기일 다음날~사업연도종료일
개인지방소득세 (소득세법 제5조)	구분	개인의 과세기간	
	일반	1월 1일부터 12월 31일까지	
	거주자가 사망	1월 1일부터 사망한 날까지	
	출국에 따른 비거주자	1월 1일부터 출국한 날까지	

3. 비과세

소득세법, 법인세법, 조세특례제한법에 따라 소득세 또는 법인세가 비과세되는 소득에 대하여는 지방소득세를 과세하지 않는다.

4. 과세표준

법인지방소득세 및 개인지방소득세의 과세표준은 각각 법인세법 및 소득세법에 따른 과세표준의 규정에 따른다.

5. 세율

법인지방소득세 및 개인지방소득세의 세율은 각각 다음과 같다. 현행 지방세법은 독립세 전환 이후 종전의 지방세 부담수준을 유지하기 위하여 법인세율 및 소득세율의 10%를 적용하고 있다.

세율

구분	과세표준	세율	
		지방소득세율	[참고] 법인세율 및 소득세율
법인	2억원 이하	1%	10%
	2억원 초과 200억원 이하	2%	20%
	200억원 초과 3천억원 이하	2.2%	22%
	3천억원 초과	2.5%	25%
개인	1,200만원 이하	0.6%	6%
	1,200만원 초과 4,600만원 이하	1.5%	15%
	4,600만원 초과 8,800만원 이하	2.4%	24%
	8,800만원 초과 1억 5천만원 이하	3.5%	35%
	1억 5천만원 초과 3억원 이하	3.8%	38%
	3억원 초과 5억원 이하	4.0%	40%
	5억원 초과	4.2%	42%

6. 납세지

(1) 지방소득세의 납세지

지방소득세의 납세지는 다음과 같다.

지방소득세 납세지

<table>
<tr><th>구분</th><th colspan="3">내용</th></tr>
<tr><td rowspan="5">법인지방소득세</td><td colspan="3">납세지</td></tr>
<tr><td rowspan="3">원칙</td><td>구분</td><td>내용</td></tr>
<tr><td>내국법인</td><td>① 법인 등기부에 따른 본점·주사무소의 소재지
② 국내에 본점·주사무소가 없는 경우 사업을 실질적으로 관리하는 장소의 소재지</td></tr>
<tr><td>외국법인</td><td>① 국내사업장의 소재지(2 이상이면 주된 국내사업장)
② 국내사업장이 없는 외국법인으로서 국내원천 부동산소득 또는 국내원천 부동산등양도소득이 있는 외국법인은 그 자산의 소재지</td></tr>
<tr><td>예외</td><td colspan="2">① 법인 또는 연결법인이 2 이상의 지방자치단체에 사업장이 있는 경우 각각의 사업장 소재지 [주]
② 법인이 사업장을 이전한 경우 해당 법인지방소득세의 납세지는 해당 법인의 사업연도 종료일 현재 그 사업장 소재지</td></tr>
<tr><td rowspan="4">개인지방소득세</td><td colspan="3">납세지</td></tr>
<tr><td rowspan="2">원칙</td><td>거주자</td><td>① 주소지
② 주소지가 없는 경우 그 거소지</td></tr>
<tr><td>비거주자</td><td>① 국내사업장의 소재지
② 국내사업장이 2 이상: 주된 국내사업장 소재지
③ 국내사업장이 없음: 국내원천소득 발생장소</td></tr>
<tr><td>예외</td><td colspan="2">1. 납세지가 불분명한 경우
① 주소지가 2 이상인 때에는 「주민등록법」에 의하여 등록된 곳
② 거소지가 2 이상인 때에는 생활관계가 보다 밀접한 곳
③ 국내에 2 이상의 사업장이 있는 비거주자의 경우 그 주된 사업장을 판단하기가 곤란한 때에는 당해 비거주자가 납세지로 신고한 장소
④ 국내사업장이 없는 비거주자에게 국내의 2 이상의 장소에서 국내원천 부동산소득 또는 국내원천 부동산등양도소득이 발생하는 경우 그 국내원천소득이 발생하는 장소 중에서 해당 비거주자가 납세지로 신고한 장소
⑤ 비거주자가 소득세법 규정에 의한 신고를 하지 않은 경우 소득상황 및 세무관리의 적정성 등을 참작하여 국세청장 또는 관할 지방국세청장이 지정하는 장소</td></tr>
</table>

		2. 아래 해당하는 개인지방소득세의 납세지 근무지를 변경하거나 2 이상의 사용자로부터 근로소득을 받는 근로자에 대한 개인지방소득세를 연말정산하여 개인지방소득세를 환급하거나 추징해야 하는 경우 ① 근무지를 변경한 근로자: 연말정산 대상 과세기간의 종료일 현재 근무지 ② 2 이상의 사용자로부터 근로소득을 받는 근로자: 연말정산 대상 과세기간의 종료일 현재 주된 근무지

(2) 법인지방소득세의 안분

2 이상의 지방자치단체에 법인의 사업장이 있는 경우 아래의 기준에 따라 법인지방소득세를 안분하여 그 소재지 관할 지방자치단체의 장에게 각각 신고납부해야 한다.

법인지방소득세의 안분기준

구분	내용
안분율	$\left[\left(\frac{\text{해당 사업장 종업원수}}{\text{법인 총 종업원 수}}\right)\right] + \left(\frac{\text{해당 사업장 건축물 연면적}}{\text{법인 총 건축물 연면적}}\right)\right] \div 2$
종업원수 (각사업연도 종료일 현재 기준)	현재 사업소에 근무하거나 사업소로부터 급여를 지급받는 임직원, 그 밖의 종사자로서 급여의 지급 여부와 상관없이 사업주 또는 그 위임을 받은 자와의 계약에 따라 해당 사업에 종사하는 사람
건축물 연면적 (각사업연도 종료일 현재 기준)	각 사업연도 종료일 현재의 아래 연면적 ① 사업장으로 직접 사용하는 「건축법」 제2조 제1항 제2호에 따른 건축물의 연면적(타인에게 임대하는 건축물은 포함하지 않음) ② 구조적 특성상 연면적을 정하기 곤란한 기계장치 또는 시설물(수조·저유조·저장창고·저장조·송유관·송수관·송전철탑만 해당)의 경우에는 그 수평투영면적
비고	종업원수와 건축물 연면적의 구체적 안분방법은 지방세법 시행규칙 [별표4]의 세부 적용기준을 적용

[별표 4] 법인지방소득세 안분계산 시 세부 적용기준

1) 종업원수

구분	적용례	
「소득세법」 제12조 제3호에 따른 비과세 대상 급여만을 받는 사람	○	종업원 수에 포함
대표자	○	종업원 수에 포함

현역복무 등의 사유로 사실상 해당 사업소에 일정기간 근무하지 아니하는 사람	○ (△)	급여를 지급하는 경우 종업원 수에 포함
국외파견자 또는 국외교육 중인 사람	×	종업원 수에 포함하지 않음
국내교육 중인 사람	○	종업원 수에 포함
고용관계가 아닌 계약에 따라 사업소득에 해당하는 성과금을 지급하는 방문판매원	×	종업원 수에 포함하지 않음
특정업무의 수요가 있을 경우에만 이를 수임 처리하기로 하고 월간 또는 연간 일정액의 급여를 지급받는 자	○	종업원 수에 포함
해당 사업장에 근무하지 아니하고 사업주로부터 급여를 지급받지 아니하는 비상근이사	×	종업원 수에 포함하지 않음
소속회사 직원이 용역이나 도급계약 등에 의하여 1년이 초과하는 기간 동안 계약업체에 파견되어 일정한 장소에서 계속 근무하는 자	△	계약업체의 종업원 수에 포함
물적설비 없이 인적설비만 있는 사업장의 종업원	○	본점 또는 주사업장의 종업원 수에 포함

2) 건축물 연면적 등

구분	적용례
사업연도 종료일 현재 미사용중인 공실의 연면적	사용을 개시하지 않은 경우는 건축물 연면적에 포함하지 않음
	사용하던 중 사업연도 종료일 현재 일시적 미사용 상태인 경우 건축물 연면적에 포함
기숙사 등 직원 후생복지시설의 연면적	법인 목적사업 및 복리후생에 공여되는 시설 중 직원 후생복지시설은 건축물 연면적에 포함
공동도급공사 수행을 위한 현장사무소의 연면적	각 참여업체가 공동으로 사용하고 있는 현장사무소의 경우로 실제 사용면적 산정이 불가능한 경우 도급공사 지분별로 안분
건설법인의 사업연도 종료일 현재 미분양 상태로 소유하고 있는 주택과 상가의 연면적	법인의 사업장으로 직접 사용하고 있지 않은 것으로 보아 안분대상 건축물에 포함하지 않음
별도의 사업장이 필요하지 않아 주소지 또는 거소지를 사업장소재지로 등록한 경우 주소지 또는 거소지의 연면적	주소지 또는 거소지를 사업장소재지로 하여 사업자등록을 하였더라도, 사실상 별도의 사업장이 없는 것으로 보아 해당 주소지 또는 거소지의 면적을 건축물 연면적에 포함하지 않음
수평투영면적의 적용	지하에 설치된 시설물을 포함
	기계장치 또는 각 시설물의 수평투영면적은 사업연도 종료일 현재 고정된 상태에서의 바닥면적을 적용

	수평투영면적을 산정하기 곤란한 경우, 기계장치 또는 각 시설물의 설계 도면상 면적을 적용
기계장치의 범위	기계장치란 동력을 이용한 작업도구 중 특정장소에 고정된 것을 말하며, 그 기계의 작동에 필수적인 부대설비를 포함하여 적용함

(3) 특별시 또는 광역시의 일괄 신고납부

같은 특별시·광역시 안의 2 이상의 구에 사업장이 있는 법인은 해당 특별시·광역시에 납부할 법인지방소득세를 본점·주사무소의 소재지(연결법인은 모법인의 본점·주사무소)를 관할하는 구청장에게 일괄하여 신고·납부해야 한다.

다만, 특별시·광역시 안에 법인의 본점 또는 주사무소가 없는 경우에는 주된 사업장(해당 특별시·광역시 안에 소재하는 사업장 중 종업원의 수가 가장 많은 사업장)의 소재지를 관할하는 구청장에게 신고·납부한다.

7. 납세의무 성립시기

지방소득세 납세의무 성립시기는 과세표준이 되는 소득에 대하여 소득세·법인세의 납세의무가 성립하는 때를 말한다.

납세의무 성립시기

구분		납세의무 성립시기	[비고] 과세기간
법인세	일반적인 법인세	과세기간이 끝나는 때	사업연도
	청산소득의 법인세	법인이 해산을 하는 때	
	원천징수하는 법인세	소득금액을 지급하는 때	
소득세	일반적인 법인세	과세기간이 끝나는 때	1월 1일부터 12월 31일까지
	원천징수하는 소득세	소득금액을 지급하는 때	

8. 납세의무 확정

지방소득세는 신고납부의 방법에 따르며 세부적인 방법은 법인 또는 개인, 각 지방소득의 구분에 따라 다음과 같다.

<table>
<tr><th colspan="2">구분</th><th colspan="3">내용</th></tr>
<tr><td rowspan="4">법인
[주]</td><td>각사업연도소득</td><td colspan="3">각 사업연도의 종료일이 속하는 달의 말일부터 4개월 이내에 신고납부</td></tr>
<tr><td rowspan="3">청산소득</td><td>구분</td><td colspan="2">내용</td></tr>
<tr><td>청산 후 해산</td><td colspan="2">잔여재산가액확정일이 속하는 달의 말일부터 3개월 이내 신고납부</td></tr>
<tr><td>일부 청산 후 존속</td><td colspan="2">계속등기일이 속하는 달의 말일부터 3개월 이내 신고납부</td></tr>
<tr><td rowspan="7">개인</td><td>종합소득 중 근로소득</td><td colspan="3">매월 특별징수 후 다음연도 2월에 연말정산</td></tr>
<tr><td>근로소득 외 종합소득</td><td colspan="3">신고납부(해당 과세기간 다음 연도 5월까지)</td></tr>
<tr><td>퇴직소득</td><td colspan="3">신고납부(해당 과세기간 다음 연도 5월까지)</td></tr>
<tr><td rowspan="4">양도소득</td><td>구분</td><td>양도자산</td><td>내용</td></tr>
<tr><td rowspan="2">예정신고</td><td>부동산 등</td><td>양도일이 속하는 달의 말일부터 2개월 이내 신고납부</td></tr>
<tr><td>주식 등</td><td>양도일이 속하는 반기의 말일부터 2개월 이내 신고납부</td></tr>
<tr><td>확정신고</td><td colspan="2">신고납부(해당 과세기간 다음연도 5월까지)</td></tr>
<tr><td rowspan="2">특별징수</td><td>법인지방소득</td><td rowspan="2" colspan="3">특별징수의무자가 징수한 날의 다음 달 10일까지 신고납부(특별징수세액은 기납부세액으로 공제)</td></tr>
<tr><td>개인원천징수</td></tr>
</table>

[주] 법인지방소득세의 신고서와 첨부서류

구분	내용
신고서	[별지 제43호서식] 법인지방소득세 과세표준 및 세액신고서
첨부서류	① 기업회계기준을 준용하여 작성한 개별 내국법인의 재무상태표·포괄손익계산서 및 이익잉여금처분계산서(또는 결손금처리계산서) ② [별지 제43호의2서식] 법인지방소득세 과세표준 및 세액조정계산서 ③ [별지 제44호의6서식] 법인지방소득세 안분명세서(단, 하나의 특별자치시, 특별자치도, 시, 군, 자치구에만 사업장이 있는 법인은 제외) ④ 「법인세법 시행령」 제97조 제5항 각 호에 따른 아래 서류 1. 일반적인 법인 • 세무조정계산서 부속서류 • 기업회계기준에 따라 작성한 현금흐름표(「주식회사 등의 외부감사에 관한 법률」 제4조에 따라 외부감사의 대상이 되는 법인만 해당) • 기업회계기준에 따라 원화 외의 통화를 기능통화로 채택한 경우 원화를 표시통화로 하여 기업회계기준에 따라 기능통화재무제표를 환산한 재무제표(표시통화재무제표) • 기업회계기준에 따라 원화 외의 통화를 기능통화로 채택한 법인이 기능통화 도입기업의 과세표준계산방법(법인세법 제53조의2 제1항 제1호)을 적용하는 경우 원화 외의 기능통화를 채택하지 아니하고 계속하여 기업회계

	기준을 준용하여 원화로 재무제표를 작성할 경우에 작성해야 할 재무제표(원화재무제표) 2. 합병 또는 분할한 경우(합병법인등만 해당) • 합병등기일 또는 분할등기일 현재의 피합병법인등의 재무상태표와 합병법인등이 그 합병 또는 분할로 승계한 자산 및 부채의 명세서 • 합병법인등의 본점 등의 소재지, 대표자의 성명, 피합병법인등의 명칭, 합병등기일 또는 분할등기일, 그 밖에 필요한 사항이 기재된 서류

9. 납세의무 미이행

법인세 또는 소득세의 신고납부 의무를 다하지 않을 경우 또는 법인세법 및 소득세법의 규정을 이행하지 않을 경우 그 가산세로 징수하는 금액의 10%에 해당하는 금액을 법인지방소득세 또는 개인지방소득세의 가산세로 징수한다.

[별지 제43호서식] (2019. 5. 31. 개정)

법인지방소득세 과세표준 및 세액신고서

※ 뒤쪽의 작성방법을 참고하시기 바라며, 색상이 어두운 란은 신청인이 적지 않습니다. (앞쪽)

접수번호	접수일자	관리번호

①사업자등록번호	②법인등록번호
③법인명	④전화번호
⑤대표자성명	⑥전자우편
⑦소재지	

⑧업태	⑨종목	⑩주업종코드
⑪사업연도 . . . ~ . . .	⑫수시부과기간 . . . ~ . . .	

⑬법 인 구 분	1. 내국 2.외국 3.외투(비율 %)					⑭조 정 구 분	1. 외부 2. 자기
⑮종 류 별 구 분	중소기업	일반			당기순이익과세	⑯외부감사대상	1. 여 2. 부
		중견기업	상호출자제한기업	그외기업		⑰신 고 구 분	1. 정기신고
							2. 수정신고(가. 서면분석, 나. 기타)
영리법인 상 장 법 인	11	71	81	91			3. 기한후 신고
영리법인 코스닥상장법인	21	72	82	92			4. 중도폐업신고
영리법인 기 타 법 인	30	73	83	93			5. 경정청구
비 영 리 법 인	60	74	84	94	50		
⑱법 인 유 형 별 구 분			코드			⑲결 산 확 정 일	
⑳신 고 일						㉑납 부 일	
㉒신고기한 연장승인	1. 신청일					2. 연장기한	

구 분	여	부	구 분	여	부
㉓주식변동	1	2	㉔장부전산화	1	2
㉕사업연도의제	1	2	㉖결손금소급공제 환급신청	1	2
㉗동업기업의 출자자(동업자)	1	2	㉘ 미환류소득에 대한 법인지방소득세 신고	1	2

□ 법인별 세액의 계산

구 분	법 인 지 방 소 득 세			
	각 사업연도 소득세에 대한 법인지방소득세	토지 등 양도소득에 대한 법인지방소득세	미환류소득에 대한 법인지방소득세	계
㉙수 입 금 액	(		)	
㉚과 세 표 준				
㉛표 준 산 출 세 액				
㉜총 부 담 세 액				
㉝기 납 부 세 액				
㉞차 감 납 부 할 세 액				

□ 안분율의 계산

㉟본점/지점여부	1. 단일사업장 2. 지점 있는 법인의 본점 3. 지점		㊱특·광역시 주사업장 여부	1. 여 2. 부
㊲해당사업장	명칭	소재지	연락처	

㊳안분율의 계산

구분	종업원 수 (명)	건축물 연면적(㎡)				안분율(%) (소수점6자리)
		계	건물	기계장치	시설물	
법인전체						
시군구내						
비율(%)						

□ 납세지별 세액의 계산

㊴납세지별 산출세액						㊵납세지별 세액공제·감면액	
㊶납세지별 가산세액						㊷납세지별 추가납부세액	
합계	무(과소) 신고	납부(환급) 불성실	지방세법 제103조의30에 따른 가산세	동업기업 가산세 배분액	기타	㊸납세지별 기납부세액	특별징수납부세액 수시부과세액 및 예정신고납부세액
						㊹경정·수정신고 등 가감액	
㊺탄력세율적용 조정세액						㊻당해 납세지에 납부할 세액	

환급금 계좌 (환급세액을 계좌로 받는 경우)	㊼금융기관명		㊽예금주	
	㊾계좌번호			

신고인은 「지방세법」 제103조의23, 제103조의24 및 「지방세기본법」 제49조부터 제51조까지에 따라 위의 내용을 신고하며, 위 내용을 충분히 검토하였고 **신고인이 사실 그대로를 정확하게 적었음을 확인합니다.**

년 월 일

신고인(법 인) (인)

신고인(대표자) (서명 또는 인)

특별자치시장·특별도지사·시장·군수·구청장 귀하

신고안내
법인지방소득세는 사업연도종료일이 속하는 달의 말일부터 4개월 이내에 납세지 관할 지방자치단체에 신고납부해야 합니다.

210mm×297mm(백상지 80g/㎡)

(뒤쪽)

첨부서류(본점 신고시)	1. 재무상태표, (포괄)손익계산서, 이익잉여금처분(결손금처리)계산서 2. 현금흐름표(「주식회사의 외부감사에 관한 법률」 제2조에 따른 외부감사 대상 법인만 해당합니다.) 3. 법인지방소득세 과세표준 및 세액조정계산서 4. 법인지방소득세 안분명세서(사업장이 둘 이상인 법인만 해당합니다.) 5. 세무조정계산서 부속서류	수수료 없음

작성방법

1. ①사업자등록번호 ~ ⑲결산확정일:「법인세법 시행규칙」 별지 제1호서식의 작성방법을 준용하여 적습니다
2. ㉒신고기한 연장승인: 「지방세법」 제103조의51에 따라 외국법인의 법인지방소득세 신고기한 연장승인을 받은 경우 신청일 및 승인된 연장기한을 적습니다.
3. ㉓주식변동 여부: 주식 등의 변동이 있는 경우에는 "여"란에 "○"표시를 합니다.
4. ㉔장부전산화 여부: 국세청의 「전자기록의 보전방법 등에 관한 고시」에 따라 장부와 증빙서류의 전부 또는 일부를 전산조직을 이용하여 작성·보존하는 경우에 "여"란에 "○"표시를 합니다.
5. ㉕사업연도의제 여부: 해산·합병·분할 등으로 사업연도가 의제된 경우 "여"란에 "○"표시를 합니다.
6. ㉖결손금소급공제 환급신청:"소급공제법인지방소득세액환급신청서(별지 제43호의9서식)"를 제출하는 경우 "여"란에 "○"표시를 합니다.
7. ㉗동업기업의 출자자(동업자):「조세특례제한법」 제100조의14제2호에 따른 동업자인 경우 "여"란에 "○"표시를 합니다.
8. ㉘미환류소득에 대한 법인지방소득세 신고: 「조세특례제한법」 제100조의32에 따른 미환류소득이 발생하여 법인지방소득세 신고 대상인 경우에는 "여"란에 "○"표시를 합니다.
9. ㉙수입금액 및 ㉚과세표준:「법인세법 시행규칙」 별지 제1호서식의 작성방법을 준용하여 적습니다
10. ㉛표준산출세액: 법인지방소득세란에는 "법인지방소득세 과세표준 및 세액조정계산서(별지 제43호의2서식)"의 ⑳란의 금액을, 토지 등 양도소득에 대한 법인지방소득세란에는 동 서식의 ⑬란의 금액, 미환류소득에 대한 법인지방소득세란에는 동 서식의 ⑫란의 금액을 각각 적습니다.
11. ㉜총부담세액: 법인지방소득세란에는 "법인지방소득세 과세표준 및 세액조정계산서(별지 제43호의2서식)"의 ⑳란,㉔란 및 ⑭란을 합한 금액을, 토지 등 양도소득에 대한 법인지방소득세란에는 동 서식의 ⑯란의 금액을, 미환류소득에 대한 법인지방소득세란에는 동 서식의 ⑫란 및 ⑬란을 합한 금액을 각각 적습니다.
12. ㉝기납부세액: 법인지방소득세란에는 "법인지방소득세 과세표준 및 세액조정계산서(별지 제43호의2서식)"의 ⑬란의 금액을, 토지 등 양도소득에 대한 법인지방소득세란에는 동 서식의 ⑱란의 금액을, 미환류소득에 대한 법인지방소득세란에는 동 서식의 ⑭란의 금액을 각각 적습니다.
13. ㉞차감납부할세액: 법인지방소득세란에는 "법인지방소득세 과세표준 및 세액조정계산서(별지 제43호의2서식)"의 ⑯란의 금액을, 토지 등 양도소득에 대한 법인지방소득세란에는 동 서식의 ⑲란의 금액을, 미환류소득에 대한 법인지방소득세란에는 동 서식의 ⑮란의 금액을 각각 적습니다.
14. ㉟본점/지점여부는 당해 신고의 납세법인이 지점 없는 법인이면 1번, 지점있는 법인의 본점이면 2번, 지점이면 3번에 '○' 표시를 하며, ㊱특·광역시 주사업장 여부는「지방세법 시행령」 제88조제4항에 해당하는 사업장인 경우에는 "여"란에 '○' 표시를 합니다.
㊲해당사업장: 해당 신고건의 대상 사업장의 명칭, 소재지, 연락처를 기재합니다.
15. ㊳안분율의 계산
    - 종업원 수: 해당 법인의 사업연도 종료일 현재「지방세법」 제74조제8호 및「지방세법 시행령」 제78조의3에 따른 종업원의 수를 적습니다.
    - 건축물연면적: 해당 법인의 사업연도 종료일 현재 사업장으로 직접 사용하는「건축법」 제2조제1항제2호에 따른 건축물(이와 유사한 형태의 건축물 포함)의 연면적을 적습니다. 다만, 구조적 특성상 연면적을 정하기 곤란한 기계장치 또는 시설(수조·저유조·저장창고·저장조·송유관·송수관 및 송전철탑만 해당)의 경우에는 그 수평투영면적을 적습니다.
    - 안분율: 다음의 계산식에 따라 계산한 금액을 적습니다.

$$\left[\left(\frac{\text{관할 지방자치단체 안 종업원 수}}{\text{법인의 총 종업원 수}}\right) + \left(\frac{\text{관할 지방자치단체 안 건축물 연면적}}{\text{법인의 총 건축물 연면적}}\right)\right] \div 2$$

16. ㊴납세지별 산출세액: "㉛법인지방소득세 표준산출세액 × ㊳안분율"의 금액을 적습니다.
17. ㊵납세지별 세액공제·감면액: 납세지별 세액공제·감면액을 적습니다.
18. ㊶납세지별 가산세액: 납세지별 가산세액을 적습니다.
19. ㊷납세지별 추가납부세액: "공제감면세액 및 추가납부세액 합계표(별지 제43호의3서식)"의 ⑦이월과세액란의 합계금액과 ⑪세액란의 합계금액 및 미환류소득에 대한 이자상당액(「지방세법시행규칙」 별지 제43호의2 서식 ⑱란의 금액)을 더하여 적습니다.
20. ㊸납세지별 기납부세액
    - 특별징수납부세액: 다음에 따라 적습니다.
      - 총부담세액 ≥ 특별징수납부세액인 경우: 납세지별 안분율에 따라 안분한 특별징수납부세액을 적습니다.
      - 총부담세액 < 특별징수납부세액인 경우
        - 지점의 특별징수납부세액: 해당 지점의 납세지별 총부담세액을 적습니다.
        - 본점의 특별징수납부세액: 법인전체의 특별징수납부세액 중 지점의 기납부세액으로 기재한 후의 잔여액을 적습니다.
    - 수시부과세액 및 예정신고납부세액: 수시부과세액 또는 비영리내국법인의 예정신고납부세액이 있는 경우 그 합계를 적습니다.
21. ㊹경정·수정신고 등 가감액: 법률 제12153호(2014.1.1시행)로 개정되기 전의「지방세법」 제91조제1항 단서에 따른 추가납부 또는 환급세액을 경정고지일(수정신고일)이 속하는 사업연도분에 가감하는 경우, 법률 제12153호(2014.1.1시행)로 개정되기 전의「지방세법」 제92조제3항 또는 법률 제12153호(2014.1.1시행)로 개정된「지방세법」 제103조의24제4항에 따른 환급세액을 다음 사업연도분에서 공제하는 경우와「지방세법」 103조의64 및 103조의65에 따라 사실과 다른 회계처리로 인한 경정세액을 차감하는 경우의 세액을 적습니다.
22. ㊺탄력세율적용 조정세액: 해당 지방자치단체가「지방세법」 제103조의20제2항에 따라 법인지방소득세의 세율을 표준세율에서 가감한 경우에 다음의 계산식에 따라 산출한 금액을 적습니다.

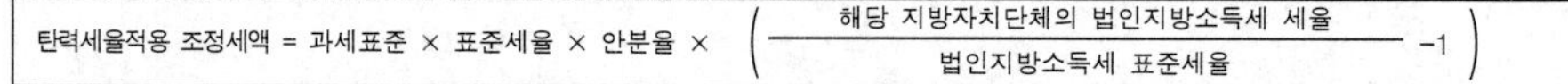

$$\text{탄력세율적용 조정세액} = \text{과세표준} \times \text{표준세율} \times \text{안분율} \times \left(\frac{\text{해당 지방자치단체의 법인지방소득세 세율}}{\text{법인지방소득세 표준세율}} - 1\right)$$

23. ㊻당해 납세지에 납부할 세액: "㊴납세지별 산출세액 - ㊵납세지별 세액공제·감면액 + ㊶납세지별 가산세액 + ㊷납세지별 감면분 추가납부세액 - ㊸납세지별 기납부세액 ± ㊹경정·수정신고 등 가감액 ± ㊺탄력세율적용 조정세액" 의 금액을 적습니다.
24. 환급세액을 계좌로 받고자 하는 경우에는 ㊼금융기관명 ~ ㊾계좌번호란을 작성하고 통장사본을 첨부하여야 합니다.
25. 「법인세법」 제60조제5항 단서에 따른 비영리법인은 재무상태표 등의 첨부서류를 제출하지 않을 수 있습니다.

[별지 제43호의2서식] (2019. 5. 31. 개정)

법인지방소득세 과세표준 및 세액조정계산서

※ 뒤쪽의 작성방법을 참고하시기 바라며, 색상이 어두운 난은 신청인이 적지 않습니다. (앞쪽)

법인명	사업자등록번호	사업연도
		. . . ~ . . .

구분		항목	금액
1. 과세표준산		(108) 각 사업연도소득금액	
		(109) 이월결손금	
		(110) 비과세소득	
		(111) 소득공제	
		(112) 과세표준 ((108)-(109)-(110)-(111))	
		(159) 선박표준이익	

구분	항목	금액
2. 산출세액계산	(113) 과세표준((112)+(159))	
	(114) 세율	
	(115) 산출세액	
	(116) 지점유보소득 (「법인세법」 제96조)	
	(117) 지점유보소득에 대한 법인세산출세액	
	(118) 법인지방소득세 산출세액	
	(119) 합계((115)+(118))	

구분			항목	금액
3. 납부할 세액계산			(120) 산출세액((120)=(119))	
			(121) 최저한세 적용대상 공제감면세액	
			(122) 차감세액	
			(123) 최저한세 적용제외 공제감면세액	
			(124) 가산세액	
			(125) 가감계((120)-(121)-(123)+(124))	
	기납부세액	기한내납부세액	(126) 비영리내국법인의 예정신고세액	
			(127) 수시부과세액	
			(128) 특별징수납부세액	
			(129) 간접투자회사등의 외국납부세액	
			(130) 소계((126)+(127)+(128)+(129))	
			(131) 신고납부전가산세액	
			(132) 합계((130)+(131))	
			(133) 탄력세율적용조정세액	
			(134) 감면분추가납부세액	
			(136) 차감납부할세액 ((125)-(132)±(133)+(134))	

구분		항목	금액
4. 토지등양도소득에 대한 법인지방소득세 계산		(137) 과세표준	
		(138) 세율	
		(139) 산출세액	
		(140) 감면세액	
		(141) 차감세액 ((139)-(140))	
		(142) 공제세액	
		(143) 동업기업 법인지방소득세 배분액 (가산세 제외)	
		(144) 가산세액 (동업기업 배분액 포함)	
		(145) 가감계((139)+(143)+(144))	
	기납부세액	(146) 수시부과세액	
		(147) (　　　) 세액	
		(148) 계((146)+(147))	
		(149) 차감납부할세액((145)-(148))	

구분	항목	금액
5. 미환류소득 법인지방소득세	(150) 미환류소득	
	(151) 세율	
	(152) 산출세액	
	(153) 가산세액	
	(154) 기납부세액	
	(158) 이자상당액	
	(155) 차감납부할세액((152)+(153)-(154)+(158))	

구분	항목	금액
6. 세액계	(156) 해당연도차감납부할 세액계((136)+(149)+(155))	
	(135) 경정·수정신고 등 가감액	
	(157) 조정 후 납부할 세액계 ((156)+(135))	

210mm×297mm(백상지 80g/㎡)

(뒤쪽)

작성방법

1. ⑱각 사업연도소득금액 ~ ⑬과세표준: 「법인세법 시행규칙」 별지 제3호서식의 작성방법을 준용하여 적습니다.
2. ⑲선박표준이익: 「법인세법 시행규칙」 별지 제3호서식 부표의 "⑦선박표준이익"란의 금액을 적습니다.
3. 세율란(⑭, ⑱, ⑤): 각 세법에 따라 적용할 최고세율 1개만을 적습니다.
4. ⑯지점유보소득: 「법인세법 시행규칙」 별지 제3호서식의 "⑯지점유보소득"란의 금액을 적습니다.
5. ⑰지점유보소득에 대한 법인세 산출세액: 「법인세법 시행규칙」 별지 제3호서식의 "⑱산출세액"란의 금액을 적습니다.
6. ⑱법인지방소득세 산출세액: 「지방세법」 제103조의50에 따라 "⑰지점유보소득에 대한 법인세 산출세액" 란의 금액의
10분의1을 적습니다.
7. ⑯비영리내국법인의 예정신고세액: 「지방세법 시행령」 제100조의22에 따라 예정신고세액을 적습니다.
8. ⑬탄력세율조정세액: 「지방세법 시행령」 제88조에 따라 가감한 세액을 적습니다.
9. ⑭감면분추가납부세액: "공제감면세액 및 추가납부세액 합계표(별지 제43호의3서식)"의 ⑦이월과 세액란의 합계금액과 ⑪세액란의 합계금액을 더하여 적습니다.
10. ⑮경정·수정신고 등 가감액: 법률 제12153호(2014.1.1시행)로 개정되기 전의 「지방세법」 제91조제1항 단서에 따른 추가납부 또는 환급세액을 경정고지일(수정신고일)이 속하는 사업연도분에 가감하는 경우, 법률 제12153호(2014.1.1.시행)로 개정되기 전의 「지방세법」 제92조제3항 또는 법률 제12153호(2014.1.1시행)로 개정된 「지방세법」 제103조의24제4항에 따른 환급세액을 다음 사업연도분에서 공제하는 경우와 「지방세법」 103조의64 및 103조의65에 따라 사실과 다른 회계처리로 인한 경정세액을 차감하는 경우의 세액을 적습니다.
11. 가산세액(⑭, ⑭, ⑮): "법인지방소득세 가산세액계산서(별지 제43호의4서식)"에 따라 적습니다.
12. 기납부세액계(⑬, ⑱, ⑭): 수시부과세액 및 특별징수세액을 각각 적되 가산세를 제외한 금액을 적습니다.
13. ⑭동업기업 법인지방소득세 배분액: 동업기업으로부터 배분받은 토지등 양도소득에 대한 법인지방소득세('산출세액')에서 '공제감면세액'을 차감한 후의 세액(가산세는 제외함)을 적습니다.
14. ⑱이자상당액: 「법인세법 시행규칙」 별지 제3호서식의 "⑯ 이자상당액"란의 금액의 100분의 10을 적습니다.
15. ⑰조정 후 납부할 세액계: ⑯해당연도 차감납부할 세액 합계액에서 ⑮경정·수정신고 등 가감액을 가감한 금액을 습니다.

[별지 제44호의 6 서식(갑)] (2016. 12. 30. 개정)

법인지방소득세 안분명세서(일반법인용)

※ 뒤쪽의 작성방법을 참고하시기 바라며, 색상이 어두운 란은 신청인이 적지 않습니다. (앞쪽)

납세자	①법인명	②법인등록번호
	③전화번호	④전자우편주소
	⑤주소	

안분내역

⑥자치단체		⑦사업장 구분	⑧사업자 등록번호	⑨사업장 명	⑩사업장 소재지 (시·군·구별 작성)	⑪종업원 수(명)	⑫건축물 연면적(㎡)				⑬안분율 (소수점6 자리)	⑭납세지별 신고서상의 특별징수납부세액 (기납부세액)
시·도	시·군·구						계	건물	기계장치	시설물		
합계												

※ 「지방세법 시행령」 제88조제4항에 따라 같은 특별시·광역시 안의 둘 이상의 구에 사업장이 있는 법인이 해당 특별시·광역시에 납부할 법인지방소득세를 본점 또는 주사무소의 소재지를 관할하는 구청장에게 일괄하여 신고하는 경우에도 각 시·군·구별로 구분하여 각각 기재하여야 합니다.

210mm×297mm(백상지(80g/㎡)

(뒤쪽)

작성방법

□ 납세자란

①법인명: 법인등기부상의 법인명을 적습니다.

②법인등록번호: 법인등기부상의 법인등록번호를 적습니다.

③전화번호: 법인의 연락 가능한 일반전화(휴대전화)번호를 적습니다.

④전자우편주소: 법인의 연락 가능한 전자우편주소를 적습니다.

⑤주소: 해당 사업장 소재지의 주소를 적습니다.

□ 안분내역란

⑥자치단체 : 해당 지방자치단체명을 적습니다.

⑦사업장 구분: 아래의 구분에 따라 기재합니다.

본점 또는 연결모법인의 본점	지점 또는 연결모법인의 지점	연결자법인의 본점	연결자법인의 지점	특별시·광역시 내 주된 사업장
01	02	03	04	05

⑧사업자등록번호: 사업장의 사업자 등록번호를 적습니다.

⑨사업장명: 해당 법인의 사업장명을 사업장별로 적습니다.

⑩사업장소재지: 해당 사업장 소재지의 주소를 적습니다.

⑪종업원 수: 「지방세법」 제74조제8호 및 「지방세법 시행령」 제78조의3에 따른 종업원의 수를 적습니다.

⑫건축물 연면적: 해당 법인의 사업연도 종료일 현재 사업장으로 직접 사용하는 「건축법」 제2조제1항제2호에 따른 건축물(이와 유사한 형태의 건축물 포함)의 연면적을 적습니다. 다만, 구조적 특성상 연면적을 정하기 곤란한 기계장치 또는 시설(수조·저유조·저장창고·저장조·송유관·송수관 및 송전철탑만 해당)의 경우에는 그 수평투영면적을 적습니다.

⑬안분율: 아래의 계산식에 의한 비율을 소수점 6자리까지 기재(7번째 자리 절사)하고, 남는 비율은 본점에 가산하여 기재합니다.

$$\text{안분율} = \left(\frac{\text{관할지방자치단체 안 종업원 수}}{\text{법인의 총 종업원 수}} + \frac{\text{관할지방자치단체 안 건축물연면적}}{\text{법인의 총 건축물연면적}} \right) \div 2$$

⑭납세지별 신고서상의 특별징수납부세 : 법인지방소득세 과세표준 및 세액신고서(별지 제43호서식)의 ㊸납세지별 기납부세액란에 기재한 특별징수납부세액을 적습니다.

단, 「지방세법 시행령」 제88조제4항에 따라 같은 특별시·광역시 안의 둘 이상의 구에 사업장이 있는 법인이 해당 특별시·광역시에 납부할 법인지방소득세를 본점 또는 주사무소의 소재지를 관할하는 구청장에게 일괄하여 신고하는 경우에는 주사업장의 특별징수납부세액 란에 기재하고, 종사업장의 특별징수납부세액란은 비워둡니다.

※ 문의하실 사항이 있으시면 시(군·구) 과(☎ -)로 연락하시기 바랍니다.

[별지 제44호의 6 서식(을)] (2016. 12. 30. 개정)

법인지방소득세 안분명세서(연결집단용)

※ 뒤쪽의 작성방법을 참고하시기 바라며, 색상이 어두운 란은 신청인이 적지 않습니다. (앞쪽)

연결모법인	①법인명	②법인등록번호
	③전화번호	④전자우편주소
	⑤주소	
연결자법인	⑰법인명	⑱법인등록번호
	⑲주소	

안분내역

⑥자치단체		⑦ 사업장 구분	⑧ 사업자 등록번호	⑨ 사업장명	⑩ 사업장 소재지 (시·군·구별 작성)	⑪ 종업원 수(명)	⑫건축물 연면적(㎡)				⑬ 안분율 (소수점 6자리)	⑭납세지별 신고서상의 특별징수납부세액 (기납부세액)
시·도	시·군·구						계	건물	기계장치	시설물		
합계												

※ 「지방세법 시행령」 제88조제4항에 따라 같은 특별시·광역시 안의 둘 이상의 구에 사업장이 있는 법인이 해당 특별시·광역시에 납부할 법인지방소득세를 본점 또는 주사무소의 소재지를 관할하는 구청장에게 일괄하여 신고하는 경우에도 각 시·군·구별로 구분하여 각각 기재하여야 합니다.

210mm×297mm(백상지(80g/㎡)

(뒤쪽)

작성방법

□ 연결모법인란 및 연결자법인란

①, ⑰법인명: 법인등기부상의 법인명을 적습니다.

②, ⑱법인등록번호: 법인등기부상의 법인등록번호를 적습니다.

③전화번호: 법인의 연락 가능한 일반전화(휴대전화)번호를 적습니다.

④전자우편주소: 법인의 연락 가능한 전자우편주소를 적습니다.

⑤, ⑲주소: 해당 사업장 소재지의 주소를 적습니다.

□ 안분내역란

⑥자치단체: 해당 지방자치단체명을 적습니다.

⑦사업장 구분: 아래의 구분에 따라 기재합니다.

본점 또는 연결모법인의 본점	지점 또는 연결모법인의 지점	연결자법인의 본점	연결자법인의 지점	특별시·광역시 내 주된 사업장
01	02	03	04	05

⑧사업자등록번호: 사업장의 사업자 등록번호를 적습니다.

⑨사업장명: 해당 법인의 사업장명을 사업장별로 적습니다.

⑩사업장소재지: 해당 사업장 소재지의 주소를 적습니다.

⑪종업원 수: 「지방세법」 제74조제8호 및 「지방세법 시행령」 제78조의3에 따른 종업원의 수를 적습니다.

⑫ 건축물 연면적: 해당 법인의 사업연도 종료일 현재 사업장으로 직접 사용하는 「건축법」 제2조제1항제2호에 따른 건축물(이와 유사한 형태의 건축물 포함)의 연면적을 적습니다. 다만, 구조적 특성상 연면적을 정하기 곤란한 기계장치 또는 시설(수조·저유조·저장창고·저장조·송유관·송수관 및 송전철탑만 해당)의 경우에는 그 수평투영면적을 적습니다.

⑬ 안분율: 아래의 계산식에 의한 비율을 소수점 6자리까지 기재(7번째 자리 절사)하고, 남는 비율은 본점에 가산하여 기재합니다.

$$\text{안분율} = \left(\frac{\text{관할지방자치단체 안 종업원 수}}{\text{법인의 총 종업원 수}} + \frac{\text{관할지방자치단체 안 건축물연면적}}{\text{법인의 총 건축물연면적}} \right) \div 2$$

⑭ 납세지별 신고서상의 특별징수납부세액 : 각 연결사업연도의 소득에 대한 법인지방소득세 과세표준 및 세액신고서」(별지 제44호서식)에서 '㉕연결법인별 납부할 세액의 계산' 항목의 '납세지별 기납부세액란' 에 기재한 특별징수납부세액의 합계액을 적습니다.

단, 「지방세법 시행령」 제88조제4항에 따라 같은 특별시·광역시 안의 둘 이상의 구에 사업장이 있는 법인이 해당 특별시·광역시에 납부할 법인지방소득세를 본점 또는 주사무소의 소재지를 관할하는 구청장에게 일괄하여 신고하는 경우에는 주사업장의 특별징수납부세액 란에 기재하고, 종사업장의 특별징수납부세액 란은 비워둡니다.

※ 문의하실 사항이 있으시면 시(군·구) 과(☎ -)로 연락하시기 바랍니다.

7장 재산세

한눈에 보는 재산세

<table>
<tr><th>구분</th><th colspan="4">내용</th></tr>
<tr><td>정의</td><td colspan="4">매년 6월 1일 과세대상 자산을 보유하는 자에게 부과하는 지방세</td></tr>
<tr><td>납세의무자</td><td colspan="4">매년 6월 1일 현재 아래 재산세 과세대상 자산을 보유하는 자
① 토지, ② 건축물, ③ 주택, ④ 항공기, ⑤ 선박</td></tr>
<tr><td rowspan="4">토지의 구분</td><td colspan="2">구분</td><td colspan="2">내용</td></tr>
<tr><td colspan="2">종합합산과세대상</td><td colspan="2">별도합산과세대상 및 분리과세대상이 아닌 토지</td></tr>
<tr><td colspan="2">별도합산과세대상</td><td colspan="2">공장, 물류단지 등 사업상 대규모 면적이 요구되는 토지</td></tr>
<tr><td colspan="2">분리과세대상</td><td colspan="2">① 고율 분리과세 토지(골프장, 고급오락장)
② 저율 분리과세 토지(농지, 임야 등)
③ 일반 분리과세 토지(특정 기반시설용 토지 등)</td></tr>
<tr><td rowspan="6">과세표준</td><td colspan="2">구분</td><td colspan="2">내용(비율은 공정시장가액 비율)</td></tr>
<tr><td colspan="2">토지</td><td colspan="2">시가표준액 × 70%</td></tr>
<tr><td colspan="2">건축물</td><td colspan="2">시가표준액 × 70%</td></tr>
<tr><td colspan="2">주택</td><td colspan="2">시가표준액 × 60%</td></tr>
<tr><td colspan="2">선박</td><td colspan="2">시가표준액</td></tr>
<tr><td colspan="2">항공기</td><td colspan="2">시가표준액</td></tr>
<tr><td rowspan="12">세율</td><td colspan="3">구분</td><td rowspan="2">세율</td></tr>
<tr><td rowspan="11">토지</td><td>구분</td><td>과세표준</td></tr>
<tr><td rowspan="3">종합합산과세대상</td><td>5,000만원 이하</td><td>0.2%</td></tr>
<tr><td>1억원 이하</td><td>0.3%</td></tr>
<tr><td>1억원 초과</td><td>0.5%</td></tr>
<tr><td rowspan="4">별도합산과세대상</td><td>과세표준</td><td>세율</td></tr>
<tr><td>2억원 이하</td><td>0.2%</td></tr>
<tr><td>10억원 이하</td><td>0.3%</td></tr>
<tr><td>10억원 초과</td><td>0.4%</td></tr>
<tr><td rowspan="3">분리과세대상</td><td>고율 분리과세</td><td>4%</td></tr>
<tr><td>저율 분리과세</td><td>0.07%</td></tr>
<tr><td>일반 분리과세</td><td>0.2%</td></tr>
</table>

<table>
<tr><td rowspan="12"></td><td rowspan="3">건축물</td><td colspan="2">골프장, 고급오락장</td><td>4%</td></tr>
<tr><td colspan="2">공장 등</td><td>0.5%</td></tr>
<tr><td colspan="2">기타의 건축물</td><td>0.25%</td></tr>
<tr><td rowspan="6">주택</td><td rowspan="5">일반주택</td><td>과세표준</td><td>세율</td></tr>
<tr><td>6천만원 이하</td><td>0.1%</td></tr>
<tr><td>1억 5천만원 이하</td><td>0.15%</td></tr>
<tr><td>3억원 이하</td><td>0.25%</td></tr>
<tr><td>3억원 초과</td><td>0.4%</td></tr>
<tr><td colspan="2">고급주택</td><td>4%</td></tr>
<tr><td rowspan="2">선박</td><td colspan="2">고급선박</td><td>5%</td></tr>
<tr><td colspan="2">일반선박</td><td>0.3%</td></tr>
<tr><td>항공기</td><td colspan="2">항공기 전체</td><td>0.3%</td></tr>
<tr><td>납세의무
성립시기</td><td colspan="4">과세기준일(매년 6월 1일)</td></tr>
<tr><td>납세의무
확정</td><td colspan="4">보통징수</td></tr>
</table>

1. 기본사항

(1) 재산세의 특성

재산세는 과세기준일(매년 6월 1일) 현재 과세대상 재산을 보유하고 있는 자가 부담하는 세금이다. 재산세는 대표적인 보유세로서 지방세의 다른 세목에 비하여 압도적으로 많은 관심을 받고 있다. 다양한 이유가 있겠지만 3가지로 설명하면 다음과 같다.

첫 번째, 재산세의 과세대상의 특성이다. 재산세 과세대상이 되는 재산은 ① 토지, ② 건축물, ③ 주택, ④ 항공기, ⑤ 선박의 5가지이다. 항공기와 선박을 제외한 토지, 건축물, 주택은 모두 부동산이다. 정부의 정책 중 가장 많은 관심을 받는 것 중 하나가 부동산과 관련된 정책인 점을 생각해보면 부동산과 관련된 세금 중 하나인 재산세 역시 그런 측면에서 많은 관심을 받고 있다.

두 번째, 재산세의 부과방식이다. 재산세는 부동산 등 과세대상 자산을 보유하는 경우 그 보유기간 동안 매년 반복해서 재산세를 내야 한다. 즉, 재산세는 어떠한 행위에 대한 세금이 아니라 과세대상 자산을 보유하고 있는 것만으로도 매년 세금이 부과되므로 다른 활동이 없어도 반복해서 일정한 현금이 지출된다. 그렇기 때문에 납세자는 매년 부담해야 할 세금이 얼마인지 관심을 가지는 것이다.

반대로 지방자치단체의 입장에서는 다른 지방세 세목에 비하여 안정적인 세원이다. 취득세, 등록면허세, 레저세 등의 지방세는 납세의무자가 어떠한 행위를 해야만 관할 지방자치단체가 세금을 거두어들일 수 있다. 이에 반해 재산세는 지방자치단체에 소재하는 재산이 소멸되지만 않는다면 해당 재산으로부터 매년 재산세를 부과할 수 있다. 납세의무자가 해당 재산을 매각하더라도 그것을 취득한 자가 결국 재산세를 납부해야 하므로 동일한 재산에 대한 납세의무자만 변경될 뿐이다. 그래서 납세자뿐 아니라 과세권자인 지방자치단체 역시 재산에 관한 현황조사 등을 통해 재산세가 올바로 징수되고 있는지, 올해 예상되는 재산세는 얼마인지 등 다양한 목적에서 재산세에 관심을 가진다.

마지막으로는 재산세의 산출방식 및 금액이다. 재산세의 산출방식은 다소 복잡하지만 간략하게 요약하면 ① 과세대상 재산의 가액에 ② 일정률의 세율을 곱한 금액이다.

토지를 예로 들면 토지의 가액은 일반적으로 개별공시지가를 적용한다. 일단 개별공시지가 자체도 많은 이슈가 된다. 개별공시지가는 부동산 시장을 판단하는 지표로서의 역할을 넘어서 재산세에서는 재산세액을 결정하는 요소가 되기 때문이다.

재산세의 세율은 과세대상에 따라 차이가 있지만 0.1%에서 0.5%의 범위로 구성되어 있다. 세율 자체가 절대적으로는 크지 않아 보이지만 재산세 과세대상인 부동산, 항공기, 선박의 가액 자체가 다른 지방세의 과세표준보다 그 금액이 절대적으로 크기 때문에 세율 0.1% 차이라도 재산세액에 큰 변동이 발생할 수 있다.

이렇듯 재산세는 재산세액을 결정하는 과세표준 및 세율 그 자체가 납세자에게 민감하게 작용할 수 있어서 많은 관심을 받고 있다.

(2) 관련 용어

재산세는 그 특성상 재산에 대한 정의가 중요하다. 재산의 정의는 다음과 같이 대부분 취득세에서 규정하는 정의를 따르고 있다.

구분	내용
1. 토지	①「공간정보의 구축 및 관리 등에 관한 법률」에 따라 지적공부의 등록대상이 되는 토지 ② 그 밖에 사용되고 있는 사실상의 토지(매립·간척 등으로 준공인가 전에 사용승낙 또는 허가를 받거나 사실상으로 사용하는 토지 등 토지대장에 등재되어 있지 않는 토지를 포함) ③ 단, 토지의 범위에서 주택의 부속토지는 제외
2. 건축물34)	「지방세법」 제6조 제4호에 따른 아래 건축물 ①「건축법」 제2조 제1항 제2호에 따른 건축물 ② 시설물(레저시설, 저장시설, 도크(dock)시설, 접안시설, 도관시설, 급수·배수시설, 에너지 공급시설) ③ 시설(잔교 및 잔교와 유사한 구조물, 기계식 또는 철골조립식 주차장, 차량 또는 기계장비 등을 자동으로 세차 또는 세척하는 시설, 방송중계탑(「방송법」 제54조 제1항 제5호에 따라 국가가 필요로 하는 대외방송 및 사회교육방송 중계탑은 제외) 및 무선통신기지국용 철탑 ④ 단, 건축물의 범위에서 주택의 부분은 제외
3. 주택	세대의 구성원이 장기간 독립된 주거생활을 할 수 있는 구조로 된 건축물의 전부·일부와 그 부속토지(「주택법」 제2조 제1호)
4. 항공기	사람이 탑승·조종하여 항공에 사용하는 비행기, 비행선, 활공기, 회전익 항공기 및 그 밖에 이와 유사한 비행기구(「지방세법」 제6조 제9호)
5. 선박	기선, 범선, 부선 및 그 밖에 명칭에 관계없이 모든 배(「지방세법」 제6조 제10호)

[참고] 오피스텔의 재산세 과세방법(지방세법 운영예규 법104-2)

과세방법	내용
건축물로 과세 (원칙적인 개념)	오피스텔은 「건축법」상 일반 업무시설에 해당하므로 일반적으로 건축물로 과세
주택으로 과세 (예외적인 개념)	다만, 현황과세의 원칙에 따라 주거용(주민등록, 취학 여부, 임대주택 등록 여부 등)으로 사용하는 경우에는 주택으로 과세

2. 납세의무자

(1) 일반적인 납세의무자

재산세의 납세의무자는 재산세 과세기준일 현재 재산을 사실상 소유하고 있는 자이다. 이때 재산세의 과세기준일은 매년 6월 1일이다. 즉, 매년 6월 1일 현재

34) 건축물에 대한 자세한 정의는 취득세 편을 참조

재산세 과세대상 재산을 사실상 소유하는 자가 재산세의 납세의무자다. 만약 과세기준일인 6월 1일에 과세대상물건의 소유권이 양도·양수된 때에는 양수인을 당해 연도의 납세의무자로 본다(지방세법 운영예규 법106-1).

다만, 재산세 과세기준일 현재 소유권의 귀속이 분명하지 않아 사실상의 소유자를 확인할 수 없는 경우[35]에는 그 사용자가 재산세를 납부할 의무가 있다.[36]

앞서 살펴본 주민세와 같이 재산세는 어떠한 행위에 대한 세금이 아니라 '재산의 소유'라는 현황에 대하여 부과하는 세금이기 때문에 그 현황의 기준일을 '과세기준일'이라는 용어로 별도로 정의하고 있다.

이러한 재산세 납세의무자의 정의는 재산에 대한 경제적 의사결정에도 영향을 미친다. 가령, 재산을 처분하고자 하는 자는 6월 1일 이전에 매각을 원할 것이고, 재산을 매입하고자 하는 자는 6월 1일 이후에 구입하기를 원할 것이다. 따라서 6월 인근의 거래라면 재산의 매입 및 매각 과정에서 협상력의 우위에 있는 자의 요구에 따라 예상 재산세 상당액이 매입 또는 매각가격에 반영될 것이다.

(2) 특정한 재산에 대한 재산세 납세의무자

재산세 과세대상 재산 중 아래 특정한 재산에 대한 납세의무자는 다음과 같다.

구분	재산세 납세의무자
1. 공유재산	그 지분에 해당하는 부분에 대해서는 그 지분권자 (지분의 표시가 없는 경우 지분이 균등한 것으로 봄)
2. 주택의 건물과 부속토지의 소유자가 다를 경우	주택에 대한 재산세 산출세액을 건축물과 부속토지의 시가표준액 비율로 안분계산한 부분은 그 소유자
3. 「신탁법」에 따라 수탁자 명의로 등기·등록된 신탁재산 [주]	위탁자별로 구분된 재산에 대해서는 그 수탁자[37] (위탁자별로 구분된 재산에 대한 납세의무자는 각각 다른 납세의무자로 봄)

35) 「소유권의 귀속이 분명하지 아니하여 사실상의 소유자를 확인할 수 없는 경우」라 함은 아래의 경우 등을 의미함(지방세법 운영예규 법107-6)
① 소유권의 귀속 자체에 분쟁이 생겨 소송 중
② 공부상 소유자의 행방불명 또는 생사불명으로 장기간 그 소유자가 관리하고 있지 않는 경우

36) 소유권의 귀속이 분명하지 아니한 재산에 대하여 사용자를 납세의무자로 보아 재산세를 부과하려는 경우에는 그 사실을 사용자에게 미리 통지해야 함(지방세법시행령 제106조 제3항)

37) 이 경우의 납세의무자(위탁자별로 구분된 재산에 대한 수탁자)는 그 납세의무자의 성명 또는 상호(법인의 명칭을 포함) 다음에 괄호를 하고, 그 괄호 안에 위탁자의 성명 또는 상호를 적어 구분

[주] 신탁재산의 범위

① 「신탁재산」은 「신탁법」에 의한 경우를 의미하므로 명의신탁은 제외(지방세법 운영예규 법107-5)

② 재산세 과세기준일 현재 신탁계약은 체결하였으나 신탁등기가 이행되지 않은 신탁재산은 제외(지방세법 운영예규 법107-8)

(3) 특정한 경우에 대한 재산세 납세의무자

위 (1)의 규정에도 불구하고 재산세 과세기준일 현재 아래의 경우에 해당하는 자는 재산세를 납부할 의무가 있다.

특정한 경우	재산세 납세의무자
공부상의 소유자가 매매 등의 사유로 소유권이 변동되었는데도 신고하지 아니하여 사실상의 소유자를 알 수 없는 경우	공부상 소유자[38)]
상속이 개시된 재산으로서 상속등기가 이행되지 아니하고 사실상의 소유자를 신고하지 않은 경우 [주1] [주2]	주된 상속자 [주3]
공부상에 개인 등의 명의로 등재되어 있는 사실상의 종중재산으로서 종중소유임을 신고하지 않은 경우 [주4]	공부상 소유자
국가, 지방자치단체, 지방자치단체조합과 재산세 과세대상 재산을 연부로 매매계약을 체결하고 그 재산의 사용권을 무상으로 받은 경우 [주5]	매수계약자 [주6]
「도시개발법」에 따라 시행하는 환지 방식에 의한 도시개발사업 및 「도시 및 주거환경정비법」에 따른 정비사업(재개발사업만 해당한다)의 시행에 따른 환지계획에서 일정한 토지를 환지로 정하지 아니하고 체비지 또는 보류지로 정한 경우	사업시행자
외국인 소유의 항공기 또는 선박을 임차하여 수입하는 경우	수입하는 자

[주1] 상속재산에 대한 납세의무자(지방세법 운영예규 법107-7)

상속은 「민법」 제997조의 규정에 의하여 피상속자의 사망으로 인하여 개시되며, 상속등기가 되지 아니한 때에는 상속자가 지분에 따라 신고하면 신고된 지분에 따른 납세의무가 성립하고 신고가 없으면 본 규정에 따른 주된 상속자에게 납세의무가 있음(본 장 재산세 '12 기타의 규정의 (3) 신고의무'의 내용 참조)

[주2] 상속분할협의가 안된 재산의 납세의무 신고효력(지방세법 운영예규 법120-1)

상속분할협의가 성립되지 않아 공동상속인 간 실제 귀속되는 지분이 확정되지 않은 상태에서

38) 등기된 경우 등기부등본상의 소유자, 미등기인 경우에는 토지대장 또는 임야대장상의 소유자(지방세관계법 운영예규 법107-3)

일부 상속인의 법정 상속분만 한정하여 납세의무를 신고한 경우는「지방세법」제120조의 사실상의 소유자를 신고한 경우로 보지 아니하여 본 규정(지방세법 제107조 제2항 제2호)에 따라 주된 상속자에게 납세의무가 있음

[주3] 주된 상속자

「민법」상 상속지분이 가장 높은 사람으로 하되, 상속지분이 가장 높은 사람이 두 명 이상이면 그중 나이가 가장 많은 사람

[주4] 종중의 의미(지방세법 운영예규 법107-4)

구분	내용
종중의 정의	공동선조의 분묘수호와 제사 및 종중원 상호간의 친목을 목적으로 하는 자연 발생적인 종족 집단체
비고	종중원 개인명의로 등기된 종중재산은 지방세법 제120조 제1항의 규정에 의하여 신고한 경우에만 인정

[주5] 연부취득의 납세의무자(지방세법 운영예규 법107-2)

연부취득에 의하여 무상사용권을 부여받은 토지는 국가·지방자치단체·지방자치단체조합(이하 '국가등')등으로부터 연부취득한 것에 한하므로 국가등 이외의 자로부터 연부취득 중인 때에는 매수인이 무상사용권을 부여 받았다 하더라도 국가등 이외의 자가 납세의무자임

[주6] 매수계약자

국가, 지방자치단체 및 지방자치단체조합이 선수금을 받아 조성하는 매매용 토지로서 사실상 조성이 완료된 토지의 사용권을 무상으로 받은 자가 있는 경우에는 그 자를 매수계약자로 봄

3. 과세대상의 구분

재산세의 과세대상은 앞서 설명한 바와 같이 토지, 건축물, 주택, 항공기, 선박이다. 이 중 토지는 재산세 과세의 목적에서 ① 종합합산과세대상, ② 별도합산과세대상, ③ 분리과세대상의 3가지로 구분한다.[39] 결론부터 말하면 토지에 대한 과세대상의 구분은 굉장히 복잡하고, 그렇기 때문에 현실적으로 지방세법상 다툼도 가장 많은 부분이다.

39) 건축물, 주택도 일부 구분이 있으나 토지에 비하면 그 비중이 미미하고 선박과 항공기는 별도의 구분은 없음

다만, 토지의 각 구분별로 아래 전반적인 특성을 이해하고 세부 규정으로 접근하면 지방세의 이해의 측면에서 도움이 될 것이다.

재산세 과세대상 토지의 구분

<table>
<tr><th>토지 구분</th><th colspan="2">내용</th></tr>
<tr><td rowspan="4">① 종합합산
과세대상</td><td>성격</td><td>재산세 과세대상 토지로서 원칙적인 분류의 토지</td></tr>
<tr><td>범위</td><td>② 별도합산과세대상과 ③ 분리과세대상이 되는 토지를 제외한 토지</td></tr>
<tr><td>세율</td><td>3단계 초과누진세율(0.2%~0.5%)</td></tr>
<tr><td>과세</td><td>해당 시·군·구 내 토지를 소유자별로 합산과세</td></tr>
<tr><td rowspan="4">② 별도합산
과세대상</td><td>성격</td><td>종합합산과세대상 토지 대비 세제혜택을 받는 토지로서 사업 목적상 다소 넓은 면적의 토지가 요구되는 경우</td></tr>
<tr><td>범위</td><td>공장이나 물류단지 등</td></tr>
<tr><td>세율</td><td>3단계 초과누진세율(0.2%~0.4%)</td></tr>
<tr><td>과세</td><td>해당 시·군·구 내 토지를 소유자별로 합산과세</td></tr>
<tr><td rowspan="3">③ 분리과세
대상</td><td>성격</td><td>아래 3가지 목적을 달성하기 위한 별도로 분리하여 과세하는 토지<table><tr><th>구분</th><th>목적</th></tr><tr><td>고율 분리과세</td><td>사치성 재산 규제 목적</td></tr><tr><td>저율 분리과세</td><td>농업 등 지원 목적</td></tr><tr><td>일반 분리과세</td><td>국가 및 지방자치단체 지원 등 목적</td></tr></table></td></tr>
<tr><td>범위
및
세율</td><td>각 목적별 과세대상의 예와 세율은 다음과 같음<table><tr><th>구분</th><th>범위</th><th>세율</th></tr><tr><td>고율 분리과세</td><td>골프장, 고급오락장 등</td><td>4%</td></tr><tr><td>저율 분리과세</td><td>전, 답, 목장용지, 임야</td><td>0.07%</td></tr><tr><td>일반 분리과세</td><td>특정 기반시설용 토지 등</td><td>0.2%</td></tr></table></td></tr>
<tr><td>과세</td><td>각 토지별 분리과세</td></tr>
<tr><td>[비고]
세부담 효과</td><td colspan="2">일반적[40]으로는 아래의 순서로 세부담이 높음
① 분리과세대상 토지 중 고율 분리과세 적용 토지
② 종합합산과세대상 토지
③ 별도합산과세대상 토지
④ 분리과세대상 토지 중 저율 분리과세 적용 토지</td></tr>
</table>

40) 과세대상 및 상황 등에 따라 다를 수 있음

키워드 중심의 토지 과세대상 분류

<table>
<tr><th>구분</th><th colspan="2">내용</th></tr>
<tr><td>1. 종합합산과세대상</td><td colspan="2">2. 별도합산과세대상과 3. 분리과세대상이 아닌 토지</td></tr>
<tr><td rowspan="4">2. 별도합산과세대상</td><td>구분</td><td>내용</td></tr>
<tr><td>공장용 건축물 등</td><td>공장용 건축물 부속토지(일정 면적 내) [주]
일반 건축물의 부속토지(일정 면적 내)</td></tr>
<tr><td>특정 사업용 토지</td><td>특정 경제활동에 활용되는 아래의 토지
① 차고용 토지(여객 및 화물자동차 관련)
② 건설기계 주기장 및 옥외작업장용 토지
③ 자동차 운전학원용 토지
④ 야적장 및 컨테이너 장치장용 토지 등
⑤ 자동차관리사업용 토지
⑥ 자동차 및 건설기계 검사용 토지
⑦ 물류단지 시설용 토지
⑧ 레미콘 제조업용 토지
⑨ 체육시설용 토지(회원제 골프장 제외)
⑩ 박물관·미술관·동물원·식물원 토지
⑪ 주차장용 토지
⑫ 법인묘지용 토지
⑬ 특정한 임야
⑭ 종자업자가 소유 및 이용하는 특정한 농지
⑮ 양식업용 및 수산종자 생산업용 토지
⑯ 견인된 차를 보관하는 토지
⑰ 폐기물 매립용 토지</td></tr>
<tr><td>철거·멸실된 토지</td><td>철거·멸실된 건축물 또는 주택의 부속토지</td></tr>
<tr><td rowspan="3">3. 분리과세대상</td><td>고율 분리대상</td><td>골프장 및 고급오락장용 토지</td></tr>
<tr><td>저율 분리대상</td><td>전, 답, 과수원, 목장용지, 임야</td></tr>
<tr><td>일반 분리대상</td><td>위 고율 및 저율 분리대상 외 분리과세대상 토지</td></tr>
</table>

[주] 공장의 과세구분

<table>
<tr><th colspan="3" rowspan="2">구분</th><th colspan="2">기준면적</th></tr>
<tr><th>이내</th><th>초과</th></tr>
<tr><td colspan="3">군·읍·면지역</td><td>분리과세</td><td>종합합산과세</td></tr>
<tr><td rowspan="3">특별시·광역시·특별자치시·특별자치도·시지역</td><td colspan="2">도시지역 외</td><td>분리과세</td><td>종합합산과세</td></tr>
<tr><td rowspan="2">도시지역 내</td><td>산업단지·공업지역</td><td>분리과세</td><td>종합합산과세</td></tr>
<tr><td>기타</td><td>별도합산과세</td><td>종합합산과세</td></tr>
</table>

(1) 종합합산과세대상 토지

종합합산과세대상 토지는 과세기준일 현재(매년 6월 1일) 납세의무자가 소유하고 있는 토지 중 아래 (2) 별도합산과세대상 토지와 (3) 분리과세대상 토지에 해당하지 않는 토지를 말한다. 따라서 종합합산과세대상 토지에 해당하는지를 파악하려면 아래 (2)와 (3)의 토지에 해당하는지를 먼저 확인해야 한다.

(2) 별도합산과세대상 토지

별도합산과세대상 토지는 과세기준일 현재(매년 6월 1일) 납세의무자가 소유하고 있는 토지 중 아래 1)에서 3)에 해당하는 토지이다.

1) 공장용 건축물 및 공장용 외 건축물의 일정 범위 내 부속토지

공장용 건축물의 부속토지와 그 외 건축물의 부속토지에 대해서는 아래에 정하는 바를 충족할 경우 별도합산과세대상 토지에 해당한다.

<table>
<tr><th>구분</th><th colspan="2">내용</th></tr>
<tr><td rowspan="4">1. 공장용 건축물 부속토지</td><td colspan="2">아래 요건을 충족하는 공장용 건축물[주1]의 부속토지</td></tr>
<tr><td>요건</td><td>내용</td></tr>
<tr><td>지역</td><td>특별시, 광역시(군 제외), 특별자치시, 특별자치도, 시의 지역에 소재한 공장용 건축물 부속토지
단, 아래 지역은 별도합산과세대상에서 제외(분리과세대상임)
읍, 면 지역
① 「산업입지 및 개발에 관한 법률」에 따라 지정된 산업단지
② 「국토의 계획 및 이용에 관한 법률」에 따라 지정된 공업지역</td></tr>
<tr><td>면적</td><td>아래 ①과 ②를 곱한 범위 내의 토지
① 면적(건축물은 바닥면적, 건축물 외 시설은 수평투영면적)
② 용도지역별 적용배율 [주]</td></tr>
<tr><td rowspan="3">2. 일반 건축물 부속토지</td><td colspan="2">아래 요건을 충족하는 공장용 건축물을 제외한 건축물[주]의 부속토지</td></tr>
<tr><td>요건</td><td>내용</td></tr>
<tr><td>범위</td><td>아래에 해당하지 않는 토지
① 골프장용 토지와 고급오락장용 토지 안의 건축물의 부속토지
(「지방세법」 제106조 제1항 제3호 다목)
② 건축물의 시가표준액이 해당 부속토지의 시가표준액의 2%에</td></tr>
</table>

		미달하는 건축물의 부속토지 중 그 건축물의 바닥면적을 제외한 부속토지
	면적	아래 ①과 ②를 곱한 범위 내의 토지 ① 면적(건축물은 바닥면적, 건축물 외 시설은 수평투영면적) ② 용도지역별 적용배율 [주]
[주] 용도지역별 적용배율[41]		

용도지역별		적용배율
도시지역[42]	1. 전용주거지역	5배
	2. 준주거지역 상업지역	3배
	3. 일반주거지역 공업지역	4배
	4. 녹지지역	7배
	5. 미계획지역	4배
도시지역 외의 용도지역		7배

[비고] 공통 전제조건	「건축법」 등 관계 법령에 따라 허가 등을 받아야 할 건축물로서 허가 등을 받지 않은 건축물 또는 사용승인을 받아야 할 건축물로서 사용승인(임시사용승인을 포함)을 받지 않고 사용 중인 건축물의 부속토지는 별도합산과세대상에서 제외(즉, 종합합산과세대상 토지에 해당)

[주1] 공장용 건축물의 범위

공장용 건축물은 아래 제조시설용 건축물, 그 제조시설을 지원하기 위한 부대시설용 건축물, 그리고 공장경계구역 밖에 설치된 종업원의 주거용 건축물을 말한다.

구분	내용
1. 제조시설용 건축물[43]	영업을 목적으로 물품의 제조·가공·수선이나 인쇄 등의 목적에 사용할 수 있도록 생산설비를 갖춘 제조시설용 건축물
2. 부대시설용 건축물	제조시설을 지원하기 위하여 공장 경계구역 안에 설치되는 아래의 부대시설용 건축물 ① 사무실, 창고, 경비실, 전망대, 주차장, 화장실 및 자전거 보관시설 ② 수조, 저유조, 저장창고, 저장조 등 저장용 옥외구축물

41) 용도지역별 적용배율을 곱하여 기준면적을 산출하는 경우등에 있어서 부속토지가 여러 필지로서 필지별 과세표준이 다를 경우에는 총과표를 산정한 후 기준면적 이내의 토지와 기준면적 초과토지의 각 필지별 면적에 따라 비례안분하여 각각 과세표준을 산출(지방세법 운영예규 법106…영101-1)

42) '2. 과세대상의 구분'의 내용에서 도시지역은 「국토의 계획 및 이용에 관한 법률」 제6조에 따름

43) 제조시설은 통계청장이 고시하는 "한국산업분류"에 의한 제조업을 영위함에 필요한 제조시설을 말함(지방세법 운영예규 법106…시행령103…규칙52-1)

	③ 송유관, 옥외 주유시설, 급수·배수시설 및 변전실 ④ 폐기물 처리시설 및 환경오염 방지시설 ⑤ 시험연구시설 및 에너지이용 효율 증대를 위한 시설 ⑥ 공동산업안전시설 및 보건관리시설 ⑦ 식당, 휴게실, 목욕실, 세탁장, 의료실, 옥외 체육시설 및 기숙사 등 종업원의 복지후생 증진에 필요한 시설
3. 종업원의 주거용 건축물	「산업집적활성화 및 공장설립에 관한 법률」 제33조에 따른 산업단지관리기본계획에 따라 공장경계구역 밖에 설치된 종업원의 주거용 건축물

[주2] 건축물의 범위에 포함되는 건축물

공장용 건축물 외 건축물의 범위에 포함되는 건축물은 다음과 같다.

구분	내용	
1. 착공이 제한된 건축물	건축허가를 받았으나 「건축법」 제18조에 따라 착공이 제한된 건축물	
2. 착수 또는 건축이 예정된 건축물	포함	① 「건축법」에 따른 건축허가를 받거나 건축신고를 한 건축물로서 같은 법에 따른 공사계획을 신고하고 공사에 착수한 건축물 ② 개발사업 관계법령에 따른 개발사업의 시행자가 소유하고 있는 토지로서 같은 법령에 따른 개발사업 실시계획의 승인을 받아 그 개발사업에 제공하는 토지(법 제106조 제1항 제3호에 따른 분리과세대상이 되는 토지는 제외)로서 건축물의 부속토지로 사용하기 위하여 토지조성공사에 착수하여 준공검사 또는 사용허가를 받기 전까지의 토지에 건축이 예정된 건축물(관계 행정기관이 허가 등으로 그 건축물의 용도 및 바닥면적을 확인한 건축물)을 포함
	제외	과세기준일 현재 정당한 사유 없이 6개월 이상 공사가 중단된 경우는 제외
3. 가스배관시설 등 지상정착물	가스배관시설 등 아래에 해당하는 지상정착물 ① 가스배관시설 및 옥외배전시설 ② 「전파법」에 따라 방송전파를 송수신하거나 전기통신역무를 제공하기 위한 무선국 허가를 받아 설치한 송수신시설 및 중계시설	

2) 차고용 토지, 물류단지시설용 토지 등 공지상태나 해당 토지의 이용에 필요한 시설 등을 설치하여 업무 또는 경제활동에 활용되는 일정한 토지

아래 17가지 분류에 의한 토지는 각 분류별로 개별법령과 별도의 요건을 충족할 경우 별도합산과세대상 토지에 해당한다. 다소 내용이 많기 때문에 키워드 중심으로 접근이 요구된다. 또한, 각 분류별 정의는 지방세법뿐 아니라 개별법령을 따르고 있는데 지방세법 내에서의 표현은 해당 개별법령을 축약한 표현이므로

반드시 개별법령 전체 내용을 확인하고 해당여부를 판단해야 한다.

구분	키워드	내용
1	차고용 토지	「여객자동차 운수사업법」 또는 「화물자동차 운수사업법」에 따라 여객자동차운송사업 또는 화물자동차 운송사업의 면허·등록 또는 자동차대여사업의 등록을 받은 자가 그 면허·등록조건에 따라 사용하는 차고용 토지로서 자동차운송 또는 대여사업의 최저보유차고면적기준의 1.5배에 해당하는 면적 이내의 토지
2	주기장[44] 또는 옥외작업용 토지	「건설기계관리법」에 따라 건설기계사업의 등록을 한 자가 그 등록조건에 따라 사용하는 건설기계대여업, 건설기계정비업, 건설기계매매업 또는 건설기계폐기업의 등록기준에 맞는 주기장 또는 옥외작업장용 토지로서 그 시설의 최저면적기준의 1.5배에 해당하는 면적 이내의 토지
3	자동차운전학원용 토지	「도로교통법」에 따라 등록된 자동차운전학원의 자동차운전학원용 토지로서 같은 법에서 정하는 시설을 갖춘 구역 안의 토지
4	야적장 및 컨테이너 장치장용 토지 등	① 「항만법」에 따라 해양수산부장관 또는 시·도지사가 지정하거나 고시한 야적장 및 컨테이너 장치장용 토지와 ② 「관세법」에 따라 세관장의 특허를 받는 특허보세구역 중 보세창고용 토지로서 해당 사업연도 및 직전 2개 사업연도 중 물품 등의 보관·관리에 사용된 최대면적의 1.2배 이내의 토지
5	자동차관리사업용 토지	「자동차관리법」에 따라 자동차관리사업의 등록을 한 자가 그 시설기준에 따라 사용하는 자동차관리사업용 토지(자동차정비사업장용, 자동차해체재활용사업장용, 자동차매매사업장용 또는 자동차경매장용 토지만 해당)로서 그 시설의 최저면적기준의 1.5배에 해당하는 면적 이내의 토지
6	자동차 또는 건설기계 검사용 토지	① 「한국교통안전공단법」에 따른 한국교통안전공단이 같은 법 제6조 제6호에 따른 자동차의 성능 및 안전도에 관한 시험·연구의 용도로 사용하는 토지 ② 「자동차관리법」 제44조에 따라 자동차검사대행자로 지정된 자, 같은 법 제44조의2에 따라 자동차 종합검사대행자로 지정된 자, 같은 법 제45조에 따라 지정정비사업자로 지정된 자 및 제45조의2에 따라 종합검사 지정정비사업자로 지정된 자, 「건설기계관리법」 제14조에 따라 건설기계 검사대행 업무의 지정을 받은 자 및 「대기환경보전법」 제64조에 따라 운행차 배출가스 정밀검사 업무의 지정을 받은 자가 자동차 또는 건설기계 검사용 및 운행차 배출가스 정밀검사용으로 사용하는 토지
7	물류단지시설용 토지	① 「물류시설의 개발 및 운영에 관한 법률」 제22조에 따른 물류단지 안의 토지로서 같은 법 제2조 제7호 각 목의 어느 하나에 해당하는 물류단지시설용 토지 ② 「유통산업발전법」 제2조 제16호에 따른 공동집배송센터로서 행정안전부장관이 산업통상자원부장관과 협의하여 정하는 토지

44) 주기장은 건설기계를 세워 두는 곳을 칭함(자동차를 주차하는 곳은 주차장인 것과 대비)

<table>
<tr><th>구분</th><th>키워드</th><th>내용</th></tr>
<tr><td>8</td><td>레미콘 제조업용 토지</td><td>특별시·광역시(군 지역은 제외)·특별자치시·특별자치도 및 시지역(읍·면 지역은 제외)에 위치한 「산업집적활성화 및 공장설립에 관한 법률」의 적용을 받는 레미콘 제조업용 토지(「산업입지 및 개발에 관한 법률」에 따라 지정된 산업단지 및 「국토의 계획 및 이용에 관한 법률」에 따라 지정된 공업지역에 있는 토지는 제외한다)로서 제102조 제1항 제1호에 따른 공장입지기준면적 이내의 토지</td></tr>
<tr><td>9</td><td>체육시설용 토지</td><td><table>
<tr><th>구분</th><th>내용</th></tr>
<tr><td>포함</td><td>아래 요건을 모두 갖춘 토지
① 경기 및 스포츠업을 경영하기 위하여 부가가치세법상 사업자등록을 한 자의 사업에 이용되고 있는 「체육시설의 설치·이용에 관한 법률 시행령」 제2조에 따른 체육시설용 토지로서
② 사실상 운동시설에 이용되고 있는 토지</td></tr>
<tr><td>제외</td><td>「체육시설의 설치·이용에 관한 법률」에 따른 회원제골프장용 토지 안의 운동시설용 토지는 제외</td></tr>
</table>
단, 운동을 위한 기능을 수행하기 위한 토지가 아닌, 주차장 등 운동시설의 접근 편의를 위한 목적으로 설치되어 사용되는 토지는 체육시설용 토지의 범위에 포함되지 않음(지방세관계법 운영예규 법106…시행령 101-2)</td></tr>
<tr><td>10</td><td>박물관 등의 야외전시장용 토지</td><td>「관광진흥법」에 따른 관광사업자가 「박물관 및 미술관 진흥법」에 따른 시설기준을 갖추어 설치한 박물관·미술관·동물원·식물원의 야외전시장용 토지</td></tr>
<tr><td>11</td><td>주차장용 토지</td><td><table>
<tr><th>구분</th><th>내용</th></tr>
<tr><td>포함</td><td>① 「주차장법 시행령」 제6조에 따른 부설주차장 설치기준면적 이내의 토지
② 「관광진흥법 시행령」 제2조 제1항 제3호 가목·나목에 따른 전문휴양업·종합휴양업 및 같은 항 제5호에 따른 유원시설업에 해당하는 시설의 부설주차장으로서 「도시교통정비 촉진법」 제15조 및 제17조에 따른 교통영향평가서의 심의 결과에 따라 설치된 주차장의 경우에는 해당 검토 결과에 규정된 범위 이내의 주차장용 토지</td></tr>
<tr><td>제외</td><td>골프장용 토지와 고급오락장용 토지 안의 부설주차장은 제외</td></tr>
</table></td></tr>
<tr><td>12</td><td>법인묘지용 토지</td><td>「장사 등에 관한 법률」 제14조 제3항에 따른 설치·관리허가를 받은 법인묘지용 토지로서 지적공부상 지목이 묘지인 토지</td></tr>
<tr><td>13</td><td>특정한 임야</td><td>아래에 규정된 임야
① 「체육시설의 설치·이용에 관한 법률 시행령」 제12조에 따른 스키장 및 골프장용 토지 중 원형이 보전되는 임야
② 「관광진흥법」 제2조 제7호에 따른 관광단지 안의 토지와 「관광진흥법 시행령」 제2조 제1항 제3호 가목·나목 및 같은 항 제5호에 따른</td></tr>
</table>

구분	키워드	내용
		전문휴양업·종합휴양업 및 유원시설업용 토지 중 「환경영향평가법」 제22조 및 제27조에 따른 환경영향평가의 협의 결과에 따라 원형이 보전되는 임야 ③ 「산지관리법」 제4조 제1항 제2호에 따른 준보전산지에 있는 토지 중 「산림자원의 조성 및 관리에 관한 법률」 제13조에 따른 산림경영계획의 인가를 받아 실행 중인 임야(도시지역 임야는 제외)
14	종자업자가 소유하는 특정한 농지	「종자산업법」 제37조 제1항에 따라 종자업 등록을 한 종자업자가 소유하는 농지로서 ① 종자연구 및 생산에 직접 이용되고 있는 시험·연구·실습지 또는 ② 종자생산용 토지
15	양식업용 및 수산종자생산업용 토지	「수산업법」에 따라 면허·허가를 받은 자, 「내수면어업법」에 따라 면허·허가를 받거나 신고를 한 자 또는 「수산종자산업육성법」에 따라 수산종자생산업의 허가를 받은 자가 소유하는 토지로서 양식어업 또는 수산종자생산업에 직접 이용되고 있는 토지
16	견인된 차를 보관하는 토지	「도로교통법」에 따라 견인된 차를 보관하는 토지로서 같은 법에서 정하는 시설을 갖춘 토지
17	폐기물 매립용 토지	「폐기물관리법」 제25조 제3항에 따라 폐기물 최종처리업 또는 폐기물 종합처리업의 허가를 받은 자가 소유하는 토지 중 폐기물 매립용에 직접 사용되고 있는 토지

3) 철거·멸실된 건축물 또는 주택의 부속토지

별도합산과세대상	내용
해당되는 토지	과세기준일 현재 건축물 또는 주택이 사실상 철거·멸실된 날(사실상 철거·멸실된 날을 알 수 없는 경우에는 공부상 철거·멸실된 날)부터 6개월이 지나지 아니한 건축물 또는 주택의 부속토지
제외되는 토지	「건축법」 등 관계 법령에 따라 허가 등을 받아야 하는 건축물 또는 주택으로서 허가 등을 받지 않은 건축물 또는 주택이거나 사용승인을 받아야 하는 건축물 또는 주택으로서 사용승인(임시사용승인을 포함)을 받지 않은 경우는 제외

(3) 분리과세대상 토지

분리과세대상 토지는 과세기준일 현재(매년 6월 1일) 납세의무자가 소유하고 있는 토지 중 국가의 보호·지원 또는 중과가 필요한 토지로서 아래 1)에서 8)에 해당하는 토지이다. 별도합산과세대상 토지와 같이 굉장히 많은 내용을 담고 있으므로 역시 키워드 중심의 접근이 필요하다.

1) 공장용지·전·답·과수원 및 목장용지 등

<table>
<tr><th>구분</th><th colspan="3">내용</th></tr>
<tr><td rowspan="5">1. 공장용지</td><td colspan="3">아래 요건을 모두 충족하는 공장용지</td></tr>
<tr><td>요건</td><td colspan="2">내용</td></tr>
<tr><td>지역</td><td colspan="2">아래 지역에 있는 공장용 건축물의 부속토지
① 읍·면지역
② 「산업입지 및 개발에 관한 법률」에 따라 지정된 산업단지
③ 「국토의 계획 및 이용에 관한 법률」에 따라 지정된 공업지역</td></tr>
<tr><td>면적</td><td colspan="2">행정안전부령으로 정하는 공장입지기준면적[주1] 범위의 토지</td></tr>
<tr><td>비고</td><td colspan="2">건축 중인 경우를 포함하되, 과세기준일 현재 정당한 사유 없이 6개월 이상 공사가 중단된 경우는 제외</td></tr>
<tr><td rowspan="8">2. 농지</td><td colspan="3">아래 중 어느 하나에 해당하는 전·답·과수원(통칭하여 농지라고 한다)</td></tr>
<tr><td>농지 구분</td><td colspan="2">내용</td></tr>
<tr><td rowspan="2">일반 농지</td><td>범위</td><td>과세기준일 현재 실제 영농에 사용되고 있는 개인이 소유하는 농지45)</td></tr>
<tr><td>비고</td><td>① 특별시·광역시(군 지역은 제외)·특별자치시·특별자치도 및 시지역(읍·면 지역은 제외)의 도시지역의 농지는 개발제한구역과 녹지지역46)에 있는 것으로 한정
② 「국토의 계획 및 이용에 관한 법률」 제6조 제1호에 따른 도시지역[주2] 중 같은 법 제36조 제1항 제1호 각 목의 구분에 따른 세부 용도지역[주3]이 지정되지 않은 지역을 포함</td></tr>
<tr><td rowspan="2">농업법인의 농지</td><td>범위</td><td>농업법인이 소유하는 농지로서 과세기준일 현재 실제 영농에 사용되고 있는 농지</td></tr>
<tr><td>비고</td><td>특별시·광역시(군 지역은 제외)·특별자치시·특별자치도 및 시지역(읍·면 지역은 제외)의 도시지역의 농지는 개발제한구역과 녹지지역에 있는 것으로 한정</td></tr>
<tr><td>농가공급용 농지</td><td colspan="2">「한국농어촌공사 및 농지관리기금법」에 따라 설립된 한국농어촌공사가 같은 법에 따라 농가에 공급하기 위하여 소유하는 농지</td></tr>
<tr><td>복지시설소비목적농지</td><td colspan="2">관계 법령에 따른 사회복지사업자가 복지시설이 소비목적으로 사용할 수 있도록 하기 위하여 소유하는 농지</td></tr>
</table>

45) 개인이 소유한 공부상 지목이 전·답(농지)로서 일반 사람들이 수목을 관람하면서 휴식을 취하는 용도(수목원 개념)로 이용되는 토지는 개인이 소유한 분리과세 대상 농지에 해당하지 않음(지방세법 운영예규 법106…시행령102-3)

46) 「국토의 계획 및 이용에 관한 법률」 제6조 제1호에 따른 도시지역 중 같은 법 제36조 제1항 제1호 각 목의 구분에 따른 세부 용도지역이 지정되지 않은 지역을 포함

	매립, 간척용 농지	범위	법인이 매립·간척으로 취득한 농지로서, 과세기준일 현재 실제 영농에 사용되고 있는 해당 법인 소유농지
		비고	특별시·광역시(군 지역은 제외한다)·특별자치시·특별자치도 및 시지역(읍·면 지역은 제외한다)의 도시지역의 농지는 개발제한구역과 녹지지역에 있는 것으로 한정
	종중 농지	종중(宗中)이 소유하는 농지	
3. 목장용지	개인이나 법인이 축산용으로 사용하는 도시지역 안의 개발제한구역·녹지지역과 도시지역 밖의 목장용지로서 과세기준일이 속하는 해의 직전 연도를 기준으로 다음 표에서 정하는 축산용 토지 및 건축물의 기준[주4]을 적용하여 계산한 토지면적의 범위에서 소유하는 토지		

[주1] 행정안전부령으로 정하는 공장입지기준면적

지방세법시행규칙 별표6에 따른 공장입지기준면적을 말한다.

지방세법시행규칙 [별표6]

공장입지기준면적(지방셉법시행규칙 제50조 관련)

1. 공장입지기준면적 = 공장건축물 연면적 × $\frac{100}{\text{업종별 기준공장 면적률}}$

2. 공장입지기준면적의 산출기준

가. 공장건축물 연면적: 해당 공장의 경계구역 안에 있는 모든 공장용 건축물 연면적(종업원의 후생복지시설 등 각종 부대시설의 연면적을 포함하되, 무허가 건축물 및 위법시공 건축물 연면적은 제외한다)과 옥외에 있는 기계장치 또는 저장시설의 수평투영면적을 합한 면적을 말한다.

나. 업종별 기준공장면적률: 「산업집적활성화 및 공장설립에 관한 법률」 제8조에 따라 산업통상자원부장관이 고시하는 "업종별 기준공장면적률"에 따른다.

다. 1개의 단위 공장에 2개 이상의 업종을 영위하는 경우에는 각 업종별 공장입지기준면적을 산출하여 합한 면적을 공장입지기준면적으로 보며, 명확한 업종구분이 불가능한 경우에는 매출액이 가장 많은 업종의 기준공장면적률을 적용하여 산출한다.

3. 공장입지기준면적의 추가 인정기준

가. 제1호 및 제2호에 따라 산출된 면적을 초과하는 토지 중 다음의 어느 하나에 해당하는 토지는 공장입지기준면적에 포함되는 것으로 한다.

1) 「산업집적활성화 및 공장설립에 관한 법률」 제20조 제1항 본문에 따라 공장의 신설 등이 제한되는 지역에 소재하는 공장의 경우에는 제1호 및 제2호에 따라 산출된 면

적의 100분의 10 이내의 토지(그 면적이 3,000제곱미터를 초과하지 아니하는 부분에 한정한다)

2) 1)에 규정된 지역 외의 지역에 소재하는 공장의 경우에는 제1호 및 제2호 따라 산출된 면적의 100분의 20 이내의 토지

나. 도시관리계획상의 녹지지역, 활주로, 철로, 6미터 이상의 도로 및 접도구역은 공장입지기준면적에 포함되는 것으로 한다.

다. 생산공정의 특성상 대규모 저수지 또는 침전지로 사용되는 토지는 공장입지기준면적에 포함되는 것으로 한다.

라. 공장용으로 사용하는 것이 적합하지 아니한 경사도가 30도 이상인 사면용지는 공장입지기준면적에 포함되는 것으로 한다.

마. 공장의 가동으로 인하여 소음·분진·악취 등 생활환경의 오염피해가 발생하게 되는 토지로서 해당 공장과 인접한 토지를 그 토지 소유자의 요구에 따라 취득하는 경우에는 공장경계구역 안에 있는 공장의 면적과 합한 면적을 해당 공장의 부속토지로 보아 공장입지기준면적을 산정한다.

바. 공장입지기준면적을 산출할 때 다음 표의 기준면적에 해당하는 종업원용 체육시설용지(공장입지기준면적의 100분의 10 이내에 해당하는 토지에 한정한다)는 공장입지기준면적에 포함되는 것으로 한다.

(단위: 제곱미터)

구분		종업원 100명 이하	종업원 500명 이하	종업원 2,000명 이하	종업원 10,000명 이하	종업원 10,000명 초과
실외 체육 시설	운동장	1,000	1,000제곱미터 + (100명 초과 종업원수 × 9제곱미터)	4,600제곱미터 + (500명 초과 종업원수 × 3제곱미터)	9,100제곱미터 + (2,000명 초과 종업원수 × 1제곱미터)	17,100
	테니스 또는 정구 코트	970	970	1,940	2,910	2,910
실내체육시설		150	300	450	900	900

※○ 비고

1. 적용요건

운동장과 코트에는 축구·배구·테니스 등 운동경기가 가능한 시설이 있어야 하고, 실내체육시설은 영구적인 시설물이어야 하며, 탁구대 2면 이상을 둘 수 있어야 한다.

2. 적용요령

가. 종업원수는 그 사업장에 근무하는 종업원을 기준으로 한다.

나. 종업원이 50명 이하인 법인의 경우에는 코트면적만을 기준면적으로 한다.
다. 실내체육시설의 건축물바닥면적이 기준면적 이하인 경우에는 그 건축물 바닥면적을 그 기준면적으로 한다.
라. 종업원용 실내체육시설이 있는 경우에는 그 실내체육시설의 기준면적에 영 제101조 제2항의 용도지역별 적용배율을 곱하여 산출한 면적을 합한 면적을 기준면적으로 한다.

[주2] 국토의 계획 및 이용에 관한 법률 제6조

국토는 토지의 이용실태 및 특성, 장래의 토지 이용 방향, 지역 간 균형발전 등을 고려하여 다음과 같은 용도지역으로 구분한다.
1. 도시지역: 인구와 산업이 밀집되어 있거나 밀집이 예상되어 그 지역에 대하여 체계적인 개발·정비·관리·보전 등이 필요한 지역
2. 관리지역: 도시지역의 인구와 산업을 수용하기 위하여 도시지역에 준하여 체계적으로 관리하거나 농림업의 진흥, 자연환경 또는 산림의 보전을 위하여 농림지역 또는 자연환경보전지역에 준하여 관리할 필요가 있는 지역
3. 농림지역: 도시지역에 속하지 아니하는 「농지법」에 따른 농업진흥지역 또는 「산지관리법」에 따른 보전산지 등으로서 농림업을 진흥시키고 산림을 보전하기 위하여 필요한 지역
4. 자연환경보전지역: 자연환경·수자원·해안·생태계·상수원 및 문화재의 보전과 수산자원의 보호·육성 등을 위하여 필요한 지역

[주3] 국토의 계획 및 이용에 관한 법률 제36조 [용도지역의 지정]

① 국토교통부장관, 시·도지사 또는 대도시 시장은 다음 각 호의 어느 하나에 해당하는 용도지역의 지정 또는 변경을 도시·군관리계획으로 결정한다.

1. 도시지역: 다음 각 목의 어느 하나로 구분하여 지정한다.
   가. 주거지역: 거주의 안녕과 건전한 생활환경의 보호를 위하여 필요한 지역
   나. 상업지역: 상업이나 그 밖의 업무의 편익을 증진하기 위하여 필요한 지역
   다. 공업지역: 공업의 편익을 증진하기 위하여 필요한 지역
   라. 녹지지역: 자연환경·농지 및 산림의 보호, 보건위생, 보안과 도시의 무질서한 확산을 방지하기 위하여 녹지의 보전이 필요한 지역

[주4] 축산용 토지 및 건축물의 기준

구분	사업	가축마릿수 (연중 최고 마릿수 기준)	축사 및 부대시설		초지 또는 사료밭		비고
			축사 (m²)	부대시설 (m²)	초지 (헥타르)	사료밭 (헥타르)	
1. 한우(육우)	사육사업	1마리당	7.5	5	0.5	0.25	말·노새·당나귀 사육 포함
2. 한우(육우)	비육사업	1마리당	7.5	5	0.2	0.1	
3. 젖소	목장사업	1마리당	11	7	0.5	0.25	
4. 양	목장사업	10마리당	8	3	0.5	0.25	
5. 사슴	목장사업	10마리당	66	16	0.5	0.25	
6. 토끼	사육사업	100마리당	33	7	0.2	0.1	친칠라 사육 포함
7. 돼지	양돈사업	5마리당	50	13	-	-	개 사육 포함
8. 가금	양계사업	100마리당	33	16	-	-	
9. 밍크	사육사업	5마리당	7	7	-	-	여우 사육 포함

2) 산림의 보호육성을 위하여 필요한 임야 및 종중 소유 임야

구분	내용
1. 특수산업사업지구 및 보전산지의 임야	아래 ①에서 ③의 임야로서 「산림자원의 조성 및 관리에 관한 법률」 제13조에 따른 산림경영계획의 인가를 받아 실행 중인 임야 (도시지역의 임야는 제외) ① 「산림자원의 조성 및 관리에 관한 법률」 제28조에 따라 특수산림사업지구로 지정된 임야 ② 「산지관리법」 제4조 제1항 제1호에 따른 보전산지에 있는 임야 ③ 도시지역으로 편입된 날부터 2년이 지나지 아니한 임야와 보전녹지지역[47]의 임야로서 「산림자원의 조성 및 관리에 관한 법률」 제13조에 따른 산림경영계획의 인가를 받아 실행 중인 임야를 포함
2. 지정문화재 등 임야	「문화재보호법」 제2조 제2항에 따른 지정문화재 및 같은 조 제4항에 따른 보호구역 안의 임야

47) 「국토의 계획 및 이용에 관한 법률 시행령」 제30조에 따른 보전녹지지역으로 「국토의 계획 및 이용에 관한 법률」 제6조 제1호에 따른 도시지역 중 같은 법 제36조 제1항 제1호 각 목의 구분에 따른 세부 용도지역이 지정되지 않은 지역을 포함

3. 공연자연환경지구 임야	「자연공원법」에 따라 지정된 공원자연환경지구의 임야
4. 종중 소유 임야	종중이 소유하고 있는 임야
5. 특정한 임야	①「개발제한구역의 지정 및 관리에 관한 특별조치법」에 따른 개발제한구역의 임야 ②「군사기지 및 군사시설 보호법」에 따른 군사기지 및 군사시설 보호구역 중 제한보호구역의 임야 및 그 제한보호구역에서 해제된 날부터 2년이 지나지 아니한 임야 ③「도로법」에 따라 지정된 접도구역의 임야 ④「철도안전법」 제45조에 따른 철도보호지구의 임야 ⑤「도시공원 및 녹지 등에 관한 법률」 제2조 제3호에 따른 도시공원의 임야 ⑥「국토의 계획 및 이용에 관한 법률」 제38조의 2에 따른 도시자연공원구역의 임야 ⑦「하천법」 제12조에 따라 홍수관리구역으로 고시된 지역의 임야
6. 상수원보호구역 임야	「수도법」에 따른 상수원보호구역의 임야

3) 골프장용 토지와 고급오락장용 토지

아래 해당하는 분리과세대상 토지는 지방세법 중과세율 규정의 사치성 재산 중과세 대상 재산의 일부로서 고율의 분리과세를 적용한다.

①「지방세법」 제13조 제5항에 따른 골프장용 토지

②「지방세법」 제13조 제5항에 따른 고급오락장의 부속토지

4) 개발제한구역의 지정이 있기 전 부지취득이 완료된 일정 범위 내 면적의 토지

「산업집적활성화 및 공장설립에 관한 법률」 제2조 제1호에 따른 공장[주]의 부속토지로서 개발제한구역의 지정이 있기 이전에 그 부지취득이 완료된 곳으로서 행정안전부령으로 정하는 공장입지기준면적 범위(지방세법시행규칙 별표6)의 토지

[주] 산업직접활성화 및 공장설립에 관한 법률에 따른 공장의 범위

산업집적활성화 및 공장설립에 관한 법률 시행령 제2조 [공장의 범위] ①「산업집적활성화 및 공장설립에 관한 법률」(이하 "법"이라 한다) 제2조 제1호에 따른 제조업의 범위는「통계법」 제22조에 따라 통계청장이 고시하는 표준산업분류에 따른 제조업으로 한다.

② 법 제2조 제1호에 따른 공장의 범위에 포함되는 것은 다음 각 호와 같다.
1. 제조업을 하기 위하여 필요한 제조시설(물품의 가공 · 조립 · 수리시설을 포함한다. 이하 같다) 및 시험생산시설
2. 제조업을 하는 경우 그 제조시설의 관리 · 지원, 종업원의 복지후생을 위하여 해당 공장부지 안에 설치하는 부대시설로서 산업통상자원부령으로 정하는 것
3. 제조업을 하는 경우 관계 법령에 따라 설치가 의무화된 시설
4. 제1호부터 제3호까지의 시설이 설치된 공장부지

5) 국가 및 지방자치단체 지원을 위한 특정목적 사업용 토지

아래의 토지는 국가 및 지방자치단체의 사업 및 특정한 목적을 지원하기 위한 것으로서 별도합산과세대상 토지에 해당한다. 다만, 위 3)의 골프장용 토지나 고급오락장용 토지는 별도합산과세대상에서 제외한다.

구분	내용
사용 및 처분을 제한하는 공장의 토지	국가나 지방자치단체가 국방상의 목적 외에는 그 사용 및 처분 등을 제한하는 공장 구내의 토지
개발사업시행자가 개발사업 실시계획승인을 받은 토지	「국토의 계획 및 이용에 관한 법률」, 「도시개발법」, 「도시 및 주거환경정비법」, 「주택법」등(이하 이 호에서 "개발사업 관계법령"이라 한다)에 따른 개발사업의 시행자가 개발사업의 실시계획승인을 받은 토지로서 개발사업에 제공하는 토지 중 다음 중 어느 하나에 해당하는 토지 ① 개발사업 관계법령에 따라 국가나 지방자치단체에 무상귀속되는 공공시설용 토지 ② 개발사업의 시행자가 국가나 지방자치단체에 기부채납하기로 한 기반시설(「국토의 계획 및 이용에 관한 법률」 제2조 제6호의 기반시설)용 토지
군용화약류시험장용 토지	① 「방위사업법」 제53조에 따라 허가받은 군용화약류시험장용 토지(허가받은 용도 외의 다른 용도로 사용하는 부분은 제외) ② 위 허가가 취소된 날부터 1년이 지나지 않은 토지
한국농어촌공사의 타인매각목적을 위한 일시소유 부동산	「한국농어촌공사 및 농지관리기금법」에 따라 설립된 한국농어촌공사가 「혁신도시 조성 및 발전에 관한 특별법」 제43조 제3항에 따라 국토교통부장관이 매입하게 함에 따라 타인에게 매각할 목적으로 일시적으로 취득하여 소유하는 같은 법 제2조 제6호에 따른 종전부동산
한국수자원공사의 발전용수등 공급 및 홍수조절용 토지	「한국수자원공사법」에 따라 설립된 한국수자원공사가 「한국수자원공사법」 및 「댐건설 및 주변지역지원 등에 관한 법률」에 따라 국토교통부장관이 수립하거나 승인한 실시계획에 따라 취득한 토지로서 「댐건설 및 주변지역지원 등에 관한 법률」 제2조 제1호에 따른 특정용도 중 발전 · 수도 · 공업 및 농업 용수의 공급 또는 홍수조절용으로 직접 사용하고 있는 토지

6) 에너지·자원의 공급 및 방송·통신·교통 등의 기반시설용 토지

아래의 토지는 에너지 및 자원의 공급 등의 목적을 달성하기 위한 것으로서 별도합산과세대상 토지에 해당한다.[48] 다만, 위 3)의 골프장용 토지나 고급오락장용 토지는 별도합산과세대상에서 제외한다.

구분	내용	
1. 염전용 토지	범위	과세기준일 현재 계속 염전으로 실제 사용하고 있거나 계속 염전으로 사용하다가 사용을 폐지한 토지
	제외	염전 사용 폐지 후 다른 용도로 사용하는 토지는 제외
2. 광업권이 설정된 광구의 토지	범위	「광업법」에 따라 광업권이 설정된 광구의 토지로서 산업통상자원부장관으로부터 채굴계획 인가를 받은 토지
	제외	채굴 외의 용도로 사용되는 부분은 제외
3. 중계시설 부속토지(한국방송공사)	「방송법」에 따라 설립된 한국방송공사의 소유 토지로서 같은 법 제54조 제1항 제5호에 따른 업무에 사용되는 중계시설의 부속토지	
4. 여객자동차터미널 및 물류터미널용 토지	「여객자동차 운수사업법」및「물류시설의 개발 및 운영에 관한 법률」에 따라 면허 또는 인가를 받은 자가 계속하여 사용하는 여객자동차터미널 및 물류터미널용 토지	
5. 발전시설 및 송전·변전시설용 토지	①「전기사업법」에 따른 전기사업자가「전원개발촉진법」 제5조 제1항에 따른 전원개발사업 실시계획에 따라 취득한 토지 중 발전시설 또는 송전·변전시설에 직접 사용하고 있는 토지 ②「전원개발촉진법」시행 전에 취득한 토지로서 담장·철조망 등으로 구획된 경계구역 안의 발전시설 또는 송전·변전시설에 직접 사용하고 있는 토지를 포함	
6. 기간통신사업자의 전기통신설비용 토지	「전기통신사업법」 제5조에 따른 기간통신사업자가 기간통신역무에 제공하는 전기통신설비(「전기통신사업 회계정리 및 보고에 관한 규정」 제8조에 따른 전기통신설비)를 설치·보전하기 위하여 직접 사용하는 토지(대통령령 제10492호 한국전기통신공사법 시행령 부칙 제5조에 따라 한국전기통신공사가 1983년 12월 31일 이전에 등기 또는 등록을 마친 것만 해당)	
7. 열생산설비용 토지(한국지역난방공사)	「집단에너지사업법」에 따라 설립된 한국지역난방공사가 열생산설비에 직접 사용하고 있는 토지	
8. 가스공급설비용 토지(한국가스공사)	「한국가스공사법」에 따라 설립된 한국가스공사가 제조한 가스의 공급을 위한 공급설비에 직접 사용하고 있는 토지	
9. 석유비축시설용 토지 등	①「한국석유공사법」에 따라 설립된 한국석유공사가 정부의	

48) 이때 '5.'와 '7', '8', '9'의 토지는 시설 및 설비공사를 진행 중인 토지를 포함

	석유류비축계획에 따라 석유를 비축하기 위한 석유비축시설용 토지 ② 「석유 및 석유대체연료 사업법」 제17조에 따른 비축의무자의 석유비축시설용 토지 ③ 「송유관 안전관리법」 제2조 제3호에 따른 송유관설치자의 석유저장 및 석유수송을 위한 송유설비에 직접 사용하고 있는 토지 ④ 「액화석유가스의 안전관리 및 사업법」 제20조에 따른 비축의무자의 액화석유가스 비축시설용 토지	
10. 철도역사 개발사업용 철도용지(한국철도공사)	「한국철도공사법」에 따라 설립된 한국철도공사가 같은 법 제9조 제1항 제1호부터 제3호까지 및 제6호의 사업(같은 항 제6호의 경우에는 철도역사 개발사업만 해당)에 직접 사용하기 위하여 소유하는 철도용지	
11. 항만시설용 토지 (항만공사)	범위	「항만공사법」에 따라 설립된 항만공사가 소유하고 있는 항만시설(「항만법」 제2조 제5호)용 토지 중 「항만공사법」 제8조 제1항에 따른 사업에 사용하거나 사용하기 위한 토지
	제외	「항만법」 제2조 제5호 다목부터 마목까지의 규정에 따른 시설용 토지[주]로서 제107조에 따른 수익사업에 사용되는 부분은 제외

[주] 별도합산과세대상에서 제외되는 시설(「항만법」 제2조 제5호 다목부터 마목)용 토지

구분	내용
다. 지원시설	① 보관창고, 집배송장, 복합화물터미널, 정비고 등 배후유통시설 ② 선박기자재, 선용품 등을 보관·판매·전시 등을 하기 위한 시설 ③ 화물의 조립·가공·포장·제조 등을 위한 시설 ④ 공공서비스의 제공, 시설관리 등을 위한 항만 관련 업무용시설 ⑤ 항만시설을 사용하는 자, 여객 등 항만을 이용하는 자 및 항만에서 일하는 자를 위한 휴게소·숙박시설·진료소·위락시설·연수장·주차장·차량통관장 등 후생복지시설과 편의제공시설 ⑥ 항만 관련 산업의 기술개발이나 벤처산업 지원 등을 위한 연구시설 ⑦ 그 밖에 항만기능을 지원하기 위한 시설로서 해양수산부령으로 정하는 것
라. 항만친수시설	① 낚시터, 유람선, 낚시어선, 모터보트, 요트, 윈드서핑용 선박 등을 수용할 수 있는 해양레저용 시설 ② 해양박물관, 어촌민속관, 해양유적지, 공연장, 학습장, 갯벌체험장 등 해양 문화·교육 시설 ③ 해양전망대, 산책로, 해안 녹지, 조경시설 등 해양공원시설 ④ 인공해변·인공습지 등 준설토를 재활용하여 조성한 인공시설
마. 항만배후단지	주로 다목부터 라목까지의 시설과 일반업무시설·판매시설·주거시설 등 대통령령으로 정하는 시설이 모여 있는 항만배후단지

7) 국토의 효율적 이용을 위한 개발사업용 토지

아래의 토지는 국토의 효율적 이용을 위한 개발사업용 토지로서 별도합산과세대상 토지에 해당한다. 다만, 위 3)의 골프장용 토지나 고급오락장용 토지는 별도합산과세대상에서 제외한다.

<table>
<tr><th>구분</th><th>내용</th></tr>
<tr><td>1. 매립 및 간척한 토지 중 공사준공인가일로부터 4년 미경과 토지</td><td>「공유수면 관리 및 매립에 관한 법률」에 따라 매립하거나 간척한 토지로서 공사준공인가일(공사준공인가일 전에 사용승낙이나 허가를 받은 경우에는 사용승낙일 또는 허가일)부터 4년이 지나지 아니한 토지</td></tr>
<tr><td>2. 한국자산관리공사 등의 타인매각 목적 일시 소유 토지</td><td>「금융회사부실자산 등의 효율적 처리 및 한국자산관리공사의 설립에 관한 법률」 제6조에 따라 설립된 한국자산관리공사 또는 「농업협동조합의 구조개선에 관한 법률」 제29조에 따라 설립된 농업협동조합자산관리회사가 타인에게 매각할 목적으로 일시적으로 취득하여 소유하고 있는 토지</td></tr>
<tr><td>3. 농어촌정비사업시행자의 타인 공급 목적 토지</td><td>「농어촌정비법」에 따른 농어촌정비사업 시행자가 같은 법에 따라 다른 사람에게 공급할 목적으로 소유하고 있는 토지</td></tr>
<tr><td>4. 도시개발사업, 토지구획정리사업, 경제자유구역개발사업용 토지</td><td>아래를 충족하는 토지
<table>
<tr><th>구분</th><th>내용</th></tr>
<tr><td>토지 범위</td><td>① 「도시개발법」 제11조에 따른 도시개발사업의 시행자가 그 도시개발사업에 제공하는 토지(주택건설용 토지와 산업단지용 토지로 한정)
② 종전의 「토지구획정리사업법」(법률 제6252호 토지구획정리사업법폐지법률에 의하여 폐지되기 전의 것)에 따른 토지구획정리사업의 시행자가 그 토지구획정리사업에 제공하는 토지(주택건설용 토지와 산업단지용 토지로 한정)
③ 「경제자유구역의 지정 및 운영에 관한 특별법」 제8조의3에 따른 경제자유구역 또는 해당 단위개발사업지구에 대한 개발사업시행자가 그 경제자유구역개발사업에 제공하는 토지(주택건설용 토지와 산업단지용 토지로 한정)</td></tr>
<tr><td>기간 요건</td><td>다만 아래 기간 동안만 해당
① 도시개발사업 실시계획을 고시한 날부터 「도시개발법」에 따른 도시개발사업으로 조성된 토지가 공급 완료(매수자의 취득일)되거나 같은 법 제51조에 따른 공사 완료 공고가 날 때까지
② 토지구획정리사업의 시행인가를 받은 날 또는 사업계획의 공고일(토지구획정리사업의 시행자가 국가인 경우로 한정)부터 종전의 「토지구획정리사업</td></tr>
</table></td></tr>
</table>

구분	내용
	법」에 따른 토지구획정리사업으로 조성된 토지가 공급 완료(매수자의 취득일)되거나 같은 법 제61조에 따른 공사 완료공고가 날 때까지 ③ 경제자유구역개발사업 실시계획 승인을 고시한 날부터 「경제자유구역의 지정 및 운영에 관한 특별법」에 따른 경제자유구역개발사업으로 조성된 토지가 공급 완료(매수자의 취득일)되거나 같은 법 제14조에 따른 준공검사를 받을 때까지
5. 산업단지개발사업 시행자가 소유한 산업단지 조성공사 시행 토지	「산업입지 및 개발에 관한 법률」 제16조에 따른 산업단지개발사업의 시행자가 소유하고 있는 토지로서 같은 법에 따른 산업단지 개발실시계획의 승인을 받아 산업단지조성공사를 시행하고 있는 토지
6. 한국산업단지공단이 소유한 타인공급 목적 토지	「산업집적활성화 및 공장설립에 관한 법률」 제45조의9에 따라 설립된 한국산업단지공단이 타인에게 공급할 목적으로 소유하고 있는 토지(임대한 토지를 포함)
7. 주택건설사업자의 주택건설을 위한 사업계획 승인을 받은 토지	① 「주택법」에 따라 주택건설사업자 등록을 한 주택건설사업자(같은 법 제11조에 따른 주택조합 및 고용자인 사업주체와 「도시 및 주거환경정비법」 제24조부터 제28조까지 또는 「빈집 및 소규모주택 정비에 관한 특례법」 제17조부터 제19조까지의 규정에 따른 사업시행자를 포함)가 주택을 건설하기 위하여 같은 법에 따른 사업계획의 승인을 받은 토지로서 주택건설사업에 제공되고 있는 토지 ② 「주택법」 제2조 제11호에 따른 지역주택조합·직장주택조합이 조합원이 납부한 금전으로 매수하여 소유하고 있는 「신탁법」에 따른 신탁재산의 경우에는 사업계획의 승인을 받기 전의 토지를 포함
8. 중소벤처기업진흥공단이 소유한 분양 및 임대 목적 토지	「중소기업진흥에 관한 법률」에 따라 설립된 중소벤처기업진흥공단이 같은 법에 따라 중소기업자에게 분양하거나 임대할 목적으로 소유하고 있는 토지
9. 지방공사가 소유한 분양 및 임대 목적 토지	「지방공기업법」 제49조에 따라 설립된 지방공사가 같은 법 제2조 제1항 제7호 및 제8호에 따른 사업용 토지로서 타인에게 주택이나 토지를 분양하거나 임대할 목적으로 소유하고 있는 토지(임대한 토지를 포함)
10. 한국수자원공사가 소유한 타인공급 목적 토지	「한국수자원공사법」에 따라 설립된 한국수자원공사가 소유하고 있는 토지 중 아래에 해당하는 토지(임대한 토지는 제외) ① 「한국수자원공사법」 제9조 제1항 제5호에 따른 개발 토지 중 타인에게 공급할 목적으로 소유하고 있는 토지 ② 「친수구역 활용에 관한 특별법」 제2조 제2호에 따른 친수구역 내의 토지로서 친수구역조성사업 실시계획에 따라 주택건설에 제공되는 토지 또는 친수구역조성사업 실시계획에 따라

구분	내용
	공업지역[49]으로 결정된 토지
11. 한국토지주택공사가 소유한 분양 및 임대목적 토지	① 「한국토지주택공사법」에 따라 설립된 한국토지주택공사가 같은 법에 따라 타인에게 토지나 주택을 분양하거나 임대할 목적으로 소유하고 있는 토지(임대한 토지를 포함) ② 「자산유동화에 관한 법률」에 따라 설립된 유동화전문회사가 한국토지주택공사가 소유하던 토지를 자산유동화 목적으로 소유하고 있는 토지
12. 한국토지주택공사가 소유한 비축용 토지	「한국토지주택공사법」에 따라 설립된 한국토지주택공사가 소유하고 있는 비축용 토지 중 다음 중 어느 하나에 해당하는 토지 ① 「공공토지의 비축에 관한 법률」 제14조 및 제15조에 따라 공공개발용으로 비축하는 토지 ② 「한국토지주택공사법」 제12조 제4항에 따라 국토교통부장관이 우선 매입하게 함에 따라 매입한 토지(「자산유동화에 관한 법률」 제3조에 따른 유동화전문회사등에 양도한 후 재매입한 비축용 토지를 포함) ③ 「혁신도시 조성 및 발전에 관한 특별법」 제43조 제3항에 따라 국토교통부장관이 매입하게 함에 따라 매입한 같은 법 제2조 제6호에 따른 종전부동산 ④ 「부동산 거래신고 등에 관한 법률」 제15조 및 제16조에 따라 매수한 토지 ⑤ 「공익사업을 위한 토지 등의 취득 및 보상에 관한 법률」 제4조에 따른 공익사업을 위하여 취득하였으나 해당 공익사업의 변경 또는 폐지로 인하여 비축용으로 전환된 토지 ⑥ 비축용 토지로 매입한 후 공익사업에 편입된 토지 및 해당 공익사업의 변경 또는 폐지로 인하여 비축용으로 다시 전환된 토지 ⑦ 국가·지방자치단체 또는 「국가균형발전 특별법」 제2조 제9호에 따른 공공기관으로부터 매입한 토지 ⑧ 2005년 8월 31일 정부가 발표한 부동산제도 개혁방안 중 토지시장 안정정책을 수행하기 위하여 매입한 비축용 토지 ⑨ 1997년 12월 31일 이전에 매입한 토지

제9호 및 제11호에 따른 토지 중 취득일로부터 5년이 지난 토지로서 용지조성사업 또는 건축을 착공하지 아니한 토지는 제외한다.

49) 「국토의 계획 및 이용에 관한 법률」 제36조 제1항 제1호 다목의 공업지역

8) 기타 분리과세 해야 할 타당한 이유가 있는 토지(지역경제의 발전, 공익성의 정도 등을 고려)

아래의 토지는 분리과세를 해야 할 타당한 이유가 있는 토지로서 별도합산과세대상 토지에 해당한다. 다만, 위 3)의 골프장용 토지나 고급오락장용 토지는 별도합산과세대상에서 제외한다.

구분	내용
1. 비영리사업자의 95년 이전 소유 토지	비영리사업자가 1995년 12월 31일 이전부터 소유하고 있는 토지
2. 구판사업용 토지 및 농수산물 유통시설용 토지	① 「농업협동조합법」에 따라 설립된 조합, 농협경제지주회사 및 그 자회사, 「수산업협동조합법」에 따라 설립된 조합, 「산림조합법」에 따라 설립된 조합 및 「엽연초생산협동조합법」에 따라 설립된 조합(조합의 경우 해당 조합의 중앙회를 포함)이 과세기준일 현재 구판사업에 직접 사용하는 토지 ② 「농수산물 유통 및 가격안정에 관한 법률」 제70조에 따른 유통자회사에 농수산물 유통시설로 사용하게 하는 토지 ③ 「한국농수산식품유통공사법」에 따라 설립된 한국농수산식품유통공사가 농수산물 유통시설로 직접 사용하는 토지
3. 부동산투자회사의 목적사업용 토지	「부동산투자회사법」에 따라 설립된 부동산투자회사가 목적사업에 사용하기 위하여 소유하고 있는 토지
4. 산업단지 등에서 지식산업 등 특정한 목적으로 사용하는 토지	「산업입지 및 개발에 관한 법률」에 따라 지정된 산업단지와 「산업집적활성화 및 공장설립에 관한 법률」에 따른 유치지역 및 「산업기술단지 지원에 관한 특례법」에 따라 조성된 산업기술단지에서 다음 중 어느 하나에 해당하는 용도에 직접 사용되고 있는 토지 ① 「산업입지 및 개발에 관한 법률」 제2조에 따른 지식산업·문화산업·정보통신산업·자원비축 시설용 토지 및 이와 직접 관련된 교육·연구·정보처리·유통시설용 토지 ② 「산업집적활성화 및 공장설립에 관한 법률 시행령」 제6조 제5항에 따른 폐기물 수집운반·처리 및 원료재생업, 폐수처리업, 창고업, 화물터미널이나 그 밖의 물류시설을 설치·운영하는 사업, 운송업(여객운송업은 제외), 산업용기계장비임대업, 전기업, 농공단지에 입주하는 지역특화산업용 토지, 「도시가스사업법」 제2조 제5호에 따른 가스공급시설용 토지 및 「집단에너지사업법」 제2조 제6호에 따른 집단에너지공급시설용 토지 ③ 「산업기술단지 지원에 관한 특례법」에 따른 연구개발시설 및 시험생산시설용 토지 ④ 「산업집적활성화 및 공장설립에 관한 법률」 제30조 제2항에 따른 관리기관이 산업단지의 관리, 입주기업체 지원 및 근로자의 후생복지를 위하여 설치하는 건축물의 부속토지(「지방세법」 제107조에 따른 수익사업용으로 사용되는 부분은 제외)

구분	내용
5. 지식산업센터의 입주시설용 토지 등	「산업집적활성화 및 공장설립에 관한 법률」 제28조의2에 따라 지식산업센터의 설립승인을 받은 자의 토지로서 다음 중 어느 하나에 해당하는 토지(단, 지식산업센터의 설립승인을 받은 후 최초로 재산세 납세의무가 성립한 날부터 5년 이내로 한정하고, 증축의 경우에는 증축에 상당하는 토지 부분으로 한정) ①「산업집적활성화 및 공장설립에 관한 법률」 같은 법 제28조의5 제1항 제1호 및 제2호에 따른 시설용(이하 '지식산업센터 입주시설용')으로 직접 사용하거나 분양 또는 임대하기 위해 지식산업센터를 신축 또는 증축 중인 토지 ② 지식산업센터를 신축하거나 증축한 토지로서 지식산업센터 입주시설용으로 직접 사용(재산세 과세기준일 현재 60일 이상 휴업 중인 경우는 제외)하거나 임대할 목적으로 소유하고 있는 토지(임대한 토지를 포함)
6. 지식산업센터 입주자가 특정 사업에 사용하는 토지	「산업집적활성화 및 공장설립에 관한 법률」 제28조의4에 따라 지식산업센터를 신축하거나 증축하여 설립한 자로부터 최초로 해당 지식산업센터를 분양받은 입주자(「중소기업기본법」 제2조에 따른 중소기업을 영위하는 자로 한정)로서 같은 법 제28조의5 제1항 제1호 및 제2호에 규정된 아래 사업에 직접 사용(재산세 과세기준일 현재 60일 이상 휴업 중인 경우와 타인에게 임대한 부분은 제외)하는 토지(지식산업센터를 분양받은 후 최초로 재산세 납세의무가 성립한 날부터 5년 이내로 한정) ① 제조업, 지식기반산업, 정보통신산업을 운영하기 위한 시설 ② 지식산업 및 정보통신산업 ③ 아래에 따라 지식산업센터 입주가 필요하다고 인정하는 사업 ㉠ 산업단지 안의 지식산업센터의 경우: 법 제2조 제18호에 따른 산업(산업단지에 입주하여 제조업, 지식산업, 정보통신산업, 자원비축시설 및 기타의 사업[50])에 해당하는 사업으로서 관리기관이 인정하는 사업 ㉡ 산업단지 밖의 지식산업센터의 경우: 시장·군수 또는 구청장이 인정하는 사업 ④「벤처기업육성에 관한 특별조치법」 제2조 제1항에 따른 벤처기업을 운영하기 위한 시설

50)「산업집적활성화 및 공장설립에 관한 법률 시행령」 제6조 제5항에 따른 아래 사업을 말함 ① 폐기물 수집운반, 처리 및 원료재생업, ② 폐수처리업, ③ 창고업, 화물터미널, 그 밖에 물류시설을 설치·운영하는 사업, ④ 운송업(여객운송업은 제외), ⑤ 산업용기계장비임대업, ⑥ 부동산임대 및 공급업, ⑦ 시장(「제주특별자치도 설치 및 국제자유도시 조성을 위한 특별법」에 따른 행정시장 포함)·군수 또는 구청장(자치구의 구청장)이 특화산업육성을 위하여 농공단지관리기본계획에 따라 농공단지에 입주시키는 농림어업등의 산업(지역특화산업), ⑧ 전기업, ⑨ 관리기본계획에서 산업단지의 조성목적, 지역경제의 활성화 등을 위하여 해당 산업단지에의 유치업종으로 지정한 산업, ⑩「중소기업 창업지원법」 제2조 제7호에 따른 창업보육센터를 설치·운영하는 사업, ⑪「집단에너지사업법 시행령」 제2조 제1항 제2호에 따른 산업

구분		내용
7. 특구관리계획에 따른 원형지	「연구개발특구의 육성에 관한 특별법」 제34조에 따른 특구관리계획에 따라 원형지로 지정된 토지	
8. 인천국제공항공사가 소유한 공항시설용 토지	포함	「인천국제공항공사법」에 따라 설립된 인천국제공항공사가 소유하고 있는 공항시설(「공항시설법」 제2조 제7호에 따른 공항시설)용 토지 중 「인천국제공항공사법」 제10조 제1항의 사업에 사용하거나 사용하기 위한 토지
	제외	「공항시설법 시행령」 제3조 제2호에 따른 지원시설용 토지[51])로서 「지방세법」 제107조에 따른 수익사업에 사용되는 부분은 제외
9. 부동산집합투자기구 등의 목적사업용 토지	「자본시장과 금융투자업에 관한 법률」 제229조 제2호에 따른 부동산집합투자기구(집합투자재산의 80%를 초과하여 같은 법 제229조 제2호에서 정한 부동산에 투자하는 같은 법 제9조 제19항 제2호에 따른 전문투자형 사모집합투자기구를 포함) 또는 종전의 「간접투자자산 운용업법」에 따라 설정·설립된 부동산간접투자기구가 목적사업에 사용하기 위하여 소유하고 있는 토지 중 법 제106조 제1항 제2호(별도합산과세대상)에 해당하는 토지	
10. 전시산업용 토지	「전시산업발전법 시행령」 제3조 제1호 및 제2호에 따른 아래의 토지 ① 전시회 개최에 필요한 시설: 전시회를 개최하기 위한 면적 2천 제곱미터 이상의 시설(옥내와 옥외 시설을 모두 포함) ② 전시회부대행사의 개최에 필요한 시설: 전시회부대행사를 개최하기 위한 연회장, 공연시설, 상담회장 및 설명회장 등	

단지집단에너지사업, ⑫ 제11호의 산업단지집단에너지사업을 하는 자에게만 열·증기를 공급하기 위한 사업(에너지공급 효율성 저하, 환경오염의 발생 등으로 인하여 입주기업체의 조업에 지장을 주지 아니한다고 관리기관이 인정하는 경우에 한정), ⑬ 「자본시장과 금융투자업에 관한 법률」 제6조 제1항 제6호에 따른 신탁업(지식산업센터를 설립하기 위하여 산업용지의 소유권을 취득하는 경우만 해당)

51) 다음의 지원시설
① 항공기 및 지상조업장비의 점검·정비 등을 위한 시설
② 운항관리시설, 의료시설, 교육훈련시설, 소방시설 및 기내식 제조·공급 등을 위한 시설
③ 공항의 운영 및 유지·보수를 위한 공항 운영·관리시설
④ 공항 이용객 편의시설 및 공항근무자 후생복지시설
⑤ 공항 이용객을 위한 업무·숙박·판매·위락·운동·전시 및 관람집회 시설
⑥ 공항교통시설 및 조경시설, 방음벽, 공해배출 방지시설 등 환경보호시설
⑦ 공항과 관련된 상하수도 시설 및 전력·통신·냉난방 시설
⑧ 항공기 급유시설 및 유류의 저장·관리 시설
⑨ 항공화물을 보관하기 위한 창고시설
⑩ 공항의 운영·관리와 항공운송사업 및 이와 관련된 사업에 필요한 건축물에 부속되는 시설
⑪ 공항과 관련된 「신에너지 및 재생에너지 개발·이용·보급 촉진법」 제2조 제3호에 따른 신에너지 및 재생에너지 설비

[참고] 주거용과 비주거용을 겸하는 건물에서 주택 및 주택 부수토지의 구분

1) 1동(棟)의 건물이 주거와 주거 외의 용도로 사용되고 있는 경우

구분		내용
건축물	주택	주거용으로 사용되는 부분만을 주택으로 봄
	건축물	위 외 부분
건축물 부속토지	주택 부수토지	주거용 면적비율에 따라 안분한 부분
	건축물 부수토지	비주거용 면적비율에 따라 안분한 부분

2) 1구(構)의 건물이 주거와 주거 외의 용도로 사용되고 있는 경우

구분	건축물에 대한 판단
주거용으로 사용되는 면적이 전체면적의 50% 이상인 경우	주택
위 외의 경우	건축물(주택이 아님)

이때 1동(棟)과 1구(構)의 의미는 다음과 같다.

구분	의미	예
1동(棟)	건물 1동	아파트 101동
1구(構)	건물 1동을 각 층별로 각각 거주할 수 있도록 구획되어 있는 경우 각각 1구의 건물로 보는 것	아파트 101동의 1701호, 1702호 등

3) 주택 부속토지의 경계가 명백하지 아니한 경우

구분	부속토지에 대한 판단
주택의 바닥면적의 10배에 해당하는 토지	주택의 부수토지
외 면적을 초과하는 토지	건축물의 부속토지

[참고] 「신탁법」에 따른 토지의 합산방법

「신탁법」에 따른 신탁재산에 속하는 종합합산과세대상 토지 및 별도합산과세대상 토지의 합산 방법은 다음과 같다.

① 신탁재산에 속하는 토지는 수탁자의 고유재산에 속하는 토지와 서로 합산하지 않음
② 위탁자별로 구분되는 신탁재산에 속하는 토지의 경우 위탁자별로 각각 합산

4. 비과세

아래의 재산에 대하여는 그 재산세를 비과세한다.

(1) 국가 등이 소유한 재산

구분	내용
비과세되는 재산	국가, 지방자치단체, 지방자치단체조합, 외국정부 및 주한국제기구의 소유에 속하는 재산
과세되는 재산 (비과세 제외)	다만, 아래에 해당하는 재산은 재산세를 부과함 ① 대한민국 정부기관의 재산에 대하여 과세하는 외국정부의 재산 ② 지방세법 제107조 제2항 제4호에 따라 매수계약자에게 납세의무가 있는 재산(국가, 지방자치단체, 지방자치단체조합과 재산세 과세대상 재산을 연부로 매매계약을 체결하고 그 재산의 사용권을 무상으로 받은 경우의 그 매수계약자)

(2) 국가 등이 공용 또는 공공용으로 사용하는 재산

구분	내용
비과세되는 재산	국가, 지방자치단체 또는 지방자치단체조합이 1년 이상 공용 또는 공공용으로 사용하는 재산(1년 이상 사용할 것이 계약서 등에 의하여 입증되는 경우를 포함)
과세되는 재산 (비과세 제외)	다만, 아래에 해당하는 재산은 재산세를 부과함 유료로 사용하는 경우 [주] 소유권의 유상이전을 약정한 경우로서 그 재산을 취득하기 전에 미리 사용하는 경우

[주] 유료로 사용하는 경우(지방세법 운영예규 법109-2)

당해 재산사용에 대하여 대가가 지급되는 것을 말하고, 그 사용이 대가적 의미를 갖는다면 사용기간의 장단이나, 대가의 지급이 1회적인지 또는 정기적이거나 반복적인 것인지, 대가의 다과 혹은 대가의 산출방식 여하를 묻지 않음

(3) 기타 재산세가 비과세되는 토지

아래에 1)에서 5)에 해당하는 재산에 대하여는 재산세를 비과세한다. 다만, 아래 ①에서 ③에 해당하는 재산에 대하여는 재산세를 과세한다.

① 「법인세법」 제4조 제3항에 따른 수익사업에 사용하는 경우

② 해당 재산이 유료로 사용되는 경우의 그 재산(단, 3)과 5)의 재산은 제외)

③ 해당 재산의 일부가 그 목적에 직접 사용되지 아니하는 경우의 그 일부 재산

1) 도로, 하천, 제방, 구거, 유지, 묘지로 사용되는 토지

구분	내용	
1. 도로	비과세	아래에 해당하는 도로는 재산세를 비과세함 ①「도로법」에 따른 도로 ② 일반인의 자유로운 통행을 위하여 제공할 목적으로 개설한 사설도로
	예외 (과세)	단, 도로와 관련된 아래의 재산은 비과세에서 제외함(=과세) ①「도로법」 제2조 제2호에 따른 도로의 부속물 중 도로관리 시설, 휴게시설, 주유소, 충전소, 교통·관광안내소 및 도로에 연접하여 설치한 연구시설 ②「건축법 시행령」 제80조의 2에 따른 대지 안의 공지
2. 하천	「하천법」에 따른 하천과 「소하천정비법」에 따른 소하천	
3. 제방	비과세	「공간정보의 구축 및 관리 등에 관한 법률」에 따른 제방
	예외 (과세)	특정인이 전용하는 제방은 비과세에서 제외(=과세)
4. 구거	농업용 구거와 자연유수의 배수처리에 제공하는 구거	
5. 유지	① 농업용 및 발전용에 제공하는 댐·저수지·소류지 ② 자연적으로 형성된 호수·늪	
6. 묘지	무덤과 이에 접속된 부속시설물의 부지로 사용되는 토지로서 지적공부상 지목이 묘지인 토지	

2) 산림보호구역(「산림보호법」 제7조), 기타 공익상 재산세를 비과세할 타당한 이유가 있는 토지

구분	내용	
1. 군사기지구역 등 토지	비과세	「군사기지 및 군사시설 보호법」에 따른 군사기지 및 군사시설 보호구역 중 통제보호구역에 있는 토지
	예외 (과세)	전·답·과수원 및 대지는 비과세에서 제외(=과세)
2. 채종림 및 시험림	「산림보호법」에 따라 지정된 산림보호구역 및 「산림자원의 조성 및 관리에 관한 법률」에 따라 지정된 채종림·시험림	
3. 공원자연보존지구의 임야	「자연공원법」에 따른 공원자연보존지구의 임야	
4. 백두대간보호지역의 임야	「백두대간 보호에 관한 법률」 제6조에 따라 지정된 백두대간보호지역의 임야	

3) 임시사용 건축물

임시로 사용하기 위하여 건축된 건축물로서 재산세 과세기준일 현재 1년 미만의 것

4) 비상재해구조용 등으로 사용하는 선박

비상재해구조용, 무료도선용, 선교 구성용, 본선에 속하는 전마용 등으로 사용하는 선박

5) 행정기관으로부터 철거명령을 받은 건축물 등

구분	내용
비과세 대상	재산세를 부과하는 해당 연도에 철거하기로 계획이 확정되어 재산세 과세기준일 현재 행정관청으로부터 철거명령을 받았거나 철거보상계약이 체결된 건축물 또는 주택(「건축법」 제2조 제1항 제2호에 따른 건축물 부분으로 한정)
[비고] 일부의 철거	건축물 또는 주택의 일부분을 철거하는 때에는 그 철거하는 부분으로 한정하여 비과세함

5. 과세표준

재산세의 과세표준은 기본적으로는 「지방세법」 제4조에 따른 시가표준액이다. 다만, 부동산에 해당하는 토지, 건축물, 주택의 재산에는 공정시장가액비율이라는 개념을 추가적으로 고려해야 한다. 공정시장가액비율은 부동산시장의 동향과 지방재정 여건 등을 고려하여 정하는 비율이다.

공정시장가액비율은 토지와 건축물은 시가표준액의 50%에서 90%, 주택은 시가표준액의 40%에서 80%의 범위에서 정하는 비율이며, 현행 지방세법에서는 각각 70%와 60%의 비율을 적용하고 있다.

구분	지방세법상 공정시장가액 비율	공정시장가액의 비율의 범위
토지, 건축물	시가표준액의 70%	50%~90%
주택	시가표준액의 60%	40%~80%

위 사항을 종합해보면 과세대상 재산별 재산세 과세표준은 다음과 같다.

재산의 구분	과세표준	시가표준액(지방세법 제4조 제1항 및 제2항)
토지	시가표준액 × 70%	개별공시지가
건축물	시가표준액 × 70%	건물신축가격기준액에 다음 사항을 적용한 가액 ① 건물의 구조별·용도별·위치별 지수 ② 건물의 경과연수별 잔존가치율

		③ 건물의 규모·형태·특수한 부대설비 등의 유무 및 그 밖의 여건에 따른 가감산율
주택	시가표준액 × 60%	개별주택가격 또는 공동주택가격 등
선박	시가표준액 (지방세법 제4조 제2항)	선박의 종류·용도 및 건조가격을 고려하여 톤수 간에 차등을 둔 단계별 기준가격에 해당 톤수를 차례대로 적용하여 산출한 가액의 합계액에 다음 사항을 적용한 가액 ① 선박의 경과연수별 잔존가치율 ② 급랭시설 등의 유무에 따른 가감산율
항공기	시가표준액 (지방세법 제4조 제2항)	항공기의 종류별·형식별·제작회사별·정원별·최대이륙중량별·제조연도별 제조가격 및 거래가격(수입하는 경우 수입가격)을 고려하여 정한 기준가격에 항공기의 경과연수별 잔존가치율을 적용한 가액

6. 세율

재산세의 세율은 (1) 표준세율과 (2) 중과세율, 그리고 (3) 세율의 적용방법 (4) 재산세부담의 상한으로 구성되어 있다.

(1) 표준세율

재산별 세율은 그 재산의 종류별로 다음과 같다. 다만, 아래의 세율은 표준세율로서 지방자치단체의 장은 특별한 재정수요나 재해 등의 발생으로 재산세의 세율 조정이 불가피하다고 인정되는 경우 조례로 정하는 바에 따라 해당 표준세율의 50%의 범위에서 가감할 수 있다. 다만, 가감한 세율은 해당 연도에만 적용한다.

1) 토지

토지의 세율은 과세대상 구분별로 다음과 같다. 법인세나 소득세 등 과세표준의 구간별로 차등적인 세율이 정해지는 방식의 세율은 표시하는 방법이 2가지가 있다. 방법 1은 법에서 표현하는 방식이고, 방법 2는 과세표준에서 세율을 곱한 금액에 누진공제액을 차감하는 방식으로 좀 더 직관적이라 실제 계산에 적용하기 쉽다.

① 종합합산과세대상 토지

과세표준	세율		
	방법 1	방법 2	
		세율	누진공제
5,000만원 이하	0.2%	0.2%	-
5,000만원 초과 1억원 이하	10만원+5,000만원 초과금액 × 0.3%	0.3%	5만원
1억원 초과	25만원+1억원 초과금액 × 0.5%	0.5%	25만원

② 별도합산과세대상 토지

과세표준	세율		
	방법 1	방법 2	
		세율	누진공제
2억원 이하	0.2%	0.2%	-
2억원 초과 10억원 이하	40만원+2억원 초과금액의 0.3%	0.3%	20만원
10억원 초과	280만원+10억원 초과금액의 0.4%	0.4%	120만원

별도합산과세대상 토지의 세율은 종합합산과세대상 토지의 세율에 비하여 ① 과세표준의 구간이 높고, ② 과세표준 최고구간의 세율이 0.1% 낮아 세부담이 상대적으로 낮다.

③ 분리과세대상 토지

분리과세대상은 위 종합합산과세대상과 별도합산과세대상과 달리 과세표준의 구간에 따른 차등적 세율은 적용하지 않는다. 다만, 분리과세를 하는 목적별로 3가지 세율로 과세한다.

첫 번째는 저율의 분리과세다. 농지, 목장용지, 임야에 대하여 적용하며 농어업에 대한 지원 및 산림의 보호육성 목적으로 낮은 세율(0.07%)로 분리과세한다. 두 번째는 고율의 분리과세다. 사치성 재산에 해당하는 골프장용 토지와 고급오락장용 토지에 대해서는 해당 재산의 보유를 억제하는 등의 목적으로 고율의 세율(4%)을 적용하여 분리과세한다. 마지막으로는 위 2가지에 해당하지 않는 분리과세대상 토지에 대하여 0.2%의 세율을 적용하여 분리과세한다.

두 번째의 고율 분리과세를 제외하면 종합합산과세대상 및 별도합산과세대상의 최저 과세구간의 세율(0.2%)보다 낮은 세율이 적용되므로 분리과세대상 토지에 해당한다면 재산세에 대한 세제혜택을 받는 것으로 이해할 수 있다.

재산의 구분		세율의 적용	세율
1	① 농지(전 · 답 · 과수원) 및 목장용지 (「지방세법」 106조 제1항 제3호 가목)	저율 분리과세	0.07%
	② 임야 (「지방세법」 106조 제1항 제3호 나목)		
2	골프장용 토지, 고급오락장용 토지 (「지방세법」 제106조 제1항 제3호 다목)	고율 분리과세	4.00%
3	위 1과 2 외의 토지	일반 분리과세	0.20%

2) 건축물의 세율

재산의 구분		세율
1	회원제 골프장[주1], 고급오락장용 건축물 (「지방세법」 제13조 제5항 사치성 재산 중과대상)	4.0%
2	① 아래 지역의 공장용 건축물 [주2] 특별시 · 광역시(군 지역은 제외) · 특별자치시(읍 · 면지역은 제외) · 특별자치도(읍 · 면지역은 제외) 또는 시(읍 · 면지역은 제외) 지역에서 「국토의 계획 및 이용에 관한 법률」과 그 밖의 관계 법령에 따라 지정된 주거지역 및 해당 지방자치단체의 조례로 정하는 지역	0.5%
	② 과밀억제권역(산업단지,유치지역,공업지역 제외)내 공장의 신 · 증설 [주3]	1.25%
3	위 1과 2 외의 건축물	0.25%

[주1] 회원제골프장에 대중골프장이 병설된 경우(지방세법 운영예규 법111-1)

재산세가 중과되는 회원제골프장에 대중골프장을 병설 운영하는 경우의 골프장용 건축물에 대한 재산세 부과는 회원제골프장과 대중골프장으로 사업승인된 각각의 토지의 면적에 따라 안분하여 중과세율(4%)과 일반세율(0.25%)을 적용

[주2] 공장용 건축물의 범위

제조·가공·수선이나 인쇄 등의 목적에 사용하도록 생산설비를 갖춘 것으로서 아래 요건을 갖춘 건축물을 말한다.

요건	내용
업종	지방세법시행규칙 [별표2]에 규정된 업종의 공장
면적	생산설비를 갖춘 건축물의 연면적(옥외에 기계장치 또는 저장시설이 있는 경우에는 그 시설물의 수평투영면적을 포함)이 500㎡(제곱미터) 이상인 것
[비고] 건축물	위 '건축물의 연면적'에는 아래 부대시설의 연면적을 포함함

<table>
<tr><td rowspan="3">연면적 범위</td><td>부대시설 구분</td><td>건축물의 연면적</td></tr>
<tr><td>해당 공장의 제조시설을 지원하기 위하여 공장 경계구역 안에 설치되는 부대시설</td><td>포함</td></tr>
<tr><td>① 식당, 휴게실, 목욕실, 세탁장, 의료실, 옥외 체육시설
② 기숙사 등 종업원의 후생복지증진에 제공되는 시설
③ 대피소, 무기고, 탄약고, 교육시설</td><td>제외</td></tr>
</table>

[주3] 과밀억제권역내 공장의 신설 및 증설에 따른 재산세율(5배 중과세)

「수도권정비계획법」 제6조에 따른 과밀억제권역(「산업집적활성화 및 공장설립에 관한 법률」을 적용받는 산업단지 및 유치지역과 「국토의 계획 및 이용에 관한 법률」을 적용받는 공업지역은 제외)에서 「지방세법」 제7조를 준용한 공장 신설·증설에 해당하는 경우 그 건축물에 대한 재산세의 세율은 최초의 과세기준일부터 5년간 일반 건축물 표준세율 0.25%의 5배인 1.25%의 세율로 한다.

3) 주택

① 고급별장(「지방세법」 제13조 제5항 제1호 사치성 재산 중과대상 자산)

고급별장에 대해서는 4%의 세율로 과세한다(고율의 세율 적용).

② 위 ① 외 주택

과세표준	세율		
	방법 1	방법 2	
		세율	누진공제
6천만원 이하	0.1%	0.10%	-
6천만원 초과 1억5천만원 이하	60,000원+6천만원 초과액 × 0.15%	0.15%	3만원
1억5천만원 초과 3억원 이하	195,000원+1억5천만원 초과액 × 0.25%	0.25%	18만원
3억원 초과	570,000원+3억원 초과액 × 0.4%	0.40%	63만원

4) 선박 및 항공기

구분		세율
선박	① 고급선박 (「지방세법」 제13조 제5항 제5호 사치성 재산 중과대상)	5.0%

	② 위 ① 외 선박	0.3%
항공기		0.3%

(2) 재산세 도시지역분(지방세법 제112조)

지방자치단체의 장은 「국토의 계획 및 이용에 관한 법률」 제6조 제1호에 따른 도시지역 중 해당 지방의회의 의결을 거쳐 고시한 지역(이하 '재산세 도시지역분 적용대상 지역') 안에 있는 특정한 토지, 건축물, 주택에 대하여는 조례로 정하는 바에 따라 아래 ①의 세액에 ②의 세액을 합산하여 산출한 세액을 재산세액으로 부과할 수 있다.

① 일반적인 재산세 산출세액(=재산세 과세표준 × 재산세 세율)

② 특정한 토지, 건축물, 주택[주1]의 과세표준 × 0.14%[주2]

즉, 재산세 도시지역분 적용대상 지역의 특정한 부동산은 0.14%를 추가 징수하는 것이다.

[주1] 재산세 도시지역분 적용대상이 되는 특정한 토지, 건축물, 주택의 범위

<table>
<tr><th>구분</th><th colspan="3">내용</th></tr>
<tr><td rowspan="5">토지</td><td rowspan="5">범위</td><td colspan="2">재산세 과세대상 토지 중 아래에 해당하는 토지</td></tr>
<tr><td>지역구분</td><td>내용</td></tr>
<tr><td>일반 도시지역</td><td>재산세 과세대상 토지 중 전·답·과수원·목장용지·임야를 제외한 토지</td></tr>
<tr><td>도시개발구역</td><td>아래 요건을 모두 충족하는 지역의 모든 토지
① 「도시개발법」에 따라 환지 방식으로 시행하는 도시개발구역52)의 토지로서
② 환지처분의 공고가 된 것</td></tr>
<tr><td>도시개발구역 외 등 지역</td><td>다음 중 어느 하나의 지역의 경우 전·답·과수원·목장용지·임야를 제외한 모든 토지
① 「도시개발법」에 따라 환지 방식으로 시행하는 도시개발구역53) 외의 지역
② 환지처분의 공고가 되지 않은54) 도시개발구역</td></tr>
</table>

52) 혼용방식으로 시행하는 도시개발구역 중 환지 방식이 적용되는 토지를 포함

53) 혼용방식으로 시행하는 도시개발구역 중 환지 방식이 적용되는 토지를 포함(위 토지와 동일)

54) 환지처분의 공고가 되지 않은 환지예정지의 경우에는 그 환지예정지의 지목, 용도 등 현황을 기준으로 과세(지방세법 운영예규 법112…시행령111-1)

		개발제한구역	「국토의 계획 및 이용에 관한 법률」에 따른 개발제한구역의 경우 지상건축물, 별장 또는 고급주택, 골프장, 유원지, 그 밖의 이용시설이 있는 토지
	제외	①「국토의 계획 및 이용에 관한 법률」에 따라 지형도면이 고시된 공공시설용지 ② 개발제한구역으로 지정된 토지 중 지상건축물, 골프장, 유원지, 그 밖의 이용시설이 없는 토지	
건축물	재산세 과세대상 건축물		
주택	① 재산세 과세대상 주택 ② 단,「국토의 계획 및 이용에 관한 법률」에 따른 개발제한구역에서는 지방세법 제13조 제5항 제1호 또는 제3호에 따른 별장 또는 고급주택(과세기준일 현재의 시가표준액을 기준으로 판단)만 해당		

[주2] 추가세율(0.14% 관련)

지방자치단체의 장은 해당 연도분의 추가 적용세율을 조례로 정하는 바에 따라 0.23%를 초과하지 않는 범위에서 다르게 정할 수 있다.

(3) 세율의 적용방법(지방세법 제113조)

1) 토지

토지에 대한 재산세는 그 과세대상의 구분별로 아래와 같이 세율을 적용한다.

구분	세율의 적용 방법
종합합산과세대상 (합산하여 과세)	납세의무자가 소유하고 있는 해당 지방자치단체 관할구역에 있는 종합합산과세대상이 되는 토지의 가액을 모두 합한 금액을 과세표준으로 하여 재산세 세율을 적용
별도합산과세대상 (합산하여 과세)	납세의무자가 소유하고 있는 해당 지방자치단체 관할구역에 있는 별도합산과세대상이 되는 토지의 가액을 모두 합한 금액을 과세표준으로 하여 재산세 세율을 적용
분리과세대상 (별도 합산 없음)	분리과세대상이 되는 해당 토지의 가액을 과세표준으로 하여 재산세 세율을 적용

이러한 규정이 별도로 있는 이유는 다음과 같다.

① 종합합산과세대상과 별도합산과세대상의 세율은 법인세 및 소득세 등의 세율처럼 과세표준이 증가할수록 세율도 증가되는 누진세율 체계이므로 누진세율의 효과를 반영하기 위하여 해당 과세표준의 대상이 되는 토지의

가액을 모두 합산하여 과세하는 것이다.

② 분리과세대상은 과세표준의 크기와 관계없이 세율이 일정한 단일세율 체계이므로 과세표준을 합산할 필요가 없으므로 해당 토지의 가액을 과세표준으로 하여 과세하는 것이다(부가가치세를 예로 들면, 부가가치세는 10% 단일세율을 적용하므로 과세표준의 크기가 세율에 영향을 미치지 않는다).

다만, 개별 향교 또는 개별 종교단체가 소유한 토지로서 개별단체가 속하는 「향교재산법」에 따른 향교재단 또는 특정 종교단체의 명의로 조세 포탈을 목적으로 하지 아니하고 등기한 토지의 경우에는 위 규정에도 불구하고 개별단체별로 합산한 토지의 가액을 과세표준으로 하여 토지에 대한 재산세를 과세할 수 있다.

2) 주택

주택에 대한 재산세는 다음과 같이 적용한다.

구분	세율의 적용
일반적인 경우	주택에 대한 재산세는 주택별로 주택에 대한 재산세 세율을 적용
공동소유 등	아래의 경우에는 해당 주택의 토지와 건물의 가액을 합산한 과세표준에 주택에 대한 재산세 세율을 적용 ③ 주택을 2명 이상이 공동으로 소유 ④ 토지와 건물의 소유자가 다를 경우
[비고] 주택의 구분	① 다가구주택(「건축법 시행령」 별표 1 제1호 다목)은 1가구가 독립하여 구분 사용할 수 있도록 분리된 부분을 1구의 주택[주]으로 봄 ② 이 경우 그 부속토지는 건물면적의 비율에 따라 각각 나눈 면적을 1구의 부속토지로 봄

[주] 1구의 주택(지방세법 운영예규 법111…시행령112-1)

① 「1구의 주택」이라 함은 소유상의 기준이 아니고 점유상의 독립성을 기준으로 판단

② 합숙소·기숙사 등의 경우에는 방 1개를 1구의 주택으로 봄

③ 다가구주택은 침실, 부엌, 출입문이 독립되어 있어야 1구의 주택으로 봄

(4) 재산세 부담의 상한(지방세법 제122조)

재산세의 과세대상인 해당 재산에 대한 재산세 산출세액이 직전 연도의 해당 재산에 대한 재산세액 상당액의 일정비율을 초과하는 경우에는 그 상한선의 비율

을 규정하여 해당 비율에 따라 계산한 금액을 해당 연도에 징수할 세액으로 한다.

이는 납세의무자의 재산세 부담이 급격하게 증가하는 것을 방지하기 위해 적용하는 규정이며, 재산세 과세대상 재산 중 선박과 항공기는 본 규정이 적용되지 않는다.

<table>
<tr><th>구분</th><th colspan="2">재산세 상한</th></tr>
<tr><td>토지</td><td colspan="2">직전 연도의 재산세액의 150%</td></tr>
<tr><td>건축물</td><td colspan="2">직전 연도의 재산세액의 150%</td></tr>
<tr><td rowspan="6">주택</td><td colspan="2">주택의 경우에는 주택공시가격 등에 따라 아래와 같이 구분한 금액</td></tr>
<tr><td>주택공시가격 등[주]</td><td>재산세 상한</td></tr>
<tr><td>3억원 이하의 주택</td><td>직전 연도의 재산세액의 105%</td></tr>
<tr><td>3억원 초과 6억원 이하의 주택</td><td>직전 연도의 재산세액의 110%</td></tr>
<tr><td>6억원 초과 주택</td><td>직전 연도의 재산세액의 130%</td></tr>
<tr><td colspan="2">[주] 주택공시가격 등은 아래 ① 또는 ②의 가액을 말함
① 주택공시가격(지방세법 제4조 제1항)
② 특별자치시장·특별자치도지사·시장·군수·구청장이 산정한 가액</td></tr>
</table>

7. 납세지

재산세는 재산의 종류별로 아래의 납세지를 관할하는 지방자치단체에서 부과한다.

<table>
<tr><th>구분</th><th colspan="2">납세지</th></tr>
<tr><td>토지</td><td colspan="2">토지의 소재지</td></tr>
<tr><td>건축물</td><td colspan="2">건축물의 소재지</td></tr>
<tr><td>주택</td><td colspan="2">주택의 소재지</td></tr>
<tr><td rowspan="3">선박</td><td>원칙</td><td>「선박법」에 따른 선적항의 소재지</td></tr>
<tr><td>예외1</td><td>선적항이 없는 경우에는 정계장 소재지</td></tr>
<tr><td>예외2</td><td>정계장이 일정하지 않은 경우에는 선박 소유자의 주소지</td></tr>
<tr><td rowspan="2">항공기</td><td>원칙</td><td>「항공안전법」에 따른 등록원부에 기재된 정치장의 소재지</td></tr>
<tr><td>예외</td><td>「항공안전법」에 따라 등록을 하지 않은 경우에는 소유자의 주소지</td></tr>
</table>

8. 납세의무 성립시기

재산세의 납세의무 성립시기는 과세기준일인 매년 6월 1일이다.

9. 납세의무 확정

(1) 보통징수

재산세는 관할 지방자치단체의 장이 세액을 산정하여 보통징수의 방법으로 부과 및 징수한다. 다만, 지방자치단체의 장은 과세대상 누락, 위법 또는 착오 등으로 인하여 이미 부과한 세액을 변경하거나 수시부과해야 할 사유가 발생하면 수시로 부과·징수할 수 있다.

이 경우 고지서 1장당 재산세로 징수할 세액이 2천원 미만인 경우에는 해당 재산세를 징수하지 않는다(지방세법 제119조).

(2) 납기

재산세를 징수하려면 토지, 건축물, 주택, 선박 및 항공기로 구분한 납세고지서에 과세표준과 세액을 적어 늦어도 납기개시 5일 전까지 발급해야 한다. 여기서 납기의 개념은 납부기한을 말하며 재산의 종류별로 다음과 같다.

<table>
<tr><th>구분</th><th colspan="2">납기</th></tr>
<tr><td>토지</td><td colspan="2">매년 9월 16일부터 9월 30일까지</td></tr>
<tr><td>건축물</td><td colspan="2">매년 7월 16일부터 7월 31일까지</td></tr>
<tr><td rowspan="5">주택</td><td colspan="2">주택은 세액을 아래와 같이 2번에 나누어 납기를 정하고 있음</td></tr>
<tr><td>해당연도 부과·징수세액 [주]</td><td>납기</td></tr>
<tr><td>50%</td><td>매년 7월 16일부터 7월 31일까지</td></tr>
<tr><td>50%</td><td>9월 16일부터 9월 30일까지</td></tr>
<tr><td colspan="2">[주] 일괄 부과·징수
해당 연도에 부과할 세액이 20만원 이하인 경우에는 조례로 정하는 바에 따라 납기를 7월 16일부터 7월 31일까지로 하여 한꺼번에 부과·징수할 수 있음</td></tr>
<tr><td>선박</td><td colspan="2">매년 7월 16일부터 7월 31일까지</td></tr>
<tr><td>항공기</td><td colspan="2">매년 7월 16일부터 7월 31일까지</td></tr>
</table>

(3) 물납

일반적인 지방세는 그 세금을 금전으로만 납부해야 한다. 다만, 재산세의 경우에는 국민의 세금부담을 완화하기 위한 등의 목적으로 국세의 일부 세목에 대한 제도와 유사하게 물납제도를 마련하고 있다. 지방자치단체의 장은 재산세 납부세액이 1천만원을 초과하는 경우에는 아래 규정에 따라 물납을 허가할 수 있다.

요건	내용
재산세 납부세액	재산세 납부세액이 1천만원을 초과할 것 [주1]
물납의 대상	해당 지방자치단체의 관할구역에 있는 부동산일 것
납세의무자의 신청	납세의무자가 아래의 신청서를 납부기한 10일 전까지 신청할 것 [별지 제61호서식] 재산세 물납 허가 신청서 및 재산세 물납부동산 변경허가 신청서
허가여부의 통지	물납신청을 받은 시장·군수·구청장은 신청을 받은 날부터 5일 이내에 납세의무자에게 그 허가 여부를 서면으로 통지해야 함 [별지 제62호서식] 재산세 물납허가 또는 물납부동산 변경허가 통지
물납의 불허 및 변경허가	① 시장·군수·구청장은 제113조 제1항에 따라 물납신청을 받은 부동산이 관리·처분하기가 부적당하다고 인정되는 경우[주2]에는 허가하지 않을 수 있음 ② 시장·군수·구청장은 위 ①에 따라 불허가 통지를 받은 납세의무자가 그 통지를 받은 날부터 10일 이내에 해당 시·군·구의 관할구역에 있는 부동산으로서 관리·처분이 가능한 다른 부동산으로 변경 신청하는 경우에는 변경하여 허가할 수 있음
물납허가 이후의 절차	① 물납 허가 또는 물납부동산 변경허가를 받은 납세의무자는 그 통지를 받은 날부터 10일 이내에 「부동산등기법」에 따른 부동산 소유권이전등기에 필요한 서류를 시장·군수·구청장에게 제출해야 함 ② 해당 시장·군수·구청장은 그 서류를 제출받은 날부터 5일 이내에 관할 등기소에 부동산소유권이전등기를 신청해야 함
물납허가 부동산의 평가	물납을 허가하는 부동산의 가액은 재산세 과세기준일 현재의 시가 [주3]

[주1] 물납범위의 판단(지방세법 운영예규 법117-1)

지방세물납대상이 되는 납부세액이 1천만원 초과 범위 판단은 다음과 같음

① 동일 시·군·구 안에서 재산세의 납부세액을 합산하여 1천만원 초과 여부를 판단(이 경우 동일 시·군·구의 범위는 지방자치법 제2조의 규정에 의함)

② 1천만원 초과 여부는 재산세액(「지방세법」 제112조에 따른 도시지역분을 포함한 금액)에 병기 고지되는 지역자원시설세·지방교육세를 제외

[주2] 물납허가시 관리·처분에 부적당한 부동산의 예시(지방세법 운영예규 법117-1)

① 당해 부동산에 저당권 등의 우선순위 물권이 설정되어 처분하여도 배당의 실익이 없는 경우
② 당해 부동산에 임차인이 거주하고 있어 부동산 인도 등에 어려움이 있는 경우
③ 물납에 제공된 부동산이 소송 등 다툼의 소지가 있는 경우 등

[주3] 물납을 허가하는 부동산의 가액

물납을 허가하는 부동산의 가액은 재산세 과세기준일 현재의 시가로 하며 그 시가는 아래와 같이 구분된다.

<table>
<tr><th>시가</th><th colspan="2">내용</th></tr>
<tr><td rowspan="5">1. 일반적인 시가</td><td colspan="2">물납을 허가하는 부동산의 시가는 아래와 같음</td></tr>
<tr><td>구분</td><td>시가</td></tr>
<tr><td>토지, 주택</td><td>시가표준액(「지방세법」 제4조 제1항)</td></tr>
<tr><td>건축물</td><td>시가표준액(「지방세법」 제4조 제2항)</td></tr>
<tr><td colspan="2">위를 적용할 때 「상속세 및 증여세법」 제61조 제1항 제3호에 따른 부동산(오피스텔 및 상업용 건물)의 평가방법이 따로 있어 국세청장이 고시한 가액이 증명되는 경우에는 그 고시가액을 시가로 봄</td></tr>
<tr><td rowspan="6">2. 시가로 인정되는 것</td><td colspan="2">재산세 과세기준일 전 6개월부터 과세기준일 현재까지의 기간 중에 확정된 가액으로서 아래에 해당하는 것은 시가로 봄</td></tr>
<tr><td>시가 인정액</td><td>내용</td></tr>
<tr><td>보상가액, 공매가액</td><td>해당 부동산에 대하여 수용 또는 공매사실이 있는 경우</td></tr>
<tr><td>감정가액의 평균액</td><td>해당 부동산에 대하여 둘 이상의 감정평가업자(「부동산 가격공시 및 감정평가에 관한 법률」에 따른 감정평가업자)이 평가한 감정가액이 있는 경우</td></tr>
<tr><td>사실상의 취득가격(판결문·법인장부)</td><td>「지방세법」 제10조 제5항 제1호 및 제3호에 따른 취득(판결문·법인장부 등에 따라 취득가격이 증명되는 취득)으로서 그 사실상의 취득가격이 있는 경우</td></tr>
<tr><td colspan="2">위 시가로 인정되는 가액이 2 이상인 경우에는 재산세의 과세기준일부터 가장 가까운 날에 해당하는 가액</td></tr>
</table>

(4) 분할납부(분납)

지방자치단체의 장은 재산세의 납부세액이 250만원을 초과하는 경우에는 아래 규정에 따라 재산세를 분할납부하게 할 수 있다.

<table>
<tr><th>구분</th><th>내용</th></tr>
<tr><td>분할납부의 요건</td><td>재산세 납부세액이 250만원을 초과하는 경우</td></tr>
<tr><td>분할납부세액의 기준</td><td>분할납부할 세액은 아래의 기준에 따름<table><tr><td>구분</td><td>내용</td></tr><tr><td>납부할 세액이 500만원 이하</td><td>250만원을 초과하는 금액</td></tr><tr><td>납부할 세액이 500만원 초과</td><td>그 세액의 50% 이하의 금액</td></tr></table></td></tr>
<tr><td>분할납부의 절차</td><td>재산세의 납부기한까지 [별지 제63호서식]에 따른 신청서를 시장·군수·구청장에게 제출</td></tr>
<tr><td>시장·군수·구청장의 의무</td><td>분할납부신청을 받았을 때에는 이미 고지한 납세고지서를 납부기한 내에 납부해야 할 납세고지서와 분할납부기간 내에 납부해야 할 납세고지서로 구분하여 수정 고지해야 함</td></tr>
</table>

10. 기타의 규정

(1) 신탁재산에 대한 특례(지방세법 제119조의2)

「신탁법」에 따라 수탁자 명의로 등기된 신탁재산에 대한 재산세가 체납된 경우에는 「지방세징수법」 제33조(압류)에도 불구하고 재산세가 체납된 해당 재산에 대해서만 압류할 수 있다. 다만, 재산세가 체납된 재산이 속한 신탁에 다른 재산이 있는 경우에는 그 다른 재산에 대하여 압류할 수 있다.

(2) 신고의무(지방세법 제120조)

아래 중 어느 하나에 해당하는 자는 과세기준일부터 10일 이내에 그 소재지를 관할하는 지방자치단체의 장에게 그 사실을 알 수 있는 증거자료를 갖추어 신고해야 한다.

구분	내용	신고절차(관련서식)
공부상 소유자	재산의 소유권 변동 또는 과세대상 재산의 변동 사유가 발생하였으나 과세기준일까지 그 등기가 되지 아니한 재산의 공부상 소유자	별지 제64호서식
주된 상속자	상속이 개시된 재산으로서 상속등기가 되지 아니한 경우에는 주된 상속자 [주]	
종중재산의 공부상 소유자	사실상 종중재산으로서 공부상에는 개인 명의로 등재되어 있는 재산의 공부상 소유자	

신탁재산의 수탁자	「신탁법」에 따라 수탁자 명의로 등기된 신탁재산의 수탁자	별지 제64호의2서식

[주] 주된 상속자(지방세법시행규칙 제53조)

① 「민법」상 상속지분이 가장 높은 사람

② 상속지분이 가장 높은 사람이 두 명 이상이면 그중 나이가 가장 많은 사람

유의할 것은 이 규정에서 말하는 '신고'는 취득세의 신고 등 신고납부 방식이 적용되는 세목에 대하여 납세의무자가 세액을 계산해서 신고하고 납부할 때의 '신고'가 아니라, 재산세 징수대상이 되는 재산의 현황 및 변동사항 등을 신고하는 것이다.

만약 위 규정에 따른 신고가 사실과 일치하지 않거나 신고가 없는 경우에는 지방자치단체의 장이 직권으로 조사하여 과세대장에 등재할 수 있다. 시장·군수·구청장은 이러한 무신고 재산을 과세대장에 등재한 때에는 그 사실을 관계인에게 통지해야 한다.

8장 자동차세

한눈에 보는 자동차세

구분	자동차세	
	[1] 소유분 자동차세	[2] 주행분 자동차세
정의	자동차의 소유에 관한 세금	자동차 연료(휘발유 등)에 관한 세금
납세의무자	등록 또는 신고된 자동차의 소유자	휘발류 등 과세물품에 대한 「교통·에너지·환경세」의 납세의무자
비과세	① 특정 용도에 직접 사용하는 자동차(국방, 경호, 경비, 교통순찰, 소방, 청소, 오물제거, 환자수송, 도로공사용 자동차) ② 특정한 경우에 따른 자동차(우편관리용, 주한외교기관의 사용, 수출, 소멸·멸실·파손, 폐차, 공매중, 제작 결함 자동차)	별도규정 없음
납세지	자동차 소재지 관할 지방자치단체	「교통·에너지·환경세」 납세지 관할 지방자치단체
과세표준	자동차의 종류 및 특성(배기량 등)	별도규정 없음
세율	자동차의 종류 및 특성에 따른 세율	「교통·에너지·환경세」의 26%
납세의무 성립	납기가 있는 달의 1일 [납기] ① 1기분(01월~06월): 06.16~06.30 ② 2기분(07월~12월): 12.16~12.31	「교통·에너지·환경세」의 납세의무성립시기 (=과세물품을 제조장에서 반출 또는 수입신고를 하는 때)
납세의무 확정	① 보통징수(일반적) ② 신고납부(연세액의 일시납)	① 신고납부 ② 특별징수(위 ① 신고 미이행시)

들어가며

자동차세는 자동차와 관련된 세금이다. 2019년 12월말 기준 우리나라 누적 자동차 등록대수는 약 2천3백만 대로 인구 2명당 1대의 자동차를 보유하고 있다.[55)]

55) 국토교통부 기사 참조

즉, 이제는 자동차가 사치재가 아닌 필수재의 개념이 된 것이다.

소비자에게 자동차세는 보유 비용 중 하나의 요소로서 자동차의 선택에 하나의 기준이 된다. 가령 대중적 성격을 가진 자동차를 구매하고자 하는 자에게는 자동차세가 구매의사 결정에 있어서 중요한 요소 중 하나가 될 것이다. 고급성향의 자동차는 대중적 성격의 자동차에 비하여 자동차세가 소비자의 구매의사 결정에 미치는 영향이 상대적으로 작을 수 있지만, 그 영향이 전혀 없는 것은 아니다.

반대로 자동차 생산자에게 자동차세는 자동차의 성격을 결정짓는 하나의 요소로 작용한다. 대중적인 특성의 자동차를 만들고자 할 때 높은 자동차세는 판매에 걸림돌로 작용할 수 있다. 이 경우 생산자는 낮은 엔진 배기량[56]의 적용 등 예상 구매자가 자동차세를 덜 부담하도록 제작 방향을 결정하며, 추후 광고 및 홍보를 할때도 이러한 점을 강점으로 부각시키기도 한다. 또한 기술의 진보 및 자동차 트렌드에 따라 과거에 비하여 고급 성향의 자동차도 낮은 엔진 배기량을 적용하기도 한다.

위와 같은 특성으로 자동차세는 소비자와 생산자 모두가 많은 관심을 가지고 있는 지방세 중 하나다. 자동차세는 자동차 소유에 대한 세금과 주행에 대한 세금으로 구분되어 있다(이하 각각 '소유분 자동차세'와 '주행분 자동차세').

[1] 소유분 자동차세

1. 기본사항

우리가 일반적으로 보는 자동차세 고지서가 이 소유분 자동차세에 관한 것이다. 소유분 자동차세는 자동차에 대한 세금이므로 자동차에 대한 정의가 필요하다. 자동차의 정의는 다음과 같으며 소유분 자동차세와 주행분 자동차세에 동일하게 적용된다.

56) 후술하겠지만 자동차세의 세율이 결정되는 요소 중 하나로 엔진 배기량이 있으며 배기량이 낮을수록 낮은 세율이 적용되어 자동차세가 절감됨

① 「자동차관리법」에 따라 등록되거나 신고된 차량
② 「건설기계관리법」에 따라 등록된 덤프트럭 및 콘크리트믹서트럭

2. 납세의무자

소유분 자동차세의 납세의무자는 다음과 같다.

구분	납세의무자 [주]
일반적인 경우	지방자치단체 관할구역에 등록 또는 신고된 자동차를 소유하는 자
상속	과세기준일 현재 상속이 개시된 자동차로서 사실상의 소유자 명의로 이전등록을 하지 아니한 경우 아래의 순위에 따른 자 ① 「민법」상 상속지분이 가장 높은 자 ② 연장자
공매	과세기준일 현재 공매되어 매수대금이 납부되었으나 매수인 명의로 소유권 이전등록을 하지 아니한 자동차의 경우 매수인

[주] 납세의무자(지방세법 운영예규 법125-1)

① 자동차의 소유 여부는 자동차등록원부상의 등록 여부로 결정되는 것이므로 과세기준일에 그 등록원부상 소유자로 등재된 자가 납세의무자
② 자동차의 소유자가 이를 도난당하거나 폐차업소에 입고함에 따라 그 운행이익을 향유하지 못하고 있다고 하더라도 자동차세의 납세의무가 있음
③ 다만, 도난당한 후 말소등록을 하거나 시장·군수·구청장이 사실조사를 통하여 폐차업소에 입고하여 사실상 회수하거나 사용할 수 없는 것으로 인정하는 경우에는 도난신고접수일 또는 폐차업소입고일 이후의 자동차세는 부과하지 않음

3. 비과세

(1) 국가 또는 지방자치단체가 공익적인 목적으로 사용하는 자동차와 (2) 주한외교기관이 사용하는 자동차 등 특정한 자동차에 대해서는 소유분 자동차세를 비과세한다.

(1) 국가 또는 지방자치단체가 국방, 경호, 경비, 교통순찰, 소방, 환자수송, 청소, 오물제거, 도로공사를 위하여 제공하는 자동차

<table>
<tr><th>제공목적의 구분</th><th>해당 자동차</th></tr>
<tr><td>국방</td><td>「자동차관리법」 제70조 제6호에 따라 군용 특수자동차로 등록되어 그 용도에 직접 사용하는 자동차</td></tr>
<tr><td>경호·경비·교통순찰</td><td><table>
<tr><th>구분</th><th>내용</th></tr>
<tr><td>경호용</td><td>대통령, 외국원수, 그 밖의 요인의 신변 보호에 사용되는 자동차</td></tr>
<tr><td>경비용</td><td>경찰관서의 경비용 자동차</td></tr>
<tr><td>교통순찰용</td><td>교통의 안전과 순찰을 목적으로 특수표지를 하였거나 특수구조를 가진 자동차로서 교통순찰에 사용되는 자동차</td></tr>
</table></td></tr>
<tr><td>소방·청소·오물제거</td><td>국가 또는 지방자치단체가 화재의 진압 또는 예방, 구조, 청소, 오물제거를 위한 특수구조를 가지고 그 용도의 표지를 한 자동차로서 그 용도에 직접 사용하는 자동차</td></tr>
<tr><td>환자수송</td><td>환자를 수송하기 위한 특수구조와 그 표지를 가진 자동차로서 환자수송 외의 용도에 사용하지 아니하는 자동차</td></tr>
<tr><td>도로공사</td><td>도로의 보수 또는 신설과 이에 딸린 공사에 사용하기 위한 것으로서 화물운반용이 아닌 작업용 특수구조를 가진 자동차</td></tr>
</table>

(2) 주한외교기관이 사용하는 자동차 등 특정한 자동차

<table>
<tr><th>자동차 구분</th><th>내용</th><th>비과세 신청</th></tr>
<tr><td>우편·전파관리용 자동차</td><td>정부가 우편·전파관리에만 사용할 목적으로 특수한 구조로 제작한 것으로서 그 용도의 표지를 한 자동차</td><td></td></tr>
<tr><td>주한외교기관이 사용하는 자동차</td><td>주한외교기관·국제연합기관·주한외국원조기관(민간원조기관을 포함)이 사용하는 자동차</td><td></td></tr>
<tr><td>수출된 자동차</td><td>「관세법」에 따라 세관장에게 수출신고를 하고 수출된 자동차</td><td rowspan="3">별도신청
[주1]
[주2]</td></tr>
<tr><td>소멸·멸실·파손된 자동차</td><td>천재지변·화재·교통사고 등으로 소멸·멸실 또는 파손되어 해당 자동차를 회수하거나 사용할 수 없는 것으로 시장·군수·구청장이 인정하는 자동차</td></tr>
<tr><td>폐차된 자동차</td><td>「자동차관리법」에 따른 자동차해체재활용업자에게 폐차되었음이 증명되는 자동차</td></tr>
<tr><td>공매 중인 자동차</td><td>공매 등 강제집행절차가 진행 중인 자동차로서 집행기관 인도일 이후부터 경락대금 납부일 전까지의 자</td><td></td></tr>
</table>

	동차	
멸실된 자동차	「자동차등록령」 제31조 제2항에 해당하는 환가가치가 남아있지 않은 자동차로서 해당 자동차의 차령, 법령위반 사실, 보험가입 유무 등 모든 사정에 비추어 해당 자동차가 멸실된 것으로 인정되는 자동차	

[주1] 비과세 신청

① 수출된 자동차, ② 소멸·멸실·파손된 자동차, ③ 폐차된 자동차의 규정에 따라 비과세를 받고자 할 때는 [별지 제70호서식] 자동차 소유에 대한 자동차세 비과세 신청서와 그 사유를 증명할 수 있는 서류를 갖추어 시장·군수·구청장에게 신고해야 한다.

[주2] 비과세전환시 세액계산(지방세법 운영예규 법126…시행령121-1)

① 수출된 자동차, ② 소멸·멸실·파손된 자동차, ③ 폐차된 자동차의 규정에 따른 자동차의 세액계산은 다음의 날 이후 분을 일할계산하여 산출한 세액을 당해 기분의 자동차세에서 감액하여 과세한다.

구분	기산일
수출된 자동차	선적일
소멸·멸실 자동차	그 소멸·멸실일
폐차대상자동차	폐차인수증명서를 발급받은 날

4. 과세표준

소유분 자동차세에 대한 과세표준은 자동차에 대한 별도의 가액으로 정하여져 있지 않고 배기량 등 자동차의 특성을 과세표준으로 하여 세율을 적용한다.

5. 세율

소유분 자동차세의 표준세율은 자동차의 특성에 따라 아래와 같이 구분하여 적용한다. 이때 지방자치단체의 장은 조례로 정하는 바에 따라 자동차세의 세율을 배기량 등을 고려하여 표준세율의 50%까지 초과하여 정할 수 있다.

<table>
<tr><th>자동차의 구분 [주1]</th><th colspan="4">과세표준과 표준세율</th></tr>
<tr><td rowspan="8">승용자동차</td><td colspan="2">영업용[주2]</td><td colspan="2">비영업용 [주3]</td></tr>
<tr><td>배기량</td><td>cc당 세액</td><td>배기량</td><td>cc당 세액</td></tr>
<tr><td>1,000cc 이하</td><td>18원</td><td>1,000cc 이하</td><td>80원</td></tr>
<tr><td>1,600cc 이하</td><td>18원</td><td>1,600cc 이하</td><td>140원</td></tr>
<tr><td>2,000cc 이하</td><td>19원</td><td>1,600cc 초과</td><td>200원</td></tr>
<tr><td>2,500cc 이하</td><td>19원</td><td></td><td></td></tr>
<tr><td>2,500cc 초과</td><td>24원</td><td></td><td></td></tr>
<tr><td colspan="4"></td></tr>
<tr><td rowspan="2">그 밖의 승용자동차</td><td colspan="2">영업용</td><td colspan="2">비영업용</td></tr>
<tr><td colspan="2">20,000원</td><td colspan="2">100,000원</td></tr>
<tr><td rowspan="6">승합자동차</td><td>구분</td><td>영업용</td><td colspan="2">비영업용</td></tr>
<tr><td>고속버스</td><td>100,000원</td><td colspan="2">-</td></tr>
<tr><td>대형전세버스</td><td>70,000원</td><td colspan="2">-</td></tr>
<tr><td>소형전세버스</td><td>50,000원</td><td colspan="2">-</td></tr>
<tr><td>대형일반버스</td><td>42,000원</td><td colspan="2">115,000원</td></tr>
<tr><td>소형일반버스</td><td>25,000원</td><td colspan="2">65,000원</td></tr>
<tr><td rowspan="9">화물자동차</td><td>구분</td><td>영업용</td><td colspan="2">비영업용</td></tr>
<tr><td>1,000kg 이하</td><td>6,600원</td><td colspan="2">28,500원</td></tr>
<tr><td>2,000kg 이하</td><td>9,600원</td><td colspan="2">34,500원</td></tr>
<tr><td>3,000kg 이하</td><td>13,500원</td><td colspan="2">48,000원</td></tr>
<tr><td>4,000kg 이하</td><td>18,000원</td><td colspan="2">63,000원</td></tr>
<tr><td>5,000kg 이하</td><td>22,500원</td><td colspan="2">79,500원</td></tr>
<tr><td>8,000kg 이하</td><td>36,000원</td><td colspan="2">130,500원</td></tr>
<tr><td>10,000kg 이하</td><td>45,000원</td><td colspan="2">157,500원</td></tr>
<tr><td>10,000kg 초과분</td><td colspan="3">10,000kg 초과할 때마다 영업용은 1만원, 비영업용은 3만원을 가산한 금액</td></tr>
<tr><td rowspan="3">특수자동차</td><td>구분</td><td>영업용</td><td colspan="2">비영업용</td></tr>
<tr><td>대형특수자동차</td><td>36,000원</td><td colspan="2">157,500원</td></tr>
<tr><td>소형특수자동차</td><td>13,500원</td><td colspan="2">58,500원</td></tr>
<tr><td rowspan="2">3륜 이하 소형자동차</td><td colspan="2">영업용</td><td colspan="2">비영업용</td></tr>
<tr><td colspan="2">3,300원</td><td colspan="2">18,000원</td></tr>
</table>

[주1] 자동차의 구분(지방세법시행령 제123조 및 제124조)

자동차의 구분은 아래와 같다. 자동차의 종류를 결정할 때 해당 자동차가 2 이상에 해당하는 경우에는 주된 종류에 따르고, 주된 종류를 구분하기 곤란한 것은 시장·군수·구청장이 결정하는 바에 따른다.

<table>
<tr><th>구분</th><th colspan="2">내용</th></tr>
<tr><td>1. 승용자동차</td><td colspan="2">「자동차관리법」 제3조에 따른 승용자동차
(=10인 이하를 운송하기에 적합하게 제작된 자동차)</td></tr>
<tr><td>2. 그 밖의 승용자동차</td><td colspan="2">위 '1. 승용자동차' 중 전기·태양열 및 알코올을 이용하는 자동차</td></tr>
<tr><td rowspan="6">3. 승합자동차</td><td>구분</td><td>내용</td></tr>
<tr><td>① 고속버스</td><td>「여객자동차 운수사업법 시행령」 제3조에 따른 시외버스운송사업용 고속운행버스</td></tr>
<tr><td>② 대형전세버스</td><td>「여객자동차 운수사업법 시행령」 제3조에 따른 전세버스운송사업용 버스로서 「자동차관리법」 제3조에 따른 대형승합자동차</td></tr>
<tr><td>③ 소형전세버스</td><td>「여객자동차 운수사업법 시행령」 제3조에 따른 전세버스운송사업용 버스로서 위 ② 대형전세버스 외의 버스</td></tr>
<tr><td>④ 대형일반버스</td><td>「여객자동차 운수사업법 시행령」 제3조에 따른 시내버스운송사업용 버스, 농어촌버스운송사업용 버스, 마을버스운송사업용 버스, 시외버스운송사업용 버스(①의 고속버스는 제외)와 비영업용 버스로서 「자동차관리법」 제3조에 따른 대형승합자동차</td></tr>
<tr><td>⑤ 소형일반버스</td><td>「여객자동차 운수사업법 시행령」 제3조에 따른 시내버스운송사업용 버스, 농어촌버스운송사업용 버스, 마을버스운송사업용 버스, 시외버스운송사업용 버스(가목의 고속버스는 제외)와 비영업용 버스로서 위 ④의 대형일반버스 외의 버스</td></tr>
<tr><td>4. 화물자동차</td><td colspan="2">① 「자동차관리법」 제3조에 따른 화물자동차[57](최대적재량이 8톤을 초과하는 피견인차는 제외)
② 「건설기계관리법」에 따라 등록된 덤프트럭 및 콘크리트믹서트럭(콘크리트믹서트럭은 최대적재량이 1만킬로그램을 초과하는 화물자동차)</td></tr>
<tr><td>5. 특수자동차</td><td>① 대형특수자동차</td><td>① 최대 적재량이 8톤을 초과하는 피견인차
② 「자동차관리법」 제3조에 따른 특수자동차[58] 중 총중량이 10톤 이상이거나 최대적재량이 4톤을 초과하는 자동차
③ 「여객자동차 운수사업법 시행령」 제3조에 따른 특수여객자동차운송사업용[59] 자동차 중 배기량이 4,000cc를 초과하는 자동차</td></tr>
</table>

57) 화물을 운송하기에 적합한 화물적재공간을 갖추고, 화물적재공간의 총적재화물의 무게가 운전자를 제외한 승객이 승차공간에 모두 탑승했을 때의 승객의 무게보다 많은 자동차

58) 다른 자동차를 견인하거나 구난작업 또는 특수한 용도로 사용하기에 적합하게 제작된 자동차로서 승용자동차·승합자동차 또는 화물자동차가 아닌 자동차

59) 운행계통을 정하지 아니하고 전국을 사업구역으로 하여 1개의 운송계약에 따라 국토교통부

		④ 최대적재량이 4톤을 초과하거나 배기량이 4,000cc를 초과하는 자동차로서 '1'부터 '4' 및 '6'에 해당하지 않는 자동차
	② 소형특수자동차	① 「자동차관리법」 제3조에 따른 특수자동차와 「여객자동차 운수사업법 시행령」 제3조에 따른 특수여객자동차운송사업용 자동차 중 위 '5-① 대형특수자동차'에 해당하지 아니하는 자동차 ② 최대적재량이 4톤 이하이고, 배기량이 4,000cc 이하인 자동차로서 '1' 부터 '4' 및 '6.'에 해당하지 않는 자동차
6. 3륜 이하 소형자동차	① 3륜자동차	3륜의 자동차로서 사람 또는 화물을 운송하는 구조로 되어 있는 소형자동차
	② 이륜자동차	총 배기량 125cc를 초과하거나 최고정격출력 12kW(킬로와트)를 초과하는 이륜자동차로서 등록되거나 신고된 자동차

[주2] 영업용과 비영업용의 구분

구분	내용
영업용	① 「여객자동차 운수사업법」 또는 「화물자동차 운수사업법」에 따라 면허(등록을 포함)를 받거나 ② 「건설기계관리법」에 따라 건설기계대여업의 등록을 하고 일반의 수요에 제공하는 것
비영업용	① 개인 또는 법인이 영업용 외의 용도에 제공하거나 ② 국가 또는 지방공공단체가 공용으로 제공하는 것

[주3] 차령 3년 이상 비영업용 승용자동차의 세액계산

비영업용 승용자동차 중 차령(자동차의 내용연수)이 3년 이상인 자동차는 아래의 계산식에 따라 산출한 해당 자동차에 대한 제1기분(1월부터 6월까지) 및 제2기분(7월부터 12월까지) 자동차세액을 합산한 금액을 그 자동차의 연세액으로 한다. 이때 차령이 12년을 초과할 경우에는 12년으로 본다.

구분	내용
자동차 1대의 각 기분 자동차세액	$A/2 - (A/2 \times 5\%) \times (n-2)$
용어	A = 자동차 세율표에 따른 연세액 n = 차령($2 \leq n \leq 12$)

령으로 정하는 특수한 자동차를 사용하여 장례에 참여하는 자와 시체(유골을 포함)를 운송하는 사업

쉽게 말하면 우리가 일반적으로 구입하는 비영업용 승용자동차는 3년차부터 매년 5%씩, 최대 50%까지 자동차세를 경감시켜주고 있는 것이다.

이때 차령의 계산식은 다음과 같다.

자동차의 차령기산일	차령	
1월 1일~6월 30일까지	과세연도 - 기산일이 속하는 연도 + 1	
7월 1일~12월 31일까지	제1기분 차령	과세연도 - 기산일이 속하는 연도
	제2기분 차령	과세연도 - 기산일이 속하는 연도 + 1

6. 납세지

소유분 자동차세와 관련하여 납세지에 대한 별도의 법조문은 없으나, 기본적으로는 자동차 소재지의 관할 지방자치단체가 납세지에 해당한다.

7. 납세의무의 성립시기

소유분 자동차세에 대한 납세의무 성립시기는 납기가 있는 달의 1일이다.

8. 납세의무 확정

(1) 보통징수(원칙)

자동차세는 자동차 1대당 연세액을 50%의 금액으로 분할한 세액을 아래 각 기간 내에 그 납기가 있는 달의 1일 현재의 자동차 소유자로부터 자동차 소재지를 관할하는 지방자치단체에서 징수한다.

자동차 소재지는 해당 자동차 또는 건설기계의 등록원부상 사용본거지로 한다. 다만, 등록원부상의 사용본거지가 분명하지 않은 경우에는 그 소유자의 주소지를 자동차 소재지로 본다.

구분	기간	납기
제1기분	01월부터 06월까지	06월 16일부터 06월 30일까지
제2기분	07월부터 12월까지	12월 16일부터 12월 31일까지

만약, 납세의무자가 연세액을 1/4의 금액으로 분할납부하려고 신청하는 경우에는 아래와 같이 분할하여 징수할 수 있다.

구분	기간	납기
제1기분	01월부터 06월까지	03월 16일부터 03월 31일까지
		06월 16일부터 06월 30일까지
제2기분	07월부터 12월까지	09월 16일부터 09월 30일까지
		12월 16일부터 12월 31일까지

(2) 신고납부

1) 연세액의 일시납에 따른 신고납부

납세의무자가 연세액을 한꺼번에 납부하려고 하는 경우에는 연세액의 10%[60]를 공제한 금액을 연세액으로 하여 자동차세를 신고납부할 수 있다. 연세액을 한꺼번에 납부하려는 자는 납부서에 과세물건, 과세표준, 산출세액 및 납부액을 적어 시장·군수·구청장에게 아래 각 기간 중에 신고납부해야 한다.

구분	신고납부 기간
1월 중에 신고납부할 경우	1월 16일부터 1월 31일까지
1기분 납기 중에 신고납부할 경우	6월 16일부터 6월 30일까지
분할납부기간에 신고납부할 경우	3월 16일부터 3월 31일까지 또는 9월 16일부터 9월 30일까지

연세액이 10만원 이하인 자동차세는 제1기분을 부과할 때 전액을 부과징수할 수 있다. 이 경우 제2기분 세액의 10%[61]를 공제한 금액을 연세액으로 한다.

2) 이전등록 및 말소등록에 따른 신고납부

자동차를 이전등록하거나 말소등록하는 경우 그 양도인 또는 말소등록인은 해당 기분의 세액을 이전등록일 또는 말소등록일을 기준으로 일할계산하여 그 등록일에 신고납부할 수 있다.

60) 2021년부터는 연세액의 10% 범위에서 특정 계산식에 따라 산출한 금액을 공제할 것임
61) 2021년부터는 연세액의 10% 범위에서 특정 계산식에 따라 산출한 금액을 공제할 것임

(3) 수시부과

자동차세를 보통징수에 의하지 않고 수시부과할 수 있는 사유와 그 세액은 다음과 같다.

수시부과의 사유	수시부과의 세액
① 자동차를 신규등록 또는 말소등록하는 경우 ② 과세대상 자동차가 비과세 또는 감면대상이 되거나, 비과세 또는 감면대상 자동차가 과세대상이 되는 경우 ③ 영업용 자동차가 비영업용이 되거나, 비영업용 자동차가 영업용이 되는 경우	[주1]
④ 자동차를 승계취득함으로써 일할계산하여 부과·징수하는 경우	[주2]

[주1] 수시부과 시의 세액은 아래에 따라 일할계산한 금액으로 한다.

구분	일할계산할 금액
일반적인 경우	해당 자동차의 연세액 × 과세대상기간의 일수 / 해당 연도의 총일수
3년 이상 비영업용 승용자동차	소유권이전등록일이 속하는 해당 기분의 세액 × 과세대상기간의 일수 / 해당연도의 총일수
자동차세의 최저점	위 규정에 따라 계산한 자동차세액이 2천원 미만이면 자동차세를 징수하지 않음

[주2] 승계취득시의 세액계산

1) 일할계산의 방법

① 과세기간 중에 매매·증여 등으로 인하여 자동차를 승계취득한 자가 자동차 소유권 이전 등록을 하는 경우에는 소유권이전등록일을 기준으로 그 소유기간에 따라 자동차세를 일할계산하여 양도인과 양수인에게 각각 부과·징수한다.

② 다만, 양도인 또는 양수인이 소유권 변동사실을 증명할 수 있는 서류를 첨부하여 일할계산 신청을 하는 경우에는 그 서류에 의하여 증명된 양도일을 기준으로 일할계산한다.

2) 연세액을 일시납한 경우

양도인 또는 피상속인이 연세액을 한꺼번에 납부한 경우에는 이를 양수인(양도인이 동의한 경우만 해당) 또는 상속인이 납부한 것으로 본다.

[2] 주행분 자동차세

1. 기본사항

주행분 자동차세는 소유분 자동차세와 대비하여 자동차 주행에 필요한 연료에 대한 세금이다.

2. 납세의무자

주행분 자동차세의 납세의무자는 비영업용 승용자동차에 대한 자동차세의 납세지를 관할하는 지방자치단체에서 휘발유, 경유, 이와 유사한 대체유류(이하 '과세물품')에 대한 교통·에너지·환경세의 납세의무가 있는 자(=「교통·에너지·환경세법」 제3조 및 제11조에 따른 납세의무자)이다.

「교통·에너지·환경세법」 제3조 및 제11조에 따른 납세의무자는 다음과 같다.

구분	내용
제조자 등	① 과세물품을 제조하여 반출하는 자 ② 과세물품을 「관세법」에 의한 보세구역으로부터 반출하는 자(「관세법」에 의하여 관세를 납부할 의무가 있는 자를 말함) ③ 위 ②의 경우 외에 관세를 징수하는 물품에 대하여는 그 관세를 납부할 의무가 있는 자
판매자 등	「석유 및 석유대체연료 사업법」 제2조 제10호에 따른 가짜석유제품을 판매하거나 판매하기 위하여 보관하는 자 2. 등유, 부생연료유, 용제를 다음의 차량 또는 기계 중 경유를 연료로 사용하는 차량 또는 기계의 연료로 판매한 자 ㉠ 「자동차관리법」 제2조 제1호에 따른 자동차 ㉡ 「건설기계관리법」 제2조 제1항 제1호에 따른 건설기계 ㉢ 「농업기계화 촉진법」 제2조 제1호에 따른 농업기계 ㉣ 「군수품관리법」 제2조에 따른 군수품인 차량

즉, 주행분 자동차세는 자동차의 이용자로부터 부과징수하는 것이 아니라 휘발유 등 자동차 주행에 필요한 연료에 관한 제조자 또는 판매자에게 부과징수하는 것이다. 그렇기 때문에 다른 지방세와 달리 일반 국민이 주행분 자동차세의 납세

고지서를 확인할 경우는 없다.

3. 과세표준

주행분 자동차세에 대한 과세표준은 별도로 없다.

4. 세율

주행분 자동차세의 세율은 과세물품에 대한 교통·에너지·환경세액의 26%이다.

법에서 정한 세율은 36%이나 교통·에너지·환경세율의 변동 등으로 조정이 필요하면 그 세율의 30%의 범위에서 가감하여 조정할 수 있다는 규정에 따라 현재는 26%를 주행분 자동차세의 세율로 한다.

5. 납세지

주행분 자동차세의 납세지는 교통·에너지·환경세의 납세지를 관할하는 지방자치단체이다. 교통·에너지·환경세의 납세지를 관할하는 지방자치단체는 과세물품의 제조장 관할 지방자치단체이다.[62]

6. 납세의무 성립시기

주행분 자동차세의 납세의무 성립시기는 과세표준이 되는 교통·에너지·환경세의 납세의무가 성립하는 때이다. 교통·에너지·환경세의 납세의무가 성립하는 때는 과세물품을 제조장으로부터 반출하거나 수입신고를 하는 때이다.[63] 다만, 관세를 징수하는 과세물품에 대하여는 「관세법」에 의한다.

---

62) 교통·에너지·환경세법 제7조 [과세표준의 신고]
63) 교통·에너지·환경세법 제4조 [과세시기]

7. 납세의무 확정

(1) 신고납부

주행분 자동차세의 납세의무자는 「교통·에너지·환경세법」 제8조에 따른 과세물품에 대한 교통·에너지·환경세 납부기한까지 교통·에너지·환경세의 납세지를 관할하는 지방자치단체의 장에게 주행분 자동차세의 과세표준과 세액을 [별지 제76호서식] 자동차 주행에 대한 자동차세 신고서에 따라 신고납부해야 한다. 이 경우 교통·에너지·환경세의 납세지를 관할하는 지방자치단체의 장을 각 지방자치단체가 부과할 자동차세의 특별징수의무자로 한다.

결국 주행분 자동차세의 납세의무자는 일반적인 관할 지방자치단체에 신고납부하는 것이 아니라 교통·에너지·환경세의 납세지를 관할하는 지방자치단체에게 신고납부해야 한다.

(2) 특별징수

1) 특별징수의무자의 보통징수

주행분 자동차세의 납세의무자가 위 (1)에 따른 신고납부 의무를 다하지 않으면 해당 특별징수의무자가 산출한 주행분 자동차세에 가산세를 합한 금액을 세액으로 하여 보통징수의 방법으로 징수한다.

2) 특별징수의무자의 납부의무

주행분 자동차세를 징수한 특별징수의무자는 징수한 날이 속하는 달의 다음 달 10일까지 징수세액(특별징수의무자가 징수·납부에 따른 사무처리비[주1] 등을 공제한 징수세액)을 울산광역시장(=주된 특별징수의무자)에게 송금하고 동시에 그 송금내역과 서류[주2]의 사본을 보내야 한다.

주된 특별징수의무자는 위에 따라 각 특별징수의무자로부터 송금받은 주행분 자동차세액과 자체 징수한 전월분 자동차세액을 합한 세액을 안분기준[주3]에 따라 시·군별로 안분하고, 그 안분한 자동차세를 징수한 날이 속하는 달의 다음 달 25일까지 각 시·군 금고에 납부하고 그 안분명세서를 각 시·군에 통보해야 한다.

[주1] 사무처리비

행정안전부장관이 자동차세의 징수 또는 납부와 관련하여 드는 비용 등을 고려하여 자동차세 징수세액의 0.02% 범위에서 정하는 금액

특별징수의무자가 자동차세의 부과 또는 징수에 관한 소송으로 인하여 지출한 비용으로서 행정안전부장관이 정하는 비용(「법인세법」 제121조, 「부가가치세법」 제32조·제36조 또는 「소득세법」 제163조에 따른 계산서·세금계산서 또는 영수증 등으로 그 지출사실이 객관적으로 증명되는 경우로 한정)

[주2] 주된 특별징수의무자에게 제출하는 서류

구분	서류
「교통·에너지·환경세법」 제7조 제1항 및 같은 법 제8조에 따라 교통·에너지·환경세를 신고납부하는 경우	과세물품과세표준신고서 사본
「교통·에너지·환경세법」 제7조 제2항 또는 제3항 및 같은 법 제8조에 따라 교통·에너지·환경세를 신고납부하는 경우	「관세법」 제248조에 따른 신고필증 사본

[주3] 안분기준

자동차세액의 시·군별 안분액은 아래 ①과 ②를 합한 금액으로 한다.

구분	금액
①	9,830억원/12 × 해당 시군의 전전연도 또는 직전연도의 지방세법 제10장 제1절에 따른 자동차세 징수세액 / 전국의 전전연도 또는 직전연도의 지방세법 제10장 제1절에 따른 자동차세 징수세액
②	해당 월의 자동차세 징수총액에서 (9,830억원/12)을 뺀 금액을 국토교통부장관이 행정안전부장관과 협의하여 정한 해당 월분의 시·군별 유류세 보조금

8. 교통·에너지·환경세법의 준용

주행분 자동차세의 부과·징수와 관련하여 이 법에 규정되어 있지 아니한 사항에 관하여는 「교통·에너지·환경세법」을 준용한다. 이 경우 「교통·에너지·환경세법」에 따른 세무서장 또는 세관장 등은 특별징수의무자로 본다.

[별지 제76호서식] (2010. 12. 23. 개정) (앞쪽)

관리번호	-

자동차 주행에 대한 자동차세 신고서

연도기분		년 월분		
신 고 인 (납세자)	① 주 소(납세지)			
	② 법 인 명		③전화번호	
	④ 법 인 등 록 번 호			
	⑤ 사 업 자 등 록 번 호			

구 분	⑥ 총 계	⑦ 휘 발 유	⑧ 경 유
교통·에너지·환경세액			
⑨ 자동차세납부세액 (⑥ × 세 율)	금 원정		
	(₩)		

「지방세법」 제137조제1항 및 같은 법 시행령 제132조에 따라 위와 같이 자동차 주행에 대한 자동차세를 신고합니다.

년 월 일

신고인(납세자) (서명 또는 인)

시장·군수·구청장 귀하

첨부서류: 과세물품 과세표준신고서 사본 또는 관세 신고필증 사본(납세고지서 사본)

접수증(년 월분 자동차 주행에 대한 자동차세 신고서)

법인명		주 소	

	접수자	접수일
년 월 일 년 월분 자동차세신고서 접수증입니다.	(서명 또는 인)	

210mm×297mm(일반용지 60g/㎡(재활용품))

(뒤쪽)

작 성 방 법

□ 신고인(납세자)란

① 주소(납세지): 법인의 주사무소 소재지를 적습니다. 다만, 주사무소 또는 주된 사업장의 소재지와 분사무소 또는 해당 사업장의 소재지가 다를 경우 분사무소 또는 해당 사업장의 소재지를 적을 수 있습니다.

② 법 인 명: 법인등기부상의 법인명을 적습니다.

③ 전화번호: 연락이 가능한 일반전화(휴대전화)번호를 적습니다.

④ 법인등록번호: 법인등기부에 적혀 있는 법인등록번호를 적습니다.

⑤ 사업자등록번호: 「소득세법」,「법인세법」,「부가가치세법」에 따라 등록된 사업장의 등록번호를 적고, 등록번호가 없는 경우 빈 칸으로 둡니다.

□ 구분란

⑥ 총 계: ⑦항과 ⑧항을 합한 세액을 적습니다.

⑦ 휘발유: 교통·에너지·환경세액 과세대상 중 휘발유에 해당하는 세액을 적습니다.

⑧ 경 유: 교통·에너지·환경세액 과세대상 중 경유에 해당하는 세액을 적습니다.

⑨ 자동차세 납부세액: ⑥항의 총계금액 「지방세법 시행령」 제131조에 따른 자동차 주행에 대한 자동차세율을 곱하여 산출한 세액을 한글과 아라비아숫자로 적습니다.

⇒ 예시) 납부세액이 이십만원인 경우: 금 이십만원정 / ₩200,000

□ 문의사항은 시(군·구) 과(☎ -)로 문의하시기 바랍니다.

9장 지역자원시설세

한눈에 보는 지역자원시설세

<table>
<tr><th>구분</th><th colspan="3">지역자원시설세</th></tr>
<tr><td>정의</td><td colspan="3">특정자원(지하자원 등)과 특정부동산에 관한 세금</td></tr>
<tr><td rowspan="3">과세대상</td><td>구분</td><td colspan="2">과세대상</td></tr>
<tr><td>특정자원</td><td colspan="2">발전용수, 지하수, 지하자원, 컨테이너, 원자력발전, 화력발전</td></tr>
<tr><td>특정부동산</td><td colspan="2">소방시설 등 공공시설로 인하여 이익을 받는자의 건축물 등</td></tr>
<tr><td rowspan="3">납세의무자</td><td>구분</td><td colspan="2">납세의무자</td></tr>
<tr><td>특정자원</td><td colspan="2">특정자원을 열거된 방법으로 이용하는 자</td></tr>
<tr><td>특정부동산</td><td colspan="2">특정부동산의 소유자</td></tr>
<tr><td rowspan="3">비과세</td><td>구분</td><td colspan="2">비과세 대상</td></tr>
<tr><td>특정자원</td><td colspan="2">① 국가 등이 직접 개발하여 이용하는 특정자원
② 국가 등에 무료로 제공하는 특정자원</td></tr>
<tr><td>특정부동산</td><td colspan="2">① 재산세가 비과세되는 특정부동산 (건축물과 선박만 해당)
② 지역자원시설세 과세연도 내 철거가 확정된 건축물 및 주택</td></tr>
<tr><td>납세지</td><td colspan="3">과세대상별 소재지 등</td></tr>
<tr><td rowspan="10">과세표준 및 세율</td><td>구분</td><td colspan="2">과세표준 및 세율</td></tr>
<tr><td>특정자원</td><td colspan="2">① 발전용수: 발전에 이용된 물 10m^2당 2원
② 지하수: m^3당 200원(식수)/100원(목욕용 온천수)/20원(기타)
③ 지하자원: 채광된 광물가액의 0.5%
④ 컨테이너: 컨테이너 TEU당 15,000원
⑤ 원자력발전: 발전량 KWh당 1원
⑥ 화력발전: 발전량 KWh당 0.3원</td></tr>
<tr><td rowspan="8">특정부동산</td><td colspan="2">① 일반적인 지역자원시설세율</td></tr>
<tr><td>과세표준(시가표준액)</td><td>세율</td></tr>
<tr><td>600만원 이하</td><td>0.04%</td></tr>
<tr><td>1,300만원 이하</td><td>0.05%</td></tr>
<tr><td>2,600만원 이하</td><td>0.06%</td></tr>
<tr><td>3,900만원 이하</td><td>0.08%</td></tr>
<tr><td>6,400만원 이하</td><td>0.1%</td></tr>
<tr><td>6,400만원 초과</td><td>0.12%</td></tr>
</table>

		② 화재위험건축물(주유소 등)은 위 ①의 세율 × 2배
		③ 대형화재위험건축물(대형마트 등)은 위①의 세율 × 3배
납세의무 성립	구분	납세의무 성립시기
	특정자원	특정자원을 이용하는 때
	특정부동산	과세기준일 (매년 6월 1일)
납세의무 확정	구분	내용
	특정자원	① 신고납부 (지하수는 보통징수 허용) ② 보통징수 (위 ①의 신고납부를 미이행한 경우)
	특정부동산	보통징수 (재산세와 함께 부과고지 될 수 있음)

1. 기본사항

지역자원시설세는 지하자원·해저자원·관광자원·수자원·특수지형 등 지역자원을 보호·개발하고, 지역의 소방사무, 특수한 재난예방 등 안전관리사업과 환경보호·환경개선 사업 및 지역균형개발사업에 필요한 재원을 확보하거나 소방시설·오물처리시설·수리시설 및 그 밖의 공공시설에 필요한 비용을 충당하기 위하여 부과할 수 있다.

지역자원시설세는 지방세법 개정으로 2021.01.01.부터는 과세목적과 과세대상에 다라 특정자원분, 특정시설분, 소방분으로 구분하여 적용한다. 다만, 현재 시점에서는 해당 용어로 구분하여 적용하지 않기 때문에 현재 적용하는 지방세법을 근거로 기술하였다.

2. 과세대상

지역자원시설세의 과세대상은 (1) 특정자원(발전용수, 지하수, 지하자원, 컨테이너, 원자력발전, 화력발전의 6가지 항목)과 (2) 특정부동산으로 구분할 수 있다. 해당 구분에 따른 지역자원시설세 과세대상은 다음과 같다.

(1) 특정자원

아래 6가지 특정자원에 대하여 지역자원시설세를 부과한다.

1) 발전용수

구분	내용
과세대상	직접 수력발전에 이용되는 흐르는 물
과세제외	① 발전시설용량이 시간당 1만㎾(킬로와트) 미만인 소규모 발전사업을 하는 사업자가 직접 수력발전에 이용하는 흐르는 물로서 해당 발전소의 시간당 발전가능 총발전량 중 3천㎾ 이하의 전기를 생산하는 데 드는 흐르는 물 ② 양수발전용수

2) 지하수

<table>
<tr><th colspan="2">구분</th><th>내용</th></tr>
<tr><td colspan="2">1. 먹는 물</td><td>먹는 물로 판매하기 위하여 퍼 올린 지하수
(먹는 물로 판매하기 위한 과정에서 사용되는 지하수를 포함)</td></tr>
<tr><td colspan="2">2. 목욕용수</td><td>목욕용수로 이용하기 위하여 퍼 올린 온천수</td></tr>
<tr><td rowspan="3">3. 그 밖의 용수</td><td>구분</td><td>내용</td></tr>
<tr><td>과세대상</td><td>위 '1.먹는 물'과 '2.목욕용수' 외의 퍼 올린 지하수</td></tr>
<tr><td>과세제외</td><td>①「농어촌정비법」 제2조 제3호에 따른 농어촌용수 중 생활용수 및 공업용수[주1] 외의 지하수
②「지하수법」 제7조 제1항 단서[주2] 및 제8조 제1항 제1호부터 제5호까지의 규정[주3](같은 항 제5호의 경우 안쪽지름이 32㎜(밀리미터) 이하인 토출관을 사용하면서 1일 양수능력이 30톤 미만인 가정용 우물로 한정)에 따른 지하수</td></tr>
</table>

[주1] 행정안전부령으로 정하는 생활용수 및 공업용수(해당할 경우 과세대상)

① 영업용으로 사용되는 생활용수(「농어촌정비법」 제2조 제4호 라목에 따른 농어촌 관광휴양자원 개발사업 및 「도시와 농어촌 간의 교류촉진에 관한 법률」 제2조 제5호에 따른 농어촌 체험·휴양마을사업에 사용되는 생활용수는 제외)

② 지방세법시행규칙 [별표 2] 제2호 "음료 제조업"에 사용되는 공업용수

[주2] 지하수법 제7조 제1항 단서 규정에 따른 지하수(해당할 경우 과세제외)

아래의 지하수를 개발 및 이용하려는 자에 대해서는 허가를 받지 않아도 되는 점을 고려하여 지역자원시설세의 과세대상에서 제외한다.

① 자연히 흘러나오는 지하수 또는 다른 법률에 따른 허가·인가 등을 받거나 신고를 하고 시행하는 사업 등으로 인하여 부수적으로 발생하는 지하수를 이용하는 경우

② 동력장치를 사용하지 아니하고 가정용 우물 또는 공동우물을 개발·이용하는 경우

③ 지하수법 제13조 제1항 제1호에 따른 허가를 받은 경우

[주3] 지하수법 제8조 제1항 제1호부터 제5호까지의 규정(해당할 경우 과세제외)

①「국방·군사시설 사업에 관한 법률」 제2조에 따른 국방·군사시설사업에 의하여 설치된 시설에서 지하수를 개발·이용하는 경우

②「농어업·농어촌 및 식품산업 기본법」 제3조 제1호에 따른 농어업을 영위할 목적으로 대통령령으로 정하는 규모 이하로 지하수를 개발·이용하는 경우

③ 재해나 그 밖의 천재지변으로 인하여 긴급히 지하수를 개발·이용할 필요가 있다고 시장·군수·구청장이 인정하는 경우

④ 전쟁이나 그 밖의 비상사태 발생에 대비하여 국가 또는 지방자치단체가 비상급수용으로 지하수를 개발·이용하는 경우

⑤ 위 ①에서 ④까지의 규정 외의 경우로서 대통령령으로 정하는 규모 이하(=1일 양수능력이 100톤 이하, 안쪽 지름이 40밀리미터 이하인 토출관을 사용하는 경우만 해당)로 지하수를 개발·이용하는 경우

3) 지하자원

구분	내용
과세대상	채광된 광물
과세제외	① 석탄 ②「광업법 시행령」 제58조에 따른 광산 중 연간매출액이 10억원 이하인 광산에서 채광된 광물

4) 컨테이너

구분	내용
과세대상	컨테이너를 취급하는 부두를 이용하여 입항·출항하는 컨테이너
과세제외	① 환적 컨테이너 ② 연안수송 컨테이너 ③ 화물을 싣지 아니한 컨테이너

5) 원자력발전

원자력발전소에서 생산된 전력

6) 화력발전

구분	내용
과세대상	발전시설용량이 시간당 1만kW(킬로와트) 이상인 화력발전소에서 생산된 전력
과세제외	다음 중 어느 하나에 해당하는 전력(「전기사업법」 제2조 제10호에 따른 전기

	판매사업자에게 판매되지 아니하는 전력으로 한정) ①「농어촌 전기공급사업 촉진법」 제2조 제1호에 따른 자가발전시설에서 생산된 전력 ②「전기사업법」 제2조 제12호에 따른 구역전기사업자가 생산한 전력 ③「전기사업법」 제2조 제19호에 따른 자가용전기설비에서 생산된 전력 ④「집단에너지사업법」 제9조에 따라 허가받은 사업자가 생산한 전력

(2) 특정부동산

소방시설, 오물처리시설, 수리시설, 그 밖의 공공시설로 인하여 이익을 받는 자의 건축물, 선박[64] 및 토지에 대하여는 지역자원시설세를 부과한다.

3. 납세의무자

지역자원시설세의 납세의무자는 과세대상의 구분별로 다음과 같다.

과세대상		납세의무자
특정자원	발전용수	흐르는 물을 이용하여 직접 수력발전(양수발전은 제외)을 하는 자
	지하수	지하수를 이용하기 위하여 채수하는 자
	지하자원	지하자원을 채광하는 자
	컨테이너	컨테이너를 취급하는 부두를 이용하여 컨테이너를 입·출항시키는 자
	원자력발전	원자력을 이용하여 발전을 하는 자
	화력발전	석탄·석유·천연가스 등 화석연료를 이용하여 발전을 하는 자
특정부동산		특정부동산의 소유자

4. 비과세

아래에 해당하는 경우에는 지역지원시설세를 부과하지 않는다.

구분	내용
특정자원	① 국가·지방자치단체·지방자치단체조합이 직접 개발하여 이용하는 특정자원

64) 선박의 경우 「소방시설로 인하여 이익을 받은 자」라 함은 당해 시·군에 소방선이 없다 하더라도 인접한 시·군의 소방선으로부터 실질적인 수혜를 받고 있는 자를 포함(지방세법 운영예규 법142-1)

	② 국가 · 지방자치단체 · 지방자치단체조합에 무료로 제공하는 특정자원
특정부동산	① 지방세법 제109조에 따라 재산세가 비과세되는 특정부동산(건축물과 선박만 해당) ② 특정부동산에 대한 지역자원시설세를 부과하는 해당 연도 내에 철거하기로 계획이 확정되어 행정관청으로부터 철거명령을 받았거나 보상철거계약이 체결된 건축물 또는 주택(「건축법」제2조 제1항 제2호에 따른 건축물 부분으로 한정) ③ 위 ②의 경우 건축물 또는 주택의 일부분을 철거하는 때에는 그 철거하는 부분에 대해서만 지역자원시설세를 부과하지 않음

5. 과세표준 및 세율

지역자원시설세 과세표준 및 세율은 다음과 같다.

(1) 특정자원에 대한 지역자원시설세

구분		과세표준	표준세율
1. 발전용수		발전에 이용된 물 10㎥당	2원
2. 지하수	먹는 물로 판매하기 위하여 채수된 물	㎥당	200원
	목욕용수로 이용하기 위하여 채수된 온천수		100원
	위 외의 용도로 이용하거나 목욕용수로 이용하기 위하여 채수된 온천수 외의 물		20원
3. 지하자원		채광된 광물가액	0.5%
4. 컨테이너		컨테이너 TEU당	15,000원
5. 원자력발전		발전량 kWh(킬로와트시)당	1원
6. 화력발전			0.3원

지방자치단체의 장은 조례로 정하는 바에 따라 특정자원분 지역자원시설세의 세율을 위 표준세율의 50%의 범위에서 가감할 수 있다. 다만, '5. 원자력발전'과 '6. 화력발전'의 표준세율은 가감할 수 없다.

(2) 특정부동산에 대한 지역자원시설세

<table>
<tr><th>구분</th><th colspan="2">과세표준 및 표준세율 [주3]</th></tr>
<tr><td rowspan="8">1. 건축물·선박</td><td colspan="2">건축물(주택의 건축물 부분[65] 포함) 또는 선박(소방선이 없는 지방자치단체는 제외)의 가액 또는 시가표준액(지방세법 제4조)을 과세표준으로 하여 아래의 표준세율을 적용하여 산출한 금액</td></tr>
<tr><td>과세표준</td><td>세율</td></tr>
<tr><td>600만원 이하</td><td>0.04%</td></tr>
<tr><td>600만원 초과 1,300만원 이하</td><td>2,400원 + 600만원 초과금액 × 0.05%</td></tr>
<tr><td>1,300만원 초과 2,600만원 이하</td><td>5,900원 + 1,300만원 초과금액 × 0.06%</td></tr>
<tr><td>2,600만원 초과 3,900만원 이하</td><td>13,700원 + 2,600만원 초과금액 × 0.08%</td></tr>
<tr><td>3,900만원 초과 6,400만원 이하</td><td>24,100원 + 3,900만원 초과금액 × 0.1%</td></tr>
<tr><td>6,400만원 초과</td><td>49,100원 + 6,400만원 초과금액 × 0.12%</td></tr>
<tr><td>2-1. 화재위험 건축물</td><td colspan="2">화재위험건축물[주1]은 위 1.에 따라 산출한 금액의 2배를 적용함</td></tr>
<tr><td>2-2. 대형 화재위험 건축물</td><td colspan="2">대형화재위험건축물[주2]은 위 1.에 따라 산출한 금액의 3배를 적용함</td></tr>
</table>

지방자치단체의 장은 조례로 정하는 바에 따라 지역자원시설세의 세율을 위 표준세율의 50%의 범위에서 가감할 수 있다.

[주1] 화재위험건축물

저유장, 주유소, 정유소, 유흥장, 극장 및 4층 이상 10층 이하의 건축물 등 화재위험 건축물은 다음 중 어느 하나에 해당하는 건축물을 말한다.

구분	내용
1. 비주거용 4층 이상 10층 이하 건축물	주거용이 아닌 4층 이상 10층 이하의 건축물 (지하층과 옥탑은 층수로 보지 않음)
2. 특정소방대상물	「화재예방, 소방시설 설치·유지 및 안전관리에 관한 법률 시행령」 별표 2에 따른 특정소방대상물 중 아래 어느 하나에 해당하는 것 ① 근린생활시설 중 학원, 비디오물감상실, 비디오물소극장 및 노래연습장(바닥면적의 합계가 200㎡ 미만인 것은 제외) ② 위락시설(바닥면적의 합계가 무도장 또는 무도학원은 200㎡ 미만, 유흥주점은 33㎡ 미만, 단란주점은 150㎡ 미만인 것은 제외) ③ 문화 및 집회시설중 극장, 영화상영관, 비디오물감상실, 비디오물소극장 및 예식장

65) 주택의 건축물 부분에 대한 과세표준은 지방세법 제4조 제2항에 따른 가액에 재산세 규정에 따른 공정시장가액비율(60%)을 곱하여 산청한 가액으로 함

	④ 판매시설 중 도매시장·소매시장·상점, 운수시설 중 여객자동차 터미널 ⑤ 숙박시설(객실로 사용되는 부분의 바닥면적 합계가 60㎡ 미만인 경우는 제외) ⑥ 장례식장(의료시설의 부수시설인 장례식장을 포함) ⑦ 공장 ⑧ 창고시설 중 창고(영업용 창고66)만 해당), 물류터미널, 하역장 및 집배송시설 ⑨ 항공기 및 자동차 관련 시설 중 주차용 건축물 ⑩ 위험물 저장 및 처리 시설 ⑪ 의료시설 중 「의료법」 제3조 제2항 제3호에 따른 병원급 의료기관, 「감염병의 예방 및 관리에 관한 법률」 제36조에 따른 감염병 관리기관, 「정신건강증진 및 정신질환자 복지서비스 지원에 관한 법률」 제3조 제5호에 따른 정신의료기관, 「장애인복지법」 제58조 제1항 제4호에 따른 장애인 의료재활시설 ⑫ 교육연구시설 중 학원

[주2] 대형 화재위험 건축물

대형마트, 복합상영관(위 [주1]의 극장은 제외), 백화점, 호텔, 11층 이상의 건축물 등 대형 화재위험 건축물이란 다음 중 어느 하나에 해당하는 건축물을 말한다.

구분	내용
1. 주거용 11층 이상 고층 건축물	주거용이 아닌 11층 이상의 고층 건축물
2. 특정소방대상물	「화재예방, 소방시설 설치·유지 및 안전관리에 관한 법률 시행령」 별표 2에 따른 특정소방대상물 중 다음 각 목의 어느 하나에 해당하는 것 ① 위락시설 중 바닥면적의 합계가 500㎡ 이상인 유흥주점(지하 또는 지상 5층 이상의 층에 유흥주점이 설치된 경우에는 그 바닥면적의 합계가 330㎡ 이상) ② 문화 및 집회시설 중 다음 어느 하나에 해당하는 영화상영관 ㉠ 상영관 10개 이상인 영화상영관 ㉡ 관람석 500석 이상의 영화상영관 ㉢ 지하층에 설치된 영화상영관 ③ 연면적 1만㎡ 이상인 다음 어느 하나에 해당하는 판매시설 ㉠ 도매시장 ㉡ 소매시장 ㉢ 상점

66) 사업자등록증에 따른 업태 및 해당 건축물의 소유 주체와 관계없이 그 건축물이 실질적인 "창고업(상법 및 한국표준산업 분류표 참조)"에 따른 용도로 사용되는 것(지방세관계법 운영예규 법146…시행령138-2)

	④ 숙박시설 중 5층 이상으로 객실이 50실 이상(동일한 건물 내에 「다중이용업소의 안전관리에 관한 특별법」 제2조 제1항에 따른 다중이용업소가 있는 경우는 객실 30실 이상)인 숙박시설 ⑤ 공장 및 창고시설 중 1구 또는 1동의 건축물로서 연면적 1만 5천㎡ 이상의 공장 및 창고[창고시설의 경우 건축물의 벽이 샌드위치 패널(「건축법 시행령」 제61조 제1항 제4호 다목에서 규정한 복합자재)로 된 물류창고 또는 냉동·냉장창고에 한정] ⑥ 위험물 저장 및 처리시설 중 「위험물안전관리법 시행령」 제3조 및 별표 1에서 규정한 지정수량의 3천 배 이상의 위험물을 저장·취급하는 위험물 저장 및 처리시설 ⑦ 연면적 3만㎡ 이상의 복합건축물 [주상복합 건축물(하나의 건축물이 근린생활시설, 판매시설, 업무시설, 숙박시설 또는 위락시설의 용도와 주택의 용도로 함께 사용되는 것)에 대해서는 주택부분의 면적을 제외하고, 주택부분과 그 외의 용도로 사용되는 부분이 계단을 함께 사용하는 경우에는 계단부분의 면적은 주택부분의 면적으로 보아 연면적을 산정] ⑧ 「정신건강증진 및 정신질환자 복지서비스 지원에 관한 법률」 제3조 제5호에 따른 정신의료기관으로서 병상이 100개 이상인 의료기관 및 「의료법」 제3조 제2항 제3호에 따른 병원급 의료기관 중 5층 이상의 종합병원·한방병원·요양병원으로서 병상이 100개 이상인 의료기관

[주3] 다른 용도와 겸용되거나 구분 사용되는 화재위험 건축물의 세액 산정방법 등

구분	지역자원시설세 적용방법
1. 겸용 1구 또는 1동의 건축물(주거용이 아닌 4층 이상의 것은 제외)이 아래 용도에 겸용 ① 화재위험 건축물 중과대상 용도 ② 그 밖의 용도	[요약] 겸용은 주된 용도에 따라 판단 • 건축물의 주된 용도에 따라 해당 건축물의 용도를 결정 • 해당 용도에 따른 세율을 적용
2. 구분사용 1구 또는 1동의 건축물이 아래 용도에 구분사용 ① 화재위험 건축물 중과대상 용도 ② 그 밖의 용도	[요약] 구분사용은 그 사용용도대로 각각 적용 • 1구의 건축물을 기준으로 하여 ② 그 밖의 용도로 사용되는 부분을 제외한 부분만을 화재위험 건축물로 보고 해당 세율을 적용 • 1동의 건축물이 2 이상의 구로 구성되어 있는 경우 1동의 건축물을 기준으로 하여 ② 그 밖의 용도로 사용되는 부분을 제외한 부분만을 화재위험 건축물로 보고 해당 세율을 적용

[비고1] 겸용과 구분사용의 정의(지방세관계법 운영예규 법146…시행령138-3)

구분	정의
겸용	동일한 장소를 2가지 이상의 용도로 사용하는 것

구분사용	같은 건물일지라도 각각의 용도에 따라 구획하여 사용하는 것

[비고] '2. 구분사용'하는 건축물에 대한 지역자원시설세의 계산방법

소방시설에 충당하는 지역자원시설세액 = ① + ② + ③
① = 1구의 건축물의 과세표준 × 지방세법 제146조 제2항 제1호에 따른 세율[67)]
② = ① × 화재위험 건축물의 과세표준 / 1구의 건축물의 과세표준
③ = ① × 2 × 대형 화재위험 건축물의 과세표준 / 1구의 건축물의 과세표준

6. 납세지

지역자원시설세의 납세지는 과세대상별로 아래의 소재지 관할 지방자치단체이다.

구분	내용	납세지
특정자원	발전용수	발전소의 소재지
	지하수	채수공의 소재지
	지하자원	① 광업권이 등록된 토지의 소재지 ② 광업권이 등록된 토지가 둘 이상의 지방자치단체에 걸쳐 있는 경우에는 광업권이 등록된 토지의 면적에 따라 안분
	컨테이너	컨테이너를 취급하는 부두의 소재지
	원자력발전	발전소의 소재지
	화력발전	발전소의 소재지
특정부동산	토지	토지의 소재지
	건축물	건축물의 소재지
	선박	① 「선박법」에 따른 선적항의 소재지 ② 선적항이 없는 경우에는 정계장 소재지 ③ 정계장이 일정하지 아니한 경우에는 선박 소유자의 주소지

7. 납세의무 성립시기

지역자원시설세의 납세의무 성립시기는 과세대상별로 다음과 같다.

67) 위 '(2) 특정부동산에 대한 지역자원시설세' 중 '1. 건축물·선박'에 해당하는 세율

구분	내용	납세지
특정자원	발전용수	발전용수를 수력발전(양수발전은 제외)에 사용하는 때
	지하수	지하수를 채수하는 때
	지하자원	지하자원을 채광하는 때
	컨테이너	컨테이너를 취급하는 부두를 이용하기 위하여 컨테이너를 입항·출항하는 때
	원자력발전	원자력발전소에서 발전하는 때
	화력발전	화력발전소에서 발전하는 때
특정부동산		과세기준일

8. 납세의무 확정

(1) 특정자원에 대한 지역자원시설세

1) 신고납부(지하수는 보통징수를 허용)

구분	내용
원칙(신고납부)	특정자원에 대한 지역자원시설세는 신고납부의 방법으로 징수
예외(보통징수 허용)	지하수의 경우에는 보통징수의 방법으로 징수할 수 있음 (다만, 보통징수 '할 수 있다'는 것이므로 신고납부도 가능함)

2) 보통징수

납세의무자가 신고납부의무를 다하지 아니하면 지역자원시설세 산출세액에 신고불성실가산세 및 납부불성실가산세를 합한 금액을 보통징수의 방법으로 징수한다.

(2) 특정부동산에 대한 지역자원시설세(보통징수)

특정부동산에 대한 지역자원시설세는 관할 지방자치단체의 장이 세액을 산정하여 보통징수의 방법으로 부과·징수한다. 특정부동산에 대한 지역자원시설세의 납기와 재산세의 납기가 같을 때에는 재산세의 납세고지서에 나란히 적어 고지할 수 있다.

10장 지방교육세

한눈에 보는 지방교육세

구분	등록면허세		
정의	지방교육의 질적 향상에 필요한 지방교육재정의 확충에 드는 재원을 확보하기 위하여 부과하는 세금		
납세의무자	아래 세목의 납세의무자(부가세의 역할) ① 취득세(부동산, 기계장비, 항공기, 선박) 납세의무자 ② 등록분 등록면허세 납세의무자(자동차 제외) ③ 레저세 납세의무자 ④ 담배소비세 납세의무자 ⑤ 균등분 주민세 납세의무자 ⑥ 재산세 납세의무자 ⑦ 자동차세 납세의무자(비영업용 승용자동차에 한함)		
과세표준 · 세율 및 납세의무 확정	과세표준	세율	납세의무 확정 (본세에 따름)
	취득세액	① 20% ② 60%(취득세 중과)	신고납부
	등록분 등록면허세액	20%	신고납부
	레저세액	40%	신고납부
	담배소비세액	43.99%	신고납부 등
	균등분 주민세	① 10% ② 25%(인구 50만이상 시)	보통징수
	재산세	20%	보통징수
	자동차세	30%	보통징수

1. 기본사항

지방교육세는 지방교육의 질적 향상에 필요한 지방교육재정의 확충에 드는 재원을 확보하기 위하여 부과한다.

2. 납세의무자

지방교육세의 납세의무자는 다음과 같다.

① 부동산, 기계장비(자동차는 제외), 항공기, 선박의 취득에 대한 취득세의 납세의무자
② 등록에 대한 등록면허세(자동차에 대한 등록면허세는 제외)의 납세의무자
③ 레저세의 납세의무자
④ 담배소비세의 납세의무자
⑤ 주민세 균등분의 납세의무자
⑥ 재산세[68]의 납세의무자
⑦ 비영업용 승용자동차[69]에 대한 자동차세의 납세의무자[70]

지방교육세는 취득세, 등록면허세 등 지방세의 다른 세목에 부가하여 과세되는 지방세의 대표적인 부가세다. 따라서 해당 세목에 대한 세액을 계산할 때는 지방교육세를 반드시 고려해야 한다.

3. 과세표준 및 세율과 납세의무 확정

지방교육세의 경우 지방세의 다른 세목에 부가하여 과세하는 특성을 고려하여, ① 지방세 세목별, ② 과세표준과 세율, ③ 납세의무의 이행방법을 종합하여 살펴보고자 한다.

지방세 세목		지방교육세 납세의무	과세표준 및 세율	납세의무 확정
2장	취득세	○ [주1] (부동산, 기계장비, 항공기, 선박의	20% 외 [주1]	신고납부 [주3]

68) 재산세 도시지역분(지방세법 제112조 제1항 제2호 및 제2항에 따른 재산세액)은 제외
69) 지방세법 제127조 제1항 제1호 및 제3호에 따른 비영업용 승용자동차
70) 국가, 지방자치단체, 「초·중등교육법」에 따라 학교를 경영하는 학교법인(목적사업에 직접 사용하는 자동차에 한정)을 제외

			취득에 한함)		
3장	등록면허세	등록분	○(자동차 제외)	20% [주2]	신고납부 [주3]
		면허분	-	-	-
4장	레저세		○	40% [주2]	신고납부 [주3]
5장	담배소비세		○	43.99% [주2]	신고납부 [주3][71] 및 보통징수 [주4]
6장	지방소비세		-	-	-
7장	주민세	균등분	○	10%/25% [주2]	보통징수 [주4]
		재산분	-	-	-
		종업원분	-	-	-
8장	지방소득세		-	-	-
9장	재산세		○ (재산세 도시지역분 제외)	20% [주2]	보통징수 [주4]
10장	자동차세		○ (일정 비영업용 승용자동차 제외)	30% [주2]	보통징수 [주4]
11장	지역자원시설세		-	-	-

[주1] 취득세 과세대상별 지방교육세 납세의무와 과세표준 및 세율

(1) 일반적인 경우의 지방교육세

취득세 관련법령	과세물건	지방교육세 과세표준[72]	지방교육세 세율
지방세법 제11조 (부동산 취득)	일반적인 부동산	취득세 과세표준 × (표준세율-2%)	20%
	주택 유상취득	취득세 과세표준 × 표준세율 × 50%	20%
지방세법 제12조 (부동산 외 취득)	선박	취득세 과세표준 × (표준세율-2%)	20%
	기계장비	취득세 과세표준 × (표준세율-2%)	20%
	항공기	취득세 과세표준 × (표준세율-2%)	20%
지방세법 제13조 (중과세율 적용)	① 본점 등 중과세	취득세 과세표준 × (표준세율-2%)	20%
	② 지점 등 중과세	취득세 과세표준 × (표준세율-2%)	60% (=20%×3)

71) 담배소비세 납세의무자(제조자 또는 수입판매업자에 한정)의 주사무소 소재지를 관할하는 지방자치단체의 장이 제64조 제1항에 따라 담보 제공을 요구하는 경우에는 담배소비세분 지방교육세에 대한 담보 제공도 함께 요구할 수 있음

72) 지방교육세 과세표준을 계산하는 산식에서의 '표준세율'은 지방세법 제11조 또는 제12조의 규정에 의한 세율을 말함(이하 같음)

	③ 사치성재산 중과세	취득세 과세표준 × (표준세율-2%)	20%
	①과 ② 동시 적용	취득세 과세표준 × (표준세율-2%)	60% (=20%×3)
	②와 ③ 동시 적용	취득세 과세표준 × (표준세율-2%)	60% (=20%×3)

즉, 지방세법 제13조에 따른 중과세율 적용대상 과세물건 중 일부에 대해서는 지방교육세가 3배 중과세 된다.

(2) 감면이 적용되는 경우의 지방교육세(감면 후의 지방교육세)

「지방세특례제한법」, 「조세특례제한법」 및 지방세감면조례(이하 '지방세감면법령')에서 취득세를 감면하는 경우의 지방교육세 산출금액은 다음과 같다.

구분	감면 후 지방교육세액
① 지방세감면법령에서 취득세의 감면율을 정하는 경우	지방교육세액* × (1-취득세 감면율)
② 지방세감면법령에서 취득세의 감면율을 정하면서 지방세법 제13조 제2항 본문 및 제13조 제3항의 세율(=대도시내 지점 등 중과세율 규정)을 적용하지 않도록 정하는 경우	지방교육세액* × (1-취득세 감면율)
③ 위 ①과 ② 외에 지방세감면법령에서 이 법과 다른 취득세율을 정하는 경우73)	지방교육세액* (다만, 그 세율을 2%로 정하는 경우 지방교육세 과세대상에서 제외)

*지방교육세액
해당 규정에서의 지방교육세액은 지방세법 제151조 제1항 제1호 본문에 따른 계산방법으로 산출한 세액이며 다음과 같음

구분	지방교육세액
일반적인 부동산	취득세 과세표준 × (표준세율-2%)
주택 유상취득	취득세 과세표준 × 표준세율 × 50%

(3) 지방교육세 중과세와 감면이 동시에 적용되는 경우의 지방교육세

지방교육세의 중과세 규정과 지방세감면법령에서 취득세 감면율이 정하는 경우의 감면이 동시에 적용되는 경우에는 지방교육세 중과세 규정을 먼저 적용하여 산출한 지방교육세액을 해당 취득세 감면율로 감면하고 남은 금액을 적용한다.

---

73) 부연설명하면, ① 또는 ②는 취득세율이 4%이고 그에 따른 세액을 100% 감면하는 내용이고, ③에서 말하는 내용은 기존 4% 취득세율을 3%로 적용해주는 감면이 ③의 내용임

지방교육세 = 지방교육세 중과세 규정에 따른 지방교육세액 × (1-취득세 감면율) = 취득세 과세표준 × (표준세율-2%) × 60% × (1-취득세 감면율)

[주2] 취득세 외 세목에 대한 지방교육세 과세표준 및 세율

<table>
<tr><th>지방세 세목</th><th>지방교육세 과세표준[74]</th><th colspan="2">지방교육세 세율</th></tr>
<tr><td>등록면허세(등록분)</td><td>등록분 등록면허세액</td><td colspan="2">20%</td></tr>
<tr><td>레저세</td><td>레저세액</td><td colspan="2">40%</td></tr>
<tr><td>담배소비세</td><td>담배소비세액</td><td colspan="2">43.99%</td></tr>
<tr><td rowspan="2">주민세(균등분)</td><td rowspan="2">주민세 균등분 세액</td><td>원칙</td><td>10%</td></tr>
<tr><td>인구 50만 이상 시</td><td>25%</td></tr>
<tr><td>재산세</td><td>재산세액(재산세 도시지역분 제외)</td><td colspan="2">20%</td></tr>
<tr><td>자동차세</td><td>자동차세액</td><td colspan="2">30%</td></tr>
</table>

[주3] 신고납부

지방교육세 납세의무자가 지방세법에 따라 취득세, 등록에 대한 등록면허세, 레저세, 담배소비세를 신고하고 납부하는 때에는 그에 대한 지방교육세를 함께 신고하고 납부해야 한다.

[주4] 보통징수

지방자치단체의 장이 지방세법에 따라 납세의무자에게 주민세 균등분, 재산세, 자동차세를 부과·징수하거나 세관장이 담배소비세를 부과·징수하는 때에는 그에 대한 지방교육세를 함께 부과·징수한다.

74) 각 세목별 지방세법 및 지방세감면법령에 따라 납부해야 할 세액

11장 농어촌특별세(국세)

한눈에 보는 농어촌특별세

<table>
<tr><th>구분</th><th colspan="3">내용</th></tr>
<tr><td>기본사항</td><td colspan="3">농어업 경쟁력강화와 농어촌산업기반시설의 확충 및 농어촌지역 개발사업을 위하여 필요한 재원을 마련하기 위한 세금(국세)</td></tr>
<tr><td>납세의무자</td><td colspan="3">① 소득세, 법인세, 관세, 취득세, 등록분 등록면허세의 감면을 받는 자
② 특정 과세물품에 대한 개별소비세 납세의무자
③ 증권거래세법 제3조 제1호에 따른 증권거래세 납세의무자
④ 취득세 납세의무자
⑤ 레저세 납세의무자
⑥ 종합부동산세 납세의무자</td></tr>
<tr><td rowspan="8">과세표준 및 세율</td><td>구분</td><td>과세표준</td><td>세율</td></tr>
<tr><td>1</td><td>조세특례제한법, 관세법, 지방세법, 지방세특례제한법에 따라 감면을 받는 소득세, 법인세, 관세, 취득세, 등록에 대한 등록면허세의 감면세액(단, 아래 제2호에 따른 감면은 제외)</td><td>20%</td></tr>
<tr><td>2</td><td>조세특례제한법에 따라 감면받은 이자소득·배당소득에 대한 소득세의 감면세액</td><td>10%</td></tr>
<tr><td>4</td><td>개별소비세법에 따라 납부해야 할 개별소비세액
① 「개별소비세법」 제1조 제3항 제4호의 경우
② 가목 외의 경우</td><td>① 30%
② 10%</td></tr>
<tr><td>5</td><td>유가증권시장(코스피)에서 거래된 증권의 양도가액</td><td>0.15%</td></tr>
<tr><td>6</td><td>지방세법 제11조 및 제12조의 표준세율을 2%로 적용하여 지방세법, 지방세특례제한법, 조세특례제한법에 따라 산출한 취득세액</td><td>10%</td></tr>
<tr><td>7</td><td>지방세법에 따라 납부해야 할 레저세액</td><td>20%</td></tr>
<tr><td>8</td><td>종합부동산세법에 따라 납부해야 할 종합부동산세액</td><td>20%</td></tr>
<tr><td>납세지</td><td colspan="3">본세의 납세지</td></tr>
<tr><td>납세의무성립</td><td colspan="3">본세의 납세의무가 성립하는 때</td></tr>
<tr><td>납세의무확정</td><td colspan="3">신고납부 또는 보통징수</td></tr>
<tr><td rowspan="3">분납</td><td colspan="2">농어촌특별세액</td><td>분납 가능액</td></tr>
<tr><td colspan="2">1천만원 이하</td><td>500만원을 초과하는 금액</td></tr>
<tr><td colspan="2">1천만원 초과</td><td>그 세액의 50% 이하의 금액</td></tr>
</table>

1. 기본사항

농어촌특별세는 농어업의 경쟁력강화와 농어촌산업기반시설의 확충 및 농어촌지역 개발사업을 위하여 필요한 재원을 확보함을 목적으로 한다.

농어촌특별세는 지방세가 아니라 국세이다. 그럼에도 지방세에서 다루는 이유는 농어촌특별세는 국세뿐 아니라 지방세 일부 세목의 부가세로서 그 역할을 하기 때문이다.

2. 납세의무자

농어촌특별세의 납세의무자는 다음 중 어느 하나에 해당하는 자이다.

납세의무자	정의
감면을 받는 자	조세특례제한법, 관세법, 지방세법, 지방세특례제한법에 따라 아래 국세 및 지방세에 대하여 감면을 받는 자 ① 소득세(국세) ② 법인세(국세) ③ 관세(국세) ④ 취득세(지방세) ⑤ 등록분 등록면허세(지방세)
특정 과세물품에 대한 개별소비세 납세의무자	아래 개별소비세 과세물품·행위의 개별소비세 납세의무자 ① 투전기, 오락용 사행기구, 그 밖의 오락용품 ② 고급모피와 그 제품(토끼모피 및 그 제품과 생모피 제외) ③ 고급가구 ④ 골프장의 입장행위
증권거래세법 제3조 제1호에 따른 증권거래세 납세의무자	①「주식·사채 등의 전자등록에 관한 법률」 제2조 제6호에 따른 전자등록기관 또는 ② 한국예탁결제원이 다음 중 어느 하나에 해당하는 주권을 계좌 간 대체로 매매결제하는 경우 • 증권시장에서 양도되는 주권 • 증권시장 밖에서 다자간매매체결회사의 다자간매매체결업무기준(자본시장과 금융투자에 관한 법률 시행령 제78조) 또는 한국금융투자협회를 통한 장외거래의 기준(자본시장과 금융투자에 관한 법률 시행령 제178조 제1항)에 따라 양도되는 주권
취득세 납세의무자	지방세법 제7조 참조
레저세 납세의무자	지방세법 제41조 참조
종합부동산세 납세의무자	종합부동산세법 제7조, 제12조 참조

지방세 측면에서는 취득세 및 레저세의 납세의무자와 취득세와 등록분 등록면허세에 대한 감면을 받은 자가 농어촌특별세의 납세의무자이므로 각 세목의 세율을 계산할 때는 농어촌특별세를 고려해야 한다.

여기서 감면이란 조세특례제한법, 관세법, 지방세법, 지방세특례제한법에 따라 소득세, 법인세, 관세, 취득세, 등록분 등록면허세가 부과되지 아니하거나 경감되는 경우로서 다음 중 어느 하나에 해당하는 것을 말한다.

① 비과세·세액면제·세액감면·세액공제 또는 소득공제
② 조세특례제한법 제72조 제1항에 따른 조합법인 등에 대한 법인세 특례세율의 적용 또는 같은 법 제89조 제1항 및 제89조의3에 따른 이자소득·배당소득에 대한 소득세 특례세율의 적용
③ 「지방세법」 제15조 제1항에 따른 취득세 특례세율의 적용

특히 위 ③의 취득세 특례세율의 적용도 법의 표현이 감면은 아니지만 세율의 혜택을 받은 것이므로 감면에 해당하는 것임을 유의해야 한다.

3. 비과세

농어촌특별세의 비과세는 농어촌특별세법 제4조 및 같은법시행령 제4조에서 규정하고 있다. 농어촌특별세의 비과세 규정은 국세와 지방세에 따른 감면 등 그 내용이 상당히 많다. 따라서 농어촌특별세의 납세의무가 있는 세목을 검토할 때는 농어촌특별세 비과세 여부를 검토해야 한다.

지방세 이해목적에 한정하면 주로 취득세의 감면에 대한 농어촌특별세 비과세 규정이 많다. 해당 내용은 'Chapter 1.의 10. 감면'에서 감면규정별로 농어촌특별세 비과세 여부를 기재하였으니 참고하면 될 것이다. 또한 취득세에 한정하여 보면, ① 취득세에 대한 농어촌특별세 비과세가 있고 ② 취득세의 감면에 대한 농어촌특별세 비과세 규정이 있다. 이 둘은 혼동할 수 있으니 유의해야 한다.

4. 과세표준 및 세율

농어촌특별세는 아래 각 세목별 과세표준에 대한 세율을 곱하여 계산한다.

호	과세표준(본세의 가산세액은 포함하지 않음)	세율
1	조세특례제한법, 관세법, 지방세법, 지방세특례제한법에 따라 감면을 받는 소득세, 법인세, 관세, 취득세, 등록에 대한 등록면허세의 감면세액(단, 아래 제2호에 따른 감면은 제외)	20%
2	조세특례제한법에 따라 감면받은 이자소득·배당소득에 대한 소득세의 감면세액	10%
4	개별소비세법에 따라 납부해야 할 개별소비세액 ①「개별소비세법」 제1조 제3항 제4호의 경우 ② 가목 외의 경우	① 30% ② 10%
5	유가증권시장(코스피)에서 거래된 증권의 양도가액	0.15%
6	지방세법 제11조 및 제12조의 표준세율을 2%로 적용하여 지방세법, 지방세특례제한법, 조세특례제한법에 따라 산출한 취득세액	10%
7	지방세법에 따라 납부해야 할 레저세액	20%
8	종합부동산세법에 따라 납부해야 할 종합부동산세액	20%

지방세 이해목적에서 유의해야 할 것은 1호와 6호의 취득세와 관련된 농어촌특별세다. 1호는 취득세액 중 감면받은 세액의 20%를 농어촌특별세로 납부하는 것이다. 6호는 지방세관계법에 따라 계산한 취득세액을 말한다.

5. 납세지

농어촌특별세의 납세지는 해당 본세의 납세지로 한다. 여기서 본세는 위 과세표준의 각호별 다음의 세목을 말한다.

구분	본세
1	감면을 받는 해당 소득세, 법인세, 관세, 취득세, 등록분 등록면허세
2	소득세
4	개별소비세
5	증권거래세
6	취득세

7	레저세
8	종합부동산세

6. 납세의무 성립시기

농어촌특별세의 납세의무 성립시기는 본세의 납세의무가 성립하는 때이다. 취득세라면 취득을 한 때 농어촌특별세의 납세의무도 자동적으로 성립한다.

7. 납세의무 확정

(1) 신고납부

농어촌특별세는 해당 본세를 신고·납부(중간예납은 제외)하는 때에 그에 대한 농어촌특별세도 함께 신고납부해야 한다. 이때 본세의 신고납부서에 본세의 세액과 농어촌특별세의 세액 및 그 합계액을 각각 기재해야 한다.

신고납부할 본세가 없는 경우에는 해당 본세의 신고·납부의 예에 따라 신고납부해야 하며, 「법인세법」에 따른 연결납세방식을 적용받는 법인은 연결모법인이 신고납부해야 한다.

(2) 보통징수

농어촌특별세의 신고·납부 및 원천징수 등을 해야 할 자가 신고를 하지 아니하거나 신고내용에 오류 또는 누락이 있는 경우와 납부해야 할 세액을 납부하지 아니하거나 미달하게 납부한 경우에는 다음에 따른다.

농어촌특별세 납세의무자	신고납부 미이행시 징수방법
① 소득세 또는 법인세의 감면을 받는 자 ② 특정 과세물품 및 행위에 대한 개별소비세 납세의무자(물품을 수입하는 자는 제외) ③ 증권거래세법 제3조 제1호 규정에 따른 증권거래세 납세의무자 ④ 종합부동산법에 따른 종합부동산세의 납세의무자와 제3조 제3호·제4호 및 제6호의 납세의무자	세무서장이 해당 본세의 결정·경정 및 징수의 예에 따라 결정·경정 및 징수
① 관세의 감면을 받는 자	세관장이 관세의 부과징수의 예에

② 물품을 수입함에 따른 개별소비세 납세의무자	따라 부과징수
① 취득세 또는 등록분 등록면허세의 감면을 받는 자 ② 지방세법에 따른 취득세 또는 레저세 납세의무자	시장·군수·구청장이 해당 본세의 부과징수의 예에 따라 부과징수

(3) 분납

농어촌특별세 납세의무자가 본세를 해당 세법에 따라 분납하는 경우에는 농어촌특별세도 그 분납금액의 비율에 의하여 해당 본세의 분납의 예에 따라 분납할 수 있다.

농어촌특별세액	분납 가능액	예시	
1천만원 이하	500만원을 초과하는 금액	900만원	① 1차분: 400만원 ② 2차분: 500만원
1천만원 초과	그 세액의 50% 이하의 금액	1,500만원	① 1차분: 750만원 ② 2차분: 750만원

12장 종합부동산세(국세)

<table>
<tr><th>구분</th><th colspan="4">내용</th></tr>
<tr><td>기본사항</td><td colspan="4">고액의 부동산 보유자에 대하여 부동산보유에 대한 조세부담의 형평성을 제고하고, 부동산의 가격안정을 도모하기 위해 부과하는 세금으로 (1) 주택분 종합부동산세와 (2) 토지분 종합부동산세로 구성됨</td></tr>
<tr><td rowspan="4">납세의무자</td><td>구분</td><td colspan="3">내용</td></tr>
<tr><td>주택분</td><td colspan="3">과세기준일 현재 주택분 재산세 납세의무자로서 국내 소재 재산세 과세대상 주택공시가격 합산액이 6억원을 초과하는 자</td></tr>
<tr><td rowspan="2">토지분</td><td>종합합산
과세대상</td><td colspan="2">과세기준일 현재 토지분 재산세 납세의무자로서 국내 소재 종합합산과세대상 토지공시가격 합산액이 5억원을 초과하는 자</td></tr>
<tr><td>별도합산
과세대상</td><td colspan="2">과세기준일 현재 토지분 재산세 납세의무자로서 국내 소재 별도합산과세대상 토지공시가격 합산액이 80억원을 초과하는 자</td></tr>
<tr><td>비과세</td><td colspan="4">재산세 감면규정에 따름(지방세특례제한법 · 조세특례제한법 · 감면조례)</td></tr>
<tr><td rowspan="12">과세표준</td><td>구분</td><td colspan="3">내용</td></tr>
<tr><td>주택분</td><td colspan="3">(주택공시가격 합산액[주3] - 6억[주1]) × 공정시장가액비율[주2]</td></tr>
<tr><td rowspan="2">토지분</td><td>종합합산
과세대상</td><td colspan="2">(토지공시가격 합산액 - 5억) × 공정시장가액비율[주2]</td></tr>
<tr><td>별도합산
과세대상</td><td colspan="2">(토지공시가격 합산액 - 80억) × 공정시장가액비율[주2]</td></tr>
<tr><td>[주1]</td><td colspan="3">1세대 1주택자는 9억원 공제</td></tr>
<tr><td rowspan="6">[주2]</td><td colspan="3">공정시장가액 비율</td></tr>
<tr><td colspan="2">구분</td><td>공정시장가액비율</td></tr>
<tr><td colspan="2">2019년</td><td>85%</td></tr>
<tr><td colspan="2">2020년</td><td>90%</td></tr>
<tr><td colspan="2">2021년</td><td>95%</td></tr>
<tr><td colspan="2">2022년</td><td>100%</td></tr>
<tr><td>[주3]</td><td colspan="3">아래 3가지 주택은 합산하는 주택의 범위에서 제외함(합산배제)
① 특정 임대주택, ② 임대하는 다가구주택, ③ 기숙사 등 특정주택</td></tr>
</table>

<table>
<tr><td rowspan="10">세율</td><td colspan="3">주택분 종합부동산세</td><td colspan="4">토지분 종합부동산세</td></tr>
<tr><td rowspan="2">과세표준</td><td rowspan="2">2주택
이하 [주1]</td><td rowspan="2">3주택
이상 [주2]</td><td colspan="2">종합합산과세대상</td><td colspan="2">별도합산과세대상</td></tr>
<tr><td>과세표준</td><td>세율</td><td>과세표준</td><td>세율</td></tr>
<tr><td>3억 이하</td><td>0.5%</td><td>0.6%</td><td rowspan="2">15억 이하</td><td rowspan="2">1%</td><td rowspan="2">200억 이하</td><td rowspan="2">0.5%</td></tr>
<tr><td>6억 이하</td><td>0.7%</td><td>0.9%</td></tr>
<tr><td>12억 이하</td><td>1%</td><td>1.3%</td><td rowspan="2">45억 이하</td><td rowspan="2">2%</td><td rowspan="2">400억 이하</td><td rowspan="2">0.6%</td></tr>
<tr><td>50억 이하</td><td>1.4%</td><td>1.8%</td></tr>
<tr><td>94억 이하</td><td>2%</td><td>2.5%</td><td rowspan="2">45억 초과</td><td rowspan="2">3%</td><td rowspan="2">400억 초과</td><td rowspan="2">0.7%</td></tr>
<tr><td>94억 초과</td><td>2.7%</td><td>3.2%</td></tr>
<tr><td>[주1]</td><td colspan="6">2주택 이하를 소유한 납세의무자(조정대상지역 내 2주택 소유는 제외)</td></tr>
<tr><td></td><td>[주2]</td><td colspan="6">3주택 이상을 소유한 자 또는 조정대상지역 내 2주택 소유자</td></tr>
<tr><td rowspan="2">계산구조</td><td colspan="3">주택분 종합부동산세</td><td colspan="4">토지분 종합부동산세</td></tr>
<tr><td colspan="3">주택분 산출세액(=과세표준×세율)
⊖ 주택분 재산세액
⊖ 1세대 1주택자 세액공제(10%~50%)
⊖ 세부담 상한 초과액(직전연도 150%)</td><td colspan="4">토지분 산출세액(=과세표준×세율)
⊖ 토지분 재산세액
⊖ 토지분 종합부동산세 세액공제는 없음
⊖ 세부담 상한 초과액(직전연도 150%)</td></tr>
<tr><td>납세지</td><td colspan="7">법인세법 및 소득세법의 규정에 따름</td></tr>
<tr><td>납세의무 성립</td><td colspan="7">재산세의 과세기준일(매년 6월 1일)</td></tr>
<tr><td>납세의무 확정</td><td colspan="7">① 보통징수(원칙) - 12.01.부터 12.15.까지 부과징수
② 신고납부(선택) - 12.01.부터 12.15.까지 관할세무서장에게 신고납부</td></tr>
</table>

1. 기본사항

종합부동산세법은 고액의 부동산 보유자에 대하여 부동산보유에 대한 조세부담의 형평성을 제고하고, 부동산의 가격안정을 도모함으로써 지방재정의 균형발전과 국민경제의 건전한 발전에 이바지함을 목적으로 한다.

종합부동산세는 (1) 주택에 대한 종합부동산세(이하 '주택분 종합부동산세')와 (2) 토지에 대한 종합부동산세(이하 '토지분 종합부동산세')의 세액을 합한 금액을 그 세액으로 한다. 이때 토지에 대한 종합부동산세는 ① 종합합산과세대상 토지에 대한 세액과 ② 별도합산과세대상 토지에 대한 세액을 합한 금액으로 한다.

종합부동산세의 구성

종합부동산세	=	(1) 주택분 종합부동산세	+	(2) 토지분 종합부동산세(=①+②) ① 종합합산과세대상 토지분 ② 별도합산과세대상 토지분

2. 납세의무자

(1) 주택분 종합부동산세

주택분 종합부동산세의 납세의무자는 과세기준일(매년 6월 1일) 현재 주택분 재산세의 납세의무자로서 국내에 있는 재산세 과세대상인 주택의 공시가격을 합산한 금액이 6억원을 초과하는 자이다.

(2) 토지분 종합부동산세

토지분 종합부동산세의 납세의무자는 과세기준일(매년 6월 1일) 현재 토지분 재산세의 납세의무자로서 다음 중 어느 하나에 해당하는 자이다.

재산세의 과세구분	토지분 종합부동산세 납세의무자
종합합산과세대상 토지	국내에 소재하는 종합합산과세대상 토지공시가격 합산액이 5억원을 초과하는 자
별도합산과세대상 토지	국내에 소재하는 별도합산과세대상 토지공시가격 합산액이 80억원을 초과하는 자

따라서 분리과세대상 토지에 대한 재산세 납세의무자는 토지분 종합부동산세 납세의무자에 해당하지 않는다.

3. 비과세

종합부동산세의 비과세 규정은 아래의 근거에 의한 재산세 감면규정[75]을 따른다.

75) 재산세의 비과세, 과세면제, 경감에 관한 규정을 말함(이하 같음)

① 지방세특례제한법 또는 조세특례제한법에 의한 재산세 감면규정

② 지방세특례제한법 제4조에 따른 시·군의 감면조례에 의한 재산세 감면규정

4. 과세표준

주택분 종합부동산세와 토지분 종합부동산세의 과세표준은 다음과 같다.

구분		과세표준
주택분 [주3]		(주택공시가격 합산액 - 6억원[주1]) × 공정시장가액비율[주2]
토지분	종합합산과세대상	(토지공시가격 합산액 - 5억원) × 공정시장가액비율[주2]
	별도합산과세대상	(토지공시가격 합산액 - 80억원) × 공정시장가액비율[주2]

[주1] 1세대 1주택자는 9억원을 공제

[주2] 공정시장가액비율

구분	공정시장가액 비율
2019년	85%
2020년	90%
2021년	95%
2022년 이후	100%

[주3] **합산배제 주택**76)

주택분 종합부동산세의 과세표준에서 주택공시가격 합산액은 납세의무자 개인별로 합산한 금액을 기준으로 한다. 다만, 종합부동산세를 부과하는 목적에 적합하지 않은 (1) 특정한 임대주택, (2) 다가구임대주택, (3) 사원용주택 등 기타 합산배제 주택에 대해서는 합산의 대상이 되는 주택의 범위에 포함하지 않는다.

합산배제 주택을 보유한 납세의무자는 당해 연도 9월 16일부터 9월 30일까지 합산배제 신고서를 관할세무서장에게 신고해야 한다. 다만, 최초에 합산배제 신고를 한 연도의 다음 연도부터는 그 신고한 내용 중 소유권, 전용면적의 사항에 변동이 없는 경우에는 신고하지 않을 수 있다.

76) 종합부동산세 합산배제 주택 규정은 많은 개정이 있었으므로 해당 시점의 최근법령을 확인해야 함

(1) 임대주택

다음 중 어느 하나에 해당하는 임대주택은 종합부동산세 합산대상 주택에서 제외한다.

구분	합산배제 임대주택
1	「민간임대주택에 관한 특별법」 제2조 제2호에 따른 민간건설임대주택과 「공공주택 특별법」 제2조 제1호의2에 따른 공공건설임대주택(이하 '건설임대주택')으로서 다음 각 요건을 모두 갖춘 주택이 2호 이상인 경우 그 주택(단, 민간건설임대주택은 2018.03.31. 이전에 임대사업자등록과 사업자등록을 한 주택으로 한정) ① 전용면적이 149㎡ 이하로서 2호 이상의 주택의 임대를 개시한 날 또는 최초로 종합부동산세 합산배제신고를 한 연도의 과세기준일의 공시가격이 6억원 이하일 것 ② 5년 이상 계속하여 임대하는 것일 것 ③ 임대보증금 또는 임대료(이하 '임대료등')의 증가율이 5%를 초과하지 않을 것(임대료등 증액 청구는 임대차계약의 체결 또는 약정한 임대료등의 증액이 있은 후 1년 이내에는 하지 못하고, 임대사업자가 임대료등의 증액을 청구하면서 임대보증금과 월임대료를 상호 간에 전환하는 경우에는 「민간임대주택에 관한 특별법」 제44조 제4항 및 「공공주택 특별법 시행령」 제44조 제3항에 따라 정한 기준에 따름)
2	「민간임대주택에 관한 특별법」 제2조 제3호에 따른 민간매입임대주택과 「공공주택 특별법」 제2조 제1호의 3에 따른 공공매입임대주택(이하 '매입임대주택')으로서 다음 각 요건을 모두 갖춘 주택(단, 민간매입임대주택은 2018.03.31. 이전에 임대사업자등록과 사업자등록을 한 주택으로 한정) ① 해당 주택의 임대개시일 또는 최초로 종합부동산세 합산배제신고를 한 연도의 과세기준일의 공시가격이 6억원(수도권 외 지역은 3억원) 이하일 것 ② 5년 이상 계속하여 임대하는 것일 것 ③ 임대료등의 증가율이 5%를 초과하지 않을 것(임대료등 증액 청구는 임대차계약의 체결 또는 약정한 임대료등의 증액이 있은 후 1년 이내에는 하지 못하고, 임대사업자가 임대료등의 증액을 청구하면서 임대보증금과 월임대료를 상호 간에 전환하는 경우에는 「민간임대주택에 관한 특별법」 제44조 제4항 및 「공공주택 특별법 시행령」 제44조 제3항에 따라 정한 기준에 따름)
3	임대사업자의 지위에서 2005.01.01. 이전부터 임대하고 있던 임대주택으로서 다음 각 요건을 모두 갖춘 주택이 2호 이상인 경우 그 주택 ① 국민주택 규모 이하로서 2005년도 과세기준일의 공시가격이 3억원 이하일 것 ② 5년 이상 계속하여 임대하는 것일 것
4	「민간임대주택에 관한 특별법」 제2조 제2호에 따른 민간건설임대주택으로서 다음 각 요건을 모두 갖춘 주택 ① 전용면적이 149㎡ 이하일 것 ② 종합부동산세 합산배제신고를 한 연도의 과세기준일 현재의 공시가격이 6억원 이하일 것 ③ 「건축법」 제22조에 따른 사용승인을 받은 날 또는 「주택법」 제49조에 따른 사용

구분	합산배제 임대주택
	검사 후 사용검사필증을 받은 날부터 과세기준일 현재까지의 기간 동안 임대된 사실이 없고, 그 임대되지 아니한 기간이 2년 이내일 것
5	「부동산투자회사법」 제2조 제1호에 따른 부동산투자회사 또는 「간접투자자산 운용업법」 제27조 제3호에 따른 부동산간접투자기구가 2008.01.01.부터 2008.12.31.까지 취득 및 임대하는 매입임대주택으로서 다음 각 요건을 모두 갖춘 주택이 5호 이상인 경우의 그 주택 ① 전용면적이 149㎡ 이하로서 2008년도 과세기준일의 공시가격이 6억원 이하일 것 ② 10년 이상 계속하여 임대하는 것일 것 ③ 수도권 밖의 지역에 위치할 것
6	매입임대주택(미분양주택[77])으로서 2008.06.11.일부터 2009.06.30.까지 최초로 분양계약을 체결하고 계약금을 납부한 주택에 한정)으로서 다음 각 요건을 모두 갖춘 주택(해당 주택을 보유한 납세의무자는 종합부동산세법 제8조 제3항에 따른 주택보유현황신고와 함께 시장·군수·구청장이 발행한 미분양주택 확인서 사본 및 미분양주택 매입 시의 매매계약서 사본을 제출해야 함) ① 전용면적이 149㎡ 이하로서 5호 이상의 주택의 임대를 개시한 날 또는 최초로 종합부동산세 합산배제신고를 한 연도의 과세기준일의 공시가격이 3억원 이하일 것 ② 5년 이상 계속하여 임대하는 것일 것 ③ 수도권 밖의 지역에 위치할 것 ④ 위 ①에서 ③까지의 요건을 모두 갖춘 매입임대주택(이하 '미분양매입임대주택')이 5호 이상일 것[78]
7	건설임대주택 중 「민간임대주택에 관한 특별법」 제2조 제4호에 따른 공공지원민간임대주택 또는 같은 조 제5호에 따른 장기일반민간임대주택(이하 '장기일반민간임대주택등')으로서 다음 각 요건을 모두 갖춘 주택이 2호 이상인 경우 그 주택 ① 전용면적이 149㎡ 이하로서 2호 이상의 주택의 임대를 개시한 날 또는 최초로 종합부동산세 합산배제신고를 한 연도의 과세기준일의 공시가격이 6억원 이하일 것 ② 8년 이상 계속하여 임대하는 것일 것 ③ 임대보증금 또는 임대료의 연 증가율이 5%를 초과하지 않을 것 ④ 임대료등의 증가율이 5%를 초과하지 않을 것(임대료등 증액 청구는 임대차계약의 체결 또는 약정한 임대료등의 증액이 있은 후 1년 이내에는 하지 못하고, 임대사업자가 임대료등의 증액을 청구하면서 임대보증금과 월임대료를 상호 간에 전환하는 경우에는 「민간임대주택에 관한 특별법」 제44조 제4항에 따라 정한 기준에 따름)

77) 「주택법」 제54조에 따른 사업주체가 같은 조에 따라 공급하는 주택으로서 입주자모집공고에 따른 입주자의 계약일이 지난 주택단지에서 2008.06.10.까지 분양계약이 체결되지 아니하여 선착순의 방법으로 공급하는 주택

78) '2.'에 따른 매입임대주택이 5호 이상이거나 '3.'에 따른 매입임대주택이 2호 이상이거나 '5.'에 따른 임대주택이 5호 이상인 경우에는 '2.', '3.', '5.'에 따른 매입임대주택과 미분양매입임대주택을 합산하여 5호 이상일 것('3.'에 따른 매입임대주택과 합산하는 경우에는 그 미분양매입임대주택이 같은 특별시·광역시·도 안에 있는 경우에 한정)

구분	합산배제 임대주택
8	매입임대주택 중 장기일반민간임대주택등으로서 다음 각 요건을 모두 갖춘 주택(단, 1세대가 국내에 1주택 이상을 보유한 상태에서 새로 취득한 조정대상지역[79]에 있는 장기일반민간임대주택[80]은 제외) ① 해당 주택의 임대개시일 또는 최초로 종합부동산세 합산배제신고를 한 연도의 과세기준일의 공시가격이 6억원(수도권 밖의 지역은 3억원) 이하일 것 ② 8년 이상 계속하여 임대하는 것일 것 ③ 임대료등의 증가율이 5%를 초과하지 않을 것(임대료등 증액 청구는 임대차계약의 체결 또는 약정한 임대료등의 증액이 있은 후 1년 이내에는 하지 못하고, 임대사업자가 임대료등의 증액을 청구하면서 임대보증금과 월임대료를 상호 간에 전환하는 경우에는 「민간임대주택에 관한 특별법」 제44조 제4항에 따라 정한 기준에 따름)

위 사항을 요약하면 다음과 같다.[81]

합산배제 임대주택의 요약

구분	임대주택종류		면적(전용)	주택수	공시가격	임대기간	임대료인상	소재지
1	건설임대주택(민간·공공)		149㎡ 이하	2호 이상	6억원 이하	5년 이상	5% 이하	-
2	매입임대주택(민간·공공)	수도권	-	1호 이상	6억원 이하	5년 이상	5% 이하	수도권
		비수도권	-	1호 이상	3억원 이하	5년 이상	5% 이하	비수도권
3	기존임대주택		국민주택 규모 이하	2호 이상	3억원 이하	5년 이상	-	-
4	미임대 민간건설임대주택		149㎡ 이하	-	6억원 이하	-	-	-
5	부동산투자회사·간접투자기구의 매입임대주택		149㎡ 이하	5호 이상	6억원 이하	10년 이상	-	비수도권
6	미분양 매입임대주택		149㎡ 이하	5호 이상	3억원 이하	5년 이상	-	비수도권
7	건설임대주택 중 장기일반민간임대주택등		149㎡ 이하	2호 이상	6억원 이하	8년 이상	5% 이하	-

79) 「주택법」 제63조의 2 제1항 제1호에 따른 조정대상지역

80) 조정대상지역의 공고가 있은 날 이전에 주택(주택을 취득할 수 있는 권리를 포함)을 취득하거나 주택을 취득하기 위하여 매매계약을 체결하고 계약금을 지급한 사실이 증빙서류에 의하여 확인되는 경우는 제외

81) 종합부동산세법 집행기준 8-3-2에서 일부 수정

8	매입임대주택 중 장기일반민간임대주택등	수도권	-	-	6억원 이하	8년 이상	5% 이하	-
		비수도권	-	-	3억원 이하	8년 이상		-

(2) 다가구주택

임대사업자로서 사업자등록을 한 자가 임대하는 「건축법 시행령」 별표 1 제1호다목에 따른 다가구주택은 종합부동산세 합산대상 주택에서 제외한다.

(3) 기타의 주택(합산배제 사원용 주택 등)

종업원의 주거에 제공되는 사원용 주택, 기숙사 등 주택은 종합부동산세 합산대상 주택에서 제외한다.

구분	구분	합산배제 조건
1	사용자 소유의 사원용 주택	종업원에게 무상이나 저가로 제공하는 사용자 소유의 주택으로서 국민주택규모 이하이거나 과세기준일 현재 공시가격이 3억원 이하인 주택. 다만, 다음 중 어느 하나에 해당하는 종업원에게 제공하는 주택은 제외 ① 사용자가 개인인 경우 그 사용자와의 관계에 있어서 「국세기본법 시행령」 제1조의 2 제1항 제1호부터 제4호까지의 규정에 해당하는 자(6촌 이내 혈족, 4촌 이내 인척, 배우자[사실혼에 있는 자를 포함], 친생자로서 다른 사람에게 친양자 입양된 자 및 그 배우자 · 직계비속) ② 사용자가 법인인 경우에는 「국세기본법」 제39조 제2호에 따른 과점주주
2	기숙사	「건축법 시행령」 별표 1 제2호 라목의 기숙사 학교 또는 공장 등의 학생 또는 종업원 등을 위하여 쓰는 것으로서 1개 동의 공동취사시설 이용 세대 수가 전체의 50% 이상인 것(「교육기본법」 제27조 제2항에 따른 학생복지주택을 포함)
3	주택건설업자의 미분양주택	과세기준일 현재 사업자등록을 한 「주택법」 제15조에 따른 사업계획승인을 얻은 자 또는 「건축법」 제11조에 따른 허가를 받은 자가 건축하여 소유하는 주택 중 아래 ①에서 ③ 중 하나에 해당하는 미분양주택 ① 「주택법」 제15조에 따른 사업계획승인을 얻은 자가 건축하여 소유하는 미분양 주택으로서 2005.01.01. 이후에 주택분 재산세의 납세의무가 최초로 성립하는 날부터 5년이 경과하지 아니한 주택 ② 「건축법」 제11조에 따른 허가를 받은 자가 건축하여 소유하는

구분	구분	합산배제 조건
		미분양 주택으로서 2005.01.01. 이후에 주택분 재산세의 납세의무가 최초로 성립하는 날부터 5년이 경과하지 아니한 주택(단, 다음 요건을 모두 갖춘 주택은 제외) • 「주택법」 제54조에 따라 공급하지 아니한 주택 • 자기 또는 임대계약 등 권원을 불문하고 타인이 거주한 기간이 1년 이상인 주택
4	가정어린이집용 주택	세대원이 「영유아보육법」 제13조의 규정에 따라 시장·군수·구청장의 인가를 받고 「소득세법」 제168조 제5항에 따른 고유번호를 부여받은 후 과세기준일 현재 5년(의무운영기간) 이상 계속하여 가정어린이집으로 운영하는 주택
5	시공자가 대물변제 받은 미분양 주택	(합산배제) 주택의 시공자가 「주택법」 제15조에 따른 사업계획승인을 얻은 자 또는 「건축법」 제11조에 따른 허가를 받은 자로부터 해당 주택의 공사대금으로 받은 미분양주택(해당 주택을 공사대금으로 받은 날 이후 해당 주택의 주택분 재산세의 납세의무가 최초로 성립한 날부터 5년이 경과하지 아니한 주택만 해당)
		(합산) 다만, 「건축법」 제11조에 따른 허가를 받은 자로부터 받은 주택으로서 「주택법」 제54조에 따라 공급하지 아니한 주택인 경우에는 자기 또는 임대계약 등 권원을 불문하고 타인이 거주한 기간이 1년 이상인 주택은 제외
6	연구기관의 연구원용 주택	「정부출연연구기관 등의 설립·운영 및 육성에 관한 법률」, 「과학기술분야 정부출연연구기관 등의 설립·운영 및 육성에 관한 법률」, 「한국국방연구원법」, 「국방과학연구소법」에 따라 설립되거나 「특정연구기관육성법」의 적용을 받는 연구기관이 해당 연구기관의 연구원에게 제공하는 주택으로서 2008.12.31. 현재 보유하고 있는 주택
7	국가등록문화재 주택	「문화재보호법」 제53조 제1항에 따른 국가등록문화재에 해당하는 주택
8	기업구조조정부동산투자회사 등이 취득하는 미분양주택	아래 ①과 ②의 요건을 모두 갖춘 「부동산투자회사법」 제2조 제1호 다목에 따른 기업구조조정부동산투자회사 또는 「자본시장과 금융투자업에 관한 법률」 제229조 제2호에 따른 부동산집합투자기구(이하 '기업구조조정부동산투자회사등')가 2010.02.11.까지 직접 취득(2010.02.11.까지 매매계약을 체결하고 계약금을 납부한 경우를 포함)을 하는 미분양주택[82] ① 취득하는 부동산이 모두 서울특별시 밖의 지역(「소득세법」 제104조의2에 따른 지정지역 제외)에 있는 미분양주택으로서 그 중 수도권 밖의 지역에 있는 주택수 비율이 60% 이상일 것 ② 존립기간이 5년 이내일 것

82) 「주택법」 제54조에 따른 사업주체가 같은 조에 따라 공급하는 주택으로서 입주자모집공고에 따른 입주자의 계약일이 지나 선착순의 방법으로 공급하는 주택

구분	구분	합산배제 조건
9	기업구조조정부동산투자회사 등과의 매입약정에 따른 미분양주택	'8.', '13.', '15.'에 따라 기업구조조정부동산투자회사등이 미분양주택을 취득할 당시 매입약정을 체결한 자가 그 매입약정에 따라 미분양주택('13.'의 경우에는 수도권 밖의 지역에 있는 미분양주택만 해당)을 취득한 경우로서 그 취득일부터 3년 이내인 주택
10	신탁업자가 취득하는 미분양주택	아래 ①에서 ③의 요건을 모두 갖춘 신탁계약에 따른 신탁재산으로 「자본시장과 금융투자업에 관한 법률」에 따른 신탁업자(이하 '신탁업자')가 2010.02.11.까지 직접 취득(2010.02.11.까지 매매계약을 체결하고 계약금을 납부한 경우를 포함)을 하는 미분양주택 ① 주택의 시공자(이하 '시공자')가 채권을 발행하여 조달한 금전을 신탁업자에게 신탁하고, 해당 시공자가 발행하는 채권을 「한국주택금융공사법」에 따른 한국주택금융공사의 신용보증을 받아 「자산유동화에 관한 법률」에 따라 유동화할 것 ② 신탁업자가 신탁재산으로 취득하는 부동산은 모두 서울특별시 밖의 지역에 있는 미분양주택(「주택도시기금법」에 따른 주택도시보증공사가 분양보증을 하여 준공하는 주택만 해당)으로서 그중 수도권 밖의 지역에 있는 주택수의 비율[83]이 60% 이상일 것 ③ 신탁재산의 운용기간(신탁계약이 연장되는 경우 그 연장되는 기간을 포함)이 5년 이내일 것
11	노인복지주택	「노인복지법」 제32조 제1항 제3호에 따른 노인복지주택을 같은 법 제33조 제2항에 따라 설치한 자가 소유한 해당 노인복지주택
12	향교 · 향교재단 소유 주택 부속토지	「향교재산법」에 따른 향교 또는 향교재단이 소유한 주택의 부속토지(주택의 건물과 부속토지의 소유자가 다른 경우 그 부속토지)
13	기업구조조정부동산투자회사 등이 취득하는 미분양주택	아래 ①과 ②의 요건을 모두 갖춘 기업구조조정부동산투자회사등이 2011.04.30.까지 직접 취득(2011.04.30.까지 매매계약을 체결하고 계약금을 납부한 경우를 포함)하는 수도권 밖의 지역에 있는 미분양주택 ① 취득하는 부동산이 모두 서울특별시 밖의 지역에 있는 2010.02.11. 현재 미분양주택으로서 그중 수도권 밖의 지역에 있는 주택수 비율이 50% 이상일 것 ② 존립기간이 5년 이내일 것
14	신탁업자가 취득하는 미분양주택	아래 ①에서 ③의 요건을 모두 갖춘 신탁계약에 따른 신탁재산으로 신탁업자가 2011.04.30.까지 직접 취득(2011.04.30.까지 매매계약을 체결하고 계약금을 납부한 경우를 포함)하는 수도권 밖의 지역에 있는 미분양주택 ① 시공자가 채권을 발행하여 조달한 금전을 신탁업자에게 신탁하고, 해당 시공자가 발행하는 채권을 「한국주택금융공사법」에

83) 신탁업자가 다수의 시공자로부터 금전을 신탁받은 경우에는 해당 신탁업자가 신탁재산으로 취득한 전체 미분양주택을 기준

구분	구분	합산배제 조건
		따른 한국주택금융공사의 신용보증을 받아 「자산유동화에 관한 법률」에 따라 유동화할 것 ② 신탁업자가 신탁재산으로 취득하는 부동산은 모두 서울특별시 밖의 지역에 있는 2010.02.11. 현재 미분양주택(「주택도시기금법」에 따른 주택도시보증공사가 분양보증을 하여 준공하는 주택만 해당)으로서 그중 수도권 밖의 지역에 있는 주택수의 비율이 50% 이상일 것 ③ 신탁재산의 운용기간(신탁계약이 연장되는 경우 그 연장되는 기간을 포함)은 5년 이내일 것
15	기업구조조정부동산투자회사 등이 취득하는 미분양주택	아래 ①과 ②의 요건을 모두 갖춘 기업구조조정부동산투자회사등이 2014.12.31.까지 직접 취득(2014.12.31.까지 매매계약을 체결하고 계약금을 납부한 경우를 포함)하는 미분양주택 ① 취득하는 부동산이 모두 미분양주택일 것 ② 존립기간이 5년 이내일 것
16	신탁업자가 취득하는 미분양주택	아래 ①에서 ③의 요건을 모두 갖춘 신탁계약에 따른 신탁재산으로 신탁업자가 2012.12.31.까지 직접 취득(2012.12.31.까지 매매계약을 체결하고 계약금을 납부한 경우를 포함)하는 미분양주택(「주택도시기금법」에 따른 주택도시보증공사가 분양보증을 하여 준공하는 주택만 해당) ① 시공자가 채권을 발행하여 조달한 금전을 신탁업자에게 신탁하고, 해당 시공자가 발행하는 채권을 「한국주택금융공사법」에 따른 한국주택금융공사의 신용보증을 받아 「자산유동화에 관한 법률」에 따라 유동화할 것 ② 신탁재산의 운용기간(신탁계약이 연장되는 경우 그 연장되는 기간을 포함)이 5년 이내일 것
17	주택매수의 청구에 따라 사업자가 취득하여 보유하는 주택	「송 · 변전설비 주변지역의 보상 및 지원에 관한 법률」 제5조에 따른 주택매수의 청구에 따라 사업자가 취득하여 보유하는 주택
18	주택도시기금과 한국토지주택공사가 공동출자한 부동산투자회사가 매입하는 주택	「주택도시기금법」 제3조에 따른 주택도시기금과 「한국토지주택공사법」에 따라 설립된 한국토지주택공사가 공동으로 출자하여 설립한 부동산투자회사 또는 「한국자산관리공사 설립 등에 관한 법률」에 따라 설립된 한국자산관리공사가 출자하여 설립한 부동산투자회사가 매입하는 주택으로서 다음 ①에서 ③의 요건을 모두 갖춘 주택 ① 매입 시점에 거주자가 거주하고 있는 주택으로서 해당 주택 외에 거주자가 속한 세대가 보유하고 있는 주택이 없을 것 ② 해당 거주자에게 매입한 주택을 5년 이상 임대하고 임대기간 종료 후에 그 주택을 재매입할 수 있는 권리를 부여할 것 ③ 매입 당시 해당 주택의 공시가격이 5억원 이하일 것

5. 세율

(1) 주택분 종합부동산세

1) 세율

납세의무자	내용	
2주택 이하 소유 (조정대상지역 내 2주택 소유한 경우 제외)	과세표준	세율
	3억원 이하	0.5%
	3억원 초과 6억원 이하	150만원+3억원 초과액 × 0.7%
	6억원 초과 12억원 이하	360만원+6억원 초과의 × 1%
	12억원 초과 50억원 이하	960만원+12억원 초과액 × 1.4%
	50억원 초과 94억원 이하	6,280만원+50억원 초과액 × 2%
	94억원 초과	1억5천80만원+94억원 초과액 × 2.7%
3주택 이상 소유 또는 조정대상지역 내 2주택 소유	과세표준	세율
	3억원 이하	0.6%
	3억원 초과 6억원 이하	180만원+3억원 초과액 × 0.9%
	6억원 초과 12억원 이하	450만원+6억원 초과의 × 1.3%
	12억원 초과 50억원 이하	1,230만원+12억원 초과액 × 1.8%
	50억원 초과 94억원 이하	8,070만원+50억원 초과액 × 2.5%
	94억원 초과	1억9천70만원+94억원 초과액 × 3.2%

2) 재산세액의 공제

주택분 종합소득세 과세표준에 대한 재산세액은 주택분 종합부동산세액에서 공제한다.

3) 세액공제

주택분 종합부동산세 납세의무자가 과세기준일 현재 1세대 1주택자로서 다음 ① 또는 ② 중 하나에 해당할 경우 위 세율에 따른 종합부동산세 산출세액의 일정율을 공제한다.

① 과세기준일 현재 만 60세 이상인 1세대 1주택자

연령	공제율
만 60세 이상 65세 미만	10%

만 65세 이상 70세 미만	20%
만 70세 이상	30%

② 1세대 1주택자로서 해당 주택을 과세기준일 현재 5년 이상 보유한 자

보유기간	공제율
5년 이상 10년 미만	20%
10년 이상 15년 미만	40%
15년 이상	50%

4) 세부담의 상한

종합부동산세의 급격한 인상에 따른 세부담을 완화하기 위해서 주택분 종합부동산세에 대하여 다음과 같이 세부담의 상한액을 적용하여 그 상한액을 초과하는 금액은 주택분 종합소득세액에서 공제한다.

<table>
<tr><th>구분</th><th colspan="3">내용</th></tr>
<tr><td rowspan="6">세부담의 상한액</td><td colspan="3">(직전년도 주택분의 재산세액 + 종합부동산세액) × 150%~300% [주]</td></tr>
<tr><td colspan="3">[주] 상한율</td></tr>
<tr><td colspan="2">구분</td><td>상한율</td></tr>
<tr><td colspan="2">2주택 이하 소유(조정대상지역 내 2주택 소유한 경우 제외)에 따른 세율적용분</td><td>150%</td></tr>
<tr><td rowspan="2">3주택 이상 소유 또는 조정대상지역 내 2주택 소유에 따른 세율적용분</td><td>3주택 이상 소유</td><td>300%</td></tr>
<tr><td>위 외</td><td>200%</td></tr>
<tr><td>세부담의 상한액을 초과하는 금액</td><td colspan="3">(당해연도 주택분의 재산세액 + 종합부동산세액) - 세부담의 상한액</td></tr>
</table>

(2) 토지분 종합부동산세

1) 세율

<table>
<tr><th>납세의무자</th><th colspan="2">내용</th></tr>
<tr><td rowspan="4">종합합산과세대상 토지</td><td>과세표준</td><td>세율</td></tr>
<tr><td>15억원 이하</td><td>1%</td></tr>
<tr><td>15억원 초과 45억원 이하</td><td>1,500만원+15억원 초과액 × 2%</td></tr>
<tr><td>45억원 초과</td><td>7,500만원+45억원 초과액 × 3%</td></tr>
<tr><td>별도합산과세대상</td><td>과세표준</td><td>세율</td></tr>
</table>

토지	200억원 이하	0.5%
	200억원 초과 400억원 이하	1억원+200억원 초과액 × 0.6%
	400억원 초과	2억2천만원+400억원 초과액 × 0.7%

2) 재산세액의 공제

토지분 종합소득세 과세표준에 대한 재산세액은 토지분 종합부동산세액에서 공제한다.

3) 세부담의 상한

종합부동산세의 급격한 인상에 따른 세부담을 완화하기 위해서 토지분 종합부동산세에 대하여 다음과 같이 세부담의 상한액을 적용하여 그 상한액을 초과하는 금액은 토지분 종합소득세액에서 공제한다.

구분	내용
세부담의 상한액	(직전년도 토지분의 재산세액 + 종합부동산세액) × 150%
세부담의 상한액을 초과하는 금액	(당해연도 토지분의 재산세액 + 종합부동산세액) - 세부담의 상한액

6. 납세지

종합부동산세의 납세지는 다음과 같으며 법인세법 및 소득세법의 규정에 따른다.

구분	납세지
법인 또는 법인으로 보는 단체	법인세법 제9조 제1항~제3항에 따른 납세지[84)]
개인 또는 법인으로 보지 않는 단체	소득세법 제6조에 따른 납세지[85)]
아래에 해당하는 납세의무자 ① 비거주자인 개인 또는 외국법인으로서 ② 국내사업장이 없고 ③ 국내원천소득이 발생하지 않는 주택 및 토지를 소유한 경우	① 그 주택 또는 토지의 소재지 ② 주택 또는 토지가 2 이상인 경우 공시가격이 가장 높은 주택 또는 토지의 소재지

84) 법인지방소득세의 납세지 참조
85) 개인지방소득세의 납세지 참조

7. 납세의무 성립시기

종합부동산세의 과세기준일은 재산세의 과세기준일인 매년 6월 1일이다.

8. 납세의무 확정

(1) 보통징수

관할세무서장은 납부하여야 할 종합부동산세의 세액을 결정하여 당해연도 12월 1일부터 12월 15일(납부기간)까지 부과·징수한다.

(2) 신고납부

종합부동산세를 신고납부방식으로 납부하고자 하는 납세의무자는 종합부동산세의 과세표준과 세액을 당해연도 12월 1일부터 12월 15일까지 관할세무서장에게 신고납부해야 한다.

[별지 제3호서식] (2019. 3. 20. 개정)

(20 년도)종합부동산세 신고서
[ ] 정기신고 [ ] 기한 후 신고

(앞쪽)

관리번호	-				
납세의무자	성 명 (법인명 또는 단체명)		주민등록번호 (법인등록번호)		
	주 소 (본 점 소 재 지)		연락처	사무실(집)	
				휴 대 폰	
	법 인(본 점) 사업자등록번호			E-메일	

구 분		합 계	주 택	종합합산토지	별도합산토지
① 과 세 물 건 수					
② 과 세 표 준					
③ 세 율					
④ 종 합 부 동 산 세 액					
⑤ 공 제 할 재 산 세 액					
⑥ 산 출 세 액(④-⑤)					
세액공제액	⑦ 고 령 자				
	⑧ 장 기 보 유 자				
⑨ 세부담상한초과세액					
⑩ 결정세액(⑥-⑦-⑧-⑨)					
⑪ 이 자 상 당 가 산 액					
⑫ 신 고 불 성 실 가 산 세					
⑬ 납 부 불 성 실 가 산 세					
⑭ 자 진 납 부 할 세 액 (⑩ + ⑪ + ⑫ + ⑬)					
분납할 세 액	⑮ 현 금 납 부				
	⑯ 물 납				
	⑰ 계(⑮+⑯)				
차감 납부 세액	⑱ 현 금 납 부				
	⑲ 물 납				
	⑳ 계 (⑱+⑲)				

농어촌특별세자진납부계산서	
㉑ 과세표준(⑩+⑪)	
㉒ 세 율	20%
㉓ 산 출 세 액(㉑×㉒)	
㉔ 신고불성실가산세	
㉕ 납부불성실가산세	
㉖ 납 부 할 세 액 (㉓ + ㉔ + ㉕)	
㉗ 분 납 할 세 액	
㉘ 차 감 납 부 세 액 (㉖ - ㉗)	

※ 구비서류

1. 종합부동산세 과세표준 계산명세서
2. 과세대상 물건명세서
3. 세부담상한초과세액 계산명세서(세부담 상한에 해당하는 경우에만 제출합니다)
4. 합산배제 임대주택 등 합산배제 신고서(합산배제 임대주택 또는 합산배제 기타주택이 있는 경우에만 제출합니다)

-「민간임대주택에 관한 특별법 시행규칙」 제19조에 따른 임대차계약신고이력 확인서 첨부

「종합부동산세법」 제16조제3항(정기신고), 「국세기본법」 제45조의3제1항(기한 후 신고) 및 「농어촌특별세법」 제7조제1항(신고·납부 등)에 따라 위와 같이 신고합니다.

년 월 일

신 고 인: (서명 또는 인)

세무서장 귀하

세무대리인	성 명	(인)	사업자등록번호	- -	전화번호	

210㎜×297㎜[일반용지 70g/㎡(재활용품)]

(뒤쪽)

작 성 방 법

1. ① 과세물건 수: 종합부동산세 과세표준 계산명세서[별지 제3호서식 부표]의 ① 과세물건 수란의 물건 수를 적습니다.
2. ② 과세표준: 종합부동산세 과세표준 계산명세서[별지 제3호서식 부표]의 ⑦ 종합부동산세 과세표준란의 금액을 적습니다.
3. ③ 세율: 아래의 종합부동산세 세율표를 참고하여 과세대상별로 구분하여 ② 과세표준란의 금액에 해당하는 아래의 종합부동산세율을 적습니다.

* 공동소유 주택인 경우 각자가 그 주택을 소유한 것으로 보아 주택 수 계산 후 세율적용. 다만, 상속을 통해 공동 소유한 주택은 과세기준일(매년 6월 1일) 현재 지분율이 20% 이하이고 지분 상당 공시가격이 3억원 이하인 경우에는 주택 수에서 제외하여 세율 적용(1세대1주택 판정 시는 주택 수에 포함).

[종합부동산세 세율표]

<table>
<tr><th colspan="5">주 택</th><th colspan="3" rowspan="2">종합합산토지</th><th colspan="3" rowspan="2">별도합산토지</th></tr>
<tr><th rowspan="2">과세표준</th><th colspan="2">일반</th><th colspan="2">3주택 등*</th></tr>
<tr><th>세율</th><th>누진공제</th><th>세율</th><th>누진공제</th><th>과세표준</th><th>세율</th><th>누진공제액</th><th>과세표준</th><th>세율</th><th>누진공제액</th></tr>
<tr><td>3억원 이하</td><td>0.5%</td><td>0원</td><td>0.6%</td><td>0원</td><td rowspan="2">15억원 이하</td><td rowspan="2">1.0%</td><td rowspan="2">0원</td><td rowspan="2">200억원 이하</td><td rowspan="2">0.5%</td><td rowspan="2">0원</td></tr>
<tr><td>3억원 초과 6억원 이하</td><td>0.7%</td><td>600,000원</td><td>0.9%</td><td>900,000원</td></tr>
<tr><td>6억원 초과 12억원 이하</td><td>1.0%</td><td>2,400,000원</td><td>1.3%</td><td>3,300,000원</td><td rowspan="2">15억원 초과 45억원 이하</td><td rowspan="2">2.0%</td><td rowspan="2">15,000,00원</td><td rowspan="2">200억원 초과 400억원 이하</td><td rowspan="2">0.6%</td><td rowspan="2">20,000,000원</td></tr>
<tr><td>12억원 초과 50억원 이하</td><td>1.4%</td><td>7,200,000원</td><td>1.8%</td><td>9,300,000원</td></tr>
<tr><td>50억원 초과 94억원 이하</td><td>2.0%</td><td>37,200,000원</td><td>2.5%</td><td>44,300,000원</td><td rowspan="2">45억원 초과</td><td rowspan="2">3.0%</td><td rowspan="2">60,000,00원</td><td rowspan="2">400억원 초과</td><td rowspan="2">0.7%</td><td rowspan="2">60,000,00원</td></tr>
<tr><td>94억원 초과</td><td>2.7%</td><td>103,000,00원</td><td>3.2%</td><td>110,100,000원</td></tr>
</table>

* 3주택 등: 3주택 이상 소유하거나 조정대상지역 내 2주택을 소유한 경우

4. ④ 종합부동산세액: (② 과세표준 × ③ 세율 - 누진공제액) 의 금액을 적습니다.
5. ⑤ 공제할 재산세액: 재산세와 종합부동산세가 중복으로 과세되는 세액을 공제하는 란이며, 종합부동산세 과세표준 계산명세서[별지 제3호서식 부표]의 ⑪ 공제할 재산세액란의 금액을 적습니다.
6. ⑦ 고령자 세액공제액: 과세기준일 현재 만 60세 이상인 1세대1주택자에 해당하는 경우 ⑥ 산출세액에 아래의 공제율을 곱한 금액을 적습니다. 다만, 1세대1주택자로서 1주택과 다른 주택의 부속토지를 소유하고 있는 경우에는 (산출세액 × 1주택의 공시가격 / 1주택과 다른 주택의 부속토지의 공시가격 합계액)의 금액에 아래의 공제율을 곱한 금액을 적습니다.

연 령	공 제 율
만 60세 이상 65세 미만	10%
만 65세 이상 70세 미만	20%
만 70세 이상	30%

7. ⑧ 장기보유자 세액공제액: 과세기준일 현재 5년 이상 1세대1주택을 보유한 경우 ⑥ 산출세액에 아래의 공제율을 곱한 금액을 적습니다. 다만, 1세대1주택자로서 1주택과 다른 주택의 부속토지를 소유하고 있는 경우에는 (산출세액 × 1주택의 공시가격 / 1주택과 다른 주택의 부속토지의 공시가격 합계액)의 금액에 아래의 공제율을 곱한 금액을 적습니다.

보유기간	공제율
5년 이상 10년 미만	20%
10년 이상	40%
15년 이상	50%

* 공제한도 : 고령자 세액공제액과 장기보유자 세액공제액을 합한 금액이 산출세액의 70%를 넘지 않는 금액

8. ⑨ 세부담상한초과세액: 세부담상한이 적용되는 경우로서 세부담상한초과세액 계산명세서(별지 제5호서식) ㉑ 세부담상한초과세액란의 금액을 적습니다.
9. ⑪ 이자상당가산액: 「종합부동산세법」 제17조제5항 및 「조세특례제한법」 제104조의19제3항에 따른 이자상당가산액을 적습니다.
10. ⑫, ㉔ 신고불성실가산세(과소신고·초과환급신고가산세): 「국세기본법」 제47조의3에 따른 가산세를 적습니다.
11. ⑬, ㉕ 납부불성실가산세(납부불성실·환급불성실가산세): 「국세기본법」 제47조의4에 따른 가산세를 적습니다.
12. ㉑ 과세표준: ⑩ 결정세액과 ⑪ 이자상당가산액의 합계금액을 적습니다.
13. ㉗ 분납할 세액: 「농어촌특별세법」 제9조에 따라 분납할 세액을 적습니다.

210㎜×297㎜[일반용지 70g/㎡(재활용품)]

부 록

[별첨1] 개별공시지가 등 검색방법

[별첨2] 건물 기준시가 계산방법

[별첨3] 대도시 중과제외 업종

부 록

[별첨1] 개별공시지가 등 검색방법

① 부동산공시가격 알리미 사이트(www.realtyprice.kr)' 접속 후 개별공시지가를 선택(개별단독주택 공시가격과 공동주택 공시가격도 동일하게 확인 가능함)

② 개별공시지가 열람서비스를 제공하는 해당 시·군·구청 홈페이지로 연결

③ 각 시·군·구청 개별공시자가 열람 페이지에서 소재지로 검색하여 개별공시지가 확인

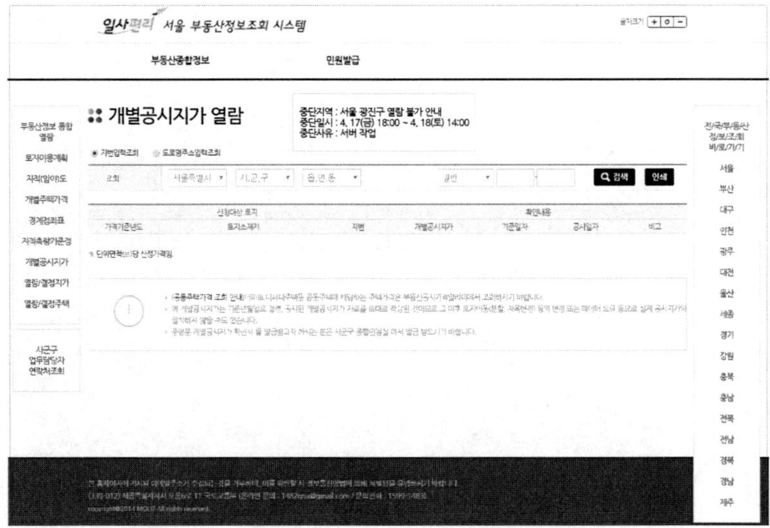

(예시) 서울에서 가장 비싼 토지인[86] 서울특별시 중구 충무로 1가 24-2의 개별공시지가

개별공시지가 열람

중단지역 : 서울 광진구 열람 불가 안내
중단일시 : 4. 17(금) 18:00 ~ 4. 18(토) 14:00
중단사유 : 서버 작업

◉ 지번입력조회 ◎ 도로명주소입력조회

조회 서울특별시 중구 충무로1가 일반 24 - 2 검색 인쇄

	신청대상 토지			확인내용		
가격기준년도	토지소재지	지번	개별공시지가	기준일자	공시일자	비고
2019	서울특별시 중구 충무로1가	24-2번지	183,000,000 원	01월 01일	2019/05/31	
2018	서울특별시 중구 충무로1가	24-2번지	91,300,000 원	01월 01일	2018/05/31	
2017	서울특별시 중구 충무로1가	24-2번지	86,000,000 원	01월 01일	2017/05/31	
2016	서울특별시 중구 충무로1가	24-2번지	83,100,000 원	01월 01일	2016/05/31	
2015	서울특별시 중구 충무로1가	24-2번지	80,700,000 원	01월 01일	2015/05/29	
2014	서울특별시 중구 충무로1가	24-2번지	77,000,000 원	01월 01일	2014/05/30	
2013	서울특별시 중구 충무로1가	24-2번지	70,000,000 원	01월 01일	2013/05/31	
2012	서울특별시 중구 충무로1가	24-2번지	65,000,000 원	01월 01일	2012/05/31	
2011	서울특별시 중구 충무로1가	24-2번지	62,300,000 원	01월 01일	2011/05/31	
2010	서울특별시 중구 충무로1가	24-2번지	62,300,000 원	01월 01일	2010/05/31	
2009	서울특별시 중구 충무로1가	24-2번지	62,300,000 원	01월 01일	2009/05/29	
2008	서울특별시 중구 충무로1가	24-2번지	64,000,000 원	01월 01일	2008/05/31	
2007	서울특별시 중구 충무로1가	24-2번지	59,400,000 원	01월 01일	2007/05/31	
2006	서울특별시 중구 충무로1가	24-2번지	51,000,000 원	01월 01일	2006/05/31	
2005	서울특별시 중구 충무로1가	24-2번지	42,000,000 원	01월 01일	2005/05/31	
2004	서울특별시 중구 충무로1가	24-2번지	41,900,000 원	01월 01일	2004/06/30	
2003	서울특별시 중구 충무로1가	24-2번지	35,000,000 원	01월 01일	2003/06/30	
2002	서울특별시 중구 충무로1가	24-2번지	22,600,000 원	01월 01일	2002/06/29	
2001	서울특별시 중구 충무로1가	24-2번지	21,500,000 원	01월 01일	2001/06/30	
2000	서울특별시 중구 충무로1가	24-2번지	21,700,000 원	01월 01일	2000/06/30	
1999	서울특별시 중구 충무로1가	24-2번지	21,500,000 원	01월 01일	1999/06/30	
1998	서울특별시 중구 충무로1가	24-2번지	27,200,000 원	01월 01일	1998/06/30	
1997	서울특별시 중구 충무로1가	24-2번지	27,200,000 원	01월 01일	1997/06/30	
1996	서울특별시 중구 충무로1가	24-2번지	27,200,000 원	01월 01일	1996/06/29	
1995	서울특별시 중구 충무로1가	24-2번지	24,000,000 원	01월 01일	1995/06/30	
1994	서울특별시 중구 충무로1가	24-2번지	24,100,000 원	01월 01일	1994/06/30	
1993	서울특별시 중구 충무로1가	24-2번지	24,500,000 원	01월 01일	1993/05/22	
1992	서울특별시 중구 충무로1가	24-2번지	25,100,000 원	01월 01일	1992/06/01	
1991	서울특별시 중구 충무로1가	24-2번지	25,700,000 원	01월 01일	1991/06/29	
1990	서울특별시 중구 충무로1가	24-2번지	25,000,000 원	01월 01일	1990/08/30	

※ 단위면적(㎡)당 산정가격임.

86) 2019년 5월 공시된 개별공시지가 기준

[별첨2] 건물 기준시가 계산방법[87)]

[건물 기준시가 적용범위]

2020.01.01. 시행 「국세청 건물 기준시가」(이하 '건물 기준시가')는 건축법 시행령 [별표1]의 용도별 건축물의 종류에서 공공업무시설(제1종 근린생활시설 중 공공업무시설 등을 포함), 교정 및 군사시설을 제외한 모든 용도의 건물(무허가 건물을 포함)에 대하여 적용한다. 다만, 토지와 건물의 가액을 일괄하여 산정·공시(또는 고시)한 개별주택·공동주택·상업용 건물·오피스텔 등의 건물에 대해서는 건물 기준시가를 적용하지 아니한다.

[건물 기준시가 계산방법]

건물 기준시가[88)]
= 1. 건물신축가격기준액 × 2. 구조지수 × 3. 용도지수 × 4. 위치지수 × 5. 경과연수별잔가율 × 6. 개별건물의 특성에 따른 조정률

적용지수의 일반적인 적용요령

적용지수	일반적인 적용요령
2. 구조지수	당해 건물의 구조와 용도에 따라 해당지수를 적용 하되, 해당되는 구조 또는 용도가 명시되지 아니한 경우에는 유사한 구조 또는 용도에 의하고, 어느 구조 또는 용도로도 적용하기 곤란한 경우에는 구조지수 및 용도지수를 100으로 적용
3. 용도지수	
4. 위치지수	당해 건물의 부속토지 개별공시지가에 따라 해당지수를 적용
5. 경과연수별잔가율	당해 건물의 신축연도 및 구조별 내용연수를 기준으로 정액법 상각방식에 의하여 계산한 가액을 적용하되, 리모델링한 건축물을 상속·증여한 경우에는 리모델링 시점에서 재평가하여 재계산한 잔존가치율을 적용
6. 개별건물의 특성에 따른 조정률	「상속세 및 증여세법」에 의하여 상속·증여 재산을 평가하는 경우에만 적용

87) 국세청 홈페이지(홈택스 사이트가 아님) 〉 국세정보 〉 국세청 발간책자 〉 기타참고책자 〉 건물기준시가 산정방법해설서(pdf) '2020년 1월 1일 시행 건물 기준시가 계산방법 해설'에서 발췌

88) 1,000원 미만은 버림

1. 건물신축가격기준액

㎡당 730,000원으로 한다.

2. 구조지수의 적용

(1) 구조지수

번호	구조별	지수
1	통나무조	135
2	목구조	130
3	철골(철골철근)콘크리트조	115
4	철근콘크리트조, 석조, 프리캐스트 콘크리트조, 목조, 라멘조, ALC조, 스틸하우스조	100
5	연와조, 철골조, 보강콘크리트조, 보강블록조	97
6	시멘트벽돌조, 황토조, 시멘트블록조, 와이어패널조	92
7	철골조 중 조립식패널(EPS패널에 한함)	85
8	조립식패널조	80
9	경량철골조	77
10	석회 및 흙벽돌조, 돌담 및 토담조	60
11	철파이프조, 컨테이너건물	50

(2) 용어의 정의

구분	내용
통나무조	외벽 전체의 1/2 이상을 가공한 통나무 원목을 건축자재로 사용하여 축조한 구조 및 이 구조와 조적 기타의 구조를 병용한 구조를 말한다. 다만, 목구조 및 목조를 제외한다.
철골(철골철근)콘크리트조 (SRC조 포함)	철골의 기둥·벽·바닥 등 각 부분에 콘크리트를 부어 넣거나 철근콘크리트로 덮어씌운 구조를 말한다.
철근콘크리트조	철근콘크리트를 사용하여 건축을 하거나 이 구조와 조적, 기타의 구조를 병용한 구조를 말하며, 기둥과 보 등이 일체로 고정접합된 철근콘크리트 구조를 포함한다(R.C조, P.S조 포함). 다만, 철근콘크리트조와 통나무조를 병용한 구조는 기둥과 외벽 전체면적의 1/2 이상이면 통나무조로 분류한다.
석조	외벽이 석재로 된 구조를 말한다. 이 경우 내부 구조는 벽돌 또는 목조의 구조라도 상관없다.

구분	내용
프리캐스트 콘크리트(P.C,Precast Concrete)조	P.C공법에 의하여 생산된 외벽 등의 부재를 조립하여 건축한 구조를 말한다.
목구조	목재를 골조로 하고 합판, 합성수지, 타일, 석고보드 등을 사용하여 신공법으로 축조한 건물을 말한다. 다만, 건축법 시행령상 한옥구조(목구조 및 일반(한식) 목구조)를 포함하며, 통나무조와 목조를 제외한다.
연와(煉瓦)조	외벽 전체면적의 3/4 이상이 연와 또는 이와 유사한 벽돌로 축조된 구조를 말한다. 다만, 시멘트벽돌조와 시멘트블록조에 외벽 전체면적 1/2 이상에 돌, 타일, 대리석, 인조석, 붉은타일형벽돌 등의 붙임을 한 것은 모두 연와조로 본다.
시멘트벽돌조	외벽을 시멘트벽돌로 쌓은 후 화장벽돌, 각종 타일 또는 모르타르를 바른 것을 말하되, 칸막이벽은 목조로 한 경우도 있으며, 지붕·바닥 등은 목조 또는 철근콘 크리트로 한 경우도 있다.
황토조	외벽 전체면적의 1/2 이상을 황토벽돌로 축조하거나 황토를 붙인 구조를 말하되, 기둥과 보 등은 목재·철재·철근콘크리트 등으로 건축한 구조를 말한다. 다만, 흙벽돌조와 토담조를 제외한다.
철골조	여러 가지 단면으로 된 철골과 강판을 조립하여 리벳으로 조이거나 용접을 한 구조를 말한다.
스틸하우스조	아연도금강 골조를 조립하여 패널형태로 건축된 구조를 말한다.
보강콘크리트조	시멘트벽돌조의 결함을 보완하기 위하여 벽체 또는 기둥부에 철근을 넣어 축조한 구조를 말한다.
목조	기둥과 들보 및 서까래 등이 목재로 된 구조를 말한다. 다만, 통나무조와 목구조(건축법 시행령상 한옥구조 포함)를 제외한다.
시멘트블록조	주체인 외벽의 재료가 시멘트블록 또는 시멘트콘크리트 블록으로 된 구조를 말하며 칸막이벽, 지붕, 바닥 등은 시멘트벽돌조와 같이 할 수도 있다.
경량철골조	비교적 살이 엷은 형강(압연해서 만든 단면이 ㄴ, ㄷ, H, I, 원추형 등의 일정한 모양을 이루고 있는 구조용 강철 또는 알루미늄재)을 사용하여 꾸민 건축물의 구조를 말한다. 콘셋트 건물·알루미늄유리온실 등은 경량철골조로 분류한다.
철파이프조	강관(철파이프)을 특수 접합 또는 용접하여 구성한 구조를 말한다.
석회 및 흙벽돌조, 돌담 및 토담조	석회, 흙벽돌, 돌담, 토담 기타 이와 유사한 구조로 축조한 구조를 말한다. 다만, 이 구조에 자연석, 대리석을 사용하여 외벽을 치장한 구조는 석조로 분류하고, 이 구조와 연와조·보강콘크리트조·시멘트벽돌조·목조·시멘트블록조를 병용한 구조는

구분	내용
	각각 연와조·보강콘크리트조·시멘트벽돌조·목조·시멘트블록조로 분류한다.
라멘조	기둥과 보 등이 일체로 고정·접합된 철근콘크리트 구조의 건축물을 말한다.
보강블록조	블록의 빈부분에 철근을 넣고 모르타르 또는 콘크리트로 채워 블록조의 결함을 보완한 구조를 말한다.
ALC조 (Autoclaved Lightweight Concrete)	시멘트와 규사, 생석회 등 무기질 원료를 고온, 고압으로 증기양생시킨 경량의 기포콘크리트제품인 ALC를 이용하여 ALC블록으로만 조적 시공하는 공법의 건물구조(ALC블록조) 또는 건물골조 보강을 목적으로 철골(H빔, ㄷ잔넬 등)로 기둥, 보, 지붕을 연결 조립하고, 내외벽을 ALC블록으로 조적시공 하는 공법의 건물구조를 말한다.
와이어패널조	스티로폼 단열재 표면에 강철선을 그물망처럼 엮어 고정시킨 다음 그 위에 강철 선을 대각선으로 촘촘히 용접시켜 강도를 높인 와이어패널을 이용하여 건축된 건축물 및 이와 유사한 형태의 건축물의 구조를 말한다.
조립식패널조	비교적 살이 얇은 형강 사이에 단열재인 폴리스텐폼을 넣어 만든 조립식패널을 이용하여 건축된 건축물 및 이와 유사한 형태의 건축물의 구조를 말한다. [주]
컨테이너건물	컨테이너를 사용하여 축조한 건물을 말한다.

(3) 적용요령

① 건물 구조는 주된 재료와 기둥 등에 의하여 분류하되, 건축물대장 또는 등기부등본 등 공부상에 기재된 구조에 따른다. 다만, 사실상의 구조와 공부상의 구조가 다른 경우에는 사실상의 구조에 따른다.

② 공부상 조적식 구조로 기재된 것은 그 주된 재료에 따라 석조, 연와조, 시멘트벽돌조, 시멘트블록조 등으로 분류한다.

③ 구조지수 7번의 철골조 중 건물벽면의 주된 구조가 조립식패널(EPS패널에 한함)인 경우의 지수적용은 납세자가 사실관계를 입증하는 경우에 한하여 적용한다[주].

[주] 조립식 패널조의 종류 및 용도

조립식 패널조 종류	조립식 패널조 용도
(1) EPS 패널 (Expanded Poly	• 스티로폼으로 널리 알려진 발포용 PS이며, 지름 1㎜ 정도의 작은 구슬모양의 PS(Polystyren)수지에 펜단(Pentane)을 함침시켜 제조

Styren Panel)	함. 보통 흰색의 구슬모양으로 이뤄져 있으며 박스 내부의 충격흡수 소재나 포장용으로 많이 사용되고 있으며, 넓은 판재형태로 건축 목적으로도 사용됨. 뛰어난 단열 보온성을 인정받은 Expanded Poly Styren에 Pre-coated Steel Sheet를 특수 접착방식으로 Laminating 한 Sandwich type의 단열 패널로서 표면 강판은 실리콘 폴리에스테르 코팅이나 불소 코팅을 함으로 내후성, 내식성, 내구성, 내열성, 내습성, 내마모성이 콘크리트의 49배이며 가공성이 우수함 • 용도 : 각종공장, 주차타워, 상가 및 전시장, 사무실, 주택 등의 단열재, 층간 차음재, 지반침하 방지재 등
(2) 우레탄 패널 (Poly socyanurate Foam/PIR)	• 기존의 Polyurethane Foam(PUR)우레탄의 장점인 단열성, 경량성, 완충성 등의 성질을 활용하면서 난연성, 내열성, 저연성 등을 개선함. 230℃(PIR FOAM)의 고온영역으로부터의 인공위성 발사로켓의 연료탱크(-235℃)와 같은 극저온 영역까지 광범위 온도 영역에서 사용할 수 있는 난연3급패널임 • 용도 : 단독 또는 타재료와 복합하여 냉장창고, 냉동창고, 단열재, 경량구조재, 완충재 등
(3) 메탈 패널 (Metal Panel)	• 볼트레스 외형의 대형 평판 패널. 기존의 장점을 유지하면서 다양한 색상과 모양의 외관 창출가능. 열변형 방지를 위해 2T 이상의 철판을 사용하며, 단열재로 PIR폼을 사용하여 결로현상을 방지하고 내화성을 강화. 아연도금, 스테인리스, 동판, 알루 미늄 등의 마감재료에 따라 평활도와 수명이 차이가 발생함 • 용도 : 공공시설, 오피스, 상업용 건축물, 물류창고 등
(4) 그라스울 패널 (Grass Wool Panel)	• 유리원료인 규사(모래)를 고온에서 용융, 고속회전을 이용하여 섬유화한 인조광물 섬유로 350℃ 이상의 불연성을 지니며, 미세한 섬유가 연속기공을 형성하고 있어 보온, 단열 및 흡음재로 사용되는 내화구조용 난연2급 준불연 패널임 • 용도 : 각종공장, 주차타워, 층간 차음재, 지반침하 방지재 등

3. 용도지수의 적용

(용도구분은 건축법시행령 별표1 '용도별 건축물의 종류'에 따른다)

(1) 용도지수

구분	용도		번호	대상건물	지수
1	주거용 건물	주거 시설	1	• 아파트	110
			2	• 단독주택(노인복지주택 제외) • 다중주택, 다가구주택, 연립주택, 다세대주택, 기숙사(학생복지주택 포함), 도시형 생활주택 등 기타 주거용 건물	100

구분	용도		번호	대상건물	지수
2	상업용 및 업무용 건물	숙박시설	3	• 관광호텔(5성급·4성급) : 관광진흥법상 관광숙박시설	140
			4	• 호텔(공중위생법상 일반 숙박시설을 말한다) • 관광호텔(3성급 이하), 수상관광호텔, 한국전통호텔, 가족호텔, 호스텔, 소형호텔, 의료관광호텔 및 휴양 콘도 미니엄, 펜션(관광진흥법상 관광편의시설)	130
			5	• 외국인관광 도시민박(홈스테이, 게스트하우스 포함)(관광진흥법상 관광편의시설) • 한옥체험시설(관광진흥법상 관광편의시설)	120
			6	• 여관(모텔 포함)	115
			7	• 다중생활시설(제2종 근린생활시설에 해당되는 것은 제외)	105
			8	• 여인숙	100
		판매시설	9	• 백화점	135
			10	• 소매점 중 대형점(대형마트, 전문점 등으로서 매장면적이 3,000㎡ 이상인 것), 쇼핑센터, 복합쇼핑몰 위에 열거되지 않은 기타 대규모점포	125
			11	• 일반상점(슈퍼마켓 등 일용품 소매점으로서 바닥면적 합계가 1,000㎡ 이상~3,000㎡ 미만인 것) • 위에 열거되지 않은 기타 판매 및 영업시설	100
			12	• 도매시장(도매 위주 매장면적이 3,000㎡ 이상인 것) • 전통(재래)시장 • 농수축화훼공판장, 경매장	85
		운수시설	13	• 여객자동차터미널, 철도시설, 공항시설, 항만시설	120
		위락시설	14	• 무도장	140
			15	• 유흥주점 및 이와 유사한 것 • 카지노영업소	135
			16	• 관광진흥법에 의한 유원시설업의 시설 기타 이와 유사한 것(제2종 근린생활시설, 운동시설에 해당되는 것은 제외)	120
			17	• 단란주점(풍속영업시설에 해당되는 것은 제외)	115
			18	• 무도학원	90
		문화 및 집회시설	19	• 집회장(경마·경륜·경정 장외발매소 및 전화투표소)으로서 제2종 근린생활시설에 해당하지 아니하는 것	130
			20	• 예식장(제2종 근린생활시설에 해당되는 것은 제외) • 공연장(극장, 영화관, 연예장, 음악당, 서커스장,	120

구분	용도		번호	대상건물	지수
				비디오물 소극장 등)으로서 제2종 근린생활시설에 해당하지 아니하는 것 • 집회장(공회당, 회의장 등)으로서 제2종 근린생활시설에 해당하지 아니하는 것	
			21	• 동물원, 식물원, 수족관 • 전시장(박물관, 미술관, 과학관, 문화관, 체험관, 기념관, 산업전시장, 박람회장 등)	110
			22	• 관람장(경마장, 경륜장, 경정장, 자동차경기장, 기타 이와 유사한 것 및 체육관, 운동장으로서 관람석의 바닥 면적의 합계가 1,000㎡ 이상인 것)	105
		종교시설	23	• 교회·성당·사찰·기도원·수도원·수녀원·제실·사당 등 종교집회장과 종교집회장 내 설치하는 봉안당으로서 제2종 근린생활시설에 해당하지 않는 것	100
		운동시설	24	• 골프장, 스키장, 자동차 경주장, 승마장, 수영장, 볼링장, 스케이트장, 종합체육시설업	125
			25	• 체육시설의 설치 및 이용에 관한 법률에 따른 시설 중 용도번호 24에 속하지 아니하는 것	105
		의료시설	26	• 종합병원	125
			27	• 일반병원, 치과병원, 한방병원, 정신병원, 요양병원, 격리병원(전염병원, 마약진료소 등)	105
		업무시설	28	• 오피스텔(주거용, 사무용)	140
			29	• 사무소, 금융업소, 결혼상담소 등 소개업소, 출판사, 신문사 등으로서 제2종 근린생활시설에 해당하지 아니하는 것	115
		방송통신시설	30	• 방송국(방송프로그램제작시설 및 송신·수신·중계 시 설을 포함), 촬영소 전신전화국, 통신용시설	110
		관광휴게시설	31	• 야외음악당, 야외극장, 어린이회관, 관망탑, 휴게소 • 공원·유원지, 관광지에 부수되는 시설	110
		교육연구시설	32	• 학원(자동차학원·무도학원 및 정보통신기술을 활용하여 원격으로 교습하는 것은 제외)으로서 제2종 근린 생활시설에 해당하지 않는 것	107
			33	• 학교, 교육원(연수원 포함), 직업훈련소(운전 및 정비관련 직업훈련소는 제외), 연구소, 도서관으로 제2종 근린생활 시설에 해당하지 않는 것	100
		노유자시설	34	• 아동관련시설(제1종 근린생활시설에 해당하는 것은 제외) 및 노인복지시설(단독주택 및 공동주택에	107

구분	용도		번호	대상건물	지수
				해당하는 것은 제외), 기타 사회복지시설 및 근로복지시설	
			35	• 고아원 • 노인주거복지시설(양로원 등) 및 경로당 • 용도번호 34번을 제외한 기타 이와 유사한 시설	80
		수련시설	36	• 청소년수련관, 청소년문화의집, 청소년특화시설, 유스 호스텔, 청소년수련원, 청소년야영장, 기타 이와 유사한 것	110
		근린생활시설	37	• 목욕장으로서 바닥면적의 합계가 3,000㎡ 이상인 것	130
			38	• 목욕장으로서 바닥면적의 합계가 1,000㎡ 이상~3,000㎡ 미만인 것	115
			39	• 목욕장으로서 바닥면적의 합계가 1,000㎡ 미만인 것	110
			40	• 풍속영업시설 - 단란주점으로서 바닥면적의 합계가 150㎡ 미만인 것 - 인터넷컴퓨터게임시설제공업의 시설로서 바닥면적 합계가 500㎡ 이상인 것 - 청소년게임제공업시설, 일반게임제공업시설, 복합유통 게임제공업시설 - 사행성게임물제공업시설, 사행행위영업시설 - 비디오물감상실, 안마시술소, 노래연습장	105
			41	• 제1종·제2종 근린생활시설 - 슈퍼마켓과 일용품 소매점으로서 바닥면적 합계가 1,000㎡ 미만인 것 - 일반음식점, 휴게음식점, 제과점, 기원, 서점 - 이용원, 미용원, 세탁소(공장부설 세탁소는 제외) - 의원, 치과의원, 한의원, 침술원, 접골원, 조산원, 산후 조리원 및 안마원 - 테니스장·체력단련장·에어로빅장·볼링장·당구장·실내낚시터·골프연습장·탁구장·체육도장·놀이형 시설로서 바닥면적 합계가 500㎡ 미만인 것 - 종교집회장·공연장이나 비디오물소극장으로서 바닥 면적 합계가 500㎡ 미만인 것 - 금융업소, 사무소, 부동산중개사무소, 결혼상담소 등 소개업소, 출판사 등 일반업무시설로서 바닥면적 합계가 500㎡ 미만인 것 - 제조업소, 수리점 등으로서 바닥면적 합계가 500㎡	100

<table>
<tr><th>구분</th><th colspan="2">용도</th><th>번호</th><th>대상건물</th><th>지수</th></tr>
<tr><td></td><td></td><td></td><td></td><td>미만인 것
- 인터넷컴퓨터게임시설제공업의 시설로서 바닥면적 합계가 500㎡ 미만인 것
- 사진관, 표구점, 학원(바닥면적 합계가 500㎡ 미만인 것에 한하며, 자동차학원, 무도학원, 정보통신기술을 활용하여 원격으로 교습하는 것은 제외), 교습소(바닥 면적의 합계가 500㎡ 미만인 것에 한하며, 자동차교습·무도교습·정보통신기술을 활용하여 원격으로 교습 하는 것은 제외), 직업훈련소(바닥면적 합계가 500㎡ 미만인 것에 한하며, 운전·정비관련 직업훈련소는 제외), 장의사, 동물병원, 동물미용실, 독서실, 총포 판매소 등
- 의약품 판매소, 의료기기 판매소 및 자동차영업소로서 바닥면적 합계가 1,000㎡ 미만인 것
- 다중생활시설(바닥면적 합계가 500㎡ 미만인 것)
- 지역아동센터(단독주택과 공동주택에 해당하지 아니한 것)
- 변전소, 도시가스배관시설, 통신용 시설(바닥면적 합계가 1,000㎡ 미만인 것), 정수장, 양수장 등
- 위에 열거되지 않은 기타 제1종·제2종 근린생활시설</td><td></td></tr>
<tr><td></td><td></td><td rowspan="2">묘지 관련 시설</td><td>42</td><td>• 화장시설
• 봉안당(종교시설에 해당하는 것 제외)
• 묘지와 자연장지에 부수되는 건축물</td><td>130</td></tr>
<tr><td></td><td></td><td>43</td><td>• 동물화장시설, 동물건조장(乾燥葬) 시설 및 동물 전용의 납골시설</td><td>105</td></tr>
<tr><td></td><td></td><td rowspan="2">장례 식장</td><td>44</td><td>• 장례식장(종합병원 부속 장례식장 포함)</td><td>115</td></tr>
<tr><td></td><td></td><td>45</td><td>• 동물 전용 장례식장</td><td>105</td></tr>
<tr><td rowspan="2">3</td><td rowspan="2">산업용 및 기타 특수용 건물</td><td rowspan="2">공장</td><td>46</td><td>• 지식산업센터(아파트형공장)[89]</td><td>115</td></tr>
<tr><td>47</td><td>• 냉동공장
• 반도체 및 평면디스플레이 공장[90]</td><td>100</td></tr>
</table>

89) 지식산업센터(아파트형공장)는 토지를 효율적으로 이용하고 주로 중소기업의 조업안정을 도모할 목적으로 산업집적활성화 및 공장설립에 관한 법률 제2조 제13호 등의 규정에 의하여 동일 건축물에 제조업, 지식산업 및 정보통신산업을 영위하는 자와 지원시설이 복합적으로 입주할 수 있는 다층형 집합건축물로서 6개 이상의 공장이 입주할 수 있는 지상 3층 이상의 집합건축물을 말한다.

90) 평면디스플레이 공장은 LCD, PDP, LED, FED, 유기EL(OLED, ELD)관련 제조 또는 수리에 계속적으로 이용되는 건축물을 말한다.

구분	용도		번호	대상건물	지수
			48	• 기타 물품의 제조·가공·수리에 계속적으로 이용되는 건축물로서 제1종·제2종 근린생활시설, 위험물저장 및 처리시설, 자동차 관련 시설, 자원순환 관련 시설 등으로 따로 분류되지 아니한 것	80
		발전 시설	49	• 원자력 발전시설	300
			50	• 발전소(제1종 근린생활시설에 해당되는 것은 제외	90
		창고 시설	51	• 냉동창고, 냉장창고	105
			52	• 냉동·냉장창고외의 창고 • 하역장, 물류터미널, 집배송시설	80
		위험물 저장 및 처리 시설	53	• 주유소(기계식 세차설비 포함) 및 석유판매소 • 액화석유가스충전소·판매소·저장소(기계식 세차설비 포함), 위험물제조소·저장소·취급소, 액화가스취급소· 판매소, 유독물보관·저장·판매시설, 고압가스충전소· 판매소·저장소, 도료류판매소, 도시가스제조시설, 화약류저장소, 기타 위험물저장 및 처리시설 • 주유소의 캐노피	90
		자원순환관련 시설	54	• 하수 등 처리시설 • 고물상 • 폐기물재활용시설, 폐기물 처분시설 및 폐기물 감량화 시설	80
		자동차 관련 시설	55	• 자동차매매장, 운전학원·정비학원(운전 및 정비관련 직업훈련시설 포함)	75
			56	• 세차장, 폐차장, 검사장, 정비공장, 차고 및 주기장	65
			57	• 주차장(자주식 주차전용빌딩 포함, 주택의 차고 제외)	55
		동식물 관련 시설	58	• 가축용운동시설, 인공수정센터, 관리사, 동물검역소, 실험동물사육시설, 경주용마사	70
			59	• 축사(양잠·양봉·양어시설 및 부화장 포함) • 가축시설(가축용 창고, 가축시장, 퇴비장 등) • 도축장, 도계장, 작물재배사, 종묘배양시설	55
			60	• 화초 및 분재 등의 온실 • 기타 식물관련시설(동·식물원 제외)	50
4	기계식주차 전용빌딩		61	• 기준시가 = 6,000,000원 × 경과연수별잔가율(내용연수 : 30년) × 주차대수	

(2) 용어의 정의

용도지수 적용대상건물에서 특별히 규정한 것을 제외하고는 건축법시행령 제

3조의5 [별표1]의 '용도별 건축물의 종류'에 의한다.

(3) 적용요령

① 건물의 용도분류는 건축법시행령 [별표1]의 '용도별 건축물의 종류'에 따르고, 건축물대장 또는 등기부등본 등 공부상에 기재된 용도에 의하되, 사실상의 용도와 공부상의 용도가 다른 경우에는 사실상의 용도에 따른다.

② 어느 용도로도 분류하기 곤란한 특수한 용도의 건물은 용도지수를 100으로 적용한다.

③ 건축물대장 또는 등기부 등본상 여러 가지 용도가 구분되지 않고 복합적으로 기재된 경우에는 각 용도별 면적은 사실상의 현황에 의하되, 그 구분이 곤란한 경우에는 각 부분의 면적은 같은 것으로 본다.

④ 용도분류표에 없는 주차장, 대피소, 옥탑, 로비, 현관, 복도, 계단, 수위실, 기계실, 공조실, 물탱크실, 화장실 기타 이와 유사한 용도의 부속건물은 당해 건물의 주용도의 용도지수를 적용한다. 이 경우에 주용도는 사실상의 귀속에 따르되, 사실상의 귀속이 불분명한 경우에는 각 주용도별 면적을 기준으로 안분 계산한다.

⑤ 동일한 건물 내에 주용도에 부속하여 관리사무실 및 창고가 복합되어 있는 경우에는 그 부속건물의 용도지수는 주용도의 용도지수를 적용한다. 이 경우에 주용도는 사실상의 귀속에 따르되, 사실상의 귀속이 불분명한 경우에는 각 주용도별 면적을 기준으로 안분 계산한다.

⑥ 주용도가 공장, 창고, 운수시설, 위험물저장 및 처리시설, 자동차관련시설, 자원순환관련시설, 동·식물관련시설로서 동일한 건물 내에 주용도에 부속하여 관리사무실, 창고, 기숙사, 실험실, 위험물저장시설, 폐기물처리시설, 휴게실 기타 이와 유사한 용도의 건물이 복합되어 있는 경우에 그 부속건물의 용도지수는 당해 주용도와 동일한 용도지수를 적용한다.

⑦ 숙박시설 중 호텔·관광호텔·가족호텔·해상관광호텔·수상관광호텔·호스텔·의료관광호텔·휴양콘도미니엄·한국전통호텔·펜션에 부속된 관리사무실, 위락시설, 놀이시설, 운동시설, 목욕시설, 판매시설, 공연장, 집회장, 예식장, 문화센터, 스포츠센터, 편의시설, 식당가, 근린생활시설 기타 이와 유사한 용도의 부속건물의 용도지수는 당해 주용도와 동일한 용도지수를 적용한다.

⑧ 운동시설에 직접 부속된 관리사무실, 안내소, 발매장, 탈의실, 대기실, 방

송통신실, 기자실, 휴게실, 목욕장(복합목욕장), 장비대여 및 판매시설, 관람장 기타 이와 유사한 것은 당해 운동시설과 동일한 용도지수를 적용한다.

⑨ 판매시설의 분류는 유통산업발전법상의 분류기준에 따르며, 대규모점포(대형마트, 전문점, 백화점, 쇼핑센터, 복합쇼핑몰, 그 밖의 대규모점포)·준대규모점포·도매시장(전통 및 재래시장 포함)에 부속된 관리사무실, 위락시설, 놀이시설, 운동시설, 목욕시설, 편의시설, 스포츠센터, 문화센터, 식당가, 공연장, 예식장, 집회장, 근린생활시설 기타 이와 유사한 용도의 부속건물 용도지수는 당해 판매시설과 동일한 용도지수를 적용한다.

⑩ 근린생활시설 중 일반목욕장의 바닥면적 계산은 탈의실·휴게실·수면실·찜질시설 등 이와 유사한 부속시설과 공용면적을 포함한 전체면적으로 한다.

⑪ 기계식주차전용빌딩에는 기계설비가 포함된 것으로 보며, 건물신축가격기준액 및 각종 지수(구조·위치지수)와 건물면적·개별건물의 특성에 따른 조정률은 적용하지 아니한다.

⑫ 도시형 생활주택이란 주택법 제2조 제4호 규정에 의거한 300세대 미만의 국민주택규모에 해당하는 주택으로서 주택법 시행령 제3조 제1항 각 호의 주택을 말한다.

⑬ 외국인관광 도시민박이란 관광진흥법 시행령 제2조 제1항 제6호의 관광편의 시설업의 종류 중 카목 규정에 따르며, 국토의 계획 및 이용에 관한 법률 제6조 제1호에 따른 도시지역(농어촌정비법에 따른 농어촌지역 및 준농어촌지역은 제외한다)의 주민이 거주하고 있는 다음의 어느 하나에 해당하는 주택(단독주택, 다가구주택, 아파트, 연립주택, 다세대주택)을 이용하여 외국인 관광객에게 한국의 가정문화를 체험할 수 있도록 숙식 등을 제공하는 시설을 말한다.

⑭ 한옥체험시설이란 관광진흥법 시행령 제2조 제1항 제6호의 관광편의시설업의 종류 중 차목 규정에 따르며, 한옥(주요 구조부가 목조구조로서 한식기와 등을 사용한 건축물 중 고유의 전통미를 간직하고 있는 건축물과 그 부속시설을 말한다)에 숙박 체험에 적합한 시설을 갖추어 관광객에게 이용하게 하거나, 숙박 체험에 딸린 식사 체험 등 그 밖의 전통문화 체험에 적합한 시설을 함께 갖추어 관광객에게 이용하게 하는 시설을 말한다.

⑮ 노인복지시설이란 노인복지법에 근거한 노인의 삶의 질을 향상시키기 위해 필요한 서비스 및 프로그램의 제공을 목적으로 마련된 장소 등으로 노인주거복

지시설(양로시설 등) 및 노인여가복지시설(경로당)을 제외한 노인의료복지시설, 재가 노인복지시설, 노인보호전문기관, 노인일자리지원기관으로 정한다.

⑯ 주차전용빌딩(주차전용건축물)이란 주차장법 제2조 제11호와 동법 시행령 제1조의2에 따라 건축물의 연면적 중 주차장으로 사용되는 부분의 비율이 95% 이상인 것을 말한다. 다만, 주차장 외의 용도로 사용되는 부분이 건축법 시행령 별표1에 따른 제1종 근린생활시설, 제2종 근린생활시설, 문화 및 집회시설, 종교시설, 판매시설, 운수시설, 운동시설, 업무시설 또는 자동차 관련 시설인 경우에는 주차장으로 사용하는 부분의 비율이 70% 이상인 것을 말한다.

⑰ 사행성게임물제공업시설이란 게임산업진흥에 관한 법률 제2조 제1호의2에 따라 사행성게임물로 정의되는 시설로서 동법 제22조 제2항의 규정에 따라 사행성게임물에 해당되어 등급분류 거부결정을 받은 게임물을 제공하는 영업을 말한다.

⑱ 사행행위영업시설이란 사행행위 등 규제 및 처벌 특례법 제2조 제1항 제2호에 해당하는 영업을 말한다.

⑲ 주거용 오피스텔이란 개별 호에 주민등록 및 전입신고가 되어있고 주민세를 납부하였으며, 국세청에 사업자등록이 되어 있지 않은 오피스텔을 말한다(단, 임대사업자로 등록한 것은 포함).

⑳ 관광숙박업 중 호텔업의 등급은 「관광진흥법」 제19조 및 「관광진흥법 시행령」 제22조에 따라 5성급·4성급·3성급·2성급 및 1성급으로 구분된다.

㉑ 「관광진흥법」에 따른 야영장시설로서 제29호에 해당하지 아니하는 시설과 야영장 시설은 수련시설을 말한다.

건축법시행령 [별표1] 용도별 건축물의 종류 [제3조의5 관련]

구분	내용
(1) 단독주택	[단독주택의 형태를 갖춘 가정어린이집 · 공동생활가정 · 지역아동센터 및 노인복지 시설(노인복지주택은 제외한다)을 포함한다] (가) 단독주택 (나) 다중주택 : 다음의 요건을 모두 갖춘 주택을 말한다. 1) 학생 또는 직장인 등 여러 사람이 장기간 거주할 수 있는 구조로 되어 있는 것 2) 독립된 주거의 형태를 갖추지 아니한 것(각 실별로 욕실은 설치할

구분	내용
	수 있으나, 취사시설은 설치하지 아니한 것을 말한다. 이하 같다) 3) 1개 동의 주택으로 쓰이는 바닥면적의 합계가 330제곱미터 이하이고 주택으로 쓰는 층수(지하층은 제외한다)가 3개 층 이하일 것 (다) 다가구주택 : 다음의 요건을 모두 갖춘 주택으로서 공동주택에 해당하지 아니하는 것을 말한다. 1) 주택으로 쓰는 층수(지하층은 제외한다)가 3개 층 이하일 것. 다만, 1층의 전부 또는 일부를 필로티 구조로 하여 주차장으로 사용하고 나머지 부분을 주택 외의 용도로 쓰는 경우에는 해당 층을 주택의 층수에서 제외한다. 2) 1개 동의 주택으로 쓰이는 바닥면적(부설 주차장 면적은 제외한다. 이하 같다)의 합계가 660제곱미터 이하일 것 3) 19세대(대지 내 동별 세대수를 합한 세대를 말한다) 이하가 거주할 수 있을 것 (라) 공관(公館)
(2) 공동주택	[공동주택의 형태를 갖춘 가정어린이집 · 공동생활가정 · 지역아동센터 · 노인복지시설(노인복지주택은 제외한다) 및 「주택법 시행령」 제10조 제1항 제1호에 따른 원룸형 주택을 포함한다] 다만, 가목이나 나목에서 층수를 산정할 때 1층 전부를 필로티 구조로 하여 주차장으로 사용하는 경우에는 필로티 부분을 층수에서 제외하고, 다목에서 층수를 산정할 때 1층의 전부 또는 일부를 필로티 구조로 하여 주차장으로 사용하고 나머지 부분을 주택 외의 용도로 쓰는 경우에는 해당 층을 주택의 층수에서 제외하며, 가목부터 라목까지의 규정에서 층수를 산정할 때 지하층을 주택의 층수에서 제외한다. (가) 아파트 : 주택으로 쓰는 층수가 5개 층 이상인 주택 (나) 연립주택 : 주택으로 쓰는 1개 동의 바닥면적(2개 이상의 동을 지하주차장으로 연결하는 경우에는 각각의 동으로 본다) 합계가 660제곱미터를 초과하고, 층수가 4개 층 이하인 주택 (다) 다세대주택 : 주택으로 쓰는 1개 동의 바닥면적 합계가 660제곱미터 이하이고, 층수가 4개 층 이하인 주택(2개 이상의 동을 지하주차장으로 연결하는 경우에는 각각의 동으로 본다) (라) 기숙사 : 학교 또는 공장 등의 학생 또는 종업원 등을 위하여 쓰는 것으로서 1개 동의 공동취사시설 이용 세대 수가 전체의 50퍼센트 이상인 것(「교육기본법」 제27조 제2항에 따른 학생복지주택을 포함한다)
(3) 제1종 근린생활시설	(가) 식품 · 잡화 · 의류 · 완구 · 서적 · 건축자재 · 의약품 · 의료기기 등 일용품을 판매하는 소매점으로서 같은 건축물(하나의 대지에 두 동 이상의 건축물이 있는 경우에는 이를 같은 건축물로 본다. 이하 같다)에 해당 용도로 쓰는 바닥면적의 합계가 1천 제곱미터 미만인 것 (나) 휴게음식점, 제과점 등 음료 · 차(茶) · 음식 · 빵 · 떡 · 과자 등을 조리하거나 제조하여 판매하는 시설(제4호너목 또는 제17호에 해당하는 것은

구분	내용
	제외한다)로서 같은 건축물에 해당 용도로 쓰는 바닥면적의 합계가 300제곱미터 미만인 것 (다) 이용원, 미용원, 목욕장, 세탁소 등 사람의 위생관리나 의류 등을 세탁·수선하는 시설(세탁소의 경우 공장에 부설되는 것과 「대기환경보전법」, 「물환경보전법」 또는 「소음·진동관리법」에 따른 배출시설의 설치 허가 또는 신고의 대상인 것은 제외한다) (라) 의원, 치과의원, 한의원, 침술원, 접골원(接骨院), 조산원, 안마원, 산후조리원 등 주민의 진료·치료 등을 위한 시설 (마) 탁구장, 체육도장으로서 같은 건축물에 해당 용도로 쓰는 바닥면적의 합계가 500제곱미터 미만인 것 (바) 지역자치센터, 파출소, 지구대, 소방서, 우체국, 방송국, 보건소, 공공도서관, 건강보험공단 사무소 등 주민의 편의를 위하여 공공업무를 수행하는 시설로서 같은 건축물에 해당 용도로 쓰는 바닥면적의 합계가 1천 제곱미터 미만인 것 (사) 마을회관, 마을공동작업소, 마을공동구판장, 공중화장실, 대피소, 지역아동센터(단독주택과 공동주택에 해당하는 것은 제외한다) 등 주민이 공동으로 이용하는 시설 (아) 변전소, 도시가스배관시설, 통신용 시설(해당 용도로 쓰는 바닥면적의 합계가 1천제곱미터 미만인 것에 한정한다), 정수장, 양수장 등 주민의 생활에 필요한 에너지공급·통신서비스제공이나 급수·배수와 관련된 시설 (자) 금융업소, 사무소, 부동산중개사무소, 결혼상담소 등 소개업소, 출판사 등 일반 업무시설로서 같은 건축물에 해당 용도로 쓰는 바닥면적의 합계가 30제곱미터 미만인 것
(4) 제2종 근린생활시설	(가) 공연장(극장, 영화관, 연예장, 음악당, 서커스장, 비디오물감상실, 비디오물소극장, 그 밖에 이와 비슷한 것을 말한다. 이하 같다)으로서 같은 건축물에 해당 용도로 쓰는 바닥면적의 합계가 500제곱미터 미만인 것 (나) 종교집회장[교회, 성당, 사찰, 기도원, 수도원, 수녀원, 제실(祭室), 사당, 그 밖에 이와 비슷한 것을 말한다. 이하 같다]으로서 같은 건축물에 해당 용도로 쓰는 바닥면적의 합계가 500제곱미터 미만인 것 (다) 자동차영업소로서 같은 건축물에 해당 용도로 쓰는 바닥면적의 합계가 1천제곱 미터 미만인 것 (라) 서점(제1종 근린생활시설에 해당하지 않는 것) (마) 총포판매소 (바) 사진관, 표구점 (사) 청소년게임제공업소, 복합유통게임제공업소, 인터넷컴퓨터게임시설제공업소, 그 밖에 이와 비슷한 게임 관련 시설로서 같은 건축물에 해당 용도로 쓰는 바닥 면적의 합계가 500제곱미터 미만인 것 (아) 휴게음식점, 제과점 등 음료·차(茶)·음식·빵·떡·과자 등을 조리하거나 제조하여 판매하는 시설(너목 또는 제17호에 해당하는 것은 제외한다)로서 같은 건축물에 해당 용도로 쓰는 바닥면적의 합계가 300제

구분	내용
	곱미터 이상인 것 (자) 일반음식점 (차) 장의사, 동물병원, 동물미용실, 그 밖에 이와 유사한 것 (카) 학원(자동차학원 · 무도학원 및 정보통신기술을 활용하여 원격으로 교습하는 것은 제외한다), 교습소(자동차교습 · 무도교습 및 정보통신기술을 활용하여 원격으로 교습하는 것은 제외한다), 직업훈련소(운전 · 정비 관련 직업훈련소는 제외한다)로서 같은 건축물에 해당 용도로 쓰는 바닥면적의 합계가 500제곱미터 미만인 것 (타) 독서실, 기원 (파) 테니스장, 체력단련장, 에어로빅장, 볼링장, 당구장, 실내낚시터, 골프연습장, 놀이형시설(「관광진흥법」에 따른 기타유원시설업의 시설을 말한다. 이하 같다) 등 주민의 체육 활동을 위한 시설(제3호마목의 시설은 제외한다)로서 같은 건축물에 해당 용도로 쓰는 바닥면적의 합계가 500제곱미터 미만인 것 (하) 금융업소, 사무소, 부동산중개사무소, 결혼상담소 등 소개업소, 출판사 등 일반 업무시설로서 같은 건축물에 해당 용도로 쓰는 바닥면적의 합계가 500제곱미터 미만인 것(제1종 근린생활시설에 해당하는 것은 제외한다) (거) 다중생활시설(「다중이용업소의 안전관리에 관한 특별법」에 따른 다중이용업 중 고시원업의 시설로서 국토교통부장관이 고시하는 기준에 적합한 것을 말한다. 이하 같다)로서 같은 건축물에 해당 용도로 쓰는 바닥면적의 합계가 500제곱미터 미만인 것 (너) 제조업소, 수리점 등 물품의 제조 · 가공 · 수리 등을 위한 시설로서 같은 건축물에 해당 용도로 쓰는 바닥면적의 합계가 500제곱미터 미만이고, 다음 요건 중 어느 하나에 해당하는 것 1) 「대기환경보전법」, 「물환경보전법」 또는 「소음 · 진동관리법」에 따른 배출시설의 설치 허가 또는 신고의 대상이 아닌 것 2) 「대기환경보전법」, 「물환경보전법」 또는 「소음 · 진동관리법」에 따른 배출시설의 설치 허가 또는 신고의 대상 시설로서 발생되는 폐수를 전량 위탁처리하는 것 (더) 단란주점으로서 같은 건축물에 해당 용도로 쓰는 바닥면적의 합계가 150제곱미터 미만인 것 (러) 안마시술소, 노래연습장
(5) 문화 및 집회시설	(가) 공연장으로서 제2종 근린생활시설에 해당하지 아니하는 것 (나) 집회장[예식장, 공회당, 회의장, 마권(馬券) 장외 발매소, 마권 전화투표소, 그 밖에 이와 비슷한 것을 말한다]으로서 제2종 근린생활시설에 해당하지 아니하는 것 (다) 관람장(경마장, 경륜장, 경정장, 자동차 경기장, 그 밖에 이와 비슷한 것과 체육관 및 운동장으로서 관람석의 바닥면적의 합계가 1천 제곱미터 이상인 것을 말한다) (라) 전시장(박물관, 미술관, 과학관, 문화관, 체험관, 기념관, 산업전시장, 박람회장, 그 밖에 이와 비슷한 것을 말한다)

구분	내용
	(마) 동·식물원(동물원, 식물원, 수족관, 그 밖에 이와 비슷한 것을 말한다)
(6) 종교시설	(가) 종교집회장으로서 제2종 근린생활시설에 해당하지 아니하는 것 (나) 종교집회장(제2종 근린생활시설에 해당하지 아니하는 것을 말한다)에 설치하는 봉안당(奉安堂)
(7) 판매시설	(가) 도매시장(「농수산물유통 및 가격안정에 관한 법률」에 따른 농수산물도매시장, 농수산물공판장, 그 밖에 이와 비슷한 것을 말하며, 그 안에 있는 근린생활시설을 포함한다) (나) 소매시장(「유통산업발전법」 제2조 제3호에 따른 대규모 점포, 그 밖에 이와 비슷한 것을 말하며, 그 안에 있는 근린생활시설을 포함한다) (다) 상점(그 안에 있는 근린생활시설을 포함한다)으로서 다음의 요건 중 어느 하나에 해당하는 것 1) 제3호 가목에 해당하는 용도(서점은 제외한다)로서 제1종 근린생활시설에 해당하지 아니하는 것 2) 「게임산업진흥에 관한 법률」 제2조 제6호의2 가목에 따른 청소년게임제공업의 시설, 같은 호 나목에 따른 일반게임제공업의 시설, 같은 조 제7호에 따른 인터넷컴퓨터 게임시설제공업의 시설 및 같은 조 제8호에 따른 복합유통게임제공업의 시설로서 제2종 근린생활시설에 해당하지 아니하는 것
(8) 운수시설	(가) 여객자동차터미널 (나) 철도시설 (다) 공항시설 (라) 항만시설 (마) 그 밖에 가목부터 라목까지의 규정에 따른 시설과 비슷한 시설
(9) 의료시설	(가) 병원(종합병원, 병원, 치과병원, 한방병원, 정신병원 및 요양병원을 말한다) (나) 격리병원(전염병원, 마약진료소, 그 밖에 이와 비슷한 것을 말한다)
(10) 교육연구시설[91]	(가) 학교(유치원, 초등학교, 중학교, 고등학교, 전문대학, 대학, 대학교, 그 밖에 이에 준하는 각종 학교를 말한다) (나) 교육원(연수원, 그 밖에 이와 비슷한 것을 포함한다) (다) 직업훈련소(운전 및 정비 관련 직업훈련소는 제외한다) (라) 학원(자동차학원·무도학원 및 정보통신기술을 활용하여 원격으로 교습하는 것은 제외한다) (마) 연구소(연구소에 준하는 시험소와 계측계량소를 포함한다) (바) 도서관
(11) 노유자시설	(가) 아동 관련 시설(어린이집, 아동복지시설, 그 밖에 이와 비슷한 것으로서 단독주택, 공동주택 및 제1종 근린생활시설에 해당하지 아니하는 것을 말한다) (나) 노인복지시설(단독주택과 공동주택에 해당하지 아니하는 것을 말한다) (다) 그 밖에 다른 용도로 분류되지 아니한 사회복지시설 및 근로복지시설

91) 제2종 근린생활시설에 해당하는 것은 제외

구분	내용
(12) 수련시설	(가) 생활권 수련시설(「청소년활동진흥법」에 따른 청소년수련관, 청소년문화의집, 청소년특화시설, 그 밖에 이와 비슷한 것을 말한다) (나) 자연권 수련시설(「청소년활동진흥법」에 따른 청소년수련원, 청소년야영장, 그 밖에 이와 비슷한 것을 말한다) (다) 「청소년활동진흥법」에 따른 유스호스텔 (라) 「관광진흥법」에 따른 야영장 시설로서 제29호에 해당하지 아니하는 시설
(13) 운동시설	(가) 탁구장, 체육도장, 테니스장, 체력단련장, 에어로빅장, 볼링장, 당구장, 실내낚시터, 골프연습장, 놀이형시설, 그 밖에 이와 비슷한 것으로서 제1종 근린생활시설 및 제2종 근린생활시설에 해당하지 아니하는 것 (나) 체육관으로서 관람석이 없거나 관람석의 바닥면적이 1천제곱미터 미만인 것 (다) 운동장(육상장, 구기장, 볼링장, 수영장, 스케이트장, 롤러스케이트장, 승마장, 사격장, 궁도장, 골프장 등과 이에 딸린 건축물을 말한다)으로서 관람석이 없거나 관람석의 바닥면적이 1천 제곱미터 미만인 것
(14) 업무시설	(가) 공공업무시설: 국가 또는 지방자치단체의 청사와 외국공관의 건축물로서 제1종 근린생활시설에 해당하지 아니하는 것 (나) 일반업무시설: 다음 요건을 갖춘 업무시설을 말한다. 1) 금융업소, 사무소, 결혼상담소 등 소개업소, 출판사, 신문사, 그 밖에 이와 비슷한 것으로서 제1종 근린생활시설 및 제2종 근린생활시설에 해당하지 않는 것 2) 오피스텔(업무를 주로 하며, 분양하거나 임대하는 구획 중 일부 구획에서 숙식을 할 수 있도록 한 건축물로서 국토교통부장관이 고시하는 기준에 적합한 것을 말한다)
(15) 숙박시설	(가) 일반숙박시설 및 생활숙박시설 (나) 관광숙박시설(관광호텔, 수상관광호텔, 한국전통호텔, 가족호텔, 호스텔, 소형호텔, 의료관광호텔 및 휴양 콘도미니엄) (다) 다중생활시설(제2종 근린생활시설에 해당하지 아니하는 것을 말한다) (라) 그 밖에 가목부터 다목까지의 시설과 비슷한 것
(16) 위락시설	(가) 단란주점으로서 제2종 근린생활시설에 해당하지 아니하는 것 (나) 유흥주점이나 그 밖에 이와 비슷한 것 (다) 「관광진흥법」에 따른 유원시설업의 시설, 그 밖에 이와 비슷한 시설(제2종 근린 생활시설과 운동시설에 해당하는 것은 제외한다) (라) 무도장, 무도학원 (마) 카지노영업소
(17) 공장	물품의 제조·가공[염색·도장(塗裝)·표백·재봉·건조·인쇄 등을 포함한다] 또는 수리에 계속적으로 이용되는 건축물로서 제1종 근린생활시설, 제2종 근린생활시설, 위험물저장 및 처리시설, 자동차 관련 시설, 자원순환 관련 시설 등으로 따로 분류되지 아니한 것

구분	내용
(18) 창고시설[92]	(가) 창고(물품저장시설로서 「물류정책기본법」에 따른 일반창고와 냉장 및 냉동 창고를 포함한다) (나) 하역장 (다) 「물류시설의 개발 및 운영에 관한 법률」에 따른 물류터미널 (라) 집배송 시설
(19) 위험물 저장 및 처리 시설	「위험물안전관리법」, 「석유 및 석유대체연료 사업법」, 「도시가스사업법」, 「고압가스 안전관리법」, 「액화석유가스의 안전관리 및 사업법」, 「총포·도검·화약류 등 단속법」, 「화학물질 관리법」 등에 따라 설치 또는 영업의 허가를 받아야 하는 건축물로서 다음 각 목의 어느 하나에 해당하는 것. 다만, 자가난방, 자가발전, 그 밖에 이와 비슷한 목적으로 쓰는 저장시설은 제외한다. (가) 주유소(기계식 세차설비를 포함한다) 및 석유 판매소 (나) 액화석유가스 충전소·판매소·저장소(기계식 세차설비를 포함한다) (다) 위험물 제조소·저장소·취급소 (라) 액화가스 취급소·판매소 (마) 유독물 보관·저장·판매시설 (바) 고압가스 충전소·판매소·저장소 (사) 도료류 판매소 (아) 도시가스 제조시설 (자) 화약류 저장소 (차) 그 밖에 가목부터 자목까지의 시설과 비슷한 것
(20) 자동차 관련 시설[93]	(가) 주차장 (나) 세차장 (다) 폐차장 (라) 검사장 (마) 매매장 (바) 정비공장 (사) 운전학원 및 정비학원(운전 및 정비 관련 직업훈련시설을 포함한다) (아) 「여객자동차 운수사업법」, 「화물자동차 운수사업법」 및 「건설기계관리법」에 따른 차고 및 주기장(駐機場)
(21) 동물·식물 관련 시설	(가) 축사(양잠·양봉·양어·양돈·양계·곤충사육 시설 및 부화장 등을 포함한다) (나) 가축시설[가축용 운동시설, 인공수정센터, 관리사(管理舍), 가축용 창고, 가축시장, 동물검역소, 실험동물 사육시설, 그 밖에 이와 비슷한 것을 말한다] (다) 도축장 (라) 도계장 (마) 작물 재배사

92) 위험물 저장 및 처리시설 또는 그 부속용도에 해당하는 것은 제외
93) 건설기계 관련 시설을 포함

구분	내용
	(바) 종묘배양시설 (사) 화초 및 분재 등의 온실 (아) 동물 또는 식물과 관련된 가목부터 사목까지의 시설과 비슷한 것(동·식물원은 제외한다)
(22) 자원순환 관련시설	(가) 하수 등 처리시설 (나) 고물상 (다) 폐기물재활용시설 (라) 폐기물 처분시설 (마) 폐기물감량화시설
(23) 교정·군사시설[94]	(가) 교정시설(보호감호소, 구치소 및 교도소를 말한다) (나) 갱생보호시설, 그 밖에 범죄자의 갱생·보육·교육·보건 등의 용도로 쓰는 시설 (다) 소년원 및 소년분류심사원 (라) 국방·군사시설
(24) 방송통신 시설[95]	(가) 방송국(방송프로그램 제작시설 및 송신·수신·중계시설을 포함한다) (나) 전신전화국 (다) 촬영소 (라) 통신용 시설 (마) 데이터센터 (바) 그 밖에 가목부터 마목까지의 시설과 비슷한 것
(25) 발전시설	발전소(집단에너지 공급시설을 포함한다)로 사용되는 건축물로서 제1종 근린생활 시설에 해당하지 아니하는 것
(26) 묘지관련 시설	(가) 화장시설 (나) 봉안당(종교시설에 해당하는 것은 제외한다) (다) 묘지와 자연장지에 부수되는 건축물 (라) 동물화장시설, 동물건조장(乾燥葬)시설 및 동물 전용의 납골시설
(27) 관광 휴게시설	(가) 야외음악당 (나) 야외극장 (다) 어린이회관 (라) 관망탑 (마) 휴게소 (바) 공원·유원지 또는 관광지에 부수되는 시설
(28) 장례식장	(가) 장례식장[의료시설의 부수시설(「의료법」 제36조 제1호에 따른 의료기관의 종류에 따른 시설을 말한다)에 해당하는 것은 제외한다] (나) 동물 전용의 장례식장
(29) 야영장 시설	「관광진흥법」에 따른 야영장 시설로서 관리동, 화장실, 샤워실, 대피소, 취사시설 등의 용도로 쓰는 바닥면적의 합계가 300제곱미터 미만인 것

94) 제1종 근린생활시설에 해당하는 것은 제외
95) 제1종 근린생활시설에 해당하는 것은 제외

4. 위치지수의 적용

(1) 위지지수

번호	건물부속토지 m²당 개별공시지가	지수
1	20,000원 미만	75
2	20,000원 이상~30,000원 미만	82
3	30,000원 이상~50,000원 미만	84
4	50,000원 이상~70,000원 미만	86
5	70,000원 이상~100,000원 미만	87
6	100,000원 이상~130,000원 미만	88
7	130,000원 이상~150,000원 미만	89
8	150,000원 이상~180,000원 미만	90
9	180,000원 이상~200,000원 미만	91
10	200,000원 이상~300,000원 미만	92
11	300,000원 이상~350,000원 미만	94
12	350,000원 이상~500,000원 미만	96
13	500,000원 이상~650,000원 미만	98
14	650,000원 이상~800,000원 미만	100
15	800,000원 이상~1,000,000원 미만	102
16	1,000,000원 이상~1,200,000원 미만	105
17	1,200,000원 이상~1,600,000원 미만	107
18	1,600,000원 이상~2,000,000원 미만	110
19	2,000,000원 이상~2,500,000원 미만	114
20	2,500,000원 이상~3,000,000원 미만	116
21	3,000,000원 이상~3,500,000원 미만	118
22	3,500,000원 이상~4,000,000원 미만	120
23	4,000,000원 이상~4,500,000원 미만	122
24	4,500,000원 이상~5,000,000원 미만	124
25	5,000,000원 이상~5,500,000원 미만	125
26	5,500,000원 이상~6,000,000원 미만	126
27	6,000,000원 이상~7,000,000원 미만	128
28	7,000,000원 이상~8,000,000원 미만	131
29	8,000,000원 이상~9,000,000원 미만	133
30	9,000,000원 이상~10,000,000원 미만	136
31	10,000,000원 이상~15,000,000원 미만	140

32	15,000,000원 이상~20,000,000원 미만	143
33	20,000,000원 이상~25,000,000원 미만	146
34	25,000,000원 이상~30,000,000원 미만	149
35	30,000,000원 이상~35,000,000원 미만	152
36	35,000,000원 이상~40,000,000원 미만	155
37	40,000,000원 이상~45,000,000원 미만	158
38	45,000,000원 이상~50,000,000원 미만	161
39	50,000,000원 이상~55,000,000원 미만	164
40	55,000,000원 이상~60,000,000원 미만	167
41	60,000,000원 이상~65,000,000원 미만	170
42	65,000,000원 이상~70,000,000원 미만	173
43	70,000,000원 이상~75,000,000원 미만	176
44	75,000,000원 이상~80,000,000원 미만	179
45	80,000,000원 이상	182

(2) 적용요령

① 소득세법과 상속세 및 증여세법에 의하여 건물 기준시가에서는 당해 건물 부속토지에 대한 양도·취득·상속·증여일 현재 결정·공시되어 있는 ㎡당 개별공시지가를 기준으로 적용한다. 다만, 개별공시지가가 없는 토지의 가액은 물건지(또는 납세지)관할세무서장이 소득세법 제99조 제1항 제1호 가목 단서 및 같은법 시행령 제164조 제1항과 상속세 및 증여세법 제61조 제1항 제1호 단서 및 같은 법 시행령 제50조 제1항의 규정에 의하여 평가한 가액을 적용한다.

② 연도 중에 새로운 개별공시지가가 결정·공시되어 공시 전·후의 위치지수가 서로 달리 적용되더라도 해당연도(1.1~12.31) 중에는 동일한 조정기간 내로 한다. 따라서 동일조정기간 내인 2020년도 중에 취득·양도한 건물의 전기기준시가는 2019.1.1. 시행 건물 기준시가를 적용한다.

③ 하나의 건물에 여러 필지의 부속토지가 있는 경우에는 각 부속토지의 개별공시지가를 토지면적을 기준으로 가중평균한 가액을 적용한다.

④ 건물의 소유자와 부속토지의 소유자가 다른 경우에도 당해 부속토지의 개별공시지가를 적용한다.

⑤ 지가가 급등하는 지역으로서 소득세법 제99조 제1항 제1호 가목 단서 및 같은법 시행령 제164조 제2항과 상속세 및 증여세법 제61조 제1항 제1호 단서 및

같은 법 시행령 제50조 제2항의 규정에 의하여 국세청장이 지정한 지역의 토지에 대하여는 배율방법에 의하여 평가한 가액을 적용한다.

⑥ 수상가옥 등 부속토지의 개별공시지가를 산정하기 곤란한 경우에는 그 위치지수를 100으로 적용한다.

5. 경과연수별잔가율의 적용

(1) 대상건물별 내용연수, 최종잔존가치율 및 상각방법

적용대상	Ⅰ그룹	Ⅱ그룹	Ⅲ그룹	Ⅳ그룹
내용연수	50년	40년	30년	20년
최종잔존가치율	10%	10%	10%	10%
상각방법	정액법	정액법	정액법	정액법
연상각률	0.018	0.0225	0.03	0.045

Ⅰ그룹	통나무조·철골(철골철근)콘크리트조·철근콘크리트조·석조·프리케스트 콘크리트조·목구조·라멘조의 모든 건물
Ⅱ그룹	연와조·목조·시멘트벽돌조·보강콘크리트조·ALC조·철골조·스틸하우스조·보강블록조·와이어패널조의 모든 건물
Ⅲ그룹	경량철골조·석회 및 흙벽돌조·돌담 및 토담조·황토조·시멘트블록조·조립식패널조의 모든 건물, 기계식주차전용빌딩
Ⅳ그룹	철파이프조·컨테이너건물의 모든 건물

(2) 용어의 정의

• 리모델링 건축물 : 건축물의 노후화억제 또는 기능향상을 위하여 건축물의 대부분을 증축·개축 또는 대수선 한 건축물을 말하며 상속세 및 증여세법에 의한 건물 기준 시가를 적용하는 리모델링 건축물은 건축법시행령 제3조의2의 각호에 해당하는 대수선한 건축물을 말한다.

• 건축법시행령 제3조의2에서 규정하는 대수선이라 함은 다음 각 호의 1에 해당하는 것으로서 증축·개축 또는 재축에 해당하지 아니하는 것을 말한다.

1. 내력벽을 증설 또는 해체하거나 그 벽면적을 30㎡ 이상 수선 또는 변경하는 것
2. 기둥을 증설 또는 해체하거나 3개 이상 수선 또는 변경하는 것

3. 보를 증설 또는 해체하거나 3개 이상 수선 또는 변경하는 것
4. 지붕틀(한옥의 경우에는 지붕틀의 범위에서 서까래는 제외한다)을 증설 또는 해체하거나 3개 이상 수선 또는 변경하는 것
5. 방화벽 또는 방화구획을 위한 바닥 또는 벽을 증설 또는 해체하거나 수선 또는 변경하는 것
6. 주계단·피난계단 또는 특별피난계단을 증설 또는 해체하거나 수선 또는 변경하는 것
7. 미관지구에서 건축물의 외부형태(담장을 포함한다)를 변경하는 것
8. 다가구주택의 가구 간 경계벽 또는 다세대주택의 세대 간 경계벽을 증설 또는 해체하거나 수선 또는 변경하는 것
9. 건축물의 외벽에 사용하는 마감재료(법 제52조 제2항에 따른 마감재료를 말한다)를 증설 또는 해체하거나 벽면적 30㎡ 이상 수선 또는 변경하는 것

(3) 적용요령

① 건물 구조는 구조지수 계산시에 적용한 구조에 따른다.

② 경과연수별잔가율은 대상건물의 그룹별 내용연수에 의하여 잔존가액을 10%로 한 정액법 상각에 의하되 "라. 건물 신축연도별 잔가율표"에 의하여 계산한다. 이 경우에 신축연도가 2019년인 경우를 경과연수 1년으로 계산하며, 내용연수가 경과된 건물은 최종연도의 잔가율을 적용한다.

③ 리모델링 건축물에 대한 할증률은 상속·증여재산의 평가시에만 적용하고 양도 소득세의 취득·양도가액 산정시에는 적용하지 아니한다.

리모델링(대수선) 할증률 계산
• 리모델링(대수선)할증률(상속·증여세에만 적용) (= 리모델링시점의 감가상각누계액 × 30%) (= 연상각률 × 대수선시점 경과년수 × 0.3) • 상속개시 당시 잔가율 = 신축연도별 잔가율 + 대수선할증률

④ 리모델링(대수선)한 건축물의 상속·증여연도의 잔가율은 다음 1호의 가액에 2호의 가액을 가산하여 재계산한 잔가율을 적용한다.

㉠ 상속·증여 당시의 "라 – ii 건물 신축연도별 잔가율표"에 의한 잔가율

㉡ 리모델링시점까지의 누적상각률의 30%(= 연상각률 × 리모델링 시점까지의 경과연수 × 30%)

리모델링 건축물의 잔가율 계산 산식
• R_n(잔존가치율) = 1 - (1-R) × (n-0.3ⓝ)/N R: 최종잔존가치율 N: 대상건물의 내용연수 n: 대상건물의 경과년수 ⓝ: 리모델링시점의 경과년수(다만, ⓝ은 항상 N보다 작거나 같고 n-0.3ⓝ>N이면 R_n=R)

⑤ 신축연도는 사용검사일(준공검사일)을 기준으로 계산하되, 그 이전에 가사용 승인일 또는 사실상 사용일이 있는 경우에는 가사용 승인일 또는 사실상 사용일이 속하는 연도로 하며 증축건물은 증축일이 속하는 연도로 한다. 개축건물을 상속·증여하는 경우의 신축년도는 전부 개축인 경우에는 개축년도에 신축한 것으로 보며, 일부 개축인 경우에는 당초의 신축일이 속하는 연도로 한다. 다만, 2019년을 기준으로 역 으로 계산하여 내용연수가 종료되는 연도 이전에 신축한 건물은 해당 내용연수가 종료되는 연도를 신축연도로 한다.

⑥ 하나의 건물이 여러 구조 또는 용도로 복합된 경우에는 경과연수별잔가율을 각각의 그룹에 의하여 계산하며, 어느 구조로도 분류하기 곤란한 특수구조의 건물은 경과 연수별 잔가율을 Ⅲ그룹에 의하여 계산한다.

(4) 건물 신축연도별 잔가율표

i -(양도소득세)

Ⅰ그룹 내용연수 50년		Ⅱ그룹 내용연수 40년		Ⅲ그룹 내용연수 30년		Ⅳ그룹 내용연수 20년	
신축연도	잔가율	신축연도	잔가율	신축연도	잔가율	신축연도	잔가율
2020	1.000	2020	1.0000	2020	1.000	2020	1.000
2019	0.982	2019	0.9775	2019	0.970	2019	0.955
2018	0.964	2018	0.9550	2018	0.940	2018	0.910
2017	0.946	2017	0.9325	2017	0.910	2017	0.865
2016	0.928	2016	0.9100	2016	0.880	2016	0.820
2015	0.910	2015	0.8875	2015	0.850	2015	0.775
2014	0.892	2014	0.8650	2014	0.820	2014	0.730
2013	0.874	2013	0.8425	2013	0.790	2013	0.685
2012	0.856	2012	0.8200	2012	0.760	2012	0.640

2011	0.838	2011	0.7975	2011	0.730	2011	0.595
2010	0.820	2010	0.7750	2010	0.700	2010	0.550
2009	0.802	2009	0.7525	2009	0.670	2009	0.505
2008	0.784	2008	0.7300	2008	0.640	2008	0.460
2007	0.766	2007	0.7075	2007	0.610	2007	0.415
2006	0.748	2006	0.6850	2006	0.580	2006	0.370
2005	0.730	2005	0.6625	2005	0.550	2005	0.325
2004	0.712	2004	0.6400	2004	0.520	2004	0.280
2003	0.694	2003	0.6175	2003	0.490	2003	0.235
2002	0.676	2002	0.5950	2002	0.460	2002	0.190
2001	0.658	2001	0.5725	2001	0.430	2001	0.145
2000	0.640	2000	0.5500	2000	0.400	2000이하	0.100
1999	0.622	1999	0.5275	1999	0.370		
1998	0.604	1998	0.5050	1998	0.340		
1997	0.586	1997	0.4825	1997	0.310		
1996	0.568	1996	0.4600	1996	0.280		
1995	0.550	1995	0.4375	1995	0.250		
1994	0.532	1994	0.4150	1994	0.220		
1993	0.514	1993	0.3925	1993	0.190		
1992	0.496	1992	0.3700	1992	0.160		
1991	0.478	1991	0.3475	1991	0.130		
1990	0.460	1990	0.3250	1990이하	0.100		
1989	0.442	1989	0.3025				
1988	0.424	1988	0.2800				
1987	0.406	1987	0.2575				
1986	0.388	1986	0.2350				
1985	0.370	1985	0.2125				
1984	0.352	1984	0.1900				
1983	0.334	1983	0.1675				
1982	0.316	1982	0.1450				
1981	0.298	1981	0.1225				
1980	0.280	1980이하	0.1000				
1979	0.262						
1978	0.244						
1977	0.226						
1976	0.208						
1975	0.190						
1974	0.172						
1973	0.154						
1972	0.136						
1971	0.118						
1970 이하	0.100						

ii -(상속세 및 증여세법)

Ⅰ그룹 내용연수 50년		Ⅱ그룹 내용연수 40년		Ⅲ그룹 내용연수 30년		Ⅳ그룹 내용연수 20년	
신축연도	잔가율	신축연도	잔가율	신축연도	잔가율	신축연도	잔가율
2020	1.000	2020	1.0000	2020	1.000	2020	1.000
2019	0.982	2019	0.9775	2019	0.970	2019	0.955
2018	0.964	2018	0.9550	2018	0.940	2018	0.910
2017	0.946	2017	0.9325	2017	0.910	2017	0.865
2016	0.928	2016	0.9100	2016	0.880	2016	0.820
2015	0.910	2015	0.8875	2015	0.850	2015	0.775
2014	0.892	2014	0.8650	2014	0.820	2014	0.730
2013	0.874	2013	0.8425	2013	0.790	2013	0.685
2012	0.856	2012	0.8200	2012	0.760	2012	0.640
2011	0.838	2011	0.7975	2011	0.730	2011	0.595
2010	0.820	2010	0.7750	2010	0.700	2010	0.550
2009	0.802	2009	0.7525	2009	0.670	2009	0.505
2008	0.784	2008	0.7300	2008	0.640	2008	0.460
2007	0.766	2007	0.7075	2007	0.610	2007	0.415
2006	0.748	2006	0.6850	2006	0.580	2006	0.370
2005	0.730	2005	0.6625	2005	0.550	2005	0.325
2004	0.712	2004	0.6400	2004	0.520	2004	0.280
2003	0.694	2003	0.6175	2003	0.490	2003	0.235
2002	0.676	2002	0.5950	2002	0.460	2002	0.190
2001	0.658	2001	0.5725	2001	0.430	2001	0.145
2000	0.640	2000	0.5500	2000	0.400	2000이하	0.100
1999	0.622	1999	0.5275	1999	0.370		
1998	0.604	1998	0.5050	1998	0.340		
1997	0.586	1997	0.4825	1997	0.310		
1996	0.568	1996	0.4600	1996	0.280		
1995	0.550	1995	0.4375	1995	0.250		
1994	0.532	1994	0.4150	1994	0.220		
1993	0.514	1993	0.3925	1993	0.190		
1992	0.496	1992	0.3700	1992	0.160		
1991	0.478	1991	0.3475	1991	0.130		
1990	0.460	1990	0.3250	1990이하	0.100		
1989	0.442	1989	0.3025				
1988	0.424	1988	0.2800				
1987	0.406	1987	0.2575				
1986	0.388	1986	0.2350				
1985	0.370	1985	0.2125				
1984	0.352	1984	0.1900				
1983	0.334	1983	0.1675				

1982	0.316	1982	0.1450				
1981	0.298	1981	0.1225				
1980	0.280	1980 이하	0.1000				
1979	0.262						
1978	0.244						
1977	0.226						
1976	0.208						
1975	0.190						
1974	0.172						
1973	0.154						
1972	0.136						
1971	0.118						
1970 이하	0.100						

리모델링(대수선)한 건축물의 경과연수별잔가율 산정방법

R_n(잔존가치율) = 1 - (1-R) × (n-0.3ⓝ)/N

R: 최종잔존가치율

N: 대상건물의 내용연수

n: 대상건물의 경과년수

ⓝ: 리모델링시점의 경과년수(다만, ⓝ은 항상 N보다 작거나 같고 n-0.3ⓝ>N이면 R_n=R)

6. 개별건물의 특성에 따른 조정률의 적용

(1) 적용대상 및 지수

구분	적용대상	번호	지수	적용범위	비고
I	• 지붕재료 슬래브, 기와, 토기와, 시멘트기와, 한식기와, 오지기와, 아스팔트쉥글, 동쉥글, 천연슬레이트, 기타 신소재	1	100	구조지수가 100 미만인 경우에만 적용한다.	
	패널(칼라아연도강판 포함), 유리(폴리카보네이트, FRP 포함), 슬레이트(강판 슬레이트 포함)	2	80		
	함석, 자연석, 천막, 초가, 썬라이트, 너와, 동판, 구리 기타 이와 유사한 것	3	60		
II	• 최고층수 5층 이하	4	90	• 최고층수 계산시 지하층 및 옥탑은 제외 • 건물구조가 통나무조인 것은 적용 제외	
	6층 이상~10층 이하	5	100		

구분	적용대상	번호	지수	적용범위	비고
	11층 이상~15층 이하	6	110	• 주거용건물은 아파트에 한해 최고층수기준만 적용한다. • 지능형건축물의 인증에 관한 규칙 제8조에 따라 단 1회라도 인증서를 발급받은 경우 적용한다.	해당하는 항목 중 가장 높은 지수 하나만 적용한다. 중복 적용을 방지하기 위해 가장 높은 지수 하나만 적용한다.
	16층 이상~20층 이하	7	120		
	21층 이상	8	130		
	• 연면적 1천m² 미만	9	90		
	1천m² 이상~5천m² 미만	10	100		
	5천m² 이상~1만m² 미만	11	110		
	1만m² 이상~5만m² 미만	12	120		
	5만m² 이상	13	130		
	• 인텔리전트시스템빌딩 지능형 건축물 인증 3등급·4등급	14	110		
	지능형 건축물 인증 1등급·2등급	15	120		
Ⅲ	• 단독주택 연면적 264m² 이상~331m² 미만	16	120		해당하는 항목 중 가장 높은 지수 하나만 적용한다.
	연면적 331m² 이상	17	140		
	• 공동주택 전유면적 149m² 이상~215m² 미만	18	120	공동주택에는 도시형 생활 주택을 포함하고 기숙사를 포함하지 아니한다.	
	전유면적 215m² 이상	19	140		
Ⅳ	상가의 1층	20	120	• 집합건물의 경우에는 공용 면적을 포함한 전체면적에 대해 적용한다. • 주차전용빌딩은 적용하지 아니한다.	해당하는 항목 중 가장 낮은 지수 하나만 적용한다. 단, 20~23에 해당하며 24~25인 경우에는 지수 60을 적용한다.
	상가의 2층	21	105		
	최고층수 5층 이하 건물의 지하1층	22	80		
	최고층수 5층 이하 건물의 지하 2층 이상	23	70		
	건물 부속(지하 포함) 주차장 및 기계실, 보일러실, 대피소, 옥탑, 물탱크실	24	60		
	주택간이부속건물 (창고, 화장실, 세면장 등)	25	60		
Ⅴ	• 일부 개축건물 1회 개축	26	110	• 개축부분에 한하여 적용한다. • 전부 개축인 경우에는 조정률을 적용하	

<table>
<tr><th>구분</th><th>적용대상</th><th>번호</th><th>지수</th><th>적용범위</th><th>비고</th></tr>
<tr><td rowspan="2"></td><td></td><td></td><td></td><td>지 아니한다(개축연도를 신축연도로 한다).</td><td></td></tr>
<tr><td>2회 이상 개축</td><td>27</td><td>120</td><td></td><td></td></tr>
<tr><td rowspan="3">Ⅵ</td><td>• 무벽건물의 무벽면적비율
1/4 초과~2/4 미만</td><td>28</td><td>80</td><td rowspan="3">무벽건물조정률은 벽면 상하의 전부 또는 일부가 벽면이 없는 공간인 경우에 면적비율에 의하여 판정한다.</td><td rowspan="3">납세자가 사실관계를 입증하는 경우에 한하여 적용한다.</td></tr>
<tr><td>2/4 이상~3/4 미만</td><td>29</td><td>70</td></tr>
<tr><td>3/4 이상</td><td>30</td><td>60</td></tr>
<tr><td rowspan="7">Ⅶ</td><td>• 건물에 대한 구조안전진단을 받은 경우
B급 : 보조부재 경미결함</td><td>31</td><td>90</td><td rowspan="7">철거대상 건물로서 철거 보상금을 받는 경우에는 당해 보상금으로 평가한다.</td><td rowspan="7">평가기준일 현재 관계 행정기관에 신고한 경우로서 납세자가 사실 관계를 입증하는 경우에 한하여 가장 낮은 지수 하나만 적용한다.</td></tr>
<tr><td>C급 : 보조부재 손상</td><td>32</td><td>80</td></tr>
<tr><td>D급 : 주요부재 손상</td><td>33</td><td>60</td></tr>
<tr><td>E급 : 주요부재 심각한 결함</td><td>34</td><td>30</td></tr>
<tr><td>• 법령에 의한 철거대상 건물
건물을 사용하는 경우</td><td>35</td><td>30</td></tr>
<tr><td>건물을 사용하지 않는 경우</td><td>36</td><td>0</td></tr>
<tr><td>화재, 지진 등의 원인에 의하여 건물의 일부가 훼손 또는 멸실된 경우 → 정상적으로 사용되는 면적 비율을 조정률로 적용한다.</td><td>37</td><td>정상사용비율</td></tr>
</table>

(2) 용어의 정의

① 인텔리전트시스템빌딩이란 건축, 통신, 오피스 자동화, 빌딩자동화 등 시스템을 유기적으로 통합하여 냉난방, 조명, 전략 시스템을 통합 운영하는 자동화된 건물로서 자동화재 감지장치, 보안경비, 정보통신망의 기능이 첨가된 빌딩을 말한다. 그러나 건물기준시가에서의 인텔리전트시스템빌딩이란 지능형건축물의 인증에 관한 규칙에 의거하여 지능형 건축물 인증서를 발급받은 건물을 말한다.

② 신축이란 건축물이 없는 대지(기존 건축물이 철거되거나 멸실된 대지를 포함한다)에 새로 건축물을 축조하는 것(부속건축물만 있는 대지에 새로 주된 건축물을 축조하는 것을 포함하되, 개축 또는 재축하는 것은 제외한다)을 말한다.

③ 증축은 기존 건축물이 있는 대지 안에서 건축물의 건축면적, 연면적, 층수

또는 높이를 추가하는 건축을 말하는 것으로 기존건축물에 붙여서 짓거나 따로 짓는 것에 관계없고, 바닥면적 변화없이 건물 높이만 늘리는 것도 증축에 해당한다.

④ 개축은 기존 건축물의 전부 또는 일부(내력벽·기둥·보·지붕틀 중 3 이상이 포함되는 경우를 말한다)를 철거하고 그 대지에 종전과 같은 규모의 범위에서 건축물을 다시 축조하는 것을 말한다. 재축은 건축물이 천재지변이나 그 밖의 재해로 멸실된 경우 그 대지에 종전과 같은 규모의 범위에서 다시 축조하는 것을 말한다.

건축물대장(구청) 및 등기부등본(법원·등기소)상의 용어 해설

용어	해설
(1) 즙(葺)	지붕
(2) 초즙(草葺) : 초가지붕	초가지붕
(3) 와즙(瓦葺) : 기와지붕	기와지붕
(4) 평옥개(平屋蓋), 육옥근(陸屋根), 슬래브즙(스라브葺)	슬래브지붕
(5) 물치(物置), 납옥(納屋), 납가(納家)	광(본 건축물의 부속건축물로 된 단일용도의 창고)
(6) 연와(煉瓦)	벽돌

지붕재료에 대한 용어 해설

구분	해설
싱글(shingle)	일반 학문적 용어이며, 일정한 길이·너비·두께로 절단한 목재·슬레이트·기와·시멘트판·아스팔트제품 등으로 만들어 지붕을 잇는 지붕재의 총칭
아스팔트싱글	두꺼운 바탕의 원지에 아스팔트를 침투시킨 후 무기질 유리섬유로 특수융화시켜 변색되지 않은 특수안료로 광물성 가루 또는 채색 돌입자를 입혀서 적외선 및 태양열의 투과를 차단할 수 있도록 만든 지붕재
금속기와	내구성 및 내열성이 뛰어난 갈바늄(알루미늄과 아연-알루미늄 55%, 아연 43.4%, 실리콘 1.6%-의 특성을 이상적으로 결합시킨 특수 도금 강판) 강판에 완벽한 프레스 기술(금속입력 방식의 특수공법)로 전후면이 8겹 이상 코팅된 최고급 지붕재
동싱글	사찰, 고급주택 등의 지붕재로 쓰이는 영구적 수명을 가진 동판 지붕재
폴리카보네이트	플라스틱 분야 중 폴리카보네이트 수지를 주원료로 하여 제조한 지붕재
에프알피 (F.R.P)	유리섬유를 보강제로 하여 열가화성수지인 Polyester Resin을 함침시켜 성형한 강화플라스틱 제품
칼라아연도강판	고강도 칼라 아연도금강판을 이중굴곡 성형으로 구조적인 내응력을 유지하도록 하는 아취판넬

천연슬레이트	점판암, 이판암, 혈암 등의 판형 석재를 소요형태와 치수로 가공하여 만든 지붕재로 통상적으로 흡수량이 적고 가벼우며 쾌적하고 안정적인 색감의 고급재료임. 고급주택, 빌라, 골프장 등에 주로 쓰임. 재질은 촘촘하며, 흡습성이 작고 충격에 약함
한식기와	점토기와의 일종이며 주로 궁궐이나 사찰, 중규모 이상의 한옥 등에 주로 쓰이는 전통기와
오지기와	점토를 성형 건조 후 1,200도 고열에 구워낸 기와로서 암키와와 수키와가 합쳐진 모양임. 유약의 착색 유무나 방법에 따라 단색기와, 변색기와, 유약 기와로 종류가 나뉨. S형과 U형으로 구분됨. S형 오지기와는 일반건축물에 대중적으로 사용되는 기와로써 일반 주거용건물(고급단독주택, 빌라), 공공건물, 기타 건물 등에 사용되며, U형 오지기와는 한식기와보다 더욱 동그란 모양이므로 입체적이고 서구적인 느낌을 끌어내며 주로 호텔, 휴게소, 고급빌라, 전원주택, 기념관, 학교 등에 사용됨
시멘트기와	시멘트기와는 점토기와와 같은 형상으로 시멘트와 모레를 갠 모르타르를 틀에 채워 성형 후, 양생하여 만든 기와로 값싸게 양산보급됨
초가	억새나 갈대 등 볏과의 다년초를 사용하거나 밀집이나 볏집을 혼합한 지붕재
썬라이트	채광성이 좋은 투명 또는 반투명 재질로 만든 합성수지계 지붕재
너와	삼나무, 노송나무 등의 박판으로 처마 끝에서부터 순차 종횡으로 두툼하게 겹쳐 이은 지붕재
천막	조립과 해체가 쉽고 가벼워 큰 경기장, 전시장 따위의 지붕으로 쓰임
유리	규사 등의 원료를 용융된 상태에서 냉각하여 얻은 재료를 이용해 유기기와 또는 자외선 투과 유리 등을 지붕재로 하여 마감
함석	강판을 아연으로 피복한 지붕재
판넬	판넬형의 강철재로 마감된 지붕재
슬레이트	지붕·천장·내장·외장 등에 사용되는 천연 또는 인조 돌판

건축관련 용어의 해설

구분	내용
대지면적	그 건물이 앉은 땅의 면적
연면적	건축물의 지하·지상층 모든 것을 합한 전체면적
건축면적	땅에 건물이 지어진 면적(대개의 경우 1층의 면적이 된다)
용적률	지상층의 연면적을 대지면적으로 나눈 것 (따라서 용적률이 크다는 것은 층수가 높다고 보면 됨)
건폐율	건축면적을 대지면적으로 나눈 것

(3) 적용요령

① 개별건물의 특성에 따른 조정률은 상속세 및 증여세에만 적용하고, 양도소득세 과세시에는 적용하지 아니한다.

② 개별건물의 특성에 따른 조정률은 여러 구분(Ⅰ~Ⅶ)에 중복으로 해당되는 경우에도 각각의 조정률을 곱하여 중복으로 적용한다.

③ 구분(Ⅱ)의 최고층수는 지하층과 옥탑을 제외하여 계산하고, 건물의 일부분을 소유하고 있는 경우에도 당해 건물 전체의 최고층수에 따르며, 주거시설과 상가 등의 건물이 복합되어 있는 경우에도 그 부분을 포함하여 최고층수를 계산한다. 다만, 주거용건물에서는 아파트만 최고층수 조정률을 적용한다.

④ 구분(Ⅱ)의 건물 연면적의 계산은 지하층, 옥탑 등을 포함한 전체면적을 기준으로 하며, 주거용건물에 대해서는 건물 연면적 조정률을 적용하지 아니한다.

⑤ 구분(Ⅳ)의 상가의 1층 및 2층은 용도지수상 숙박시설(용도번호 3~8), 판매 및 운수 시설(용도번호 9~13), 위락시설(용도번호 14~18), 문화 및 집회시설(용도번호 19~22), 운동시설(용도번호 24~25), 의료시설(용도번호 26~27 중 격리병원 제외), 업무시설(용도번호 28~29), 근린생활시설(용도번호 37~41 중 제조업소, 종교집 회장 제외)의 지상 1층 및 2층 건물에 한하여 적용하며, 건축물이 토지를 공유로 하고 건물을 구분소유하는 집합건물에 해당하는 경우에는 전유면적과 공유면적을 합한 전체면적에 대해 개별특성조정률을 적용한다.

⑥ 구분(Ⅳ)의 건물의 부속주차장 및 기계실, 보일러실, 대피소, 옥탑 등은 주용도에 따른 용도지수를 적용한 후에 다시 조정률을 적용한다. 다만, 주차전용빌딩은 조정률을 적용하지 아니한다.

⑦ 구분(Ⅴ)의 개축건물은 기존 건축물의 전부를 철거하고 기존 건축물 규모의 범위 안에서 건축물을 다시 지은 전부 개축의 경우에는 개별건물특성조정률을 적용하지 아니한다. 기타 일부 개축건물은 개축부분에 대하여만 당초의 신축시점을 기준으로 계산한 후에 조정률을 적용한다.

⑧ 구분(Ⅵ·Ⅶ)의 무벽건물 및 구조안전진단 또는 법령에 의한 철거대상건물, 화재·지진 등으로 인한 훼손·멸실 건물에 대한 조정률은 납세자가 구체적인 사실관계를 입증하는 경우에 한하여 이를 적용한다.

[별첨3] 대도시 중과제외 업종

대도시 중과제외 업종

<table>
<tr><th>구분</th><th colspan="2">내용</th><th>비고</th></tr>
<tr><td>1. 사회기반시설사업</td><td colspan="2">①「사회기반시설에 대한 민간투자법」 제2조 제2호에 따른 사회기반시설사업
②「사회기반시설에 대한 민간투자법」 제2조 제8호에 따른 부대사업</td><td>[주1]</td></tr>
<tr><td>2. 은행업</td><td colspan="3">「한국은행법」 및 「한국수출입은행법」에 따른 은행업</td></tr>
<tr><td>3. 해외건설업 및 주택건설사업</td><td colspan="3">①「해외건설촉진법」에 따라 신고된 해외건설업(해당 연도에 해외건설 실적이 있는 경우로서 해외건설에 직접 사용하는 사무실용 부동산만 해당)
②「주택법」 제4조에 따라 국토교통부에 등록된 주택건설사업(주택건설용으로 취득한 후 3년 이내에 주택건설에 착공하는 부동산만 해당)</td></tr>
<tr><td rowspan="2">4. 전기통신사업</td><td>업종</td><td>「전기통신사업법」 제5조에 따른 전기통신사업</td><td rowspan="2">[주2]</td></tr>
<tr><td>비고
(임대)</td><td>전기통신사업은 임대의 경우에도 직접 사용하는 것으로 봄(다만, 「전기통신사업법」에 따른 전기통신사업자가 같은 법 제41조에 따라 전기통신설비 또는 시설을 다른 전기통신사업자와 공동으로 사용하기 위하여 임대하는 경우로 한정)</td></tr>
<tr><td>5. 첨단기술사업 등</td><td colspan="2">①「산업발전법」에 따라 산업통상자원부장관이 고시하는 첨단기술산업
②「산업집적활성화 및 공장설립에 관한 법률 시행령」 별표 1 제2호 마목에 따른 첨단업종</td><td>[주3]
[주4]</td></tr>
<tr><td rowspan="2">6. 유통산업</td><td>업종</td><td colspan="2">①「유통산업발전법」에 따른 유통산업
②「농수산물유통 및 가격안정에 관한 법률」에 따른 농수산물도매시장 · 농수산물공판장 · 농수산물종합유통센터 · 유통자회사
③「축산법」에 따른 가축시장</td></tr>
<tr><td>비고
(임대)</td><td colspan="2">임대의 경우에도 직접 사용하는 것으로 봄(「유통산업발전법」 등 관계 법령에 따라 임대가 허용되는 매장 등의 전부 또는 일부를 임대하는 경우 임대하는 부분에 한정)</td></tr>
<tr><td>7. 운송사업, 창고업</td><td colspan="2">①「여객자동차 운수사업법」에 따른 여객자동차운송사업
②「화물자동차 운수사업법」에 따른 화물자동차운송사업
③「물류시설의 개발 및 운영에 관한 법률」 제2조 제3호에 따른 물류터미널사업
④「물류정책기본법 시행령」 제3조 및 별표 1에 따른 창고업</td><td>[주5]
[주6]</td></tr>
<tr><td>8. 정부출자법인이 경영하는 사업</td><td colspan="3">정부출자법인 또는 정부출연법인(국가나 지방자치단체가 납입자본금 또는 기본재산의 20% 이상을 직접 출자 또는 출연한 법인만 해당)이</td></tr>
</table>

구분	내용	비고
	경영하는 사업	
9. 의료업	「의료법」 제3조에 따른 의료업	
10. 개인경영 제조업	개인이 경영하던 제조업(「소득세법」 제19조 제1항 제3호) • 대도시에서 부가가치세법 또는 소득세법에 따른 사업자등록을 하고 5년 이상 제조업을 경영한 개인기업이 그 대도시에서 법인으로 전환하는 경우의 기업만 해당 • 법인전환에 따라 취득한 부동산의 가액(지방세법 제4조 시가표준액)이 법인전환 전의 부동산가액을 초과하는 경우 그 초과부분과 법인으로 전환한 날 이후에 취득한 부동산은 중과세를 적용함	
11. 자원재활용업종	「산업집적활성화 및 공장설립에 관한 법률 시행령」 별표 1 제3호 가목에 따른 자원재활용업종	[주7]
12. 소프트웨어사업	① 「소프트웨어산업 진흥법」 제2조 제3호에 따른 소프트웨어사업 ② 「소프트웨어산업 진흥법」 제27조에 따라 설립된 소프트웨어공제조합이 소프트웨어산업을 위하여 수행하는 사업	
13. 문화예술시설 운영사업	「공연법」에 따른 공연장 등 문화예술시설운영사업	
14. 방송사업 등	① 「방송법」 제2조 제2호에 따른 방송사업(지상파방송사업, 종합유선방송사업, 위성방송사업, 방송채널사용사업) ② 「방송법」 제2조 제5호에 따른 중계유선방송사업 ③ 「방송법」 제2조 제8호에 따른 음악유선방송사업 ④ 「방송법」 제2조 제11호에 따른 전광판방송사업 ⑤ 「방송법」 제2조 제13호에 따른 전송망사업	[주8]
15. 과학관시설 운영사업	「과학관의 설립·운영 및 육성에 관한 법률」에 따른 과학관시설운영사업	
16. 도시형 공장	「산업집적활성화 및 공장설립에 관한 법률」 제28조에 따른 도시형공장을 경영하는 사업	
17. 중소기업 창업지원 사업	「중소기업창업 지원법」 제10조에 따라 등록한 중소기업창업투자회사가 중소기업창업 지원을 위하여 수행하는 사업 (법인설립 후 1개월 이내에 같은 법에 따라 등록하는 경우만 해당)	
18. 석탄산업 합리화 사업	「광산피해의 방지 및 복구에 관한 법률」 제31조에 따라 설립된 한국광해관리공단이 석탄산업합리화를 위하여 수행하는 사업	
19. 소비자보호사업	「소비자기본법」 제33조에 따라 설립된 한국소비자원이 소비자 보호를 위하여 수행하는 사업	
20. 건설 관련 공제조합의 사업	「건설산업기본법」 제54조에 따라 설립된 공제조합이 건설업을 위하여 수행하는 사업	
21. 엔지니어링 관련 공제조합의 사업	「엔지니어링산업 진흥법」 제34조에 따라 설립된 공제조합이 그 설립목적을 위하여 수행하는 사업	
22. 주택도시 보증공사의 사업	「주택도시기금법」에 따른 주택도시보증공사가 주택건설업을 위하여 수행하는 사업	

구분	내용	비고
23. 할부금융업	「여신전문금융업법」 제2조 제12호에 따른 할부금융업	
24. 실내경기장 등 운영업	「통계법」 제22조에 따라 통계청장이 고시하는 한국표준산업분류에 따른 실내경기장·운동장·야구장 운영업	
25. 기업구조조정 전문회사의 사업	「산업발전법」 제14조에 따라 등록된 기업구조조정전문회사가 그 설립 목적을 위하여 수행하는 사업(법인 설립 후 1개월 이내에 같은 법에 따라 등록하는 경우만 해당)	
26. 청소년단체 등의 목적사업	①「지방세특례제한법」 제21조 제1항에 따른 청소년단체 ②「지방세특례제한법」 제45조에 따른 학술단체와 장학법인 ③「지방세특례제한법」 제52조에 따른 문화예술단체·체육단체가 그 설립 목적을 위하여 수행하는 사업	[주9]
27. 중소벤처기업의 사업	「중소기업진흥에 관한 법률」 제69조에 따라 설립된 회사가 경영하는 사업	
28. 주택정비사업등	①「도시 및 주거환경정비법」 제35조 또는「빈집 및 소규모주택 정비에 관한 특례법」 제23조에 따라 설립된 조합이 시행하는「도시 및 주거환경정비법」 제2조 제2호의 정비사업 ②「빈집 및 소규모주택 정비에 관한 특례법」 제2조 제1항 제3호의 소규모주택정비사업	[주10] [주11]
29. 보상금지급책임 보험사업 등	「방문판매 등에 관한 법률」 제38조에 따라 설립된 공제조합이 경영하는 보상금지급책임의 보험사업 등 같은 법 제37조 제1항 제3호에 따른 공제사업	
30. 한국주택금융공사의 사업	「한국주택금융공사법」에 따라 설립된 한국주택금융공사가 같은 법 제22조에 따라 경영하는 사업	[주12]
31. 주택임대사업	「민간임대주택에 관한 특별법」 제5조에 따라 등록을 한 임대사업자,「공공주택 특별법」 제4조에 따라 지정된 공공주택사업자가 경영하는 주택임대사업	
32. 전기공사 공제조합의 사업	「전기공사공제조합법」에 따라 설립된 전기공사공제조합이 전기공사업을 위하여 수행하는 사업	
33. 소방산업 공제조합의 사업	「소방산업의 진흥에 관한 법률」 제23조에 따른 소방산업공제조합이 소방산업을 위하여 수행하는 사업	
34. 기술혁신형 중소기업의 사업	「중소기업 기술혁신 촉진법」 제15조 및 같은 법 시행령 제13조에 따라 기술혁신형 중소기업으로 선정된 기업이 경영하는 사업(다만, 법인의 본점·주사무소·지점·분사무소를 대도시 밖에서 대도시로 전입하는 경우는 제외)	

[비고] 대도시 중과제외 업종 관련 법령

[주1] 사회기반시설

사회기반시설에 대한 민간투자법 제2조 [정의] "사회기반시설사업"이란 사회기반시설의 신설·증설·개량 또는 운영에 관한 사업을 말한다. 사회기반시설에 대한 민간투자법 제2조 [정의] "부대사업"이란 사업시행자가 민간투자사업과 연계하여 시행하는 제21조 제1항 각 호의 사업을 말한다. 사회기반시설에 대한 민간투자법 제21조 [부대사업의 시행] 주무관청은 사업시행자가 민간투자사업을 시행할 때 해당 사회기반시설의 투자비 보전또는 원활한 운영, 사용료 인하 등 이용자의 편익 증진, 주무관청의 재정부담 완화 등을 위하여 필요하다고 인정하는 경우에는 다음 각 호의 어느 하나에 해당하는 부대사업을 해당 민간투자사업과 연계하여 시행하게 할 수 있다. 1. 「주택법」에 따른 주택건설사업 2. 「택지개발촉진법」에 따른 택지개발사업 3. 「국토의 계획 및 이용에 관한 법률」에 따른 도시·군계획시설사업 4. 「도시개발법」에 따른 도시개발사업 5. 「도시 및 주거환경정비법」에 따른 재개발사업 6. 「산업입지 및 개발에 관한 법률」에 따른 산업단지개발사업 7. 「관광진흥법」에 따른 관광숙박업, 관광객 이용시설업 및 관광지·관광단지 개발사업 8. 「물류시설의 개발 및 운영에 관한 법률」에 따른 물류터미널사업 9. 「항만운송사업법」에 따른 항만운송사업 10. 「유통산업발전법」에 따른 대규모점포(시장에 관한 것은 제외), 도매배송서비스 또는 공동집배송센터사업 11. 「주차장법」에 따른 노외주차장 설치·운영 사업 12. 「체육시설의 설치·이용에 관한 법률」에 따른 체육시설업 13. 「문화예술진흥법」에 따른 문화시설 설치·운영 사업 14. 「산림문화·휴양에 관한 법률」에 따른 자연휴양림 조성사업 15. 「옥외광고물 등의 관리와 옥외광고산업 진흥에 관한 법률」에 따른 옥외광고물 및 게시시설의 설치·운영 사업 16. 「신에너지 및 재생에너지 개발·이용·보급 촉진법」에 따른 신·재생에너지 설비의 설치·운영 사업 17. 「건축법」 제2조 제1항 제2호의 건축물의 설치·운영 사업 18. 그 밖에 사용료 인하 또는 재정부담 완화를 위하여 필요한 사업으로서 대통령령으로 정하는 사업

[주2] 전기통신사업

전기통신사업법 제5조 [전기통신사업의 구분 등] ① 전기통신사업은 기간통신사업 및 부가통신사업으로 구분한다. ② 기간통신사업은 전기통신회선설비를 설치하거나 이용하여 기간통신역무를 제공하는 사업으로 한다. ③ 부가통신사업은 부가통신역무를 제공하는 사업으로 한다. 전기통신사업법 제41조 [전기통신설비의 공동사용 등] ① 기간통신사업자는 다른 전기통신사업자가 전기통신설비의 상호접속에 필요한 설비를 설치하거나 운영하기 위하여 그 기간통신사업자의 관로 · 케이블 · 전주 또는 국사 등의 전기통신설비나 시설에 대한 출입 또는 공동사용을 요청하면 협정을 체결하여 전기통신설비나 시설에 대한 출입 또는 공동사용을 허용할 수 있다.

[주3] 첨단기술산업

산업통상자원부고시 – 첨단기술 및 제품의 범위

[별표1] 첨단기술 및 제품의 범위[96]

[주4] 첨단업종

「산업집적활성화 및 공장설립에 관한 법률 시행령」

[별표1] 과밀억제권역 안에서의 공장의 신설·증설 또는 이전이 허용되는 경우

2. 공업지역	(발췌) 마. 기술집약도가 높고 기술혁신속도가 빠른 업종으로서 산업통상자원부령으로 정하는 업종(이하 '첨단업종')을 영위하는 대기업의 기존공장으로서 기존공장건축면적의 200퍼센트 범위 이내의 증설

산업집적활성화 및 공장설립에 관한 법률 시행규칙 [별표 5] 첨단업종

분류번호	업종명	적용 범위
20119	석탄화학계 화합물 및 기타 기초 유기 화학 물질 제조업	◦ 나노(100nm 이하) 유기화합물
20132	염료, 조제 무기안료, 유연제 및 기타 착색제 제	◦ 친환경 및 고기능성 특수도료 – 대전방지 도료, 자기치유도료

96) 61페이지에 달하는 내용으로 본서에는 수록하지 않았으나 산업통상자원부 홈페이지에서 확인가능

분류번호	업종명	적용 범위
	조업	- 자외선(UV) 경화도료(4mm 이하, 80시간 이상, 3.0Mpa 이상의 부착성) - 방열성 분체도료 ◦ 고기능성 및 신기능 염료 - 고 염착률의 반응성 염료 ◦ 고기능성 안료 - 전자재료용 안료(편광도 98% 이상, 내광성 30,000hr 이상) - 형광 안료(내광성 3급 이상, 내열성 180℃ 이상)
20202	합성수지 및 기타 플라스틱 물질 제조업	◦ 고분자 신소재(특수 기능성, 전기특성, 의료용) - 슈퍼고분자 복합(composite) 소재
20421	계면활성제 제조업	◦ 계면활성제 중 다음의 것만 해당한다. - 고분자형 계면활성제 - 양이온 계면활성제 - 친환경 계면활성제(바이오유래, ~~유용미생물활용~~, 인체친화적, 생분해성)
20493	접착제 및 젤라틴 제조업	◦ 전기·전자용 기능성 접착제로서 다음의 것만 해당한다. - 전도성 접착제 - 광섬유용 접착제 - 반도체·디스플레이용 접착제 - 고내열 금속용 접착제 ◦ 의료용 접착제로서 다음의 것만 해당한다. - 연조직(피부 등)용 접착제 - 경조직(치아·뼈 등)용 접착제
20495	바이오 연료 및 혼합물 제조업	◦ 해양 바이오디젤 및 혼합유
20499	그 외 기타 분류 안된 화학제품 제조업	◦ 반도체 및 디스플레이 소재로서 다음의 것만 해당한다. - 포토레지스트 노볼락(Photoresist Novolak) 수지, 매트릭스(Matrix) 수지 - 반도체 및 디스플레이용 리소그래피(lithography)용 수지 - 반도체·디스플레이·발광다이오드(LED)용 무기 전구체
20501	합성섬유 제조업	◦ 아라미드(aramid)섬유, PBO 섬유 ◦ 메디컬 섬유소재(조직재생용 섬유소재, 유착방지 및 차폐용 섬유소재, 정형외과용 섬유소재)
21102	생물학적 제제 제조업	◦ 바이오의약품으로서 다음의 것만 해당한다. - 치료용 항체 및 사이토카인제제 - 호르몬제 - 혈액제제 - 신개념백신(항암백신, DNA백신, RNA백신 등) - 세포기반치료제 - 유전자 의약품

분류 번호	업종명	적용 범위
21210	완제 의약품 제조업	◦ 저분자 화합물 의약품으로서 다음의 것만 해당한다. - 종양계 치료제(항암제) - 순환기계 질환(고혈압, 고지혈증, 혈전) 치료제 - 감염계 질환 치료제(항생제, 항바이러스제, 항진균제) - 신경계 질환(치매, 뇌졸중, 간질, 우울증, 정신분열증, 파킨슨병) 치료제 - 내분비계 질환(골다공증, 당뇨, 비만) 치료제 - 면역계 질환(면역기능 조절, 천식, 알레르기, 염증·관절염) 치료제 - 호르몬제
21300	의료용품 및 기타 의약 관련제품 제조업	◦ 바이오칩(바이오센서 포함) ◦ 약물전달시스템 응용제품
22292	플라스틱 적층, 도포 및 기타 표면처리 제품 제조업	◦ 투명전도성 필름 ◦ 플라스틱 적층(다층)필름
23121	1차 유리제품, 유리섬유 및 광학용 유리 제조업	◦ 나노세공 다공질유리
23122	디스플레이 장치용 유리 제조업	◦ 차세대 평판디스플레이용 유리(플렉시블 유리만 해당한다)
23211	정형내화요업제품 제조업	◦ SiC 내화물(반도체공정용 부재) ◦ 초고온용 지르콘내화물
23222	위생용 및 산업용 도자기 제조업	◦ 산업용 첨단 세라믹스(반도체용, 생체용, 원자로용 세라믹부품만 해당한다)
23995	탄소섬유 제조업	◦ 고강도 고탄성 탄소섬유, 고기능 탄소섬유 제품(T1000 이상만 해당한다)
24221	동 압연, 압출 및 연신제품 제조업	◦ 1300MPa급 고강도 고탄성 동합금 압연(壓延), 인발(引發)제품 - 차세대 이동통신단말기 단자 및 고내열성 접속기(connector) 소재
24290	기타 1차 비철금속 제조업	◦ 비철금속분말(분말가공 및 성형은 제외한다) - 3D프린팅용 금속분말 ◦ 금속 가공 잔여물(metal scrap)을 이용한 고품질 잉곳(ingot)(희소금속을 포함한다)
25911	분말 야금제품 제조업	◦ 철계, 비철계 분말야금제품(충진율 95% 이상인 것만 해당한다)
25934	톱 및 호환성 공구 제조업	◦ 초경합금공구, 다이아몬드공구, 물리증착 또는 화학증착공구, 서멧공구, 입방질화붕소공구, 고속도강공구
26111	메모리용 전자집적회로 제조업	◦ 메모리 반도체(D램, 플래시 등 차세대 휘발성 및 비휘발성 메모리)
26112	비메모리용 및 기타 전자집적회로 제조업	◦ 시스템 반도체(인공지능반도체, 마이크로 컴포넌트, 아날로그 및 혼성 집적회로, SiC 파워반도체, 고전압 RF IC 등)

분류번호	업종명	적용 범위
26121	발광 다이오드 제조업	◦ 발광다이오드(LED) 제조업으로서 다음의 것만 해당한다. - 마이크로 발광다이오드, 미니 발광다이오드, 양자점 발광다이오드
26129	기타 반도체소자 제조업	◦ 포토다이오드(PD), 반도체 레이저 다이오드(LD), IC패키지, 태양전지 ◦ 스마트카드용 IC칩(통합보안관련) ◦ 고해상도 고체촬상소자(CCD 등)
26212	유기발광 표시장치 제조업	◦ 유기발광다이오드(OLED)[플렉시블 유기발광다이오드, 능동형 유기발광다이오드(AMOLED) 등]
26219	기타 표시장치 제조업	◦ 투명 디스플레이 ◦ 디지털 홀로그램 ◦ 플렉시블 전자종이(e-Paper) ◦ 디스플레이부품[포토마스크, 고해상도 섀도마스크(shadow mask), 편광판, 컬러필터(color filter), 위상보상필름, 투명 전극]
26222	경성 인쇄회로기판 제조업	◦ 고밀도 다층기판(HDI), SLP(Substrate Like PCB)만 해당한다.
26223	연성 및 기타 인쇄회로기판 제조업	◦ 연성 인쇄회로기판(flexible PCB), 경연성복합 인쇄회로기판
26295	전자감지장치 제조업	◦ 센서(초소형 센서만 해당한다) - 주행상황인지 센서, 항행용 레이더센서, 인공지능 센서(AI sensor), 레이더 센서, 항법센서 등
26410	유선 통신장비 제조업	◦ 광섬유 전송시스템 ◦ 광통신 장비 및 부품(5G 이동통신용만 해당한다) - 광통신 부품(5G용), 광통신 중계기(5G용), 네트워크장비(5G용, IOT용), 네트워크스위칭(10G/1G) 등
26421	방송장비 제조업	◦ 방송장비 제조업으로서 다음 것만 해당한다. - 초고화질(8K UHD 이상) 방송장비[방송송신기, 방송통합 다중화기, 시그널링 시스템, 촬영장비, 8K 초고화질(UHD) 방송용 멀티포맷 변환기(converter)·코드변환기(transcoder) 등]
26429	기타 무선 통신장비 제조업	◦ G용 무선통신 부품 및 장비로서 다음의 것만 해당한다. - 5G 고집적 안테나, 5G용 모뎀, 5G 기지국·엑세스망장비, 5G소형셀 등
26519	비디오 및 기타 영상기기 제조업	◦ 가상현실(Virtual Reality)기기 및 증강현실(Augmented Reality)기기(4K 이상의 고해상도, 120도 이상 시야각, 고속 고감도 센서를 탑재한 것만 해당한다) ◦ 오감(시각, 청각 등을 포함한 초실감형) 제공기기[착용형 기기(wearable device)를 포함한다]
27111	방사선 장치 제조업	◦ 영상진단기기 및 단층촬영 장치(방사성동위원소, 자력

분류번호	업종명	적용 범위
		선, 엑스선 또는 초음파를 이용한 것만 해당한다) ◦ 수술 및 치료용기기(방사성동위원소, 자력선, 엑스선, 레이저, 초음파 또는 마이크로 웨이브를 이용한 것만 해당한다)
27112	전기식 진단 및 요법 기기 제조업	◦ 생체계측기기(심전계·뇌파계·근전계·안진계 또는 심음계만 해당한다) ◦ 의료용기기(자동 생화학 분석기기 및 전자현미경만 해당한다) ◦ 원격조정 환자 종합감시 장치 ◦ 의료검사진단기기
27192	정형외과용 및 신체보정용 기기 제조업	◦ 정형외과용 및 신체보정용 기기 - 인공수정체, 인공관절, 인공심박기 등 인공신체 - 보청기
27199	그 외 기타 의료용 기기 제조업	◦ 의료용 레이저기기 ◦ 의약품 자동주입기(주사기는 제외한다) ◦ 휴대용 정신건강관리 시스템 ◦ 현장형 생체지표(biomarker) 진단장비 ◦ 지능형 개인 건강관리 기기
27211	레이더, 항행용 무선기기 및 측량기구 제조업	◦ 레이더 및 항행용 무선기기 - 지능형 전자 항행용 통신단말장치, 지능형 선박·항공기용 항행시스템, 자율차용 레이더/라이다, 초정밀 위성위치확인시스템(GPS), 항공기용 고성능 항법장치[인공지능(AI) 기반], 소출력 레이더 등
27212	전자기 측정, 시험 및 분석기구 제조업	◦ 전자파·광신호파를 응용하거나 마이크로프로세서를 내장한 것으로서 다음의 것만 해당한다. - 파형현시기 - 전자분석기기 - 유전체 및 자성체 측정기기 - 전송특성 측정기기 - 데이터회선 측정기기 - 전파 및 공중선 측정기기 - 음향특성 측정기기 - 광측정기기 - 측정보조기기(증폭기·검파기 및 신호발생기만 해당한다) - 전자식 물리 및 화학량측정·분석기기
27213	물질 검사, 측정 및 분석기구 제조업	◦ 성능시험기 또는 성능측정기 - 반도체·디스플레이소재검사 장비 - 에너지소재(태양전지 등) 특성 측정·검사 장비 - 환경측정·분석기기 - 바이오·의료소재 검사 장비
27215	기기용 자동측정 및 제	◦ 산업용제어기기, 자동제어시스템(PLS·DCS·철도차량

분류 번호	업종명	적용 범위
	어장치 제조업	자동제어장치를 포함한다)
27216	산업처리공정 제어장비 제조업	◦ 제조설비의 자동공정 제어기기 또는 공정제어시스템 및 부분품으로서 다음의 것만 해당한다. - PLC, DCS 등을 이용한 공정제어시스템 - 로봇컨트롤러 및 컴퓨터통합시스템 관련 단위기기 - 화학물질 합성자동제어시스템, 화학반응 합성장치 - 지능형 제어기[센서내장 M2M/IOT기술 적용(자동감시·진단·제어)]
27219	기타 측정, 시험, 항해, 제어 및 정밀기기 제조업	◦ 산업, 군사, 의료 및 농업 등의 화상, 영상, 기상 및 위성 등 각종 계측데이터를 획득하여 이를 가공, 분석 및 해석 등을 하기 위한 계측기 및 계측시스템으로서 다음의 것만 해당한다. - 대역폭 60GHz 이상 스펙트럼분석기 - 대역폭 3GHz 이상 디지털오실로스코프 - 대역폭 60GHz 이상 주파수카운터 - 대역폭 60GHz 이상 신호발생기
27301	광학렌즈 및 광학요소 제조업	◦ 광부품(광섬유, 편광판)
27302	사진기, 영사기 및 관련 장비 제조업	◦ 영상광학기기(DSP내장 고정밀 촬영기)
27309	기타 광학기기 제조업	◦ 상관측기기로서 다음의 것만 해당한다. - 고분해능 현미경 ◦ 광학기기용 렌즈 또는 프리즘 ◦ 레이저 발진장치
28111	전동기 및 발전기 제조업	◦ 고효율·고정밀 모터(전동기)로서 다음의 것만 해당한다. - 서보모터 및 스테핑모터(분해능 10,000ppr 이상만 해당한다), 고정밀 리니어모터 - 고효율 유도 전동기(IE4급 이상만 해당한다) ◦ 발전기(MCFC-압력차 발전기) ◦ 2000~7000Kv급 저전압/고전압용 발전기
28112	변압기 제조업	◦ 송배전기로서 다음의 것만 해당한다. - 초임계 발전용 변압기 - 80㎸/250㎸ 전압형 MMC 직류 송전시스템장비 - 250㎸ 전압형 멀티터미널 직류 송·배전시스템 - MVDC급 직류 배전시스템 - AC/DC 하이브리드 배전기
28114	에너지 저장장치 제조업	◦ 에너지저장장치(ESS) 시스템으로서 다음의 것만 해당한다. - 전력관리시스템(PMS)으로서 SW 및 서버 HW, 데이터 검색·저장·분석 및 통신연계 기능이 포함된 것 - 전력변환장치(PCS)로서 배터리(DC) 측은 1,500V, 2,000A,

분류 번호	업종명	적용 범위
		45kA 이상의 출력이 유지되고, 계통(AC)측은 95% 이상 효율을 갖춘 것 - 배터리관리시스템(BMS)으로서 충방전 전류극 제어 및 비정상적 작동시의 안정장치 기능을 갖춘 것
28119	기타 전기 변환장치 제조업	◦ 전기 변환장치로서 다음의 것만 해당한다. - 리액터(대용량의 태양광·전기차용) - 스위칭 신호방식의 전력변환장치[태양광, 풍력, 에너지저장장치(ESS) 등 신재생에너지용 전동·발전기의 구동을 위한 컨버터 및 인버터] - 멀티터미널 고압직류 송·배전장치 - 멀티레벨 무효전력보상장치(STATCOM)
28121	전기회로 개폐, 보호장치 제조업	◦ 전기회로 개폐, 보호 장치중에서 다음의 것만 해당한다. - 초고압 차단기(GIS) - 친환경(고체절연 등) 개폐장치 - 하이브리드형 DC 차단 및 개폐기 - 고속 대용량 직류 차단기 - 태양광, 해상풍력 등 신재생에너지용 전력변환기·차단기·개폐기
28123	배전반 및 전기 자동제어반 제조업	◦ PLC(프로그램 내장 컨트롤러), HMI, 센서 등 중앙감시제어장치(SCADA)의 구성 장치
28202	축전지 제조업	◦ 전기차·에너지저장장치(ESS)·전자기기용 이차전지로서 다음의 것만 해당한다. - 리튬이온 이차전지, 리튬이온폴리머전지, 리튬폴리머 전지, 니켈수소 전지, 고성능·고용량 슈퍼 축전지(capacitor 전지), 연료전지, 모듈화 전지[전기차·에너지저장장치(ESS)용], 흐름전지, 고온형 나트륨계 전지, 리튬황전지, 레독스 플로 전지 및 이러한 제품의 핵심 부품
28422	일반용 전기 조명장치 제조업	◦ 태양전지 가로등[발광다이오드(LED)를 활용한 사물인터넷용만 해당한다]
28903	교통 신호장치 제조업	◦ 스마트시티용 지능형 교통통제용 전기장치만 해당한다. - 스마트시티용 지능형 교통시스템(ITS), 첨단교통관리시스템(ATMS), 첨단차량도로시스템(AVHS)장치 등
28909	그 외 기타 전기장비 제조업	◦ 자동화용 초정밀 전기용접 설비 및 절단기로서 다음의 것만 해당한다. - 용접기 및 절단기(레이저, 플라즈마, 초음파, 고주파, 인버터방식만 해당한다) - 고속전철용 궤도용접 설비 - 이종금속용 경납땜(brazing) 용접기
29120	유압기기 제조업	◦ 유공압 액추에이터(로봇, 구동부품용 모터, 실린더만 해당한다) ◦ 전기식 액추에이터(로봇구동 부품만 해당한다)

분류번호	업종명	적용 범위
29131	액체 펌프 제조업	◦ 다이어프램방식 초정밀 정량 액체 펌프(피스톤, 페리스탈틱 방식은 제외한다)로서 다음의 것만 해당한다. - 내화학성 확보, 최소유량 0.02 mL/min, 정밀도 3% 이내
29133	탭, 밸브 및 유사장치 제조업	◦ 고압기밀 전자식 레귤레이터 ◦ 유압밸브 유량특성 및 정밀도에 따른 서보밸브(Servo Valve)
29141	구름베어링 제조업	◦ 볼·롤러 베어링(KS 4급 이상) 및 그 핵심부품[리테이너, 케이지(cage), 강구(steel ball), 롤러(roller)]
29172	공기 조화장치 제조업	◦ 초청정 클린룸(clean room)으로서 한국산업표준에 따른 청정도 1등급만 해당한다. ◦ 시스템에어컨(고효율EHP) 및 핵심부품(압축기, 모터, 열교환기)으로서 한국산업표준에 따른 난방 COP 3.5 이상, 냉난방 EERa 6.6 이상인 것만 해당한다. ◦ 고효율 지열 열펌프시스템 및 핵심부품(압축기, 모터, 열교환기)으로서 「신에너지 및 재생에너지 개발·이용·보급 촉진법」 제13조의 신재생에너지설비 인증심사 기준에 따른 냉방 EER 4.1 이상, 난방 COP 3.3 이상인 것만 해당한다.
29199	그 외 기타 일반목적용 기계 제조업	◦ 첨단용접 설비(표면 장착부품 납땜 및 절단기기만 해당한다) - 레이저·플라즈마·고주파·인버터방식용접기 - 하이브리드용접기 ◦ 표면개질 측정 및 처리 시스템
29222	디지털 적층 성형기계 제조업	◦ 3D프린팅 장비로 다음의 것만 해당한다 - 금속소재, 세라믹, 바이오소재, 건축소재(콘크리트만 해당한다)용 3D프린팅 장비 - 초고속 3D프린팅 장비
29223	금속 절삭기계 제조업	◦ 초미세·초정밀 와이어 방전가공설비(wire electrical discharge machining)로서 선폭 50um 이하인 것만 해당한다.
29229	기타 가공 공작기계 제조업	◦ 난삭(難削) 티타늄 합금 및 인코넬 합금 소성 가공 기계 ◦ 탄소섬유 복합재(CFRP) 중에서 우주항공 및 자동차용 첨단 소재의 성형 기계
29269	기타 섬유, 의복 및 가죽 가공 기계 제조업	◦ 초경량, 고탄성, 고강도 탄소섬유 제조 장비 ◦ 탄소섬유 복합재의 가공장비 및 검사 장비
29271	반도체 제조용 기계 제조업	◦ 반도체장비 및 장비용 핵심부품(반도체 설계·조립·패키지, 포토마스크 제조용, 웨이퍼 제조 및 가공용만 해당한다)
29272	디스플레이 제조용 기계 제조업	◦ 디스플레이용[초고해상도(8K 이상) 디스플레이, 능동형 유기발광다이오드(AMOLED), 플렉시블 및 착용형 디스

분류번호	업종명	적용 범위
		플레이만 해당한다] 장비 및 장비용 핵심부품 - 노광기(露光器) 설비, 레이저(Laser) 재결정화 및 리프트오프(Lift Off) 설비, 증착(蒸着) 설비, 식각(蝕刻) 설비, 세정 설비, 인라인(In-line) 공정 진단 설비 등
29280	산업용 로봇 제조업	◦ 제조업용 로봇으로서 다음의 것만 해당한다. - 이적재용, 공작물 착탈용, 용접용, 조립 및 분해용, 가공용 및 표면처리, 바이오 공정용, 시험·검사용, 기타 제조업용 로봇 - 협동로봇, 고청정 환경 대응 반도체 생산로봇, 차세대 태양전지·연료전지 제조로봇 등 첨단 제조업용 로봇 포함
29292	고무, 화학섬유 및 플라스틱 성형기 제조업	◦ 초미세품용 사출 성형기 - 나노 및 마이크로 표면용·제품용 등 ◦ 자동차 경량화 및 항공기 소재에 활용이 가능한 복합재료 성형기 - 수지충전공정(Resin Transfer Molding) 성형기, 필라멘트 와인딩(filament winding) 성형기 등
29294	주형 및 금형 제조업	◦ 프레스용 금형 ◦ 다이캐스팅 금형 ◦ 플라스틱성형용 금형 ◦ 금형용 부품
29299	그 외 기타 특수목적용 기계 제조업	◦ 개인서비스용 로봇으로서 다음의 것만 해당한다. - 가사서비스용(단순 청소로봇 제외한다), 건강관리용, 여가지원용, 연구용 - 소셜서비스로봇(단순 스피커형 제외한다) ◦ 전문서비스용 로봇으로서 다음의 것만 해당한다. - 빌딩서비스용, 사회안전 및 극한작업용, 의료·재활로봇, 사회인프라용, 군사용, 농림어업용, 물류로봇 ◦ 지능형 로봇부품으로서 다음의 것만 해당한다. - 로봇용 구동부품, 로봇용 감지(sensing)부품, 로봇용 제어부품
30110	자동차용 엔진 제조업	◦ 하이브리드용 엔진 ◦ 경량화 소재 엔진
30121	승용차 및 기타 여객용 자동차 제조업	◦ 전기차 ◦ 수소연료전지차 ◦ 하이브리드차(플러그인 하이브리드만 해당한다)
30122	화물자동차 및 특수 목적용 자동차 제조업	◦ 전기차 ◦ 수소연료전지차 ◦ 하이브리드차(플러그인 하이브리드만 해당한다)
30310	자동차 엔진용 신품 부품 제조업	◦ 자동차 엔진용 부품으로서 다음의 것만 해당한다. - 통합 전자제어장치(ECU)

분류번호	업종명	적용 범위
		- 배기가스저감 및 자기진단 장치 - 과급시스템 - 하이브리드차용 관련 전동부품
30331	자동차용 신품 동력전달장치 제조업	◦ 동력전달장치로서 다음의 것만 해당한다. - 고단 변속기(8단 이상) - 듀얼 클러치 트랜스미션(DCT) - 2단 감속기(전기동력 자동차용만 해당한다)
30332	자동차용 신품 전기장치 제조업	◦ 전기자동차용 급속충전장치 ◦ 연료전지 및 연료변환 시스템 ◦ 주행환경 인식 센서(RADAR, LIDAR, 카메라 기반 센서, 측위 센서, 초음파 센서, IR 센서 등) ◦ 능동안전시스템[스탠드 얼론(Stand Alone) 및 V2X 통신에 기반한 방식의 것만 해당한다]
30391	자동차용 신품 조향 장치, 현가장치 제조업	◦ 조향장치 및 현가장치로서 다음의 것만 해당한다. - 자동긴급조향(AES) 시스템(주변상황 감지정확도 90% 이상의 것만 해당한다) - 스마트 엑추에이터 모듈 - 전동식현가장치, 에어서스펜션, - 전동식 스프링차제제어 - 감응형 댐퍼, 회생발전 댐퍼
30392	자동차용 신품 제동장치 제조업	◦ 제동장치로서 다음의 것만 해당한다. - 전기기계식 브레이크 시스템(EMB) - 차량안정성 제어장치(ESP) - 회생제동 브레이크 시스템(AHB)
30399	그 외 자동차용 신품 부품 제조업	◦ 공기부과시스템 ◦ 통합 열관리 장치 ◦ 수소저장장치 ◦ 스택(stack) 및 관련부품 ◦ 차량용 시각, 청각, 촉각식 인터페이스 장치
31311	유인 항공기, 항공 우주선 및 보조장치 제조업	◦ 유인 항공기, 우주선 및 보조장치(부품은 제외한다)
31312	무인 항공기 및 무인 비행장치 제조업	◦ 고기능 무인항공기 ◦ 무인항공기 운용교통 관제시스템
31322	항공기용 부품 제조업	◦ 항공기용 부품(엔진을 포함한다)

[주5]「물류시설의 개발 및 운영에 관한 법률」 제2조 제3호에 따른 물류터미널사업

물류시설의 개발 및 운영에 관한 법률 제2조 [정의] 3. "물류터미널사업"이란 물류터미널을 경영하는 사업으로서 복합물류터미널사업과 일반물류터미널사업을 말한다. 다만, 다음 각 목의 시설물을 경영하는 사업을 제외한다. 가.「항만법」 제2조 제5호의 항만시설 중 항만구역 안에 있는 화물하역시설 및 화물보관·처리 시설 나.「공항시설법」 제2조 제7호의 공항시설 중 공항구역 안에 있는 화물운송을 위한 시설과 그 부대시설 및 지원시설 다.「철도사업법」 제2조 제8호에 따른 철도사업자가 그 사업에 사용하는 화물운송·하역 및 보관 시설 라.「유통산업발전법」 제2조 제14호 및 제15호의 집배송시설 및 공동집배송센터

[주6] 창고업

「물류정책기본법 시행령」 [별표1] 물류사업의 범위(발췌)

대분류	세분류	세세분류
물류시설 운영업	창고업 (공동집배송센터운영업 포함)	일반창고업, 냉장 및 냉동 창고업, 농·수산물 창고업, 위험물품보관업, 그 밖의 창고업
	물류터미널운영업	복합물류터미널, 일반물류터미널, 해상터미널, 공항화물터미널, 화물차전용터미널, 컨테이너화물조작장(CFS), 컨테이너장치장(CY), 물류단지, 집배송단지 등 물류시설의 운영업

[주7] 자원재활용업종

「산업집적활성화 및 공장설립에 관한 법률 시행령」

[별표1] 과밀억제권역 안에서의 공장의 신설·증설 또는 이전이 허용되는 경우(발췌)

3. 기타지역	가. 다음의 어느 하나에 해당하는 공장(이하 "현지근린공장"이라 한다)의 신설 또는 증설(대기업의 공장은 신설 및 증설 결과 공장건축면적이 1천제곱미터 이내인 경우에만 해당한다) 또는 기존공장의 증설(대기업의 공장은 증설되는 공장건축면적이 1천제곱미터 이내인 경우에만 해당한다) 2)「자원의 절약과 재활용촉진에 관한 법률」 제2조 제7호에 따른 재활용산업으로서 산업통상자원부령으로 정하는 업종의 공장 및 같은 법 제2조 제5호에 따른 재활용제품을 생산하는 공장

[주8] 방송법 제2조

방송법 제2조 (용어의 정의)		내용
제2호	방송사업	방송을 행하는 다음 ①~④의 사업 ① 지상파방송사업: 방송을 목적으로 하는 지상의 무선국을 관리·운영하며 이를 이용하여 방송을 행하는 사업 ② 종합유선방송사업: 종합유선방송국(다채널방송을 행하기 위한 유선방송국설비와 그 종사자의 총체)을 관리·운영하며 전송·선로설비를 이용하여 방송을 행하는 사업 ③ 위성방송사업: 인공위성의 무선설비를 소유 또는 임차하여 무선국을 관리·운영하며 이를 이용하여 방송을 행하는 사업 ④ 방송채널사용사업: 지상파방송사업자·종합유선방송사업자·위성방송사업자와 특정채널의 전부 또는 일부 시간에 대한 전용사용계약을 체결하여 그 채널을 사용하는 사업
제5호	중계유선방송사업	중계유선방송을 행하는 사업
제8호	음악유선방송사업	음악유선방송을 행하는 사업
제11호	전광판방송사업	상시 또는 일정기간 계속하여 전광판에 보도를 포함하는 방송프로그램을 표출하는 것이 전광판방송이며, 전광판 방송사업은 전광판방송을 행하는 사업
제13호	전송망사업	방송프로그램을 종합유선방송국으로부터 시청자에게 전송하기 위하여 유·무선 전송·선로설비를 설치·운영하는 사업

[주9] 청소년 단체, 학술단체, 장학법인, 문화예술단체

구분(지특법)	내용
청소년단체 (21조)	①「스카우트활동 육성에 관한 법률」에 따른 스카우트주관단체 ②「한국청소년연맹 육성에 관한 법률」에 따른 한국청소년연맹 ③「한국해양소년단연맹 육성에 관한 법률」에 따른 한국해양소년단연맹 ④ 정부로부터 허가 또는 인가를 받거나「민법」 외의 법률에 따라 설립되거나 그 적용을 받는 청소년단체 ⑤ 행정안전부장관이 여성가족부장관과 협의하여 고시하는 단체
학술단체 (45조)	「학술진흥법」 제2조 제1호에 따른 학술의 연구·발표활동 등을 목적으로 하는 법인 또는 단체로서 아래 중 어느 하나에 해당하는 법인 또는 단체(해당 법인·단체가「공공기관의 운영에 관한 법률」 제4조에 따른 공공기관인 경우에는 행정안전부장관이 정하여 고시하는 법인·단체로 한정) ①「공익법인의 설립·운영에 관한 법률」 제4조에 따라 설립된 공익법인 ②「민법」 제32조에 따라 설립된 비영리법인 ③「민법」 및「상법」 외의 법령에 따라 설립된 법인 ④「비영리민간단체 지원법」 제4조에 따라 등록된 비영리민간단체

장학법인(45조)	「공익법인의 설립·운영에 관한 법률」에 따라 설립된 장학법인
문화예술단체(45조)	「문화예술진흥법」 제2조 제1항 제1호에 따른 문화예술의 창작·진흥활동 등을 목적으로 하는 법인 또는 단체로서 다음 중 어느 하나에 해당하는 법인 또는 단체(다만, 해당 법인 또는 단체가 「공공기관의 운영에 관한 법률」 제4조에 따른 공공기관인 경우에는 행정안전부장관이 정하여 고시하는 법인 또는 단체로 한정) ① 「공익법인의 설립·운영에 관한 법률」 제4조에 따라 설립된 공익법인 ② 「민법」 제32조에 따라 설립된 비영리법인 ③ 「민법」 및 「상법」 외의 법령에 따라 설립된 법인 ④ 「비영리민간단체 지원법」 제4조에 따라 등록된 비영리민간단체

[주10] 정비사업(「도시 및 주거환경정비법」 제2조 제2호)

「도시 및 주거환경정비법」에서 정한 절차에 따라 도시기능을 회복하기 위하여 정비구역에서 정비기반시설을 정비하거나 주택 등 건축물을 개량 또는 건설하는 아래의 사업

구분	내용
주거환경 개선사업	도시저소득 주민이 집단거주하는 지역으로서 정비기반시설이 극히 열악하고 노후·불량건축물이 과도하게 밀집한 지역의 주거환경을 개선하거나 단독주택 및 다세대주택이 밀집한 지역에서 정비기반시설과 공동이용시설 확충을 통하여 주거환경을 보전·정비·개량하기 위한 사업
재개발사업	정비기반시설이 열악하고 노후·불량건축물이 밀집한 지역에서 주거환경을 개선하거나 상업지역·공업지역 등에서 도시기능의 회복 및 상권활성화 등을 위하여 도시환경을 개선하기 위한 사업
재건축사업	정비기반시설은 양호하나 노후·불량건축물에 해당하는 공동주택이 밀집한 지역에서 주거환경을 개선하기 위한 사업

[주11] 소규모주택정비사업(「빈집 및 소규모주택 정비에 관한 특례법」 제2조 제1항 제3호)

「빈집 및 소규모주택 정비에 관한 특례법」에서 정한 절차에 따라 노후·불량건축물의 밀집 등의 요건에 해당하는 지역 또는 가로구역에서 시행하는 아래의 사업

구분	내용
자율주택정비사업	단독주택, 다세대주택 및 연립주택을 스스로 개량 또는 건설하기 위한 사업
가로주택정비사업	가로구역에서 종전의 가로를 유지하면서 소규모로 주거환경을 개선하기 위한 사업
소규모재건축사업	정비기반시설이 양호한 지역에서 소규모로 공동주택을 재건축하기 위한 사업

[주12] 한국주택금융공사가 같은 법 제22조에 따라 경영하는 사업

한국주택금융공사법 제22조 [업무의 범위]
① 채권유동화
② 채권보유
③ 다음 증권에 대한 지급보증
　㉠ 주택저당증권
　㉡ 학자금대출증권
　㉢ 「자산유동화에 관한 법률」 제3조 제1항에 따른 유동화전문회사등이 주택저당채권을 유동화자산으로 하여 발행한 유동화증권
④ 금융기관에 대한 신용공여
⑤ 주택저당채권 또는 학자금대출채권에 대한 평가 및 실사
⑥ 기금·계정의 관리 및 운용
⑦ 신용보증
⑧ 위 ⑦과 관련된 신용보증채무의 이행 및 구상권의 행사
⑨ 주택담보노후연금보증
⑩ 주택담보노후연금보증채무의 이행 및 구상권의 행사
⑪ 주택담보노후연금채권의 양수 및 보유와 이에 따른 주택담보노후연금의 지급
⑫ 위 ⑦ 및 ⑨와 관련된 신용조사 및 신용정보의 종합관리
⑬ 주택금융에 관한 조사·연구 및 통계자료의 수집·작성과 국내외 유관기관과의 교류·협력
⑭ 위 ①부터 ⑬까지의 업무에 딸린 업무로서 금융위원회의 승인을 받은 업무

저자소개

김승민
공인회계사
고려대학교 경영학과 졸업
고려대학교 법무대학원 조세법학과 석사과정
현) 삼덕회계법인
전) 딜로이트 안진회계법인 감사본부 및 세무자문본부
전) 한국 지멘스 내부통제부서
전) 이촌회계법인, 더클회계법인

[주요수행업무]
잠실 롯데월드타워 취득세 업무
엘지스포츠 스포츠 시설 취득세 업무
호텔, 일반 건축물에 대한 취득세 업무
기타 지방세 관련 자문업무

[이메일]
thecloudbridge@gmail.com

지방세의 이해와 적용

초판발행 2020년 7월 20일

지은이 김승민
펴낸이 안종만 · 안상준

편 집 심성보
기획/마케팅 장규식
표지디자인 조아라
제 작 우인도 · 고철민 · 조영환

펴낸곳 (주) 박영사
서울특별시 종로구 새문안로3길 36, 1601
등록 1959. 3. 11. 제300-1959-1호(倫)
전 화 02)733-6771
f a x 02)736-4818
e-mail pys@pybook.co.kr
homepage www.pybook.co.kr
ISBN 979-11-303-3666-4 93360

정 가 29,000원